CATIA V5
기본 모델링

2nd Edition

저 자

고 재 철
안 기 원
김 선 규

ONSIA

CATIA V5 기본 모델링
2nd Edition

ISBN 978-89-94960-27-2

저자: 고재철, 안기원, 김선규
발행: 2017년 3월 27일
출판사: (주)온솔루션인티그레이션
전화: 070-8232-0341
팩스: 02-6918-4602
이메일: support@onsia.kr
정가: 30,000원

국립중앙도서관 출판예정도서목록(CIP)

CATIA V5 기본 모델링[2판] / 저자: 고재철, 안기원, 김선규. --
2nd ed.. -- [의정부] : 온솔루션인티그레이션, 2017
   p. ;   cm

ISBN 978-89-94960-27-2 93550 : ₩30000

캐드 캠[CAD/CAM]
컴퓨터 이용 설계 제도[--利用設計製圖]

551.151-KDC6
670.285-DDC23   CIP2017004715

* 이 책은 저작권법에 의하여 보호를 받는 저작물이므로 무단 전재 또는 복제를 금합니다.

* 이 책의 부분 복사에 대한 저작권은 '한국복제전송저작권협회'에 의해 신탁관리되고 있습니다.
자세한 사항은 한국복제전송저작권협회(www.korra.kr)로 문의 바랍니다.

(주)온솔루션인티그레이션의 교육 및 엔지니어링 서비스 프로그램

(주)온솔루션인티그레이션은 CAD/CAM/CAE 소프트웨어 사용법에 대한 교육과 기술 컨설팅 서비스를 제공하는 전문회사입니다.

다양한 경험과 전문지식을 바탕으로 CAD/CAM/CAE 관련 교육과정 개발, 기술서적 출판, 강사 파견 및 설계, 해석 용역 서비스를 수행하고 있습니다. 자세한 문의사항은 아래로 연락 바랍니다.

교육
    기업체 맞춤 교육과정 및 교재 개발
    NX, CATIA, CAE(Nastran) 강의
    이러닝 (http://www.onsia.kr)

기술서비스
    기구설계 용역, 강도해석, 진동해석, 피로해석 등 각종 해석 용역

당사 출판 서적
- CATIA V5R18 모델링 가이드 : ISBN 978-89-960895-3-7
- CATIA V5(R20) 서피스와 실무 모델링: ISBN 978-89-94960-12-8
- NX7.5 CAE(NX Nastran) Bible: ISBN 978-89-94960-14-2
- CATIA V5 CAE 따라하기: ISBN 978-89-94960-17-3
    (영문판: CATIA V5 FEA Release 21)
- CATIA V5R21 디자이너 가이드: ISBN 978-89-94960-19-7
- NX 8.5 Nastran 따라하기: ISBN 978-89-94960-21-0
- NX 10 모델링 가이드: ISBN 978-89-94960-24-1
    (영문판: Siemens NX 10 Design Fundamentals)
- NX 10 서피스 모델링: ISBN 978-89-94960-25-8
    (영문판: Siemens NX 10 Surface Design)
- NX 10 Nastran 따라하기: ISBN 978-89-94960-26-5
    (영문판: Siemens NX 10 Nastran)

CATIA V5 기본 모델링

학습자료 다운로드 안내

홈페이지(www.onsia.kr)에 id를 등록하고 "정식 구매자 등록"을 하시면 학습자료를 내려 받고 관련 서비스를 이용하실 수 있도록 회원 등급을 조정하여 드립니다. 정식 구매를 하지 않으신 분은 홈페이지의 서비스 이용에 제한을 받을 수 있습니다.

목 차

Chapter 1
CATIA V5 시작하기 1

1.1 CATIA V5 소개 2
1.2 CATIA V5의 워크벤치 3
1.3 CATIA V5 실행하기 3
    1.3.1 File New 메뉴 이용 5
    1.3.2 Start 메뉴에서 워크벤치 선택 6
1.4 CATIA V5의 화면 구성 7
    1.4.1 Specification Tree 7
    1.4.2 메뉴바 7
    1.4.3 컴파스 8
    1.4.4 워크벤치 8
    1.4.5 스테이터스바 8
    1.4.6 기준평면 9
    1.4.7 툴바 9
1.5 화면 조작 9
    1.5.1 화면의 이동 9
    1.5.2 화면 확대/축소 9
    1.5.3 화면의 회전 10
    1.5.4 중심 이동 10
1.6 뷰 툴바 11
    1.6.1 Pan, Rotate, Zoom In, Zoom Out 11
    1.6.2 Fit All In (그림 1-13 의 Ⓐ) 11
    1.6.3 Normal View (그림 1-13 의 Ⓑ) 12
    1.6.4 Create Multi-View (그림 1-13의 Ⓒ) 12
    1.6.5 뷰 방향 설정(Quick View 툴바) 12
    1.6.6 표시 유형 설정(View Mode 툴바) 13

1.6.7 Hide/Show (그림 1-13의 **F**) 15
1.6.8 Swap visible space (그림 1-13의 **G**) 16
1.7 단축키 17
1.8 시스템 옵션 17
1.9 메뉴 사용자 정의(Customization) 19

Chapter 2
CATIA V5 모델링 개요   25

2.1 주요 용어 26
    2.1.1 3차원 모델링 26
    2.1.2 피쳐 기반 모델링 26
    2.1.3 스케치 기반 피쳐 27
    2.1.4 히스토리 기반 모델링 28
2.2 모델링 과정 개요 30
    2.2.1 모델 파일 생성 30
    Exercise 01 31
    Exercise 02 34
    2.2.2 첫 번째 스케치 생성 34
    2.2.3 돌출시켜 3차원 형상 만들기 39
    Exercise 03 39
    Exercise 04 40
    2.2.4 두 번째 형상 생성 40
    2.2.5 추가 모델링 45
    Exercise 05 45
    Exercise 06 48
    2.2.6 형상 제거 48
2.3 모델링 단계 요약 51
2.4 Specification Tree 사용하기 52
2.5 모델 수정 55
    Exercise 07 55

Chapter 3
스케치 기본　　　　　　　　　　　　　　　　　　　　　　　59

- 3.1 스케치 워크벤치 60
  - 3.1.1 개요 60
  - 3.1.2 Sketcher 워크벤치 기본 설정 61
  - 3.1.3 단위 설정 63
- 3.2 스케치의 구성 요소 64
- 3.3 스케치 순서 64
  - 3.3.1 스케치 면 정의 64
  - 3.3.2 커브 생성 65
  - 3.3.3 구속 65
  - 3.6.7 스케치 종료 65
- 3.4 스케치 그리기 66
  - 3.4.1 Line 66
  - Exercise 01 67
  - 3.4.2 Profile 69
  - Exercise 02 70
  - 3.4.3 Predefined Profile 71
  - Exercise 03 71
  - 3.4.4 기타 스케치 기능 73
  - Exercise 04 73
- 3.5 스케치 개체 삭제하기 76
  - 3.5.1 Select 툴바 76
- 3.6 스케치 커브의 구속 77
  - 3.6.1 치수 구속 78
  - 3.6.2 기하 구속 79
  - 3.6.3 구속조건의 종류 81
  - Exercise 05 83
  - 3.6.4 구속의 상태 85
  - 3.6.5 구속의 상태 확인 86
  - Exercise 06 89

Exercise 07 91
3.6.6 기타 스케치 구속 95
Exercise 08 96
Exercise 09 97

Chapter 4
스케치 고급   *99*

4.1 스케치 커브의 수정 100
    4.1.1 Fillet 100
    4.1.2 Chamfer 101
    4.1.3 Relimitation 102
4.2 Transformation 103
    4.2.1 Mirror 103
    Exercise 01 103
    4.2.2 Symmetry 105
    4.2.3 Translate 106
    4.2.4 Rotate 107
    4.2.5 Scale 108
    4.2.6 Offset 109
4.3 스케치 요소의 삭제 110
    Exercise 02 112
4.4 3차원 요소를 이용한 커브 생성 112
    Exercise 03 115
4.5 스케치 면의 방향 설정 118
    Exercise 04 119
4.6 스케치 치수의 연결 120
    Exercise 05 121
    Exercise 06 124
    Exercise 07 125
    Exercise 08 126
    Exercise 09 127

Exercise 10 128

Exercise 11 129

Exercise 12 130

Exercise 13 131

Exercise 14 132

Chapter 5
스케치 기반 피쳐 I (Pad와 Pocket) 133

5.1 Pad 기능. 134

5.2 프로파일. 135

    5.2.1 프로파일의 특성 135

    Exercise 01 137

    5.2.2 여러 개의 폐곡선. 139

    5.2.3 열린 프로파일을 이용한 첫번째 Pad 피쳐 140

    Exercise 02 141

    5.2.4 Side와 Direction 옵션. 142

    Exercise 03 143

    5.2.5 Mirrored Extent. 144

5.3 Hide와 Show. 144

5.4 User Selection Filter. 145

    Exercise 04 146

5.5 그래픽 속성. 151

5.6 돌출 한계(Limit) 설정. 152

    5.6.1 Up to Next. 153

    5.6.2 Up to Plane 154

    5.6.3 Up to Surface 155

    5.6.4 Up to Last 156

    Exercise 05 157

    5.6.5 Limit 평면 또는 곡면의 Offset. 158

5.7 서피스의 Pad. 159

5.8 Thin Pad. 162

5.9 Drafted Filleted Pad 163
    Exercise 06 163
5.10 Multi-Pad 165
5.11 Pocket...166
5.12 Drafted Filleted Pocket 168
5.13 Multi-Pocket 169
    Exercise 07 170
    Exercise 08 174

Chapter 6
스케치 기반 피쳐 II (Shaft, Groove, Hole)　　　　　179

6.1 Shaft..180
    Exercise 01 181
    6.1.1 Shaft의 프로파일과 축..182
    Exercise 02 184
6.2 Groove..184
6.3 Hole 기능..186
    6.3.1 일반적인 구멍 생성..187
    Exercise 03 188
    Exercise 04 190
    6.3.2 호와 중심이 일치하는 구멍 생성................................190
    6.3.3 모서리를 이용하여 위치 정하기..................................191
    Exercise 05 191
    Exercise 06 193
    Exercise 07 194
    Exercise 08 195
    Exercise 09 196
    Exercise 10 198

Chapter 7
참조 개체 (Reference Element)   *201*

7.1 참조 개체(Reference Element) 202
7.2 참조 평면 (Reference Plane). 203
    7.2.1 참조 평면의 용도. 204
    Exercise 01 206
    7.2.2 참조 평면(Reference Plane)의 타입 206
    Exercise 02 209
    Exercise 03 213
    Exercise 04 215
    7.2.3 기타 평면 생성 옵션 218
7.3 참조 점(Reference Point) 219
    7.3.1 Coordinates 타입 220
    7.3.2 On curve 타입 222
    7.3.3 On plane 타입 223
    7.3.4 Circle / Sphere / Ellipse center 타입 224
    7.3.5 Tangent on curve 타입 225
    7.3.6 기타 참조 점(Reference Point) 생성 타입 225
7.4 참조 직선(Reference Line) 226
    7.4.1 참조 직선의 용도. 227
    7.4.2 Point-Point 타입 228
    7.4.3 Point-Direction 타입 230
    7.4.4 Angle-Normal to curve 타입 231
    7.4.5 기타 참조 직선(Reference Line) 생성 타입 232
    Exercise 05 233
    Exercise 06 236
    Exercise 07 240
    Exercise 08 241
    Exercise 09 242
    Exercise 10 243
    Exercise 11 244

Chapter 8
Dress-Up 피쳐　　　　　　　　　　　　　　　　　　　　　　　　**245**

8.1 Dress-Up 피쳐 246
8.2 Fillet. 247
　　8.2.1 Edge Fillet 247
　　8.2.2 Edge Fillet의 종류. 248
　　8.2.3 Edge Fillet 생성 절차. 249
　　Exercise 01 250
　　8.2.4 Setback Fillet 251
　　Exercise 02 251
　　8.2.5 구간 필렛 253
　　Exercise 03 253
　　Exercise 04 254
　　8.2.6 가변 필렛 254
　　Exercise 05 258
　　8.2.7 Edge to Keep 옵션 258
　　8.2.8 Face-Face Fillet 262
　　8.2.9 Tritangent Fillet 264
　　8.2.10 필렛 가이드라인 265
　　Exercise 06 265
　　Exercise 07 266
　　Exercise 08 267
8.3 Chamfer. 268
　　8.3.1 Chamfer 생성 절차 268
　　8.3.2 Mode 옵션 269
8.4 Draft. 271
　　8.4.1 Draft Angle 273
　　8.4.2 중립면과 분할면 274
　　Exercise 09 275
　　8.4.3 Draft Reflect Line. 277
　　Exercise 10 278

> 8.4.4 Variable Angle Draft(가변 구배) 279
> Exercise 11 279
> 8.4.5 Draft Angle의 다른 기능 283
>
> 8.5 Shell 285
> 8.5.1 Outside Thickness 286
> 8.5.2 Other Thickness Faces 287
> Exercise 12 289
> Exercise 13 290
> Exercise 14 291
> Exercise 15 292
> Exercise 16 294

Chapter 9
모델 수정   *295*

> 9.1 모델 수정의 이해 296
> 9.1.1 피쳐의 Parents – Children 관계 297
> 9.1.2 종속 관계 제거 298
> 9.1.3 Deactivate 298
>
> 9.2 피쳐의 삭제 299
>
> 9.3 Sketch 수정 300
> 9.3.1 스케치의 구성 요소 300
> Exercise 01 301
> 9.3.2 스케치 면 변경 303
>
> 9.4 Feature의 순서 변경 304
> Exercise 02 305
>
> 9.5 피쳐 삽입 307
> Exercise 03 307
> Exercise 04 311
>
> 9.6 Feature Definition 수정 316
> 9.6.1 선택한 개체 변경 316
> Exercise 05 317

Exercise 06 319
Exercise 07 322
9.6.2 프로파일 변경 322
Exercise 08 325
Exercise 09 326
Exercise 10 328
Exercise 11 329

Chapter 10
바디를 이용한 모델링   *331*

10.1 새로운 바디 생성하기 332
   10.1.1 바디 추가하기 332
   10.1.2 Geometrical Set 334
   Exercise 01 335
10.2 불리언 작업 337
   10.2.1 Add 337
   Exercise 02 338
   Exercise 03 339
   Exercise 04 340
   10.2.2 Union Trim 341
   Exercise 05 341
   Exercise 06 342
   10.2.3 Remove 342
   10.2.4 Remove Lump 343
   Exercise 07 343
   Exercise 08 344
   10.2.5 Intersect 344
   Exercise 09 346
   10.2.6 Assemble 347
   Exercise 10 348
   Exercise 11 350

10.3 바디의 재사용 350
10.4 바디의 화면표시 353
  Exercise 12 354
  Exercise 13 356
  Exercise 14 358
  Exercise 15 359
  Exercise 16 360

Chapter 11
오브젝트의 복사   *361*

11.1 개요 362
11.2 변환 피쳐(Tranaformation Feature) 362
11.3 User Selection Filter 363
11.4 Pattern(배열) 365
  11.4.1 Rectangular Pattern 366
  Exercise 01 368
  11.4.2 Circular Pattern 376
  Exercise 02 379
  Exercise 03 382
  11.4.3 User Pattern 383
  Exercise 04 383
11.5 Mirror 385
  Exercise 05 385
11.6 모델의 확대/축소 387
  Exercise 06 388
  Exercise 07 389
  Exercise 08 390
  Exercise 09 391
  Exercise 10 392
  Exercise 11 393
  Exercise 12 394

Chapter 12
고급 스케치 기반 피쳐   *395*

12.1 Stiffener 396
    12.1.1 From Side 모드 396
    12.1.2 From Top 모드 398
    Exercise 01 399
12.2 Solid Combine 400
12.3 Rib 401
    12.3.1 Keep angle 옵션 402
    12.3.2 Pulling direction 옵션 402
    Exercise 02 403
    12.3.3 Reference surface 옵션 404
    12.3.4 Move profile to path 옵션 405
    12.3.5 Profile과 Center Curve의 조건 406
    Exercise 03 407
    12.3.6 Merge Rib's Ends 옵션 410
    12.3.7 Thick Profile의 Merge Ends 옵션 410
12.4 Slot 411
12.5 Multi-Sections Solid(다중 섹션 솔리드) 411
    Exercise 04 412
    12.5.1 가이드를 이용한 다중 섹션 솔리드 413
    Exercise 05 413
    Exercise 06 416
    12.5.2 스파인(Spine)을 이용한 다중 섹션 솔리드 ...416
    12.5.3 Coupling과 Closing Point 418
    Exercise 07 419
    Exercise 08 422
12.6 Removed Multi-sections Solid(다중 섹션 제거) 424
    Exercise 09 425
    Exercise 10 426
    Exercise 11 427

Exercise 12 428

Chapter 13
Formula   **429**

13.1 Formula 430

13.2 Formula 정의하기 430

       Exercise 01 431

       Exercise 02 434

13.3 측정 파라미터 이용하기 434

13.4 미리 생성한 파라미터 이용하기 439

       Exercise 03 441

       Exercise 04 446

Chapter 14
어셈블리 I   **447**

14.1 어셈블리의 이해. 448

14.2 용어 448

       14.2.1 파트(Part). 448

       14.2.2 프러덕트(Product) 448

       14.2.3 컴포넌트(Component). 448

       14.2.4 서브 어셈블리(Sub-assembly) 449

       14.2.5 마스터 파트(Master Part) 449

       14.2.6 인스턴스(Instance) 449

       14.2.7 BOM(Bill of Material) 450

       14.2.8 Bottom-Up 어셈블리 모델링. 450

       14.2.9 Top-Down 어셈블리 모델링 450

14.3 어셈블리 생성 451

       14.3.1 Assembly Design 워크벤치 실행 .451

       14.3.2 프러덕트 파일 생성 453

       14.3.3 어셈블리 모델링의 주요 기능. 453

14.4 어셈블리 생성 454

- 14.4.1 생성되어 있는 파트를 컴포넌트로 추가하기 455
  - Exercise 01 455
- 14.4.2 프러덕트와 인스턴스의 이름 457
  - Exercise 02 458
- 14.4.3 프러덕트의 이름 충돌 461
- 14.4.4 파일 닫기 461
- 14.4.5 파일 열기 461
- 14.4.6 파트 파일 활성화 시키기 461

14.5 컴포넌트의 이동 463
- Exercise 03 463

14.6 컴포넌트의 구속 465
- 14.6.1 Fix(고정) 465
- 14.6.2 Coincidence(일치) 466
- 14.6.3 Contact(접촉) 467
- Exercise 04 467
- 14.6.4 Snap 기능을 이용한 이동 471
- 14.6.5 Smart Move 기능을 이용한 이동 472
- 14.6.6 구속의 상태 확인 474

14.7 컴포넌트의 복사 475
- 14.7.1 Copy/Paste 476
- 14.7.2 Existing Component 아이콘 이용 476

14.8 Hide/Show 476
- 14.8.1 컴포넌트의 Hide/Show 476
- 14.8.2 구속조건의 Hide/Show 476
- 14.8.3 컴포넌트의 구속 식별하기 477

14.9 Activate/Deactivate 478
- 14.9.1 컴포넌트의 Activate/Deactivate 478
- 14.9.2 구속조건의 Activate/Deactivate 478

14.10 서브 어셈블리 구성 479
- Exercise 05 481
- Exercise 06 482

Chapter 15
어셈블리 II   *483*

15.1 Context Control 484
    15.1.1 컴포넌트의 Load/Unload 484
    15.1.2 프러덕트나 파트의 수정 모드 485
    15.1.3 Open in New Window 486
    Exercise 01 487
15.2 간섭 체크 490
    15.2.1 간섭의 타입 490
    15.2.2 간섭 체크 방법 492
    Exercise 02 494
15.3 다른 컴포넌트의 형상을 이용한 모델링 495
    Exercise 03 496
    Exercise 04 500
15.4 서브 어셈블리와 새로운 파트 생성 501
    15.4.1 새로운 프러덕트 생성 501
    15.4.2 새로운 컴포넌트 프러덕트 생성 501
    15.4.3 새로운 파트 프러덕트 생성 501
    Exercise 05 502
    Exercise 06 503
15.5 Formula 이용 506
    Exercise 07 508
    Exercise 08 514
15.6 Publication 516
15.7 어셈블리의 분해 518
15.8 어셈블리의 화면 표시 520
    15.8.1 컴포넌트의 화면 표시 520
    15.8.2 단면 표시 521
    Exercise 09 523
    Exercise 10 524

Chapter 16
도면뷰 생성   527

16.1 개요 528
16.2 주요 용어..528
    16.2.1 도면뷰(Drawing View) 528
    16.2.2 표제란(Title Block) 529
    16.2.3 도면 시트(Drawing Sheet)................................529
16.3 새로운 파일 시작 530
16.4 도면 시트...531
    16.4.1 도면 시트 생성 531
    16.4.2 도면 시트 설정 532
16.5 도면뷰(Drawing View) 533
    16.5.1 투영도(Projection View) 생성 533
    Exercise 01 534
    16.5.2 뷰 설정..539
    Exercise 02 540
    Exercise 03 541
    16.5.3 단면도(Section View) 생성 543
    Exercise 04 544
    16.5.4 상세도(Detail View) 생성 548
    16.5.5 클리핑 뷰(Clipping View) 생성 549
    Exercise 05 550
    16.5.6 절단뷰(Break View) 생성.................................550
16.6 View Positioning..553
    16.6.1 상대적 위치 설정..554
    16.6.2 Position Independently of Reference View..................554
    16.6.3 Superpose..555
    16.6.4 개체를 이용한 뷰 정렬....................................555
    Exercise 06 556
16.7 파트 파일의 형상 수정..556
16.8 프레임과 표제란 삽입...559

  16.8.1 Action 옵션 560

  16.8.2 회사 고유의 프레임 생성하기 560

 Exercise 07 561

Chapter 17
치수 생성과 어셈블리 도면   563

17.1 도면 생성 절차 564

17.2 치수(Dimension) 생성 564

 17.2.1 치수 생성 옵션 564

 17.2.2 치수의 화면 표시 565

 Exercise 01 567

 17.2.3 Tools Palette 574

17.4 치수의 타입 575

17.5 Dimension의 팝업 메뉴 576

17.3 치수의 정렬 579

17.6 Annotation 581

 17.6.1 Text 581

 17.6.2 Text with Leader 582

 17.6.3 Leader 추가 583

17.7 치수와 Annotation의 설정 변경 584

 17.7.1 치수 설정 변경 584

 17.7.2 Annotation 설정 변경 585

 17.7.3 Manipulator를 이용한 수정 587

17.8 중심선 생성하기 588

 Exercise 02 591

 Exercise 03 592

 Exercise 04 594

 Exercise 05 595

 Exercise 06 596

17.9 어셈블리 도면 597

 17.9.1 컴포넌트 제외시키기 597

17.9.2 단면 표시 제외 598
Exercise 07 599
17.9.3 어셈블리의 부분 단면도(Breakout View) 600
17.9.4 BOM(Bill of Material) 생성 601
17.9.5 분해도 뷰 추가 603
17.9.6 Balloon Annotation 606
17.10 PDF 파일 생성 607

Chapter 1
CATIA V5 시작하기

■ 학습목표

- CATIA V5에 대하여 알아본다.
- CATIA V5를 실행시키는 방법을 이해한다.
- CATIA V5의 기본 구성요소와 화면 조작 방법을 이해한다.
- CATIA V5의 설정 옵션을 이해한다.

1.1 CATIA V5 소개

CATIA V5는 1970년대 후반에 프랑스의 Dassault Systèmes에 의해 개발된 3차원 캐드 소프트웨어다. 처음에는 미라지 전투기의 설계를 위하여 사용되었고, 점차 적용 범위를 넓혀 현재는 자동차, 항공, 조선 등의 산업 분야에서 널리 사용된다. 우리나라에서는 현대자동차를 포함하여 중공업, 조선, 기계장비, 건설 및 금형 관련 회사에서 광범위하게 사용하고 있다. CATIA V5는 Pro/Engineer, Siemens NX, Autodesk Inventor, Solidworks, Solid Edge 등의 다른 CAD/CAM/CAE 소프트웨어와 시장 점유율 경쟁을 하고 있다.

CATIA V4까지는 Non-manifold 솔리드 엔진을 이용하여 작은 서피스 조각을 연결하여 모델링을 완성하는 기법을 이용하였으나, V5 부터는 NURBS 기반의 파라메트릭 솔리드/서피스 모델링을 채택하여 다른 3차원 캐드시스템과 비슷한 개념을 적용하여 모델링을 수행할 수 있다.

피쳐는 개별적으로 수정할 수 있는 가장 작은 모델링 단위이다. CATIA V5에서 생성된 모델은 개별 피쳐들의 조합이고, 각각의 피쳐는 직간접적으로 서로 연관되어 있다. 모델링을 하면서 설계의도를 적절하게 반영한다면 연관되어 있는 피쳐를 수정할 경우 설계의도를 유지하기 위해 필요한 수정이 자동으로 이루어진다. 이러한 점은 설계의 유연성을 증대시킨다.

소프트웨어를 이용하여 지오메트리(geometry)의 모양이나 크기를 정의하는데 있어서 표준적인 특성이나 파라미터를 사용하는 것을 파라메트릭 모델링이라고 한다. 파라메트릭 모델링 기법을 이용하면 모델을 생성하는 도중에 언제든지 앞에서 생성한 피쳐를 수정할 수 있기 때문에 설계 단계를 간편하게 해준다. 그림 1-1(a)는 최초에 생성된 모델을 보여주며 그림 1-1(b)는 원형 배열의 파라미터를 변경하여 카운터보어 홀의 개수를 변경한 것이다.

〈Wikipedia 참고〉

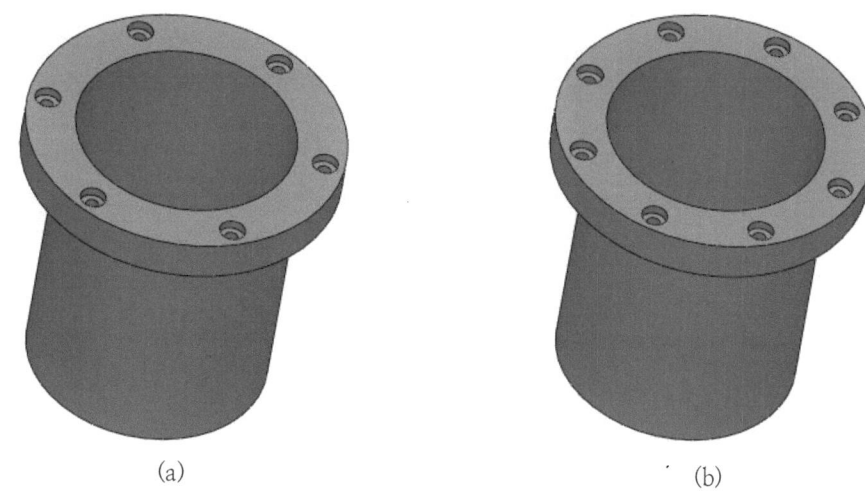

(a) (b)

그림 1-1 파라미터를 이용한 모델 변경

1.2 CATIA V5의 워크벤치

CATIA V5는 다양한 워크벤치를 이용하여 기본적인 설계를 수행한다. 워크벤치는 모델링 툴들의 집합으로 이루어진 작업 환경이며 사용자가 특정 분야의 제품에 대한 설계를 수행할 때 필요한 기능을 편리하게 사용할 수 있도록 해준다. CATIA V5의 기본 워크벤치는 Part Design 워크벤치, Wireframe and Surface Design 워크벤치, Asssembly 워크벤치, Drafting 워크벤치 및 Generative Sheetmetal Design 워크벤치이다. 이 책에서는 Part Design과 Assembly 및 Drafting 워크벤치의 기본적인 사용법에 대하여 설명한다.

1.3 CATIA V5 실행하기

CATIA V5를 실행시키려면 그림 1-2와 같이 시작 > 프로그램 > CATIA P3 > CATIA V5-6R2014를 선택한다. 바탕화면에 바로가기 아이콘이 있다면 더블클릭해도 되고, 빠른 실행 기능을 이용할 수도 있다.

그림 1-3은 CATIA V5를 실행시켰을 때 나타나는 Product Structure 워크벤치의 화면이다. 첫 화면은 모델링 상황에 따라 다르게 나타난다. 모델을 생성하기 위한 파트 파일을 생성하는 방법에는 두 가지가 있다.

1 장: CATIA V5 시작하기

그림 1-2 CATIA V5 실행시키기

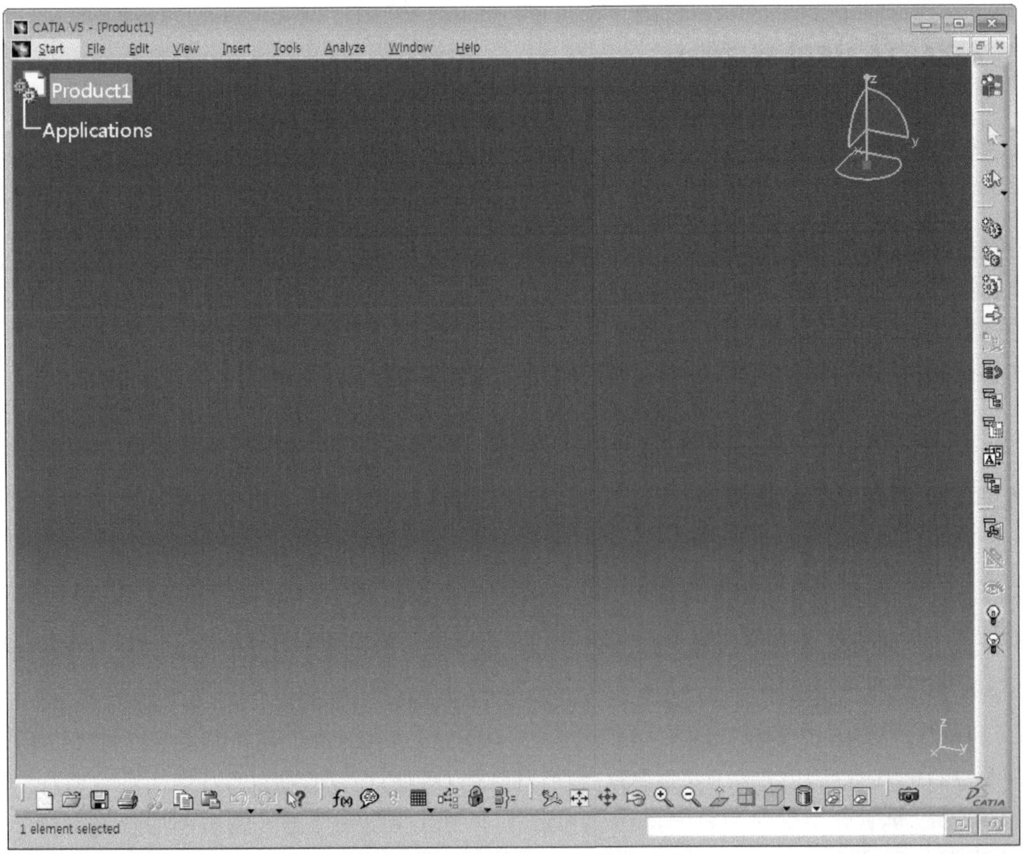

그림 1-3 CATIA V5의 시작화면

1.3.1 File New 메뉴 이용

메뉴바에서 File 〉 New를 선택하면 그림 1-4와 같은 대화상자가 나타나고, 이 대화상자에서 새로운 파일의 타입을 선택하면 해당 워크벤치로 들어간다.

우리는 Part Design을 할 것이므로 List of Types 영역에서 Part를 선택한다. 또는 Selection 입력창에 Part라고 입력해도 된다. 타입을 선택한 후 OK 버튼을 누르면 그림 1-5와 같이 Part Design 워크벤치로 들어간다.

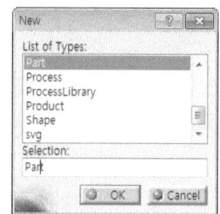

그림 1-4 New 대화상자

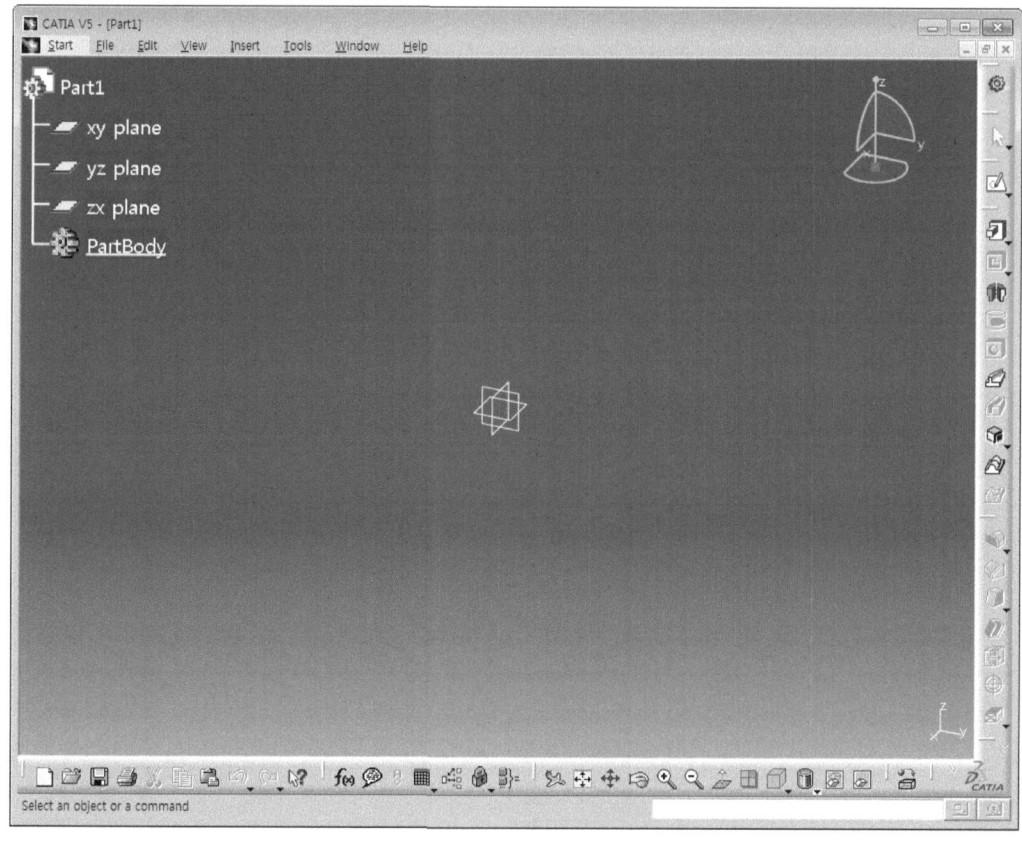

그림 1-5 Part Design 워크벤치

1.3.2 Start 메뉴에서 워크벤치 선택

첫 화면에 Product 파일이 나타났다면 닫고 메뉴바에서 Start 버튼을 눌러 Part Design 워크벤치를 선택함으로써 새로운 파트파일을 생성할 수 있다. 다음의 절차를 따른다.

1. File 〉 Close를 선택하여 첫 화면에 나타난 Product 파일을 저장하지 않고 닫는다.
2. CATIA V5의 Start 버튼을 누르고 Mechanical Design 〉 Part Design을 선택한다. (그림 1-6)
3. 그림 1-7의 New Part 대화상자에 파트 이름을 입력한다.

그림 1-8의 Part Design 워크벤치를 보여준다. Spec Tree에 파트의 이름이 표시되어 있음을 확인한다.

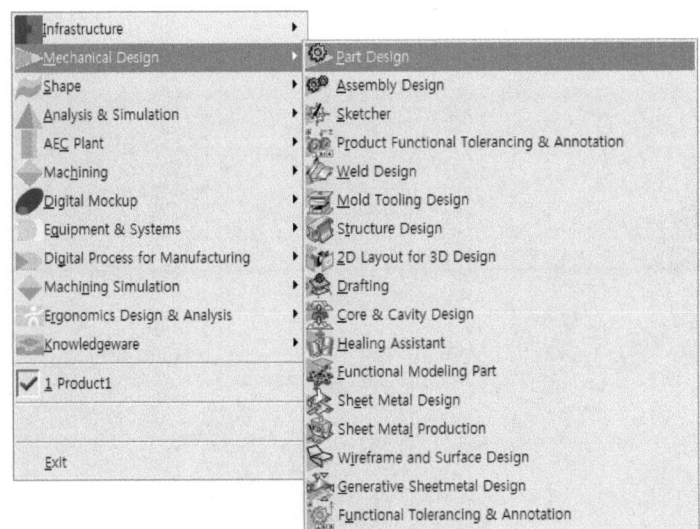

그림 1-6 워크벤치 선택

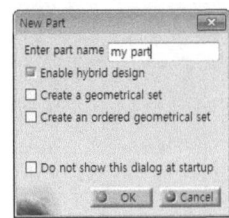

그림 1-7 New Part 대화상자

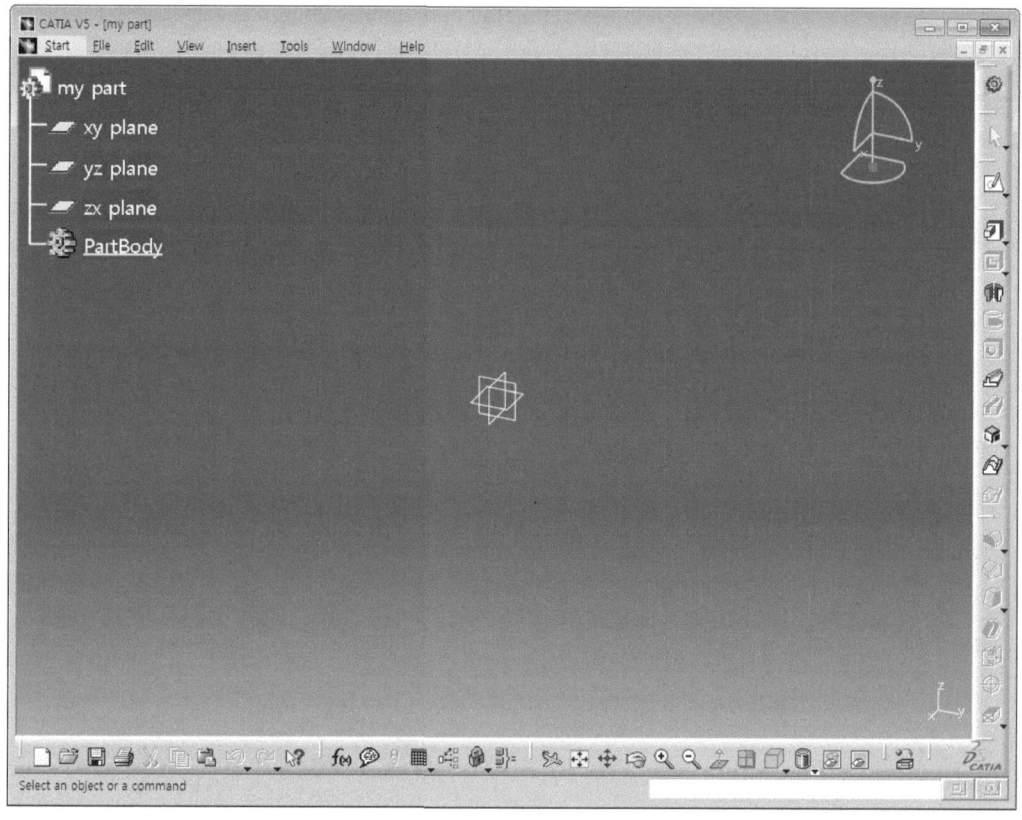

그림 1-8 Part Design Workbench

1.4 CATIA V5의 화면 구성

그림 1-9는 새로운 파일을 이용하여 CATIA의 Part Design 워크벤치로 들어갔을 때의 각 부분의 명칭을 보여준다. 화면 표시의 상태는 사용자의 취향에 따라 변경할 수 있다.

1.4.1 Specification Tree

파트 모델링의 이력을 보여준다. 이 곳에 나타나는 항목을 이용하여 형상을 수정할 수 있다. 메뉴바의 View > Specification Tree를 선택하면 화면에서 사라지게 할 수 있다.

1.4.2 메뉴바

모델링의 각종 기능을 실행시킬 수 있고, 여러 가지 설정을 변경할 수 있다.

1장: CATIA V5 시작하기

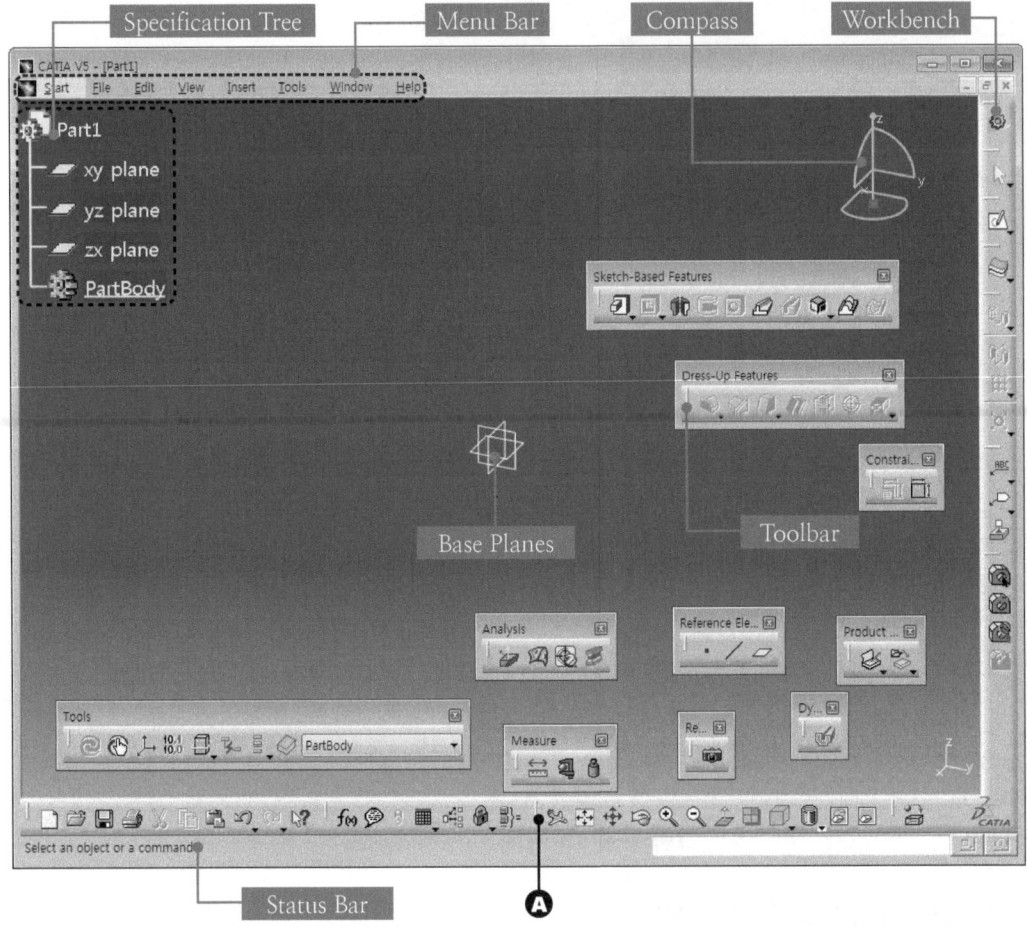

그림 1-9 CATIA V5 화면의 명칭

1.4.3 컴파스

화면의 이동, 회전 또는 모델의 회전, 이동에 사용된다.

1.4.4 워크벤치

현재 활성화되어 있는 워크벤치를 알려준다. 이 부분을 클릭하면 Welcome to CATIA V5 대화상자가 나타난다.

1.4.5 스테이터스바

모델링 작업을 진행중일 때 다음에 수행할 사항을 사용자에게 알려준다.

1.4.6 기준평면

모델링의 기준이 되는 세 개의 평면이다.

1.4.7 툴바

모델링에 사용되는 기능을 종류별로 모아 놓은 것이다. 메뉴바에 있는 기능을 아이콘 형태로 제공해 준다. 툴바의 시작 부분(그림 1-9의 **Ⓐ**로 가리키는 부분)을 드래그하여 작업화면 안쪽으로 꺼낼 수 있다. Shift 키를 눌러 툴바의 방향을 가로 또는 세로 방향으로 변경할 수 있다.

1.5 화면 조작

1.5.1 화면의 이동

마우스의 가운데 버튼을 누르고 드래그 하면 그림 1-10과 같이 마우스 포인터가 나타나고 화면과 평행하게 이동된다.

1.5.2 화면 확대/축소

마우스 가운데 버튼을 누르고 왼쪽(또는 오른쪽) 버튼을 클릭하면 그림 1-11과 같이 포인터가 변경되고 마우스를 밀거나 당기면 화면이 확대 또는 축소된다. 마우스 가운데 버튼을 누른 상태에서 Ctrl 키를 눌러도 같은 기능을 수행할 수 있다.

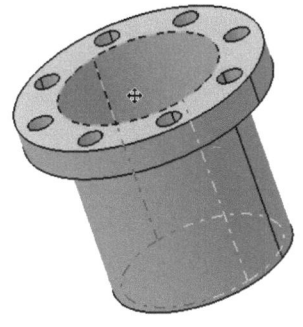

그림 1-10 화면의 이동

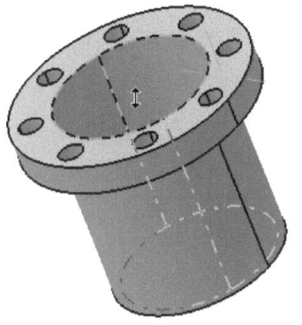

그림 1-11 화면의 확대/축소

1.5.3 화면의 회전

마우스 가운데 버튼(MB2)과 왼쪽 또는 오른쪽 버튼(MB3)을 누르고 드래그하면 그림 1-10과 같은 점선의 원이 화면에 나타나고 화면이 회전된다. 마우스 가운데 버튼과 Ctrl 키를 함께 눌러도 같은 기능을 수행할 수 있다.

그림 1-12 화면의 회전

1.5.4 중심 이동

화면의 특정 위치에 마우스 포인터를 위치시키고 MB2(가운데 버튼)를 누르면 그 위치가 화면의 중심으로 이동된다. 이 기능을 이용하면 모델의 원하는 위치가 화면의 중심으로 빠르게 이동되고, 이 중심을 기준으로 화면이 회전된다.

1.6 뷰 툴바

그림 1-13은 뷰 툴바를 보여준다. 이 툴바에 있는 기능을 이용하여 화면을 조작할 수 있다.

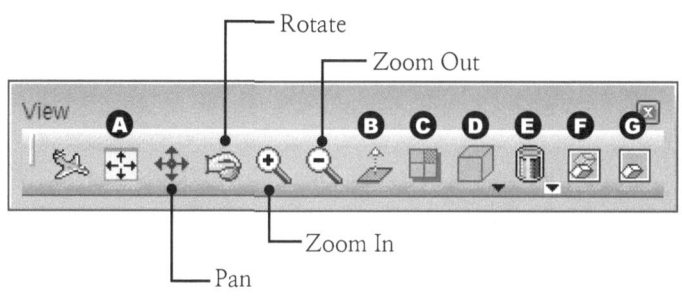

그림 1-13 View 툴바

1.6.1 Pan, Rotate, Zoom In, Zoom Out

각각의 버튼을 누르고 MB1(마우스 왼쪽 버튼)을 누른 후 드래그 하면 화면을 이동, 회전, 확대 또는 축소시킬 수 있다.

1.6.2 Fit All In (그림 1-13 의 Ⓐ)

이 버튼을 누르면 파일에 보이는 형상이 전체 화면을 차지하도록 화면 크기가 자동으로 조정된다. Pan 기능을 이용하여 화면을 이동시켜 모델을 찾을 수 없을 때 이 버튼을 누르면 화면에 맞게 다시 나타난다.

1.6.3 Normal View (그림 1-13 의 ❸)

이 버튼을 누르면 스테이터스바에 평면을 선택하라는 메시지가 나타난다. 평면을 선택하면 그 평면이 모니터 화면과 나란하게 정렬된다. 그림 1-14(a)는 일반 보기이고, 그림 1-14(b)는 Normal View 버튼을 누른 후 윗면을 선택하였을 때의 화면 보기를 보여준다.

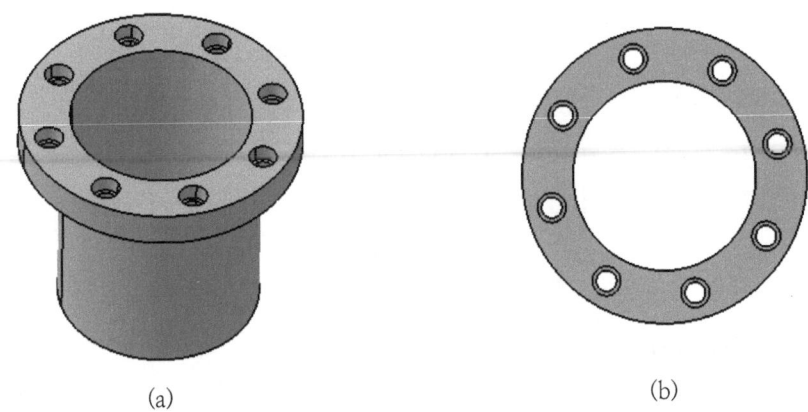

(a)   (b)

그림 1-14 Normal View 기능을 이용한 화면 정렬

1.6.4 Create Multi-View (그림 1-13의 ❸)

이 버튼을 누르면 화면이 4 개로 나누어 진다. 각각의 화면 보기 방향은 따로따로 설정할 수 있다.

1.6.5 뷰 방향 설정(Quick View 툴바)

그림 1-13의 ❹ 아이콘에 있는 아래 방향 작은 화살표를 누르면 그림 1-15와 같은 Quick View 툴바를 꺼낼 수 있다. 툴바를 꺼내면서 Shift 키를 누르면 툴바가 가로 방향으로 된다.

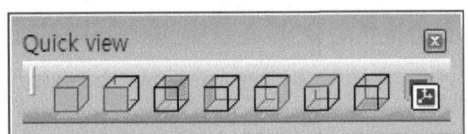

그림 1-15 Quick View 툴바

이 툴바를 이용하면 모델의 보기 방향을 표준뷰 방향으로 빠르게 전환할 수 있다. 그림 1-18은 이 기능을 이용하여 표시한 각 방향 뷰를 보여준다.

Named View 기능을 이용하면 그림 1-16과 같은 Named Views 대화상자가 나타나고 현재의 보기 방향에 이름을 설정하여 저장할 수 있다.

그림 1-16 Named Views 대화상자

1.6.6 표시 유형 설정(View Mode 툴바)

그림 1-13의 ❺ 아이콘을 펼치면 그림 1-17과 같은 View Mode 툴바가 나타난다. 이 툴바의 기능을 이용하면 모델의 화면 표시 유형을 변경할 수 있다. 그림 1-19는 여러 가지 화면 표시 유형을 보여준다.

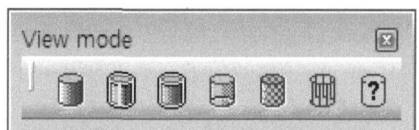

그림 1-17 View Mode 툴바

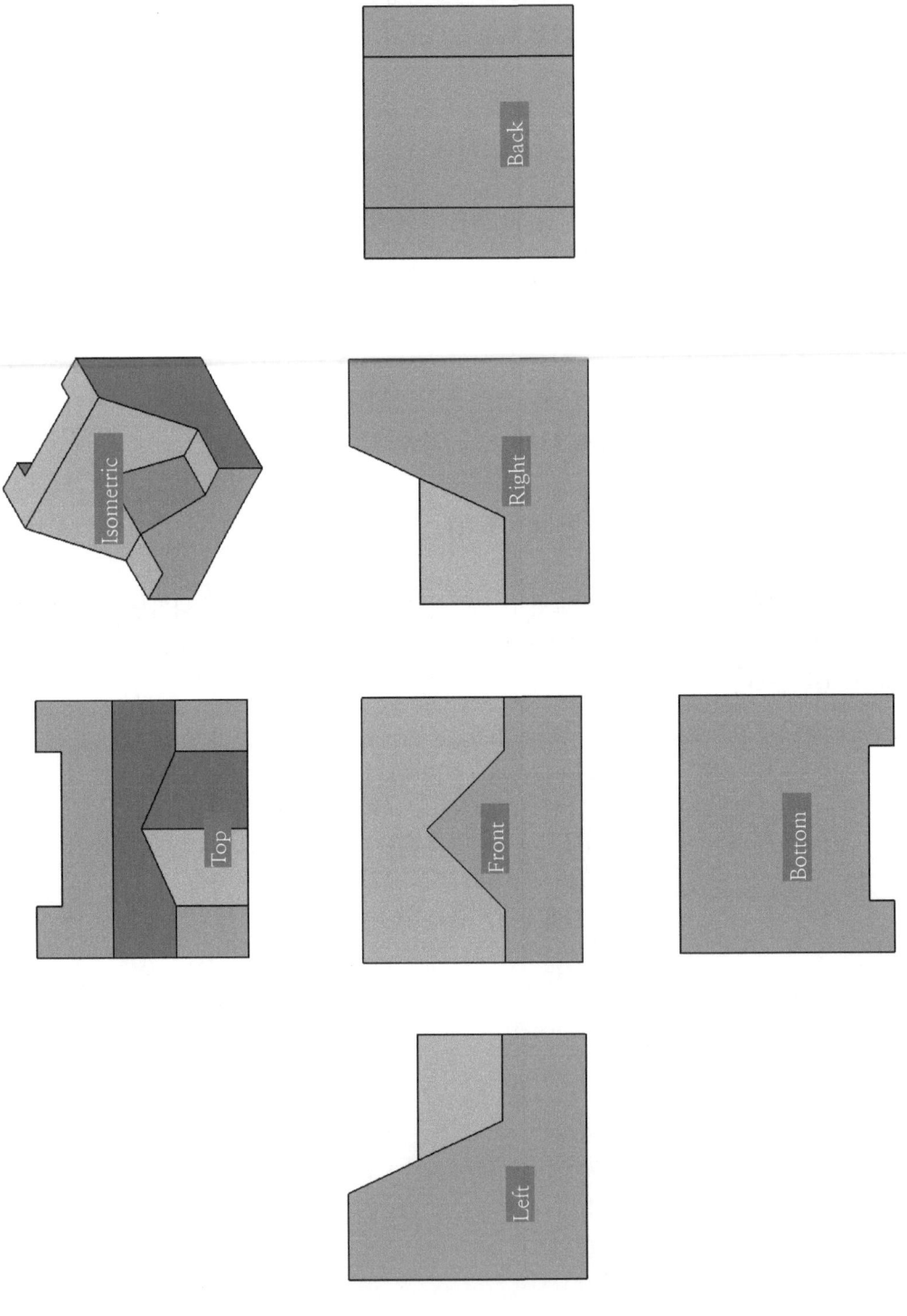

그림 1-18 뷰 방향

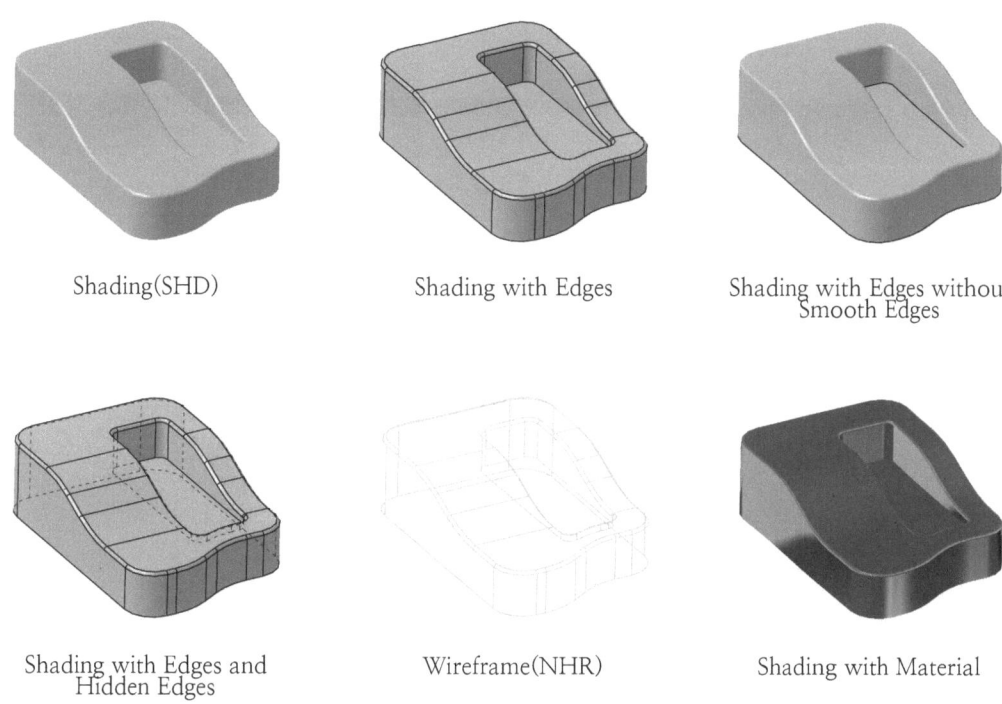

그림 1-19 화면 표시 유형

Shading with Material 상태를 화면에 표시하려면 먼저 파트에 재질을 설정하여야 한다.

다음 순서를 따른다.

① Apply Material 버튼 클릭 ( )
② Specification Tree 또는 화면에서 Part Body 선택
③ 그림 1-18의 Material Library에서 재질 선택
④ View Mode 툴바에서 Shading with Material 버튼 클릭

1.6.7 Hide/Show (그림 1-13의 ❻)

View 툴바에서 Hide/Show 버튼을 누르면 개체를 숨기거나 나타나게 할 수 있다. 이 버튼을 누르고 숨길 개체를 선택하면 화면에서 사라진다. 화면에는 보이는 공간과 보이지 않는 공간이 있는데, 이 버튼을 이용하면 보이는 공간에 있는 개체를 보이지 않는 공간으로 이동시킨다.

15

1장: CATIA V5 시작하기

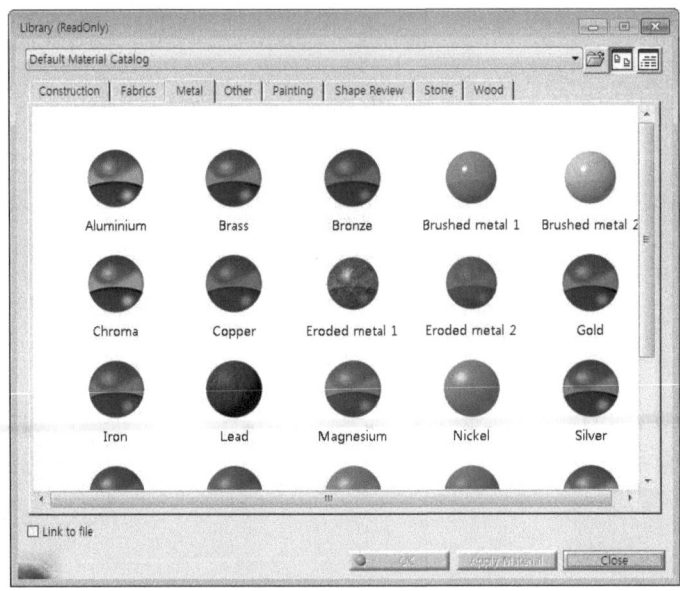

그림 1-20 Material Library 대화상자

1.6.8 Swap visible space (그림 1-13의 ⓖ)

이 버튼을 누르면 화면의 보이는 공간이 전환되어 숨겨진 개체를 볼 수 있다. 보이지 않는 공간을 표시하였을 때는 화면의 배경색이 변경된다. 보이지 않는 공간에서 모델링을 수행할 수도 있지만 모델링의 결과는 보이는 공간에 반영된다. 보이지 않는 공간에서 Hide/Show 버튼을 이용하여 보이는 공간으로 개체를 이동시킬 수 있다.

❗ 툴바 위치 초기화

다음 절차에 따라 툴바 위치를 초기화 할 수 있다.

1. 메뉴바에서 Tools > Customize를 선택한다.
2. Customize 대화상자에서 Toolbars 탭을 누른다.
3. Restore Position 버튼을 누른다.

1.7 단축키

CATIA V5는 아이콘을 이용하여 대부분의 기능을 실행시키지만 몇 몇 기능은 단축키를 제공한다. 또한 필요에 따라 단축키를 설정할 수도 있다. 아래 표는 많이 사용되는 단축키와 그 기능을 설명한다.

단축키	기능
CTRL+Z	**Undo** 기능을 실행시킨다.
CTRL+Y	**Repeat** 기능을 실행시킨다.
CTRL+S	현재 파일을 저장한다.
ALT+ENTER	**Properties** 기능을 실행시킨다.
CTRL+F	**Search** 기능을 실행시킨다.
CTRL+U	**Update** 기능을 실행시킨다.
SHIFT+F2	**Specification Overview** 기능을 실행시킨다.
F3	**Specification Tree**를 숨기거나 나타나게 한다.
SHIFT+F3	**Specification Tree**를 활성화 또는 비활성화시킨다.
SHIFT+F1	**What's This?** 기능을 실행시킨다.
F1	**CATIA V5**의 **Help** 기능을 실행시킨다.
CTRL+D	**Assembly Design** 워크벤치에서 **Fast Multi-Instantiation** 기능을 실행시킨다.

1.8 시스템 옵션

메뉴바에서 Tools 〉 Options를 선택하면 그림 1-21과 같은 대화상자가 나타난다. ⒶAZ 표시한 부분에는 설정할 옵션을 종류별로 분류해 놓았다. 화면 표시와 관련된 옵션은 General 〉 Display 항목을 선택하면 나타난다. 오른쪽 영역에서 Visualization 탭을 누르면 모델의 화면 표시 방법을 설정할 수 있다.

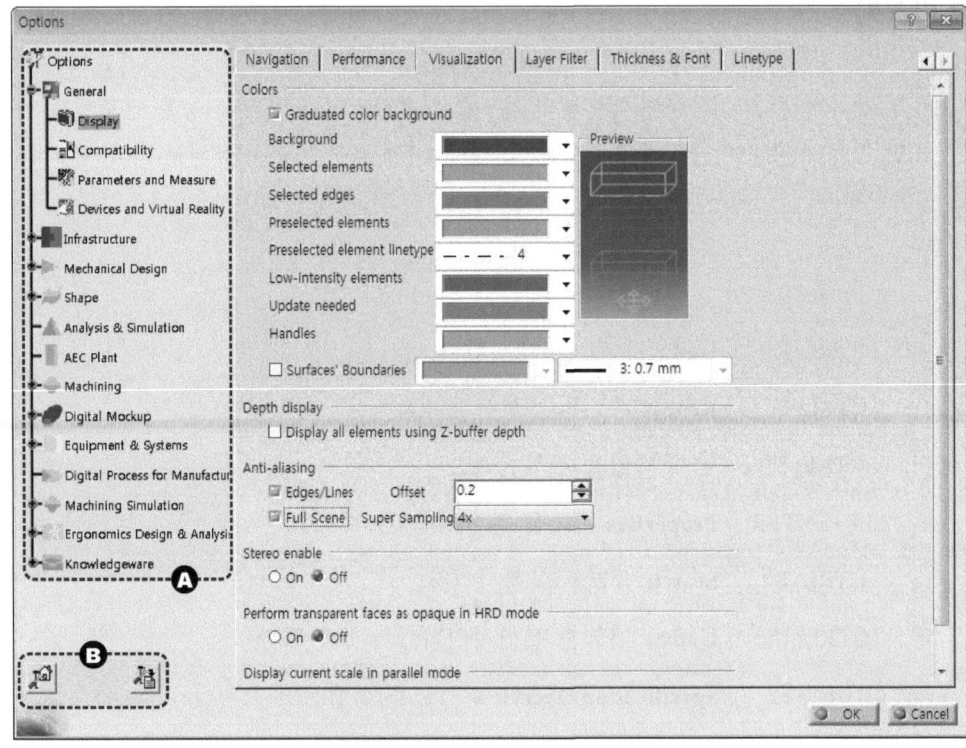

그림 1-21 Display 옵션 설정

그림 1-21의 Ⓐ 영역에서 Infrastructure 항목을 펼치면 Part Infrastructure 항목이 나타나고 이를 선택하면 그림 1-20과 같은 옵션이 나타난다. General 탭에 있는 Keep link with selected object 옵션을 선택하면 개체들 간에 연관관계를 가지도록 모델링을 수행할 수 있다.

그림 1-21의 Ⓐ 영역에서 Mechanical Design 항목을 펼치면 Assembly Design, Sketcher, Drafting과 관련된 옵션을 설정할 수 있다. Assembly Design 항목을 선택하고 General 탭을 누른 다음 Update 옵션 영역에서 Automatic을 선택하면 Assembly 구속조건을 부여할 때 자동으로 위치가 업데이트 된다. Sketcher를 선택하면 스케치 평면의 그리드 상태나 구속조건을 생성시키는 방법 등을 설정할 수 있다. Sketcher 옵션은 기본 설정대로 두기로 한다.

그림 1-21의 Ⓐ 영역 아래에는 두 개의 버튼(Ⓑ)이 있어 옵션 설정을 초기 상태로 되돌릴 수 있고 옵션 설정을 파일로 내보내어 다른 시스템에서 사용할 수도 있다.

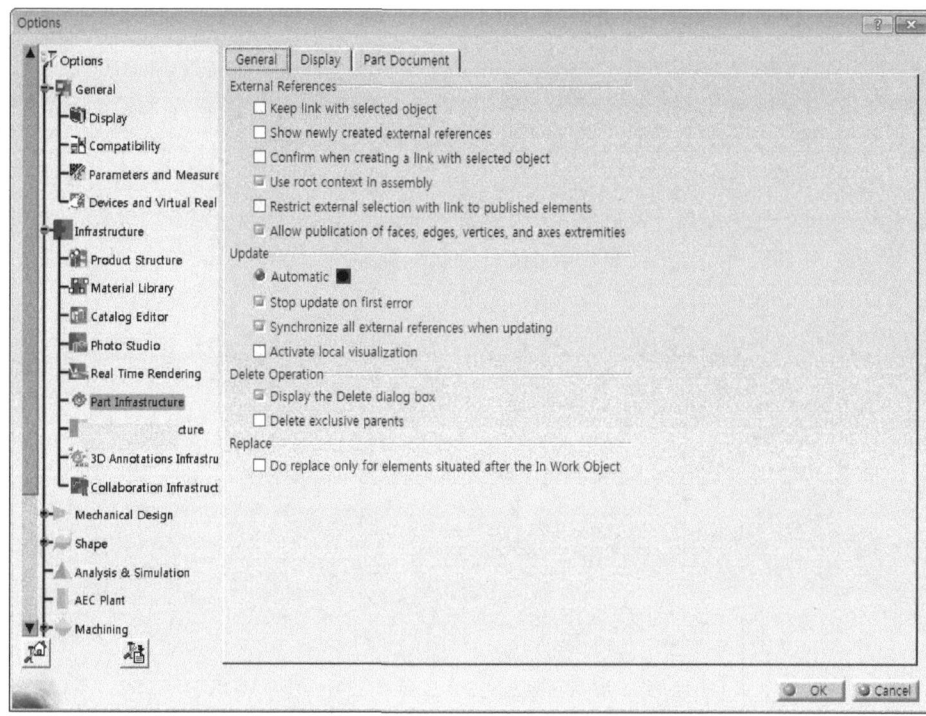

그림 1-22 Part Infrastructure 옵션 설정

1.9 메뉴 사용자 정의(Customization)

그림 1-23에 표시한 메뉴바 영역 또는 툴바 영역에 MB3(마우스 오른쪽 버튼)를 누르면 그림 1-24와 같은 팝업메뉴가 나타나서 툴바를 꺼낼 수 있다.

1장: CATIA V5 시작하기

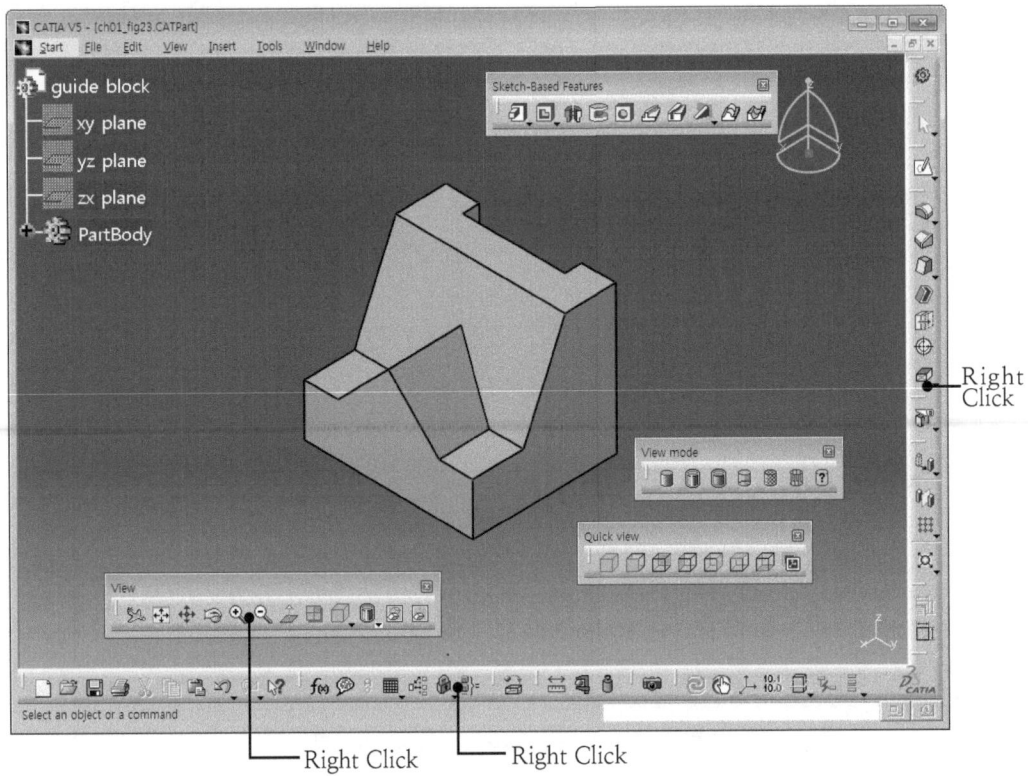

그림 1-23 사용자 정의 툴바 설정

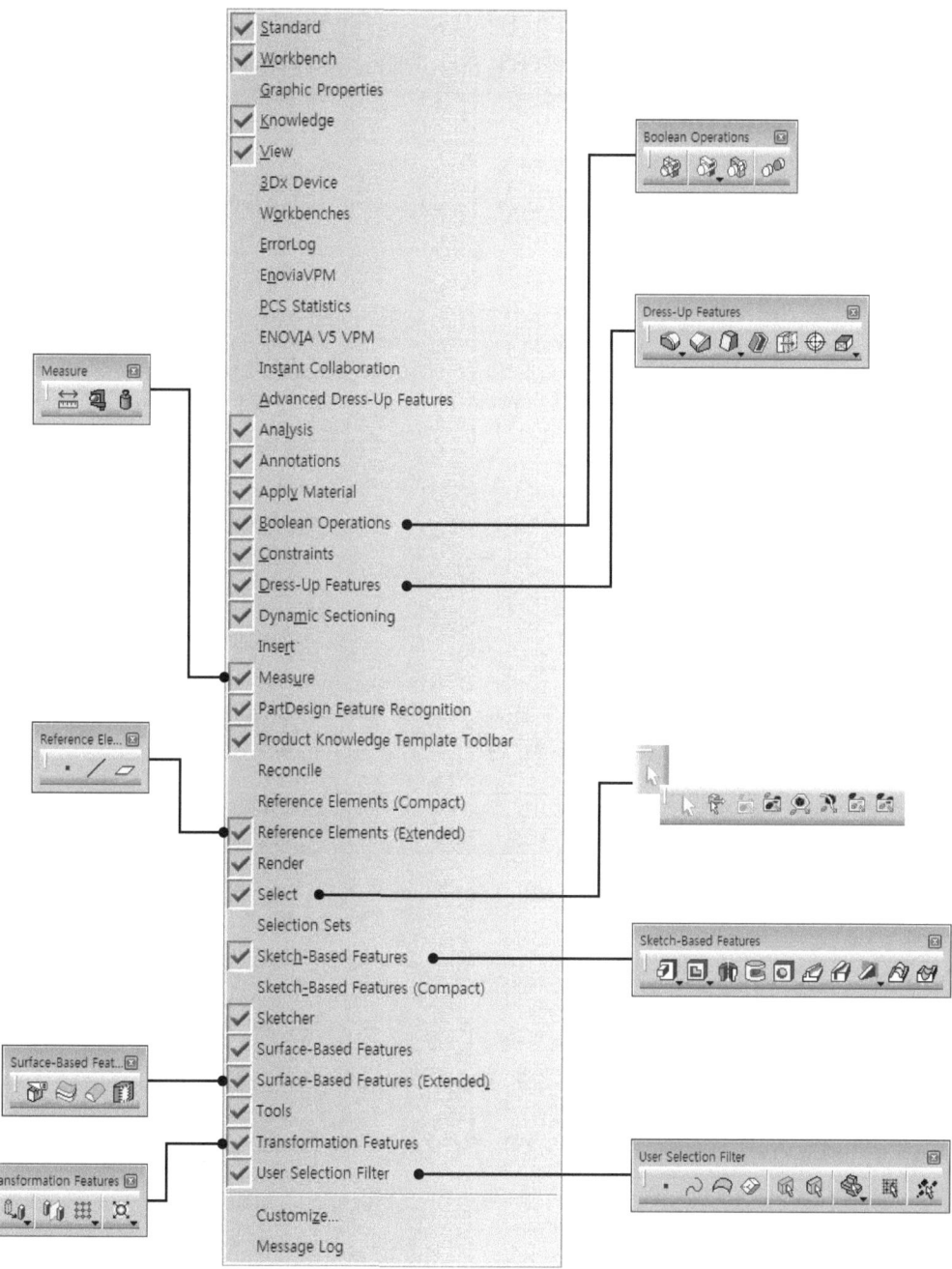

그림 1-24 여러 가지 툴바

메뉴바에서 Tools 〉 Customize를 선택하거나 그림 1-24의 팝업 메뉴에서 Customize를 선택하면 그림 1-25와 같은 대화상자가 나타난다. Start Menu 탭에서는 CATIA를 시작할 때 워크벤치를 선택할 수 있도록 설정한다.

Favorites 창에 자주 사용하는 워크벤치를 등록할 수 있고 Accelerator 영역에서 단축키를 설정할 수 있다.

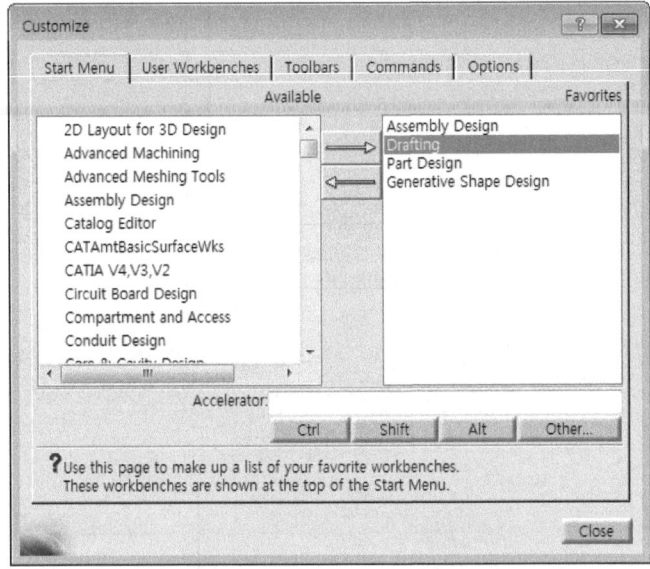

그림 1-25 Start Menu 설정탭

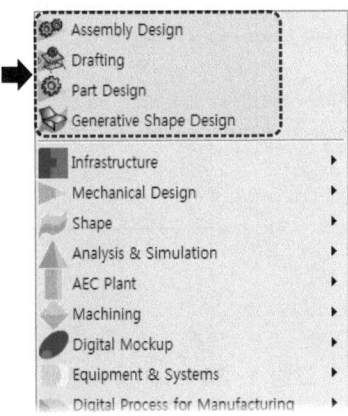

그림 1-26 Start 메뉴

Toolbars 탭을 누르면 대화상자가 그림 1-27과 같이 변경되고 오른쪽에 있는 버튼을 이용하여 툴바에 기능을 추가하거나 제거할 수 있다. 또한 사용자 정의 툴바를 만들어 자주 사용하는 기능을 하나의 툴바에 모아 편리하게 사용할 수 있다. Restore all contents 버튼을 누르면 툴바에 기능을 추가하거나 제거했던 것을 원래대로 되돌릴 수 있고, Restore position 버튼을 누르면 꺼내 놓고 위치를 이동시킨 툴바를 모두 원래대로 되돌릴 수 있다.

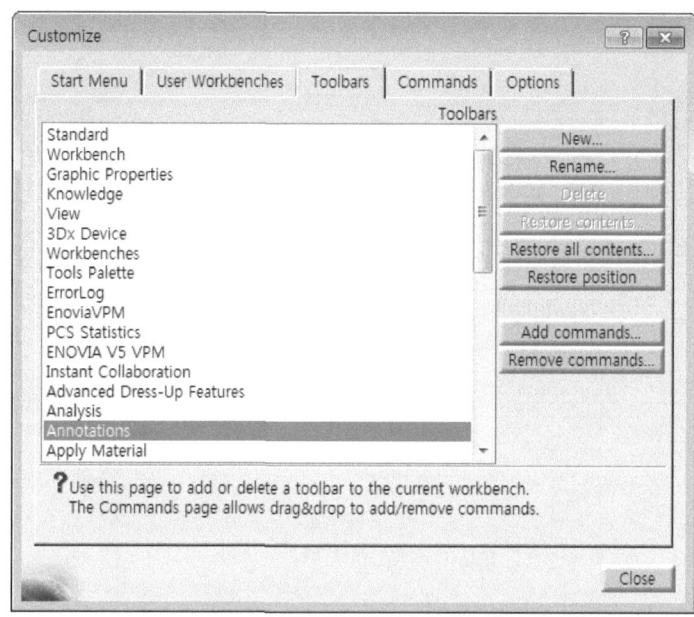

그림 1-27 Toolbars 탭

Commands 탭을 누르면 그림 1-28과 같이 대화상자가 변경된다. 오른쪽 창에 있는 기능을 마우스로 드래그 하여 화면에 나와 있는 툴바에 집어 넣을 수 있다. Show Properties 버튼을 누르면 대화상자가 확장되어 기능에 대한 단축키를 설정할 수 있다.

Options 탭을 누르면 툴바에 나타나는 아이콘의 크기를 설정할 수 있고, Tooltips 옵션을 선택하여 기능에 대한 간단한 설명이 화면에 나타나게 할 수 있다. User Interface Language 드롭다운 목록에서 Korean을 선택하면 모든 기능 및 스테이터스바의 메시지가 한글로 나타나게 된다. 단, 이 옵션을 설정한 후에는 CATIA를 다시 실행시켜야 한다. Lock Toolbar Position 옵션을 선택하면 툴바의 위치가 고정된다.

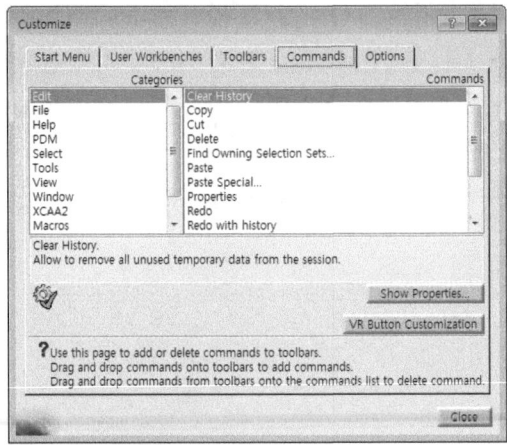

그림 1-28 Commands 탭

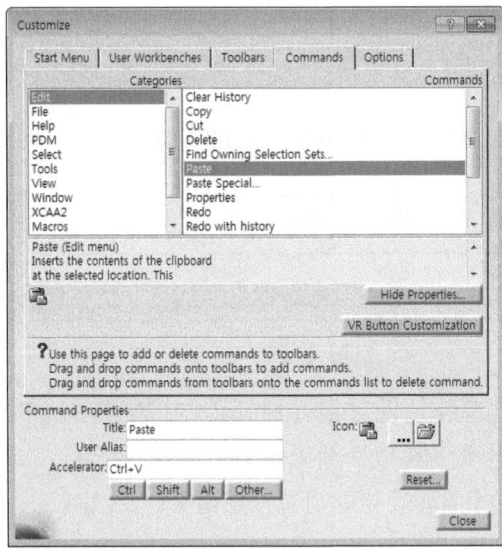

그림 1-29 Commands 탭(Show Parameters)

Chapter 2
CATIA V5 모델링 개요

■ 학습목표

- 주요 모델링 개념을 이해한다.
- CATIA V5를 이용한 모델링 절차를 이해한다.

2.1 주요 용어

2.1.1 3차원 모델링

현실에서의 모든 물체는 3차원이다. 아무리 얇은 물체라도 두께가 있으며 따라서 체적을 갖는다. 3차원 형상은 2차원에서 인식이 불가능하기 때문에 평면의 종이에 3차원 형상을 그릴 수 없다.

요즘은 컴퓨터와 그래픽 처리 장치의 발전으로 컴퓨터를 이용한 가상공간에서 3차원 형상을 만들 수 있다. 와이어프레임을 이용하여 서피스를 생성하고, 닫힌 공간으로부터 체적을 정의할 수 있다. 컴퓨터에서 3차원 형상을 생성하는 것을 3차원 모델링이라고 한다. 3차원 설계 소프트웨어의 도움으로 자동차나 항공기, 가전제품 등의 물건을 그래픽 공간에서 생성할 수 있다. 현실에서 모델을 이동이나 회전시키듯이 가상 공간에서도 비슷한 방법으로 모델을 다룰 수 있다.

2.1.2 피쳐 기반 모델링

현실에서의 형상을 컴퓨터의 가상 공간에서 구현하는 것을 모델링이라고 한다. 소프트웨어를 이용하여 자동차나 항공기의 부품, 주변에서 볼 수 있는 여러가지 생활용품, 가전제품 등을 컴퓨터 상에서 현실감 있게 생성하고 표현할 수 있다. 따라서 모델링이라는 개념은 종이에 뭔가를 그린다거나 손으로 뭔가를 만든다거나 디자인을 한다거나 하는 개념과는 다르게 이해하는 것이 옳다.

피쳐는 개별적으로 수정할 수 있는 가장 작은 모델링 단위이다. CATIA V5를 이용하여 생성한 모든 형상은 개별 피쳐들의 조합이고 각각의 피쳐는 직접 또는 간접적으로 서로 연관되어 있다. 피쳐 기반 모델링이란 피쳐를 생성하는 기능의 특성이나 절차, 사용 방법 등을 체계적으로 이해하여 원하는 형상을 효과적으로 생성해 나가는 모델링 개념을 말한다. 예를 들어 그림 2-1 의 (A)와 (B) 형상은 각각 사각형과 원형의 스케치를 특정 방향으로 돌출시켜 생성할 수 있고, (C)와 (D) 형상은 각각 사각형과 반원 스케치를 축을 중심으로 하여 회전시켜 생성할 수 있다.

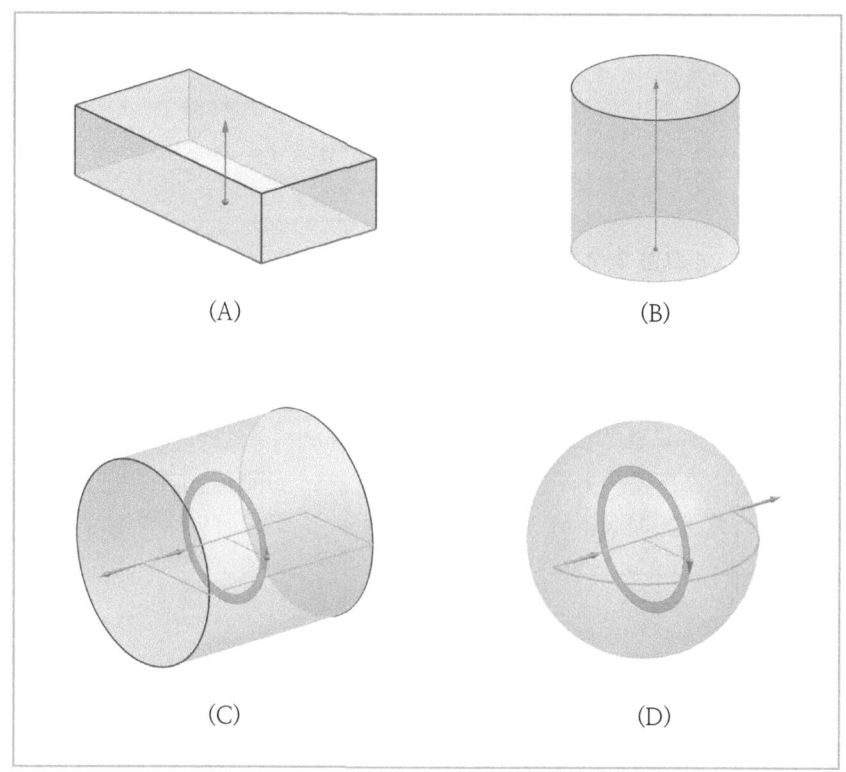

그림 2-1 여러 가지 기본 형상

2.1.3 스케치 기반 피쳐

어떤 형상을 생성하는데 있어서 스케치를 반드시 이용하여야 하는 피쳐를 말한다. 그림 2-1의 (A)와 같은 육면체 형상을 생성하려면 직사각형의 스케치를 그린 다음 특정 방향으로 돌출시킨다. 이 때, Pad 기능을 이용하여 돌출시키게 되는데, Pad 기능은 Sketch를 필요로 하는 스케치 기반 피쳐다. 그림 2-1의 (C)나 (D)와 같이 축을 중심으로 스케치를 회전시켜 생성하는 Shaft 기능도 스케치 기반 피쳐다. 스케치 기반 피쳐를 생성하는 기능은 Sketch-Based Features 툴바에 모아져 있다.

Dress-Up Feature는 스케치를 필요로 하지 않는다. 이러한 피쳐를 생성하려면 반드시 형상이 있어야 한다. 따라서 새 파일을 처음 시작하였을 때 Dress-Up 툴바의 기능은 활성화 되지 않는다. 그림 2-2는 Part Design 워크벤치에서 새로운 파일을 열었을 때 나타나는 Sketch-Based Features 툴바와 Dress-Up Features 툴바를 보여준다.

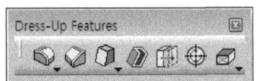

그림 2-2 스케치 기반 피쳐와 드레스업 피쳐 툴바

2.1.4 히스토리 기반 모델링

CATIA V5는 피쳐 기반 모델링인 동시에 피쳐가 생성된 이력을 관리하고 수정할 수 있는 히스토리 기반 모델링 소프트웨어다. CATIA V5의 화면 중 Specification Tree는 모델링 과정 중 생성한 피쳐를 순차적으로 보여주며 모델의 파라메트릭 특성을 이용하여 쉽게 수정할 수 있다. 그림 2-3의 모델은 다음의 순서에 따라 생성한 것이다.

① XY 평면에 스케치를 생성한다.
② Pad 기능을 이용하여 Z 방향으로 돌출시킨다.
③ 돌출된 형상의 윗면을 스케치 평면으로 하여 두 번째 스케치를 생성한다.
④ Pad 기능을 이용하여 두 번째 스케치 피쳐를 돌출시켜 기존 피쳐에 붙인다.
⑤ Fillet 기능을 이용하여 모서리에 필렛을 생성한다.
⑥ Shell 기능을 이용하여 두께가 일정한 형상을 생성한다.
⑦ 모델의 옆 면을 스케치 평면으로 하여 세 번째 스케치를 생성한다.
⑧ Pocket 기능을 이용하여 세 번째 피쳐를 돌출시켜 제거한다.

피쳐를 생성하는 순서는 최종 형상을 얻는데 있어서 매우 중요하다. 5번 단계의 Fillet을 생성하기 전에 6번의 Shell 기능을 먼저 사용한다면 모서리가 둥글게 처리되지 않은 형상에 대한 두께를 생성하게 되어 원하지 않는 결과가 나올 수 있다.

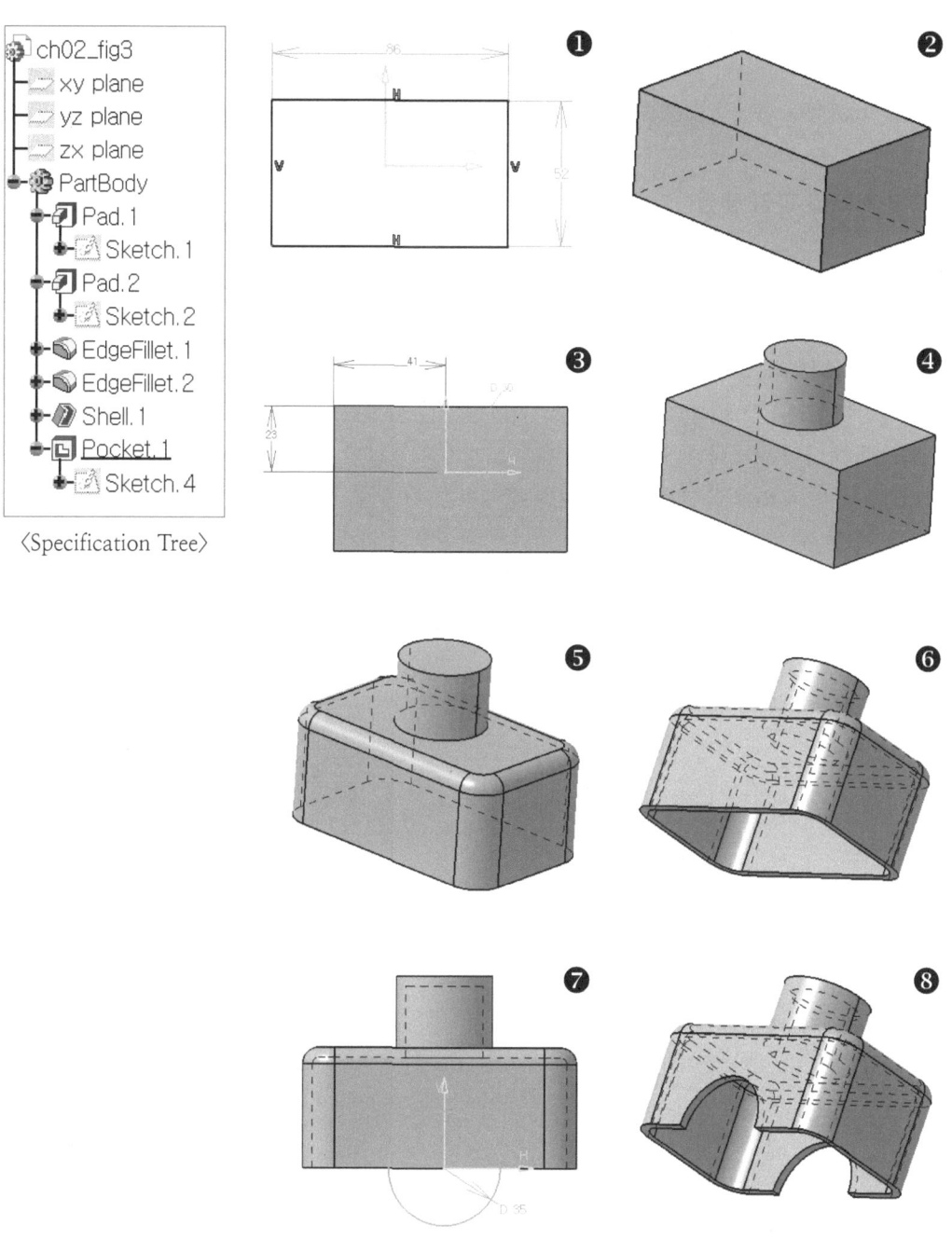

그림 2-3 모델 생성 순서

2.2 모델링 과정 개요

그림 2-3의 모델을 생성하는 과정을 진행하면서 각 과정의 주요 학습 사항을 소개한다.

2.2.1 모델 파일 생성

CATIA를 처음 실행시키면 그림 2-4와 같은 화면이 나타난다. 이는 Product Structure 워크벤치이다. 본 교재에서는 새 파일을 만들면서 파일의 타입을 설정하고, 그 타입에 해당되는 워크벤치가 시작되도록 할 것이다. 따라서 처음에 나타나는 화면은 메뉴바에서 File 〉 Close를 선택하여 닫는다. 그림 1-25와 같이 Favorite 워크벤치를 설정했다면 Welcome to CATIA V5 창에 워크벤치 아이콘이 나타나며 선택하여 워크벤치를 전환할 수 있다. 이 창에서 Do not show this dialog at startup 옵션을 선택하여 이후에는 카티아를 처음 실행시킬 때 이 창이 나타나지 않도록 할 수 있다. 필요하다면 그림 2-4의 화살표로 가리키는 부분을 클릭하면 Welcome to CATIA V5 창을 띄울 수 있다.

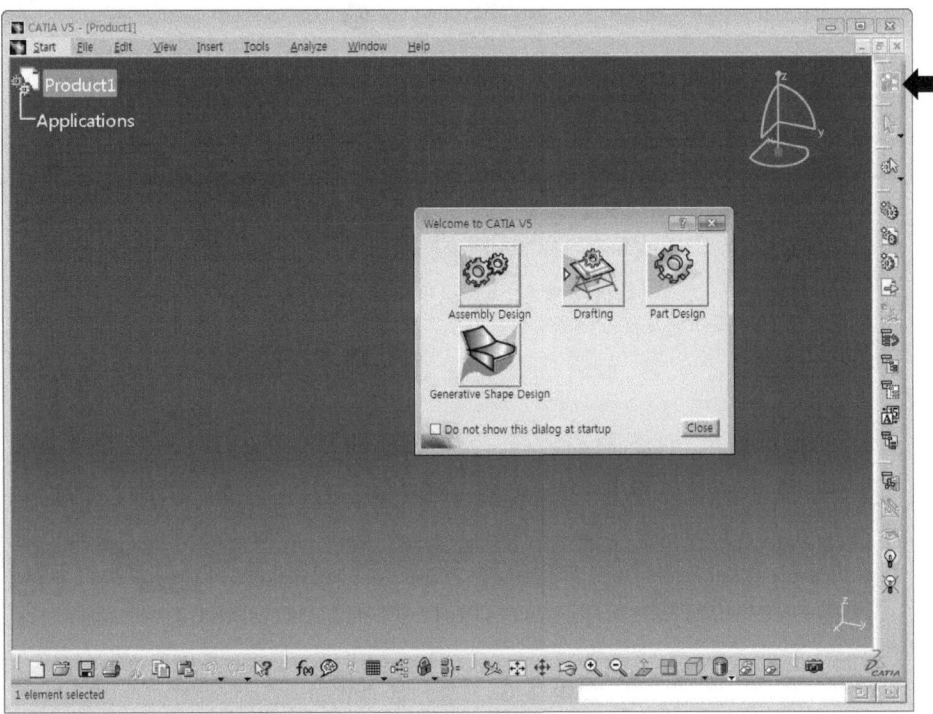

그림 2-4 CATIA 실행 후의 첫 화면

파트 파일 생성 **Exercise 01**

초기에 나타나는 화면을 닫은 후의 CATIA 화면은 그림 2-5와 같다. 이 상태에서 새로운 Part 파일을 생성해 보자.

그림 2-5 초기 파일을 닫은 후의 화면

Part 파일 생성

1. 메뉴바에서 File 〉 New를 선택한다. (그림 2-6의 ❶)
2. New 대화상자에서 Part를 선택한다. Selection 입력 상자에 Part라고 입력해도 된다. (그림 2-6의 ❷)
3. OK 버튼을 누른다. (그림 2-6의 ❸)
4. New Part 대화상자에서 OK 버튼을 누른다. (그림 2-6의 ❹) Part Design 환경에서 새로운 파일이 생성된다.

2장: CATIA V5 모델링 개요

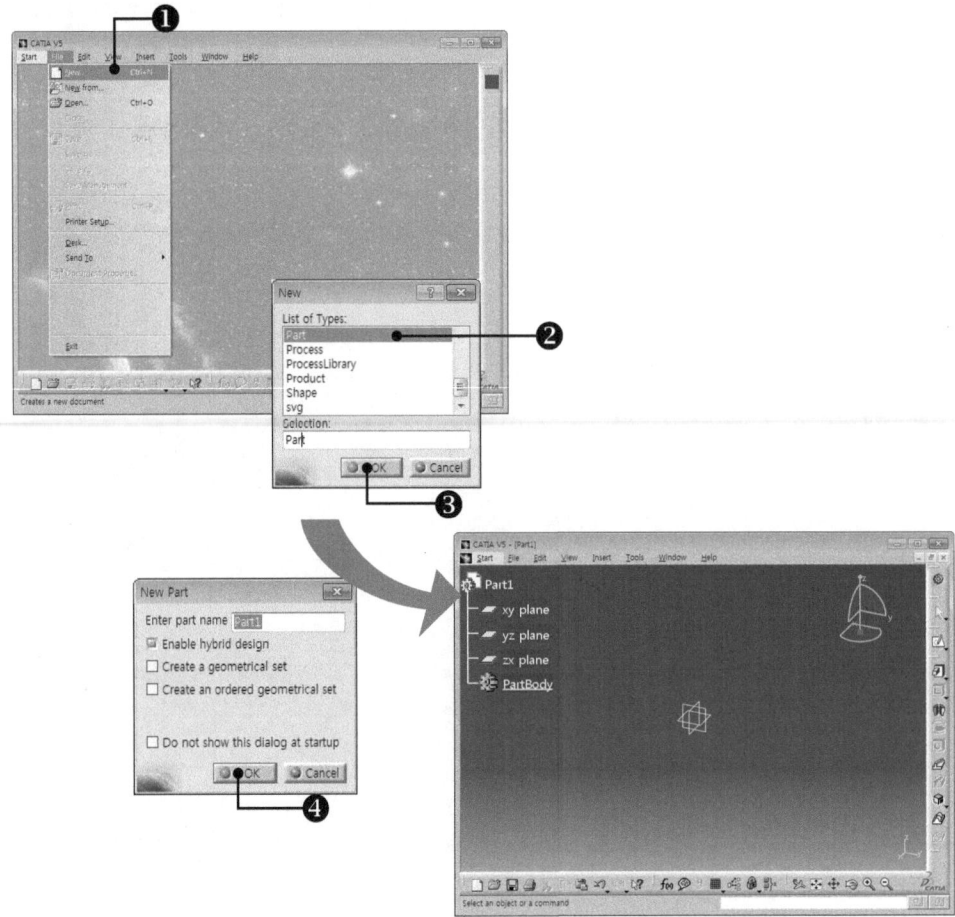

그림 2-6 새로운 Part 파일 생성

Product의 이름(Part Number) 설정

1. Specification Tree의 맨 위에 있는 "Part 1"에 MB3(마우스 오른쪽 버튼)를 누르고(그림 2-7의 ❶) Properties를 선택한다.
2. Properties 대화상자의 Product 탭을 누르고 Part Number 입력창에 ch02_my part라고 입력한다. OK 버튼을 누른다.
3. Specification Tree의 맨 위 이름이 "ch02_my part"로 바뀐 것을 확인한다.
4. 메뉴바에서 File 〉 Save를 선택한다.
5. ch02_my part라는 이름으로 파일을 저장한다.

그림 2-8은 여기까지 진행한 후의 화면을 보여준다.

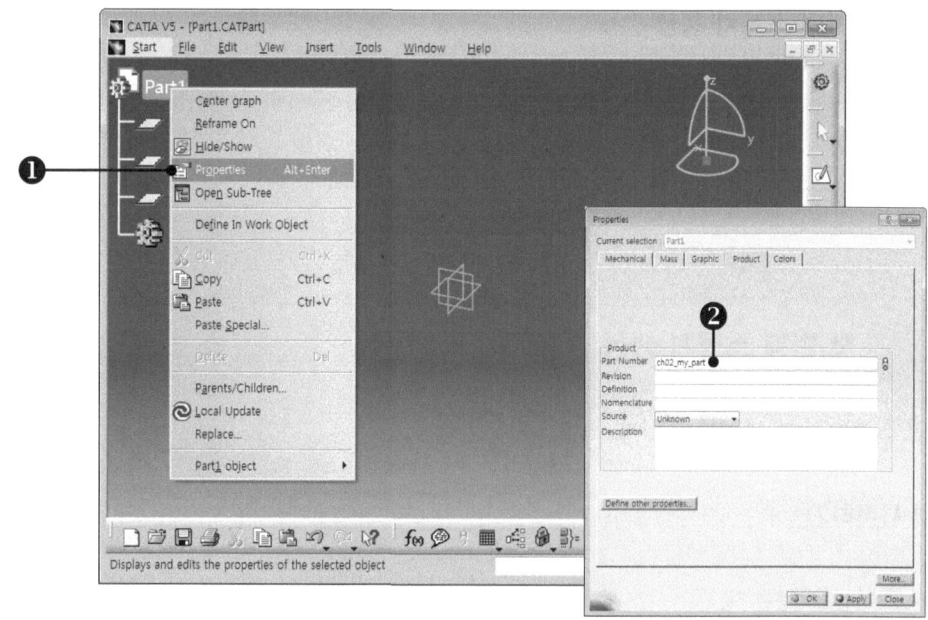

그림 2-7 Product 이름 설정

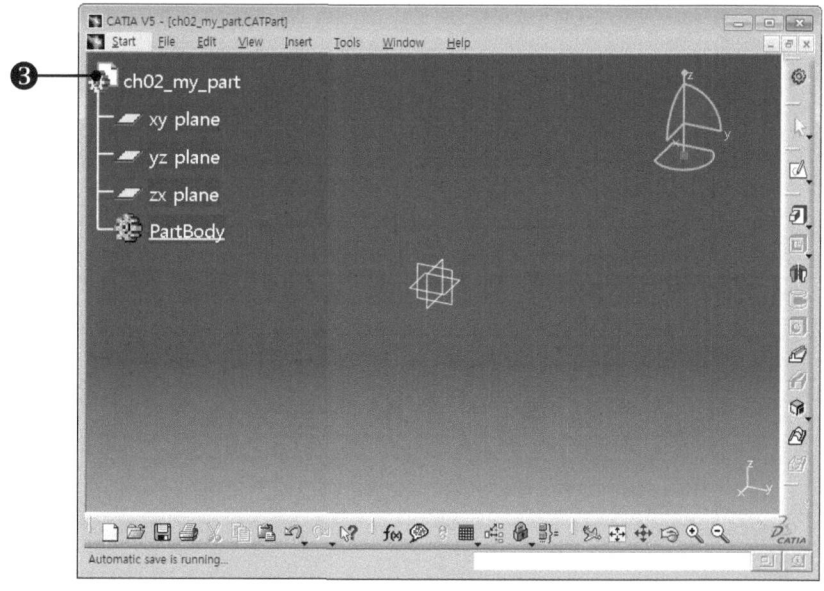

그림 2-8 파일명 설정 후의 화면

END of Exercise

2.2.2 첫 번째 스케치 생성

모델링의 가장 기본이 되는 것은 스케치 생성이다. 스케치를 생성한 후 Pad나 Shaft 기능을 이용하여 기본 형상을 생성한 후 추가적인 모델링을 진행하는 것이 일반적인 절차이다.

Exercise 02 첫 번째 스케치 생성

xy 평면에 첫번째 스케치를 생성해 보자.

스케치 시작하기

1. Sketch 버튼을 누른다.
2. 스테이터스바 메시지를 확인한다. 평면을 선택하여야 한다.
3. Specification Tree에서 xy plane을 선택한다. 또는 작업 화면에서 xy 평면을 선택한다.

그림 2-10과 같이 화면이 바뀌면서 툴바도 바뀌어 나타난다.

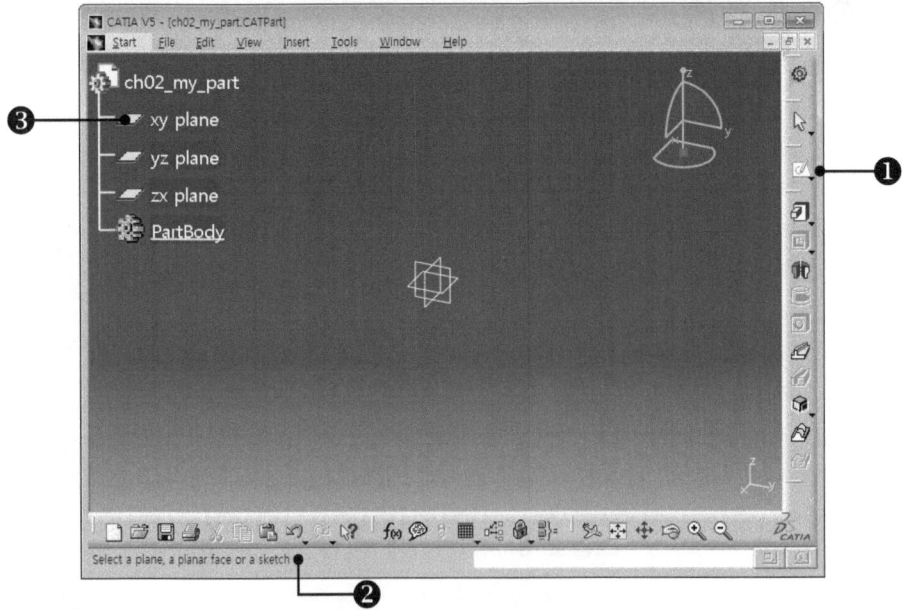

그림 2-9 스케치 환경 들어가기

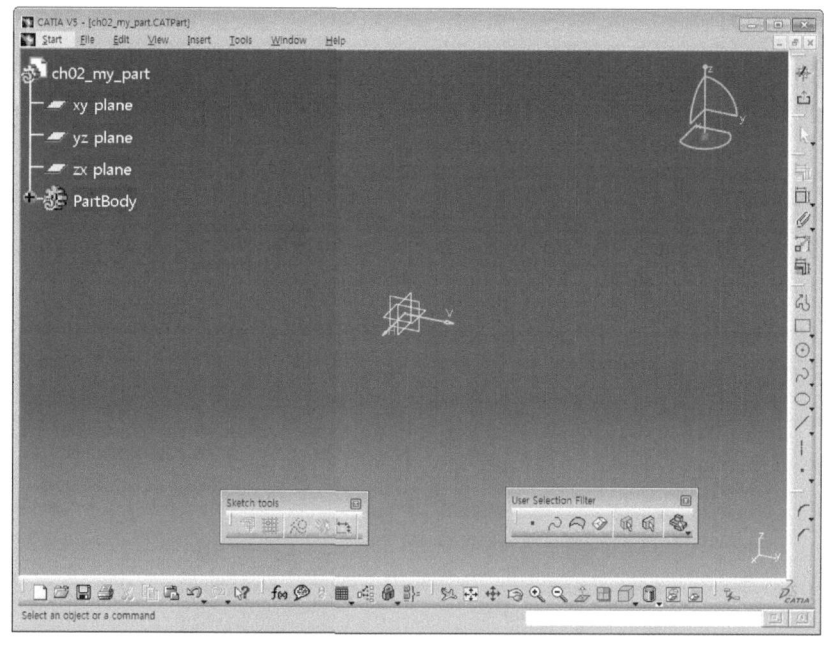

그림 2-10 스케치 워크벤치 화면

툴바의 이동

1. Profile 툴바를 MB1으로 선택 후 드래그 하여 그래픽 화면 안쪽으로 이동시킨다.
2. Shift 키를 누른다. 세로의 툴바가 가로로 변경된다.
3. 작업 화면 안쪽으로 가져간 다음 MB1을 놓는다.
4. 그림 2-11과 같이 Profile, View, Sketch tools, Constraints 툴바를 꺼낸다.

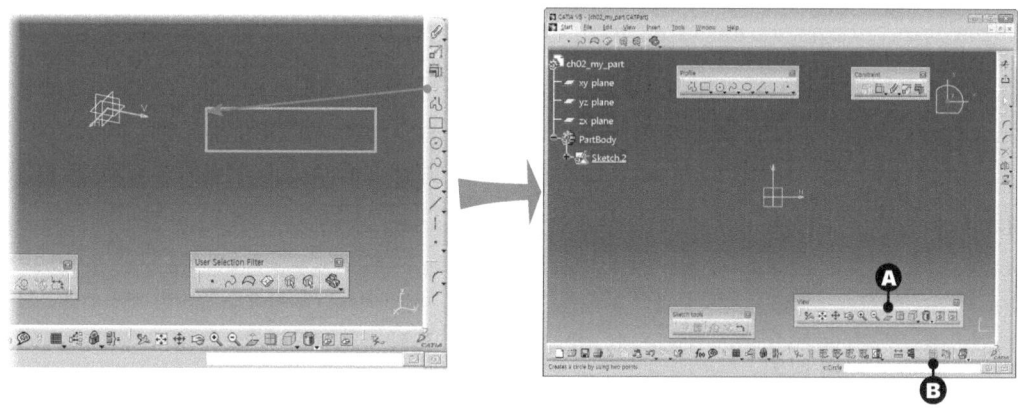

그림 2-11 툴바를 드래그 하는 과정

스케치 커브 그리기

1. View 툴바에서 Normal View 아이콘(그림 2-11의 **A**)을 누른다. 스케치면이 똑바로 놓인다.
2. Visualization 툴바에서 Grid 아이콘(그림 2-11의 **B**)을 누른다. 화면에 눈금이 표시된다.
3. Profile 툴바에서 Rectangle을 선택한다. (그림 2-12의 **3**)
4. 그림 2-12의 화면에서 **4**부분을 클릭한다.
5. 그림 2-12의 **5** 부분으로 마우스를 움직이고 왼쪽버튼을 누른다. 직사각형이 생성되고, 오렌지색으로 선택되어 있다.
6. 화면에서 임의 위치(그림 2-12의 **6**)를 클릭한다. 커브의 색깔이 흰색으로 변경된다. 일반적인 스케치 커브의 색깔이다.

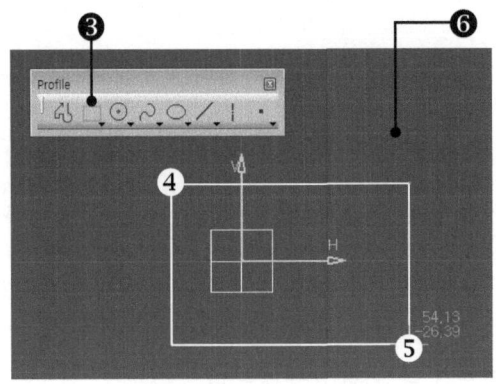

그림 2-12 사각형 그리기

치수 입력 및 수정

1. Constraint 툴바의 Constraint 버튼을 누른다. (그림 2-13의 **1**)
2. 그림 2-13의 직선 **A**, **B**를 차례로 선택한 후 **C** 위치에 치수를 생성한다.
3. 그림 2-13의 **C** 치수를 더블클릭한 후 그림 2-14와 같이 나타나는 입력창에 52라는 값을 입력하고 OK를 누른다.

> ⚠️ **스케치 정의**
>
> 여기서는 스케치의 모양을 완전히 정의하지는 않는다. 따라서 위치가 이와 같지 않아도 무시하고 넘어간다. 3장과 4장에서는 스케치에 대한 자세한 사항을 설명한다.

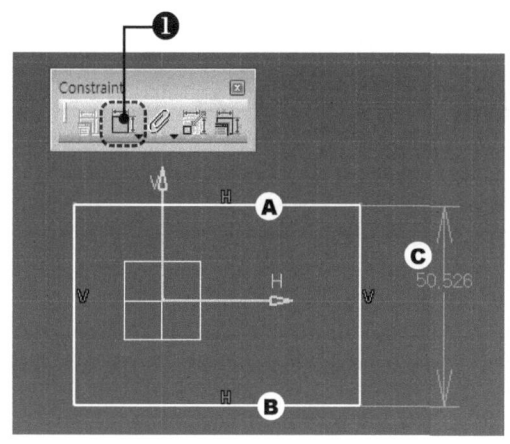
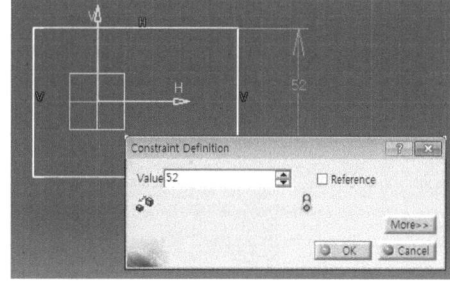

그림 2-13 치수 생성   그림 2-14 치수 수정

4. Constraint 툴바의 Constraint 버튼을 누른 다음 그림 2-15의 직선 ❹와 ❺ 사이의 치수 ❹를 생성한다.
5. 생성된 치수를 더블클릭하여 값을 86으로 입력하고 OK를 누른다.

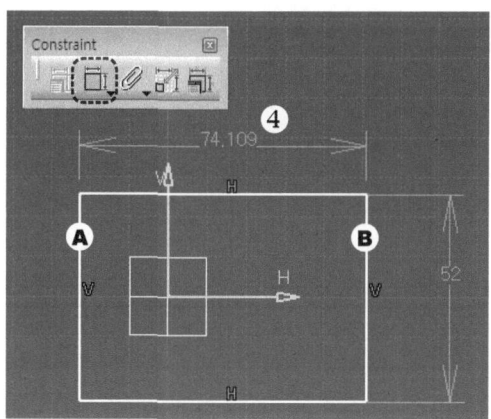

그림 2-15 두 번째 치수 생성

6. 그림 2-16의 화살표 부분을 클릭하여 Sketcher를 빠져 나간다.
7. 스케치로 생성한 커브가 오렌지색으로 선택된 것을 확인하고 화면의 비어 있는 부분을 클릭하여 선택 취소한다.
8. View 툴바에서 Isometric View 아이콘을 클릭한다. 그림 2-17은 Sketcher를 빠져나간 후의 Part Design 화면을 보여준다.

2 장: CATIA V5 모델링 개요

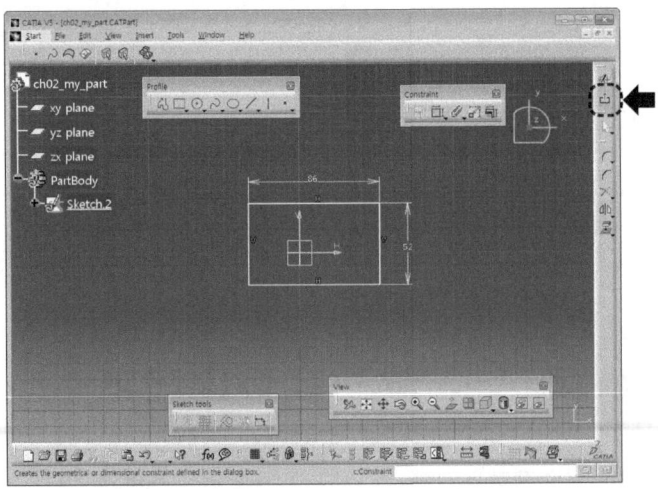

그림 2-16 Sketcher 빠져 나가기

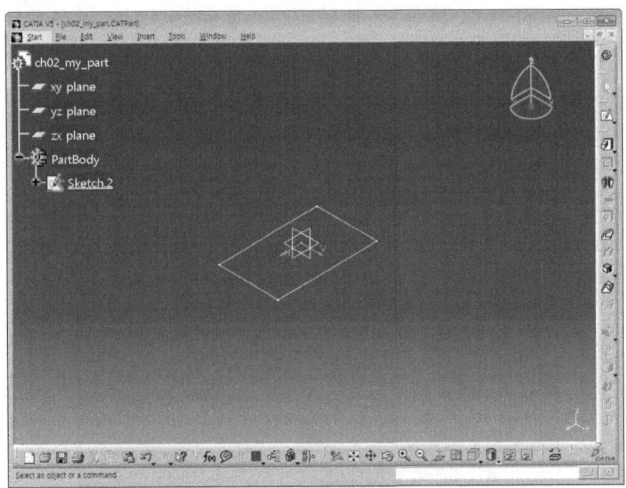

그림 2-17 Sketcher를 빠져나간 후의 화면

END of Exercise

2.2.3 돌출시켜 3차원 형상 만들기

Sketch-Based Features 툴바의 Pad 기능을 이용하여 스케치를 특정 방향으로 돌출시켜 3차원 형상을 생성한다.

Pad 기능 실행 | Exercise 03

Pad 기능을 실행시켜 3차원 형상을 생성해 보자.

1. 그림 2-18과 같이 Sketch-Based Features 툴바를 꺼내고 Pad 아이콘을 클릭한다. Pad Definition 대화상자가 나타난다.
2. 스케치에서 생성한 커브를 선택한다. 생성될 형상의 미리보기가 나타난다.
3. Length 입력창에는 20을 입력하고 OK를 누른다. 그림 2-19는 생성된 Pad 피쳐를 보여준다. 오렌지색으로 선택되어 있다.
4. 화면의 임의 위치를 클릭하여 선택 취소한다.

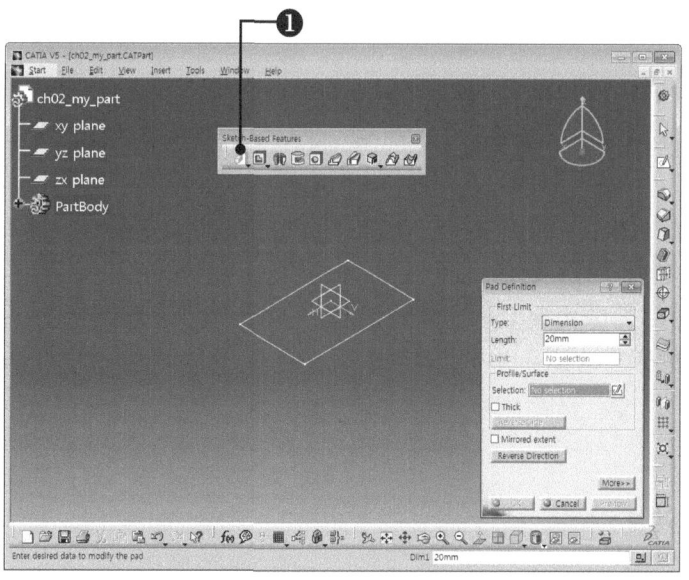

그림 2-18 Pad 기능 실행

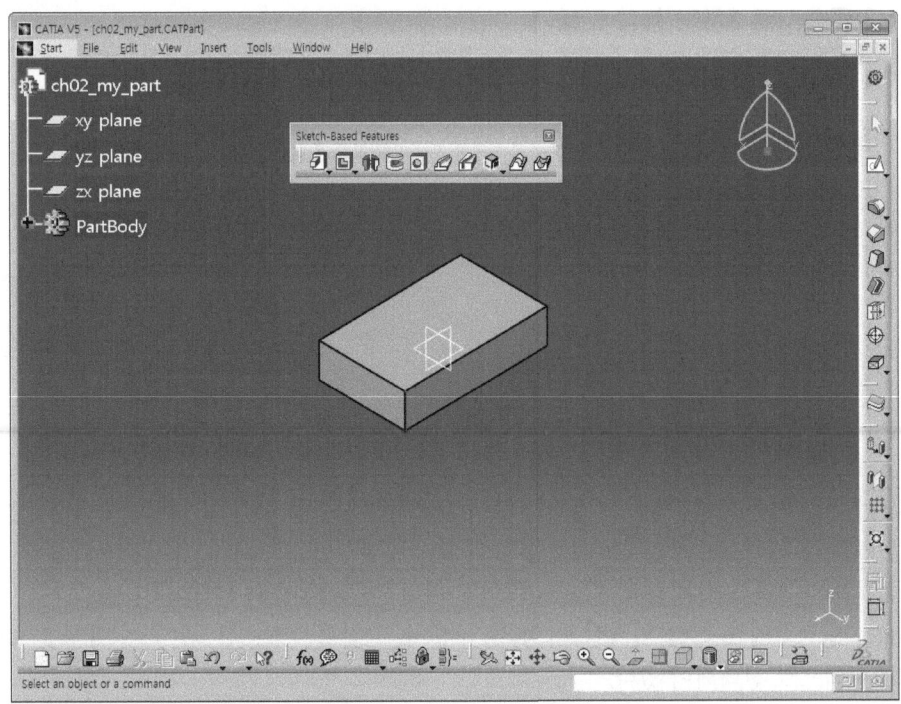

그림 2-19 생성된 Pad 피쳐

2.2.4 두 번째 형상 생성

한 개의 Pad 피쳐를 생성하였다. 그러나, 대부분의 3차원 형상의 한 번의 Pad 기능으로 생성할 수 없다. 3차원 형상의 평면에 추가적인 스케치를 생성하고, 필요한 피쳐를 반복적으로 생성해야 한다.

Exercise 04   두 번째 형상 생성

앞에서 생성한 형상의 면에 두번째 스케치를 생성한 후 Pad 기능을 이용하여 두번째 형상을 생성해 보자.

두 번째 스케치 생성

1. Sketch 버튼을 누른다. (그림 2-20의 ❶)
2. 형상의 윗면을 스케치 면으로 선택한다. (그림 2-20의 ❷)

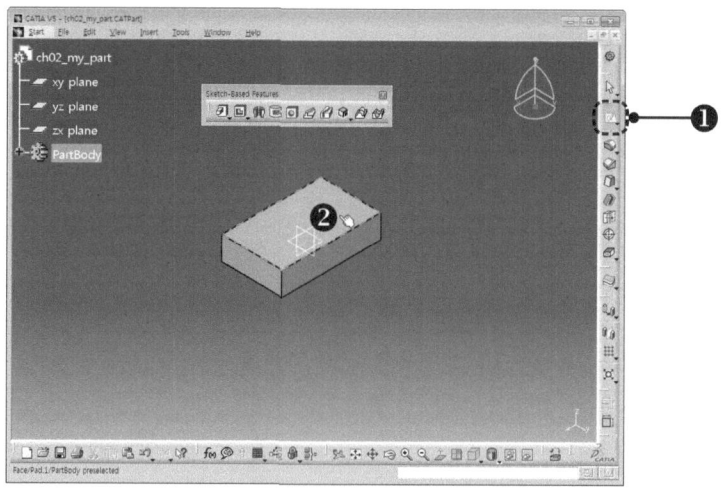

그림 2-20 스케치 면 선택

3. View 툴바에서 Normal View 아이콘을 누른다. (그림 2-21의 ❸)
4. Sketch tools 툴바에서 Snap to Point 버튼을 클릭하여 해제한다. (그림 2-21의 ❹)
5. Profile 툴바에서 Circle 아이콘을 누른다. (그림 2-21의 ❺)
6. Shift 키를 누른 상태로 그림 2-21과 같이 원을 생성한다.
7. 화면의 임의 부분을 클릭하여 선택 취소한다.

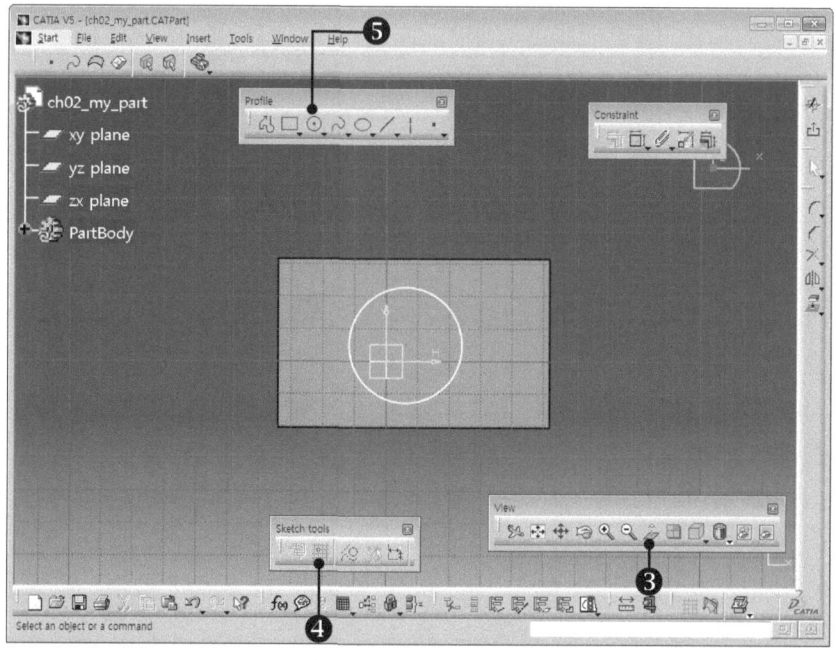

그림 2-21 Circle 생성

> **선택 취소와 Shift 키**
>
> 1. 스케치를 생성하면 선택된 상태로 나타나는데, 스케치를 선택 취소하지 않으면 다음 단계를 진행할 때 혼란스러울 수 있으므로 반드시 선택 취소한다.
>
> 2. Sketch를 생성할 때 이 키를 누르면 임의의 위치를 선택할 수 있다.

치수 생성

1. Constraint 툴바에서 Constraint 버튼을 누른다.
2. 그림 2-22와 같이 원호를 선택하여 직경 치수를 기입한다.

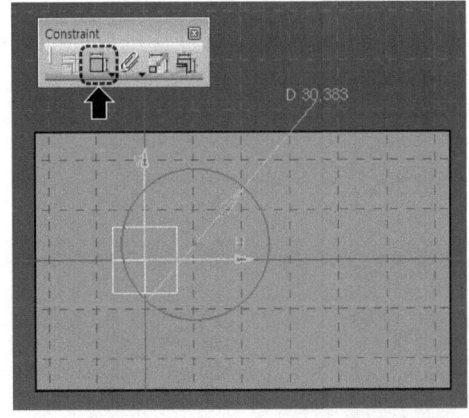

그림 2-22 원의 직경 치수 생성

3. Constraint 버튼을 다시 누른 다음 그림 2-23과 같이 ❹ 모서리와 원의 중심 ❺를 선택하여 ❸치수를 생성한다.
4. Constraint 버튼을 다시 누른 다음 그림 2-24와 같이 ❻모서리와 원의 중심 ❼를 선택하여 ❹치수를 생성한다.

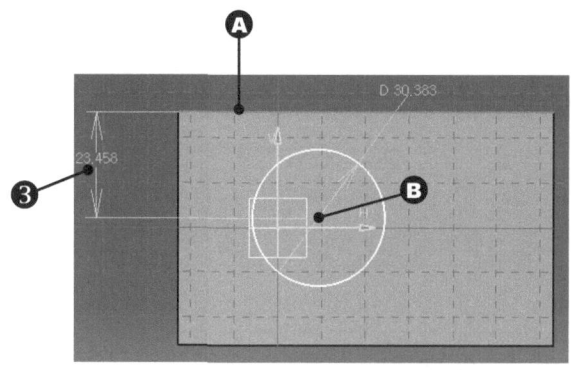

그림 2-23 원의 중심 치수 생성

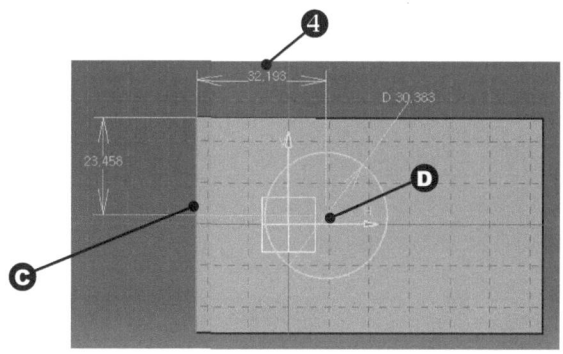

그림 2-24 원의 중심 치수 생성

5. 각각의 치수를 더블클릭하여 그림 2-25와 같이 값을 입력한다. 스케치 커브(원)의 색깔이 초록색으로 변경된 것을 확인한다.
6. Exit workbench 버튼을 눌러 스케치를 빠져 나간다.
7. 스케치 선택을 취소하고 View 툴바에서 Isometric View 아이콘을 누른다.

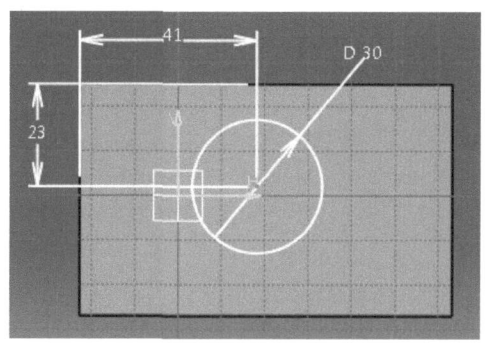

그림 2-25 치수 수정

Pad 기능 실행

1. View Mode 툴바에서 Shading with Edges with Hidden Edges 아이콘을 클릭한다.
2. Sketch-Based Features 툴바에서 Pad 버튼을 누른 다음 원형 스케치를 선택한다.
3. Pad Definition 대화상자를 입력하고 OK 버튼을 누른다.(Length = 20 mm)
4. 임의의 위치를 클릭하여 선택되어 있는 피쳐를 취소한다.

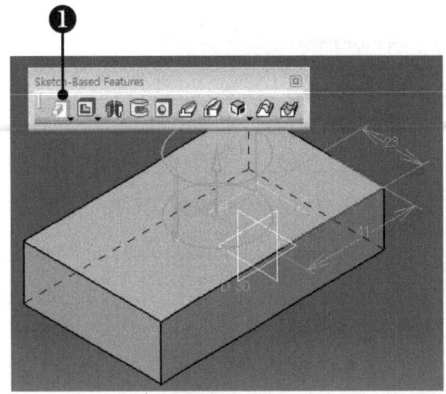
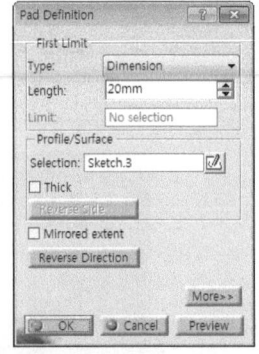

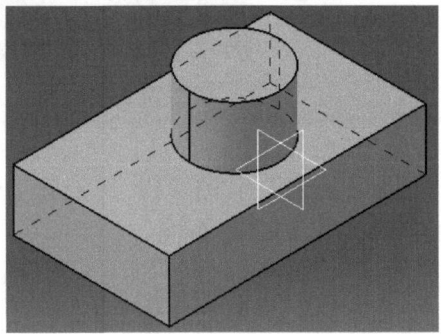

그림 2-26 Pad 피쳐 생성

END of Exercise

2.2.5 추가 모델링

Sketch Based Feature 기능을 이용하여 기본 형상을 생성한 후에는 Dress-Up Feature 툴바의 기능을 이용하여 추가 모델링을 수행한다.

추가 모델링　Exercise 05

Dress-Up Features 툴바의 기능을 이용하여 Fillet과 두께를 생성해 보자.

Fillet 생성

1. Dress-Up Features 툴바에서 Edge Fillet 버튼을 누른다.
2. 그림 2-27과 같이 네 개의 모서리를 선택한다.
3. Edge Fillet Definition 대화상자의 Radius 입력창에 10을 입력하고 OK를 누른다.
4. 화면의 다른 부분을 클릭하여 선택 취소한다.

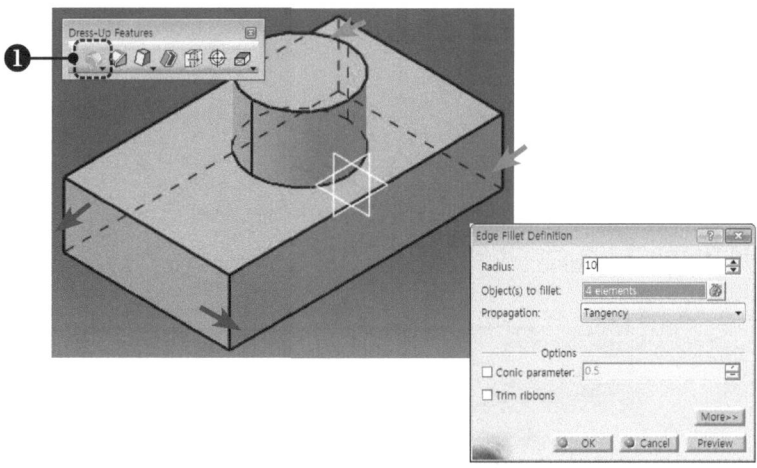

그림 2-27 Edge Fillet 생성

5. Edge Fillet 버튼을 다시 누른 다음 그림 2-28의 ❹로 표시한 모서리를 선택한다.
6. Edge Fillet 대화상자의 Radius 입력창에 5를 입력하고 OK를 누른다.
7. 선택된 Edge Fillet 피쳐를 취소한다.

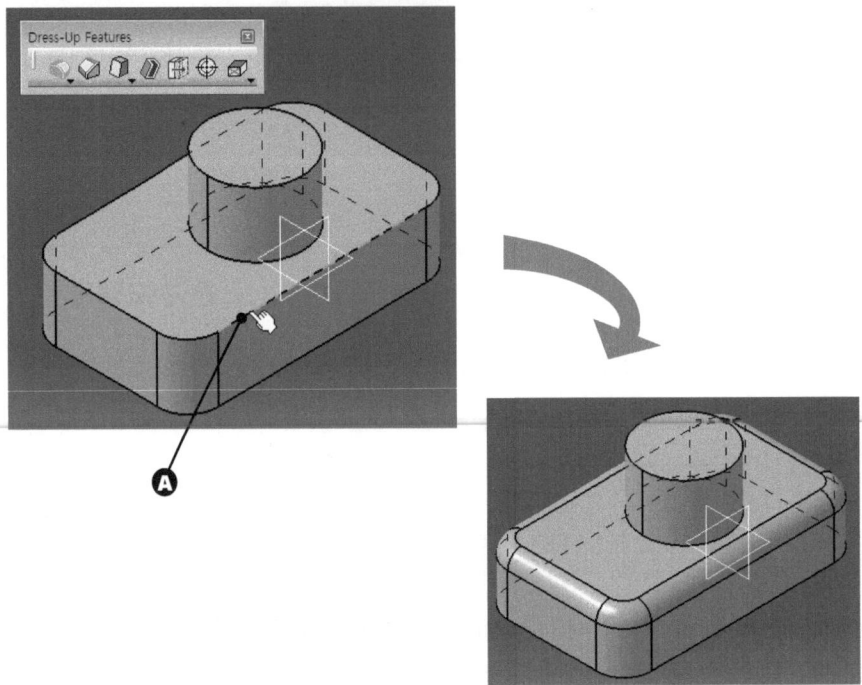

그림 2-28 두 번째 필렛 생성

두께 생성

1. Dress-Up Features 툴바에서 Shell 아이콘을 누른다.
2. Shell Definition 대화상자가 나타나고 스테이터스바에는 "Select a face to be removed"라는 메시지가 나타난다.

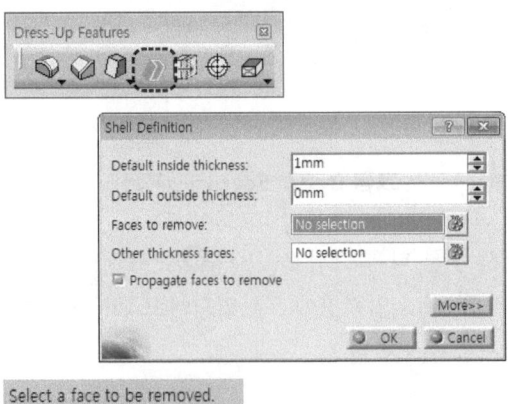

그림 2-29 Shell 기능 실행

3. 모델을 그림 2-30처럼 돌려 **Ⓐ**로 표시한 면을 선택한다.
4. Shell Definition 대화상자의 Faces to remove 입력창에 선택한 Face가 표시된다.
5. Default inside thickness를 3mm로 입력하고 OK를 누른다.

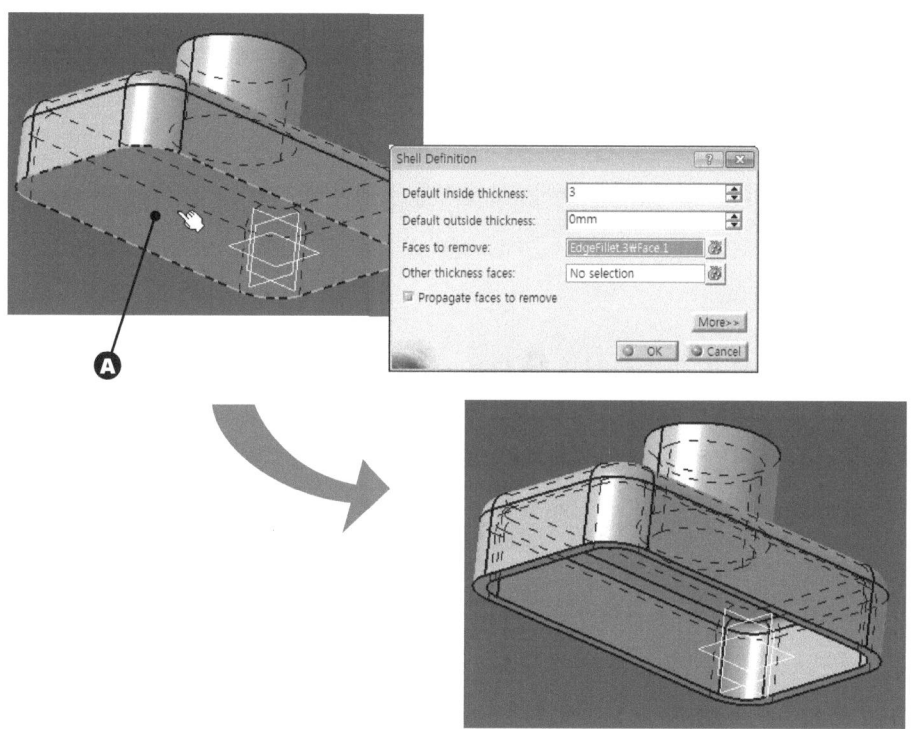

그림 2-30 두께 생성

END of Exercise

2.2.6 형상 제거

Sketch Based Features 기능 중 형상을 제거할 수 있는 기능이 있다. Pocket 기능은 스케치를 특정 방향으로 돌출시켜 형상을 제거하는 기능이다.

Exercise 06　형상 제거

Pocket 기능을 이용하여 형상을 제거하는 모델링을 진행하자.

스케치 생성

1. Sketch 버튼을 누르고 그림 2-31의 ⓐ 면을 스케치 면으로 선택한다.

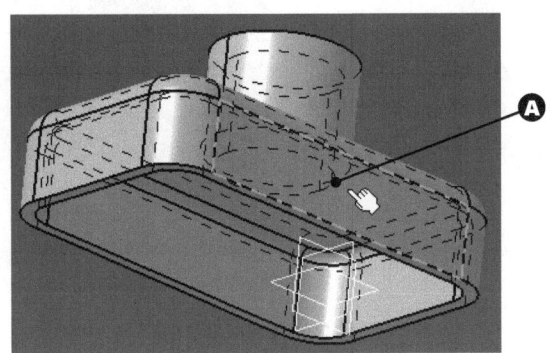

그림 2-31 스케치면 선택

2. View 툴바에서 Normal View 아이콘을 누른다.
3. Profile 툴바에서 Circle을 선택한다.
4. 그림 2-32와 같이 아래 부분의 모서리에 중심이 있는 원을 생성한다. 원의 중심은 아래 모서리의 중앙에 위치하도록 한다.
5. 원의 직경 치수를 25mm로 입력한다.
6. 스케치를 빠져 나간다.
7. 화면의 임의의 위치를 클릭하여 선택된 스케치를 취소한다.
8. Isometric View를 표시한다.

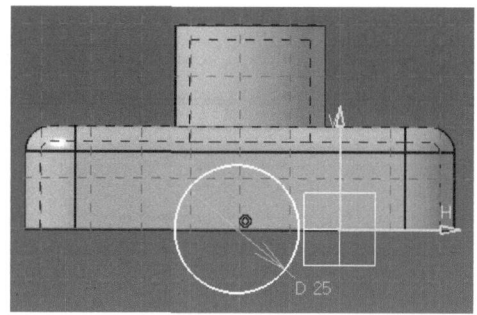

그림 2-32 직경 치수 수정

Pocket 기능 실행

1. Sketch-Based Features 툴바에서 Pocket을 선택한다.
2. 앞에서 생성한 스케치를 선택한다.

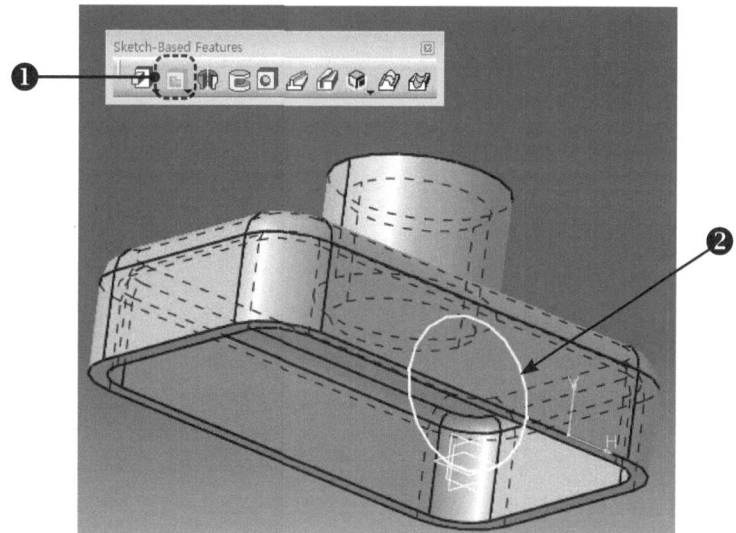

그림 2-33 스케치 선택

3. Pocket Definition 대화상자를 그림 2-34와 같이 설정한다. (First Limit의 Type을 Up to last로 설정함)
4. OK 버튼을 누르고, 선택된 피쳐를 취소한다.

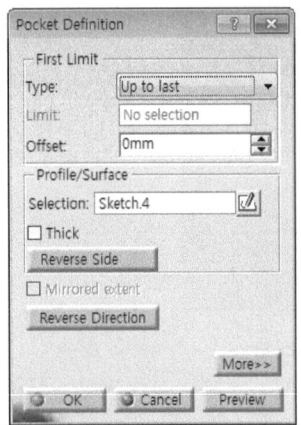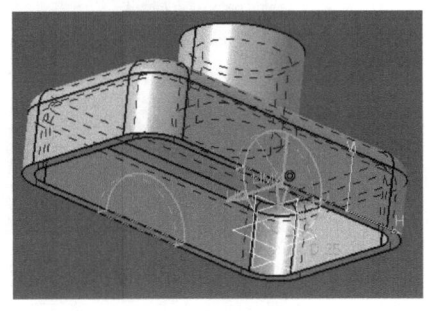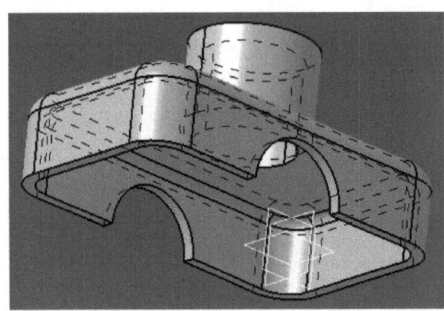

그림 2-34 생성된 모델

모델링 종료

1. 파일을 저장한다. 다음 Exercise에서 사용할 것이다.
2. 메뉴바에서 File > Close를 선택하여 파일을 닫는다.

END of Exercise

2.3 모델링 단계 요약

모델링 과정은 일반적으로 다음의 단계를 따른다.

1 단계: 스케치 생성
- 스케치 면을 설정한다.
- 스케치 커브를 그리고 모양을 정의한다.

2 단계: 3차원 형상 만들기
- Pad, Shaft, Rib 등의 Sketch-Based Feature 기능을 이용하여 3차원 형상을 추가한다.
- Pocket, Groove, Hole, Slot 등의 Sketch-Based Feature 기능을 이용하여 3차원 형상을 제거한다.

3 단계: 상세 모델링
- 2번 단계에서 기본 형상을 모두 완성한 후 Dress-Up Feature 기능을 이용하여 상세 모델링을 완성한다.

2 단계에서 3차원 형상을 만들 때는 그림 2-35와 같이 더하는 작업을 먼저 수행한 후 제거하는 작업을 수행하고, 마지막으로 Fillet 등의 상세 모델링을 수행하는 것이 좋다. 실제 모델링에서는 각 부분의 특징에 따라 적합한 모델링 순서를 적용한다. 모델링 순서를 잘못 설정하면 원하지 않는 결과가 나오거나 불필요한 작업을 해야 하는 경우가 있어 결과적으로 좋지 못한 모델이 나오게 된다.

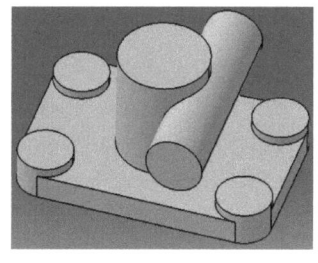
(a) 형상 더하기

(b) 형상 제거하기

(c) 상세 모델링

그림 2-35 모델링 순서

2.4 Specification Tree 사용하기

모델을 생성 또는 수정할 때 Specification Tree를 많이 사용하게 된다. 따라서 이에 대한 화면 조작 방법을 익혀야 한다. 그림 2-36의 ④ 부분에 있는 + 기호를 클릭하면 가지가 펼쳐진다. - 기호를 클릭하면 다시 접힌다.

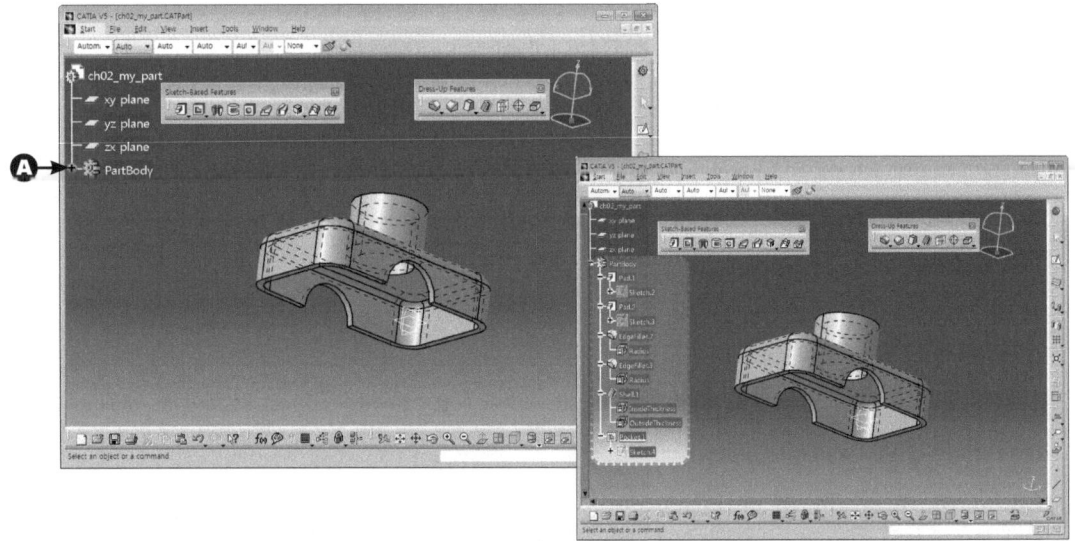

그림 2-36 Specification Tree 펼치기

그림 2-37의 ④ 로 표시한 부분을 MB1(마우스 왼쪽 버튼)으로 클릭하면 Specification Tree 조작 모드로 들어간다. +나 - 기호 옆(화살표 부분)을 눌러도 마찬가지다. 이 상태에서는 마우스 조작을 통하여 모델을 이동, 회전, 확대/축소가 불가능하다.

이 모드에서 MB2를 누르고 드래그 하면 Specification Tree의 위치를 이동시킬 수 있다. 그림 2-38은 이렇게 이동시킨 후의 화면을 보여준다. MB2를 누른 상태에서 MB1을 클릭하면 Specification Tree를 확대/축소시킬 수 있다.

그림 2-37에서 표시한 Specification Tree의 선 부분을 클릭하거나 그림 2-38의 ⑧ 부분(좌표계)을 클릭하면 다시 모델 조작 모드로 돌아온다.

선 부분을 MB1으로 선택한 후 드래그 하면 위치를 이동시킬 수 있으며, 휠 마우스를 사용하는 경우 휠을 돌리면 Tree를 위 또는 아래로 이동시킬 수 있다. Ctrl 키를 누르고 휠을 돌리면 Specification Tree를 확대/축소시킬 수 있다.

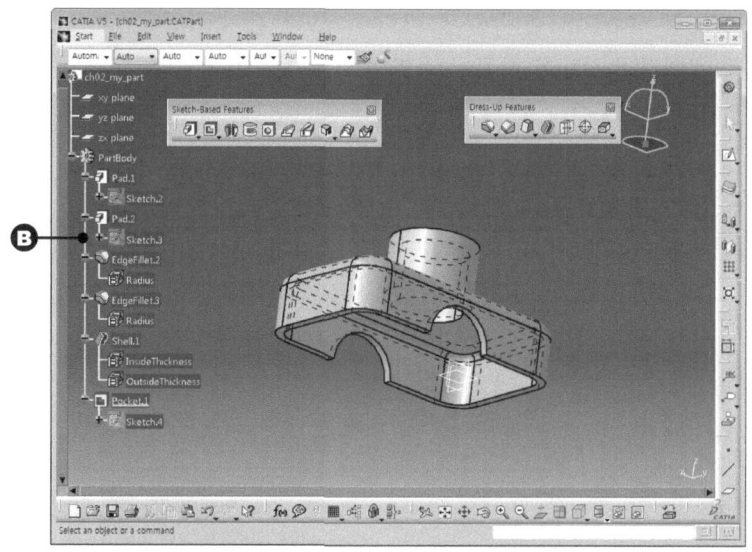

그림 2-37 Specification Tree 모드 들어가기

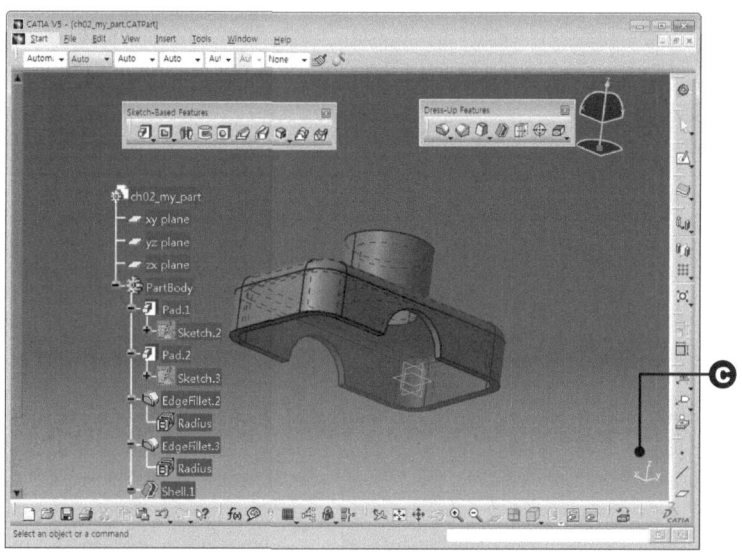

그림 2-38 Specification Tree 이동

> **! F3 키와 Shift + F3 키**
>
> F3 키를 누르면 Specification Tree를 숨기거나 나타나게 할 수 있다.
> Shift + F3 키를 누르면 Specification Tree 조작 모드로 들어가거나 나올 수 있다.

Specification Tree의 항목에 MB3를 누르면 그림 2-39와 같이 팝업메뉴가 나타난다. 여기서 Center graph를 선택하면 선택한 항목이 화면의 가운데로 정렬된다. 그림 2-40은 Center graph를 선택한 결과를 보여준다.

Specification Tree 또는 형상의 피쳐에 우클릭한 후 팝업메뉴에서 Reframe on을 선택하면 선택한 바디가 화면에 맞게 확대 또는 축소되며 회전 중심이 재설정 된다. Spec Tree 조작 모드에서 화면의 임의 위치에 우클릭 > Reframe graph를 선택하여 Tree를 초기화 할 수 있다.

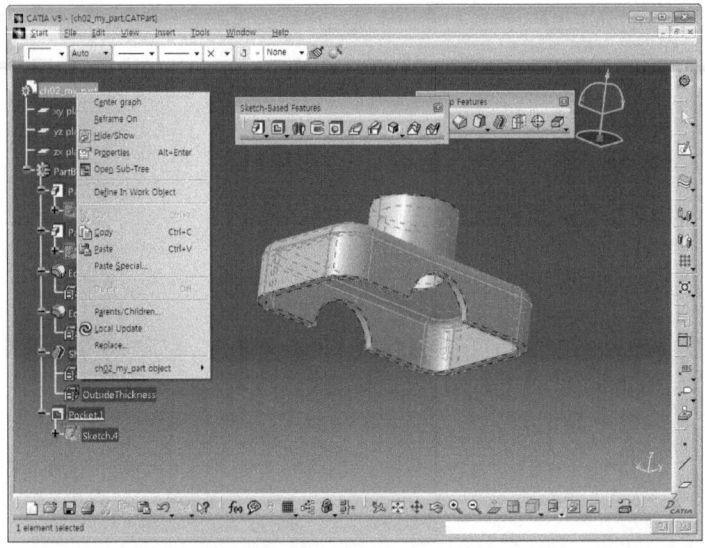

그림 2-39 팝업메뉴

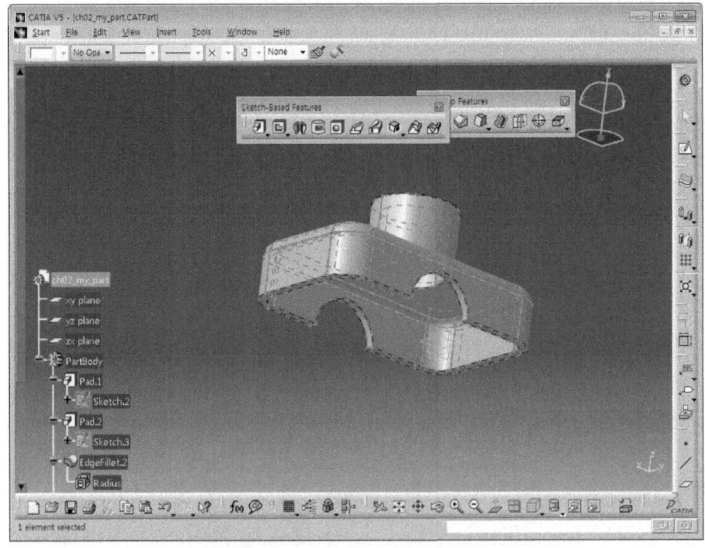

그림 2-40 Center graph 결과

2.5 모델 수정

파라메트릭 모델링의 가장 큰 장점 중 하나는 모델을 쉽게 수정할 수 있다는 것이다. 모델을 수정하는 방법에는 크게 두 가지가 있다.

1. 피쳐 생성 옵션 수정
2. 스케치 수정

모델 수정 **Exercise 07**

Exercise 06에서 생성한 모델을 열어 피쳐 생성 옵션과 스케치를 수정하는 과정을 알아보자.

파일 열기

1. 메뉴바에서 File > Open을 선택하여 Excerse 06에서 생성한 파일(ch02_my part.CATPart)을 연다
2. Specification Tree에서 Part Body 앞에 있는 + 기호를 클릭하여 트리를 펼친다
3. View mode를 Shading with Edges로 설정한다.

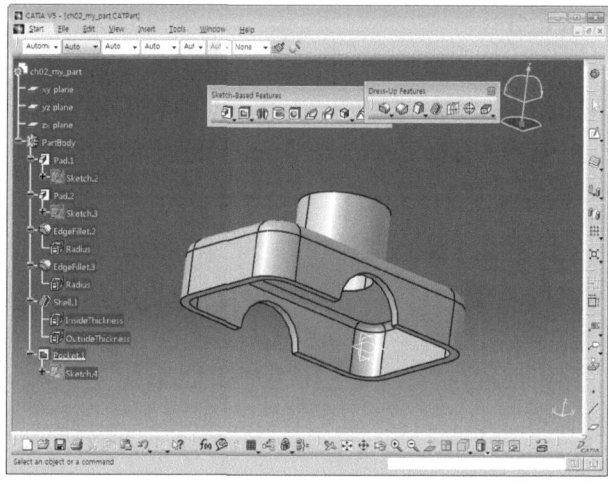

그림 2-41 트리 전개

피쳐 생성 옵션 수정 (Pad.1)

1. 그림 2-41의 Spec Tree에서 Pad.1을 더블클릭한다.
2. Pad Definition 대화상자의 Length 입력창에 35를 입력한다.
3. OK 버튼을 누르고 선택 취소한다.

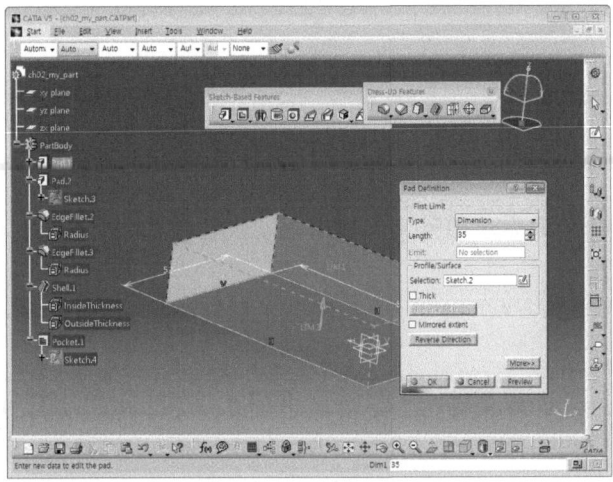

그림 2-42 Pad 옵션 수정

스케치 치수 수정 (Sketch.4)

1. Spec Tree에서 Pocket.1 피쳐를 펼친 후 Sketch.4를 더블클릭하여 그림 2-43과 같이 Sketcher 워크벤치로 들어간다. View 툴바에서 Normal View 아이콘을 한 번 또는 두 번 클릭하여 스케치 면을 그림과 같이 맞춘다.
2. 그림 2-43의 D25 치수(❷)를 더블클릭한다.
3. Diameter 값을 35mm로 입력하고 OK를 누른다.
4. Exit workbench 버튼(❸)을 눌러 스케치를 빠져 나간다.

스케치를 빠져 나가면 모델 형상은 자동으로 업데이트 된다. 이는 그림 1-22의 Update 옵션이 Automatic으로 되어 있기 때문이다.

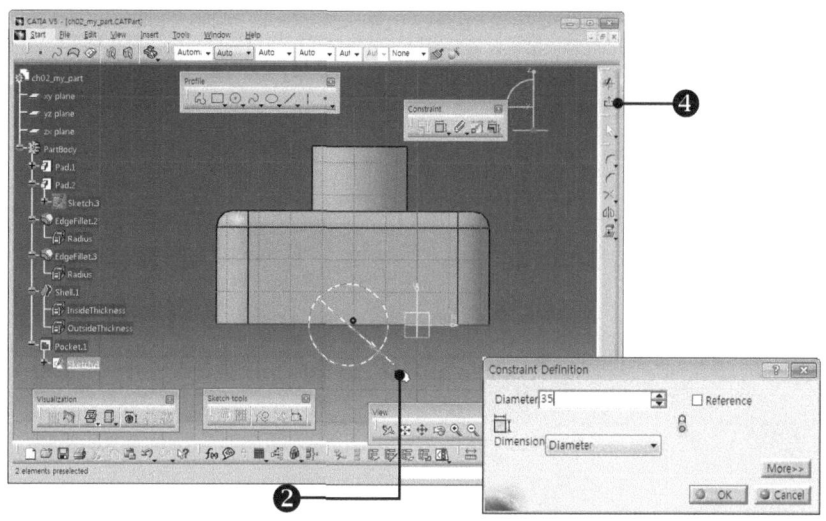

그림 2-43 스케치 치수 수정

END of Exercise

❗ 열려 있는 파일 확인

메뉴바에서 Window 메뉴를 선택하면 CATIA에 로드되어 있는 파일을 알 수 있다. 체크되어 있는 파일은 현재 화면에 표시되어 있는 파일이다.

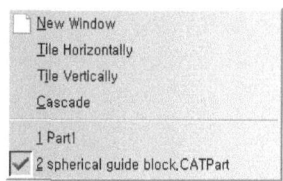

그림 2-44 열려 있는 파일 확인

(빈 페이지)

Chapter 3
스케치 기본

■ 학습목표

- Sketch를 생성하기 위한 설정을 이해한다.
- 스케치 커브를 그리는 여러 가지 기능을 알아본다.
- Sketch Tool의 사용 방법을 이해한다.
- 스케치의 구속조건에 대하여 알아본다.

3.1 스케치 워크벤치

3.1.1 개요

Sketch-Based Features 툴바의 기능을 이용하여 형상을 만들 때는 반드시 스케치가 있어야 한다. 그림 3-2는 그림 3-1의 스케치를 Pad 기능을 이용하여 돌출시켜 만든 것이다.

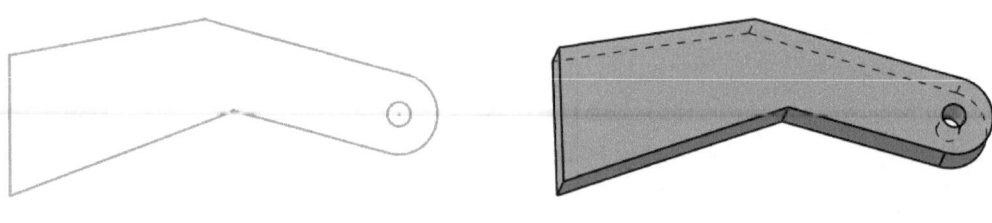

그림 3-1 스케치   그림 3-2 Pad로 생성한 형상

Sketch를 그리려면 Sketcher 워크벤치로 들어가야 한다. Part Design 워크벤치에서 Sketch 버튼을 누르면 Sketcher 워크벤치로 들어간다.

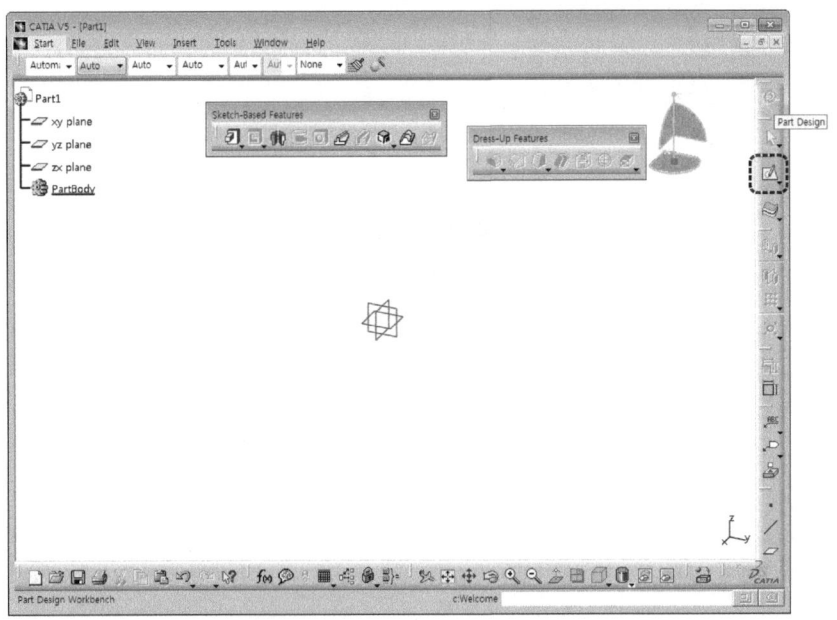

그림 3-3 Part Design 워크벤치 화면

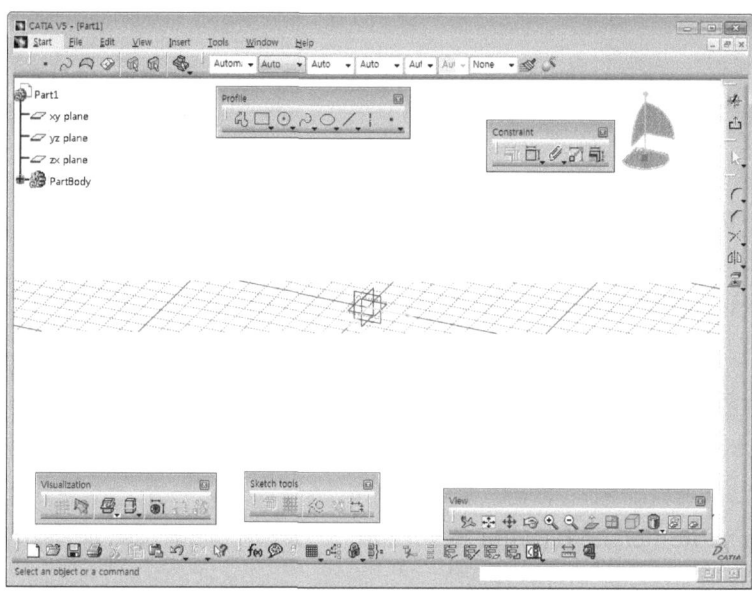

그림 3-4 Sketcher 워크벤치 화면

3.1.2 Sketcher 워크벤치 기본 설정

메뉴바에서 Tools 〉 Options를 선택하면 Options 대화상자가 나타난다. 대화상자의 왼쪽 영역에서 Mechanical Design 항목을 펼치고 Sketcher를 선택하면 그림 3-5와 같이 Sketcher 설정 옵션이 나타난다.

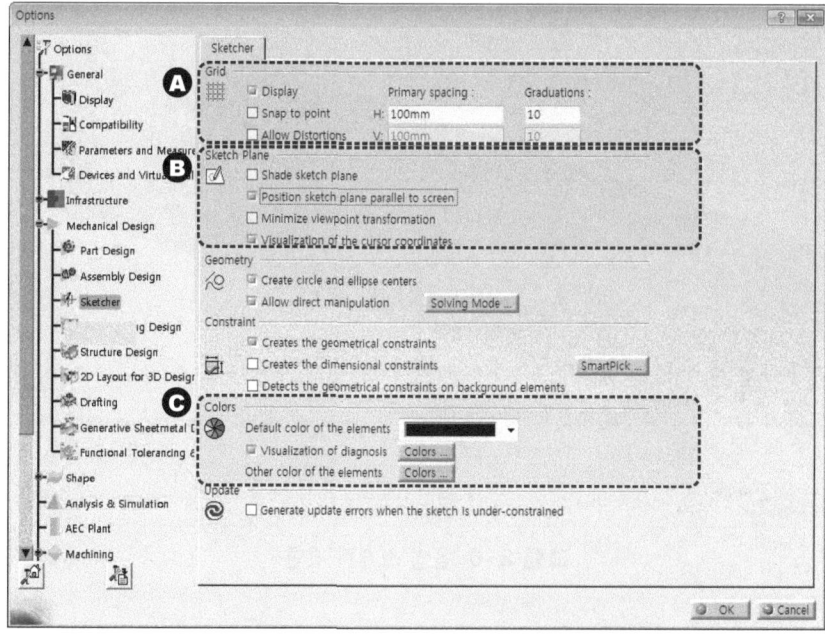

그림 3-5 Sketcher 옵션 설정 대화상자

ⓐ *Grid 옵션*

- **Display**: Sketcher 워크벤치에 들어갔을 때 눈금선이 나타나게 한다. 그림 3-4는 Display 옵션을 체크한 것이다.
- **Snap to point**: 선을 그릴 때 눈금선을 인식하여 스냅을 건다.
- **Primary spacing**: 실선 눈금의 간격
- **Graduations**: 점선 눈금의 간격
- **Allow Distortion**: 세로 눈금선의 간격을 다르게 설정할 수 있다.

ⓑ *Sketch Plane 옵션*

- **Shade Sketch plane**: 스케치 평면을 회색으로 표시한다. 그림 3-6은 이 옵션을 체크한 후 회전시켰을 때의 스케치 평면을 보여준다.
- **Position sketch plane parallel to screen**: Sketcher 워크벤치로 들어갈 때 스케치 평면이 화면과 일치되도록 정렬된다.
- **Visualization of the cursor coordinates**: 이 옵션을 선택하면 그림 3-7과 같이 커서에 좌표값이 나타난다.

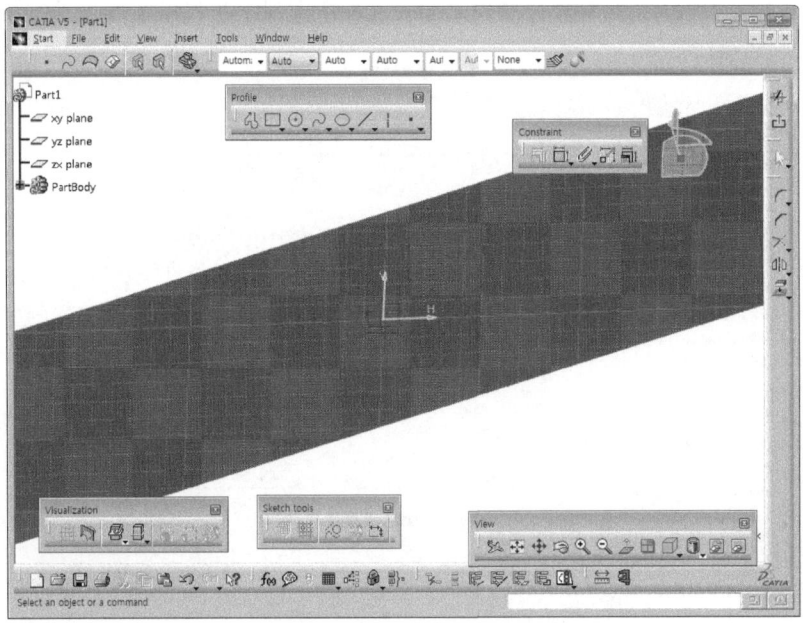

그림 3-6 음영 스케치 평면

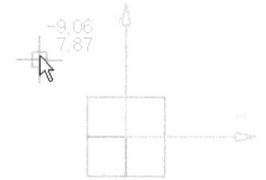

그림 3-7 커서에 좌표값 표시

❸ *Colors 옵션*

- Default color of the elements: Sketcher 워크벤치에서 생성하는 커브의 기본 색깔을 설정한다. 기본 설정은 흰색이다. 이 책에서는 인쇄 편의를 위하여 배경색을 흰색으로 설정하였고, 스케치 커브는 검정색으로 표시한다.

다른 Sketcher 옵션은 필요할 때 다시 보기로 하자.

3.1.3 단위 설정

Options 대화상자의 왼쪽 영역에서 General 항목을 펼친 후 Parameters and Measure를 선택하고, Units 탭을 선택하면 그림 3-8과 같은 옵션이 나타난다. 여기서 길이, 각도, 시간 등의 단위를 설정할 수 있다. ❹ 옵션을 보면 치수를 표시할 때 소수점 세째자리까지 표시하게 된다.

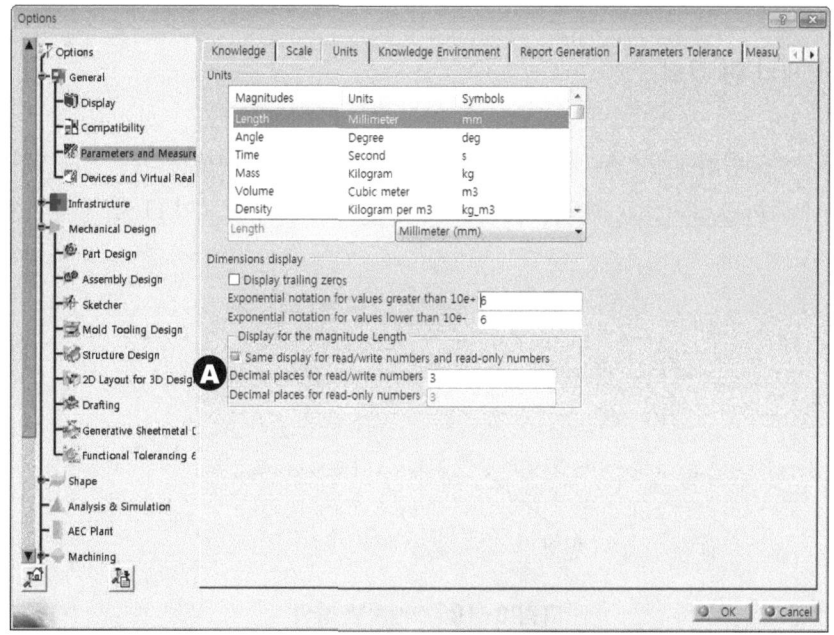

그림 3-8 단위 설정 옵션

3.2 스케치의 구성 요소

스케치 워크벤치로 들어간 후 Specification Tree를 전개시키면 그림 3-9와 같이 Sketch의 기본 구성 요소가 나타난다. 즉 AbsoluteAxis 항목 하위에 있는 Origin, HDirection, VDirection이 스케치의 기본 구성 요소이다. 이는 화면에 노란색 화살표로 나타나고, H, V로 표시된다. (0, 0) 위치에는 점(Origin)이 한 개 있다. 이는 스케치 커브의 형상을 정의할 때 기준이 되는 요소다.

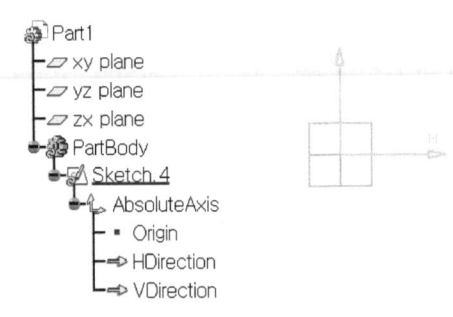

그림 3-9 Sketch의 구성 요소

3.3 스케치 순서

스케치를 생성하는 일반적인 순서에 대하여 설명한다.

3.3.1 스케치 면 정의

Part Design 워크벤치에서 Sketch 버튼을 누르면 스케치 면을 선택하라는 메시지가 나타난다. 평면을 선택하면 Sketcher 워크벤치로 들어가고 그림 3-10과 같이 H 축, V 축, 원점이 표시된다.

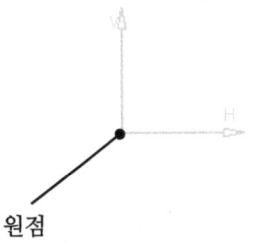

그림 3-10 스케치면 정의

3.3.2 커브 생성

스케치 면을 설정한 후 Profile 툴바에 있는 기능들을 이용하여 스케치를 생성한다. 이 단계에서는 대략적인 형상을 그리는데 최종적으로 원하는 형상에 가깝게 그려야 한다.

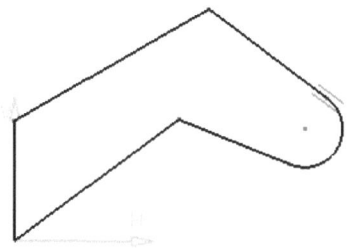

그림 3-11 대강 그린 스케치

3.3.3 구속

구속조건을 이용하여 스케치의 원하는 모양을 정의한 후 스케치를 종료한다. 그림 3-12는 완전히 정의된 스케치를 보여준다.

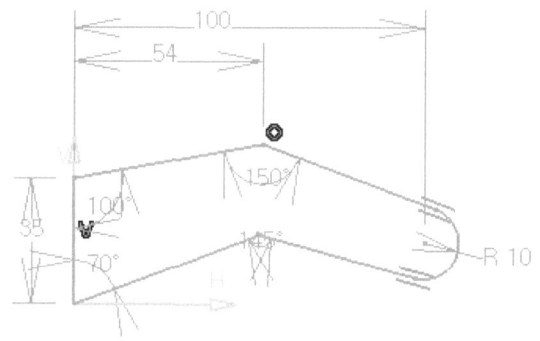

그림 3-12 스케치의 형상 정의

3.6.7 스케치 종료

Exit workbench 버튼을 눌러 스케치를 종료한다.

3.4 스케치 그리기

그림 3-13과 같은 Profile 툴바에 있는 기능을 이용하여 스케치를 그린다.

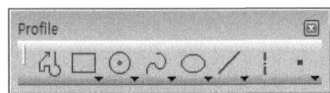

그림 3-13 Profile 툴바

- **Profile** : 직선 및 호를 연속적으로 그릴 수 있다.
- **Predefined Profile**: 미리 정해진 형상을 쉽게 그릴 수 있다.
- **Circle**: 원 또는 원호를 생성한다.
- **Spline**: 자유 곡선을 생성하거나 자유곡선을 이용하여 연결한다.
- **Conic**: 타원, 쌍곡선 등 Conic 커브를 생성한다.
- **Line**: 직선을 생성한다.
- **Axis**: 축으로 사용할 직선을 생성한다.
- **Point**: 점을 생성한다.

3.4.1 Line

Line 아이콘을 누르고 두 점을 선택하여 직선을 생성할 수 있다. Profile 툴바에서 Line 아이콘을 누르면 Sketch Tools 툴바는 그림 3-14와 같이 변경된다.

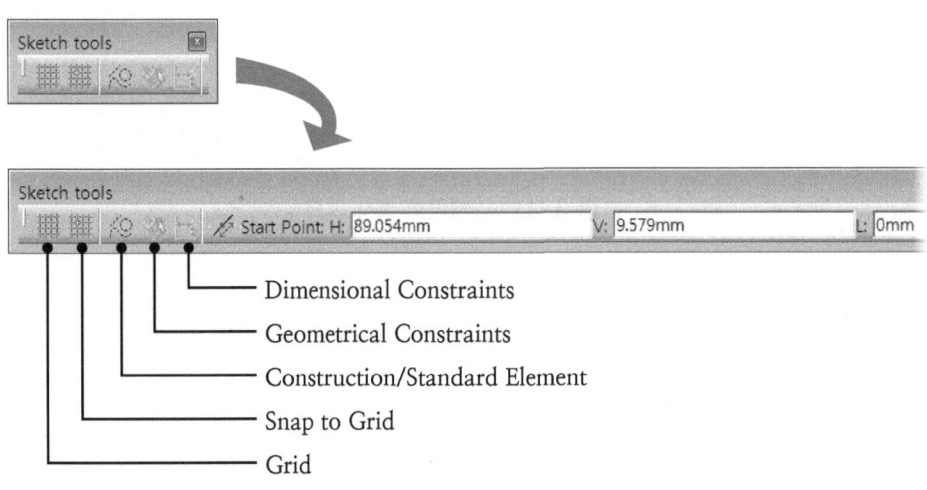

그림 3-14 Sketch Tools 툴바

- **Grid and Snap to Grid** : 그림 3-5의 Display 옵션(Ⓐ)을 선택한 것과 같다.
- **Construction/Standard Element** : 커브의 속성을 변경시킨다.
- **Geometrical Constraints** : 스케치 커브를 생성할 때 기하구속을 적용시킨다.
- **Dimensional Constraints**: 입력값을 이용하여 스케치 커브를 생성할 때 치수구속을 적용시킨다.

이 교재에서는 Geometrical Constraints와 Dimensional Constraints 버튼을 항상 켜놓기로 한다.

스냅을 이용한 Line 생성 　Exercise 01

1. 새로운 파트 파일을 생성하고 Sketch 아이콘을 누른다.

2. Spec Tree에서 xy 평면을 선택한다.

3. Profile 툴바에서 Line 아이콘을 누른다.

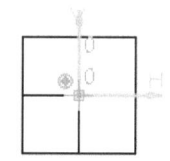

그림 3-15 원점 선택

4. 마우스 커서를 원점 위치로 이동하고 포인터가 그림 3-15와 같이 변경될 때 클릭한다. 직선의 끝점이 원점과 일치되게 선택된다.

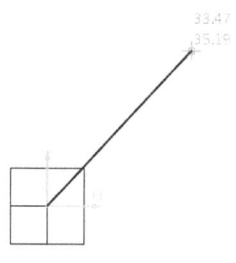

그림 3-16 직선 생성

5. 그림 3-16의 위치로 마우스 커서를 이동시켜 MB1(마우스 왼쪽 버튼)을 클릭한다. 직선이 생성되고 선택되어 있다. 스크린의 임의 위치를 클릭하여 선택을 취소한다.

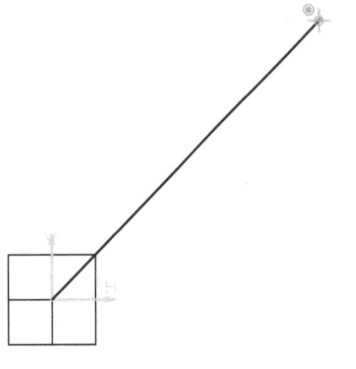

그림 3-17 끝점 선택

6. Line 아이콘을 누르고 그림 3-17과 같이 앞에서 생성한 직선의 끝 점에 스냅을 걸어 시작점을 지정한다.

마우스 포인터의 모양에 주의한다. 생성되는 직선의 끝 점이 기존 직선의 끝 점과 일치되도록 하는 것이다.

7. 그림 3-18과 같이 마우스 포인터의 위치를 이동시키고 직각 표시가 나타났을 때 MB1을 클릭한다. 두 직선이 직각으로 설정된다.

8. 생성된 직선의 선택을 취소한다.

9. 마우스 포인터를 그림 3-19와 같이 두 번째 직선 위로 이동시키고 MB1으로 선택한 후 아래 방향으로 드래그한다. 이동시킬 때 끝점 일치와 직각 조건이 유지됨을 확인한다.

10. Exit Workbench 아이콘을 눌러 Sketcher 워크벤치를 빠져 나간다.

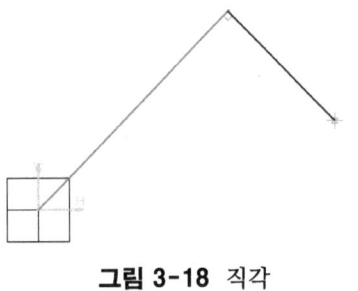

그림 3-18 직각

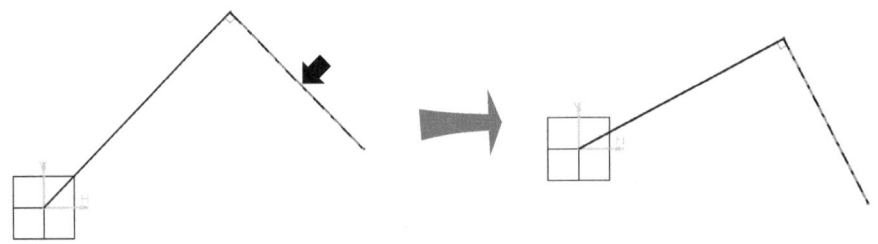

그림 3-19 드래그

END of Exercise

3.4.2 Profile

Profile 툴바에 있는 Profile 아이콘을 눌러 직선을 연속하여 생성할 수 있다.

Profile 기능은 다음과 같은 방법으로 종료할 수 있다.

1. ESC 키를 두 번 누른다. 그 때 까지 그린 커브가 생성되며 선택되어 있다.
2. MB1을 더블클릭 한다. 그 위치까지 선을 그리고 선택된 상태로 Profile 기능이 종료된다.
3. Select 버튼을 누른다.

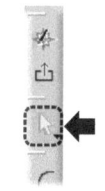

그림 3-20 Select 아이콘

Profile 기능을 이용하여 커브를 생성할 때 Sketch Tools 툴바는 그림 3-21과 같이 변경된다.

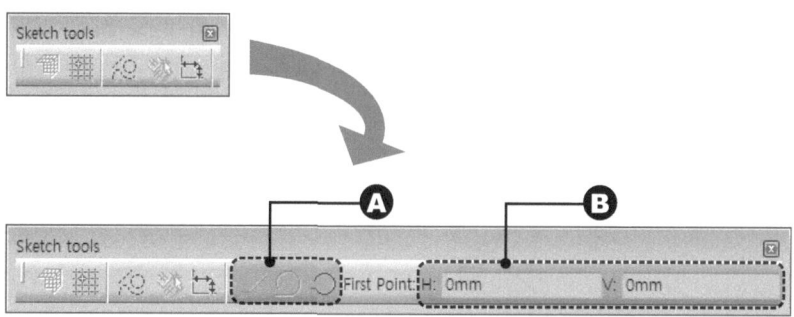

그림 3-21 Sketch Tools 툴바

그림 3-21의 **A**
 - Profile 기능으로 커브를 그릴때만 나타난다.
 - 선, 접하는 호, 세 점을 지정한 호를 연속하여 그릴 수 있다.

그림 3-21의 **B**
 - 마우스 위치의 좌표를 보여준다.
 - H, V 값을 입력하여 점의 위치를 지정할 수 있다.
 - Tab 키를 누르면 입력창으로 이동할 수 있다.

Exercise 02 Profile 기능 사용하기

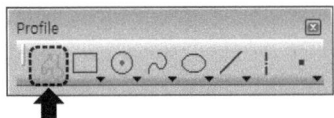

1. Profile 툴바에서 Profile 아이콘을 누른다.

2. H 축의 연장선 위에 마우스 포인터를 이동시켜 포인터가 그림 3-15와 같이 나타날 때 MB1을 클릭하여 첫 번째 점을 지정한다.

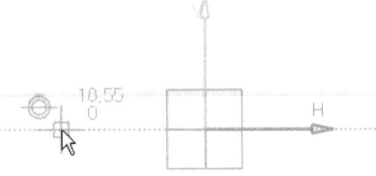

그림 3-22 첫 번째 점 선택

3. 그림 3-22와 같이 연속하여 선을 그린다. 마지막 점(❻)은 첫 번째 점 위치(❶)를 선택한다. 처음 위치를 선택하면 커브가 닫히고 Profile 기능이 자동으로 종료된다.

커브는 선택되어 있는 상태다. 화면의 다른 곳을 클릭하면 선택된 커브가 선택 취소된다.

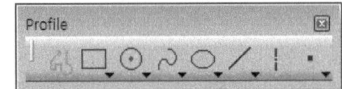

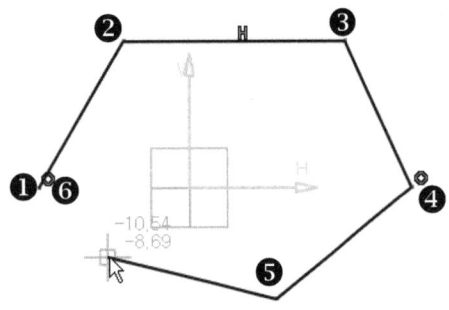

그림 3-23 Profile 기능 사용

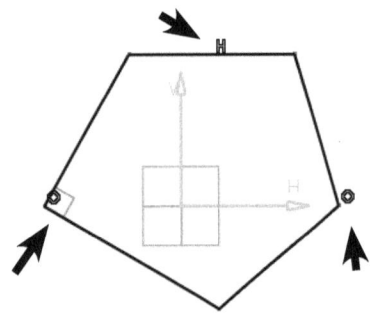

그림 3-24 완성된 폐곡선

> **! 기하 구속 조건**
>
> 그림 3-17에 화살표로 표시한 부분의 심볼은 기하 구속조건을 나타낸다.

END of Exercise

3.4.3 Predefined Profile

Profile 툴바에서 두 번째 아이콘 그룹을 밖으로 빼낼 수 있다. Predefined Profile 툴바의 기능을 이용하면 여러 가지 형상을 쉽게 생성할 수 있다.

Predefined Profile 생성 실습 | **Exercise 03**

Predefined Profile 기능을 이용하여 다음과 같은 스케치를 생성해 보자.

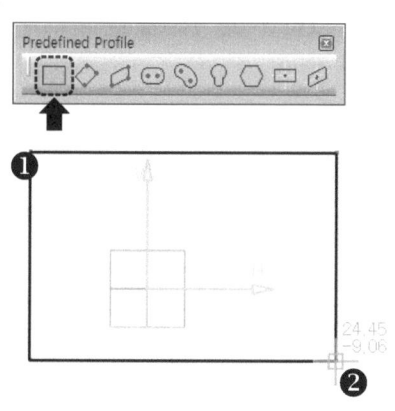

그림 3-25 Rectangle

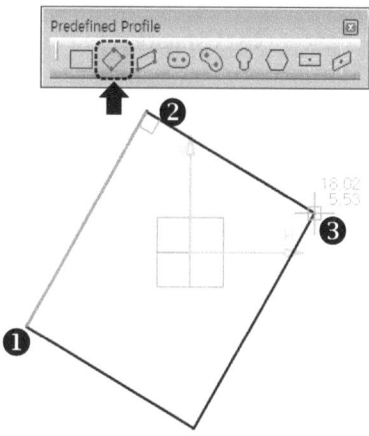

그림 3-26 Oriented Rectangle

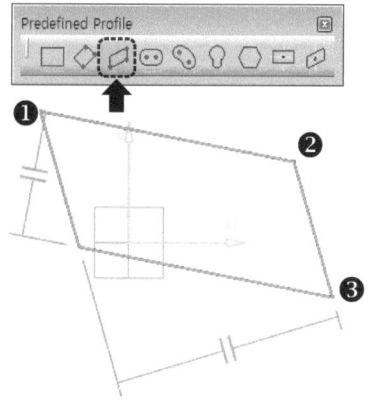

그림 3-27 Parallelogram

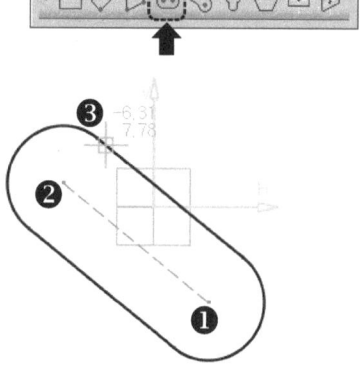

그림 3-28 Elongated Hole

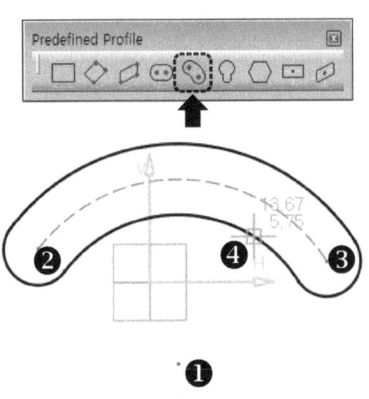

그림 3-29 Cylindrical Elongated Hole

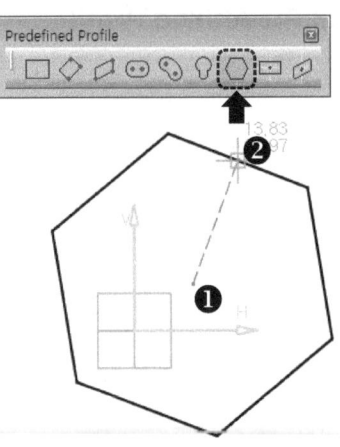

그림 3-30 Hexagon

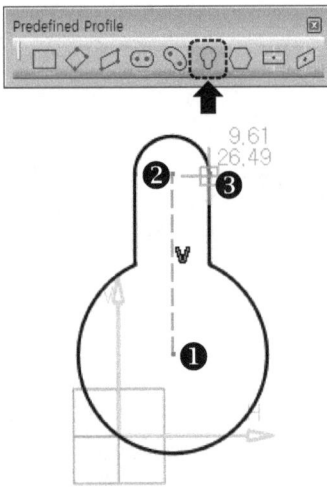
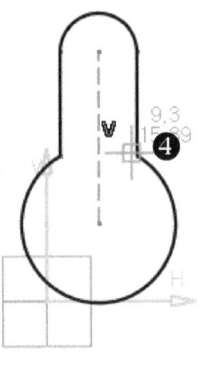

그림 3-31 Keyhole Profile

3.4.4 기타 스케치 기능

Profile 툴바에서 Circle, Spline, Conic, Line, Point 툴바를 꺼낼 수 있다. 그림 3-32는 각각의 툴바를 보여준다.

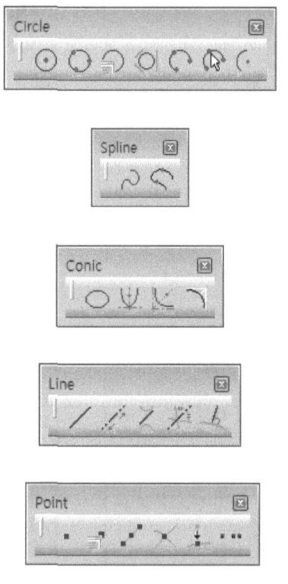

그림 3-32 기타 스케치 기능 툴바

Circle 생성 실습   Exercise 04

Circle 툴바의 기능을 이용하여 다양한 방법으로 원 또는 호를 생성해 보자.

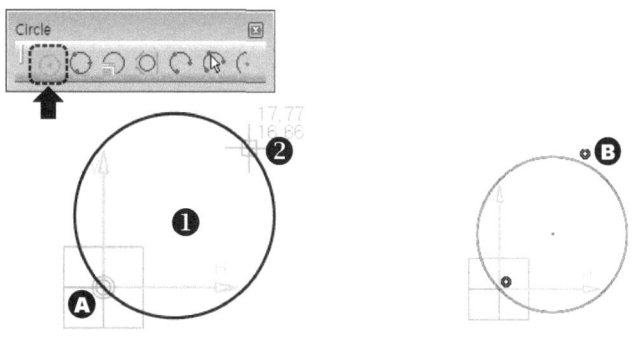

그림 3-33 Circle

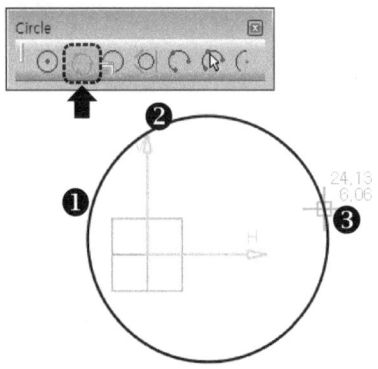

그림 3-34 Three Point Circle

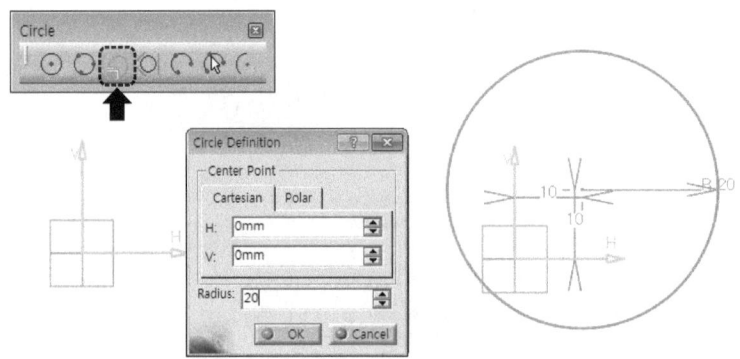

그림 3-35 Circle Using Coordinates

> ### 원의 중심에 있는 점
>
> 원을 그리면 중심에 점이 생긴다. 이는 그림 3-5의 Geometry 옵션 중 Create circle and ellipse centers 항목이 체크되어 있기 때문이다.

> ### Shift 키와 Sketch tools 옵션
>
> 1. 그림 3-33에서 원을 생성할 때 ❹ 위치의 기하 구속을 인식하지 않게 하려면 Shift 키를 누른다.
>
> 2. 그림 3-33의 ❺와 같은 기하 구속 심볼이 나타나지 않게 하려면 Sketch Tools 툴바에서 Geometric Constraints 버튼을 끄면 된다. 이 책에서는 이 버튼을 켜놓기로 한다.
>
>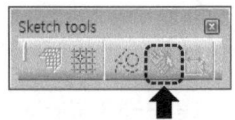

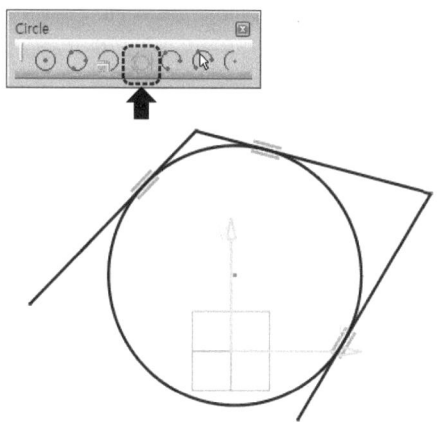

그림 3-36 Tri-Tangent Circle

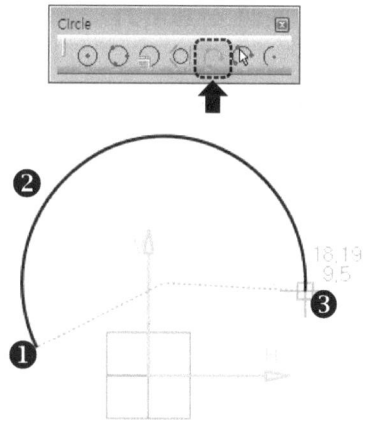

그림 3-37 Three Point Arc

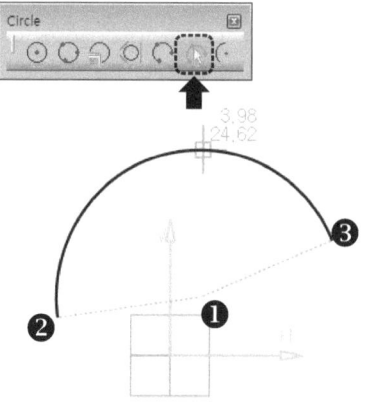

그림 3-38 Three Point Arc Starting with Limits

> **! Tangent?**
>
> 그림 3-36의 원호와 직선은 서로 접한다. 이러한 상태를 영어로 Tangent라고 한다.

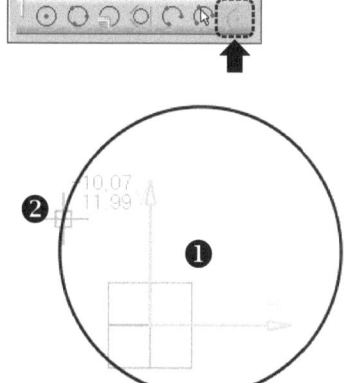

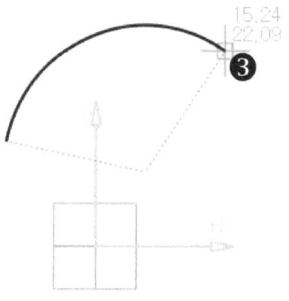

그림 3-39 Arc

END of Exercise

3.5 스케치 개체 삭제하기

CATIA에서 다른 기능이 수행되고 있지 않다면 항상 선택 기능이 수행되고 있는 것이다. 따라서 마우스 왼쪽 버튼(MB1)을 이용하여 개체를 선택할 수 있다. 커브나 기하 구속 심볼을 선택한 후 Delete 키를 누르면 선택한 개체가 삭제된다.

3.5.1 Select 툴바

그림 3-40과 같이 Select 툴바를 꺼내면 여러 가지 선택 옵션을 이용할 수 있다. 기본적으로 Rectangle Selection Trap이 선택되어 있다.

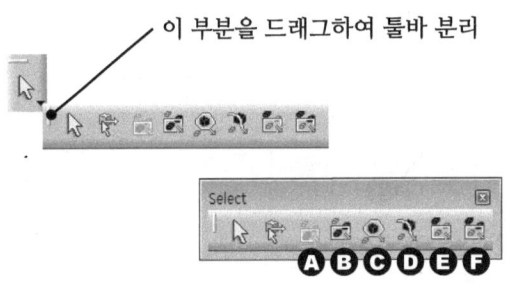

그림 3-40 Select 툴바

Ⓐ	마우스를 드래그하여 사각형 안에 완전히 들어와 있는 개체만 선택한다.
Ⓑ	사각형 경계에 걸쳐 있는 개체도 포함하여 사각형 안에 있는 선택한다.
Ⓒ	마우스를 클릭하여 다각형을 지정하여 그 안에 완전히 들어와 있는 개체만 선택한다. 다각형의 마지막 점은 더블클릭한다.
Ⓓ	마우스를 드래그하여 선을 지정하여 선에 걸쳐 있는 개체를 선택한다.
Ⓔ	마우스를 드래그하여 사각형 밖에 완전히 나가 있는 개체만 선택한다.
Ⓕ	사각형 경계에 걸쳐 있는 개체도 포함하여 사각형 밖에 있는 개체를 선택한다.

> **H 축과 V 축 및 Origin의 삭제**
>
> 스케치의 기본 요소인 H축, V축, Origin은 선택하더라도 삭제되지 않는다.

3.6 스케치 커브의 구속

지금까지 스케치 커브를 임의로 그렸을 것이다. 그런데, 스케치 커브를 이용하여 3차원 형상을 만들기 때문에 아무렇게나 그리면 의미가 없다. 우리가 원하는 모양의 스케치 커브를 정확히 그린 다음 돌출시켜 형상을 더하거나 빼내는데 이용하여야 할 것이다.

CATIA V5와 같은 파라메트릭 모델링 소프트웨어에서는 두 가지 방법을 이용하여 스케치 커브의 형상을 정의할 수 있다.

① 기하 구속(Geometrical Constraint)
② 치수 구속(Dimensional Constraint)

기하 구속은 스케치 개체 사이의 위치관계를 이용하여 형상을 정의하는 방법이고, 치수 구속은 개체간의 거리, 개체의 길이, 각도 등의 치수를 이용하여 형상을 정의하는 방법이다. 일반적으로 두 가지 방법을 혼용하여 스케치의 모양을 정의하게 되며, 생성된 기하 구속 또는 치수 구속은 삭제 또는 수정이 가능하다.

예를 들어 평면상에 점을 완전하게 정의하려면 그림 3-41과 같이 두 개의 치수가 필요하고, 원을 완전하게 정의하려면 그림 3-42의 (a)와 같이 중심의 위치 치수와 직경 치수가 필요하다. 또는 반지름과 수직 거리가 같다면 그림 3-42의 (b)와 같이 H 축으로부터의 거리 대신 H축과 접한다는 조건을 줄 수도 있다.

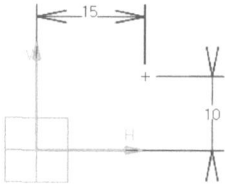

그림 3-41 점의 구속

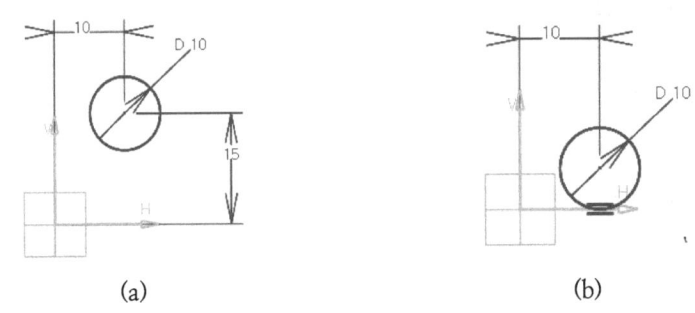

(a)　　　　　　　　　　　　(b)

그림 3-42 원의 구속

3.6.1 치수 구속

치수 구속을 주려면 그림 3-43의 Constraint 툴바에서 Constraint 버튼을 이용한다. 이 버튼을 누르면 스테이터스바에는 구속을 줄 개체를 선택하라는 메시지가 나타난다. 어떤 개체를 선택하느냐에 따라 치수의 종류가 달라진다.

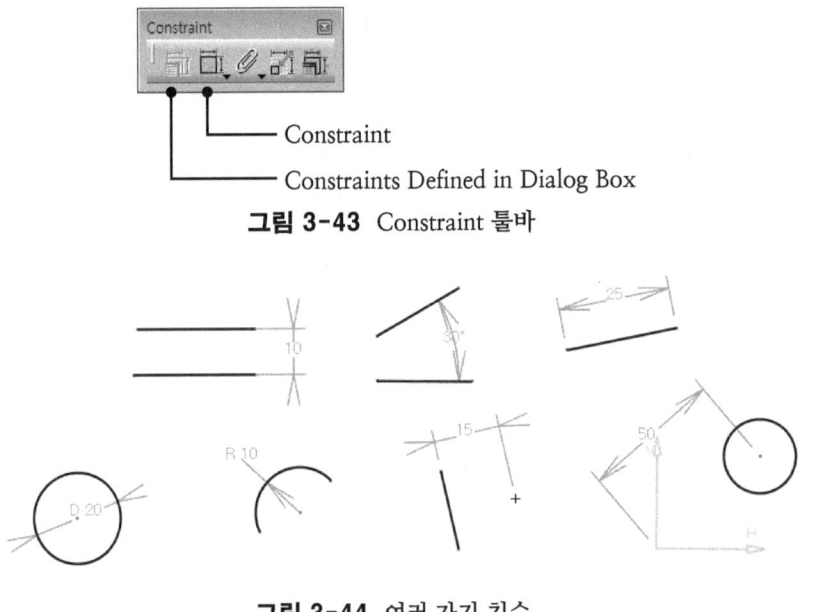

그림 3-43 Constraint 툴바

그림 3-44 여러 가지 치수

> **❗ 놀라운 사실 1 !!!**
>
> 치수를 더블클릭하면 값을 수정할 수 있다. 치수를 수정하면 커브의 모양이 바뀐다. 즉, 커브를 삭제한 후 다시 그리지 않고 치수를 변경하여 모양을 바꿀 수 있다. 이는 파라메트릭 모델러의 가장 큰 특징이다. 형상을 수정할 때는 파라미터를 수정하는 것이 원칙이다.

3.6.2 기하 구속

기하 구속 조건을 주는 방법은 두 가지가 있다.

① Constraints Defined in Dialog Box 버튼 이용
② Constraint 버튼 이용

Constraints Defined in Dialog Box 버튼은 평상시에는 활성화 되어 있지 않고, 개체를 선택했을 때만 활성화된다. 다음 순서에 따라 구속조건을 부여한다.

① 구속조건을 줄 개체 선택를 선택한다. 한 개, 두 개 또는 세 개(Ctrl 키를 누른다.)
② Constraints Defined in Dialog Box 버튼을 누른다.
③ Constraint Definition 대화상자에서 구속조건을 선택한다.
④ OK 버튼을 누른다.

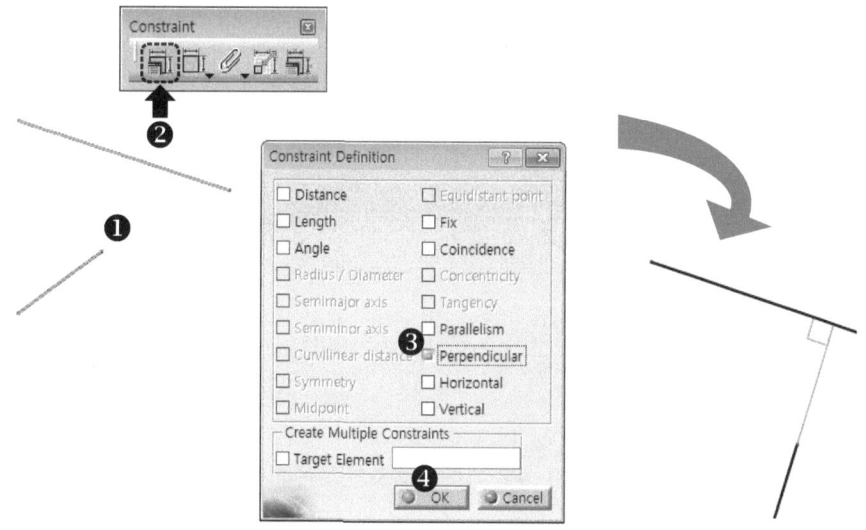

그림 3-45 기하 구속조건 부여하기

> **! 놀라운 사실 2 !!!**
>
> 기하 구속조건을 적용하는 순간 커브의 상대적인 위치가 바뀐다.
> 이 또한 파라메트릭 모델러의 특징이다. 스케치의 형상을 변경할 때는 치수 구속과 기하 구속을 적절히 수정하는 것이 최선이다. 물론 커브를 삭제하거나 새로 추가하여야 하는 경우도 있다.

3장: 스케치 기본

Constraint 버튼을 이용하여 기하 구속을 줄 수도 있다. 다음 순서를 따른다.

① Constraint 버튼을 누른다.
②, ③ 개체를 선택한다. 화면에 치수가 나타난다.
④ MB3를 누른다.
⑤ 팝업메뉴에서 구속조건을 선택한다.

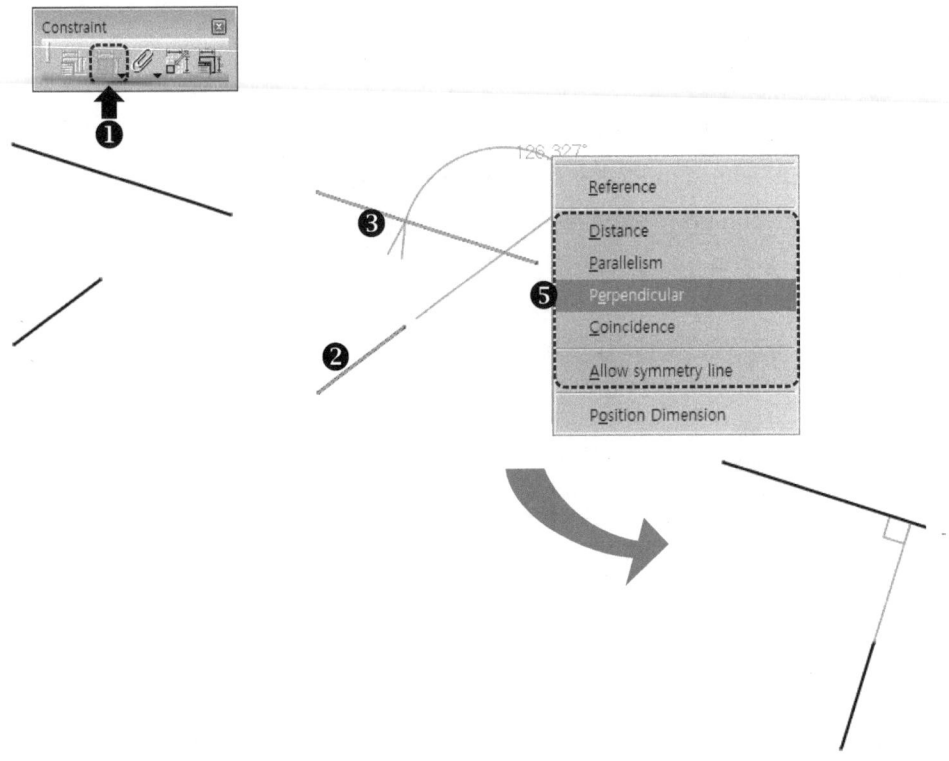

그림 3-46 기하 구속조건 부여하기

> **! 적용 가능한 기하 구속의 타입**
>
> 그림 3-45의 대화상자를 보라. 어떤 항목은 활성화 되어 있지 않다. 어떤 개체를 선택하였느냐에 따라 적용 가능한 구속조건이 다르게 나타난다. 그림 3-40의 팝업메뉴에서도 마찬가지다.

3.6.3 구속조건의 종류

그림 3-45의 Constraint Definition 대화상자를 보면 다음과 같은 구속조건이 있음을 알 수 있다. 각각의 구속조건에 대하여 살펴보자.

Distance
두 개의 점, 점과 직선 또는 평행인 두 개의 직선을 선택하였을 때 활성화된다.
두 개체간의 거리를 입력할 수 있다.

Length
하나의 직선을 선택하였을 때 활성화된다.
길이를 입력한다.

Angle
평행이 아닌 두 개의 직선을 선택하였을 때 활성화된다.
각도를 입력한다.

Radius/Diameter
원이나 호를 선택하였을 때 활성화된다.
반경 또는 직경을 입력한다.

Semimajor axis
타원을 선택하였을 때 활성화된다.
장축의 길이를 입력한다.

Semiminor axis
타원을 선택하였을 때 활성화된다.
단축의 길이를 입력한다.

Symmetry
대칭 조건을 줄 두 개의 개체를 선택한 후 대칭 중심을 선택하였을 때 활성화된다.
먼저 선택한 두 개의 개체가 중심을 기준으로 서로 대칭형상을 이룬다.

Midpoint
선과 점(점, 끝점, 중심점 등)을 선택하였을 때 활성화된다.
점이 선의 중심위치로 이동된다.

Equidistant point
점을 세 개 선택하였을 때 활성화된다.
선택한 두 개의 점이 세번째 선택한 점과 같은 거리에 위치하도록 한다.

Fix
언제나 활성화된다. 선택한 개체의 위치가 고정된다.
다른 CAD에서 불러온 선을 그대로 고정시킬 때 주로 사용된다.

Coincidence

점 - 점	위치가 일치된다.
직선 - 직선	두 직선이 일직선 상에 놓인다.
점 - 커브	점이 커브 위로 이동된다.
원 - 원	중심과 크기가 일치된다.

Concentricity
두 개의 원 또는 호를 선택하였을 때 활성화된다.
중심이 일치된다.
점과 원 호를 선택하였을 때는 점과 원의 중심이 일치된다.

Tangency
두 개의 곡선 또는 직선과 곡선을 선택하였을 때 활성화된다.
선택한 두 개의 개체가 서로 접한다.

❗ 커브, 점의 의미

- 커브: 호, 스플라인 등 곡률을 갖는 선을 의미한다.
- 점: 원이나 타원의 중심점, 모든 커브의 끝점, 스플라인의 Control Point, Point 기능으로 생성한 점을 의미한다.

Parallelism
두 개의 직선을 선택하였을 때 활성화된다.
두 개의 직선이 평행으로 된다.

Perpendicular
두 개의 직선을 선택하였을 때 활성화된다.
두 개의 직선이 서로 수직으로 된다.

Horizontal
선택한 개체가 수평으로 된다.
기준 좌표축의 H축과 평행이다.

Vertical
선택한 개체가 수직으로 된다.
기준 좌표축의 V축과 평행이다.

H축, V축에 대칭인 사각형 그리기 — Exercise 05

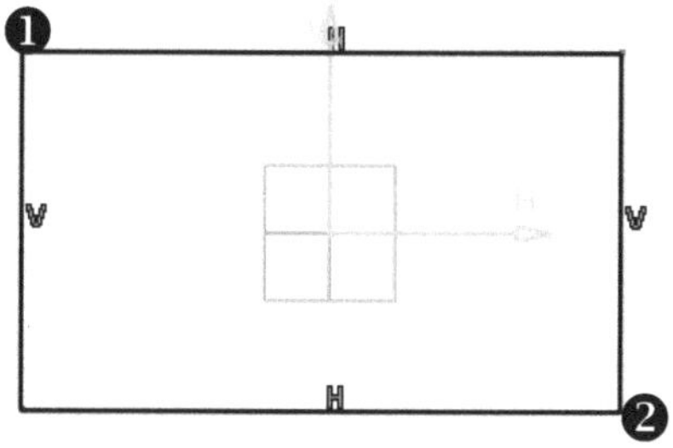

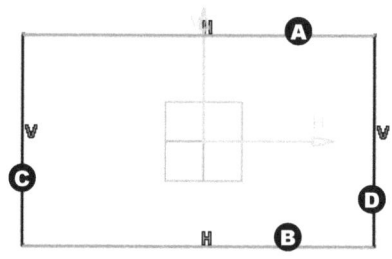

그림 3-47 Rectangle 생성

그림 3-48 Distance 구속

1. Profile 툴바에서 Rectangle을 선택한다.

2. 그림 3-47과 같이 임의의 두 점을 선택하여 직사각형을 그린다. Horizontal과 Vertical 구속이 자동으로 생성된 것을 확인한다.

3. 선택된 커브를 해제한다.

4. Ctrl 키를 누르고 그림 3-48의 Ⓐ, Ⓑ 직선을 선택한다.

5. Constraint Defined in Dialog Box 버튼을 누른다.

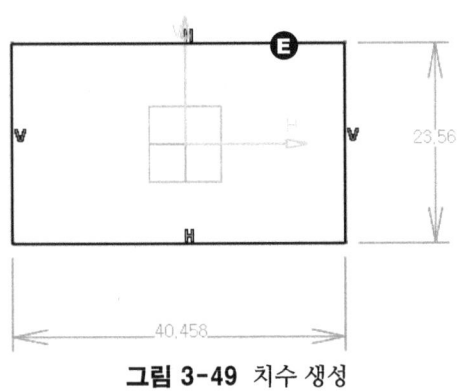

그림 3-49 치수 생성

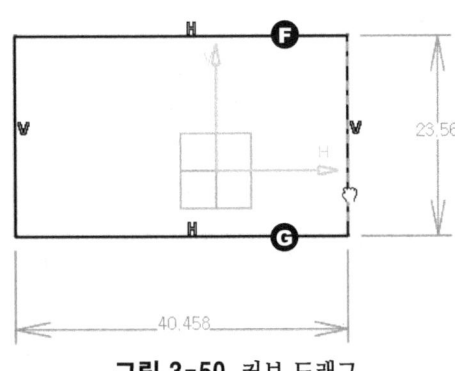

그림 3-50 커브 드래그

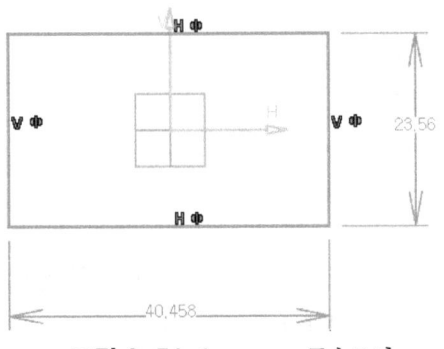

그림 3-51 Symmetry 구속조건

6. 대화상자에서 Distance를 체크하고 OK를 누른다.

7. 그림 3-48에서 **C**와 **D** 직선을 선택하여 같은 방법으로 치수를 생성한다.

8. 그림 3-49에서 **E**부분을 클릭하고 드래그 하여 그림 3-50과 같이 원점이 한쪽으로 치우치도록 한다.

9. 다시 그림 3-50의 **F**와 **G** 직선을 선택한 후 H 축을 세 번째로 선택한다.

10. Constraint Definition 대화상자를 열고 Symmetry를 선택한 후 OK를 누른다.

> **! 완전구속**
>
> 커브의 색깔이 연두색으로 바뀐다.

11. 같은 방법으로 그림 3-48의 **C**와 **D** 직선을 선택한 후 V 축을 세 번째로 선택한다.

12. Symmetry 구속조건을 부여한다. 결과는 그림 3-51과 같다.

> **! 완전구속**
>
> 그림 3-51의 커브를 드래그하면 움직이지 않는다.

END of Exercise

3.6.4 구속의 상태

구속이란 개체의 모양이나 위치를 완전하게 정의하는 것이다. 그림 3-51을 보면 길이가 정확히 정의되어 있고, 위치도 완전히 정의되어 있다. 이러한 상태를 **완전구속**(Iso-constrained)이라고 한다.

그림 3-50과 같이 스케치 커브의 일부만 구속이 되어 있는 상태를 **부분구속**(Under-constrained)이라고 한다. 흰색으로 표시된다. 이러한 개체는 드래그 기능으로 위치를 이동시킬 수 있다.

그림 3-51의 완전구속 상태에 그림 3-52의 **A**와 같이 치수를 하나 더 추가해 보자. 커브의 색깔이 자주색(magenta)으로 바뀐다. 스케치에서 치수를 기입하는 이유는 그 값을 수정하여 커브의 형상을 변경하기 위한 것이 1차적인 목적이다. 이 경우 40.458이라는 치수가 이미 입력되어 있고, V축을 기준으로 서로 대칭이라는 조건을 적용하였으므로 **A**의 치수는 당연히 20.229가 되며 이는 따로 수정할 수 없는 치수다. 이 치수를 더블클릭하여 다른 값을 입력하더라도 커브의 모양은 변하지 않는다. 이러한 구속상태를 **과잉구속**(Over-Constrained)이라고 한다. 과잉구속된 상태로 스케치를 나가면 Update Diagnosis 메시지 창이 나타난다.

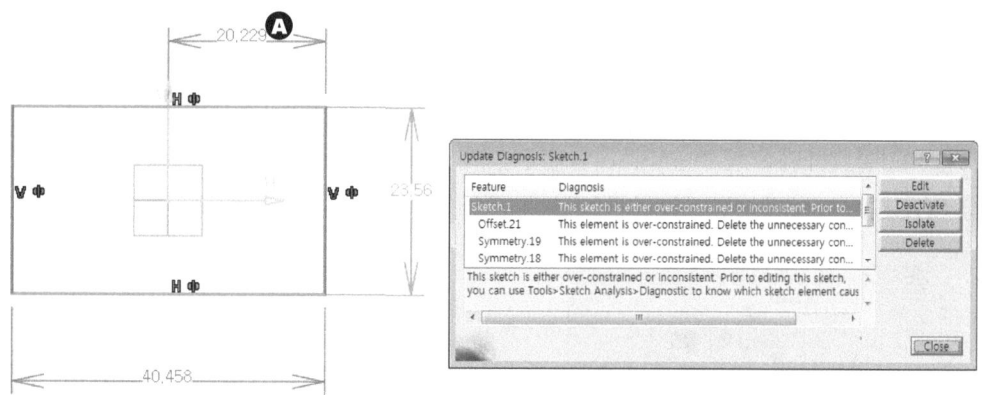

그림 3-52 과잉구속되어있는 스케치

> ⚠️ **어떤 구속 상태가 좋은가?**
>
> 당연히 완전구속(Iso-constrained) 상태가 최선이다.
> 부분 구속이더라도 3차원 형상을 만들 수 있지만 실제 설계를 할 때는 항상 완전구속을 하는 것이 좋다. 과잉구속은 절대 나타나지 않아야 한다.

3.6.5 구속의 상태 확인

스케치의 구속 상태를 확인하는 몇 가지 방법에 대하여 설명한다.

1. 색깔 확인

스케치 커브의 색깔로써 구속의 상태를 확인할 수 있다.

구속 상태	커브의 색깔
부분구속	흰색
완전구속	연두색
불일치	빨강색
과잉구속	자주색

2. 기호 확인

그림 3-52에서 치수를 더블클릭하면 그림 3-53과 같은 Constraint Definition 대화상자가 나타난다. 이 대화상자에서는 치수를 변경할 수도 있고 기호를 표시한 부분의 기호를 보고 이 치수가 정상인지 과잉구속인지 확인할 수 있다. 연두색 치수를 더블클릭하면 그림 3-53의 (a)와 같이 표시되고, ❹ 치수를 더블클릭하면 (b)와 같이 표시된다. 화면에 있는 기하 구속 기호를 더블클릭하면 그림 3-53의 (c)와 같은 대화상자가 나타나고 역시 구속의 상태를 확인할 수 있다.

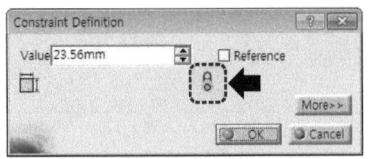

(a) 정상적인 치수

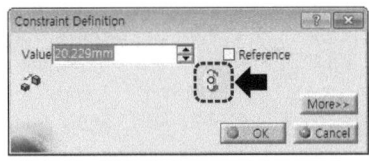

(b) 과잉구속 치수

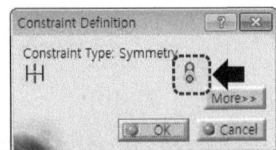

(c) 정상적인 기하 구속

그림 3-53 구속 상태를 보여주는 기호

> **과잉 구속은 어떻게 처리하나?**
>
> **- 치수:** 삭제하거나 Reference로 변경한다. 그림 3-53의 대화상자에서 Reference 옵션을 체크하면 치수에 괄호가 생기고 구속상태에 문제가 없어진다. 이 치수는 이제 더이상 수정할 수 없고 치수를 참고만 할 수 있다.
>
> **- 기하 구속조건 :** 삭제한다.
> 삭제하기 전에 일순간 무효화 시킨 다음 구속상태를 검토할 수 있다.
> 그림 3-52에서 과잉구속 상태를 해소하려면 20.229 치수, 40.458 치수 또는 대칭 구속 중 하나를 삭제하면 된다. 기하 구속은 아래 그림과 같이 Symmetric 기호에 MB3를 눌러 Deactivate 한 후 이상 없으면 삭제한다.
>
>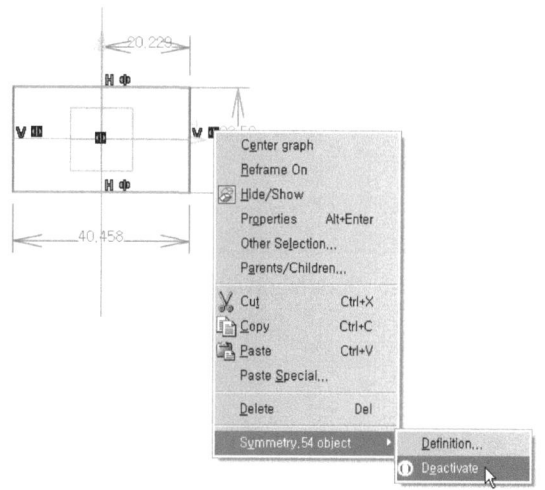
>
> **그림 3-54** 기하 구속조건의 무효화

3. 드래그

부분구속되어 있는 스케치는 마우스로 드래그할 수 있다. 커브나 점(Control Point, 끝점, 원의 중심점 등)을 MB1으로 선택한 상태에서 드래그한다.

4. 분석기능 이용

그림 3-55의 Tools 툴바에서 2D Analysis 툴바를 꺼내어 스케치를 분석할 수 있다.

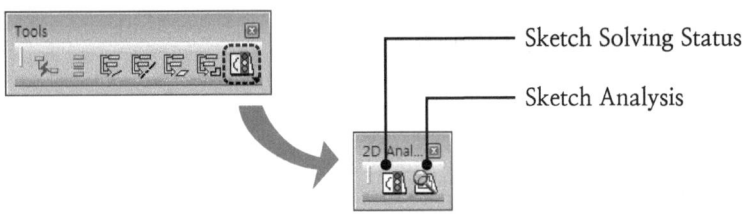

그림 3-55 스케치 분석 기능

2D Analysis 툴바에서 Sketch Solving Status 버튼을 누르면 그림 3-56과 같은 대화상자가 나타나고 스케치가 과잉구속되어 있다는 메시지가 나타난다.

Sketch Solving Status 대화상자에서 Sketch Analysis 버튼을 누르면 그림 3-57 (a)와 같이 구속상태의 분석 결과를 보여주는 대화상자가 나타난다. 과잉구속되어 있는 형상 및 구속조건이 하이라이트 된다. 이 대화상자에서 구속조건이나 형상을 삭제할 수 있다.

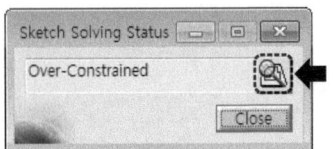

그림 3-56 Sketch Solving Status 대화상자

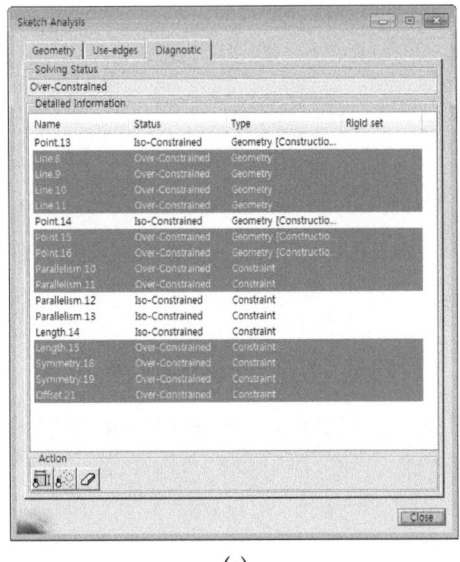
(a)

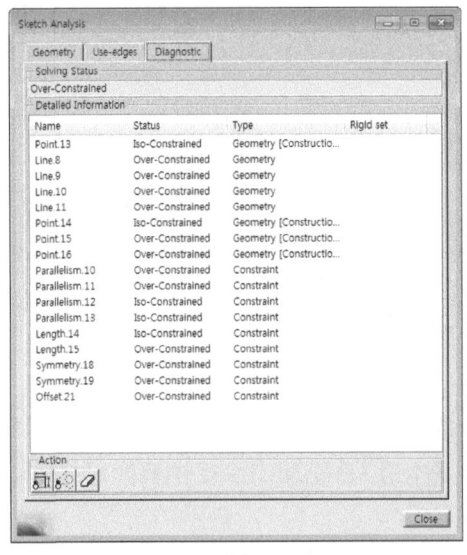
(b)

그림 3-57 Sketch Analysis 대화상자

H축, V축에 대칭인 사각형 그리기 (Constraint 버튼 이용) — Exercise 06

1. 새로운 파일을 시작하고 Sketch 버튼을 눌러 xy 평면을 스케치 평면으로 지정한다.

2. 그림 3-58과 같이 직사각형을 그린다. 원점이 한쪽으로 치우치게 그린다.

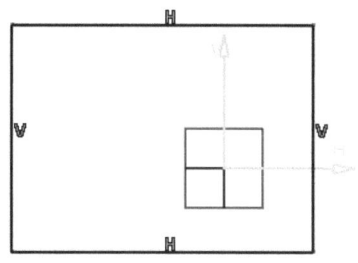

그림 3-58 직사각형

3. 선택된 스케치를 선택 취소한다. 화면의 비어 있는 부분을 클릭하면 된다.

4. Constraint 툴바에서 Constraint 버튼을 누른다.

5. 그림 3-59와 같이 직선 ❶, ❷를 선택하여 치수를 생성한다.

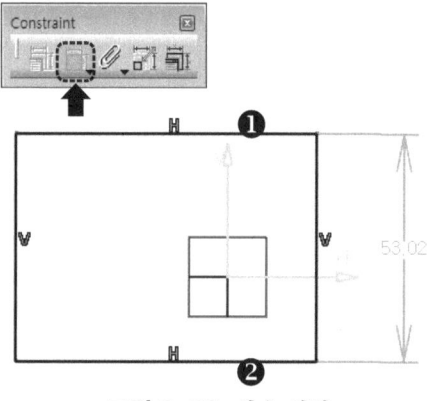

그림 3-59 치수 생성

! 버튼이 꺼짐

치수를 생성하면 버튼이 꺼진다. 기능을 연속해서 사용하려면 버튼을 더블클릭한다.

6. Constraint 버튼을 더블클릭하고 그림 3-60과 같이 직선 ❸, ❹를 선택하여 치수를 생성한다. 버튼이 계속 켜져 있음을 확인한다.

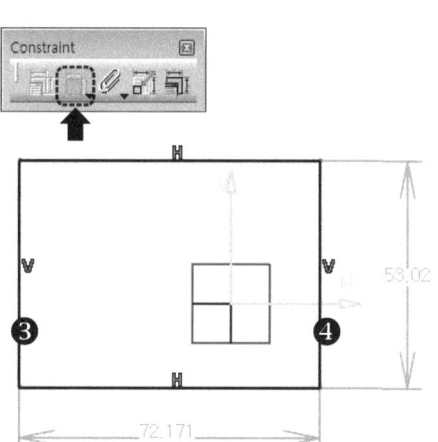

그림 3-60 치수 생성

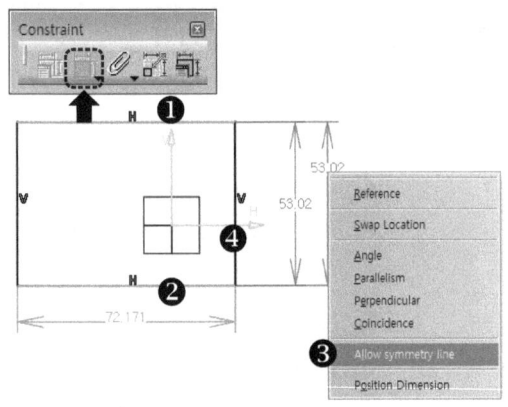

그림 3-61 Symmetry 구속조건 주기

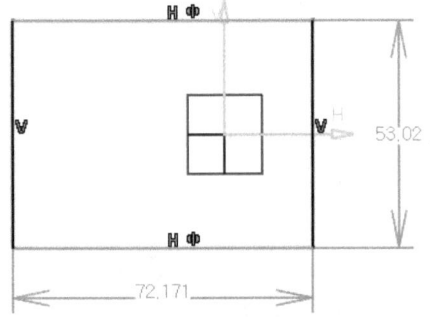

그림 3-62 Symmetry 구속의 결과

7. Constraint 버튼이 눌려 있는 상태에서 그림 3-61의 직선 ❶, ❷를 선택한다.

8. MB3를 누르고 팝업메뉴에서 ❸의 Allow symmetry line을 선택한다.

9. 마지막으로 H축(그림 3-61의 ❹)을 선택한다. 그림 3-62와 같이 H축 기준으로 서로 대칭이 되며 대칭 구속조건이 나타난다.

10. 같은 방법으로 그림 3-60의 직선 ❸, ❹를 선택하여 V축에 대한 대칭 구속조건을 부여한다.

11. 완전구속 된 것을 확인한다.

12. Select 버튼을 눌러 Constraint 버튼을 해제한다.

> **어떤 방법이 편리한가?**
>
> 개인에 따라 다를 수 있겠지만 Exercise 4의 방법이 Exercise 3의 방법보다 대체적으로 편리하다.

END of Exercise

H축과 각도를 이루는 원을 생성하고 돌출시키기 — Exercise 07

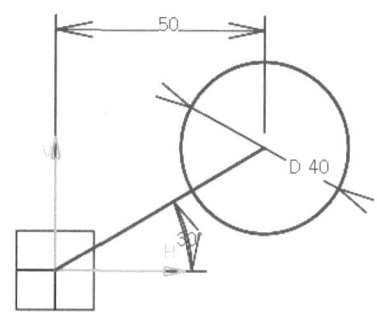

그림 3-63 원 그리기

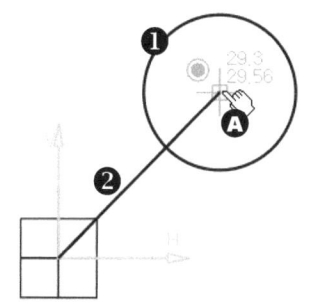

그림 3-64 원과 직선 그리기

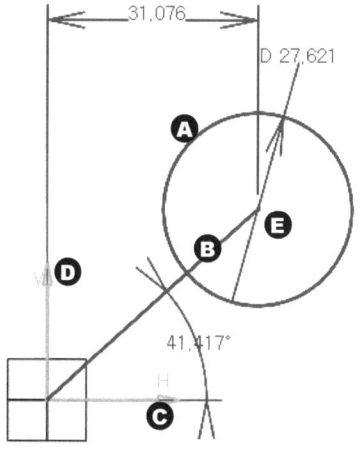

그림 3-65 치수 생성

1. 그림 3-63과 같이 1사분면에 원을 그린다.

2. Line 기능을 이용하여 원점과 원의 중심을 연결하는 직선을 그린다. ❹와 같이 반드시 Coincidence를 인식하도록 그린다.

3. Constraint 버튼을 더블클릭한다.

4. 그림 3-65의 ❹ 부분을 선택하여 직경 치수를 생성한다.

5. 그림 3-65의 ❺와 ❻ 부분(H 축)을 선택하여 각도 치수를 생성한다.

6. 그림 3-65의 ❼ (V 축)와 ❽(원의 중심에 있는 점)를 선택하여 길이 치수를 생성한다.

7. ESC 키를 두 번 눌러 Constraint 버튼을 끈다.

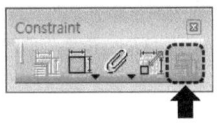

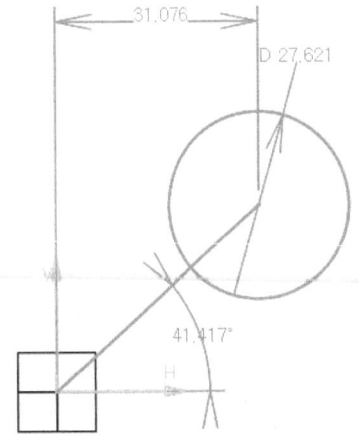
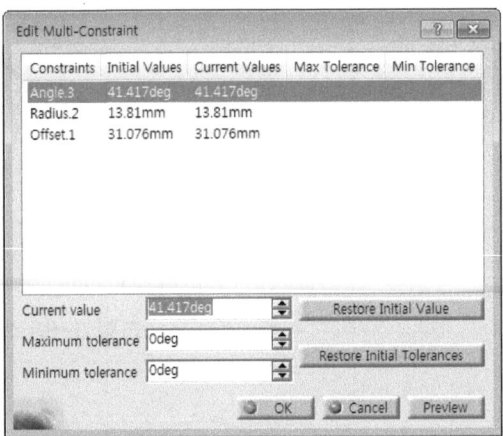

그림 3-66 여러 개의 치수 수정하기

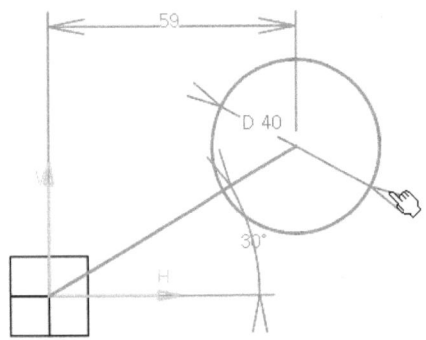

그림 3-67 치수선의 위치 수정

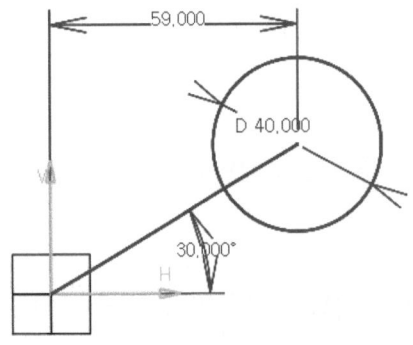

그림 3-68 치수의 위치 수정

8. Constraint 툴바에서 Edit Multi-constraint 버튼을 누른다.

9. 그림 3-66과 같이 각각의 치수 값을 활성화시켜 값을 수정한 후 OK 버튼을 누른다. 직경 값을 수정할 때는 반경으로 나오므로 주의한다.

10. 그림 3-67과 같이 각각의 치수를 드래그하여 적당한 위치로 이동시킨다.

> **! 치수 드래그**
>
> 그림 3-67과 같이 치수를 드래그할 때와 화살표 부분을 드래그 할 때 결과가 다르게 나타난다.

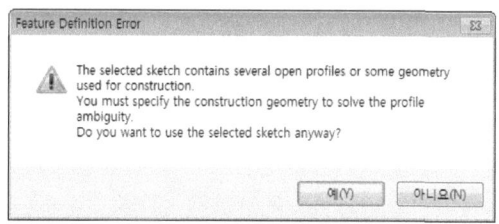

의미:
선택한 스케치는 여러 개의 열려 있는 프로파일 또는 보조용으로 생성한 지오메트리를 가지고 있습니다. 프로파일을 명확히 정의하기 위하여 보조 지오메트리(Construction Geometry)를 지정해야 합니다. 그래도 선택한 스케치를 사용하겠습니까?

그림 3-69 오류 메시지

11. Sketch를 빠져 나간다.

12. Sketch가 선택되어 있는 것을 확인하고 Sketch-Based Features 툴바에서 Pad를 선택한다.

13. 그림 3-69와 같은 오류 메시지가 나타난다. 열려 있는 프로파일이나 보조용으로 사용하는 지오메트리를 선택하였음을 의미한다. 직선을 Construction Element로 변경하여 프로파일로 선택할 수 없도록 해야 한다.

14. "아니오"를 선택하고 Pad Definition 대화상자에서 Cancel을 선택한다.

15. 그림 3-70과 같이 **Ⓐ**의 스케치를 더블클릭하거나 **Ⓑ**의 Spec Tree에서 Sketch를 더블클릭한다.

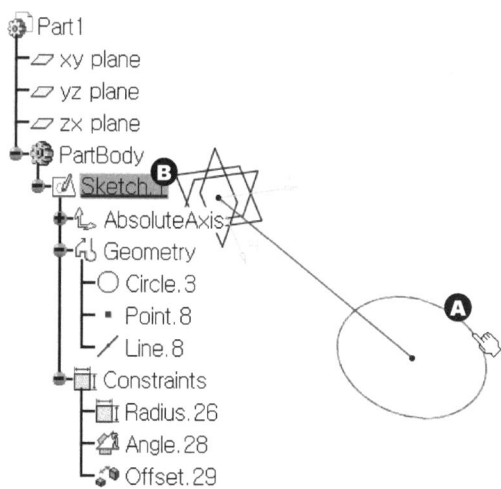

그림 3-70 스케치 수정

3 장: 스케치 기본

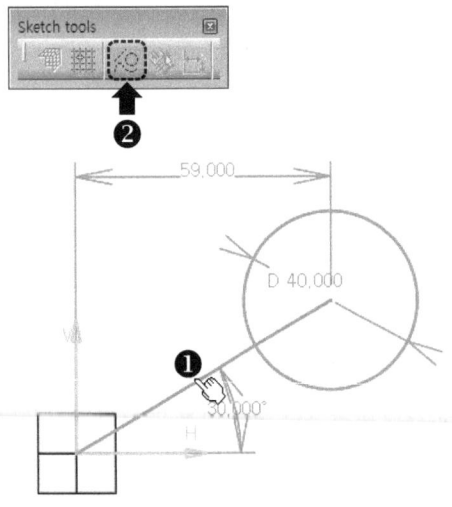

그림 3-71 커브의 속성 수정

16. 그림 3-71과 같이 ❶의 직선을 선택하고 Sketch tools 툴바에서 ❷의 Construction/Standard Element 버튼을 누른다.

17. 커브가 점선으로 변경됨을 확인한다.

18. Construction/Standard Element 버튼을 다시 눌러 버튼을 끈다.

19. Sketch를 빠져 나간다.

20. 직선이 화면에 나타나지 않는 것을 확인한다.

21. Pad 버튼을 눌러 그림 3-72와 같이 20mm 돌출시켜 원통 모양을 완성한다.

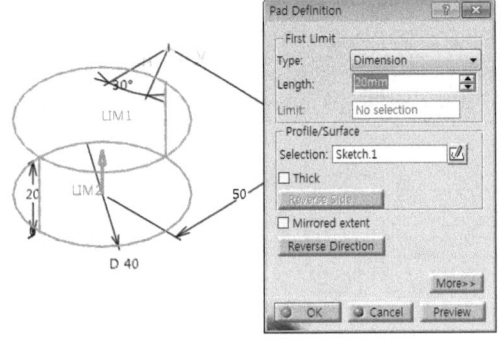

그림 3-72 Pad 기능을 이용한 돌출

END of Exercise

Construction Element / Standard Element

Construction Element:
피쳐를 생성할 때 프로파일의 일부가 되지 않으며 Sketcher 워크벤치에서 구속을 주거나 참조용으로만 사용하는 스케치 개체

Standard Element:
피쳐를 생성할 때 프로파일의 일부를 구성한다.

Sketch tools 툴바에 있는 Construction/Standard Element 버튼을 이용하여 스케치 커브의 속성을 변경시킬 수 있다.

3.6.6 기타 스케치 구속

Contact Constraint (그림 3-73의 Ⓐ)
두 개체의 접촉(Concentricity, Coincidence 또는 Tangency)을 정의한다.

Fix Together (그림 3-73의 Ⓑ)
선택한 개체를 상대적으로 고정시킨다.

Auto Constraint (그림 3-73의 Ⓒ)
자동으로 완전구속을 설정한다.

Animate Constraint (그림 3-73의 Ⓓ)
치수를 애니메이션 한다.

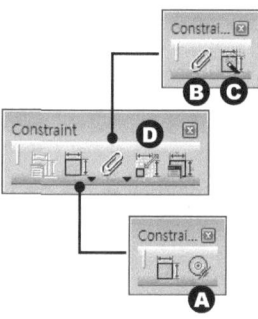

그림 3-73 Constraint의 다른 기능

> ❗ **_Fix 구속은 사용하지 않는다._**
>
> 기하 구속 중 Fix 구속은 일반적인 스케치에서 사용하지 않는다. 이러한 구속은 외부 CAD 시스템에서 커브를 불러들인 다음 스케치로 정의할 때 불러온 그대로 위치를 고정 시키고자 할 때 제한적으로 사용한다. 또는 일시적인 스케치 기준으로 사용하기 위하여 어떤 점 또는 선의 위치나 크기를 고정 시키고자 할 때도 사용할 수 있다. 이렇게 사용한 후에는 반드시 Fix 구속조건을 삭제하여야 한다.

3 장: 스케치 기본

Exercise 08   정삼각형 그리고 돌출시키기

그림 3-74와 같이 수평선의 가운데가 원점과 일치하는 정삼각형을 그리고, 치수 구속을 부여하여 스케치를 완전 구속한 후 200mm 돌출시키시오.

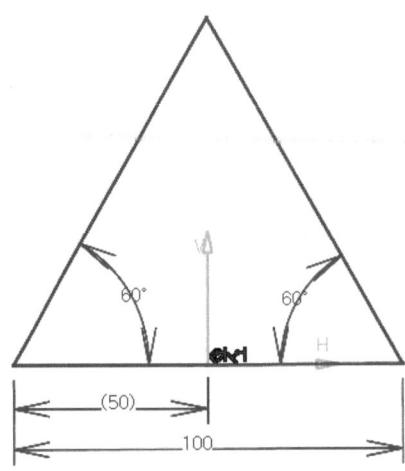

그림 3-74 정삼각형 그리기

> **Hint**
>
> 1. Shift 키를 누르고 Profile 기능을 이용하여 삼각형 형상을 대략 그린다.
> 2. 수평선과 H축 사이에 Coincidence 구속을 준다.
> 3. 수평선과 원점 사이에 Midpoint 구속을 준다.
> 4. 100 치수를 생성한다.
> 5. (50)치수를 생성한다. (MB3 > Reference 옵션 이용)
> 6. 각도를 생성한다.

스케치 그리고 돌출시키기 — Exercise 09

그림 3-75와 같은 형상에 대한 스케치를 그리고 20mm 돌출시키시오.

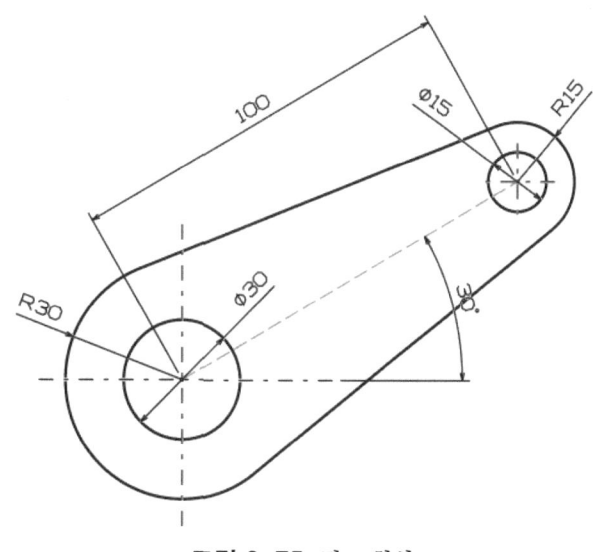

그림 3-75 링크 형상

> **Hint**
>
> 이 형상에 대한 스케치는 그림 3-76과 같다. 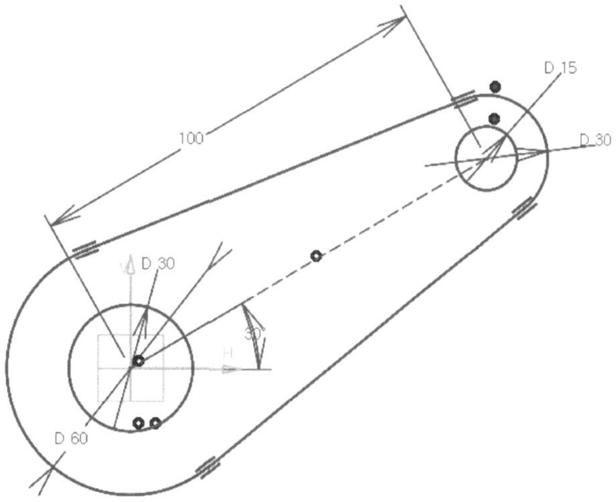
>
> **그림 3-76** 완성된 스케치

(빈 페이지)

Chapter 4
스케치 고급

■ 학습목표

- 스케치 커브를 수정하는 방법을 배운다.
- 스케치 커브의 이동 및 복사, 오프셋 기능을 학습한다.
- 3차원 요소를 이용하여 스케치 커브를 생성하는 방법을 학습한다.
- 스케치 면의 방향을 설정할 수 있다.
- 스케치 치수를 다른 치수와 연결시키는 방법을 배운다.

4장: 스케치 고급

4.1 스케치 커브의 수정

Operation 툴바의 기본 기능을 알아보자.

4.1.1 Fillet

두 개의 스케치 커브가 만나는 부분을 호를 이용하여 부드럽게 연결한다.

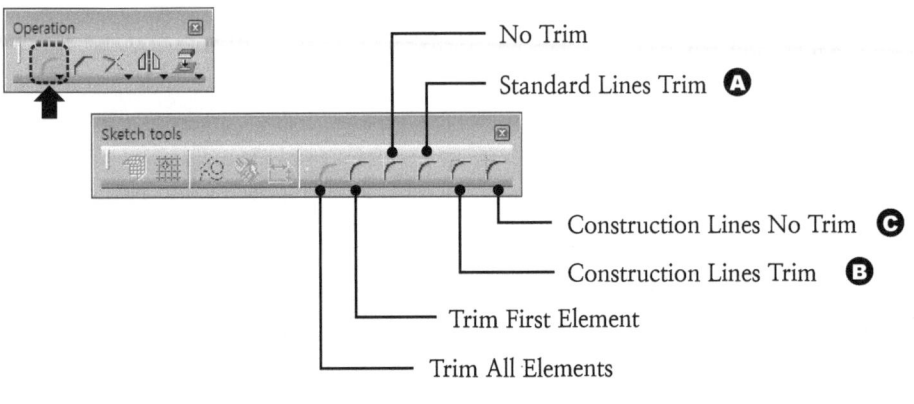

그림 4-1 Fillet의 Trim 옵션

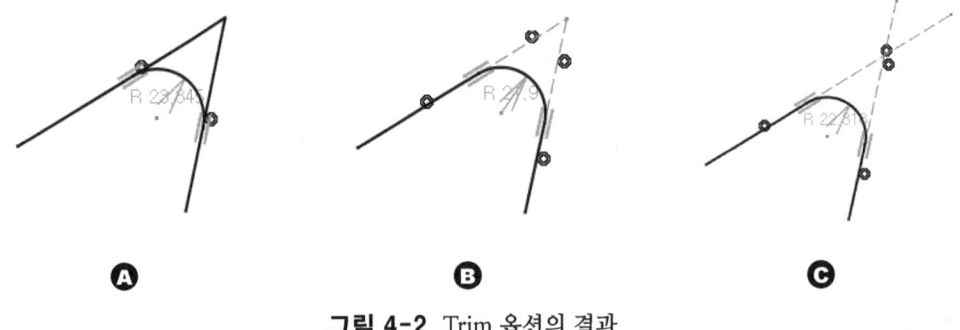

그림 4-2 Trim 옵션의 결과

4.1.2 Chamfer

두 개의 스케치 커브가 만나는 부분을 직선을 이용하여 비스듬하게 연결한다.

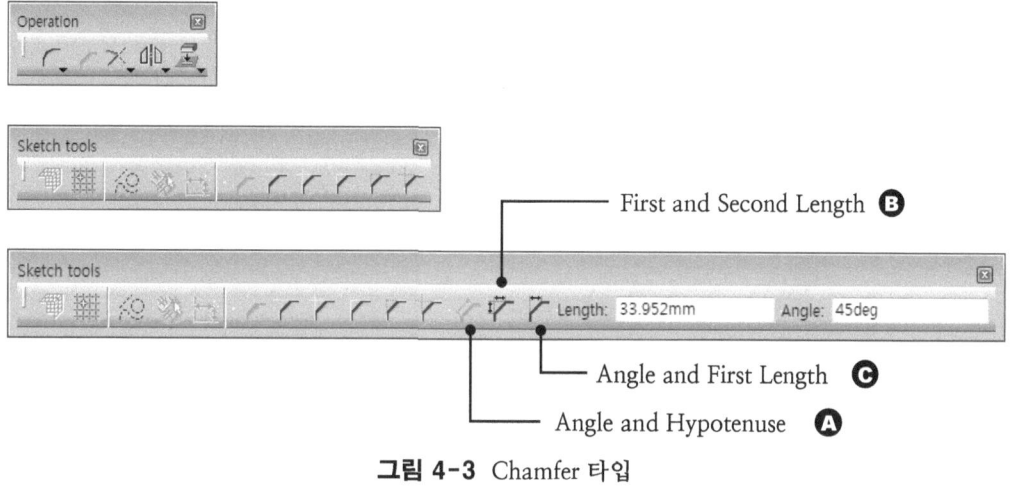

그림 4-3 Chamfer 타입

기능 사용 절차

① Chamfer 버튼을 누른다. Sketch Tools 툴바에 Trim 옵션이 나타난다.
② Trim 옵션을 선택한다.
③ 두 개의 개체를 선택한다. Sketch Tools 툴바에 Chamfer의 옵션과 각각에 대한 입력창이 나타난다.
④ Chamfer 타입을 선택한다.
⑤ 값을 입력한다. (Tab 키를 이용하여 입력 상자를 이동한다.)

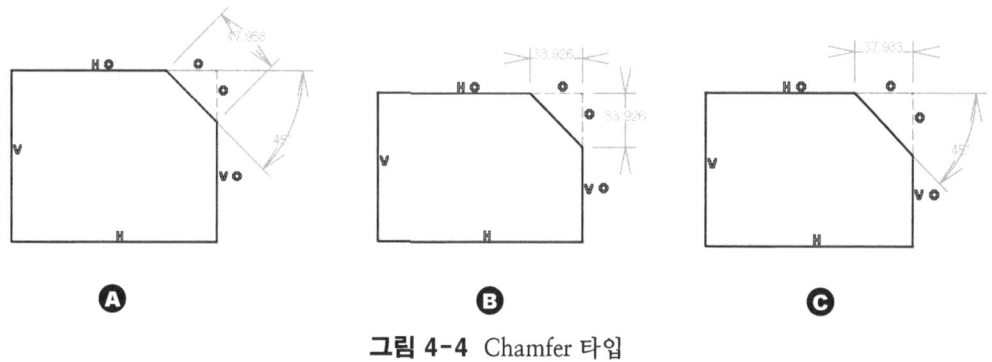

그림 4-4 Chamfer 타입

4.1.3 Relimitation

커브의 끝점을 다시 정의한다.

Trim

선택한 두 개의 커브 또는 한 개의 커브를 잘라낸다.

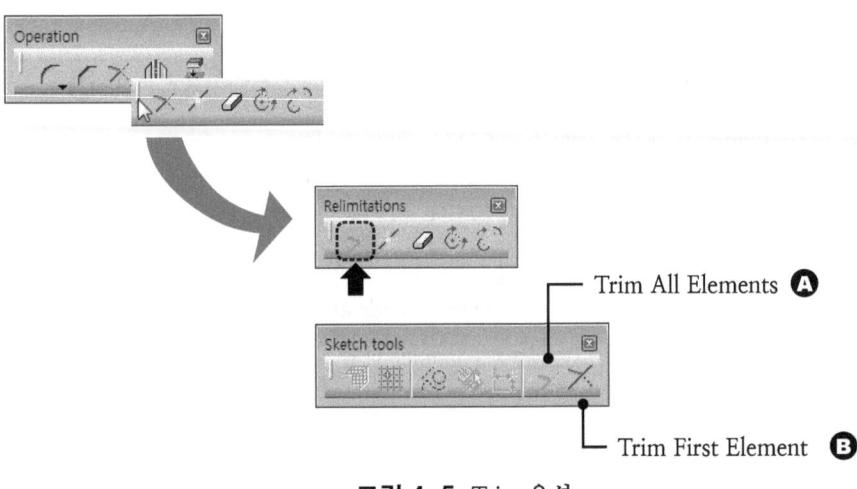

그림 4-5 Trim 옵션

Quick Trim

하나의 커브에서 선택한 부분을 경계 커브에 대해 잘라낸다.

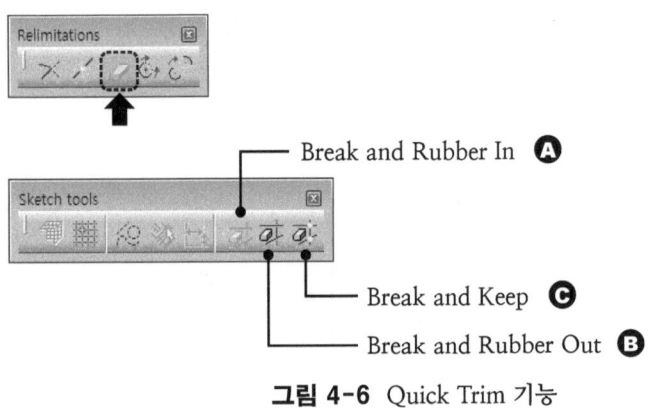

그림 4-6 Quick Trim 기능

4.2 Transformation

4.2.1 **Mirror**

축을 기준으로하여 대칭인 형상을 생성한다. 대칭 구속이 자동으로 생성된다.

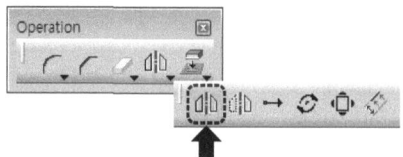

그림 4-7 Mirror 기능

대칭 복사 **Exercise 01**

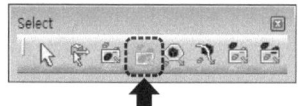

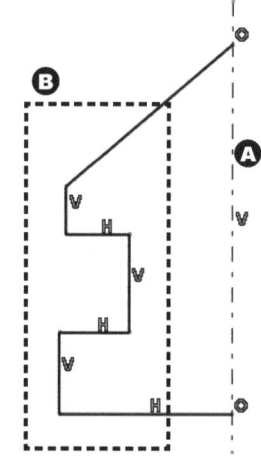

그림 4-8 반쪽 스케치

1. Profile 툴바의 Axis 기능을 이용하여 그림 4-8의 ❹ 선을 그린다.

2. Profile 기능을 이용하여 그림 4-8의 나머지 선을 그린다.

3. Select 버튼을 눌러 선택된 커브를 해제한다.

4. Operation 툴바에서 Mirror 버튼을 누른다.

5. Selection Trap을 Intersecting Ractangle Selection Trap (그림 4-8의 화살표)으로 선택하고 그림 4-8 ❺의 점선과 같이 드래그 하여 점선과 걸쳐 있는 커브를 모두 선택한다.

6. 스테이터스바의 메시지를 확인하고 Axis ❹를 선택한다.

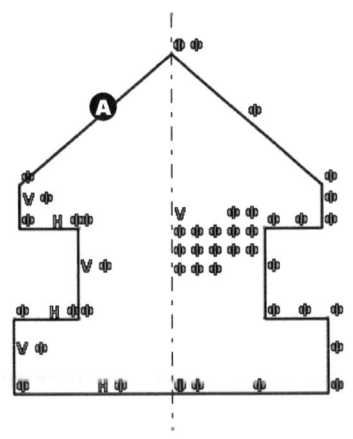

그림 4-9와 같이 대칭복사된다.

7. 그림 4-9의 **A** 선을 윗 방향으로 드래그하여 그림 4-10과 같이 스케치를 수정한다. 대칭을 유지하면서 스케치가 변경된다.

그림 4-9 대칭복사의 결과

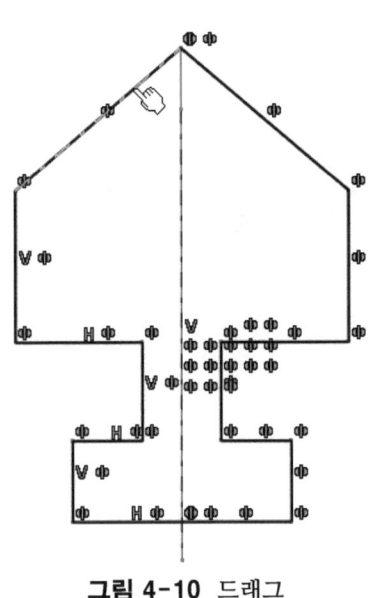

그림 4-10 드래그

END of Exercise

대칭 축

대칭축으로 다음과 같은 요소를 사용할 수 있다.

1. 스케치의 기준 축(H축 및 V축)
2. Axis 기능으로 생성한 직선
3. Construction Element로 생성한 직선

4.2.2 Symmetry

축을 기준으로하여 대칭인 형상을 생성하고 원본은 삭제한다.

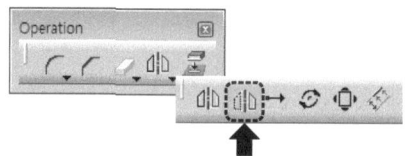

그림 4-11 Symmetry 기능

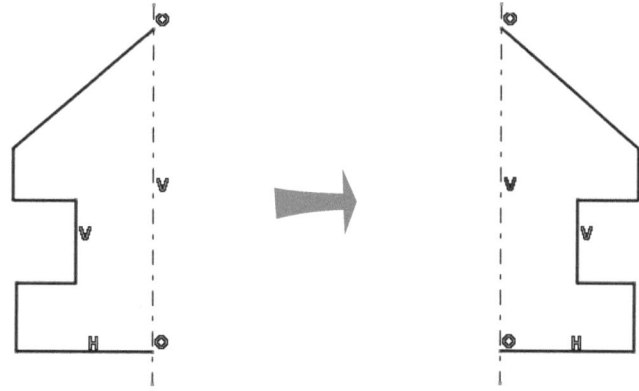

그림 4-12 Symmetry 기능을 이용한 대칭이동

4장: 스케치 고급

4.2.3 Translate

Translation 툴바에 있는 Translate 기능을 이용하여 스케치 요소를 이동 또는 복사한다.

기능 사용 절차

① 이동 또는 복사할 요소를 선택한다.
② Transformation 툴바에서 Translate 버튼을 누른다.
③ 시작점을 선택한다.
④ 옵션을 설정한다.
⑤ 끝 점을 선택한다.

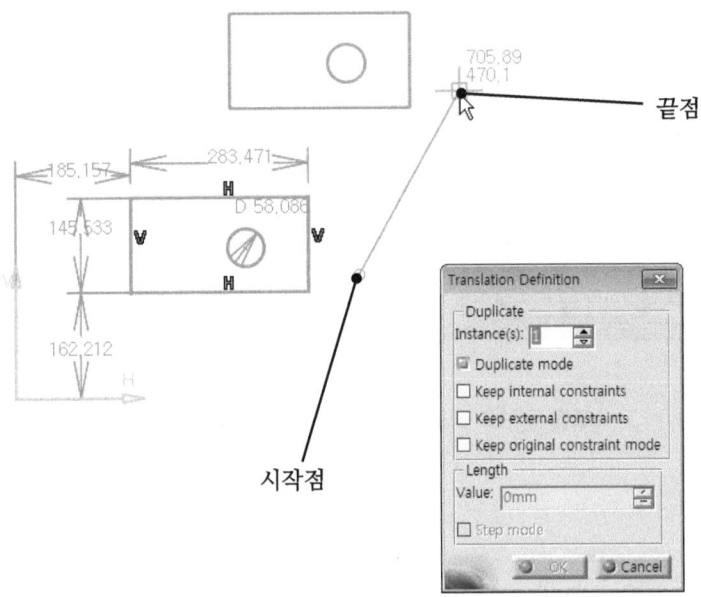

그림 4-13 스케치 요소의 이동

> **! 요소의 선택**
>
> Select 버튼을 누른 다음 요소를 먼저 선택하는 것이 좋다. 이 때는 Ctrl 키를 이용하거나 마우스를 드래그하여 여러 개의 요소를 선택할 수 있다.
>
> 기능 버튼을 먼저 눌렀을 때는 Ctrl 키를 이용할 수 없고 Selection Trap을 이용하여 여러 개의 요소를 선택할 수 있다.

4.2.4 Rotate

Transformation 툴바에 있는 Rotate 기능을 이용하여 스케치 요소를 회전 또는 복사한다.

기능 사용 절차

① 회전 또는 복사할 요소를 선택한다.
② Transformation 툴바에서 Rotate 버튼을 누른다.
③ 옵션을 설정한다.
④ 회전의 중심점을 선택한다.
⑤ 회전 각의 시작점을 선택한다.
⑥ 회전 각의 끝점을 선택한다.

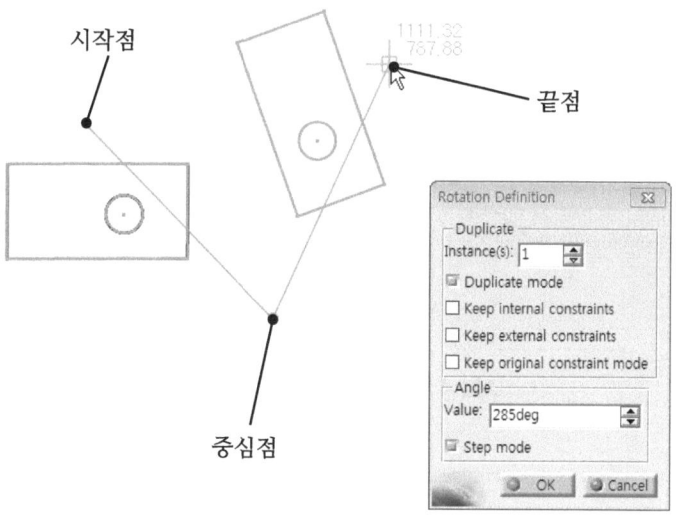

그림 4-14 스케치 요소의 회전

옵션

1. 구속조건을 유지하면서 이동 또는 회전시킬 수 있다.
2. Snap Mode를 켜면 Translate 시 5mm, Rotate를 이용할 때는 5° 간격으로 스냅을 건다.
3. Duplicate mode를 선택하면 복사할 인스턴스의 갯수를 지정할 수 있다.

4.2.5 Scale

Scale 기능을 이용하여 스케치 요소를 확대 또는 축소한다.

기능 사용 절차

① 확대 또는 축소할 요소를 선택한다.
② Transformation 툴바에서 Scale 버튼을 누른다.
③ 옵션을 설정한다.
④ 기준점을 선택하다,
⑤ 끝점을 선택하거나 Scale 값을 입력한다.

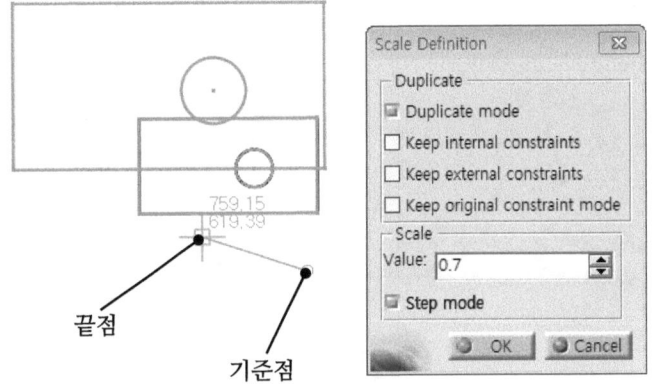

그림 4-15 요소의 축소 또는 확대

4.2.6 Offset

스케치 커브를 한쪽 방향 또는 양쪽 방향으로 일정한 간격으로 이동하여 복사한다.

기능 사용 절차

① Transformation 툴바에서 Offset 버튼을 누른다.
② 스케치 요소를 선택한다.
③ Sketch tools 툴바에서 Propagation 옵션을 선택한다.
④ 오프셋 방향을 설정한다.
⑤ 오프셋 양을 설정한다. (Tab 키를 이용하여 Sketch tools 툴바에서 Offset 값을 입력하거나 화면의 위치를 클릭한다.

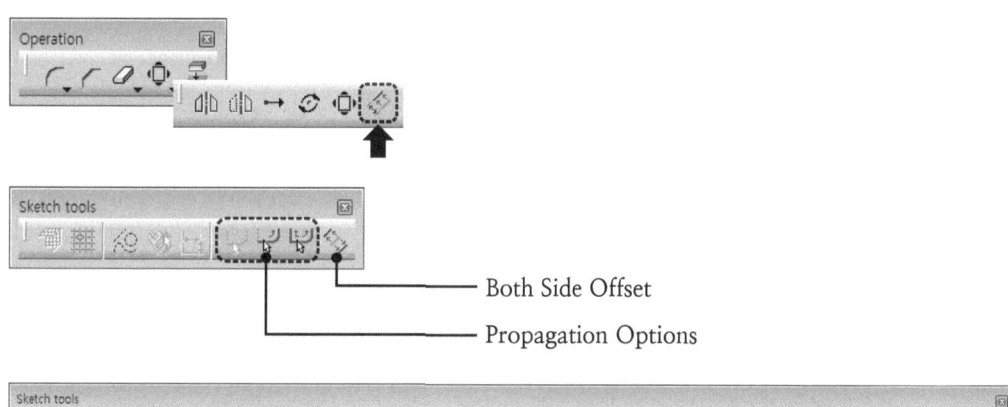

그림 4-16 Offset 기능

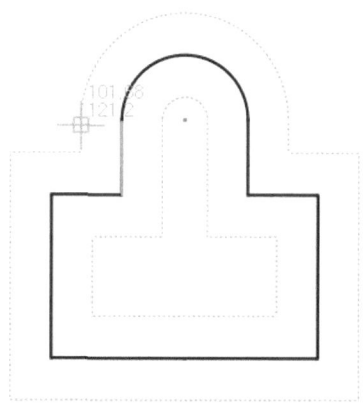

그림 4-17 양쪽 방향 옵셋

> **Propagation 옵션**
>
> 커브를 연속으로 선택하는 방법을 정의한다. 아래 그림은 ⓐ 직선을 선택한 후 각각의 Propagation 옵션을 선택한 결과를 보여준다.
>
>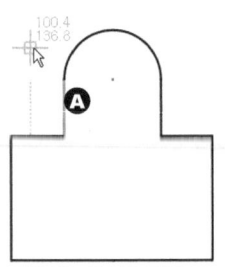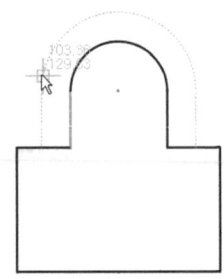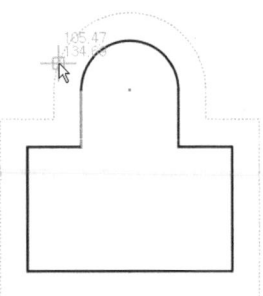
>
>   No Propagation   Tangent Propagation   Point Propagation
>
> **그림 4-18** Propagation 옵션
>
> ▶ No Propagation: ⓐ 커브만 선택됨
>
> ▶ Tangent Propatation: ⓐ 커브 및 그와 탄젠트로 연결되어 있는 커브를 연속하여 선택됨
>
> ▶ Point Propagation: ⓐ 커브와 연결되어 있는 커브를 연속하여 선택됨

4.3 스케치 요소의 삭제

다음과 같은 방법으로 스케치 커브 또는 Constraint를 삭제할 수 있다.

① 화면 또는 Specification Tree에서 스케치 커브를 선택한 후 Delete 키를 누른다.
② Specification Tree에서 원하는 요소를 선택한 후 MB3 〉 Delete를 선택한다.

> **원하는 Constraint를 선택하는 방법**

① Specification Tree에서 Constraint에 마우스 포인터를 가져가면 아래 그림 4-19 (a)와 같이 관련되어 있는 요소가 뭔지 알 수 있다.
② Spec Tree의 Constraint에 MB3 〉 Parents/Children 옵션을 선택하면 아래 그림 4-19 (b)와 같이 부모 요소(Parent) 또는 자식 요소(Children)를 알 수 있다. Parents and Children 대화상자에서 요소를 선택하면 Spec Tree에 하이라이트 된다.

위 사항은 Sketcher 워크벤치에서만 작동한다.

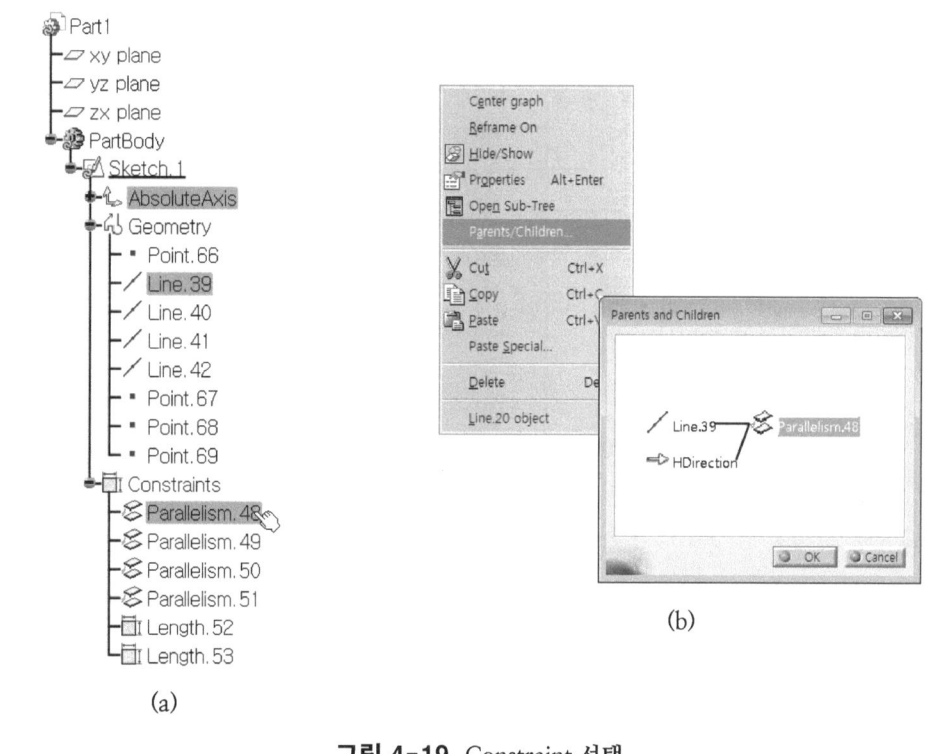

그림 4-19 Constraint 선택

4.4 3차원 요소를 이용한 커브 생성

이미 생성되어 있는 3차원 형상(꼭지점, 선, 모서리, 면 등)을 이용하여 스케치 평면에 커브를 생성할 수 있다. 결과물은 노란색으로 표시되며 원본과 연관성을 갖는다.

① Project 3D Element: 3차원 요소(모서리 또는 꼭지점)를 현재의 스케치면에 투영한다.
② Intersect 3D Elements: 현재의 스케치면과 3차원 요소를 교차시켜 요소를 생성한다. 면과 교차시키면 선이 생성되고 모서리와 교차시키면 점이 생성된다.
③ Project 3D Silhouette Edges: 실루엣 모서리를 현재의 스케치면에 투영한다.

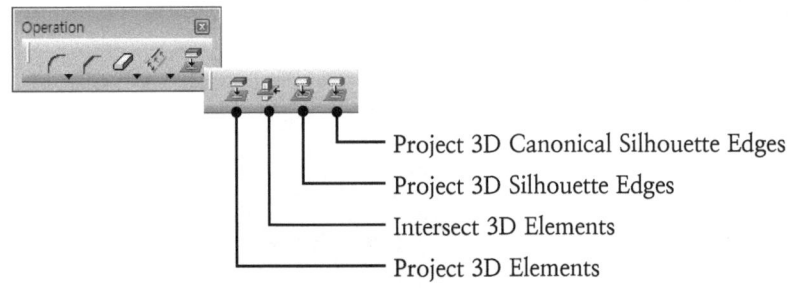

그림 4-20 3차원 요소를 이용한 커브 생성

Exercise 02 **Project 3D Elements** *ch04_002.CATPart*

3차원 요소를 스케치 면에 투영한 커브를 생성한 후 모델링에 이용해 보자.

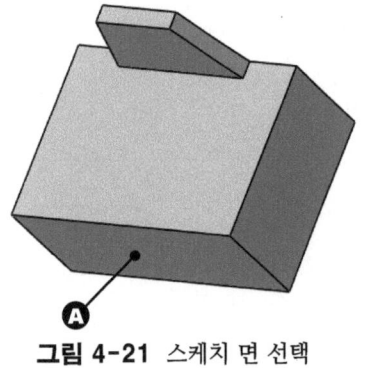

그림 4-21 스케치 면 선택

모서리 투영

1. 주어진 파일(ch04_002.CATPart)을 연다.

2. Sketch 버튼을 누르고 Ⓐ 면을 스케치 면으로 지정한다.

3. 모델을 그림 4-22와 같이 회전시킨다.

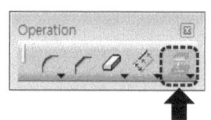

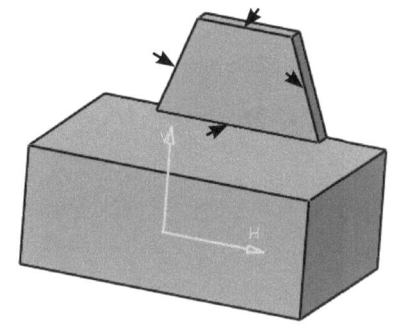

그림 4-22 투영할 모서리

4. Operation 툴바에서 Project 3D Elements 버튼을 더블클릭한다.

5. 그림 4-22에서 표시한 4 개의 모서리를 순차적으로 선택한다.

그림 4-23과 같이 노란색의 커브가 스케치 면에 생성된다.

6. Sketcher를 빠져 나간다.

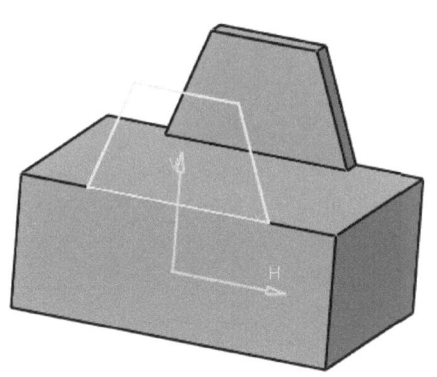

그림 4-23 투영되어 생성된 커브

> **! 노란색 커브**
>
> 노란색의 커브는 원본 형상이 있어서 서로 연관성(Link)이 있다는 것을 의미한다. 원본이 수정되면 연관되어 있는 요소도 함께 수정된다.

> **! 보기 방향 변경**
>
> 스케치를 하는 도중에 3차원 모델을 회전시킬 수 있다. 모델을 회전시킨 후 다시 스케치 면을 똑바로 보려면 View 툴바에 있는 Normal View 버튼을 누른다. 이 버튼을 한 번 더 누르면 스케치 면을 보는 방향이 반대로 된다.
>
>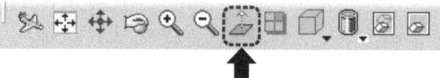

4 장: 스케치 고급

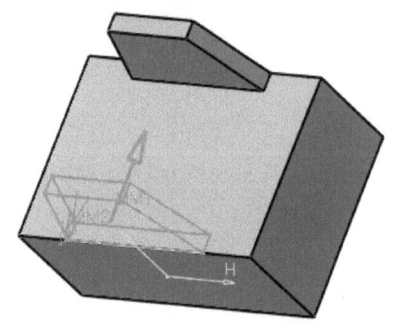

그림 4-24 스케치 돌출

7. Pad 버튼을 누른다.

8. 그림 4-24와 같이 10mm 돌출시킨다.

원본 형상 수정

1. Spec Tree를 그림 4-25와 같이 확장시킨다.

2. 두 번째로 생성한 스케치를 더블클릭하여 Sketcher로 들어간다.

3. 그림 4-26과 같이 치수를 수정한다.

4. Sketcher를 빠져 나간다.

그림 4-27과 같이 형상이 수정된다.

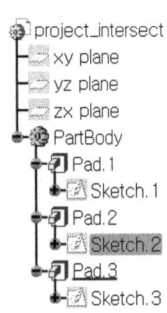

그림 4-25 수정할 스케치

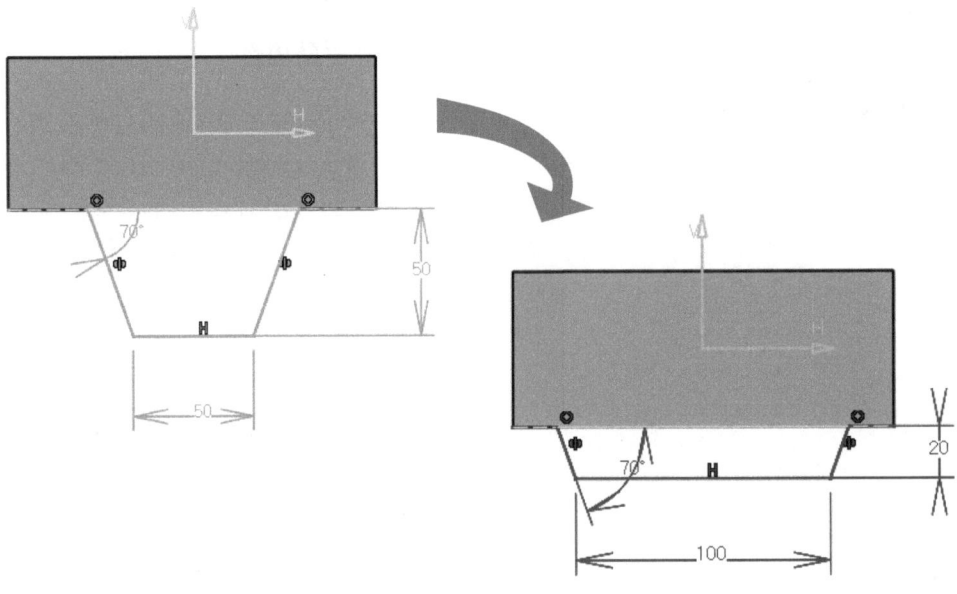

그림 4-26 원본 형상 수정

114

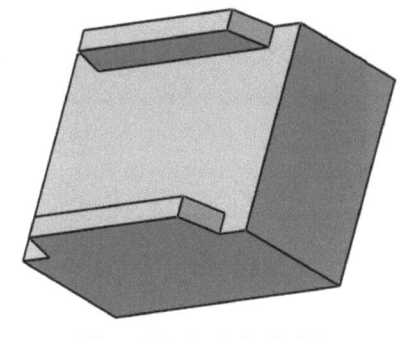

그림 4-27 수정 후의 형상

> **Project 요소**
>
> 3D 형상을 이용하여 생성된 요소는 Spec Tree에 아래와 같이 기록된다.

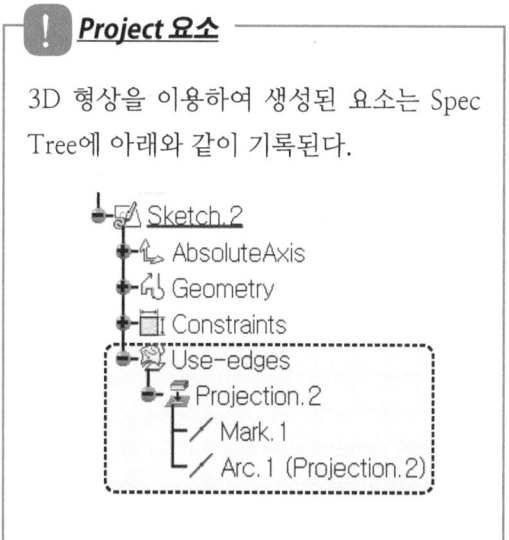

END of Exercise

---

ch04_003.CATPart   **Intersect 3D Elements**   **Exercise 03**

3차원 요소(면)과 스케치 면을 교차시켜 커브를 생성한 후 모델링에 이용해 보자.

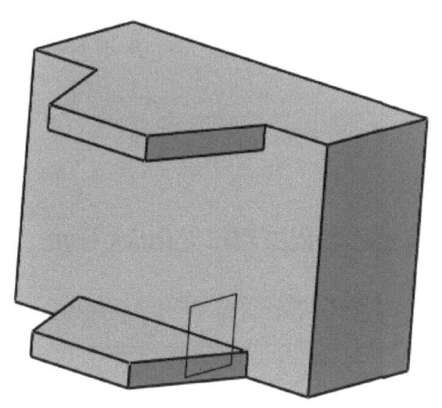

그림 4-28 주어진 파트

교차 커브 생성

1. 주어진 파일을 연다. (ch04_003.CATPart)

2. Spec Tree의 yz 에 마우스 포인터를 가져간 후 우클릭 > Hide/Show를 선택하여 평면을 보이게 한다.

3. Sketch 버튼을 누른다.

4. yz 평면을 스케치 면으로 선택한다.

115

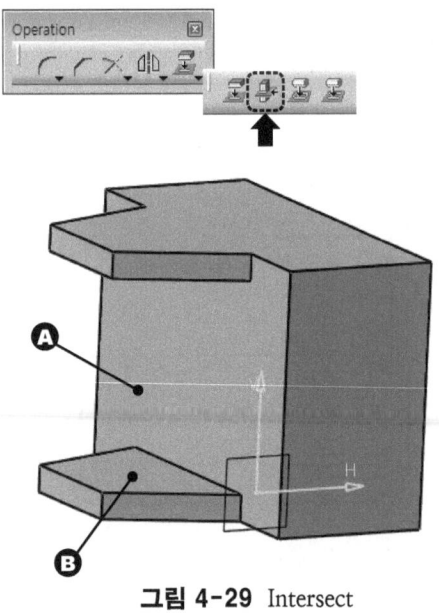

그림 4-29 Intersect

5. 그림 4-29와 같이 모델을 회전시킨다.

6. Operation 툴바에서 Intersect 3D Elements 버튼을 더블클릭한다.

7. 그림 4-29의 **A**, **B**면을 순차적으로 선택한다.

두 개의 교차 커브가 생성된다.

8. 그림 4-30과 같이 추가적인 직선을 그리고 치수를 기입하여 완전 구속한다.

잘라내기

위에서 생성한 스케치에서 불필요한 부분을 제거할 것이다.

1. Operation 툴바에서 Quick Trim 버튼을 더블클릭한다.

2. 그림 4-31의 **C**, **D** 부분을 선택하여 잘라낸다.

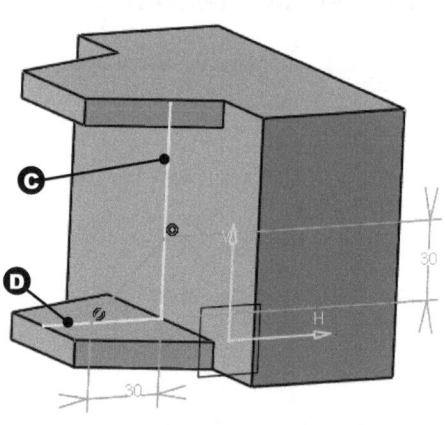

그림 4-30 스케치

> **연관성 있는 커브의 Quick Trim**
>
> 다른 형상과 연관성을 가지고 생성된 노란색의 커브를 Quick Trim 하면 잘라낸 부분이 Construction Element로 변경된다.

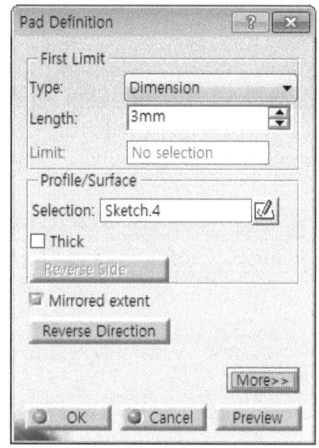

그림 4-31 Pad 옵션

교차선 중 선택한 부분이 파선(dashed line)으로 변경됨을 확인한다. 파선은 Construction Element로 간주되며 스케치 워크벤치를 빠져나가면 보이지 않는다.

3. Sketcher 를 종료시킨다.

Rib 생성

1. 생성된 스케치가 선택된 상태에서 Pad 버튼을 누른다.

2. 그림 4-31과 같이 Pad 옵션을 설정한다. First Limit의 Length로 3mm를 입력하고, Mirrored Extent 옵션을 체크한다.

3. Pad 대화상자에서 OK 버튼을 누른다.

그림 4-32와 같이 Rib 형상이 생성된다.

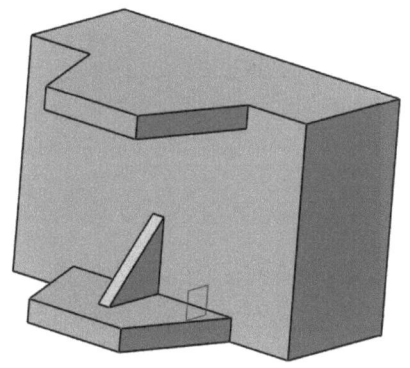

그림 4-32 완성된 모델

END of Exercise

4.5 스케치 면의 방향 설정

Positioned Sketch 기능을 이용하면 스케치를 생성할 때 스케치 면의 방향, 원점 위치를 설정할 수 있다.

Type : Positioned와 Sliding 옵션이 있다. Positioned 옵션을 선택하고 Reference로 평면을 선택하면 Origin과 Orientation 옵션이 활성화 된다. Sliding 옵션은 Sketch 버튼을 누르고 Sketcher로 들어가는 것과 같다.

Reference : 스케치 면을 선택한다.

Origin : 스케치 기준 좌표축의 원점을 지정한다. 기본 옵션은 Implicit으로서, 형상에 따라 원점의 위치가 자동으로 결정된다.

Orientation : 스케치 기준 좌표축(H축, V축)의 방향을 설정한다.

Reverse H : H축 방향을 반대로 설정한다.

Reverse V : V축 방향을 반대로 설정한다.

Swap : H축과 V축을 서로 맞바꾼다.

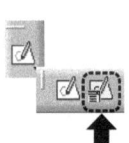 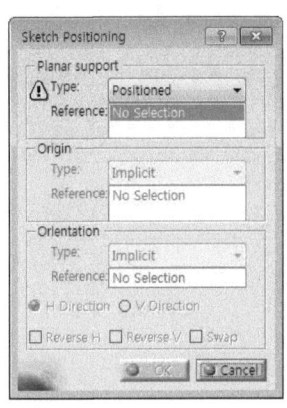

그림 4-33 Positioned Sketch 기능

ch04_004.CATPart **Positioned Sketch** Exercise 04

스케치 면의 방향을 설정하는 방법을 실습을 통하여 알아보자.

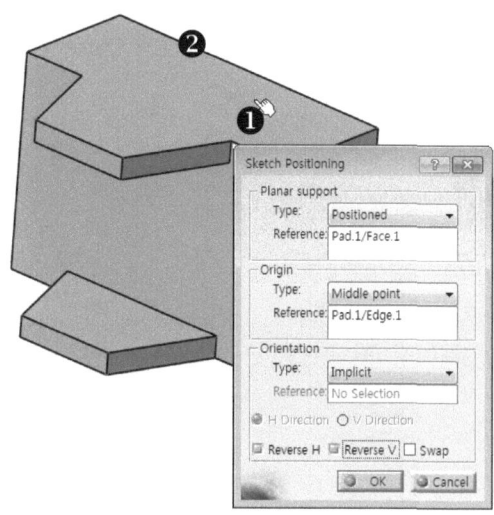

그림 4-34 스케치 면 선택

1. ch04_004.CATPart 파일을 연다.

2. Positioned Sketch 버튼을 누른다.

3. ❶의 면을 선택한다.

4. Sketch Positioning 대화상자에서 Origin을 Middle point로 선택한다.

5. ❷의 모서리를 선택한다.

6. Reverse H, Reverse V 옵션을 체크하여 그림 4-35와 같이 되도록 한다.

7. OK 버튼을 누르면 그림 4-36과 같이 H축이 화면의 가로 방향, V 축이 화면의 세로 방향에 맞추어 정렬된다.

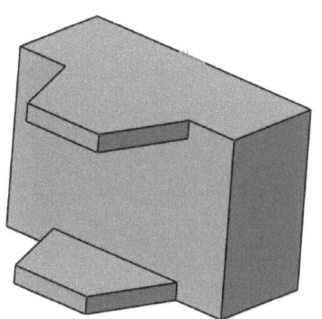

그림 4-35 원점과 방향 설정

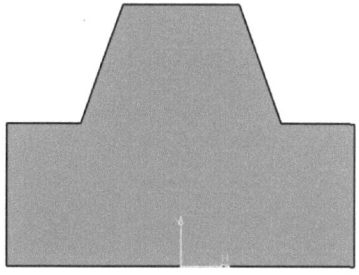

그림 4-36 스케치면 설정 완료

> **보기 방향 변경**
>
> 스케치면이 똑바로 정렬된 상태에서 View 툴바의 Normal View 버튼을 누르면 보기 방향이 반대로 된다.

END of Exercise

4.6 스케치 치수의 연결

수식을 이용하여 스케치 치수를 서로 연결시킬 수 있다.

그림 4-37의 치수 Offset.6은 Offset.8과 같은 값을 갖도록 함수로 연결되어 있다. 치수 옆의 f(x) 표시는 이 치수가 다른 치수와 연관관계가 있다는 것을 표시해 준다. 따라서 Offset.8 치수를 변경하면 Offset.6의 값도 자동으로 변경된다.

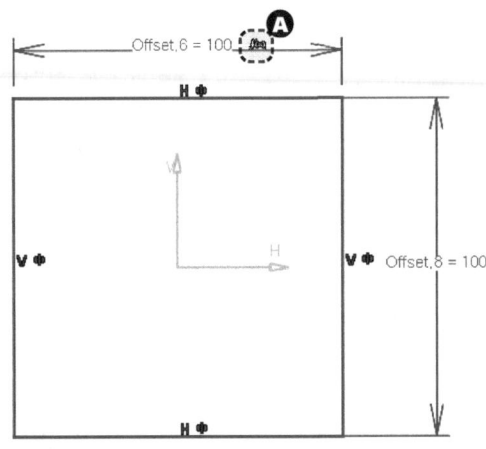

그림 4-37 치수의 연결

> **변수명과 값을 함께 표시하기**
>
> 치수 요소에 MB3를 누르면 아래 그림과 같은 팝업메뉴가 나타난다. 그림 4-38의 **B** 영역에 있는 메뉴를 이용하면 표시 방법을 변경할 수 있다.
>
>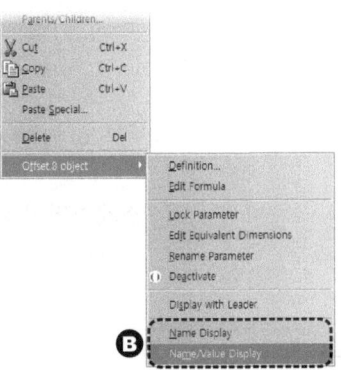
>
> **그림 4-38** 치수 표시 옵션

치수 연결시키기 Exercise 05

1. 새로운 파일을 시작하고 xy 평면에 스케치를 정의한다.

2. 그림 4-39와 같이 직사각형을 대략 그리고 가로 및 세로 치수를 기입한다. 대칭 조건은 주지 않는다.

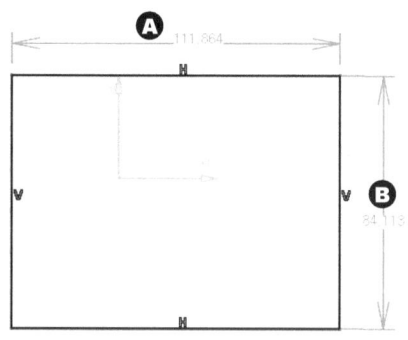

그림 4-39 직사각형 그리기

3. Constraint 버튼을 두 번 클릭하였다면 취소한다. Select 버튼이 선택되어 있어야 한다.

4. 그림 4-39의 ⓐ 치수에 MB3를 누르고 그림 4-40의 팝업메뉴에서 Edit Formula를 선택한다.

그림 4-41과 같은 Formula Editor가 나타난다.

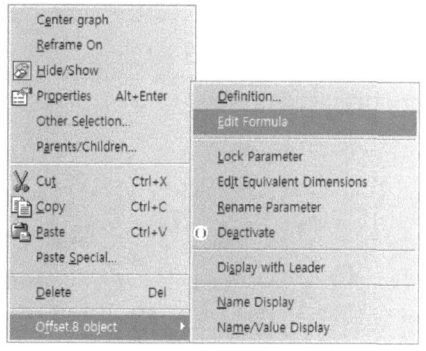

그림 4-40 팝업메뉴

5. 그림 4-39의 ⓑ 치수를 선택한다.

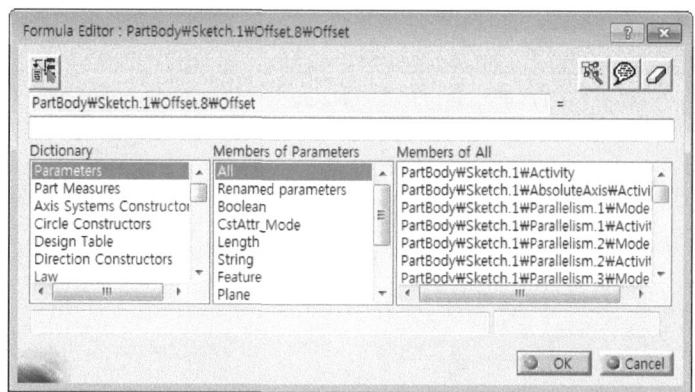

그림 4-41 Formula Editor

121

4 장: 스케치 고급

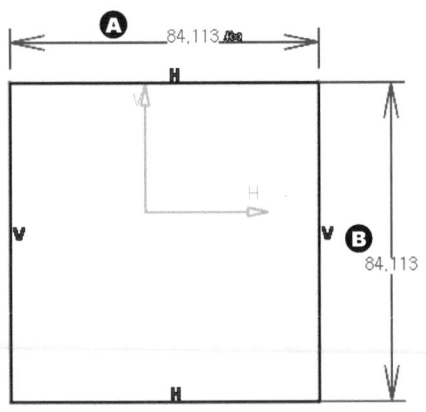

그림 4-42 치수 연결

6. OK 버튼을 누른다. 그림 4-42와 같이 두 치수가 링크(연결) 된다. 그림 4-42의 ⓑ 치수를 100으로 수정하면 ⓐ 치수도 변경된다. 대칭 조건을 주지 않았으므로 아직 완전구속은 아니다.

절반 치수를 기입하여 대칭이 되도록 하자.

7. 그림 4-43과 같이 기준 축과의 거리 ⓒ, ⓓ를 기입한다. 이제 위치가 정해졌으므로 완전구속이 된다.

8. Select 버튼이 켜져 있는 상태에서 그림 4-43의 ⓒ 치수에 MB3 > Object 이름 > Edit Formula를 선택한다.

9. 그림 4-44의 대화상자가 나타나면 그림 4-42의 ⓐ 치수를 선택한다. 그림 4-44의 ⓔ 입력창에 나타난 변수값 뒤에 /2를 입력한다. ⓒ 치수를 ⓐ 치수의 절반이 되도록 연결시키는 것이다.

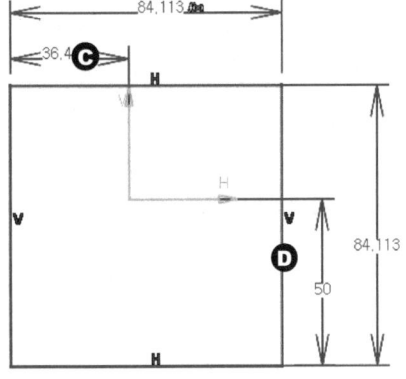

그림 4-43 기준축과의 거리 입력

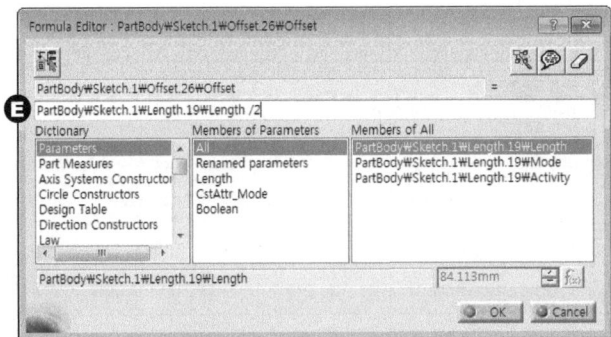

그림 4-44 Formula Editor

122

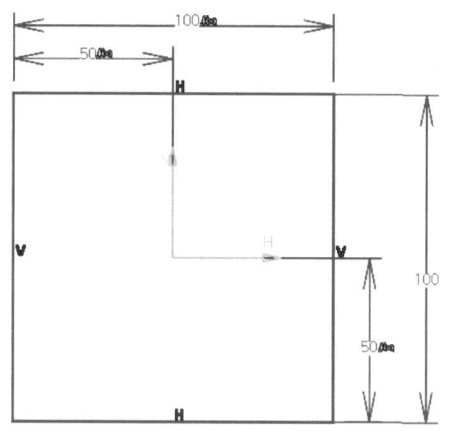

10. **D** 치수도 **B** 치수의 1/2이 되도록 연결시킨다.

최종 스케치는 그림 4-45와 같다.

그림 4-42의 **B** 치수를 200으로 수정하면 모든 치수가 그에 따라 변경되며 원점은 항상 정사각형의 가운데 있다.

그림 4-45 최종 스케치

END of Exercise

변수명 변경하기

치수에 MB3 〉 Properties를 선택한 후 Feature Properties 탭에서 Feature Name을 변경할 수 있다. 치수를 더블클릭 한 후 Constraint Definition 대화상자에서 More 버튼을 눌러 이름을 변수명을 변경할 수도 있다.

Exercise 06 사각형 플레이트

ch04_006.CATPart

그림 4-46과 같은 형상에 대한 스케치를 그리고 20mm 돌출시키시오.

조건

1. 원점은 형상의 가운데 있다.
2. 둥근 부분은 Fillet 기능을 이용한다.
3. 스케치는 완전구속 되어야 한다.

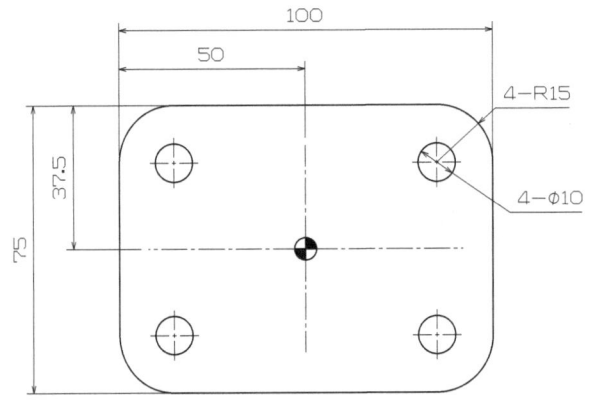

그림 4-46 구멍이 4개인 Plate

END of Exercise

> ⚠️ **Fix 구속은 사용하지 않는다.**
>
> 기하 구속 중 Fix 구속은 일반적인 스케치에서 사용하지 않는다. 이러한 구속은 외부 CAD 시스템에서 커브를 불러들인 다음 스케치로 정의할 때 불러온 그대로 위치를 고정 시키고자 할 때 제한적으로 사용한다. 또는 일시적인 스케치 기준으로 사용하기 위하여 어떤 점 또는 선의 위치나 크기를 고정 시키고자 할 때도 사용할 수 있다. 이렇게 사용한 후에는 반드시 Fix 구속조건을 삭제하여야 한다.

ch04_007.CATPart

Arm Exercise 07

그림 4-47과 같은 형상에 대한 스케치를 그리고 Pad 기능을 이용하여 20mm 돌출시키시오.

조건

1. 스케치의 원점은 표시한 곳으로 정한다.
2. 스케치는 완전구속 되어야 한다.

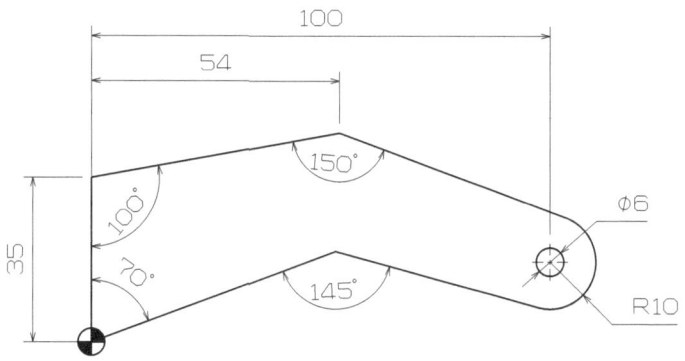

그림 4-47 Arm 형상

END of Exercise

> ### 구속의 적용 순서
>
> 스케치의 모양과 크기를 완전히 정의하기 위해 치수구속 또는 기하구속을 적용한다. 어떤 구속을 적용한 후 형상이 급작스럽게 변화할 경우 적용한 구속을 취소하고 변화를 제한할 수 있는 다른 구속을 먼저 적용한다. 구속이 되지 않은 점 또는 선을 원하는 위치에 가깝게 드래그할 수도 있다.

Exercise 08 Fillet이 있는 스케치   ch04_008.CATPart

그림 4-48과 같은 형상에 대한 스케치를 그리고 Pad 기능을 이용하여 20mm 돌출시키시오.

조건

1. 스케치의 원점은 표시한 곳으로 정한다.
2. 스케치는 완전구속 되어야 한다.

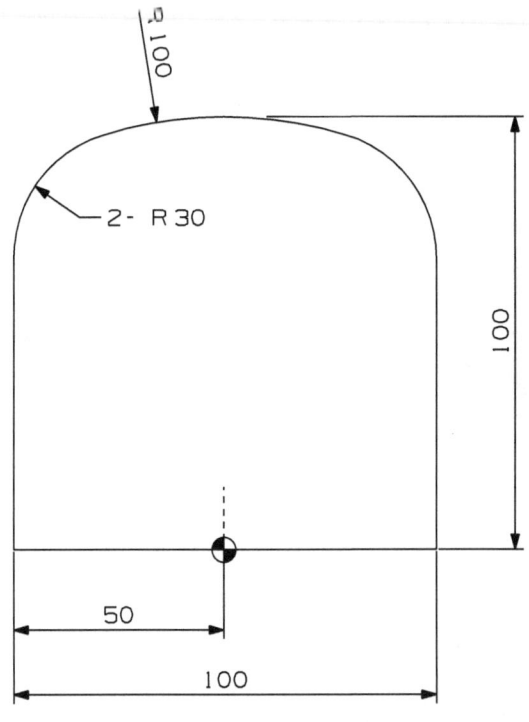

그림 4-48 Fillet이 있는 스케치

END of Exercise

ch04_009.CATPart   **대칭형상 Sketch - 1**   **Exercise 09**

그림 4-49와 같은 형상에 대한 스케치를 그리고 Pad 기능을 이용하여 20mm 돌출시키시오.

조건

1. 스케치의 원점은 표시한 곳으로 정한다.
2. 스케치는 완전구속 되어야 한다.

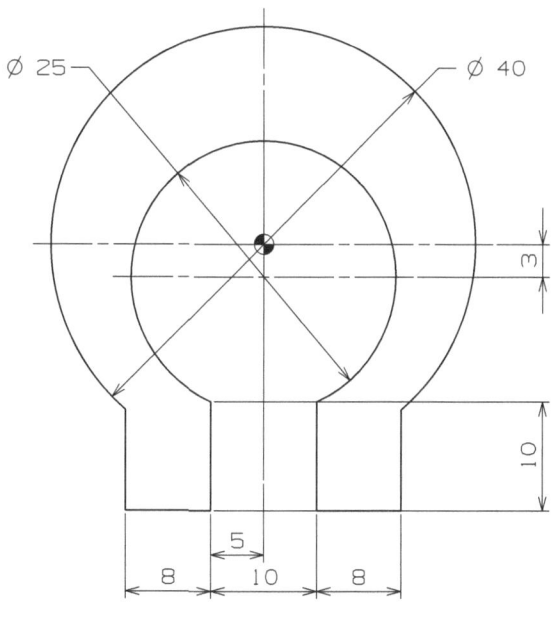

그림 **4-49** Flat Pin

Exercise 10 대칭형상 Sketch - 2   ch04_010.CATPart

그림 4-50과 같은 형상에 대한 스케치를 그리고 Pad 기능을 이용하여 20mm 돌출시키시오.

조건

1. 스케치의 원점은 표시한 곳으로 정한다.
2. 스케치는 완전구속 되어야 한다.

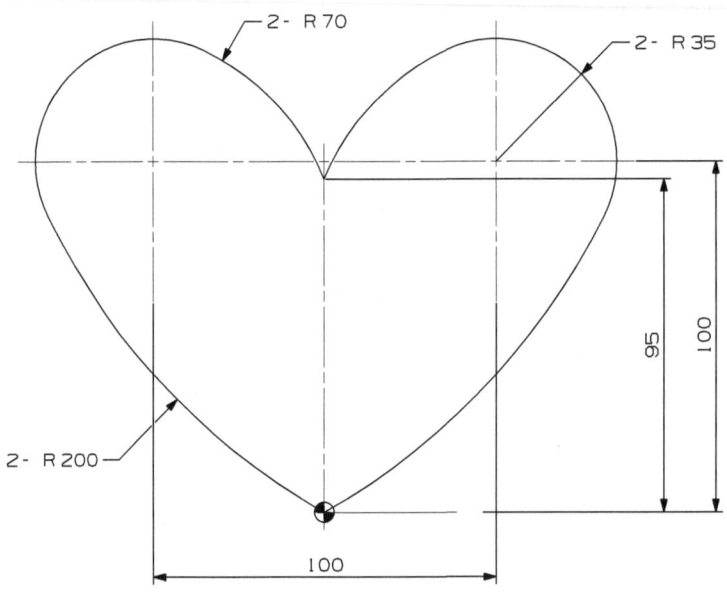

그림 4-50 Symmetric Sketch

END of Exercise

ch04_011.CATPart   **링크 형상 1** Exercise 11

그림 4-51과 같은 형상에 대한 스케치를 그리고 Pad 기능을 이용하여 20mm 돌출시키시오.

조건

1. 스케치의 원점은 표시한 곳으로 정한다.
2. 스케치는 완전구속 되어야 한다.

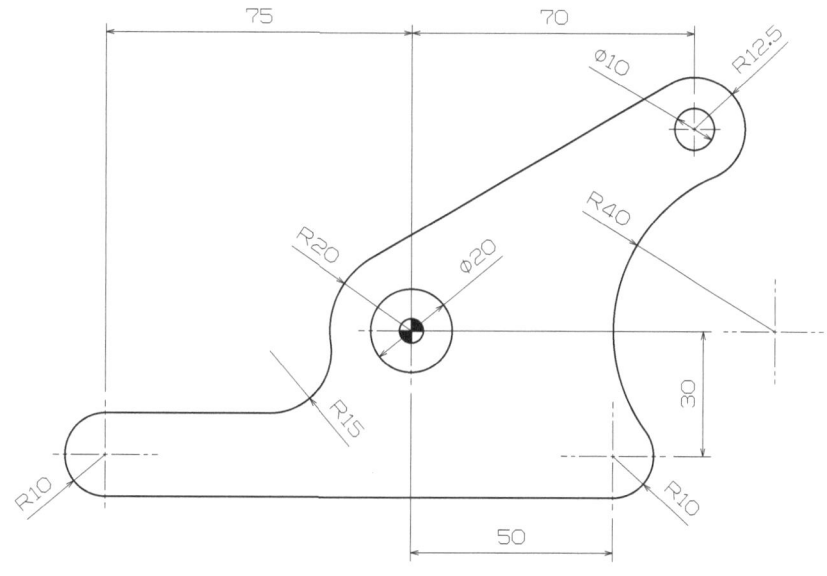

그림 4-51 링크 형상 1

Exercise 12   플랜지 커버   ch04_012.CATPart

그림 4-52와 같은 형상에 대한 스케치를 그리고 20mm 돌출시키시오.

조건

1. 스케치의 원점은 표시한 곳으로 정한다.
2. 스케치는 완전구속 되어야 한다.

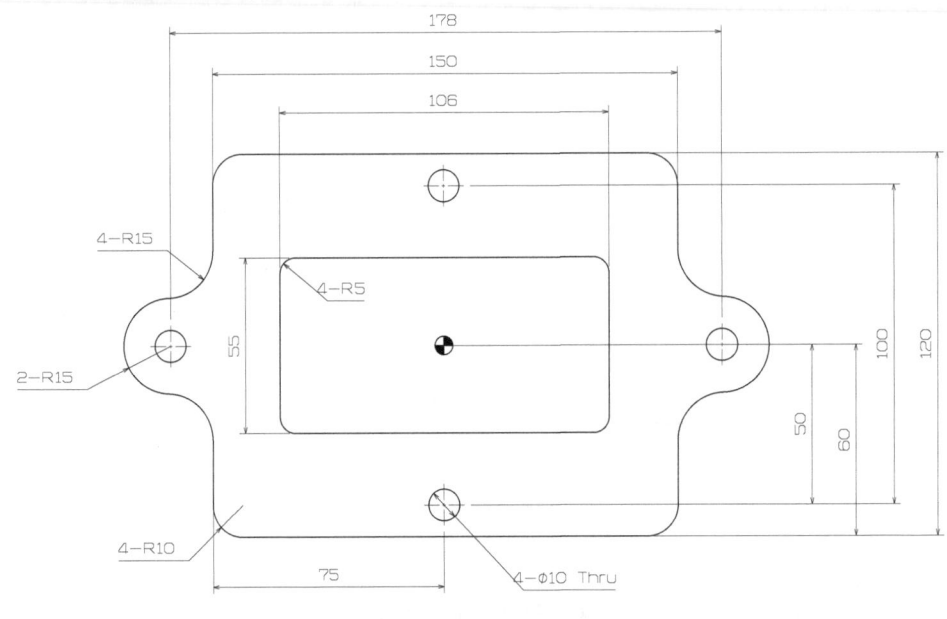

그림 4-52 플랜지 커버

ch04_013.CATPart

링크 형상 2 — Exercise 13

그림 4-53과 같은 형상에 대한 스케치를 그리고 Pad 기능을 이용하여 10mm 돌출시키시오.

조건

1. 스케치의 원점은 표시한 곳으로 정한다.
2. 스케치는 완전구속 되어야 한다.

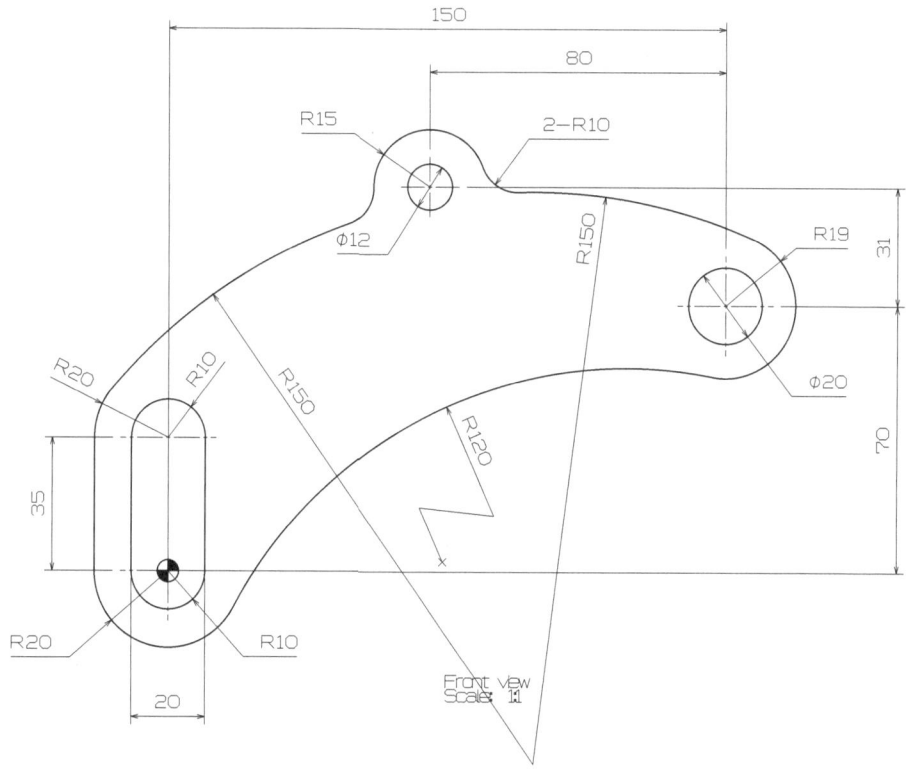

그림 4-53 링크 형상 2

END of Exercise

Exercise 14 스패너 헤드

ch04_014.CATPart

그림 4-54와 같은 스패너 머리 부분 형상을 그리고 pad 기능을 이용하여 20mm 돌출시키시오.

조건

1. 스케치의 원점은 표시한 곳으로 정한다.
2. ❹의 42 치수는 항상 같은 값을 갖도록 함수를 이용하여 연결시킨다.
3. ❺의 시점은 반성의 크기 28과 25인 호가 만나는 지점이다.
4. 스케치는 완전구속 되어야 한다.

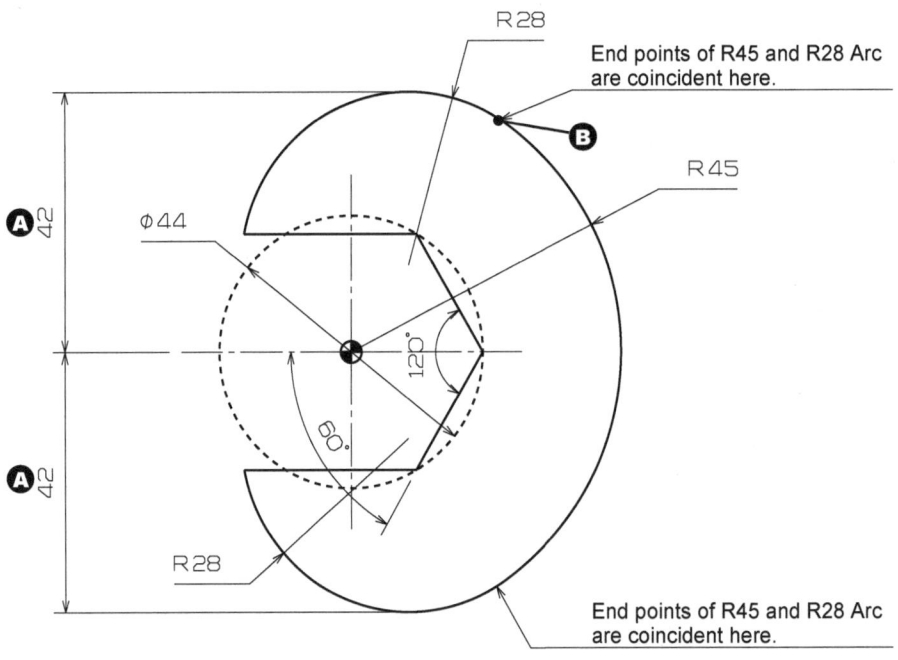

그림 4-54 Spanner Head

Chapter 5
스케치 기반 피쳐 I (Pad와 Pocket)

■ 학습목표

- Profile에 대하여 알아본다.
- Pad 기능의 사용 방법에 대하여 알아본다.
- Pocket 기능에 대하여 알아본다.

5.1 Pad 기능

Sketch-Based Features 툴바의 Pad 기능을 이용하면 프로파일 또는 면을 특정 방향으로 돌출시켜 3차원 형상을 만들 수 있다. 기존 형상이 있을 경우 Pad 기능으로 생성한 3차원 형상은 기존 형상에 추가된다.

기능 사용 절차

① Sketch-Based Features 툴바에서 Pad 아이콘을 누른다.
② 프로파일 또는 면을 선택한다. 면을 선택하면 방향을 지정해야 한다.
③ First Limit의 타입을 설정한다.
④ 나머지 옵션을 설정한다.

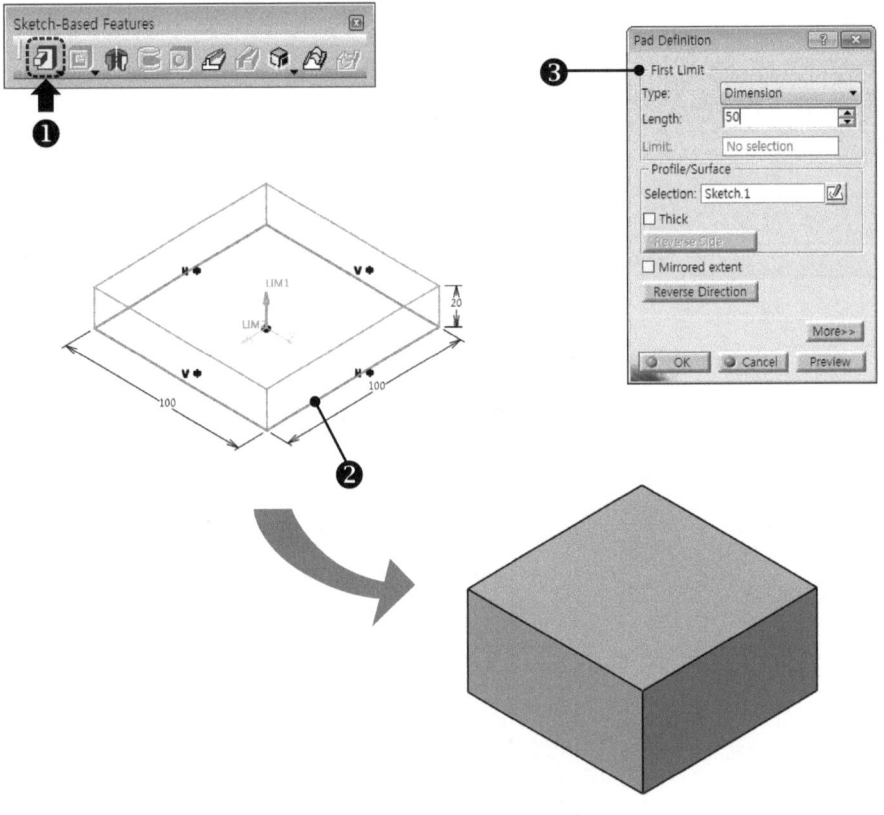

그림 5-1 Pad 기능 사용 절차

5.2 프로파일

그림 5-2의 스케치 중 사각형을 선택하여 그림 5-3과 같은 돌출형상을 만들 수 있다. 이 때 스케치 커브 중 실제 돌출되는 사각형을 이루는 커브를 프로파일이라고 한다.

스케치 중 일부를 프로파일로 정의할 수도 있고, 스케치 전체를 프로파일로 선택할 수도 있다.

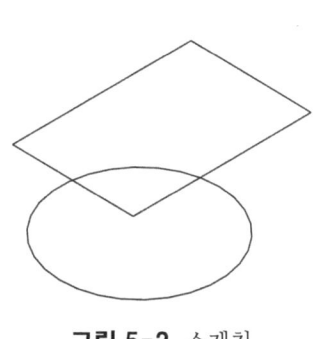

그림 5-2 스케치

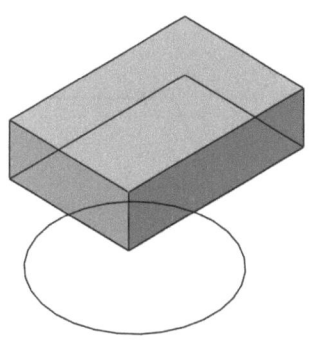

그림 5-3 Pad 피쳐

5.2.1 프로파일의 특성

프로파일은 다음과 같은 중요한 특성을 갖는다.

① 닫혀 있는 프로파일을 돌출시키면 솔리드 형상을 만들 수 있다.

② 열려 있는 프로파일을 이용하여 첫번째 Pad 피쳐를 만들 때는 반드시 Thick 옵션을 이용하여 솔리드를 만들어야 한다.

③ 교차하는 프로파일은 사용할 수 없다. (단, Thick 옵션을 이용할 때는 제외)

④ 서로 분리되어 있는 프로파일을 여러 개 선택할 수 있다.

5장: 스케치 기반 피쳐 I (Pad와 Pocket)

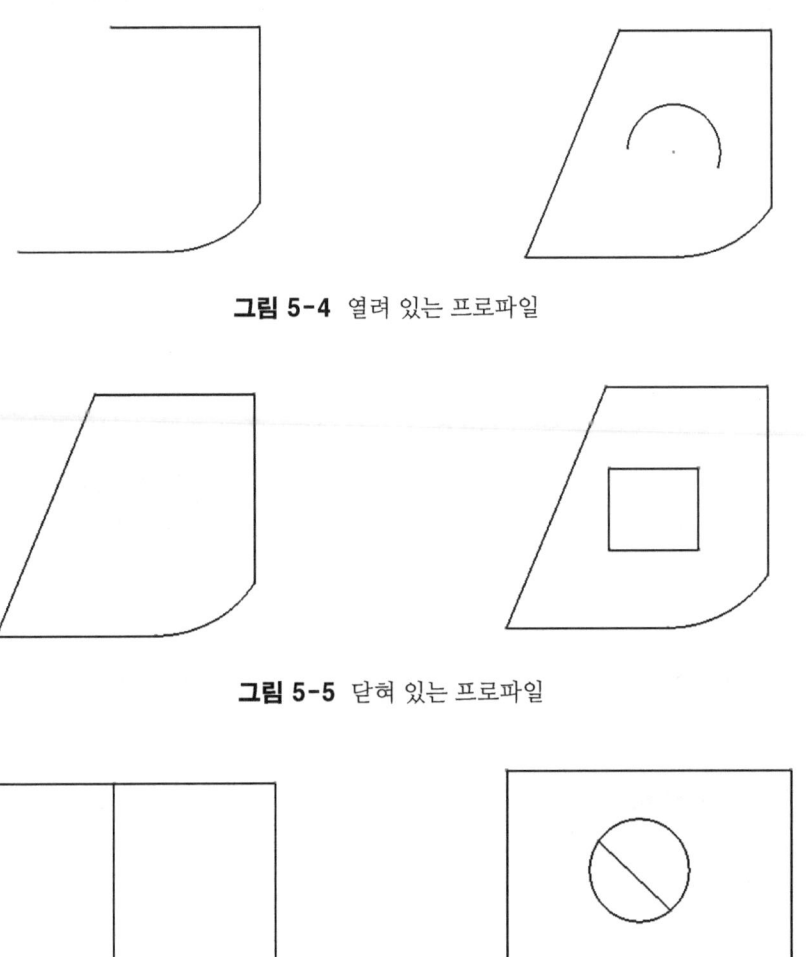

그림 5-4 열려 있는 프로파일

그림 5-5 닫혀 있는 프로파일

그림 5-6 교차하는 프로파일

> ### ❗ *Solid Body란?*
>
> CATIA V5에서 면으로 이루어진 형상은 두 가지가 있다. 체적을 갖는 바디를 솔리드 바디라고 한다. 서피스로 닫힌 공간을 이루고 재료의 방향을 설정하면 솔리드 바디가 정의된다. 서피스가 닫힌 공간을 이룬다는 조건만으로는 솔리드 바디를 정의할 수 없다.
>
> 체적을 갖지 않는 서피스로 이루어진 바디를 시트 바디 또는 서피스 바디라고 한다. 서피스가 닫힌 공간을 이루더라도 체적이 정의되지 않으면 서피스 바디이다. 서피스를 이용한 모델링 방법은 Generative Shape Design 워크벤치에서 다룬다.

ch05_001.prt

스케치의 일부를 프로파일로 선택하여 돌출시키기

Exercise 01

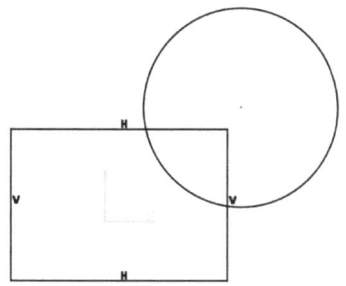

그림 5-7 스케치 그리기

1. 그림 5-7과 같이 스케치를 그린다. 구속조건은 생략한다.

2. 스케치를 빠져 나간다.

3. 선택되어 있는 스케치를 취소한다.

4. Sketch Based Features 툴바에서 Pad 아이콘을 누른다.

5. Pad Definition 대화상자의 Selection 선택영역(그림 5-8의 ⓐ)에 MB3를 누른다.

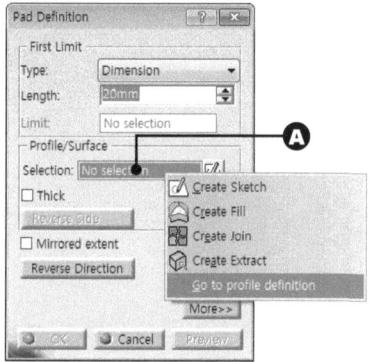

그림 5-8 프로파일 정의

6. 팝업메뉴에서 Go to profile definition 을 선택한다. 그림 5-9와 같은 Profile Definition 대화상자가 나타난다.

7. Sub-elements 옵션을를 선택한다.

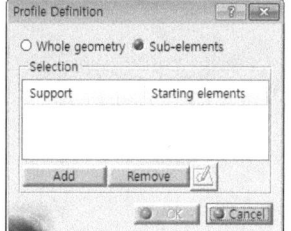

그림 5-9 Profile Definition 대화상자

> **❗ 선택 취소**
>
> 화면의 임의의 부분을 MB1으로 클릭하거나 ESC 키를 두 번 누른다.

5 장: 스케치 기반 피쳐 I (Pad와 Pocket)

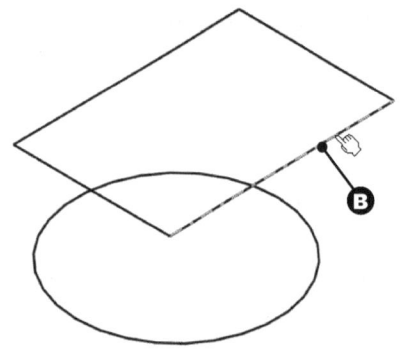

그림 5-10 프로파일 선택

8. 그림 5-10의 ❸ 커브를 선택한다.

9. 선택한 커브와 연결되어 있는 커브가 프로파일로 선택되는 것을 확인한다. 선택한 개체가 Profile Definition 대화상자의 Starting element로 지정된다.

10. OK 버튼을 누른다.

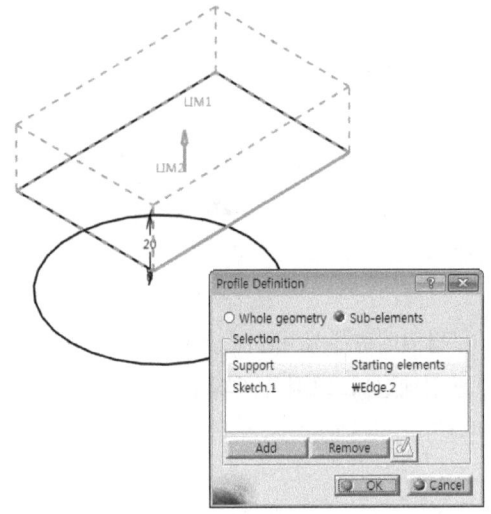

그림 5-11 미리보기

Profile/Surface 옵션 영역의 Selection 영역이 그림 5-12의 ❻와 같이 변경된다.

11. Pad Definition 대화상자에서 OK 버튼을 누른다.

그림 5-13은 생성된 Pad 피쳐를 보여준다.

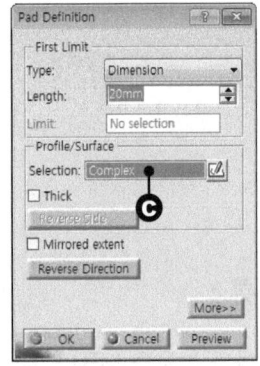

그림 5-12 Profile 정의 완료

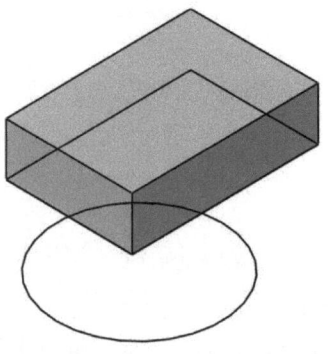

그림 5-13 생성된 Pad 피쳐

END of Exercise

5.2.2 여러 개의 폐곡선

서로 교차하지 않는 여러 개의 폐곡선을 한꺼번에 섹션으로 선택하여 Pad 피쳐를 생성할 수 있다. 폐곡선 안에 다른 폐곡선이 있을 경우(그림 5-14) 안쪽의 폐곡선은 공간으로 생성되며 폐곡선의 영역이 서로 떨어져 있는 경우(그림 5-15) 여러 개의 솔리드 바디가 생성된다.

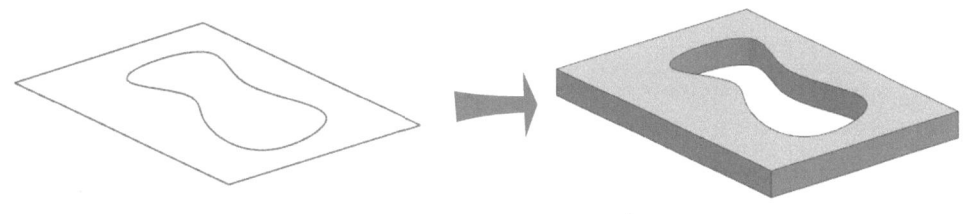

그림 5-14 다중 폐곡선

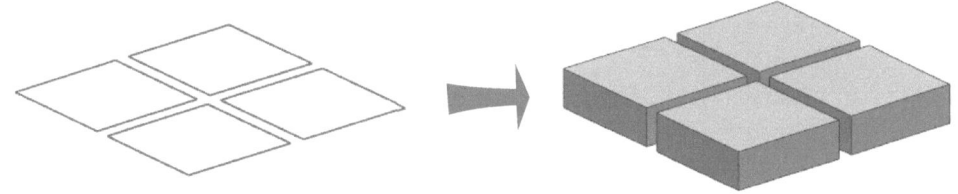

그림 5-15 분리된 폐곡선

5.2.3 열린 프로파일을 이용한 첫번째 Pad 피쳐

열려 있는 프로파일을 첫번째 Pad 피쳐에서 사용하면 그림 5-16과 같은 에러 메시지가 나타난다. 그 의미는 아래와 같다.

"현재 생성하려고 하는 피쳐가 솔리드 바디의 첫번째 피쳐일 경우 열려 있는 프로파일을 사용하려면 Thick 옵션을 사용하여야 합니다. 진행하겠습니까?"

"예" 버튼을 누른다. Pad Definition 대화상자에서 Thick 옵션을 선택하고 More 버튼을 누른다. 대화상자기 그림 5 17과 확장되고 Thin Pad 옵션을 이용하여 두께를 설정할 수 있다, 두께를 설정하면 체적이 정의되기 때문에 첫번째 피쳐로 열린 스케치를 이용할 수 있다.

닫혀 있는 프로파일을 이용하여 돌출시킬 때도 Thick 옵션을 이용하여 두께를 설정할 수 있다.

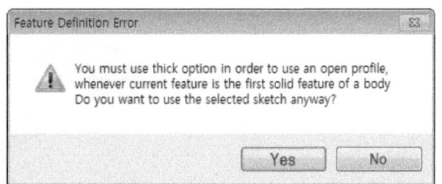

그림 5-16 오류 메시지

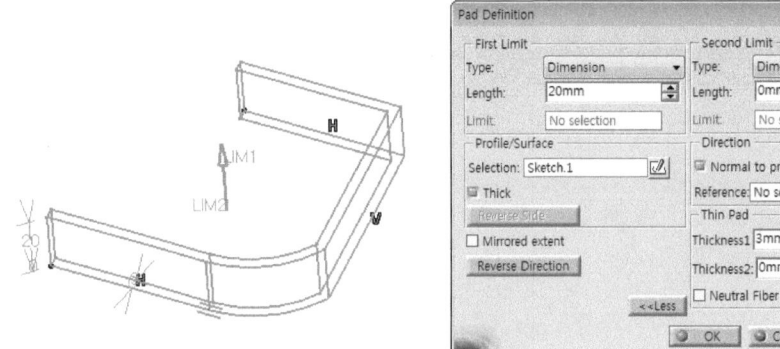

그림 5-17 Thick 옵션의 이용

두번째 이후의 Pad 피쳐에 열린 프로파일을 이용하면 Thick 옵션을 이용하지 않고 기존의 솔리드 바디에 형상을 추가할 수 있다. 이 때, Side와 Direction 옵션을 적절히 지정해야 한다.

ch05_002.CATPart   **열려 있는 프로파일을 이용한 Pad 기능**   Exercise 02

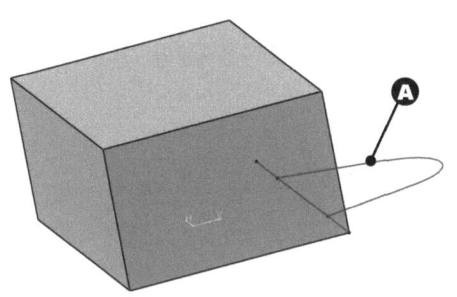

그림 5-18 열려있는 프로파일

1. 실습용 파일 ch05_002.CATPart 파일을 연다.

2. Pad 버튼을 누른다.

3. 그림 5-19와 같이 Profile Definition 대화상자를 열고 그림 5-18의 ④커브를 선택한다.

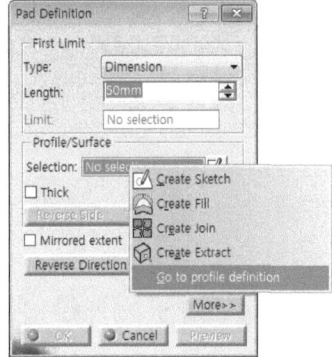
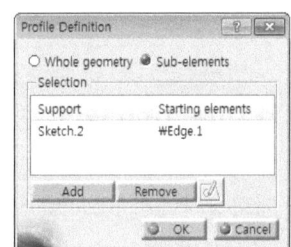

그림 5-19 프로파일 정의

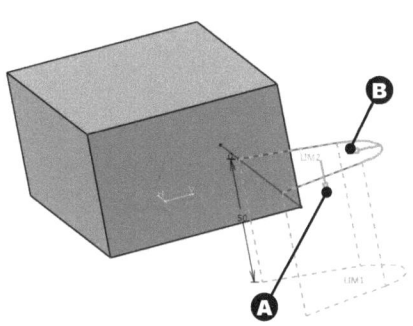

그림 5-20 Pad 피쳐의 미리보기

4. 그림 5-20과 같이 생성될 피쳐의 미리보기가 나타난다. 열려 있는 프로파일을 선택하였음을 알 수 있다.

5. ④ 화살표의 머리 부분을 클릭하여 돌출 방향을 반대로 한다.

6. Profile Definition 대화상자에서 OK 버튼을 누른다.

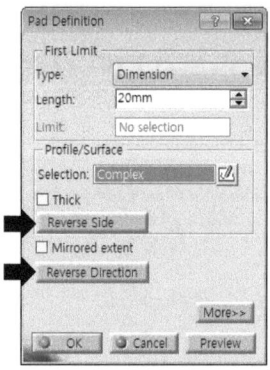

그림 5-21 Pad Definition 대화상자

7. Pad Definition 대화상자에서 First Limit 값을 20으로 입력하고 OK 버튼을 누른다.

생성된 모델은 그림 5-22와 같다.

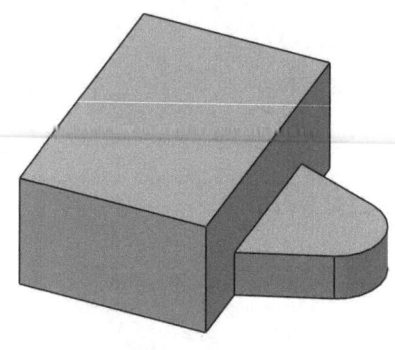

그림 5-22 생성된 모델

END of Exercise

5.2.4 Side와 Direction 옵션

Pad Definition 대화상자에서 Reverse Side 버튼을 누르면 그림 5-20의 ❸ 화살표 방향이 반대로 된다. Side 화살표가 형상이 있는 쪽을 가리키지 않으면 열린 프로파일을 이용하여 형상을 추가할 수 없다.

Pad Definition 대화상자에서 Reverse Direction 버튼을 누르면 그림 5-20의 ❹ 화살표 방향이 반대로 된다.

열린 프로파일을 이용할 때 다음과 같은 경우 오류가 발생된다.

1. 돌출 거리를 형상보다 높게 입력한다.
2. 그림 5-20의 ❸ 화살표의 방향이 형상의 반대쪽으로 향한다.
3. 그림 5-20의 ❹ 화살표가 아래쪽을 향한다.

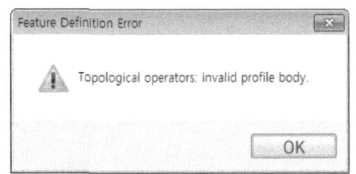

그림 5-23 Error Message

---

ch05_003.CATPart　　**닫혀 있는 프로파일을 이용한 Pad 기능**　**Exercise 03**

실습용 파일을 열어 다음 절차에 따라 그림 5-22와 같은 형상을 생성하시오.

① 두번째 스케치를 더블클릭하여 Sketcher 워크벤치로 들어간다.
② Quick Trim 기능을 이용하여 투영한 커브의 ❹, ❺ 부분을 잘라낸다. (그림 5-24참고)
③ 스케치를 빠져나간 후 Pad 기능을 이용하여 전체 스케치를 돌출시킨다.

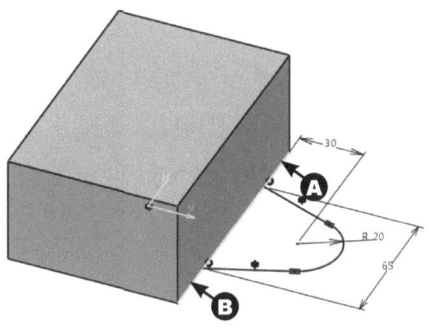

그림 5-24 수정할 스케치

END of Exercise

5.2.5 Mirrored Extent

Pad Definition 대화상자의 Mirrored extent 옵션을 이용하면 프로파일을 양쪽으로 같은 양만큼 돌출시킬 수 있다.

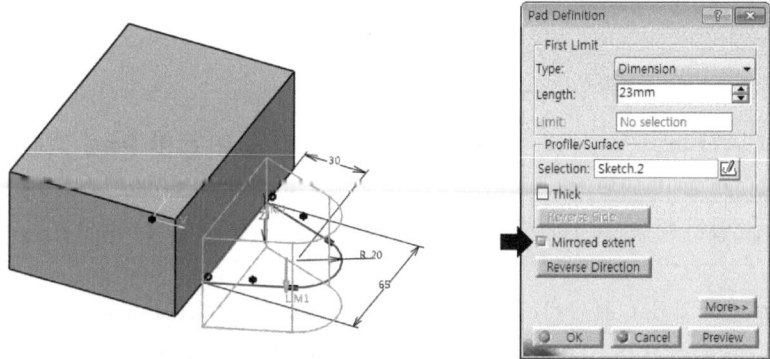

그림 5-25 Mirrored extent 옵션

5.3 Hide와 Show

Pad 피쳐를 생성한 후에도 스케치가 화면에 보일 경우 Spec Tree의 스케치 피쳐에 MB3(우클릭)를 누른 다음 팝업메뉴에서 Hide/Show를 선택하여 숨길 수 있다. 숨겨진 피쳐를 다시 보이게 하려면 Spec Tree에서 해당 피쳐에 우클릭 > Hide/Show를 다시 선택한다.

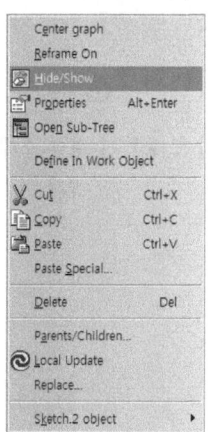

그림 5-26 Hide/Show 옵션

5.4 User Selection Filter

개체를 선택할 때 그림 5-27의 User Selection Filter를 이용하여 개체의 타입을 지정하여 선택할 수 있다.

그림 5-27 User Selection Filter 툴바

기능 사용 중 개체를 선택하여야 하는 옵션 단계에서 필터가 자동으로 적용된다는 점을 기억하기 바란다. 이는 현재 선택 단계에서 선택할 수 있는 개체의 종류는 User Selection Filter를 보면 알 수 있다는 것을 의미한다. 예를 들어, Dress-Up Features 툴바에서 Draft Angle 아이콘을 누르고 Draft Definition 대화상자에서 Face(s) to draft 선택 영역을 클릭하면 그림 5-28과 같이 Surface Filter가 활성화 된다. Draft Definition 대화상자에서 Pulling Direction 선택 영역을 클릭하면 그림 5-29와 같이 Curve Filter와 Surface Filter가 활성화 된다.

그림 5-28 Surface Filter

 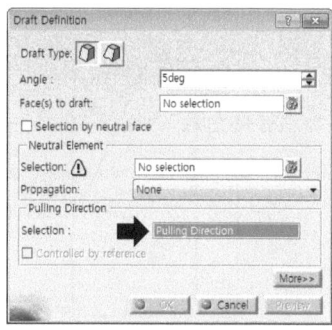

그림 5-29 Curve Filter와 Surface Filter

5장: 스케치 기반 피쳐 I (Pad와 Pocket)

Exercise 04   솔리드 바디 생성하기

그림 5-30의 도면 형상을 모델링 하시오.

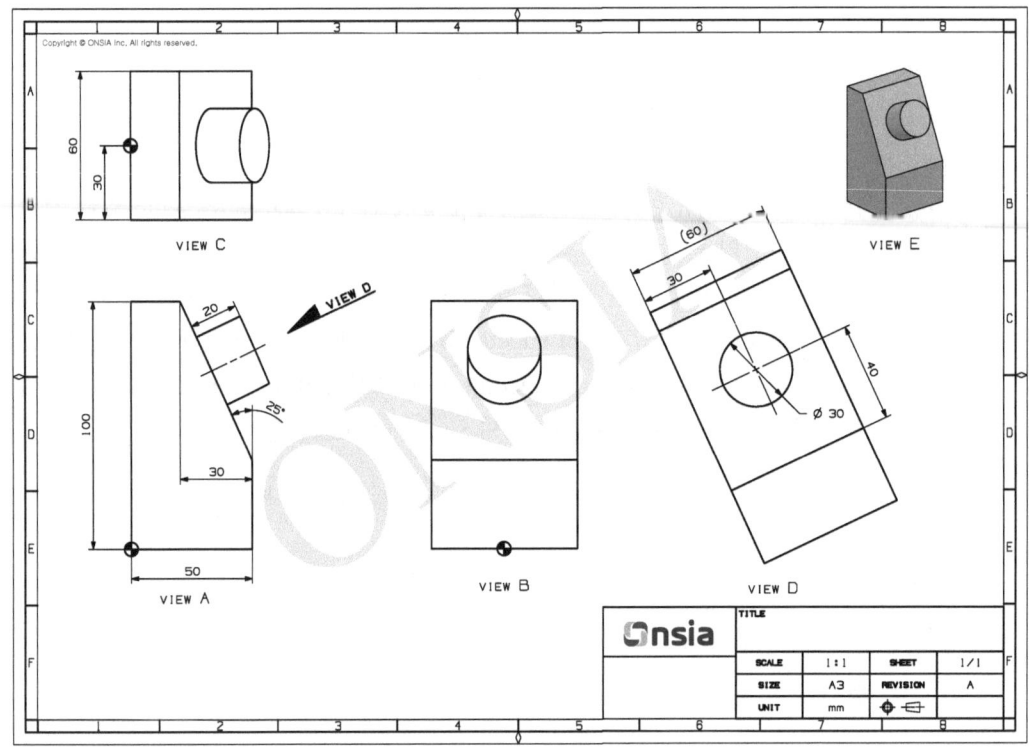

그림 5-30 Exercise 04의 도면

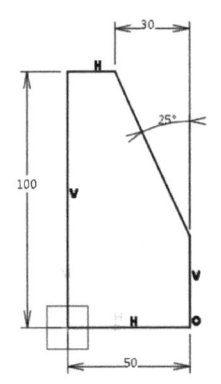

그림 5-31 첫번째 스케치

파일과 스케치 생성

1. ch05_ex04.CATPart로 새 파일을 생성한다.
2. Spec Tree에서 yz 평면을 선택하고 Sketch 아이콘을 누른다.
3. 그림 5-31과 같이 스케치를 생성하고 완전구속 한다.
4. Sketcher를 빠져 나간다. 스케치가 선택되어 있다.

146

첫번째 Pad

1. Sketch-Based Features 툴바에서 Pad 아이콘을 누른다.
2. Pad Definition 대화상자에서 Mirrored extent 옵션을 선택한다.
3. Length 입력창에 30mm를 입력한다.
4. OK 버튼을 누른다.

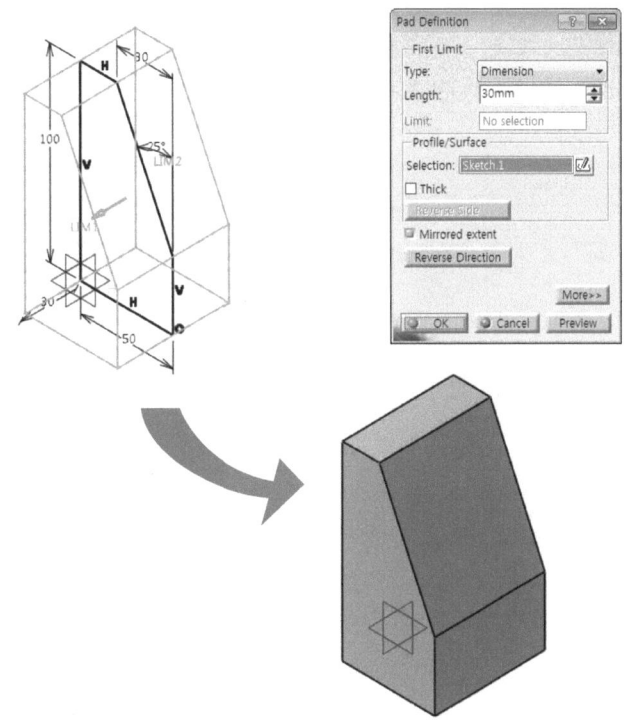

그림 5-32 First Pad Feature

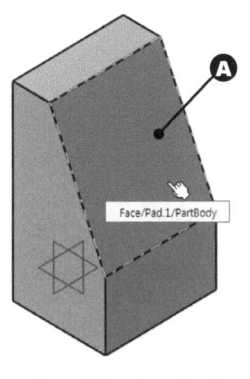

그림 5-33 Sketch Plane

두번째 스케치

1. Sketch 아이콘을 누른다.
2. 그림 5-33의 Ⓐ 면을 선택한다.
3. 그림 5-34와 같이 두번째 스케치를 생성한다.

5 장: 스케치 기반 피쳐 I (Pad와 Pocket)

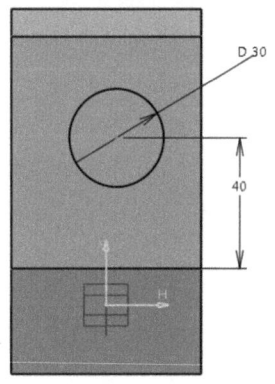

그림 5-34 Second Sketch

4. Sketcher를 빠져 나간다. 스케치가 선택되어 있다.

두번째 Pad

1. Sketch Based Features 툴바에서 Pad 아이콘을 누른다.
2. Length 입력창에 20mm를 입력한다.
3. 대화상자에서 OK 버튼을 누른다.

그림 5-35와 같이 평면을 숨긴다. 스케치는 Pad 피쳐 안으로 들어가며 자동으로 숨겨진다.

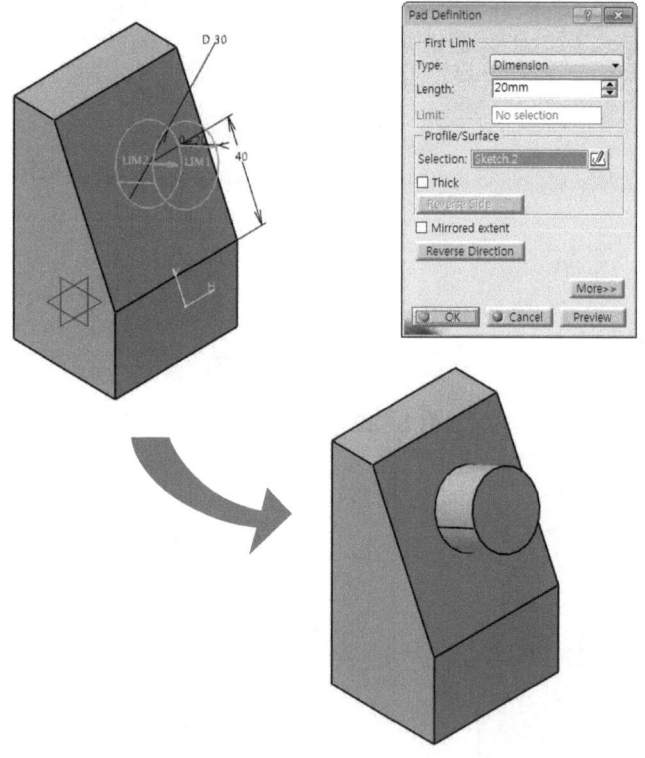

그림 5-35 Second Pad

148

> **첫번째 스케치를 XZ 평면에 그린 이유는?**
>
> 그림 5-35의 Isometric View를 표시하였을 때 도면의 View E 처럼 나타나게 하기 위한 것이다. 도면을 나타낼 때 View E 위치에는 Trimetric View 또는 Isometric View를 배치한다.

Pad의 방향 변경

1. Spec Tree에서 두번째 Pad 피쳐를 더블클릭한다.
2. Pad Definition 대화상자에서 More 버튼을 누른다.
3. Reference 선택 영역(그림 5-36의 ❸)을 클릭한다. User Selection Filter에 Curve Filter 와 Surface Filter가 활성화 됨을 확인한다.
4. 그림 5-36의 면 ❹ 를 선택한다.
5. 대화상자에서 OK 버튼을 누른다.

그림 5-37은 Pad의 방향을 수정한 후의 Isometric View와 Front View를 보여준다.

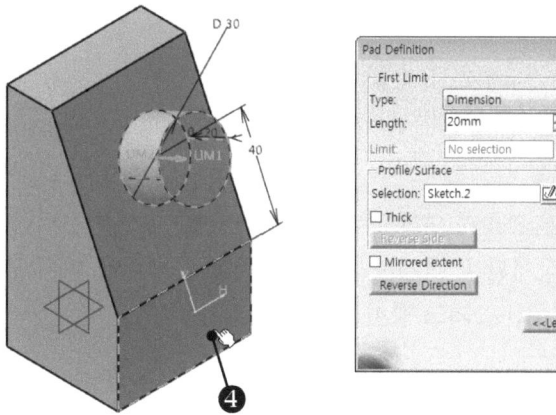

그림 5-36 Direction Option

5 장: 스케치 기반 피쳐 I (Pad와 Pocket)

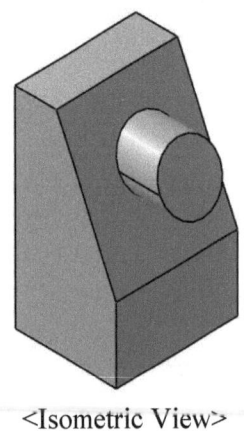
<Isometric View>

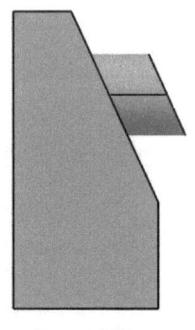
<Front View>

그림 5-37 수정된 Pad 방향

저장

1. View 툴바에서 Isometric View 아이콘을 클릭한다.
2. 파일을 저장한다.
3. 메뉴바에서 File > Close를 선택한다.

END of Exercise

스케치 기반 피쳐의 삭제

Exercise 04의 마지막 피쳐를 삭제할 수 있다. Spec Tree의 Pad 피쳐에 우클릭 > Delete를 선택하면 그림 5-38과 같은 Delete 대화상자가 나타난다. Ⓐ 옵션을 선택한 후 OK 버튼을 누르면 스케치도 함께 삭제된다. 삭제하고자 하는 피쳐 외에 다른 피쳐 생성에 스케치가 사용되지 않을 경우 이 옵션을 켜고 함께 삭제한다.

그림 5-38 Delete 대화상자

5.5 그래픽 속성

Graphic Properties 툴바의 기능을 이용하여 개체의 그래픽 속성을 변경할 수 있다.

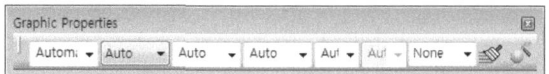

그림 5-39 Graphic Properties 툴바

다음 절차에 따라 솔리드 바디의 색상을 변경할 수 있다.

1. User Selection Filter에서 Volume Filter를 선택한다. (그림 5-40의 ❶)
2. 모델에서 체적을 선택한다. Ctrl 키를 이용하여 여러 개의 체적을 선택할 수 있다.
3. Graphic Properties 툴바에서 그래픽 옵션 (그림 5-40의 ❸)

그림 5-40은 불투명도 75%를 적용한 결과를 보여준다.

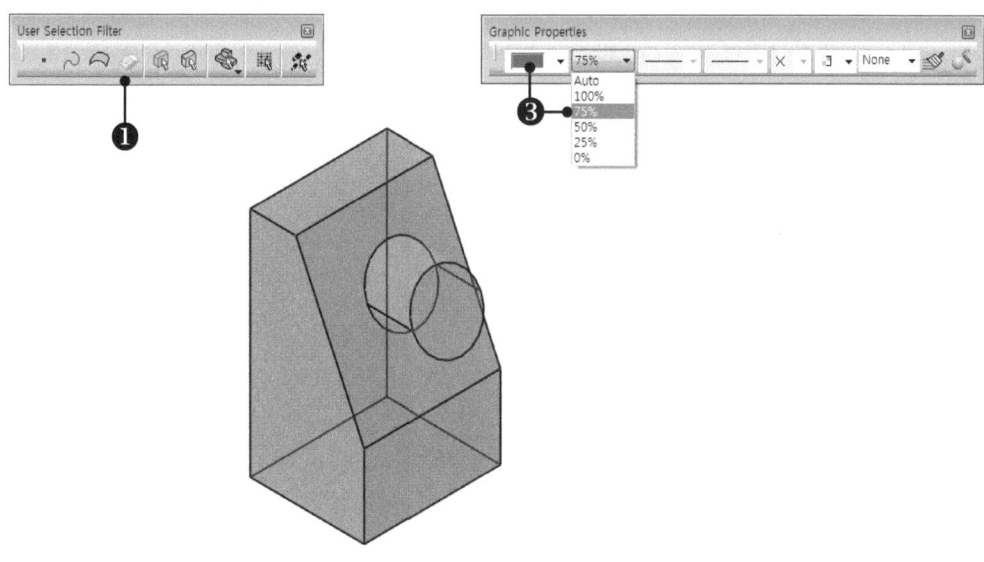

그림 5-40 그래픽 속성 변경

5.6 돌출 한계(Limit) 설정

Pad Definition 대화상자의 First Limit 옵션 영역에 있는 Type 드롭다운 목록에는 다음과 같은 항목이 있다.

① Dimension
② Up to next
③ Up to last
④ Up to plane
⑤ Up to surface

돌출량을 Dimension으로 설정하면 Pad 피쳐의 Length를 입력할 수 있으며, 이후에 다른 형상이 변경되더라도 그 값을 항상 유지한다. 화면에서 LIM1과 LIM2 텍스트를 드래그하여 입력값을 조절할 수 있다.

형상을 이용하여 돌출량을 정의하면 그 형상이 수정될 경우 돌출 한계도 업데이트 된다.

Pad Definition 대화상자에서 More 버튼을 누르면 Second Limit 옵션이 나타난다. First Limit과 같은 옵션을 이용하여 두번째 Limit를 설정할 수 있다.

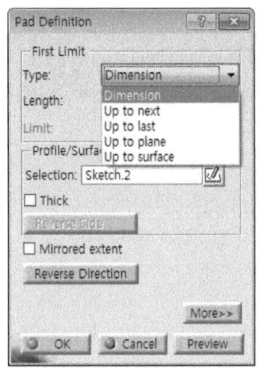 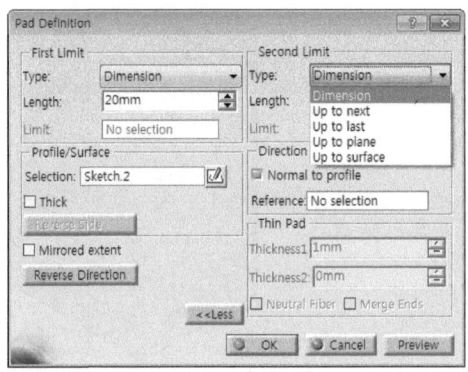

그림 5-41 Limit의 타입

5.6.1 Up to Next

돌출 방향으로 처음 만나는 형상까지 Pad 피쳐를 생성할 수 있다. 만나는 형상은 Pad 피쳐의 끝 부분을 완전히 포함시켜야 한다.

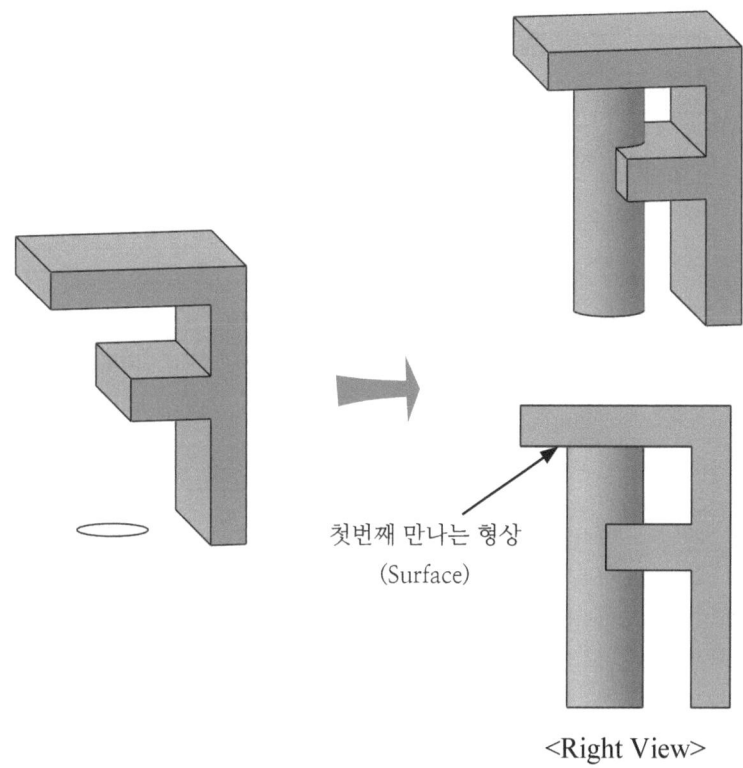

그림 5-42 Limit: Up to Next

5.6.2 Up to Plane

3차원 형상의 평평한 면을 선택하여 Pad의 한계를 정의한다. 선택한 면이 Pad 피쳐의 끝 부분 완전히 포함하지 못하더라도 평면이 연장되어 한계를 정할 수 있다.

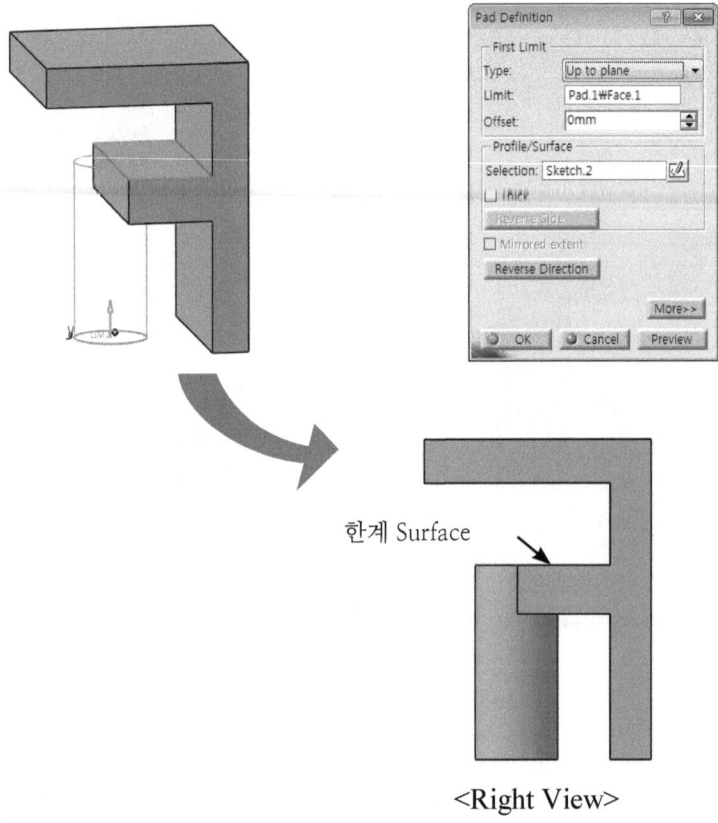

한계 Surface

<Right View>

그림 5-43 Limit: Up to Plane

> ⚠️ **_Up to plane 옵션_**
>
> 파트 바디의 원하는 평면까지 돌출시킨다.
>
> - 곡면을 선택할 수 없다.
> - 참조 평면(Reference Plane)을 이용하여 Limit를 설정할 수 있다. 참조 개체에 대해서는 Chapter 7에서 설명한다.

5.6.3 Up to Surface

3차원 형상의 서피스를 선택하여 Pad의 한계를 정의한다. Pad 피쳐를 생성한 이후에 한계 요소의 파라미터가 수정되면 Pad 피쳐도 업데이트 된다. 서피스는 Pad 피쳐의 끝 부분을 완전히 포함시켜야 한다. 한계 요소로 참조 평면(Reference Plane)을 선택할 수 있다.

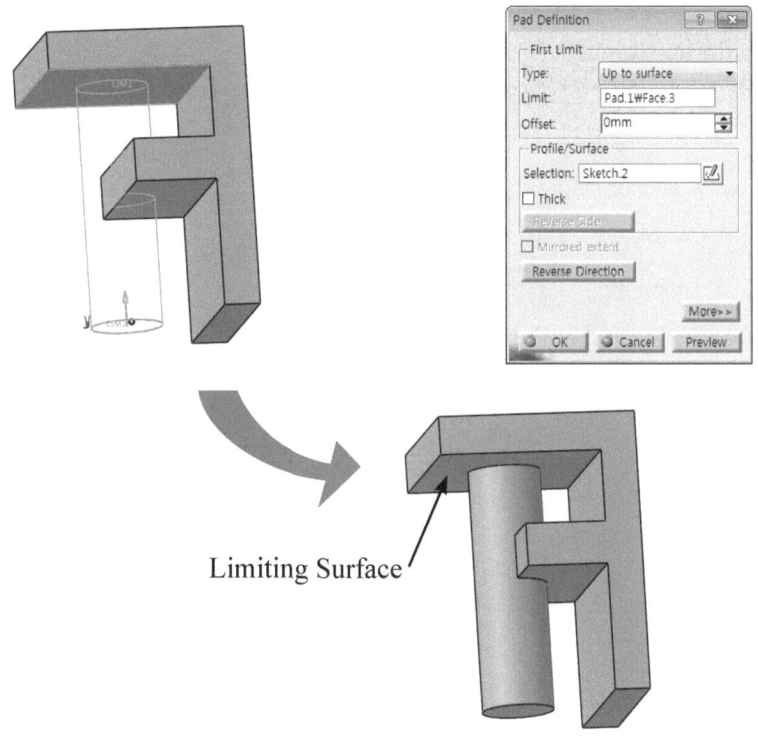

그림 5-44 Limit: Up to Surface

Up to Surface 옵션을 이용하여 Pad 피쳐의 첫번째 또는 두번째 Limit를 설정할 때 서피스는 Pad의 시작 또는 끝 부분을 완전히 포함시켜야 한다. 그렇지 않으면 그림 5-45와 같은 오류 메시지가 나타난다. Up to Plane 옵션을 사용할 때 선택하는 평평한 면에는 이러한 제약이 없다.

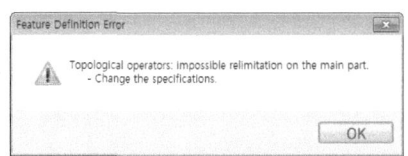

그림 5-45 오류 메시지

5.6.4 Up to Last

기존 형상의 끝까지 피쳐를 생성한다. 그림 5-46은 Pocket 기능을 이용하여 기존 형상의 끝까지 제거한 결과를 보여준다. Pocket 기능에 대해서는 나중에 설명한다.

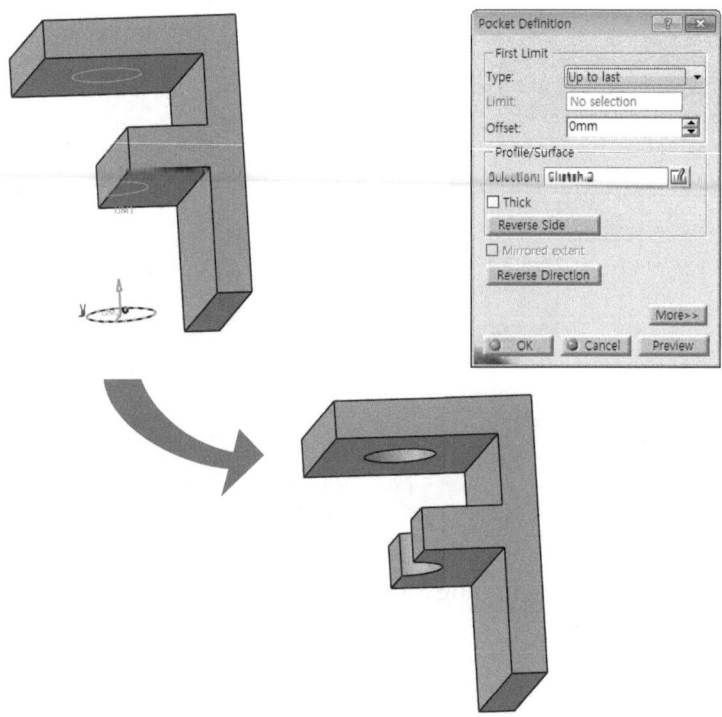

그림 5-46 Limit: Up to Last

ch05_005.CATPart **First와 Second Limit** Exercise 05

주어진 파일을 열어 그림 5-47과 같이 두 개의 한계 서피스를 지정하여 Pad 피쳐를 생성하시오. First Limit과 Second Limit을 그림 5-48과 같이 설정해야 한다.

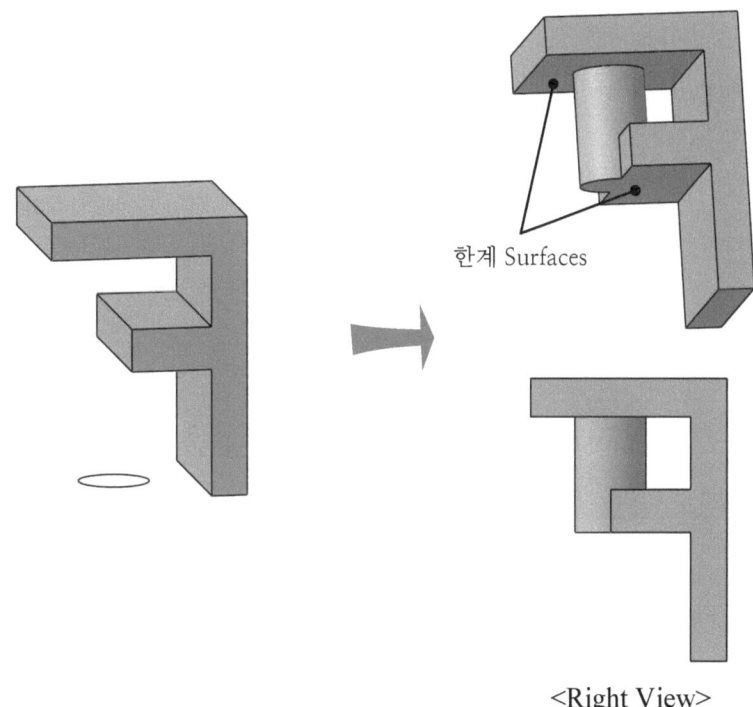

그림 5-47 두 개의 Limit 설정

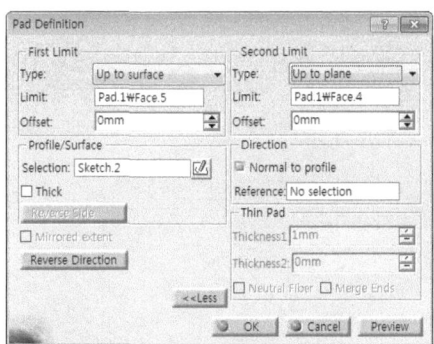

그림 5-48 Pad Definition 대화상자

END of Exercise

5.6.5 Limit 평면 또는 곡면의 Offset

면을 Offset 한다는 것은 그 면에 대한 수직 방향으로 일정한 거리만큼 떨어진 곳에 새로운 면을 생성한다는 뜻이다. 여기서 면은 곡면을 포함한다.

Limit의 타입으로 Up to Next, Up to Last, Up to plane 또는 Up to surface 타입을 사용할 때 면을 선택하고 나면 Offset 옵션이 활성화된다. 이 옵션을 이용하면 limit로 선택한 평면 또는 곡면에서 일정 거리만큼 오프셋 한 곳까지 돌출시킬 수 있다.

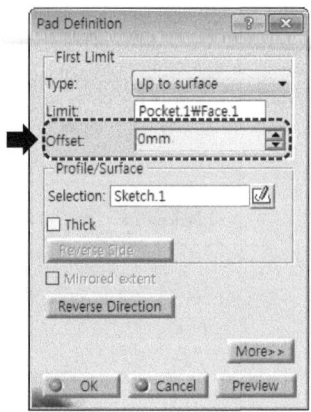

그림 5-49 Offset 옵션

ch05_fig50.CATPart 파일을 열어 실습할 수 있다. Sketch-Based Features 툴바에서 Pad 아이콘을 누르고 그림 5-50의 Ⓐ 스케치를 선택한다. Pad Definition 대화상자를 확장하고 Reverse Direction 버튼을 누르고, First Limit 드롭다운 목록에서 Up to last를 선택한다. Second Limit 드롭다운 목록에서 Up to surface를 선택한 후 Ⓑ 서피스를 선택한다. Offset 입력창에 10mm를 입력하고 Preview 버튼을 눌러 결과를 확인한다. OK 버튼을 눌러 그림 5-51과 같은 형상을 생성한다.

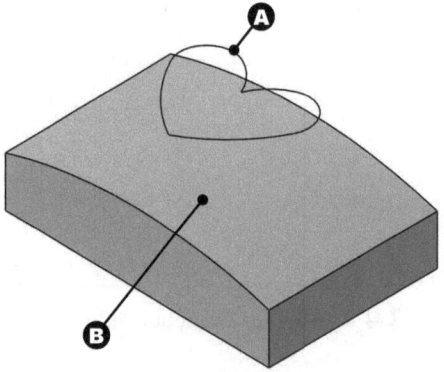

그림 5-50 Offset 옵션을 이용한 Pad

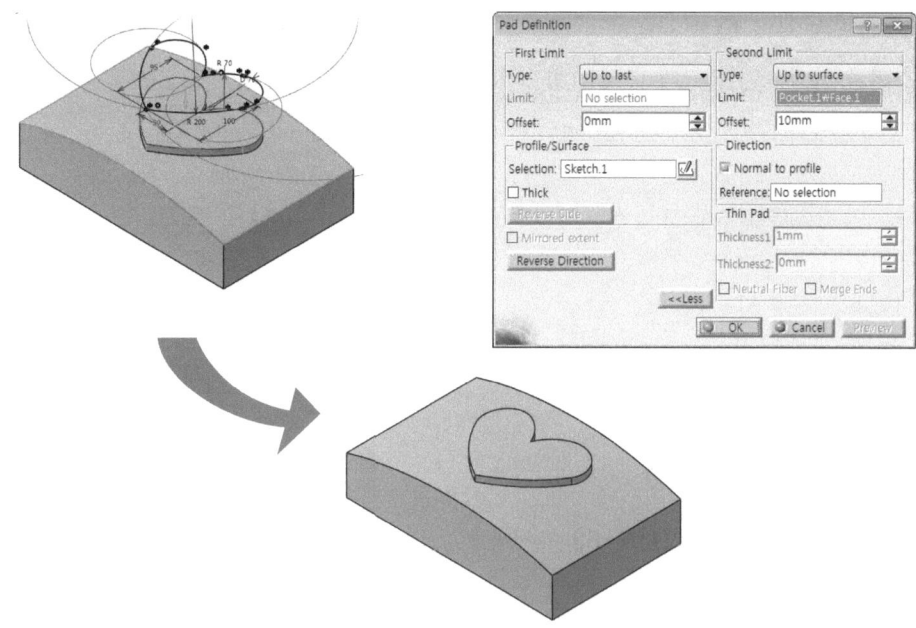

그림 5-51 Offset Option을 이용한 Pad

5.7 서피스의 Pad

서피스를 선택하여 Pad 피쳐를 생성할 수 있다. 이 경우 Pad의 방향으로 디폴트 옵션인 Normal to profile을 사용할 수 없다. 프로파일로 서피스를 선택하면 그림 5-52와 같은 경고 메시지가 나타나고 Yes를 선택하면 대화상자의 Direction > Refernce 선택창이 활성화 되어 방향을 선택할 수 있다.

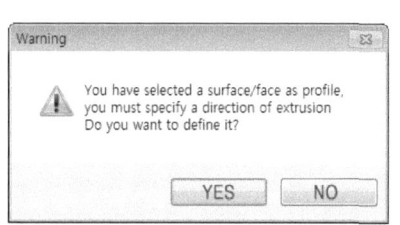 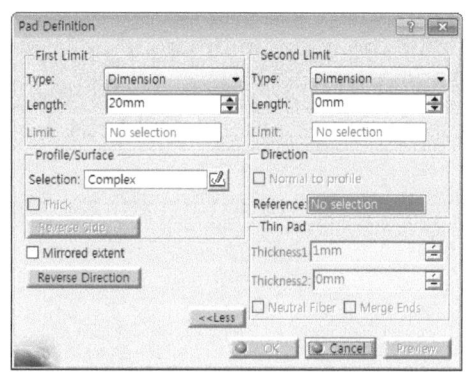

그림 5-52 경고 메시지

그림 5-53은 모서리 ⓐ를 선택하여 Pad의 방향을 설정한 결과를 보여준다. 방향 선택 단계에서 평면을 선택하면 평면의 수직 방향이 지정되고, 원통면을 선택하면 원통의 축 방향이 지정된다.

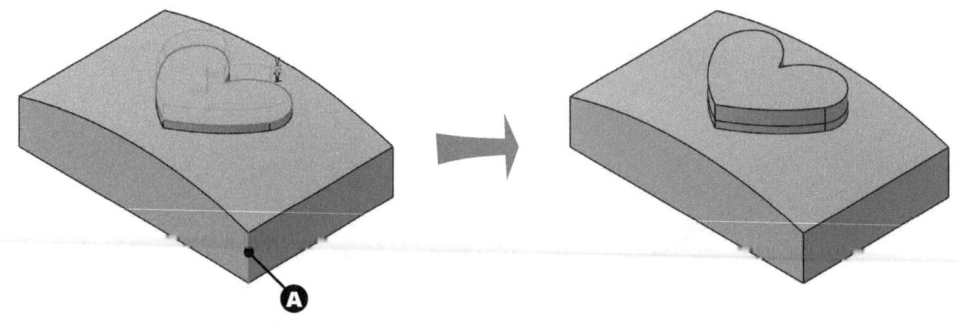

그림 5-53 모서리를 이용한 Pad 방향 설정

> **Lim1, Lim2의 드래그**
>
> 미리보기에 나타나는 LIM1, LIM2 텍스트 부분에 마우스 포인터를 가져가면 포인터의 모양이 화살표에서 손 모양으로 변하며, 이 때 왼쪽 버튼을 누르고 드래그하여 LIM1 또는 LIM2의 위치를 설정할 수 있다.
>
>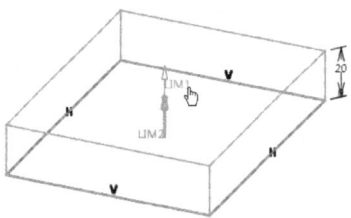
>
> **그림 5-54** LIM 텍스트의 드래그

> **! 단축키 사용**
>
> Spec 트리에서 어떤 피쳐에 MB3(우클릭)를 누르면 그림 5-55와 같은 팝업메뉴가 나타난다. 각 메뉴의 텍스트를 자세히 보면 밑줄로 표시된 글자가 있는데, MB3를 누른 후 그 글자를 타이핑 하면 기능이 실행된다.
>
> 예를 들어, 특정 피쳐를 삭제하려면 그 피쳐에 MB3를 누른 후 'd' 버튼을 누르면 된다. 어떤 피쳐를 숨기거나 숨겨 있는 피쳐를 보이게 하려면 Spec Tree의 해당 피쳐에 MB3를 누른 후 키보드에서 's'를 누른다.
>
>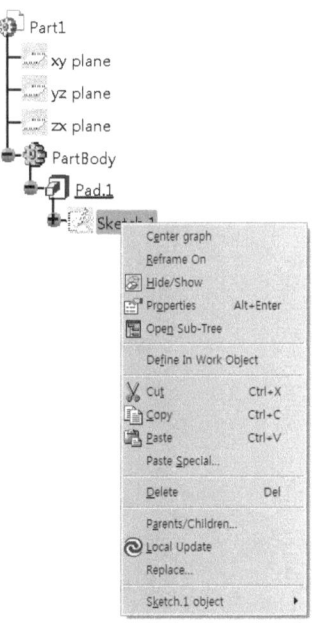
>
> **그림 5-55** 피쳐의 팝업 메뉴

5.8 Thin Pad

Pad Definition 대화상자에서 Thick 옵션을 선택하면 대화상자가 확장되고 Thin Pad 옵션이 활성화 된다. 이 옵션을 이용하여 프로파일의 두께를 설정할 수 있다.

- **Thickness 1**: 프로파일을 기준으로 한 쪽으로 오프셋
- **Thickness 2**: Thickness 1의 반대 쪽으로 오프셋
- **Neutral Fiber**: 프로파일을 기준으로 양쪽으로 같은 양만큼 오프셋하여 두께 형성
- **Merge Ends**: 프로파일의 끝 부분을 인접한 형상까지 연장하여 두께를 생성함

그림 5-56은 Merge Ends 옵션을 이용하여 모자라게 생성된 프로파일을 인접한 벽면까지 연장하여 리브를 생성한 것이다.

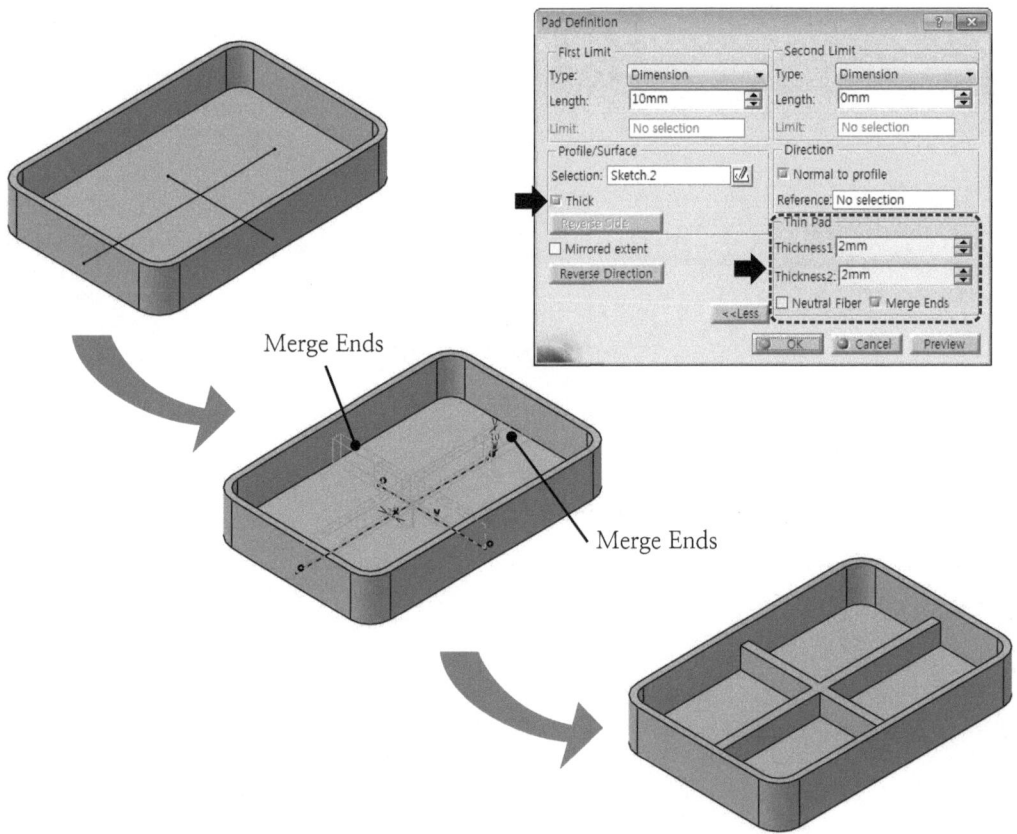

그림 5-56 Thick 옵션에 Merge Ends 옵션 적용

5.9 Drafted Filleted Pad

Drafted Filleted Pad 기능을 이용하면 구배와 필렛을 주면서 Pad 피쳐를 생성할 수 있다. Draft에 대해서는 Chapter 8에서 설명한다.

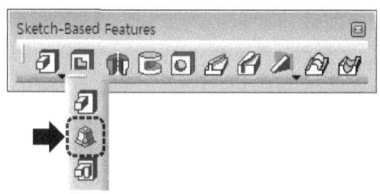

그림 5-57 Drafted Filleted Pad 기능

---

ch05_006.CATPart　　　　　돌출시키면서 구배 및 필렛 주기　**Exercise 06**

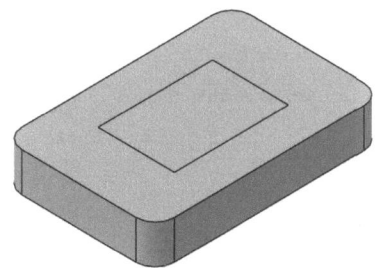

그림 5-58 주어진 파트

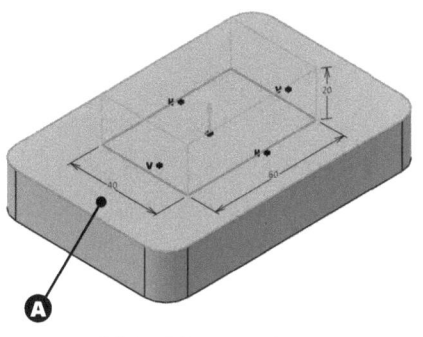

그림 5-59 Second Limit

1. ch05_006.CATPart 파일을 연다.

2. Pads 툴바에서 Drafted Filleted Pad 버튼을 누른다.

3. 스케치를 선택한다.

4. First Limit의 값을 20으로 입력한다.

스테이터스바에는 두번째 Limit를 선택하라는 메시지가 나타난다.

5. 그림 5-59의 Ⓐ 면을 두번째 Limit로 선택한다.

6. 대화상자의 Draft 옵션에 Angle을 10deg로 입력하고 Neutral element를 Second limit로 선택한다.

5 장: 스케치 기반 피쳐 I (Pad와 Pocket)

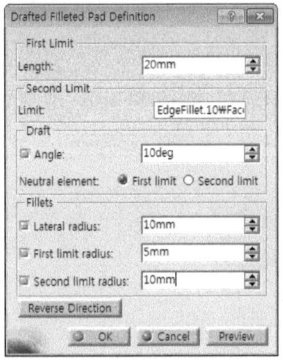

7. Fillets 옵션을 그림 5-60과 같이 입력하고 OK 버튼을 누른다.

그림 5-61과 같이 피쳐가 생성된다.

그림 5-60 Fillets 옵션

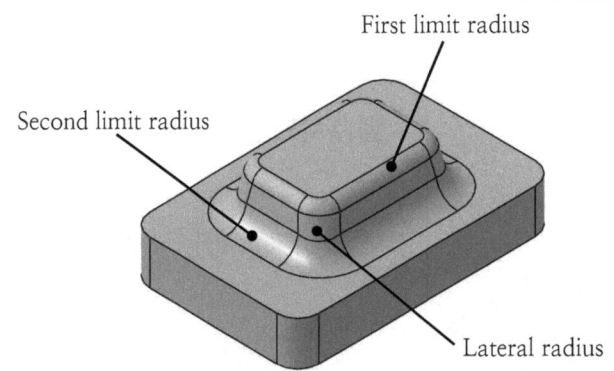

그림 5-61 결과

END of Exercise

5.10 Multi-Pad

Multi-Pad 기능을 이용하면 여러 개의 도메인으로 나누어진 프로파일을 각 도메인마다 서로 다른 높이로 Pad시킬 수 있다. 돌출 높이를 0으로 지정할 수도 있다.

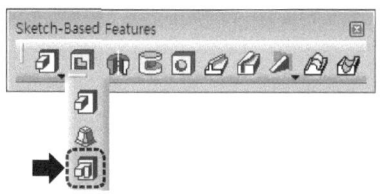

그림 5-62 Multi-Pad 아이콘

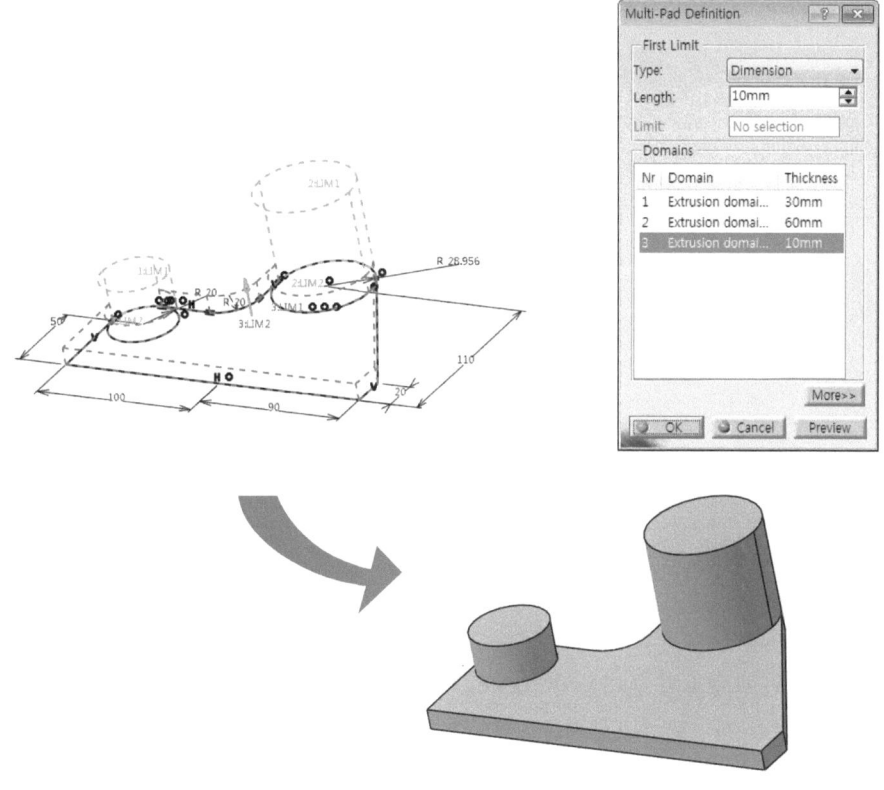

그림 5-63 Multi-Pad를 이용한 피쳐 생성

5.11 Pocket

Pocket 기능을 이용하면 프로파일을 돌출시켜 형상을 제거할 수 있다. Pocket 아이콘은 PartBody에 솔리드 바디가 생성되어 있을 때 활성화 된다. 따라서, PartBody의 첫번째 피쳐로 Pocket을 생성할 수는 없다.

그림 5-64는 닫힌 프로파일을 이용한 Pocket 피쳐를 보여준다.

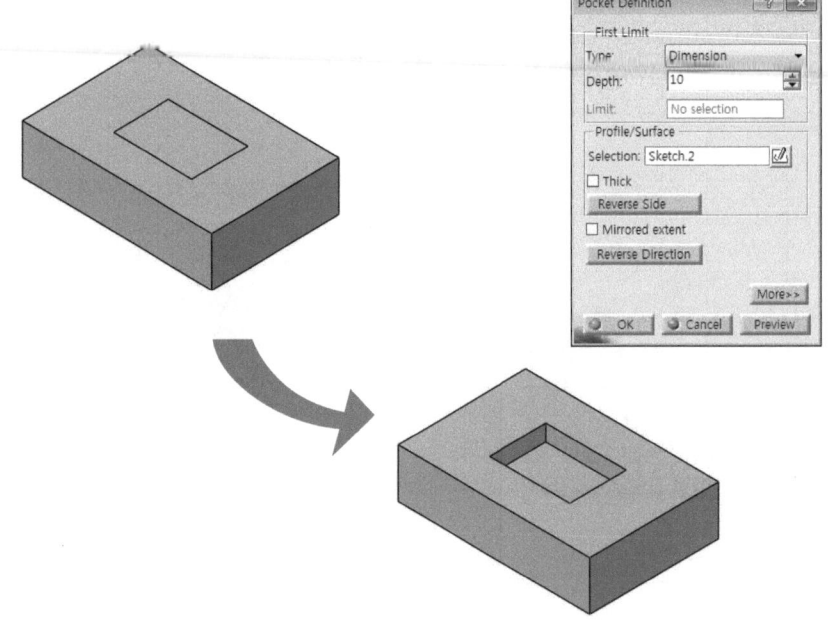

그림 5-64 닫힌 프로파일

닫힌 프로파일을 선택한 후 Thick 옵션을 이용하면 그림 5-65와 같은 Pocket 피쳐를 생성할 수 있다.

그림 5-66은 열린 프로파일을 이용한 Pocket 피쳐를 보여준다. Side와 Direction 화살표는 기존 바디에서 형상을 제거할 수 있도록 설정되어야 한다.

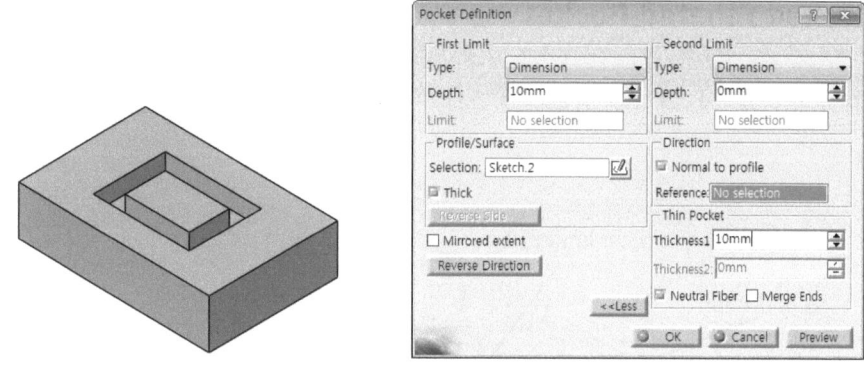

그림 5-65 Thick 옵션

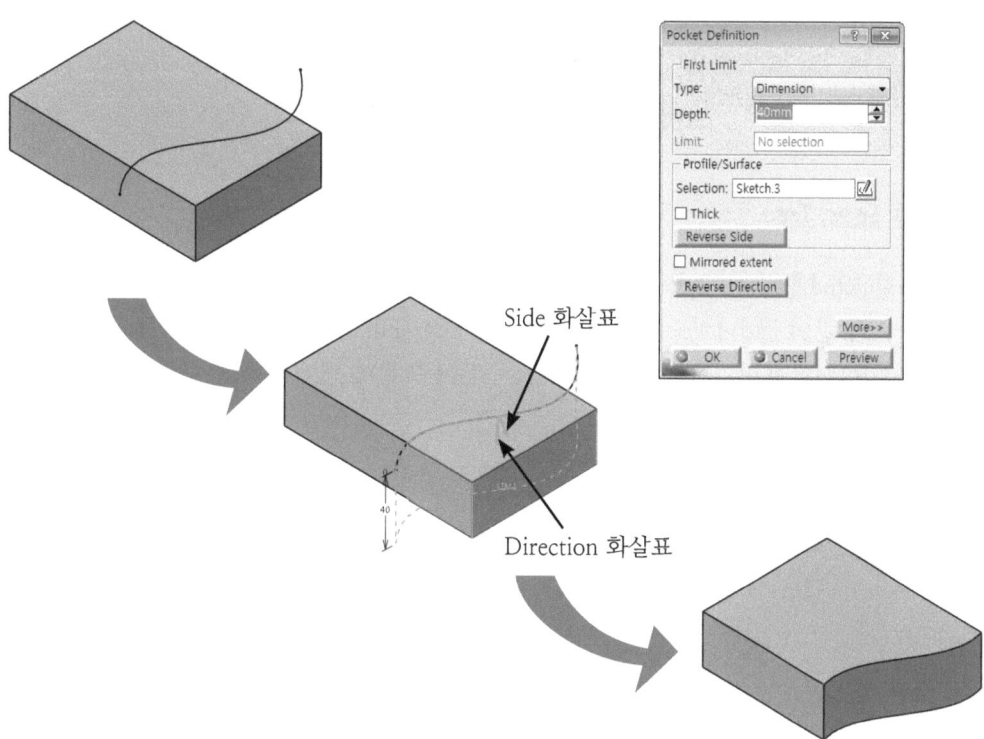

그림 5-66 열린 프로파일

5.12 Drafted Filleted Pocket

구배와 필렛을 주면서 Pocket 피쳐를 생성한다.

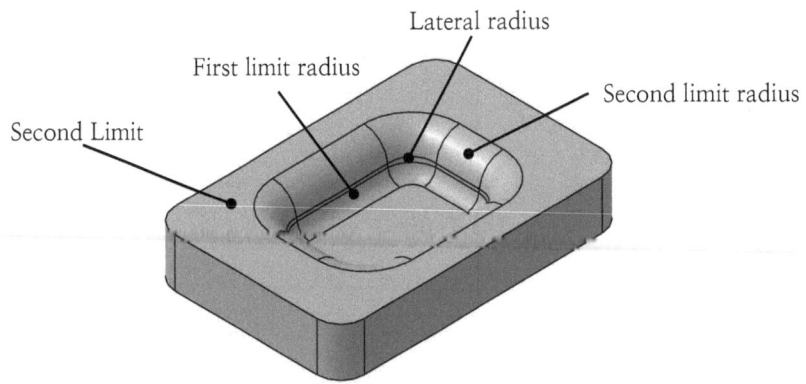

그림 5-67 Drafted Filleted Pocket 피쳐

> ### ❗ Spec. Tree
>
> Drafted Filleted Pad나 Pocket으로 생성한 피쳐는 하나의 피쳐로 등록되는 것이 아니고 그림 5-68과 같이 Pad나 Pocket 피쳐와 Draft, Edge Fillet으로 분리되어 기록된다. 따라서 구배 각도나 필렛 반경을 수정하려면 Spec. Tree 또는 모델에서 해당 피쳐를 선택한 후 수정하여야 한다.
>
>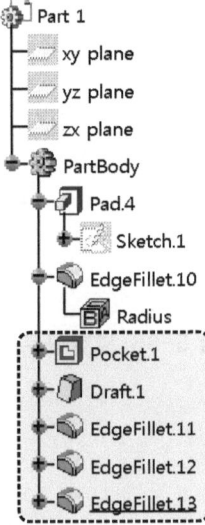
>
> **그림 5-68** 개별 피쳐로 기록되는 Spec. Tree

5.13 Multi-Pocket

여러 개의 도메인으로 나누어진 프로파일을 각 도메인마다 서로 다른 높이로 돌출시켜 제거할 수 있다.

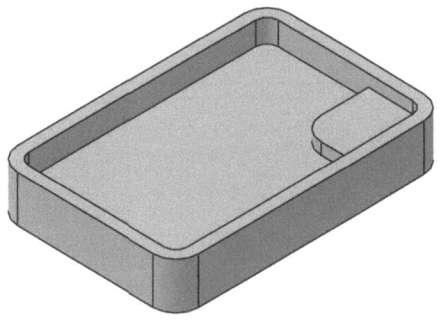

그림 5-69 Multi-Pocket 피쳐

> **! Multi Domain**
>
> Multi-Pad나 Multi-Pocket 기능으로 사용할 수 있는 프로파일은 반드시 폐곡선의 도메인으로 이루어져 있어야 하며 각각의 도메인의 경계선은 교차하는 부분에서 잘려 있어야 한다. 직선이나 커브는 Sketcher 워크벤치에서 Break 기능이나 Quick Trim 기능을 이용하여 자를 수 있다. 열려 있는 프로파일은 Multi Pad나 Multi Pocket의 도메인으로 사용할 수 없다.

5 장: 스케치 기반 피쳐 I (Pad와 Pocket)

Exercise 07 Guide Block 모델링

ch05_007.CATPart

조건

① Ⓐ 피쳐는 항상 Ⓑ 면까지 돌출된다.(Limit 옵션 이용)
② Ⓒ 피쳐는 항상 형상을 관통한다.

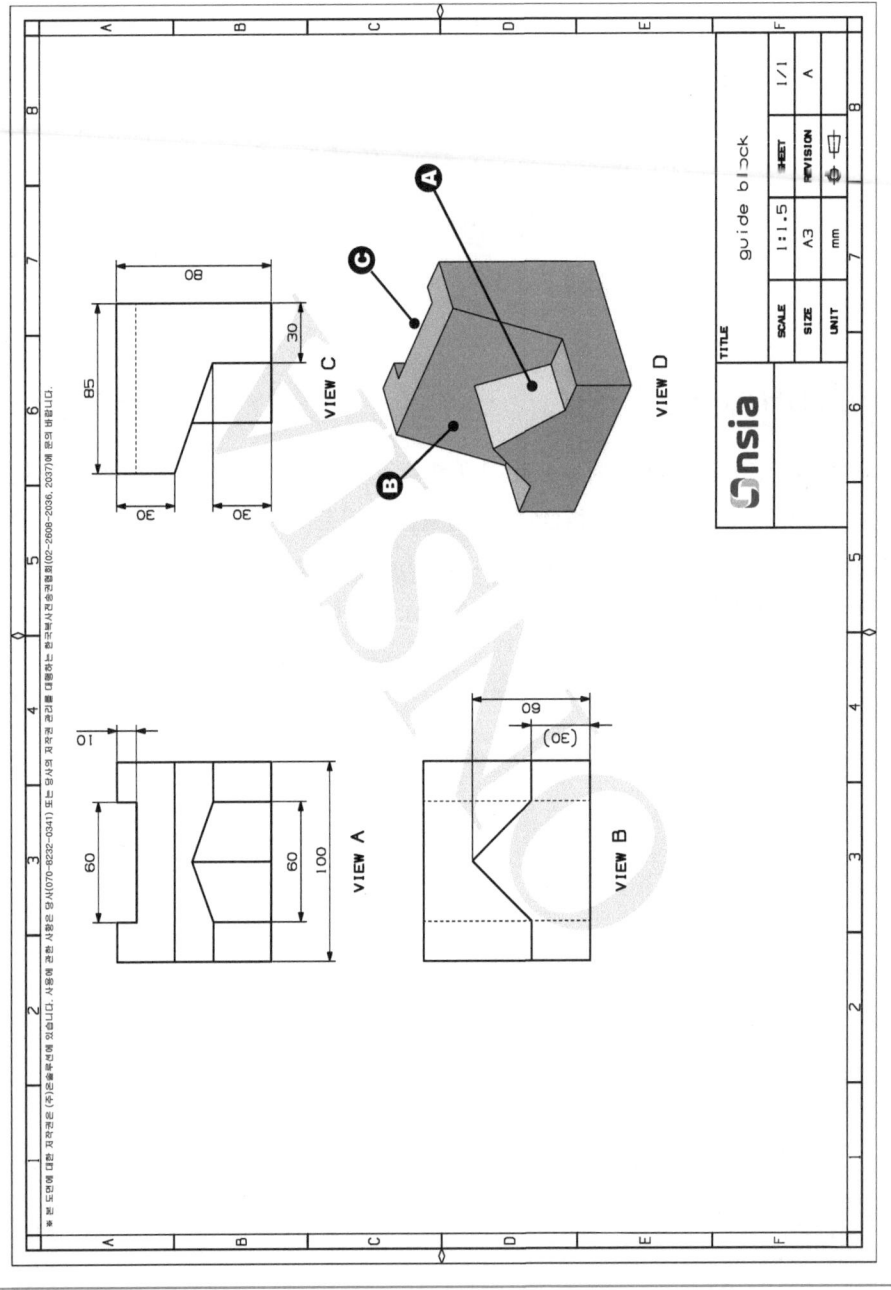

그림 5-70 Guide Block 도면

첫번째 스케치

1. xz 평면에 그림 5-71과 같이 스케치를 그린다.

2. Sketcher를 빠져 나간다.

첫번째 Pad 피쳐

1. Pad 버튼을 누른다.

2. 첫번째 스케치를 선택한다.

3. Mirrored extent 옵션을 선택하고 Length 입력창에 50을 입력한다.

4. OK 버튼을 누른다.

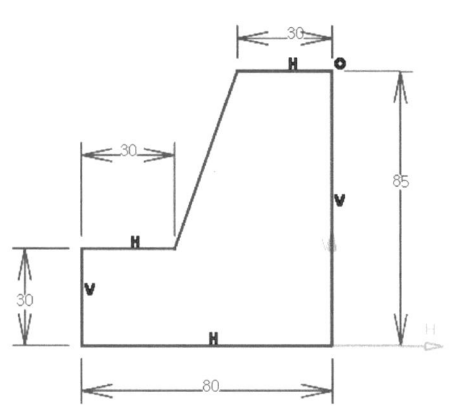

그림 5-71 첫번째 스케치

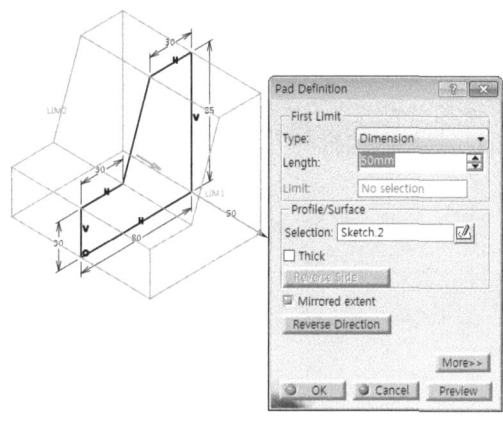

그림 5-72 첫번째 Pad

두번째 스케치

1. 그림 5-73의 Ⓐ 면을 스케치면으로 설정하여 Sketcher 워크벤치로 들어간다.

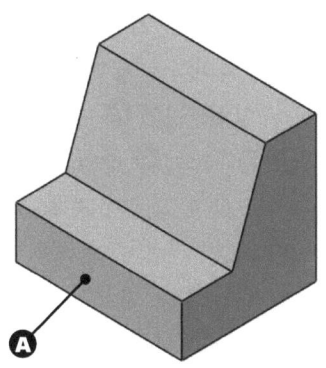

그림 5-73 두번째 스케치면

❗ *Mirrored extent*

Mirrored extent 옵션을 이용하여 양쪽으로 돌출시키면 원점이 형상의 가운데 위치하여 이후 스케치의 형상을 정의할 때 유리하다.

모델링을 할 때는 형상의 기준을 어디로 설정하는가가 매우 중요하다.

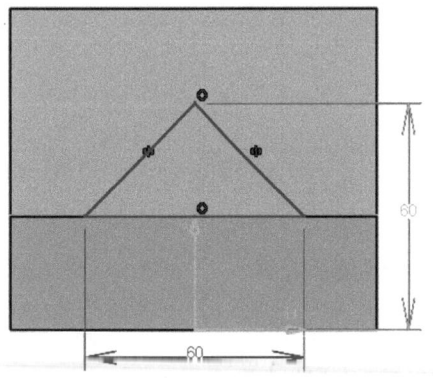

그림 5-74 두번째 스케치

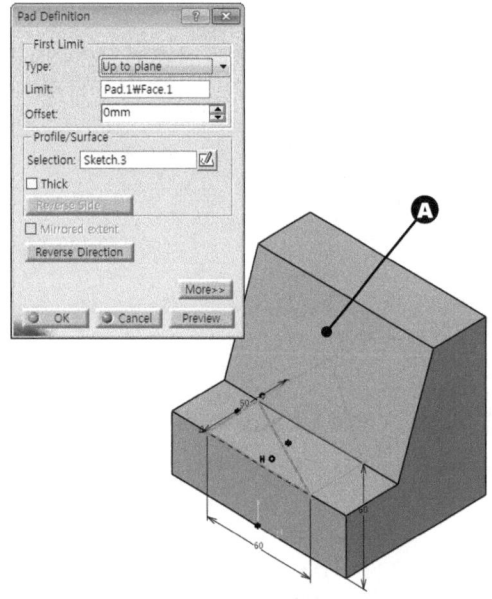

그림 5-75 두번째 피쳐 생성

2. 그림 5-74와 같이 두번째 스케치를 그린다.

3. Sketcher를 빠져 나간다.

두번째 Pad 피쳐

1. Pad 버튼을 누른다.

2. 두번째 스케치를 선택한다.

3. First limit의 타입을 Up to plane으로 설정한다.

4. 그림 5-75의 Ⓐ 면을 선택한다.

5. 미리보기를 확인하고 OK 버튼을 누른다.

> **! 설계의도?**
>
> 설계자가 어떤 의도를 가지고 모델링을 진행하였는가를 의미하는 용어다. 두번째 피쳐는 항상 그림 5-75의 Ⓐ 면까지 돌출시켜 형상을 만든다. 즉, Ⓐ 면의 기울어진 각도가 달라져도 항상 그 면까지 돌출되어야 하는 것이다. 값을 입력하여 생성할 수도 있으나 그렇게 할 경우 형상이 변경되었을 때 의도하지 않은 형상이 나올 수도 있다.

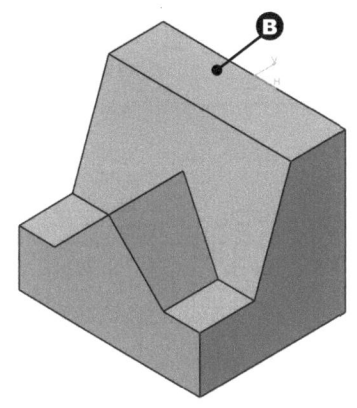

그림 5-76 세번째 스케치면 설정

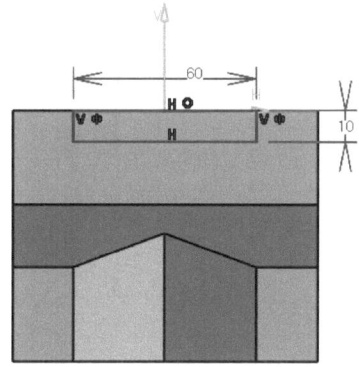

그림 5-77 세번째 스케치 생성

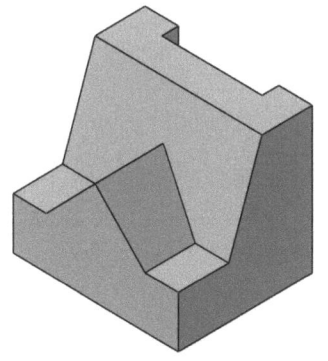

그림 5-78 최종 형상

세번째 스케치

1. Positioned Sketch 버튼을 누르고 그림 5-76의 **B** 면을 선택한다.

2. Sketch Positioning 대화상자에서 Reverse H 옵션과 Swap 옵션을 켜서 H축과 V축이 그림 5-76과 같이 나타나도록 한다.

3. OK 버튼을 누른다.

> **! Positioned Sketch**
>
> 뷰의 방향을 맞추면 도면을 보고 스케치를 그리기가 편리해진다. 또한 도면을 생성할 때도 뷰의 방향을 정하기가 용이하다.

4. 그림 5-77과 같이 세번째 스케치를 그리고 완전구속 한다.

5. Sketcher를 빠져 나간다.

세번째 피쳐

1. Pocket 버튼을 누른다.

2. First Limit의 타입을 Up to last로 선택한 후 OK 버튼을 누른다.

그림 5-78은 최종 형상을 보여준다.

END of Exercise

Exercise 08 Flange Part

ch05_008.CATPart

다음 형상을 모델링하시오.

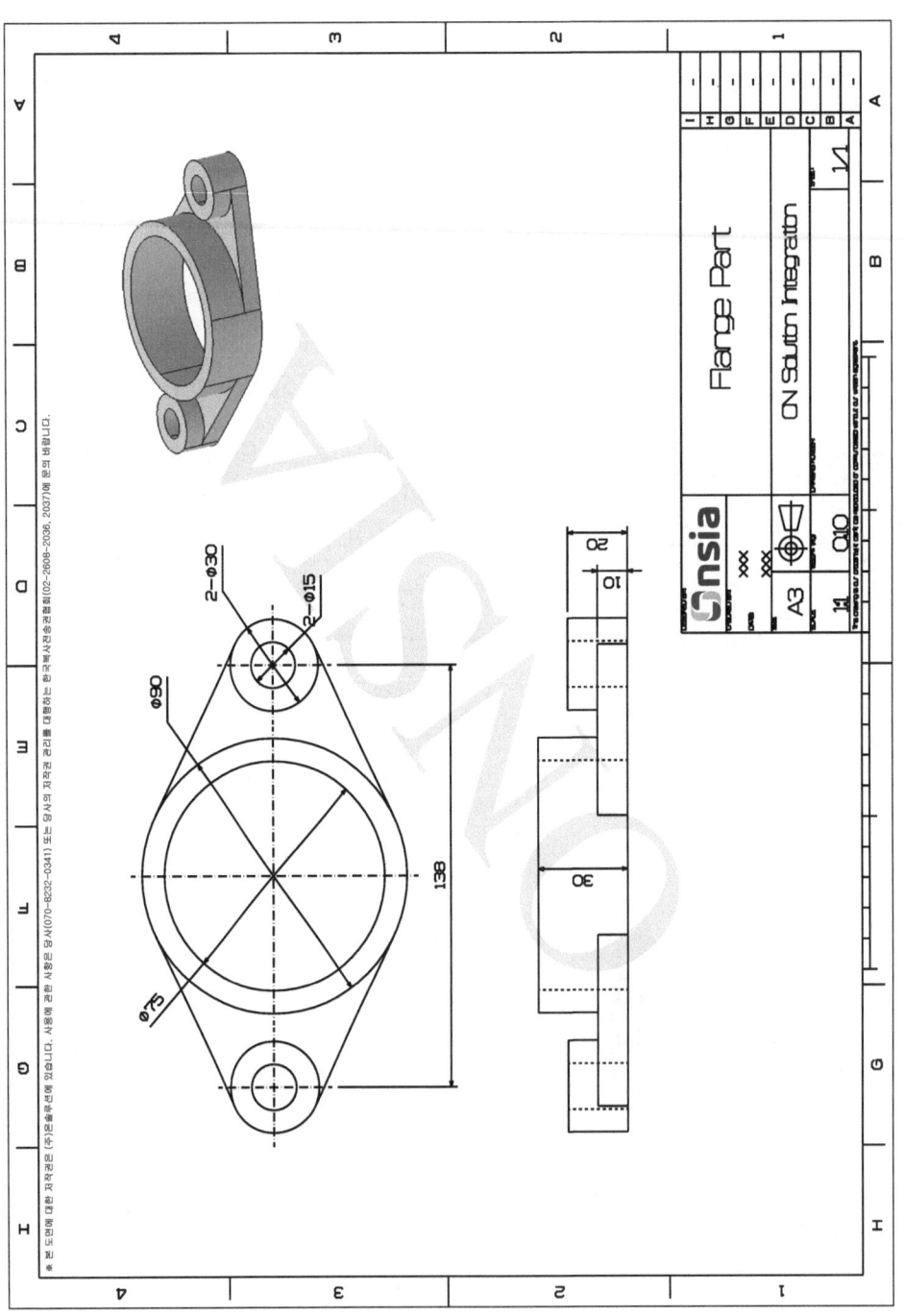

그림 5-79 Flange Part 도면

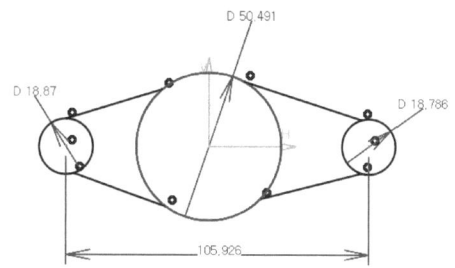

그림 5-80 대략적인 스케치 형상

Step 1: 스케치 그리기

1. xy 평면에 그림 5-80과 같은 스케치의 기본 형상을 그리고, 중요 치수를 기입한다.

2. Constraint 툴바에서 Edit Multi-Constraint 버튼을 눌러 치수를 수정한다.

그림 5-81과 비슷하게 형상이 변경된다.

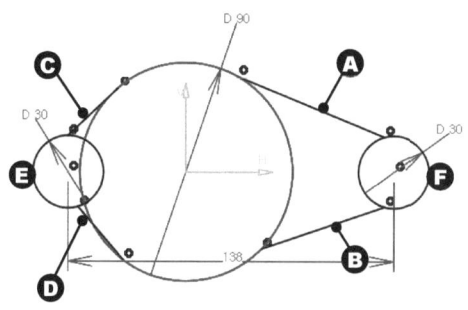

그림 5-81 기본 치수 수정

> **! 기초 스케치 그리기**
>
> 스케치를 대략 그리고 구속조건을 이용하여 형상을 정의하게 되는데, 이 때 처음에 그리는 형상은 최종 스케치와 크기와 모양이 최대한 비슷하게 하는 것이 좋다. 그렇지 않을 경우 구속조건을 주면서 형상이 완전히 달라질 수 있다. 이런 경우에는 스케치를 지우고 다시 생성해야 한다.

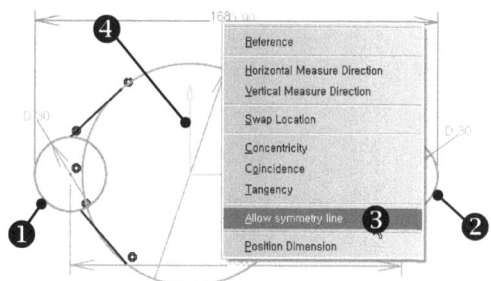

그림 5-82 두 원에 대하여 대칭 구속조건 주기

3. 그림 5-81의 **A**와 **C**, **B**와 **D**가 각각 H 축에 대하여 대칭이고, 원 **E**와 **F**가 V 축에 대하여 대칭이 되도록 Symmetry 구속을 준다.

Symmetry 구속을 주고 나면 원 **E**와 **F**가 과잉구속된다. 원의 지름 치수와 대칭 구속이 동시에 적용되었기 때문이다.

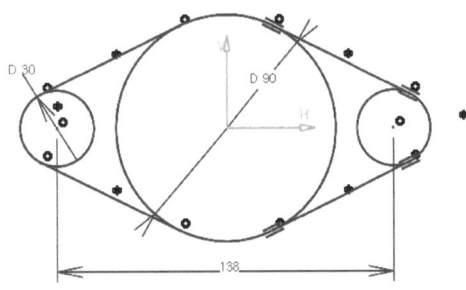

그림 5-83 완전구속된 첫번째 스케치

4. 그림 5-81의 직경 치수 **F**를 삭제한다.

5. 그림 5-81의 직선 **A**와 **B**가 원에 접하도록 Tangency 구속을 준다. 직선 **C**와 **D**는 대칭이므로 자동으로 원에 접하게 된다. Tangent 구속을 적용한 후 형상이 급격하게 변하면 적용을 취소하고 다른 구속을 먼저 주거나 커브 또는 끝점을 원하는 형상 근처로 드래그 해야 한다.

여기까지 완성된 형상은 그림 5-83과 같다.

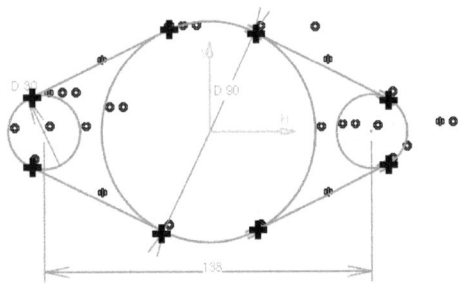

그림 5-84 완성된 첫번째 스케치

이 예제에서는 Multi-Pad 기능을 이용하여 각각의 닫힌 프로파일을 다른 높이로 돌출시킬 것이다. 따라서 개별적인 프로파일 도메인을 만들 수 있도록 교차하는 부분에서 호를 끊어 줘야 한다.

6. Operation 툴바에서 Break 버튼을 더블클릭한다.

7. 그림 5-84에서 "**+**"로 표시한 부분을 끊는다.

8. Sketcher를 빠져 나간다.

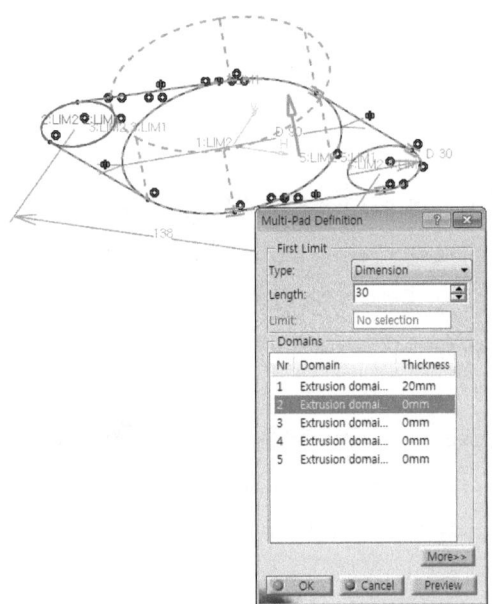

그림 5-85 각 도메인에 돌출값 입력

176

Step 2: 돌출 시키기

1. Sketch-Based Features 툴바에서 Multi-Pad 버튼을 누른다.

2. 그림 5-85와 같이 Multi-Pad Definition 대화상자에서 각각의 돌출 값을 입력한 후 OK 버튼을 누른다.

Step 3: 두번째 스케치 그리기

1. 바닥면을 스케치면으로 잡고 그림 5-86과 같이 스케치를 그린다.

2. Sketcher를 빠져 나간다.

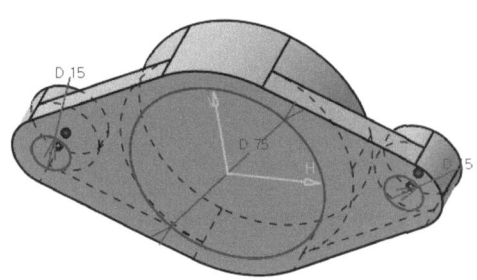

그림 5-86 두번째 스케치 그리기

Step 4: 형상 제거하기

1. Pocket 버튼을 누르고 Step 3에서 생성한 스케치를 선택한다.

2. Pocket Definition 대화상자에서 First Limit를 Up to last로 설정한 후 OK 버튼을 누른다.

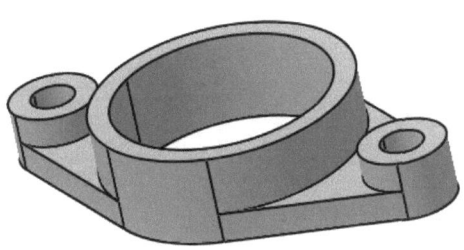

그림 5-87 최종 형상

·최종 형상은 그림 5-87과 같다.

END of Exercise

 Thickness 0mm

위의 Step 3과 Step 4는 해당 도메인에 두께 0mm를 입력하여 한 번의 Multi-Pad 기능으로 생성할 수도 있다. 이렇게 하려면 먼저 첫 번째 스케치에 구멍 부분에 대한 스케치를 추가한 후 해당 도메인의 두께를 0으로 입력해야 한다.

(빈 페이지)

Chapter 6
스케치 기반 피쳐 II
(Shaft, Groove, Hole)

■ 학습목표

- Shaft와 Groove 기능에 대하여 알아본다.
- Hole 기능의 사용법을 이해한다.

6장: 스케치 기반 피쳐 II (Shaft, Groove, Hole)

6.1 Shaft

Sketch-Based Features 툴바에 있는 Shaft 기능을 이용하면 축을 기준으로 프로파일 또는 서피스를 회전시켜 3차원 형상을 만들 수 있다. 생성된 형상은 PartBody의 형상에 더해진다.

기능 사용 절차

① 스케치를 생성한다.
② Shaft 아이콘을 누른다.
③ 프로파일 또는 서피스를 선택한다.
④ 프로파일 스케치에 Axis를 생성하지 않았다면 회전축을 선택한다.
⑤ 회전 각도를 정의한다.

그림 6-1의 대화상자에서 Ⓐ 버튼을 누르면 Sketcher 워크벤치로 들어가며 프로파일로 선택한 스케치를 수정할 수 있다. 스케치를 미리 생성하지 않은 경우 Pad나 Pocket, Shaft 대화상자에서 Sketcher 버튼(그림 6-1의 Ⓐ)을 누르고 스케치 면을 지정한 후 스케치를 생성할 수 있

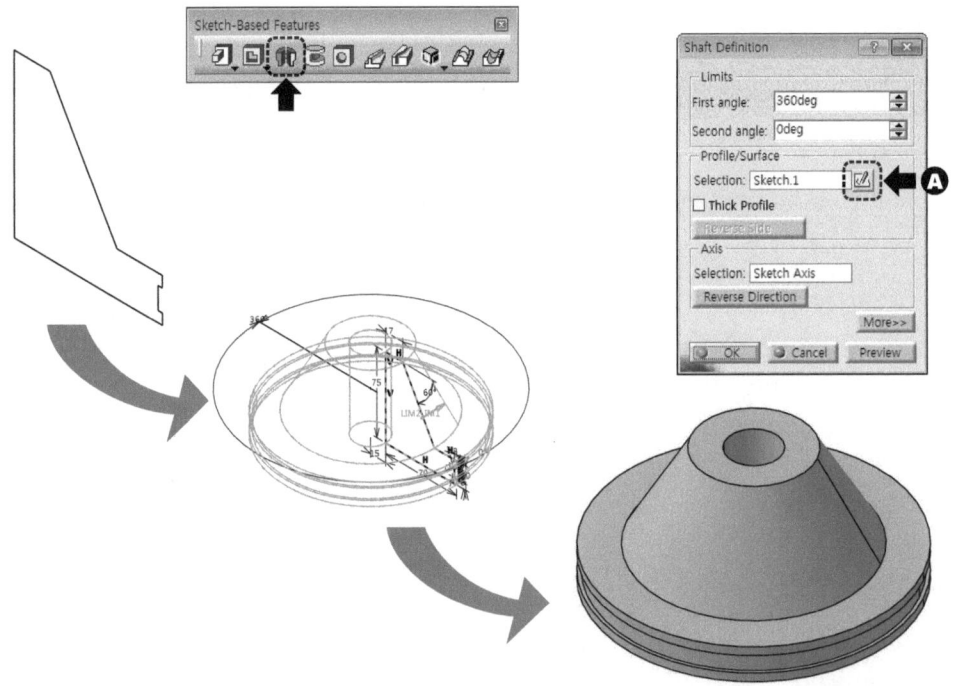

그림 6-1 Shaft 피쳐

다. 스케치를 생성한 후에는 Exit workbench 버튼을 눌러 스케치를 종료한다. 생성된 스케치는 Pad나 Pocket, Shaft 등의 프로파일로 지정되며 미리보기가 나타난다.

ch06_001.CATPart   **Shaft Feature 생성**   **Exercise 01**

스케치 생성

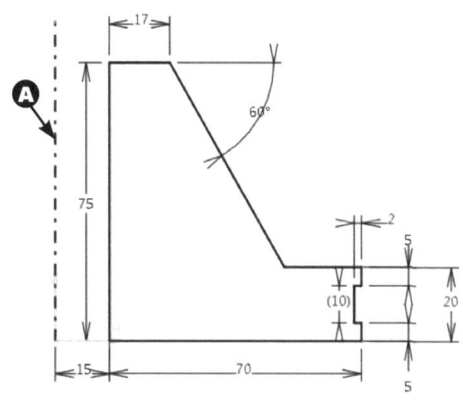

1. 새로운 파트를 생성한다.
2. 그림 6-2와 같이 yz 평면에 스케치를 생성한다. Profile 툴바의 Axis 기능을 이용하여 ④의 직선을 생성한다.
3. Sketcher를 빠져 나간다.

Shaft 피쳐 생성

그림 6-2 스케치

1. 스케치가 선택되어 있는 상태로 Sketch-Based Features 툴바에서 Shaft 아이콘을 누른다.

그림 6-3과 같이 Shaft 피쳐의 미리보기가 표시된다. Shaft Definition 대화상자의 Axis 옵션의 선택 영역에 Sketch Axis라고 표시됨을 확인한다. Axis 기능을 이용하여 스케치에 축을 생성하지 않은 경우 회전축을 따로 선택해야 한다.

2. 대화상자에서 OK 버튼을 누른다. 그림 6-4는 생성된 Shaft 피쳐를 보여준다.

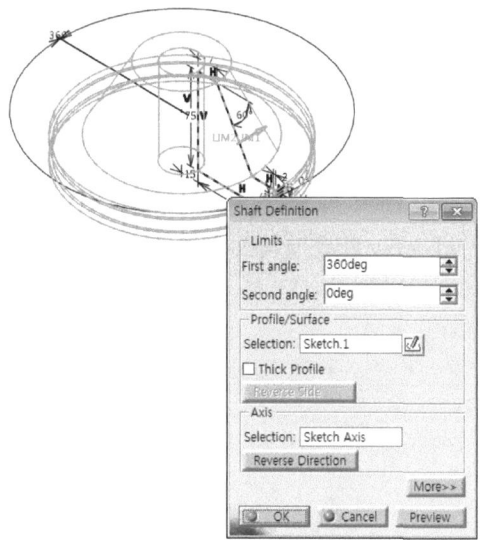

그림 6-3 Shaft의 미리보기

181

6장: 스케치 기반 피쳐 II (Shaft, Groove, Hole)

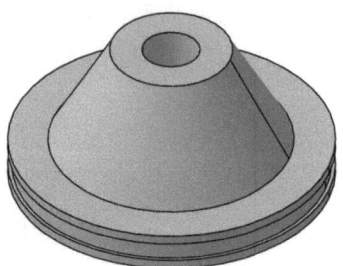

그림 6-4 Shaft Feature Created

END of Exercise

6.1.1 Shaft의 프로파일과 축

Shaft 기능을 사용함에 있어서 Profile과 축을 지정할 때 다음과 같은 특징이 있음을 유의하여야 한다.

① 프로파일과 각도에 대한 일반 규칙

닫힌 프로파일을 회전시켜 솔리드 바디를 생성할 수 있다. 교차하지 않는 한 여러 개의 닫힌 프로파일을 한꺼번에 선택하여 회전시킬 수 있다. 어떤 경우라도 교차하는 프로파일을 이용하여 Shaft 형상을 생성할 수 없다. First angle과 Second angle의 각도는 360°를 초과할 수 없다.

② Shaft 축의 타입

Axis Line, 스케치의 일반 직선, 직선의 모서리를 Shaft의 회전축으로 사용할 수 있다. Axis Line을 사용할 때는 Shaft Definition 대화상자의 Axis 선택 영역에서 축을 선택할 필요가 없다. 스케치의 일반 직선이나 직선의 모서리를 회전축으로 사용할 때는 Axis 선택 영역에서 축을 선택하여야 한다. 그림 6-5는 일반 직선을 축으로 지정한 Shaft 피쳐를 보여준다. 프로파일로 사각형만 선택하여야 한다.

③ 프로파일과 회전축의 조건

첫번째 Shaft 피쳐의 프로파일로 열린 프로파일을 사용하는 경우 Thick 옵션을 지정하여야 한다. 그러나 그림 6-6과 같이 열린 프로파일의 끝이 회전축과 일치할 경우 솔리드 바

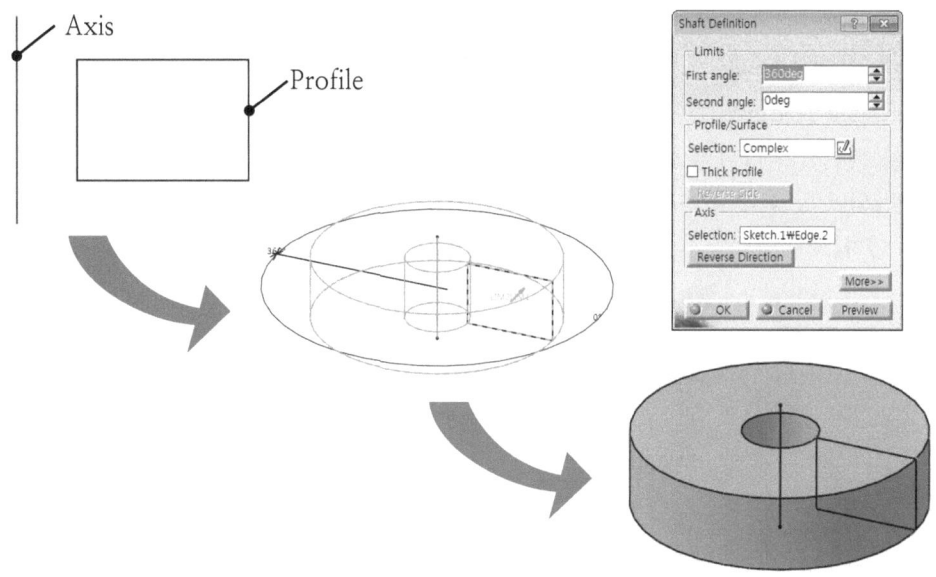

그림 6-5 일반 직선을 Axis로 사용

디를 생성할 수 있다. 그림 6-7과 같이 회전축이 프로파일의 내부를 가로지르는 경우 그림 6-8과 같은 오류메시지가 발생되며 Shaft 피쳐를 생성할 수 없다. 회전축은 프로파일 면과 직각이어서는 안된다.

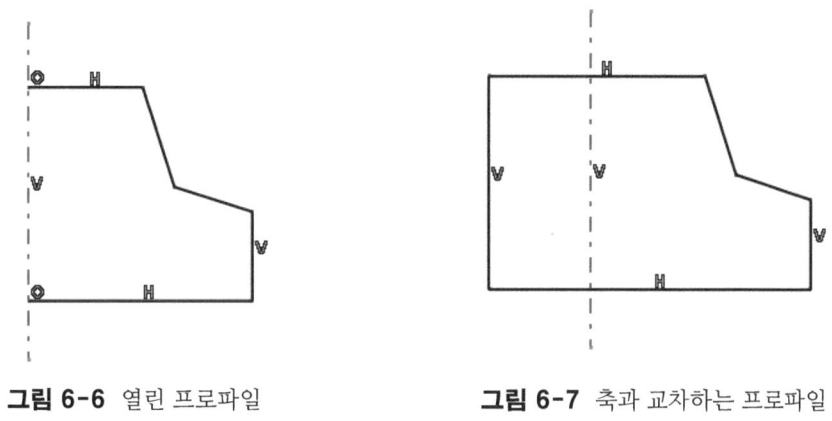

그림 6-6 열린 프로파일   **그림 6-7** 축과 교차하는 프로파일

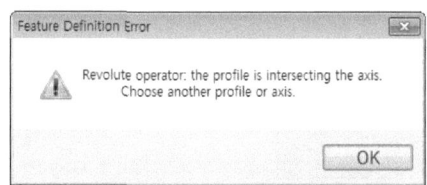

그림 6-8 오류 메시지

6.2 Groove

Sketch-Based Features 툴바에 있는 Groove 기능을 이용하면 축을 기준으로 프로파일 또는 서피스를 회전시켜 바디의 형상을 제거할 수 있다. Groove 아이콘은 PartBody에 솔리드 바디가 생성되어 있을 때 활성화 된다. 따라서, PartBody의 첫번째 피쳐로 Groove 피쳐를 생성할 수는 없다.

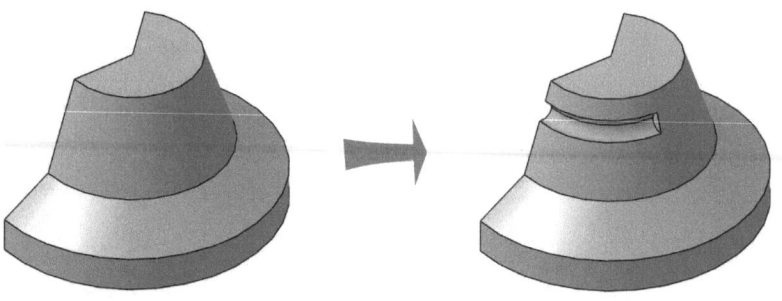

그림 6-9 Groove 피쳐

Exercise 02   Groove 피쳐 생성   *ch06_002.CATPart*

스케치를 생성한 후 Groove 기능을 이용하여 홈을 생성해 보자.

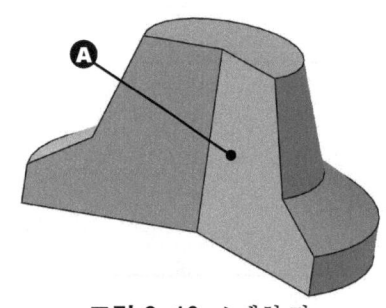

그림 6-10 스케치 면

Sketch 생성

1. 주어진 파일(ch06_002.CATPart)을 연다.

2. 그림 6-10의 ⓐ 면을 스케치 면으로 하여 Sketcher 워크벤치로 들어간다.

3. 그림 6-11과 같이 원을 생성한 후 완전 구속 한다.

4. Sketcher 워크벤치를 빠져 나간다.

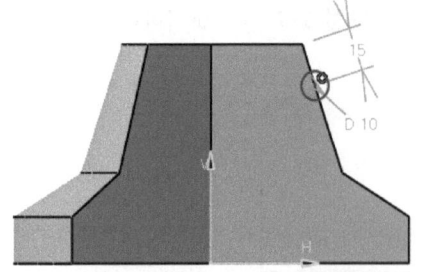

그림 6-11 스케치 생성

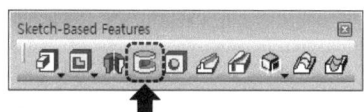

Groove 기능 실행

1. Sketch Based Features 툴바에서 Groove 버튼을 누른다.

2. 앞에서 생성한 Sketch를 선택한다.

3. 회전 축을 선택한다. (그림 6-12의 **B**)

4. 필요하면 대화상자에서 Reverse Direction 버튼을 눌러 회전 방향이 그림 6-12의 **C**와 같이 나타나도록 한다.

5. Limit 값을 그림 6-13과 같이 입력한다.

미리보기가 변경된다.

6. OK 버튼을 누르면 그림 6-15와 같이 Groove 피쳐가 생성된다.

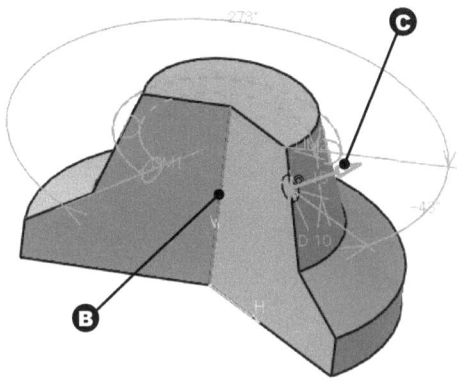

그림 6-12 스케치와 회전 축 선택

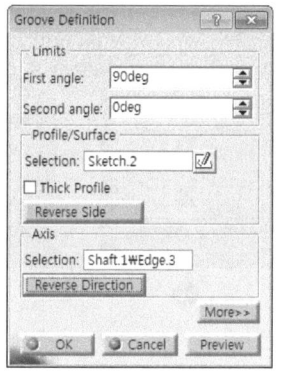

그림 6-13 Limit 값 입력

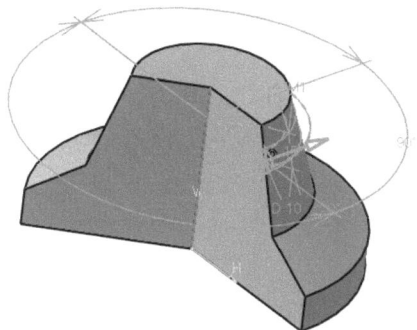

그림 6-14 미리보기

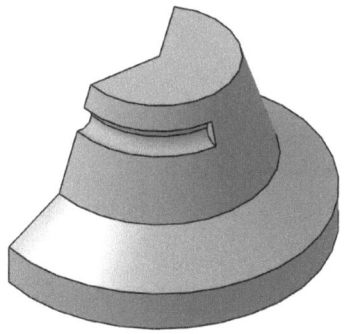

그림 6-15 완성된 Groove 피쳐

6.3 Hole 기능

Hole 기능을 이용하면 기계 부품 모델링에서 많이 사용하는 표준적인 구멍을 쉽게 생성할 수 있다.

CATIA V5에서 생성할 수 있는 표준적인 구멍에는 다음과 같은 것들이 있다.

① Simple Hole
② Tapered Hole
③ Counterbored Hole
④ Countersunk Hole
⑤ Counterdrilled Hole

그림 6-16은 표준 구멍의 단면을 보여준다.

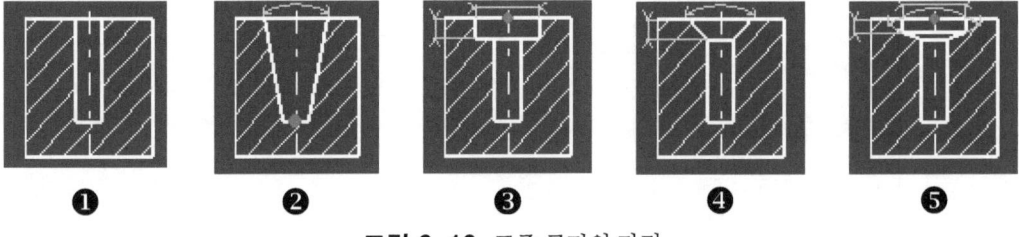

그림 6-16 표준 구멍의 단면

Hole 기능을 이용하지 않더라고 Pocket이나 Groove 기능을 이용하여 얼마든지 구멍을 만들 수 있다는 점을 기억하자.

6.3.1 일반적인 구멍 생성

다음 절차에 따라 일반적인 구멍을 생성한다.

① Sketch-Based Features 툴바에서 Hole 아이콘을 누른다.
② 구멍을 생성할 평면을 선택한다.
③ Hole Definition 대화상자에서 Extension, Type, Thread Definition을 설정한다.
④ Positioning Sketch 버튼을 눌러 Sketcher 워크벤치로 들어간다.
⑤ 구멍의 중심점 위치를 정의한 후 Sketcher를 빠져 나간다.
⑥ OK 버튼을 눌러 구멍을 생성한다.

Positioning Sketch 버튼을 누르면 구멍을 생성하면서 위치를 정의할 수 있다. 또는 임의의 위치에 구멍을 생성한 후 Spec Tree의 Hole 피쳐 하위에 생성되는 Sketch를 더블클릭하여 구멍의 위치(기준 점의 위치)를 정의할 수도 있다.

Hole 기능 한 번에 하나의 구멍을 생성할 수 있다. 여러 개의 구멍을 생성하려면 Patterns 툴바의 기능을 이용한다.

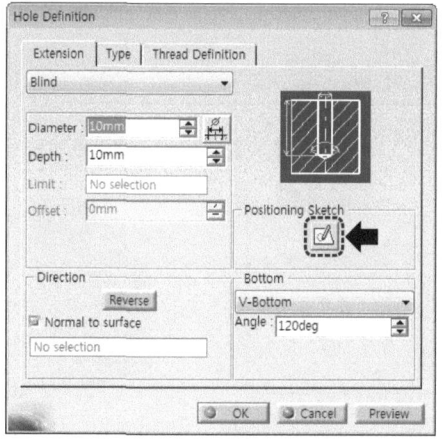

그림 6-17 Hole Definition 대화상자

Exercise 03   일반적인 구멍 생성   ch06_003.CATPart

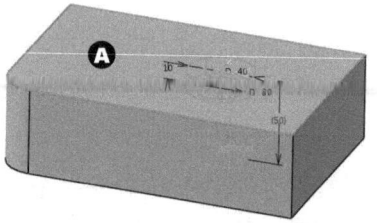

그림 6-18 구멍을 생성할 면

1. ch06_003.CATPart 파일을 연다.

2. Sketch-Based Features 툴바에서 Hole 아이콘을 누른다.

스테이터스 바 메시지를 확인한다.

3. 그림 6-18의 Ⓐ 면을 선택한다.

4. Hole Definition 대화상자의 Extension 탭과 Type 탭을 그림 6-19와 같이 설정한 후 OK 버튼을 누른다.

그림 6-20과 같이 임의의 위치에 Counterbored Hole이 생성된다.

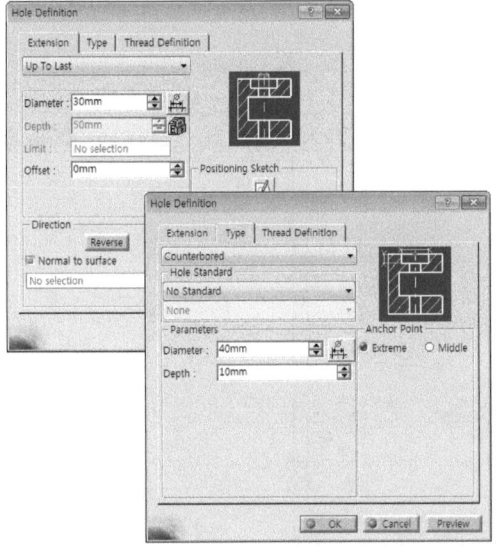

그림 6-19 대화상자 설정

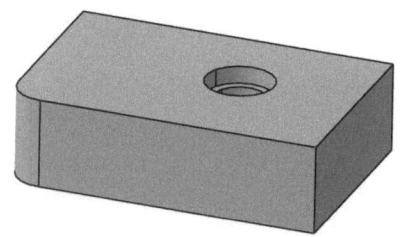

그림 6-20 생성된 Counterbored Hole

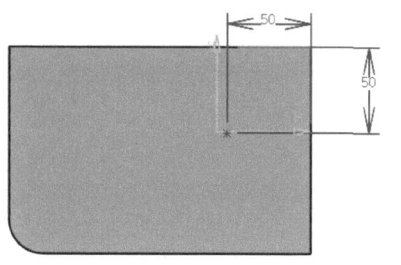

그림 6-21 점의 위치 설정

5. Spec Tree에서 생성된 Hole 피쳐의 하위에 있는 Sketch를 더블클릭하여 Sketcher 워크벤치로 들어간다.

6. Constraint 버튼을 눌러 그림 6-21과 같이 점의 위치를 정의한다.

7. Sketcher를 빠져 나간다.

구멍의 위치가 변경되었음을 확인한다.

END of Exercise

Anchor Point

Hole Definition 대화상자의 Type 탭에서 나오는 Anchor Point는 구멍의 단면 상에서 기준점의 위치를 정의한다.

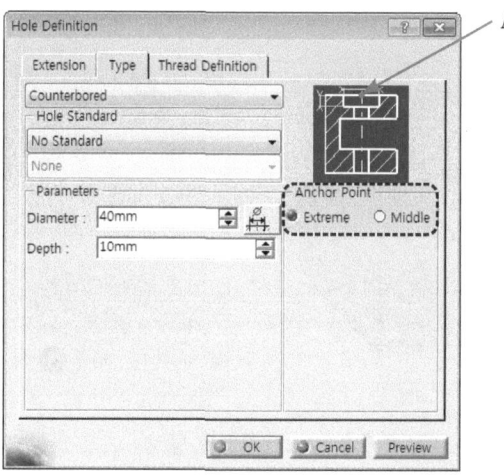

그림 6-22 Anchor Point 옵션

6.3.2 호와 중심이 일치하는 구멍 생성

호 또는 원형 모서리와 중심이 일치하는 구멍을 생성하려면 다음의 절차를 따른다.

① Hole 아이콘을 누른다.
② 중심을 일치시킬 호 또는 원형 모서리를 선택한다.
③ 평면을 선택한다.
④ Hole Definition 대화상자에서 Extension, Type, Thread Definition을 설정한다.
⑤ OK 버튼을 눌러 구멍을 생성한다.

Exercise 04 호와 중심이 일치하는 구멍 생성 *ch06_004.CATPart*

ch06_004.CATPart 파일을 열어 호와 중심이 일치하는 Simple Hole을 생성해 보자. 그림 6-23의 숫자는 위의 절차 번호에 해당된다.

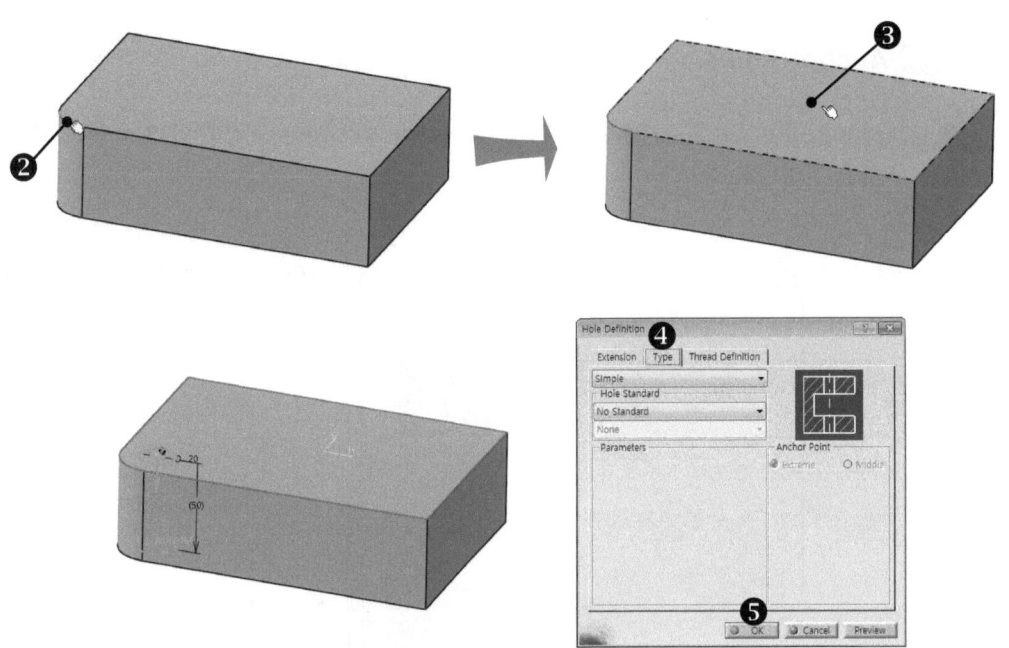

그림 6-23 Simple Hole 생성

6.3.3 모서리를 이용하여 위치 정하기

구멍을 만들면서 직선의 모서리와의 거리를 이용하여 위치를 정의할 수 있다.

① Hole 버튼을 누른다.
② 직선 모서리를 하나 또는 두 개 선택한다.
③ 평면을 선택한다.
④ Hole Definition 대화상자에서 Extension, Type, Thread Definition을 설정한다.
⑤ OK 버튼을 눌러 구멍을 생성한다.

---

ch06_005.CATPart | **모서리와의 거리를 이용하여 구멍 위치 정하기** | **Exercise 05**

ch06_005.CATPart 파일을 열어 Countersunk Hole을 생성한다. 모서리로부터의 수직 거리를 이용하여 구멍의 중심 위치를 정의할 것이다.

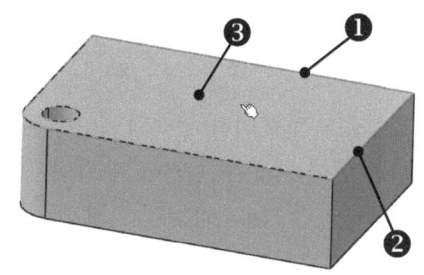

그림 6-24 모서리와 면 선택

1. Hole 버튼을 누르고 그림 6-24의 ❶, ❷ 모서리를 선택하고 ❸ 평면을 차례로 선택한다.

2. 그림 6-25의 Ⓐ 치수와 Ⓑ 치수를 더블 클릭하여 각각의 치수를 40으로 입력한다.

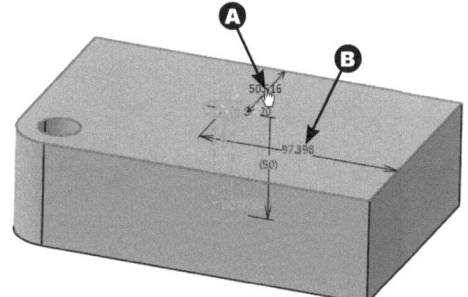

그림 6-25 치수 수정

> ### ⚠️ 스테이터스바 메시지
>
> Hole 버튼을 누르면 다음과 같은 메시지가 나타난다.
>
> Select a face or a plane. Optionally select a point or line first to position the sketch.
>
> "면을 선택하시오. 점이나 선을 먼저 선택하여 위치를 정의할 수도 있다."

6 장: 스케치 기반 피쳐 II (Shaft, Groove, Hole)

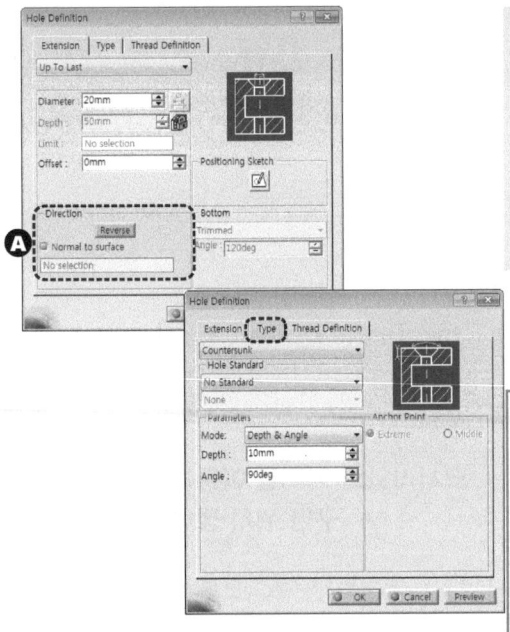

3. 대화상자의 Extension과 Type을 그림 6-26과 같이 설정한다.

그림 6-27은 생성된 Countersunk Hole을 보여준다.

구멍의 방향

Hole Definition 대화상자의 Extension 탭에 있는 Ⓐ 옵션을 이용하면 구멍의 방향을 면과 수직이 아닌 방향으로 생성할 수도 있다.

그림 6-26 Type과 Extension 설정

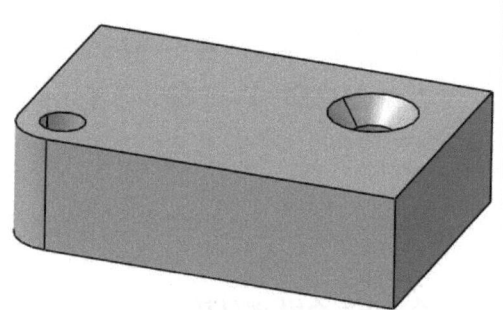

그림 6-27 생성된 Countersunk Hole

점을 먼저 생성

구멍의 중심점을 미리 생성할 수 있다. 여러 개의 점에 Hole 기능을 이용하여 구멍을 생성하려면 Hole 기능을 여러 번 사용하여 각각의 점에 생성해야 한다.

단면의 모양과 옵션이 같은 구멍을 서로 다른 위치에 여러 개 생성하려면 383 페이지의 11.4.3에서 설명하는 User Pattern 기능을 사용하여 복사한다.

END of Exercise

ch06_006.CATPart　　　　　　　　　　　**Shaft 피쳐 생성 - I**　**Exercise 06**

그림 6-28의 도면을 보고 솔리드 모델을 생성하시오.

1. 모든 스케치는 완전 구속 되어야 한다.
2. Fix 구속을 사용하면 안된다.
3. Shaft 기능을 단 1회 사용하여 생성한다.

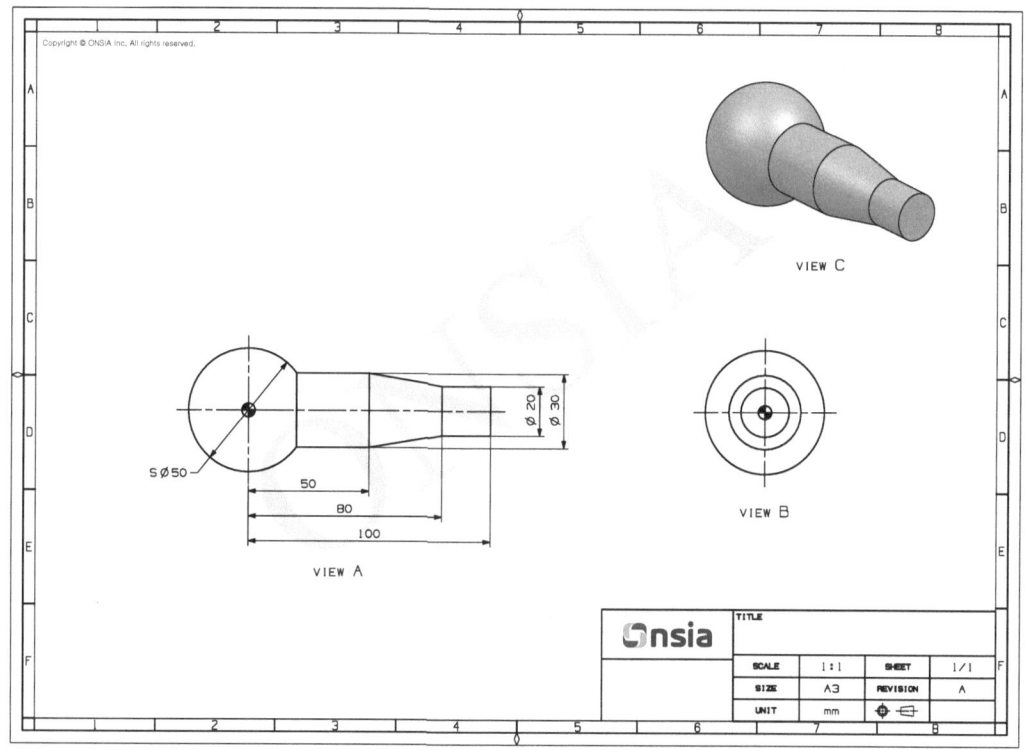

그림 6-28 Exercise 06의 도면

Exercise 07   Shaft 피쳐 생성 - II   ch06_007.CATPart

그림 6-29의 도면을 보고 솔리드 모델을 생성하시오.

1. 모든 스케치는 완전 구속 되어야 한다.
2. Fix 구속을 사용하면 안된다.
3. Shaft 기능을 단 1회 사용하여 생성한다.

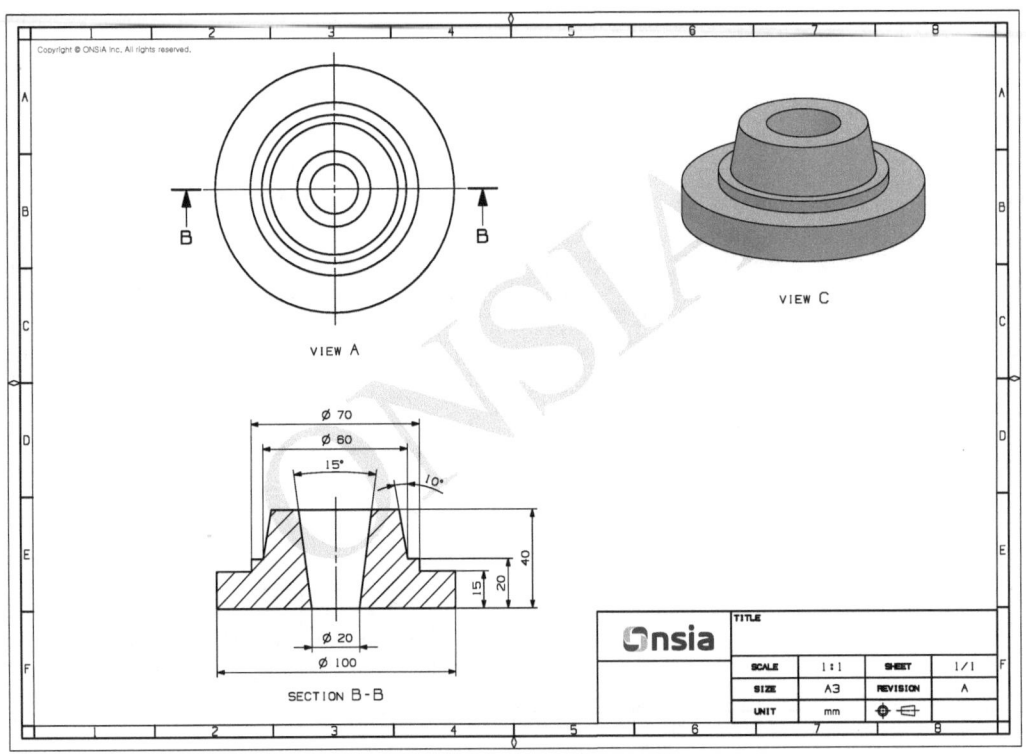

그림 6-29 Exercise 07의 도면

ch06_008.CATPart

구멍 생성 — Exercise 08

그림 6-30의 도면을 보고 솔리드 모델을 생성하시오.

1. 모든 스케치는 완전 구속 되어야 한다.
2. Fix 구속을 사용하면 안된다.
3. 모든 구멍은 Hole 기능을 이용하여 생성한다.

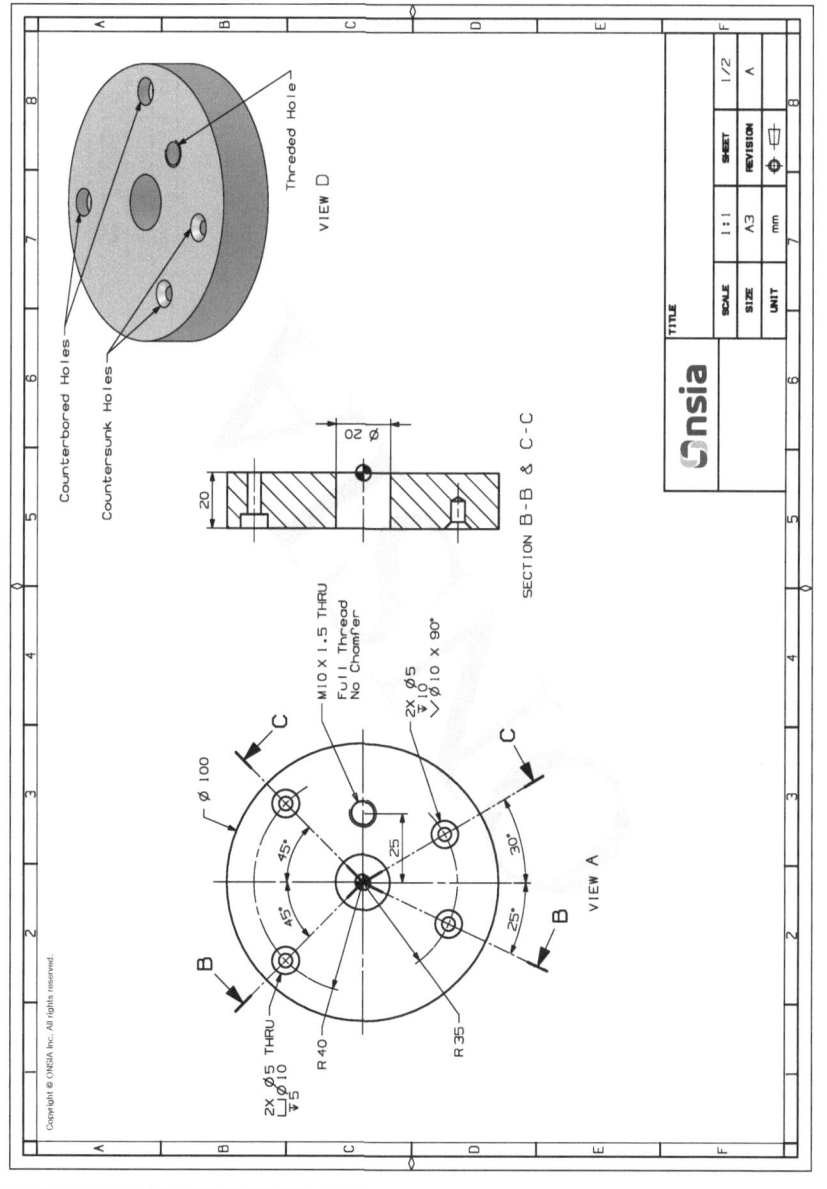

그림 6-30 Exercise 08의 도면

Exercise 09 파트 모델링

ch06_009.CATPart

그림 6-31의 도면을 보고 솔리드 모델을 생성하시오.

1. 모든 구멍은 Hole 기능을 이용하여 생성한다.

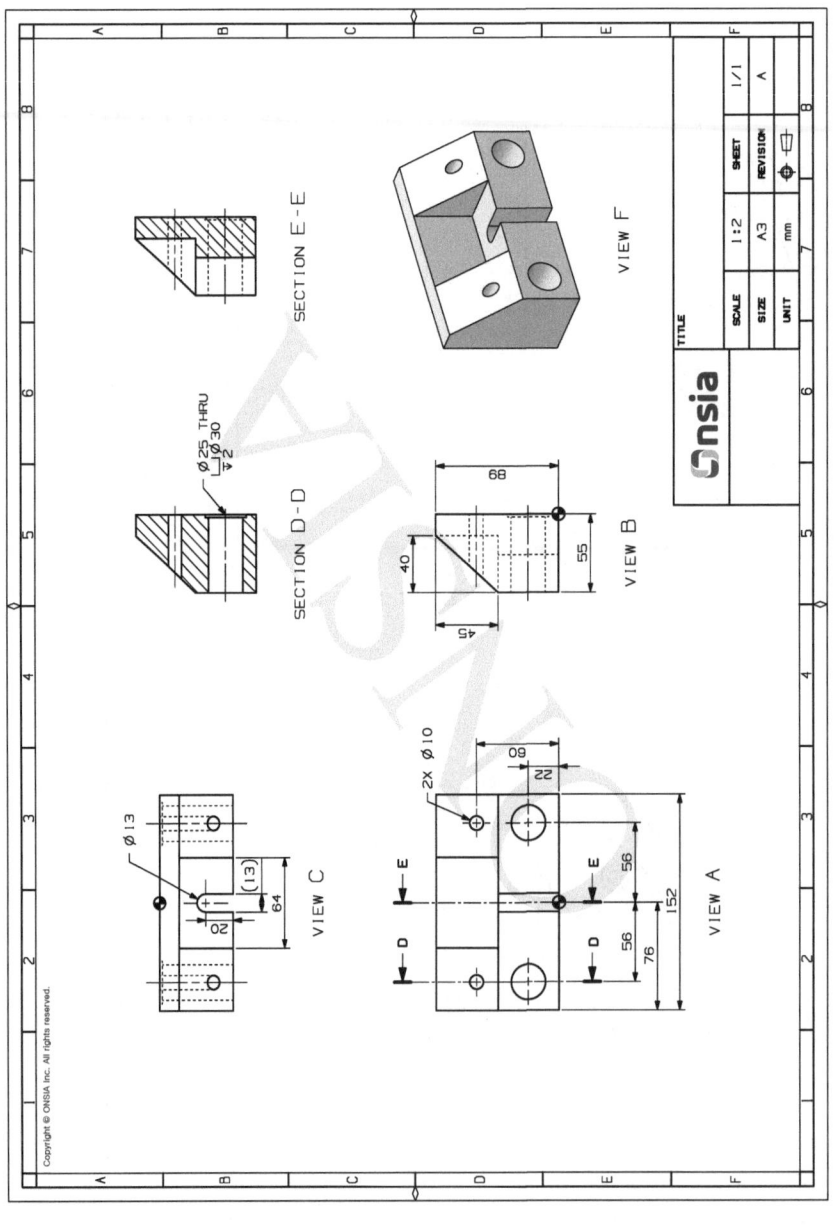

그림 6-31 Exercise 09의 도면

(빈 페이지)

6 장: 스케치 기반 피쳐 II (Shaft, Groove, Hole)

Exercise 10 파트 생성 *ch06_010.CATPart*

그림 6-32의 도면을 보고 형상을 모델링 하시오

설계 의도

① Ⓐ 구멍의 지름은 모두 같고 하나의 값을 수정하면 모두 수정되어야 한다.

② Ⓑ Pocket 피쳐는 반구형의 크기에 상관없이 반구형 표면까지 완전히 제거한다. (힌트: 반구의 서피스와 연관관계를 이용하여 Pocket의 스케치를 생성한다. Sketcher 워크벤치에서 Intersect 3D Elements 기능을 사용하면 된다.)

③ Ⓒ 피쳐는 항상 반구형 표면까지 돌출된다. (힌트: Pad의 Limit를 설정할 때 반구형의 서피스를 이용한다.)

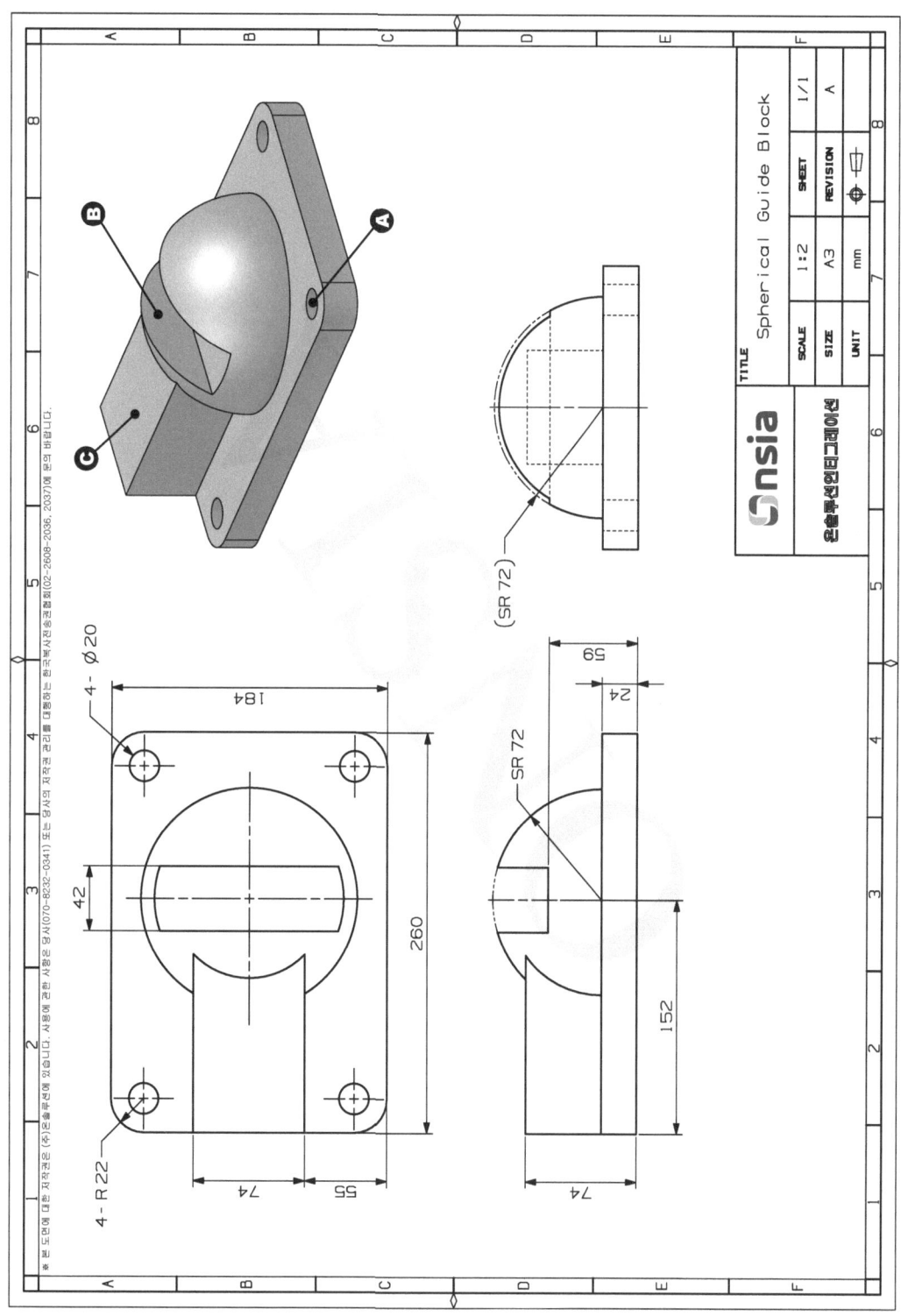

그림 6-32 Spherical Guide 도면

(빈 페이지)

Chapter 7
참조 개체 (Reference Element)

■ 학습목표

- 참조개체의 필요성을 이해한다.
- 참조개체를 생성하는 방법을 배운다.
- 참조개체를 응용한 모델링 방법을 연습한다.

7.1 참조 개체(Reference Element)

1장부터 6장까지 모델링을 수행하면서 평면, 모서리, 점을 다음과 같은 용도로 사용하였다.

- 평면: 스케치면 설정, Pad나 Pocket 등의 Limit 평면
- 직선: Pad나 Hole 기능을 수행하면서 방향 지정, 이동의 방향 설정
- 점: 구멍의 위치 지정, 회전이나 이동의 시작점 또는 끝 점

즉, 위의 개체를 선택하여야 하는 모델링 단계에서 기존 형상의 적절한 부분을 골라 선택했다. 평면이 있으면 그것을 스케치면이나 Limit 면으로 선택할 수 있었고, 방향을 설정하여야 한다면 직선의 모서리를 선택하거나 평면(면에 수직인 방향 설정) 또는 원통면(축방향 설정)을 선택하면 되었다. 또, 점을 선택하여야 하는 단계라면 꼭지점을 선택하거나 스케치에서 생성한 점을 이용하였다.

그러나 기존 형상에 마땅한 개체가 없다면 어떻게 할 것인가? 이럴 때는 기존 형상을 이용하여 새로운 면이나 직선, 점을 미리 만들어 놓은 다음 그것을 선택하여 사용할 수 있다. 이런 용도로 만들어 놓은 개체가 참조 개체(Reference Element)다.

참조 개체는 질량, 체적을 갖지 않으며 오로지 모델을 생성하는데 도움을 주기 위한 개체다. 복잡한 모델을 생성하기 위해서는 필요한 참조 개체를 자유자재로 만들어 사용할 수 있어야 한다.

참조 개체는 항상 기존 형상을 참조하여 정의한다. 기존 형상과 연관성이 있어서 참조하는 형상을 변경하면 참조 개체도 따라서 변경된다. 또한 이후에 참조 개체를 이용하여 생성한 형상도 같이 변경된다. 이러한 연관 관계는 Isolate 기능을 이용하여 제거할 수 있다.

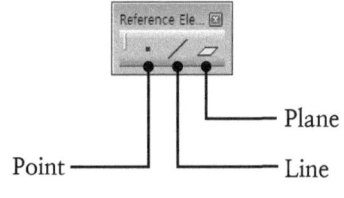

그림 7-1 Reference Elements 툴바

7.2 참조 평면 (Reference Plane)

참조 평면은 주로 스케치 평면으로 사용할 면을 생성하기 위하여 사용한다. Pad 기능의 Limit 평면으로 이용할 때도 만들어 사용할 수 있다.

참조 평면에는 다음과 같은 특징이 있다.

- 형상을 이루는 면이 아니기 때문에 면적을 정의할 수 없고, 두께도 없다.
- 크기가 무한하다. 화면에 보이는 사각형 모양은 단지 그 위치에 참조 평면이 있다는 것을 의미하고, 선택하여 사용할 수 있다.

Reference Elements 툴바에서 Plane 버튼을 누르면 그림 7-2와 같은 Plane Definition 대화상자가 나타난다. Plane type 드롭다운 목록에는 Plane을 만들 수 있는 여러 가지 옵션이 있다. 어떤 방법을 선택하느냐에 따라 그 아래에 있는 옵션이 바뀐다.

평면을 만드는 방법 중 다음과 같은 방법이 많이 사용된다.

① Offset from plane
② Angle/Normal to plane
③ Tangent to surface
④ Through three points
⑤ Normal to curve

다른 기능을 사용할 때도 마찬가지지만, 참조 개체를 만들 때는 특히 스테이터스바의 지시 사항을 주의 깊게 읽으면서 모델링을 진행하는 것이 좋다.

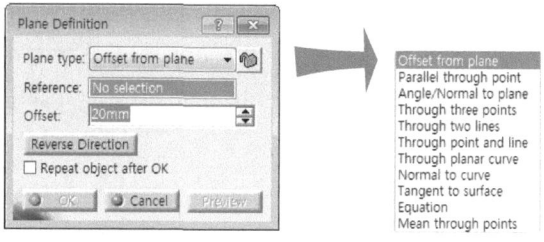

그림 7-2 Plane Definition 대화상자

7.2.1 참조 평면의 용도

참조 평면의 용도는 여러 가지가 있다. 그 중 모델링 작업을 위해 참조 평면을 생성하는 대표적인 3가지 용도는 다음과 같다.

① 스케치 평면

그림 7-3에서 화살표가 가리키는 형상은 원통과 접하며 yz 평면과 45° 기울어진 평면을 만든 후 그 위에 스케치를 생성해야 한다.

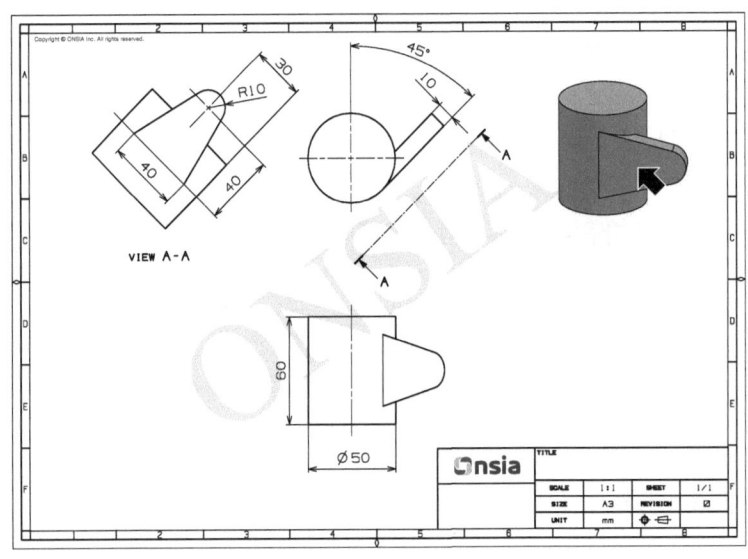

그림 7-3 참조 평면에 스케치를 생성해야 하는 모델

② 모델의 크기를 제어하는 오브젝트

그림 7-5 모델의 가로, 세로, 높이의 크기를 그림 7-4와 같이 참조 평면으로 제어할 수 있다. 참조 평면을 이용하여 스케치 개체를 구속할 수 있고, Pad나 Pocket 피쳐의 Limit로 사용할 수 있다.

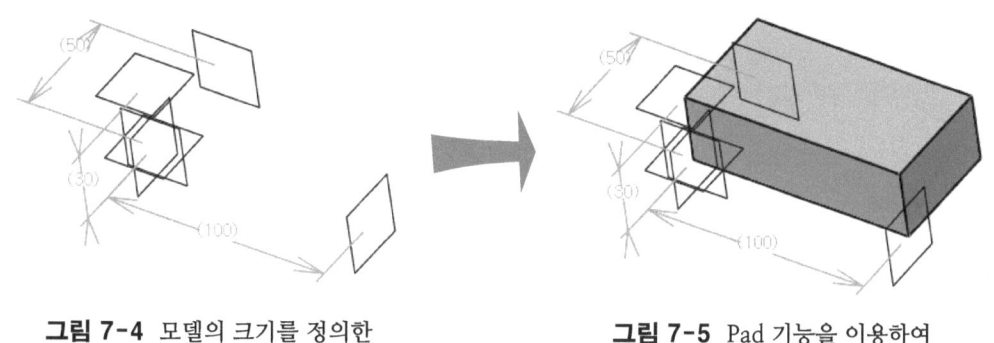

그림 7-4 모델의 크기를 정의한 3개의 참조 평면

그림 7-5 Pad 기능을 이용하여 완성된 모델

③ Split 기능의 Tool 오브젝트

그림 7-6에서 화살표가 가리키는 절단면은 Split 기능을 사용하여 만들 수 있다. 참조 평면은 Split 기능을 사용하는 과정에서 Splitting Element로 사용된다.

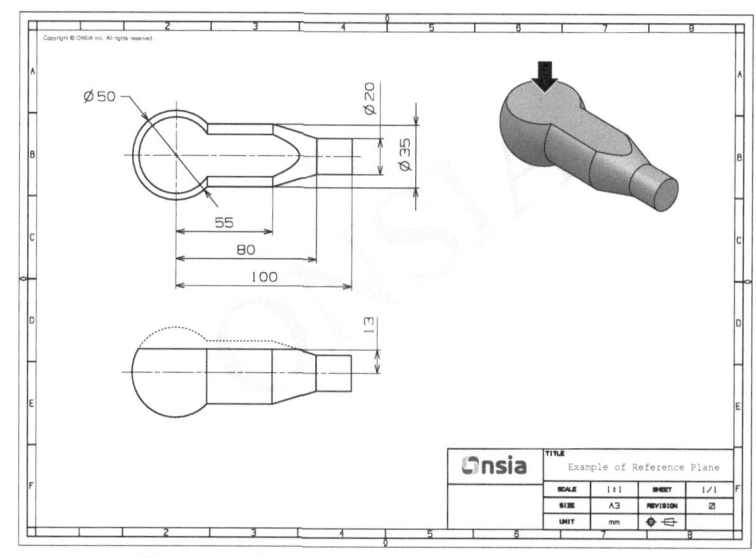

그림 7-6 Reference Plane을 이용한 절단면 생성의 예

그림 7-7 Split 전

그림 7-8 Split 후

205

7 장: 참조 개체(Reference Element)

7.2.2 참조 평면(Reference Plane)의 타입

참조 평면의 타입은 Plane Definition 대화상자에서 확인할 수 있다. 드롭다운 목록에서 타입을 선택하면 그에 맞게 옵션이 변경된다. 선택하여야 하는 옵션에 대한 설명이 스테이터스 바에 표시되므로 주의 깊게 읽으면서 생성해야 한다.

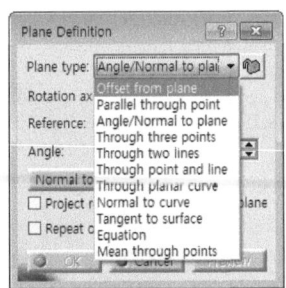

그림 7-9 Reference Plane의 타입

Exercise 01   **Offset from Plane**   *ch07_001.CATPart*

Offset from plane 타입을 이용하여 형상의 평면이나 다른 Plane으로부터 일정 거리 떨어진 곳에 새로운 Plane을 생성할 수 있다. Offset from plane 타입의 평면을 생성해 보자.

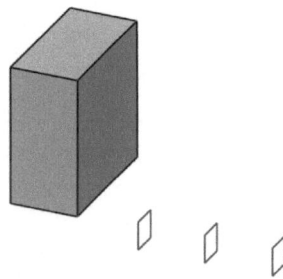

그림 7-10 Reference Plane (Offset from plane type)

206

그림 7-11 육면체

그림 7-12 면 선택

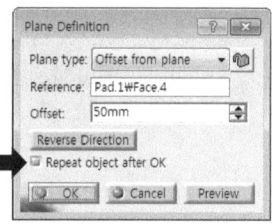

그림 7-13 Plane Definition 대화상자

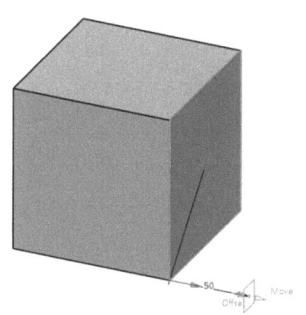

그림 7-14 미리보기

파일 열기

1. 주어진 파일 ch07_001.CATPart를 연다.
2. 그림 7-11과 같이 xy, yz, zx 평면을 숨긴다.

참조 평면 생성

1. Reference Elements 툴바에서 Plane 아이콘을 누른다.
2. Type 드롭다운 목록에서 Offset from plane을 선택한다.
3. 그림 7-12의 평면을 Reference로 선택한다.
4. Offset 입력창에 50을 입력하고 Tab 키를 누른다. 그림 7-14와 같이 미리보기가 나타난다.
5. 대화상자에서 Repeat object after OK 옵션을 선택한다.
6. 대화상자에서 OK 버튼을 누른다. 그림 7-15와 같은 Object Repetition 대화상자가 나타난다.

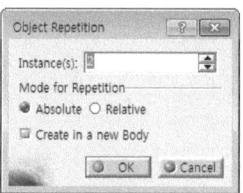

그림 7-15 Object Repetition 대화상자

7 장: 참조 개체(Reference Element)

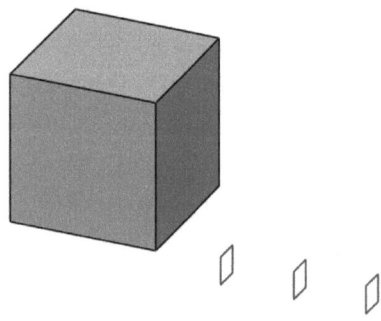

그림 7-16 생성된 Reference Plane

7. 그림과 같이 옵션을 설정하고 OK 버튼을 누른다.

그림 7-17과 같이 세 개의 Reference Plane이 생성된다. Object Repetition 대화상자의 설정에 따라 두 개의 평면이 더 생성된 것이다. 그림 7-17은 Spec Tree를 보여준다.

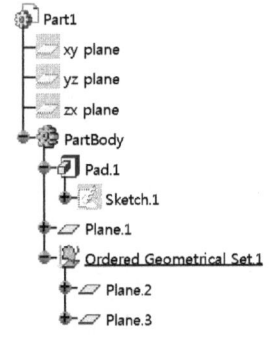

그림 7-17 Spec Tree

육면체의 크기를 수정해 보자.

육면체의 크기 수정

1. Pad.1 피쳐 하위에 있는 Sketch.1을 더블클릭 한다.
2. dy 치수를 100에서 50으로 수정한다.
3. Sketcher를 빠져 나간다.

육면체의 기준 면과 첫번째 참조 평면 사이의 거리가 50mm로 유지됨을 확인한다.

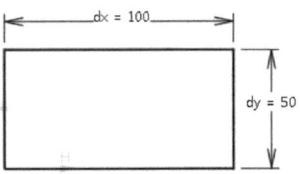

그림 7-18 치수 수정

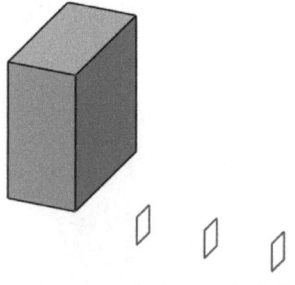

그림 7-19 수정된 Pad 피쳐

END of Exercise

ch07_002.CATPart   Angle/Normal to Plane - 1   Exercise 02

기울어진 참조평면을 생성한 후 모델링을 진행하자. Plane type이 자동으로 변경되도록 한 후 Angle/Normal to plane 타입의 참조평면을 생성할 것이다.

그림 7-20 생성할 모델

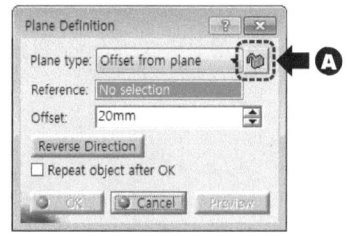

그림 7-21 Plane Definition 대화상자

Reference Plane 생성

1. 주어진 파일 ch07_002.CATPart를 연다.
2. xy, yz, zx 평면을 숨긴다.
3. Reference Elements 툴바에서 Plane 아이콘을 클릭한다.
4. Plane Definition 옵션을 그림 7-21과 같이 설정한다. Plane type이 Offset from plane으로 설정하고 ❹의 버튼이 Unlock으로 설정되어 있다. 이는 지오메트리의 선택에 따라 Plane type 옵션이 변경됨을 의미한다.
5. 그림 7-22와 같이 모서리 ❸와 평면 ❸를 선택한다. Plane type 옵션이 그림 7-23과 같이 변경된 것을 확인한다.

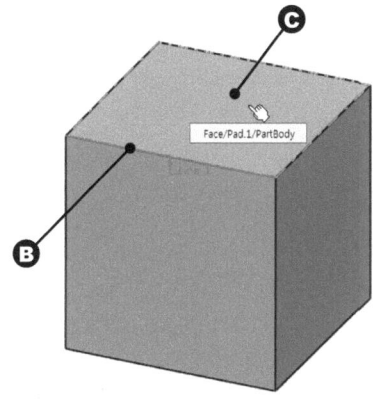

그림 7-22 모서리와 기준 평면

7 장: 참조 개체(Reference Element)

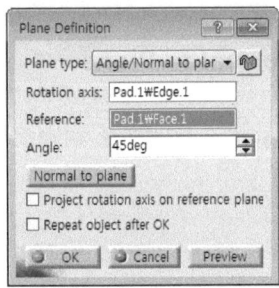
그림 7-23 Plane Definition 대화상자

6. Angle 입력창에 45으를 입력한다. 그림 7-24의 화살표와 같이 Reference Plane이 표시된다.

7. Move 글자를 드래그하여 Plane 표시 사각형을 적당한 이동시킨 다음 OK 버튼을 누른다. 그림 7-25와 같이 Reference Plane이 생성된다.

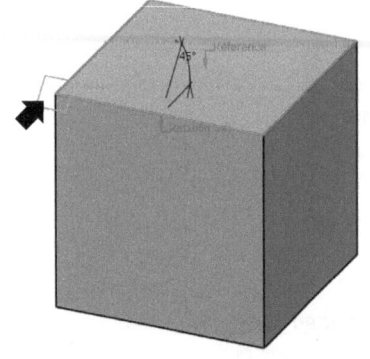
그림 7-24 미리보기

그림 7-25 생성된 Reference Plane

Reference Plane을 이용한 모델링

1. 그림 7-26과 같이 Reference Plane을 선택하여 Positioned Sketch를 정의한다. 스케치의 원점이 모서리의 중앙에 있다.

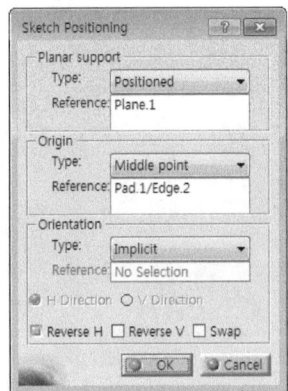
그림 7-26 스케치 평면

210

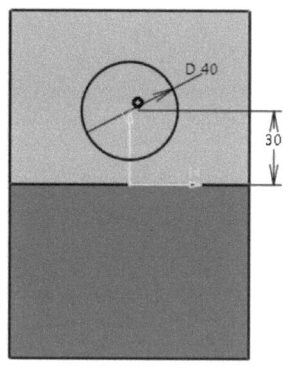

2. 그림 7-27과 같이 원을 생성한 후 완전 구속 한다.

3. 그림 7-28과 같이 Pad 피쳐를 생성한다. 그림에서 Reference Plane은 숨겨져 있다.

그림 7-27 스케치

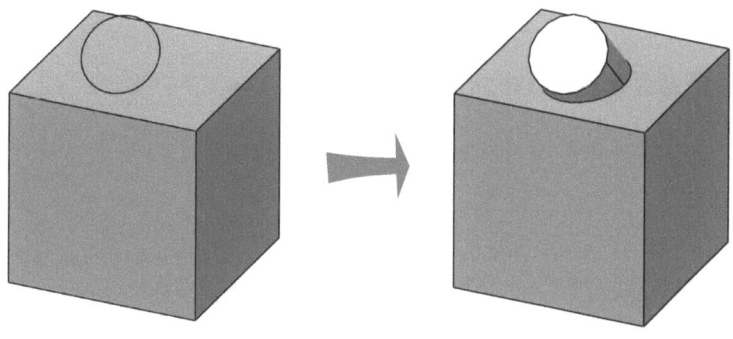

그림 7-28 Pad 피쳐

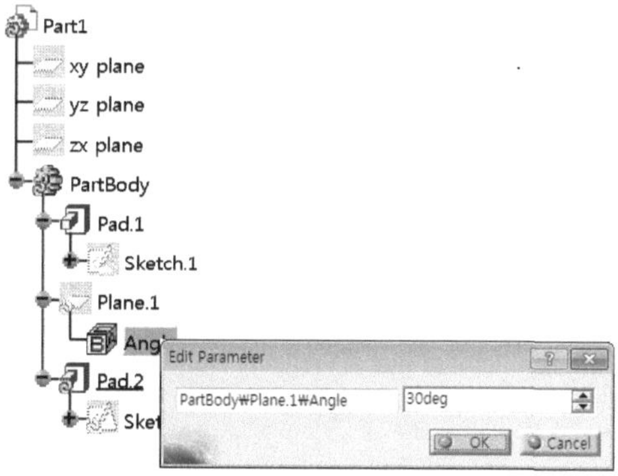

모델 수정

1. 그림 7-29와 같이 Spec Tree를 펼치고 Plane.1 피쳐의 Angle 파라미터를 더블클릭 한다.

2. Edit Parameter 대화상자에 45 deg 대신 30 deg를 입력하고 OK 버튼을 누른다. 그림 7-30과 같이 모델이 수정된다.

3. 파일을 저장하지 말고 닫는다.

그림 7-29 각도 수정

그림 7-30 수정된 모델

END of Exercise

> **Plane을 생성 도중에 Axis를 생성하기**

형상 중에 방향 지정에 사용할 직선이 없을 경우 Line 참조개체를 미리 만든 후 참조 평면을 생성해야 한다.

참조 평면을 생성하는 도중에 Line 참조 개체를 생성할 수도 있다.

그림 7-31의 대화상자에서 Rotation Axis 선택 영역에 MB3를 누른다. 그러면 팝업메뉴가 나타나고 Create Line 옵션을 이용하여 Line을 생성할 수 있다. 이렇게 생성할 때는 Running Commands 창이 뜨고 진행 단계를 보여준다.

이와 같이 점이나 직선, 평면을 선택하여야 하는데 마땅한 개체가 없다면 대화상자의 선택 영역에 MB3를 눌러 생성한 후 사용할 수 있다.

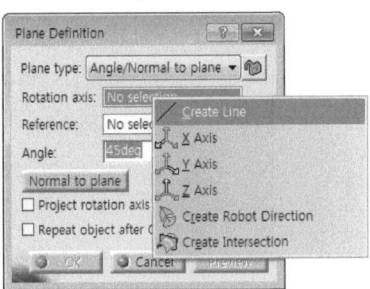

그림 7-31 팝업 메뉴

ch07_003.CATPart   **Angle/Normal to Plane - 2**   **Exercise 03**

yz 평면과 45° 각도를 이루는 Reference Plane을 생성해 보자. 그림 7-32의 점선에 해당되는 평면이다. Top View를 표시했을 때 도면과 같이 기울어진 평면이 생성되어야 한다.

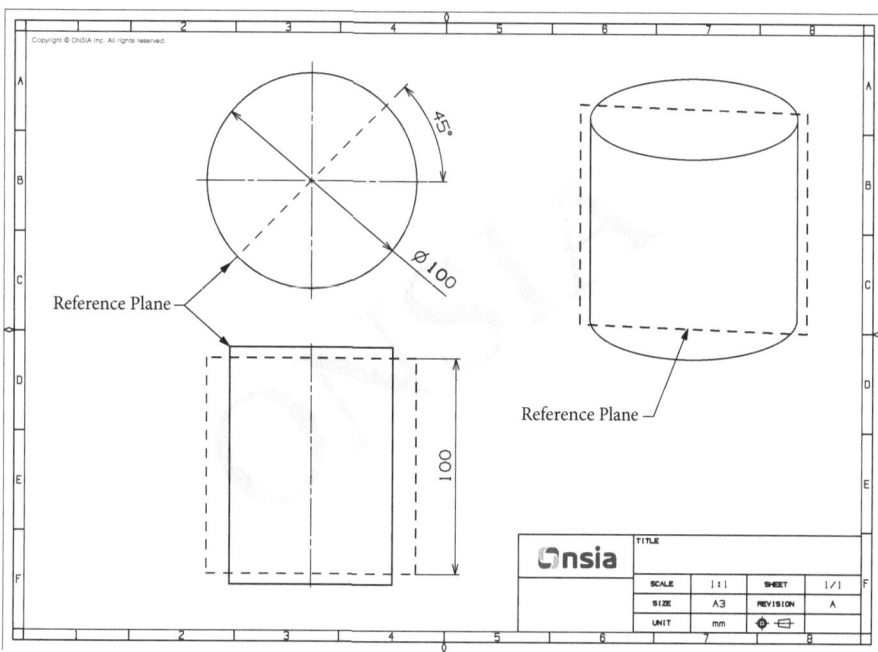

그림 7-32 Reference Plane의 도면

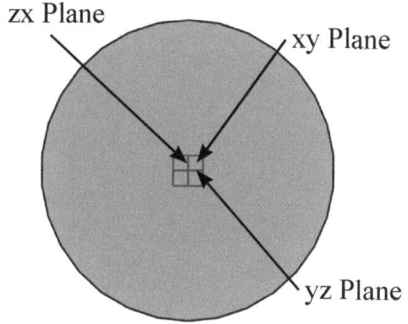

그림 7-33 Top View

주어진 파일 열기

1. 주어진 파일 ch07_003.CATPart를 연다.
2. 그림 7-33과 같이 Top View를 표시한다. 그림에 표시한 기준 Plane을 확인한다.

213

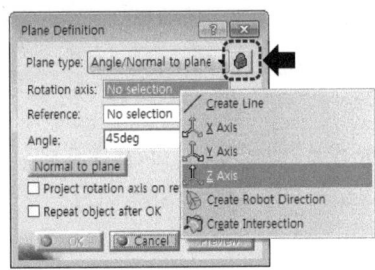

그림 7-34 Plane Definition 대화상자

Reference Plane 생성

1. Reference Element 툴바에서 Plane 아이콘을 누른다.
2. Plane type 드롭다운 목록에서 Angle/Normal to plane을 선택한다.
3. 타입 자동 변경 버튼을 잠근다.
4. Rotation axis 선택 영역에 우클릭 한 후 팝업메뉴에서 Z Axis를 선택한다. 스테이터스 바에는 기준 평면을 선택하라는 메시지가 나타난다.
5. yz Plane을 선택한다.
6. Angle 입력창에 45 deg를 입력한다.
7. 그림 7-35와 같이 평면 기호를 이동시킨 후 대화상자에서 OK 버튼을 누른다.
8. 파일을 저장하지 말고 닫는다.

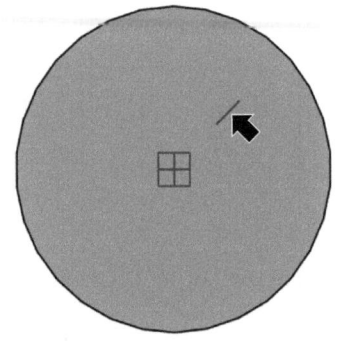

그림 7-35 생성된 Reference Plane

END of Exercise

⚠️ Plane을 생성 도중에 Point를 생성하기

Point 선택 영역에 MB3를 누르면 그림 7-36과 같은 팝업메뉴가 나타나고 Create Point 옵션을 이용하여 필요한 점을 직접 생성할 수 있다. 이와 같은 Command 사용 방법을 Stacking Command라고 한다.

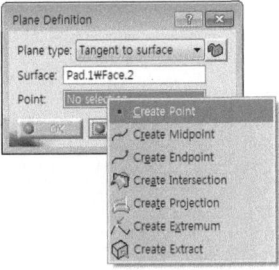

그림 7-36 Point 팝업메뉴

ch07_004.CATPart　　　Tangent to Surface　Exercise 04

그림 7-37과 같이 원통면과 접하고 특정 점을 통과하는 Reference Plane을 생성해 보자.

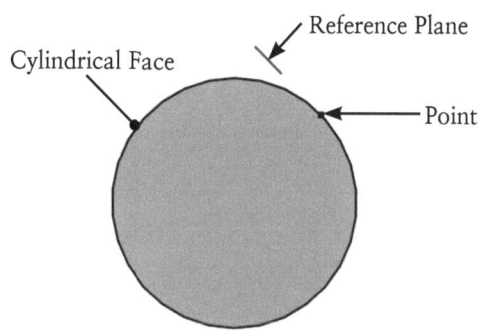

그림 7-37 생성할 Reference Plane

그림 7-38 Top View

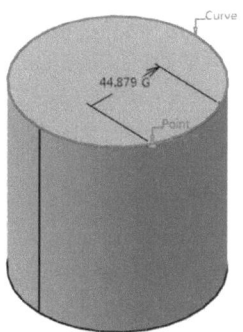

그림 7-39 모서리 선택

파일 열기

1. 주어진 파트 ch07_004.CATPart를 연다.
2. xy, yz, zx 평면을 숨긴다.
3. 그림 7-38과 같이 Top View를 표시한다. 모델의 수평 방향이 Y 방향과 일치함을 확인한다.
4. Isometric View를 표시한다.

점 생성

1. Reference Elements 툴바에서 Point 아이콘을 클릭한다.
2. Point type 드롭다운 목록에서 On curve를 선택한다.
3. 그림 7-39와 같이 원형 모서리를 선택한다. 점이 나타난다.

215

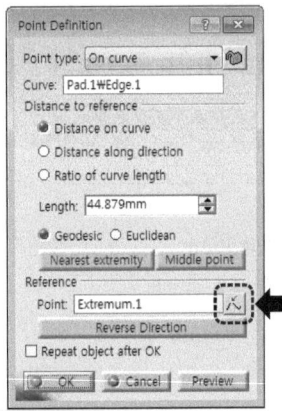

그림 7-40 Point Definition 대화상자

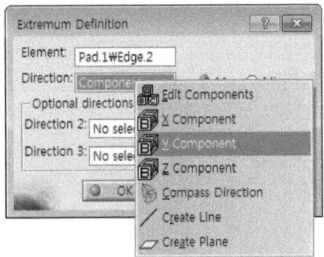

그림 7-42 Extremum Definition 대화상자

4. 그림 7-40의 Point Definition 대화상자에서 화살표가 가리키는 Extremum 버튼을 누른다. 그림 7-41과 같은 Extreumm Definition 대화상자가 나타난다.

5. Extreumm Definition 대화상자의 Direction 선택 영역에 MB3를 누르고 팝업메뉴에서 Y Copmponent를 선택한다.

6. Extremum Definition 대화상자에서 OK 버튼을 누른다.

7. 그림 7-42와 같이 Distant to reference 옵션에서 Ratio to curve length를 선택하고 Ratio 입력창에 0.125를 입력한다. 그림 7-37의 Point 위치에 점이 생성되도록 방향과 Ratio 값을 설정해야 한다.

8. Point Definition 대화상자에서 OK를 누른다.

그림 7-43과 같이 점이 생성된다. Y 방향으로의 최대점을 기준으로 하여 원형 모서리의 12.5% 위치에 점이 생성된 것이다.

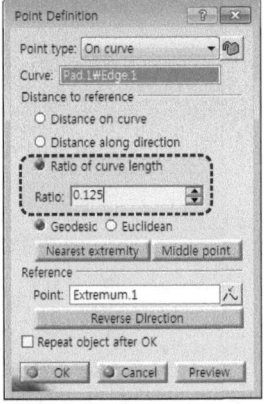

그림 7-41 Point Definition 대화상자

 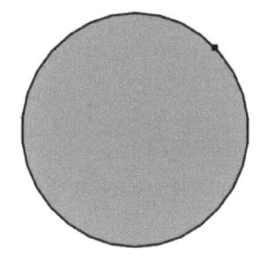

〈Isometric View〉　　　　　　　　〈Top View〉

그림 7-43 Point 생성

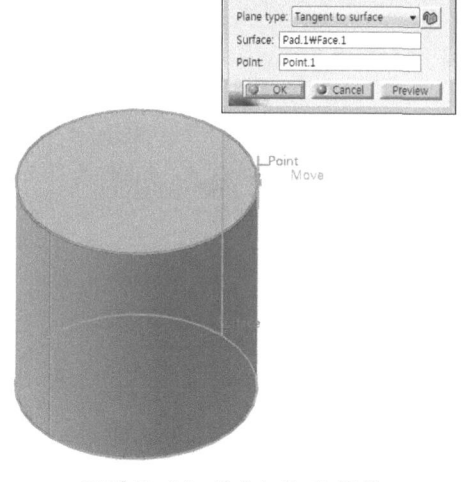

그림 7-44 서피스와 점 선택

Reference Plane 생성

1. Isometric View를 표시한다.
2. Reference Elements 툴바에서 Plane 아이콘을 누른다.
3. Plane type 드롭다운 목록에서 Tangent to surface를 선택한다.
4. 그림 7-44와 같이 각각의 선택 영역에 맞게 원통 서피스와 점을 선택한다.
5. Plane Definition 대화상자에서 OK 버튼을 누른다.
6. Top View를 표시하고 그림 7-45와 같이 평면 기호의 위치를 이동시킨다.
7. 파일을 저장하지 말고 닫는다.

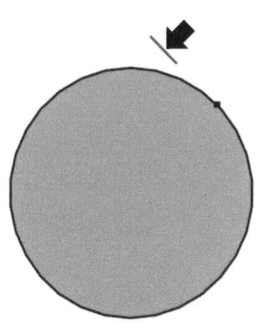

그림 7-45 생성된 Reference Plane

END of Exercise

7.2.3 기타 평면 생성 옵션

Parallel through point
기준 평면과 평행하면서 특정 점을 통과하는 평면을 생성한다.

Through three points
세 개의 점을 통과하는 평면을 생성한다.

Through two lines
두 개의 직선을 선택한다. 여기서 선택한 직선은 벡터가 되고, 두 벡터가 속하는 평면을 생성해 준다. 만약 두 직선이 같은 평면 상에 있지 않다면 나중에 선택한 직선(Line 2)을 먼저 선택한 직선(Line 1)의 위치로 이동시킨 후 평면을 생성한다.

Through point and line
직선의 두 끝 점과 다른 한 점을 통과하는 평면을 생성한다.

Through planar curve
어떤 커브가 평면을 이룰 경우 그 커브를 선택하여 참조 평면을 생성할 수 있다.

Tangent to surface
어떤 서피스와 접하고 특정 점을 통과하는 평면을 생성한다.

Normal to curve
특정 점에서 커브와 직각(Normal)인 평면을 생성한다.

Equation
일반 평면 방정식의 상수를 지정하여 평면을 생성한다.

$$Ax + By + Cz = D$$

상수 A, B, C, D를 입력하면 방정식에 맞는 평면이 생성된다. D 값을 입력하는 대신 통과 점을 선택할 수도 있다.

Mean through points
세 개 이상의 점을 선택하여 그 점들이 평균적으로 통과하는 평면을 생성한다.

7.3 참조 점(Reference Point)

점을 선택하여야 하는 모델링 단계에서 필요한 점이 없을 경우 Reference Elementx 툴바에서 Point 기능을 이용하여 점을 미리 생성하거나 점 선택 영역에 MB3를 누른 후 생성할 수 있다.

점을 만드는 방법에는 다음과 같은 옵션이 있다.

　① Coordinates
　② On curve
　③ On plane
　④ On surface
　⑤ Circle / Sphere / Ellipse Center
　⑥ Tangent on curve
　⑦ Between

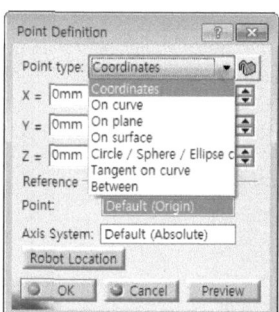

그림 7-46 Point Definition 대화상자

7.3.1 Coordinates 타입

지정된 좌표계에 대한 좌표값을 입력하여 점을 생성한다. 참조 점 생성 방법을 연습하려면 ch07_fig47.CATPart 파일을 열고 Quick View 툴바에서 Named View 아이콘을 누른다. Named View 대화상자에서 "my_view"를 선택한 후 OK를 누르면 그림 7-47과 같이 파트의 방향이 설정된다.

생성 절차 (그림 7-47의 번호는 절차 번호에 해당된다.)

① Point 버튼을 누른다.
② Point type을 Coordinates로 설정한다.
③ 기준점을 선택한다. 선택하지 않으면 원점이 기준점이 된다.
④ 방향의 기준 좌표축을 선택한다. 따로 선택하지 않으면 절대좌표축의 방향을 기준으로 한다.
⑤ 좌표값을 입력하고 OK 버튼을 누른다.

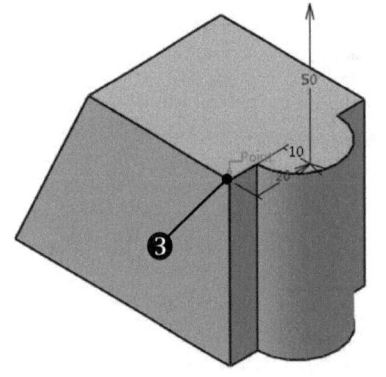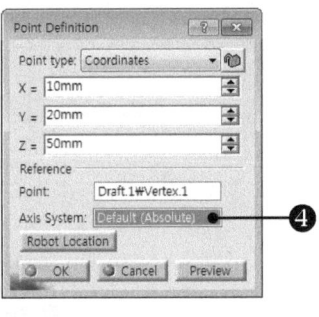

그림 7-47 Coordinates 옵션을 이용한 점 생성

그림 7-48 Applying Named View

> **Axis System**
>
> Point Definition 대화상자의 Axis System 선택 영역에 MB3를 누른 후 팝업메뉴에서 Create Axis System을 선택하면 Axis System Definition 대화상자가 나타난다. 다음의 세 가지 타입의 좌표계를 생성할 수 있다.
>
> - **Standard 타입**: 원점과 X방향, Y 방향, Z 방향을 선택하여 새로운 좌표축을 정의할 수 있다.
>
> - **Axis Rotation 타입**: 원점과 기준축을 정한 다음 기준축을 중심으로 회전시켜 새로운 좌표축을 정의한다.
>
> - **Euler Angles 타입**: Euler 각도를 이용하여 새로운 좌표축의 방향을 정의한다.
>
> Tools 툴바에서 Axis System 아이콘 또는 메뉴바의 Insert > Axis System을 이용하여 좌표계를 미리 생성한 후 선택하여 사용할 수도 있다.
>
>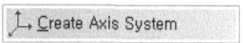
>
>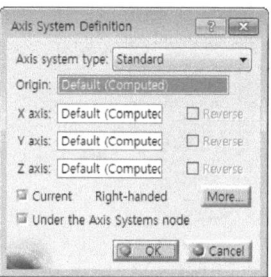
>
> **그림 7-49** Axis System 생성 대화상자

7.3.2 On curve 타입

커브의 특정 위치에서 점을 생성한다.

생성 절차 (그림 7-50의 번호는 절차 번호에 해당된다.)

① Reference Elements 툴바에서 Point 아이콘을 누른다.
② Point type을 On curve로 설정한다.
③ Curve를 선택한다.
④ Reference Point(기준점)을 선택한다. 선택하지 않으면 커브의 끝점이 기준점이 된다.
⑤ 위치를 지정한다.
⑥ OK 버튼을 누른다.

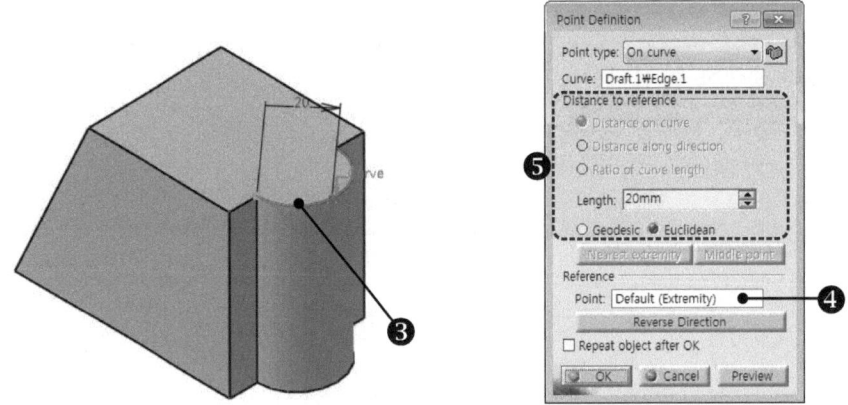

그림 7-50 On curve 옵션을 이용한 점 생성

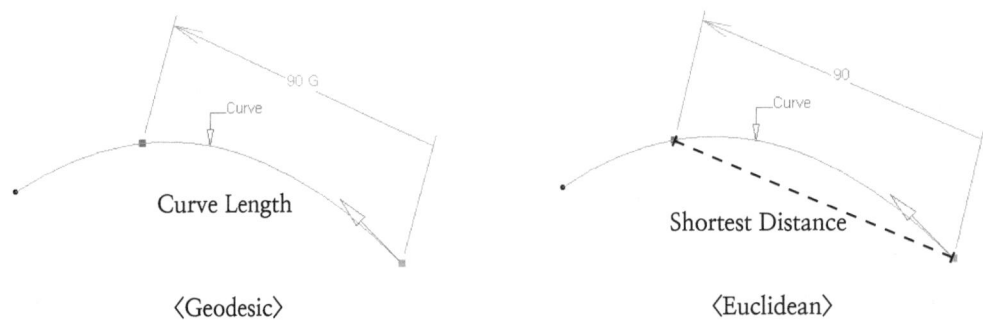

그림 7-51 Measuring Method

7.3.3 On plane 타입

평면의 특정 위치에서 점을 생성한다.

생성 절차 (그림 7-52의 번호는 절차 번호에 해당된다.)

① Reference Elements 툴바에서 Point 아이콘을 누른다.
② Point type을 On plane으로 설정한다.
③ 점을 생성할 Plane을 선택한다.
④ Reference Point(기준점)을 선택한다.
⑤ H, V 좌표값을 입력한다. Tab 키를 눌러 미리보기를 업데이트 한다.
⑥ OK 버튼을 누른다.

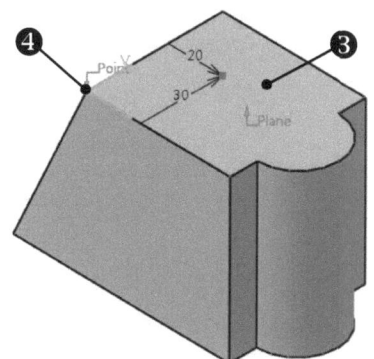
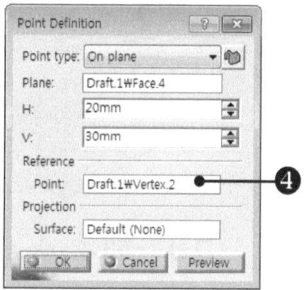

그림 7-52 On plane 옵션을 이용한 점 생성

7.3.4 Circle / Sphere / Ellipse center 타입

원, 구 또는 타원의 중심에 점을 생성한다.

생성 절차

① Reference Elements 툴바에서 Point 아이콘을 누른다.
② Point type을 Circle / Sphere / Ellipse center로 설정한다.
③ 원호, 구면 또는 타원호를 선택한다.
④ OK 버튼을 누른다.

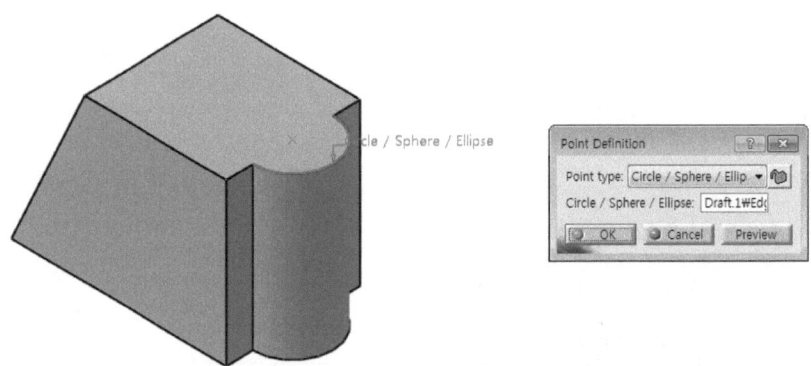

그림 7-53 Circle / Sphere / Ellipse center 옵션을 이용한 점 생성

> **선택할 때 주의!!**
>
> 해당 모서리를 주의 깊게 선택하여야 한다. 선택이 어려우면 User Selection Filter를 이용하라. 만약 평면을 선택하였다면 Point type이 On plane 으로 변경되고, 곡면을 선택하였다면 On surface 타입으로 자동으로 변경된다. 이는 선택한 형상의 종류를 인식하기 때문이다.
>
> 선택한 형상에 따라 타입이 바뀌지 않게 하려면 type 드롭다운 목록 옆에 있는 자물쇠 버튼을 누른다.

7.3.5 Tangent on curve 타입

커브 상에 있으면서 특정 방향벡터와 접하는 위치에 점을 생성한다.

생성 절차

① Reference Elements 툴바에서 Point 아이콘을 누른다.
② Point type을 Tangent on curve로 설정한다.
③ 커브를 선택한다.
④ 방향을 지정한다.
⑤ OK 버튼을 누른다.

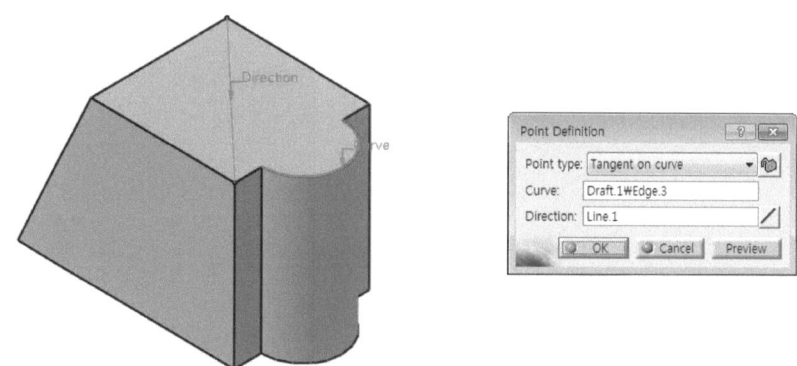

그림 7-54 Tangent on curve 옵션을 이용한 점 생성

7.3.6 기타 참조 점(Reference Point) 생성 타입

On surface
곡면의 특정 위치에 점을 생성한다.

Between
두 점 사이의 지정 위치에 점을 생성한다.

7.4 참조 직선(Reference Line)

직선 또는 방향벡터를 선택하여야 하는 모델링 단계에서 필요한 직선이나 방향벡터가 없을 경우 Reference Elements 툴바의 Line 기능을 이용하여 직선을 미리 생성하거나 직선 선택 영역에 MB3를 누른 후 생성할 수 있다. 스케치에서 생성하는 직선과는 달리 평면 없이 3차원 형상을 이용하여 직선을 생성할 수 있다는 점에 유의하기 바란다.

참조 직선을 만드는 방법에는 다음과 같은 옵션이 있다.

① Point -Point
② Point-Direction
③ Angle/Normal to curve
④ Tangent to curve
⑤ Normal to surface
⑥ Bisecting

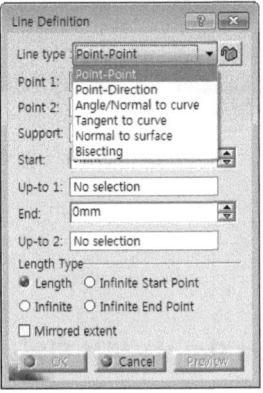

그림 7-55 Line Definition 대화상자

7.4.1 참조 직선의 용도

참조 직선의 용도는 다음과 같다.

① Shaft나 Groove 기능의 회전축(Axis)

그림 7-56과 같이 Shaft 기능을 이용하여 회전 형상(화살표가 가리키는 부분)을 만들 때 Axis로 사용된다.

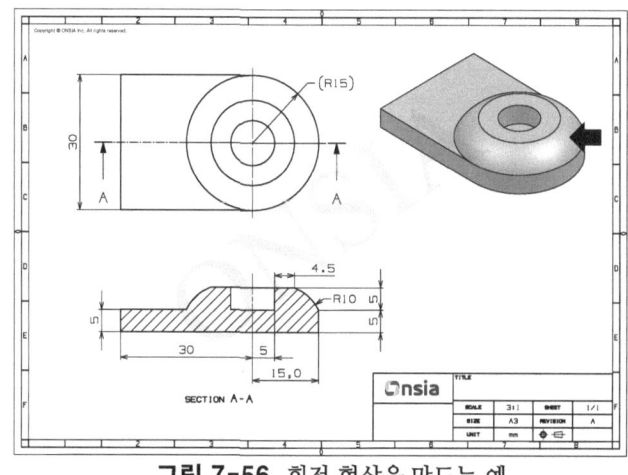

그림 7-56 회전 형상을 만드는 예

② Circular Pattern 기능의 회전축

그림 7-57과 같이 Circular Pattern 기능을 이용하여 구멍을 원형 배열할 때 Axis로 사용된다.

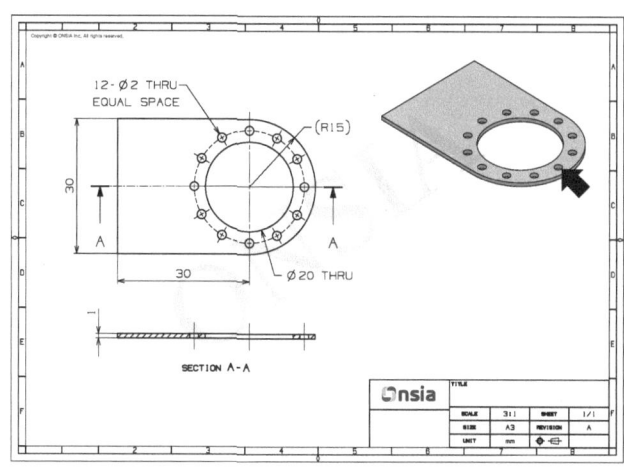

그림 7-57 구멍을 원형 배열하는 예

③ Rectangular Pattern 기능의 방향벡터

그림 7-58과 같이 Rectangular Pattern 기능을 이용하여 구멍을 사각형 모양으로 배열할 때 Reference Direction으로 사용된다.

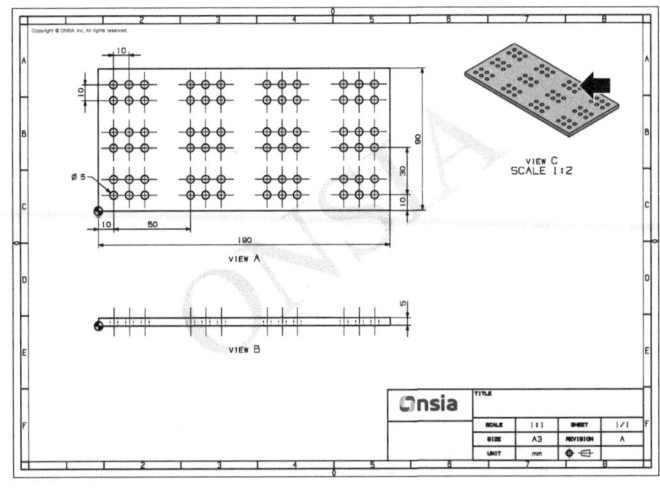

그림 7-58 Rectangular Pattern 피쳐

7.4.2 Point-Point 타입

점과 점을 연결하는 직선을 생성한다. 참조 점을 만들어 사용할 수도 있고, 형상의 꼭지점을 선택할 수도 있다.

참조 직선 생성 방법을 연습하려면 ch07_fig59.CATPart 파일을 열고 Quick View 툴바에서 Named View 아이콘을 누른다. Named View 대화상자에서 "my_view"를 선택한 후 OK를 누르면 그림 7-59와 같이 파트의 방향이 설정된다.

생성 절차 (그림 7-59의 번호는 절차 번호에 해당된다.)

① Reference Elements 툴바에서 Line 아이콘을 누른다.
② Line type을 Point-Point로 설정한다.
③ Point 1과 Point 2를 선택한다.
④ Length 옵션을 설정하고 OK 버튼을 누른다.

Length type 옵션(그림 7-59의 ⓒ)에서 Length를 선택하면 Start(그림 7-59의 Ⓐ) 또는 End(그림 7-59 Ⓑ) 표시를 드래그하여 직선의 시작점과 끝점을 연장할 수 있다. 또는 Line Definition 대화상자의 Up to 1이나 Up to 2 영역에서 개체를 선택하여 그 위치까지 연장할 수도 있다.

Length type 옵션에서 Infinite를 선택하면 무한 길이의 직선을 생성할 수 있다. 이 경우 Start와 End 옵션은 필요 없게 된다. 시작 또는 끝 점 중 한 쪽만 Infinite로 생성할 수도 있다.

Mirrored extent 옵션은 Length type 옵션으로 Length를 선택하였을 때만 활성화 된다. Mirrored extent 옵션을 선택하면 End 쪽 연장의 입력창만 활성화되며 두 점을 연결하는 직선은 Start 쪽도 같은 거리만큼 연장되어 생성된다.

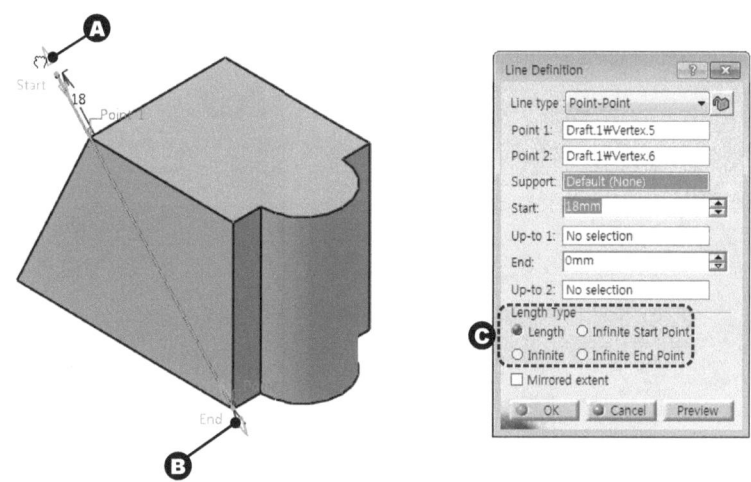

그림 7-59 Point-Point 옵션을 이용한 직선 생성

> ⚠️ **미리보기에 값 반영**
>
> 입력창에 숫자를 입력하는 경우 Tab 키를 눌러 미리보기에 반영할 수 있다. 화면의 미리보기가 업데이트 되고 커서는 대화상자의 다음 입력창으로 이동된다.

7.4.3 Point-Direction 타입

어떤 점에서 시작하여 지정된 방향으로 직선을 생성한다.

생성 절차 (그림 7-60의 번호는 절차 번호에 해당된다.)

① Reference Elements 툴바에서 Line 아이콘을 누르고 Line type을 지정한다.
② 시작점을 선택한다.
③ 방향을 설정하기 위한 오브젝트를 선택한다. Direction 선택창에 우클릭 한 후 팝업메뉴에서 Create Line을 선택하여 방향을 지정할 수 있다.
④ 길이 옵션을 설정하고 OK 버튼을 누른다.

Support를 지정하면 그 평면 또는 서피스에 직선을 투영한다.

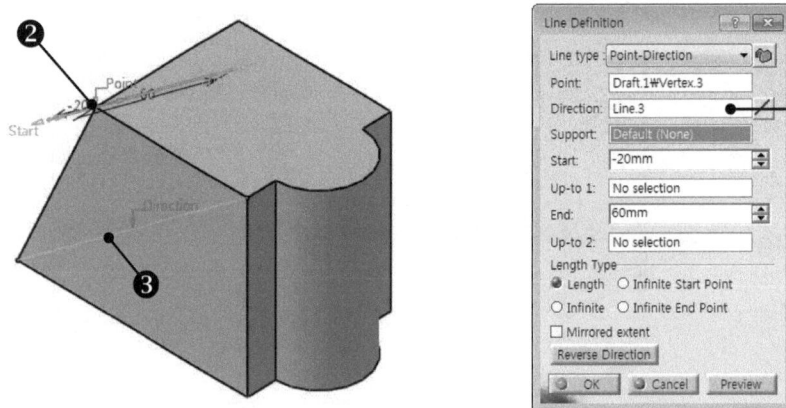

그림 7-60 Point-Direction 옵션을 이용한 직선 생성

> **개체 선택의 취소 또는 변경**
>
> Support 평면이나, Direction 개체, Up-to 1이나 Up-to 2 선택 영역에 개체를 지정하였을 경우 다시 MB3를 누르면 팝업메뉴에 Other Selection이나 Clear Selection 옵션이 나타난다. Clear Selection 옵션을 이용하여 선택 취소할 수 있고, Other Selection 옵션을 이용하여 다른 개체를 설정할 수 있다. Point나 Direction과 같이 필수 옵션에는 Clear Selection 옵션 대신 Other Selection 옵션이 나타난다.

7.4.4 Angle-Normal to curve 타입

그림 7-61의 **A** 점을 시작점으로 하고 **A** 점에서의 접선 **B**와 일정 각도를 이루는 직선을 생성한다.

생성 절차 (그림 7-61의 번호는 절차 번호에 해당된다.)

① Reference Elements 툴바에서 Line 아이콘을 누르고 Line type을 지정한다.
② 커브를 선택한다. (그림 7-29의 **2**)
③ Support 선택 영역을 클릭하고 평면 **C**를 선택한다.
④ Point 선택 영역에 우클릭 한 후 커브 **2**에 점을 생성한다.
⑤ 각도를 설정한다. 수직으로 생성 하려면 Normal to Curve 버튼을 누른다.
⑥ 길이 옵션을 설정하고 OK 버튼을 누른다.

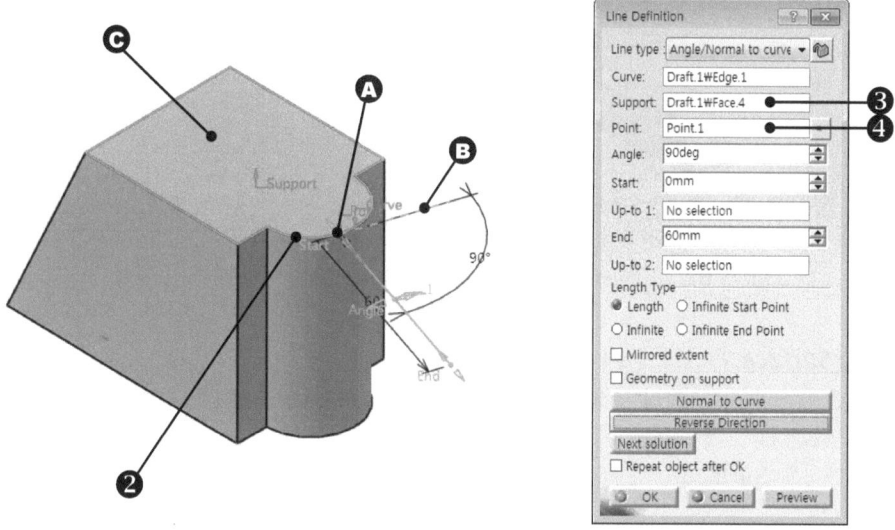

그림 7-61 Angle-Normal to curve 옵션을 이용한 직선 생성

7.4.5 기타 참조 직선(Reference Line) 생성 타입

Tangent to curve

- **Mono-Tangent**: 지정된 점에서 커브 또는 모서리와 접하는 직선을 생성할 수 있다.
- **Bi-Tangent**: 선택한 두 개의 커브에 접하는 직선을 생성할 수 있다. 두 개 이상의 결과물이 가능한 경우 대화상자의 Next solution 버튼이 활성화 된다. Next solution 버튼을 선택하면 다른 결과물을 생성할 수 있다. 선택된 결과물은 파란색으로 표시된다.

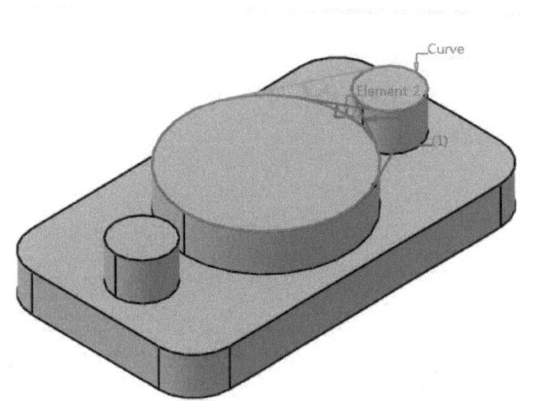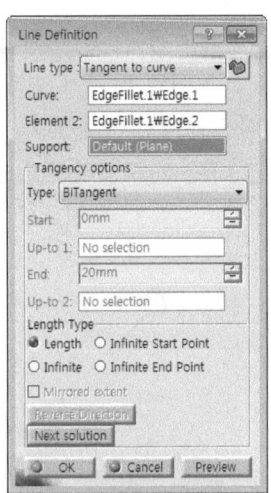

그림 7-62 Tangent to curve 옵션(Bi-Tangent)을 이용한 직선 생성

Normal to Surface

어떤 점에서 시작하여 선택한 서피스에 직각인 직선을 생성할 수 있다.

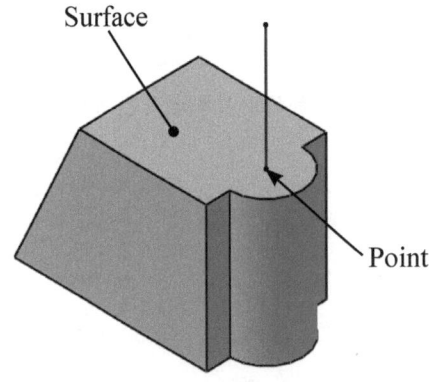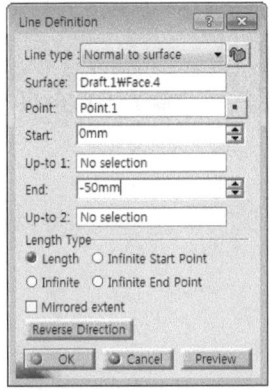

그림 7-63 Normal to surface 타입

Bisecting

두 개의 직선이 이루는 각을 이등분 하는 위치에 직선을 생성할 수 있다. 방향은 두 개의 직선 벡터를 더하여 정의되고 직선의 길이는 대화상자에서 설정할 수 있다.

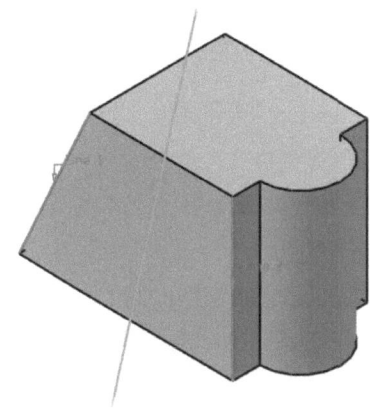
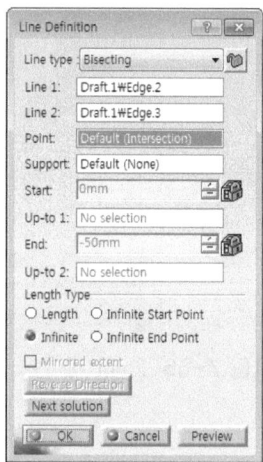

그림 7-64 Bisecting 타입

---

ch07_005.CATPart   **Point-Direction Type Line - 1**   **Exercise 05**

어떤 점을 통과하는 Reference Line을 생성하고 Circular Pattern 기능을 이용하여 피쳐를 복사해 보자. 복사 기능은 Chapter 11에서 자세히 다룬다.

그림 7-65 생성할 모델

7 장: 참조 개체(Reference Element)

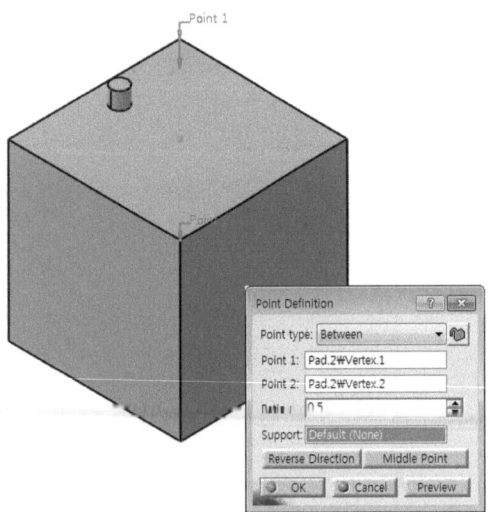

그림 7-66 Point 생성

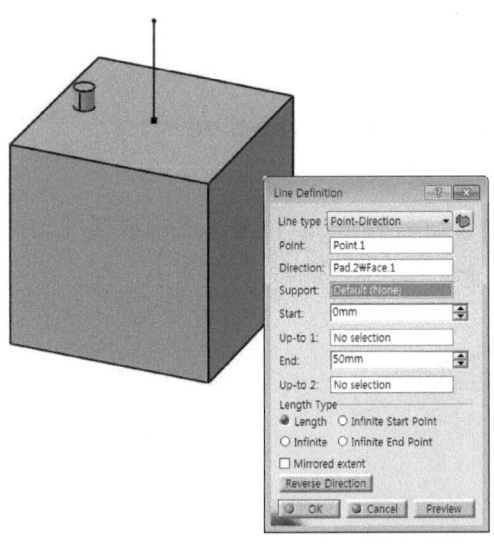

그림 7-67 Line 생성

Point 생성

윗면의 중앙에 참조 점을 생성하자.

1. 주어진 파일 ch07_005.CATPart 를 연다.
2. Reference Elements 툴바에서 Point 아이콘을 누른다.
3. Point type 드롭다운 목록에서 Between 을 선택한다.
4. 그림 7-66과 같이 대각선의 꼭지점을 선택하여 중앙에 점을 생성한다.

직선 생성

앞에서 생성한 점을 통과하면서 윗면에 직각인 직선을 생성하자.

1. Reference Elements 툴바에서 Line 아이콘을 누른다.
2. Line type 드롭다운 목록에서 Point-Direction을 선택한다.
3. 각각의 선택 영역에서 점과 윗면을 선택한다. 방향 선택 영역에서 평면을 선택하면 그 평면에 직각인 방향이 설정된다.
4. End 길이를 50mm로 입력하고 필요할 경우 Reverse Direction 버튼을 눌러 윗방향으로 직선이 생성되도록 한다.
5. OK 버튼을 누른다.

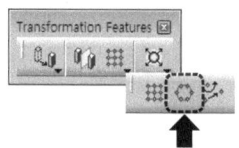

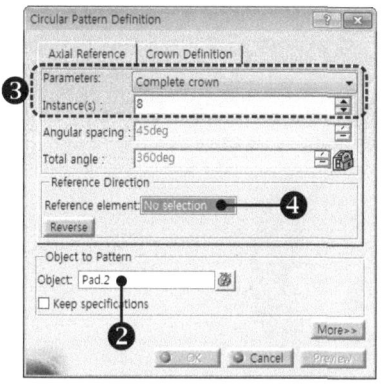

그림 7-68 Circular Pattern

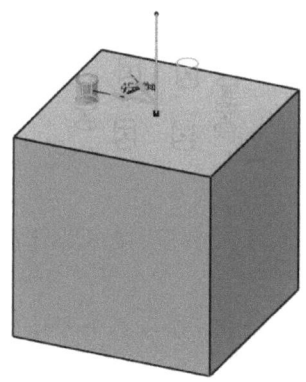

그림 7-69 미리보기

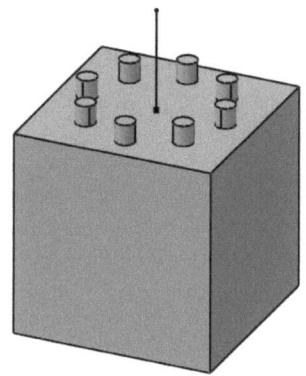

그림 7-70 완성된 모델

Circular Pattern 생성

원통형 Pad 피쳐를 원형으로 배열할 것이다. 피쳐를 먼저 선택하여야 한다는 점에 주의한다.

1. Spec Tree 또는 모델에서 원통형 피쳐를 선택한다.
2. Transformation Features 툴바에서 Circular Pattern 아이콘을 누른다. 그림 7-68 ❷의 Object 선택 영역에 피쳐가 표시된다.
3. Parameters 드롭다운 목록에서 Complete crown을 선택하고 Instance(s) 입력창에 8을 입력한다.
4. Reference element 선택 영역을 클릭한다.
5. 직선을 선택한다. 그림 7-69와 같이 복사될 피쳐의 미리보기가 표시된다.
6. Circular Pattern 대화상자에서 OK 버튼을 누른다. 그림 7-70은 완성된 모델을 보여준다.
7. 저장하지 말고 파일을 닫는다.

END of Exercise

7 장: 참조 개체(Reference Element)

Exercise 06   Point-Direction Type Line - 2   ch07_006.CATPart

점을 통과하는 참조 직선을 생성한 후 Shaft 피쳐를 생성하는 모델링을 수행한다.

그림 7-71 생성할 모델

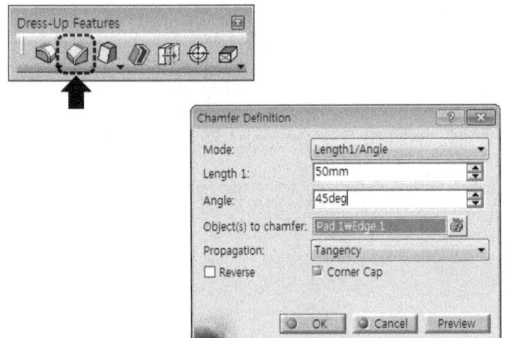

Chamfer 생성

1. 주어진 파일 ch07_006.CATPart 를 연다.
2. Dress-Up Features 툴바에서 Chamfer 아이콘을 누른다. Dress-Up Feature에 대해서는 Chapter 8에서 자세히 설명한다.
3. 그림 7-72와 같이 모서리를 선택한다.
4. Chamfer Definition 대화상자의 Length 1 입력창에 50mm를 입력하고 Tab 키를 누른다.
5. 대화상자에서 OK 버튼을 누른다.

그림 7-72 Chamfer

236

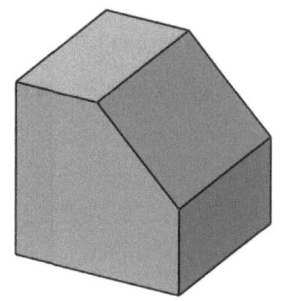

그림 7-73 Chamfer 생성 후의 모델

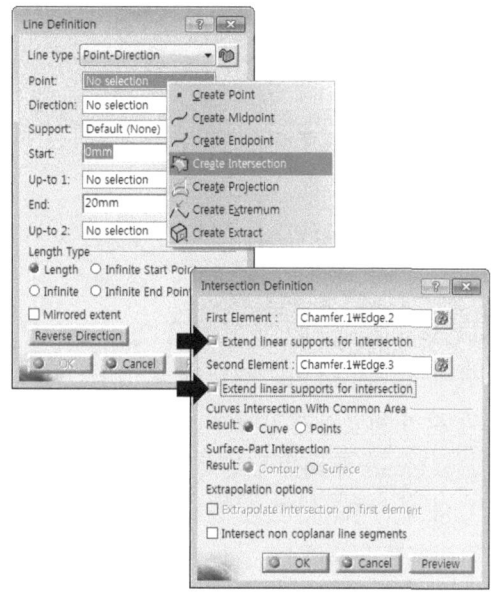

그림 7-74 Intersection Point 생성

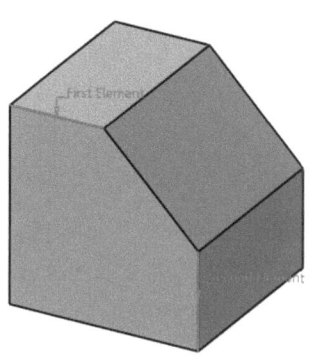

그림 7-75 모서리 선택

직선 생성

교차점을 이용하여 Reference Line을 생성하자.

1. Reference Elements 툴바에서 Line 아이콘을 누른다.
2. Line type 드롭다운 목록에서 Point-Direction을 선택한다.
3. Point 선택 영역에서 우클릭 한 후 팝업 메뉴에서 Create Intersection을 선택한다.
4. 그림 7-75와 같이 두 개의 모서리를 선택하고, 그림 7-74에 화살표로 지시한 연장 옵션을 선택한다.
5. Intersection Definition 대화상자에서 OK 버튼을 누른다.

Line Definition 대화상자의 Direction 선택 영역이 활성화 되어 있음을 확인한다.

6. 그림 7-76에서 표시한 모서리 ❻을 선택한다. 생성될 직선의 미리보기가 표시된다.

7. End 입력창에 30mm를 입력하고 OK 버튼을 누른다. 그림 7-77은 생성된 직선을 보여준다.

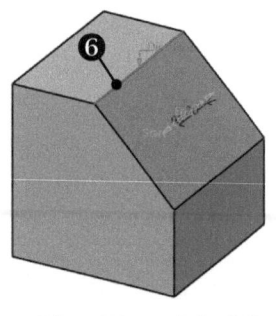

그림 7-76 모서리 선택

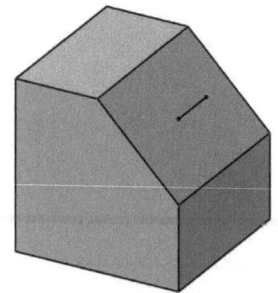

그림 7-77 생성된 Line

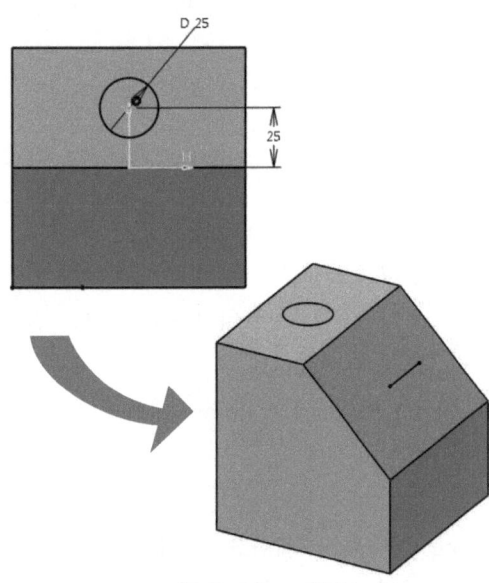

그림 7-78 스케치

스케치 생성 및 Shaft

1. Positioned Sketch 기능을 이용하여 윗면에 스케치 면으로 선택한 후 그림 7-78과 같이 윗면의 중앙에 원을 생성한다.

2. Sketcher를 빠져 나간다.

3. Sketch-Based Features 툴바에서 Shaft 아이콘을 누른다.

4. 프로파일로 스케치를 선택한다.

5. 그림 7-77에서 생성한 직선을 Shaft 피쳐의 Axis로 선택한다.

6. First angle 입력창에 270deg를 입력하고 Tab 키를 누른다. 필요하면 Reverse Direction 버튼을 누른다. 그림 7-79와 같이 Shaft 피쳐의 미리보기가 표시된다.

7. 대화상자에서 OK 버튼을 누른다. 그림 7-80은 완성된 모델을 보여준다.

8. 파일을 저장하지 말고 닫는다.

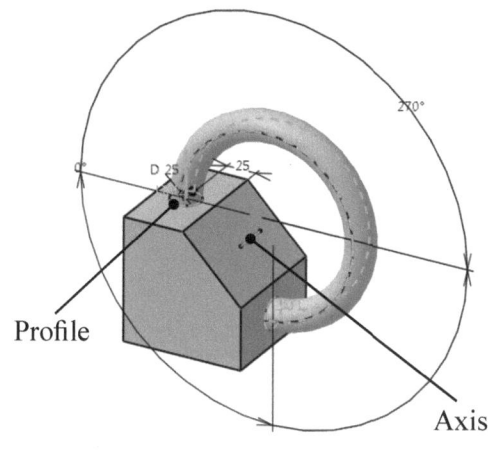 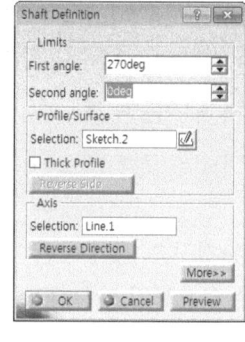

그림 7-79 Shaft 피쳐 생성

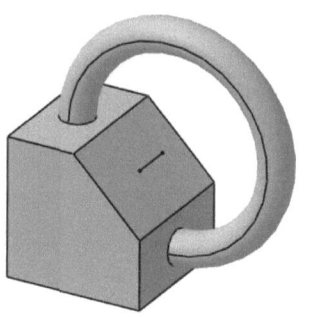

그림 7-80 완성된 모델

END of Exercise

❗ 스케치 면 배치

스케치 면은 H 축이 화면의 가로 방향, V 축이 화면의 세로 방향에 맞게 배치된다. 이 옵션은 61 페이지: 그림 3-5의 옵션에 설정되어 있다.

"Position sketch plane parallel to screen" 옵션을 해제하면 스케치 면을 지정하여 Sketcher 워크벤치에 들어갈 때 스케치 면이 화면에 맞게 배치되지 않는다. 이 경우 View 툴바에 있는 Normal View 아이콘을 눌러 스케치 면을 화면에 맞게 배치할 수 있다. Normal View 아이콘을 다시 한 번 누르면 스케치 면의 Z 축 방향이 반대로 된다.

Exercise 07 — Reference Plane - Tangent to Surface

ch07_007.CATPart

그림 7-81의 도면에 해당되는 3차원 형상을 모델링 하시오.

조건

1. 스케치는 완전구속 되어야 한다.
2. Fix 구속은 사용하지 않는다.

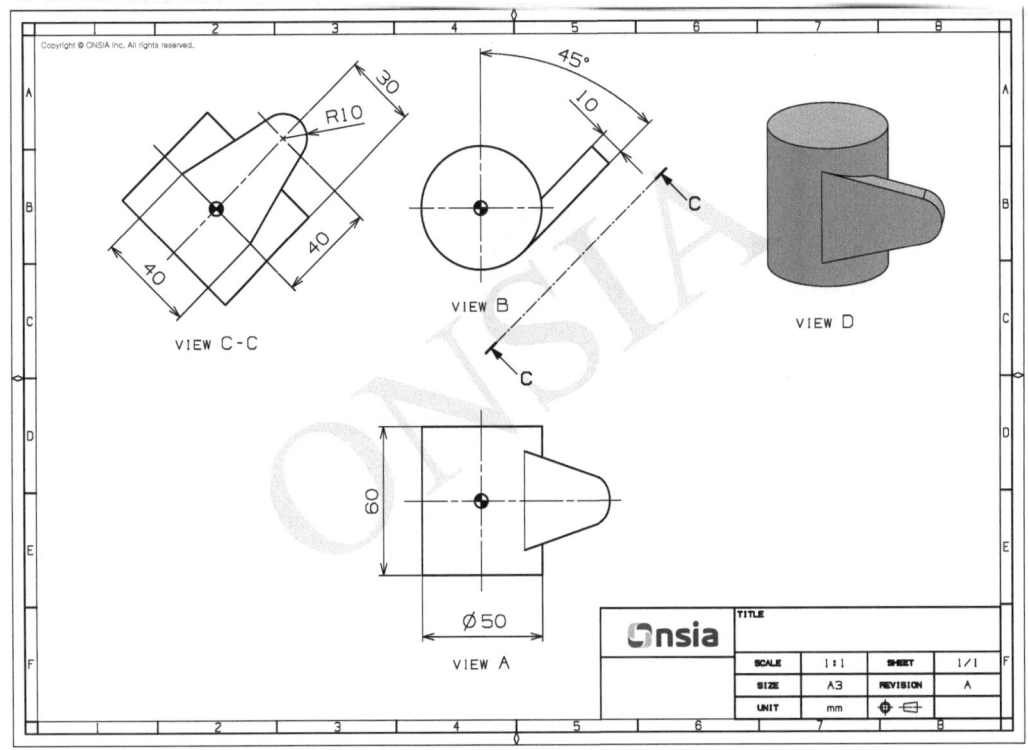

그림 7-81 Exercise 07의 도면

ch07_008.CATPart　　**Reference Plane - Offset from Plane**　Exercise 08

그림 7-82의 도면을 참고하여 솔리드 파트를 생성하시오.

조건
1. 스케치는 완전구속 되어야 한다.
2. Fix 구속은 사용하지 않는다.

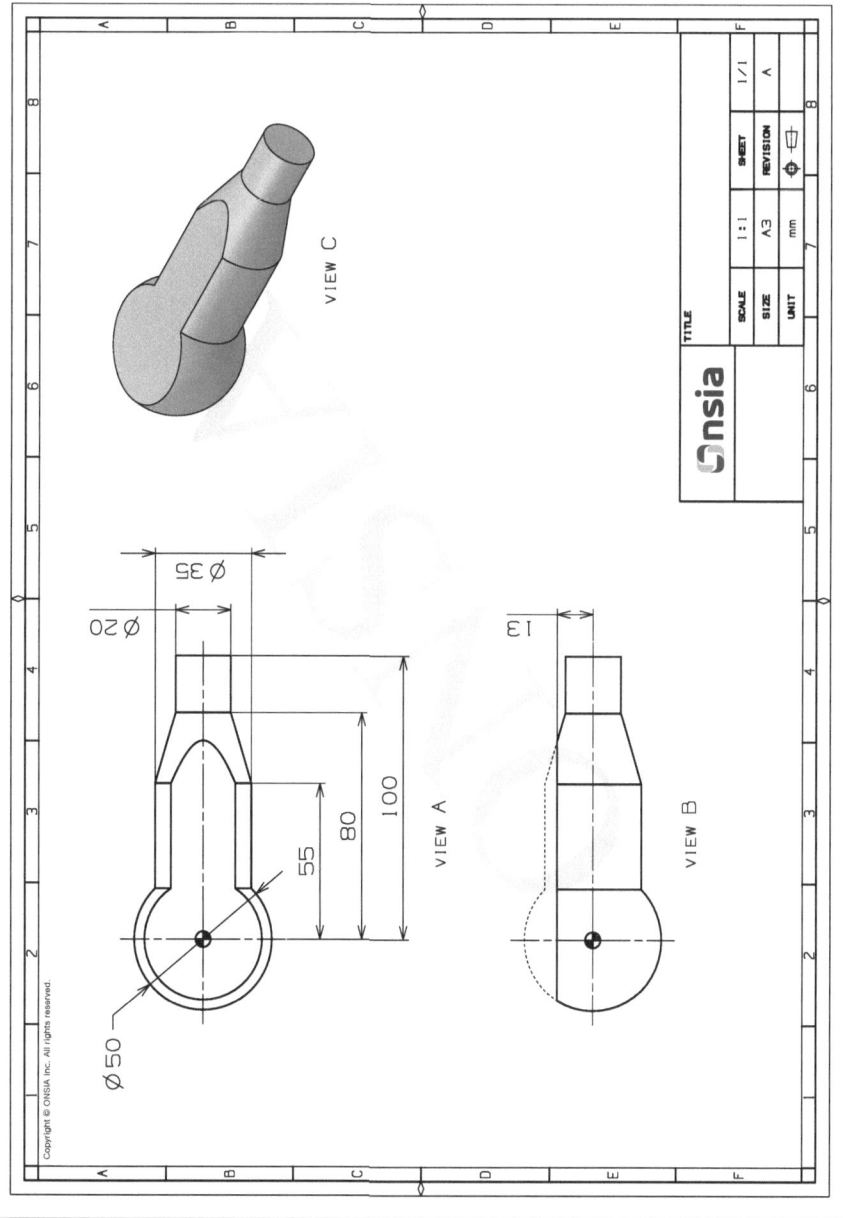

그림 7-82 Exercise 08의 도면

7 장: 참조 개체(Reference Element)

Exercise 09 Reference Line

ch07_009.CATPart

그림 7-83의 도면을 참고하여 솔리드 파트를 생성하시오.

조건

1. 스케치는 완전구속 되어야 한다.
2. Fix 구속은 사용하지 않는다.

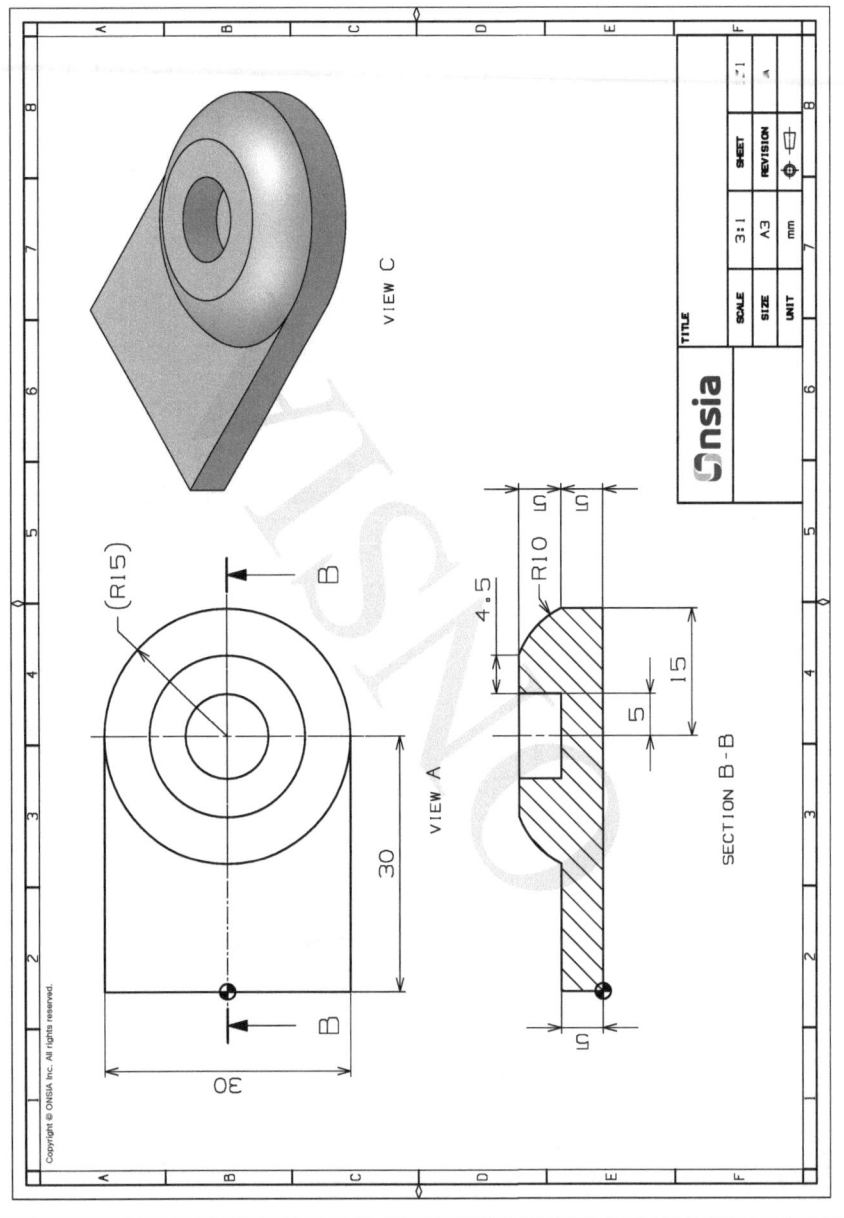

그림 7-83 Exercise 09의 도면

ch07_010.CATPart   **Reference Plane - Angle/Normal to Plane**   **Exercise 10**

그림 7-84의 도면을 참고하여 솔리드 파트를 생성하시오.

조건

1. 최종 형상은 단일 솔리드 바디여야 한다.
2. 구멍은 Hole 기능을 이용하여 생성한다.

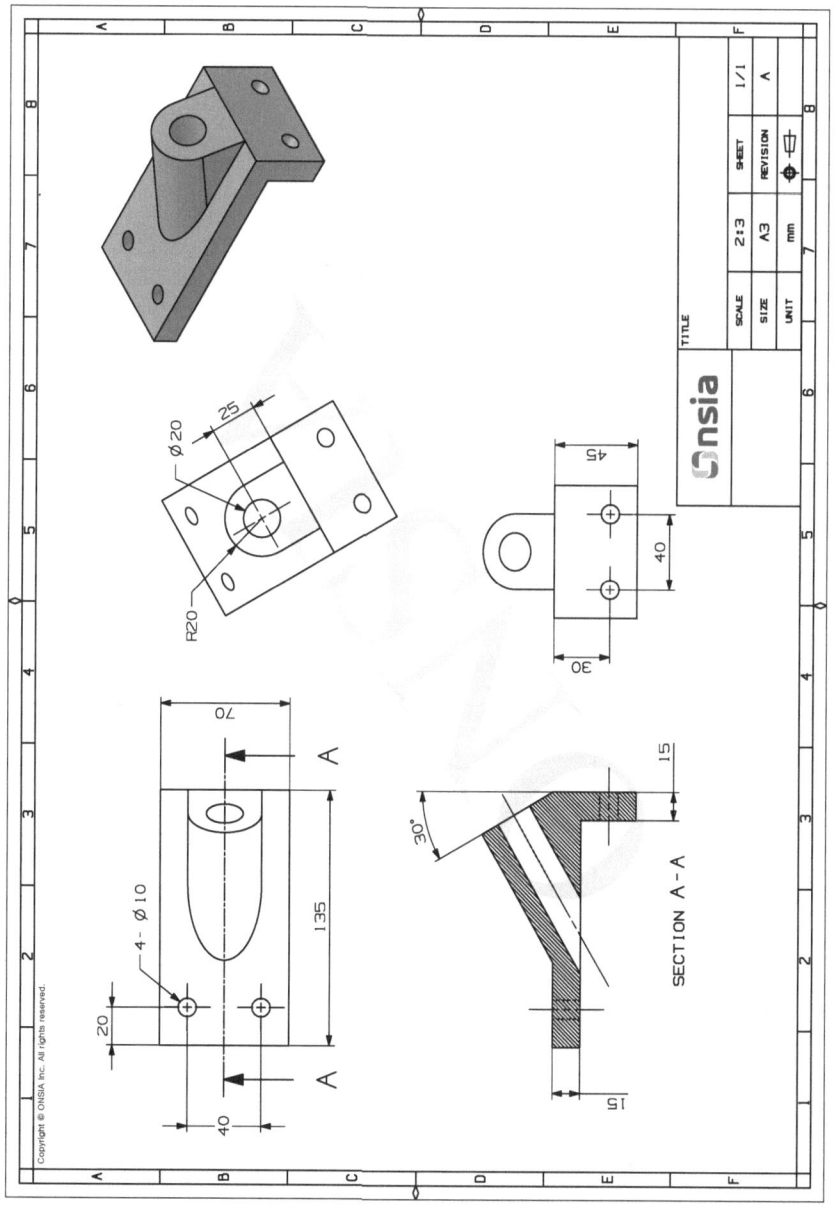

그림 7-84 Exercise 10의 도면

7장: 참조 개체(Reference Element)

Exercise 11 Reference Plane - Angle/Normal to Plane   ch07_011.CATPart

그림 7-85의 도면을 참고하여 솔리드 파트를 생성하시오.

조건

1. 최종 형상은 단일 솔리드 바디여야 한다.
2. 구멍은 Hole 기능을 이용하여 생성한다.

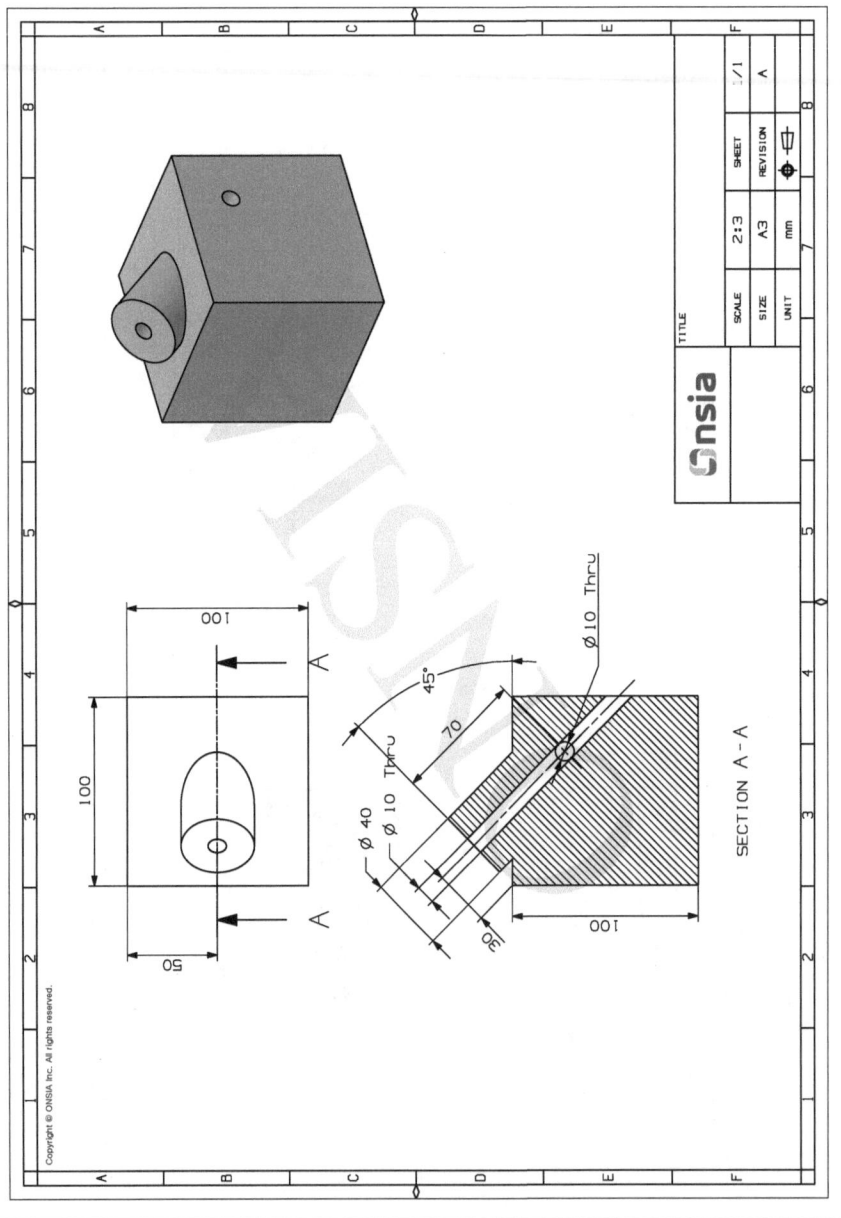

그림 7-85 Exercise 11의 도면

Chapter 8
Dress-Up 피쳐

■ 학습목표

- Fillet 기능을 이해한다.
- Chamfer 기능을 이해한다.
- Draft 기능을 이해한다.
- Shell 기능을 이해한다.

8.1 Dress-Up 피쳐

일반적인 모델링 단계를 다시 한 번 기억해보자.(51 페이지의 "2.3 모델링 단계 요약" 참고)

1. 스케치 생성

2. 3차원 형상 만들기
   - Pad, Shaft, Rib 등의 형상을 추가하는 작업 수행
   - Pocket, Groove, Hole, Slot 등 형상을 제거하는 작업 수행

3. 상세 모델링
   - Dress-Up Feature 기능을 이용한 상세 모델링 작업 수행

Sketch-Based Features 툴바에 있는 기능을 이용하여 3차원 형상을 만드는 작업을 완료한 후에는 Dress-Up 피쳐 기능을 이용하여 상세한 모델링 작업을 수행한다. 이러한 모델링 순서는 가이드라인일 뿐이며 실제로는 필요에 따라 모델링 순서를 적절히 취해야 한다. 적절한 모델링 순서를 따르지 않으면 원하는 형상을 완성하기 어렵거나 불가능할 수 있다.

Dress-Up 피쳐는 스케치를 필요로 하지 않으며 3차원 형상의 모서리, 면, 꼭지점에 적용한다. 이 챕터에서는 Dress-Up 피쳐에는 어떤 것들이 있는지 알아보고 그 용도에 대하여 살펴본다.

　① Fillet
　② Chamfer
　③ Draft
　④ Shell

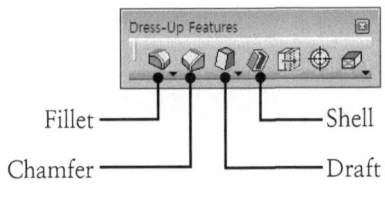

그림 8-1 Dress-Up Features 툴바

8.2 Fillet

필렛은 두 가지 방법으로 생성할 수 있다.

① 모서리에 생성
② 면과 면 사이에 생성

모서리에 생성하는 필렛을 Edge Fillet이라고 하고, 면과 면 사이에 생성하는 필렛을 Face Fillet 이라고 한다.

8.2.1 Edge Fillet

Edge Fillet은 뾰족한 모서리를 부드럽게 처리하기 위하여 사용한다. 뾰족한 모서리는 오목한 형태와 볼록한 형태가 있다. 그림 8-2의 ❹와 같은 부분은 오목한 모서리고, ❺와 같은 부분은 볼록한 모서리다.

볼록한 모서리를 뾰족하게 두면 손으로 잡을 때 다칠 수 있으며 부품간의 접촉으로 인하여 외관이 손상되어 제품으로서의 가치가 떨어질 수 있다.

오목한 모서리를 뾰족한 상태로 두면 힘을 받는 부품의 경우 응력집중이 생겨 쉽게 파손될 수 있다. Edge Fillet 기능을 이용하면 실제 제품에서 의도적으로 또는 제조 과정상 나타나는 이러한 필렛을 모델링할 수 있다.

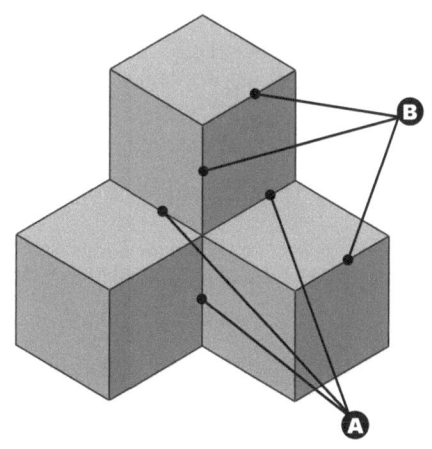

그림 8-2 모서리의 형태

8.2.2 Edge Fillet의 종류

Edge Fillet의 종류를 구분해 보자면 그림 8-3과 같다.

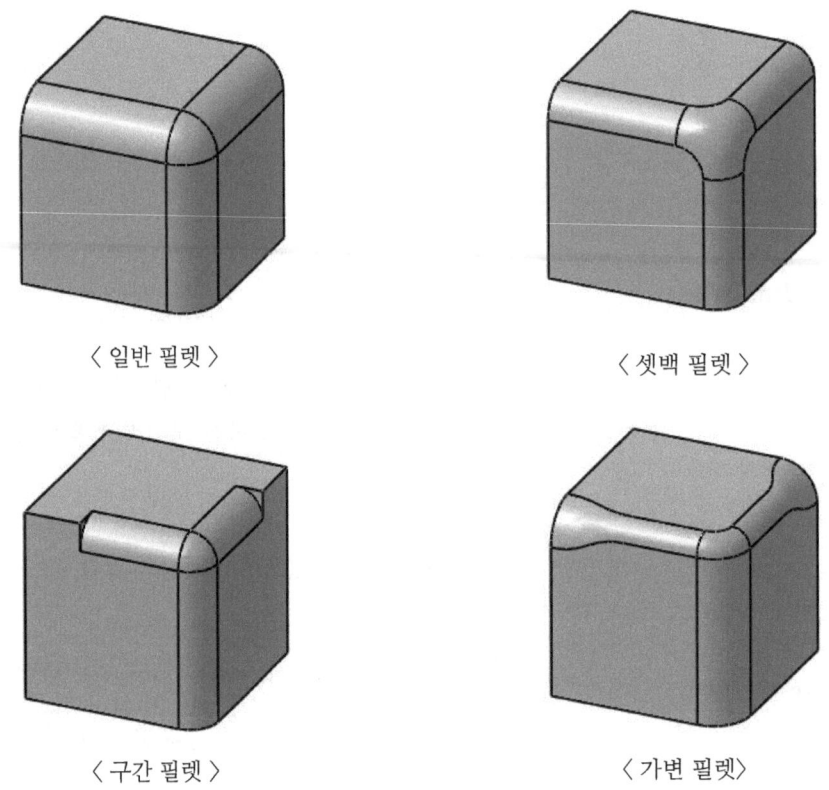

〈 일반 필렛 〉 〈 셋백 필렛 〉

〈 구간 필렛 〉 〈 가변 필렛〉

그림 8-3 Edge Fillet의 종류

셋백 필렛은 세 개 이상의 모서리가 만나는 꼭지점을 보다 부드럽게 만들기 위해 사용한다.

구간 필렛은 필렛이 잘 생성되지 않는 복잡한 모델의 모서리를 선택하여 일부분에 대하여 필렛을 생성할 때 사용한다. 점이나 Plane을 이용하여 필렛이 생성되는 영역을 지정한다.

가변 필렛은 모서리의 위치마다 다른 반경의 필렛을 생성할 때 사용한다.

셋백 필렛과 구간 필렛은 Edge Fillet 기능의 옵션을 이용하여 생성할 수 있다. 가변 필렛은 Dress-Up Features 툴바의 Variable Radius Fillet 기능을 이용하여 생성할 수 있다.

8.2.3 Edge Fillet 생성 절차

다음 절차에 따라 모서리에 일반 필렛을 생성할 수 있다. 절차의 번호는 그림 8-4의 번호에 해당된다.

① Dress-Up Features 툴바에서 Edge Fillet 아이콘을 누른다.
② 필렛 Radius를 입력하고 Tab 키를 누른다.
③ 필렛을 생성할 Edge를 선택한다.
④ 필렛 반경을 입력하고 OK 버튼을 누른다.

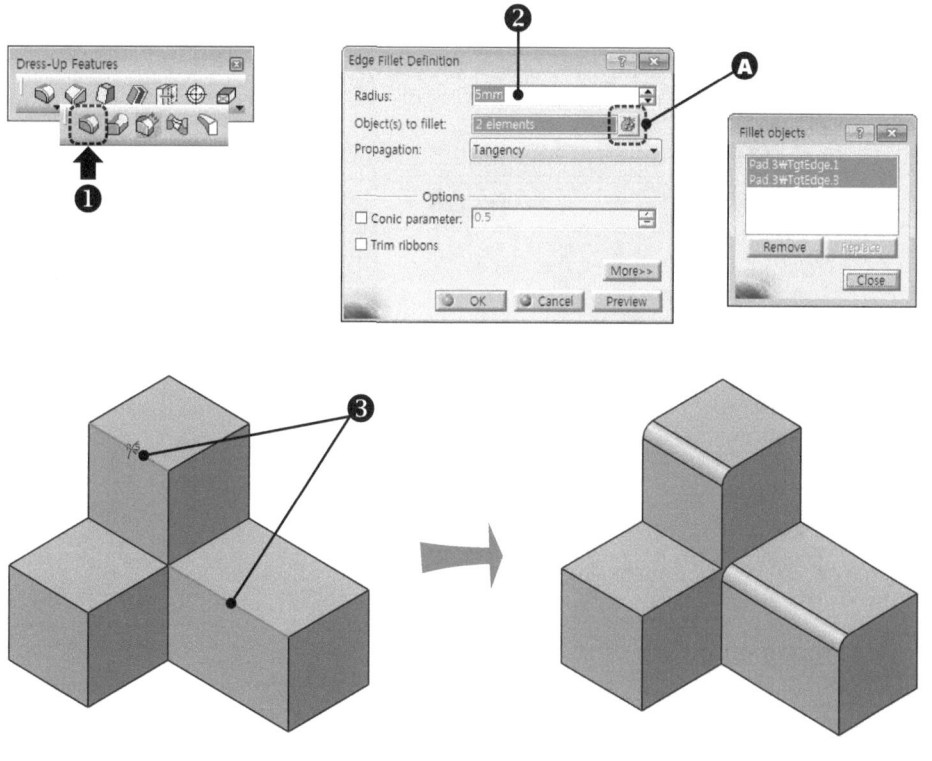

그림 8-4 Edge Fillet 생성

> **모서리 선택 취소**
>
> ① Ctrl 또는 Shift 키를 누르고 취소하고자 하는 모서리를 화면에서 선택한다.
> ② Edge Fillet Definition 대화상자에서 다중 선택 버튼(그림 8-4의 Ⓐ)을 클릭한다. Fillet objects 대화상자에서 해당 모서리를 선택한 후 Remove 버튼을 누른다.

Exercise 01 — Selection Mode 이해

ch08_001.CATPart

① ch08_001.CATPart 파일을 연다.
② 그림 8-5의 ❹로 표시한 세 개의 모서리에 R5 필렛을 생성한다.
③ 다시 Edge Fillet 버튼을 누른다.
④ Propagation 옵션을 Tangency로 선택한다.
⑤ 그림 8-5의 ❺ 모서리를 선택한다.
⑥ 반지름 5mm를 입력하고 OK 버튼을 누른다.

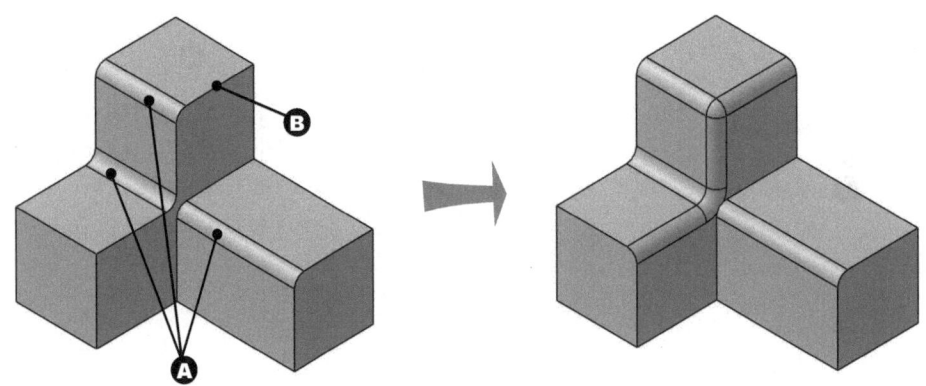

그림 8-5 Tangency 옵션

END of Exercise

> **! Propagation**
>
> ① Tangency: 탄젠트로 연결되어 있는 모서리를 한꺼번에 선택한다.
> ② Minimal: 마우스 포인터가 가리키는 모서리만 선택한다.
> ③ Intersection: 선택한 피쳐와 나머지 형상과의 경계 모서리를 한꺼번에 선택한다.
> ④ Intersection with selected features: Object(s) to fillet 선택 영역과 Selected features 선택 영역에서 선택한 피쳐 사이에 이루는 모서리가 자동으로 선택된다.

8.2.4 Setback Fillet

셋백 필렛 기능은 모서리가 세 개 이상 만나는 꼭지점을 좀 더 부드럽게 처리하기 위해 사용한다. 모서리가 4개, 5개가 만나는 곳에도 사용할 수 있으며 오목한 모서리와 볼록한 모서리가 만나는 곳에서도 사용할 수 있다. Edge Fillet 기능의 옵션을 이용하여 셋백 필렛을 생성할 수 있다.

---

ch08_002.CATPart   **Setback 필렛 생성**   **Exercise 02**

Edge Fillet 기능을 이용하여 Blend Cornet 필렛을 생성하는 방법을 실습을 통하여 알아보자.

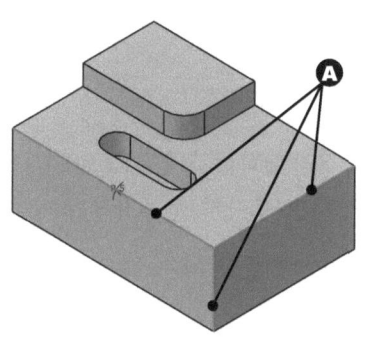

그림 8-6 모서리 선택

1. ch08_002.CATPart 파일을 연다.

2. Edge Fillet 아이콘을 누른다.

3. 대화상자의 Radius를 5mm로 입력하고 Tab 키를 누른다.

4. Edge Fillet 버튼을 누르고 그림 8-6의 세 개의 모서리(Ⓐ)를 선택한다.

5. 대화상자를 확장시키고 Edge corner(s) 옵션 영역을 클릭한 후 MB3를 누른다.

6. 팝업메뉴에서 Create by vertex를 선택한다.

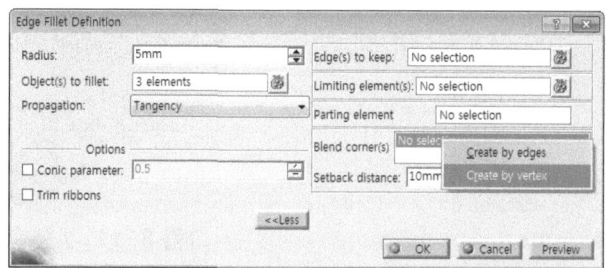

그림 8-7 Blend corner(s) 옵션

8장: Dress-Up 피쳐

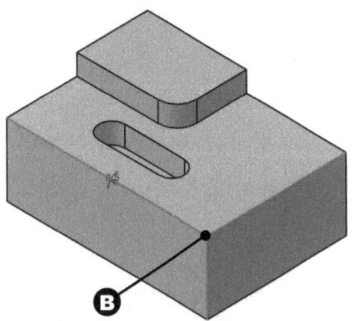

그림 8-8 꼭지점 선택

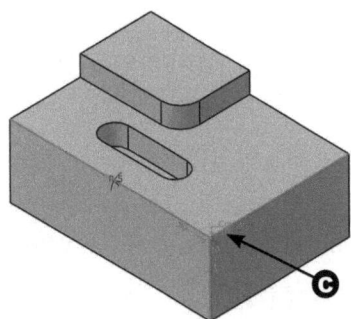

그림 8-9 Setback distance 수정

7. 그림 8-8의 **B** 꼭지점을 선택한다.

8. 그림 8-9의 치수 **C**를 더블 클릭하여 Setback distances를 입력한다.

그림 8-10과 같이 대화상자에 나타난 Blend corner(s) 옵션에 MB3를 누른 후 Edit을 선택하여 Setback distance를 입력할 수도 있다.

9. OK 버튼을 누르면 그림 8-11과 같이 Blend Fillet이 생성된다.

코너 선택

그림 8-7의 대화상자에서 Create by edges를 선택하면 모아지는 꼭지점이 자동으로 선택된다.

여러 개의 꼭지점이 선택될 경우 해당 꼭지점 이름에 우클릭 > Remove를 선택하면 선택 취소할 수 있다.

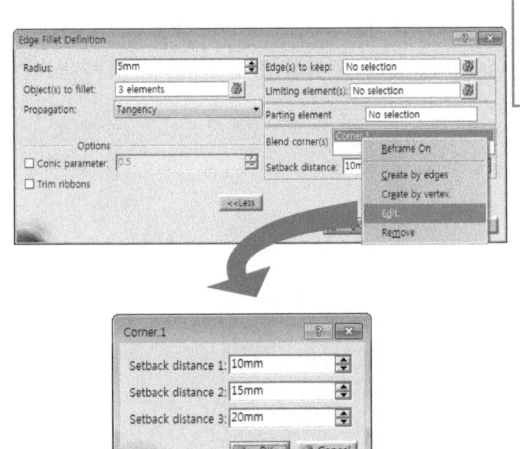

그림 8-10 Setback distance 수정

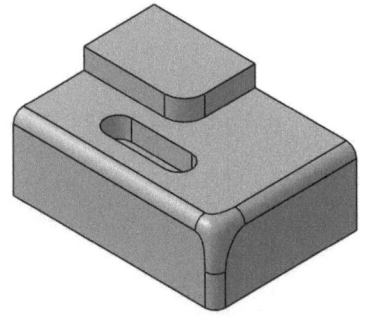

그림 8-11 생성된 Blend 필렛

END of Exercise

8.2.5 구간 필렛

모서리의 일부에 필렛을 생성하는 기능이다. Edge Fillet 대화상자를 확장시킨 후 Limiting element를 지정하여 필렛을 생성할 구간을 설정할 수 있다. Limiting element로는 점과 평면 등을 이용할 수 있다.

---

ch08_003.CATPart　　　　　　　　　　　　　　　　　　　　**구간 필렛**　**Exercise 03**

다음 설명에 따라 모서리의 한 쪽 끝에서 20mm 떨어진 곳부터 시작하여 모서리의 끝까지 필렛을 생성한다.

① Edge Fillet 아이콘을 누르고 반지름 5mm를 입력하나 후 Tab 키를 누른다.
② 그림 8-12의 ❹ 모서리를 선택한 후 More 버튼을 눌러 대화상자를 확장시킨다.
③ Limiting element(s) 옵션 영역에 MB3를 눌러 Create Point 옵션을 선택한다.
④ 그림 8-12와 같이 한쪽 모서리에서 20mm 떨어진 곳에 점을 정의한다.
⑤ 필렛이 생성될 부분의 화살표를 확인한 후 OK 버튼을 누른다.

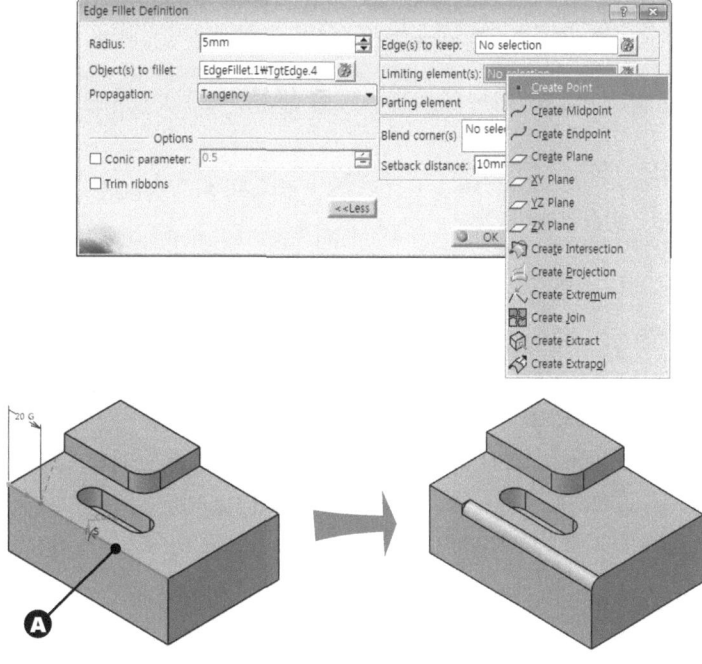

그림 8-12 제한된 필렛 생성하기

END of Exercise

8.2.6 가변 필렛

Fillets 툴바에 있는 Variable Radius Fillet 기능을 이용하면 모서리의 각 위치마다 다른 반경의 필렛을 생성할 수 있다.

Exercise 04 **Variable Radius Fillet** *ch08_004.CATPart*

그림 8-13과 같이 가변 필렛을 생성해 보자.

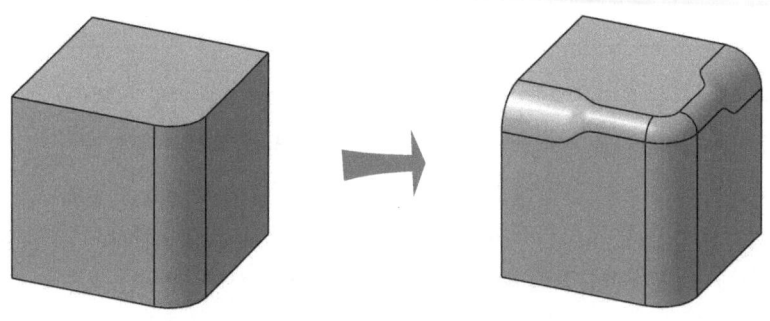

그림 8-13 가변 필렛

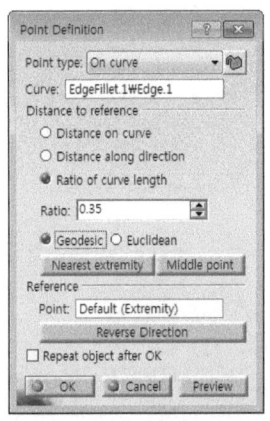

그림 8-14 Point Definition 대화상자

점 생성

1. 주어진 파일 ch08_004.CATPart를 연다.
2. Reference Elements 툴바에서 Point 아이콘을 누른다.
3. Point type 드롭다운 목록에서 On curve를 선택한다.
4. 그림 8-15의 모서리 **A**를 선택한다.
5. Point Definition 대화상자에서 Ratio of curve length 옵션을 선택한다.
6. Ratio 입력창에 0.35를 입력하고 Tab 키를 누른다. Ratio의 시작점은 꼭지점 **B** 이다. (그림 8-15)

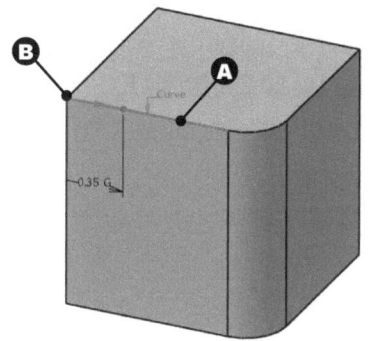

그림 8-15 Point (Ratio: 0.35)

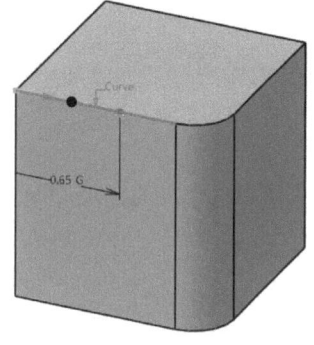

그림 8-16 Point (Ratio: 0.65)

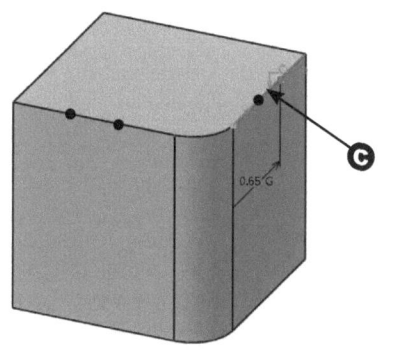

그림 8-17 다른 모서리의 점

7. 그림 8-16과 같이 Ratio 0.65 위치에 다른 점을 생성한다.

8. 같은 방법으로 그림 8-17의 **C** 모서리에 두 개의 점을 생성한다.

그림 8-18은 모서리에 생성된 네 개의 점을 보여준다.

그림 8-18 생성된 점

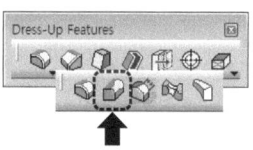

그림 8-19 Variable Radius Fillet 아이콘

Variable Radius Fillet 생성

1. Fillets 툴바(또는 Dress-Up Features 툴바)에서 Variable Radius Fillet 아이콘을 누른다.

8장: Dress-Up 피쳐

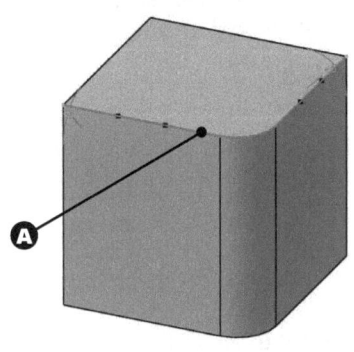

그림 8-20 선택할 모서리

2. Tangency Propagation 옵션으로 그림 8-20의 모서리 **A**를 선택한다.
3. Radius 입력창에 20mm를 입력하고 Tab 키를 누른다.
4. Point 다중 선택 버튼(그림 8-21의 **B**)을 누른다.
5. 그림 8-18에서 생성한 네 개의 점을 선택한다.

그림 8-22는 가변 필렛의 미리보기를 나타낸다.

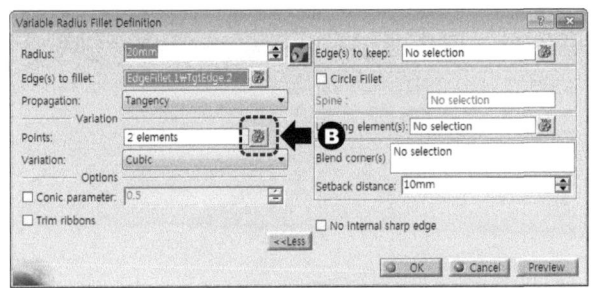 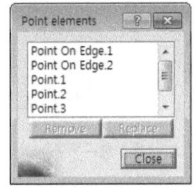

그림 8-21 Variable Radius Points 선택

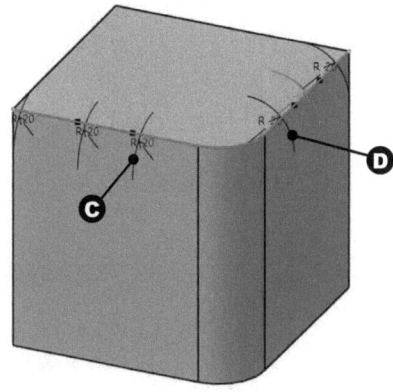

그림 8-22 Variable Radius Points

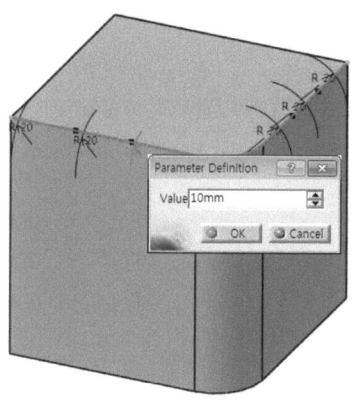

그림 8-23 Variable Radius 수정

반지름 수정

1. 그림 8-22의 **C** 치수를 더블클릭 한다.
2. Value를 10mm로 수정한 후 OK 버튼을 누른다.
3. 그림 8-22의 **D** 치수를 더블클릭 하고 Value를 10 mm로 수정한 후 OK 버튼을 누른다.
4. Variable Radius Fillet Definition 대화상자에서 OK 버튼을 누른다.

그림 8-24는 생성된 가변 필렛을 보여준다.

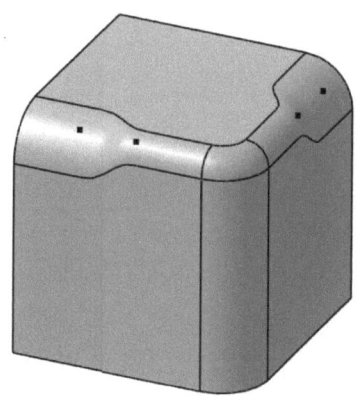

그림 8-24 Variable Radius Fillet의 결과

END of Exercise

8장: Dress-Up 피쳐

8.2.7 Edge to Keep 옵션

필렛 면이 기존 모서리를 침범할 경우 모서리가 변형될 수 있다. 모서리가 변형되지 않도록 하려면 이 옵션을 이용하여 형상을 유지시킬 모서리를 지정한다.

Exercise 05 Edge(s) to keep 옵션   *ch08_005.CATPart*

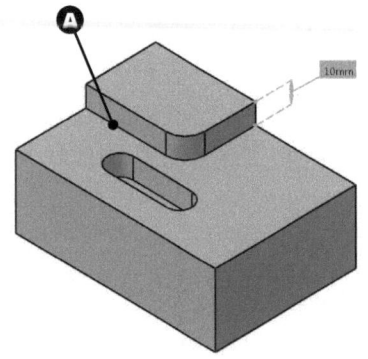

그림 8-25 모서리 필렛

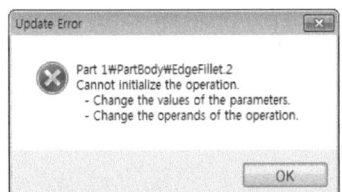

그림 8-26 오류 메시지

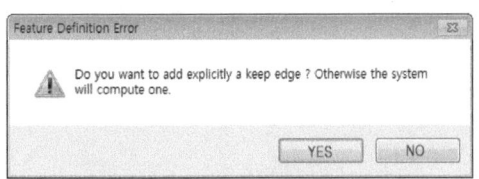

그림 8-27 Keep edge 안내 메시지

1. ch08_005.CATPart 파일을 연다.

2. Edge Fillet 아이콘을 누르고 그림 8-25의 Ⓐ 모서리를 선택한다. Propagation 옵션은 Tangency로 선택한다.

3. Radius를 20으로 입력하고 Tab 키를 누른다.

4. Fillet Definition 대화상자에서 OK 버튼을 누른다.

그림 8-26과 같은 오류 메시지가 나타난다. 이는 선택한 모서리에 R20 필렛을 생성할 수 없음을 의미한다.

5. Update Error 메시지 상자에서 확인 버튼을 누른다.

그림 8-27과 같은 메시지가 다시 나타난다. 그 의미는 다음과 같다.

"유지할 모서리를 선택하겠습니까? 그렇지 않다면 소프트웨어가 지정할 것입니다."

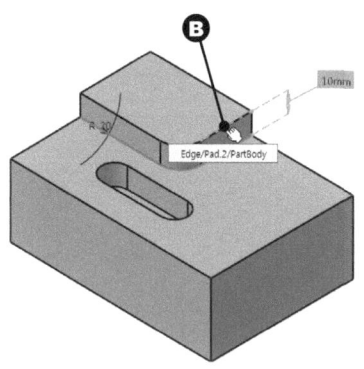

그림 8-28 유지할 모서리 선택

6. "예"를 선택한다.

7. 그림 8-28의 **B** 모서리를 선택한다.

선택한 모서리는 확장된 Edge Fillet Definition 대화상자의 Edge(s) to keep 선택 영역(그림 8-29의 **C**)에 표시된다.

8. 대화상자에서 OK 버튼을 누르면 그림 8-30과 같이 필렛이 생성된다.

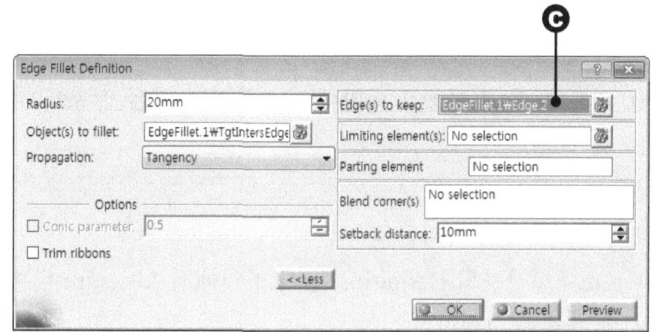

그림 8-29 확장된 Edge Fillet Definition 대화상자

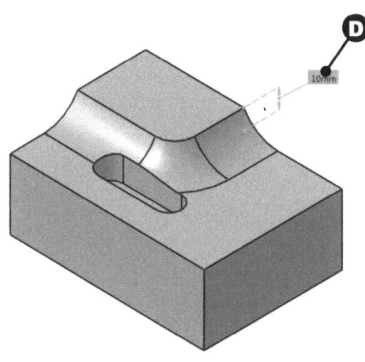

그림 8-30 생성된 필렛

> **! Fillet의 R 크기**
>
> 일반적인 필렛을 주려면 그림 8-30의 **D** 치수가 필렛 R 보다 작거나 같아야 한다.

END of Exercise

> **! Edge to keep 옵션의 이해**

그림 8-31과 같은 형상에서 Ⓐ 모서리를 유지할 경우 Ⓑ 부분의 형상을 양보해야 함을 이해하자.

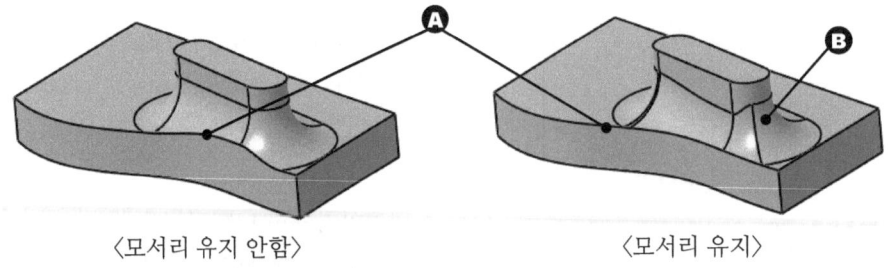

〈모서리 유지 안함〉   〈모서리 유지〉

그림 8-31 모서리 유지 옵션의 이해

> **! 화면에 치수 표시하기**

개체 사이의 거리, 각도 등을 측정하고 화면에 표시하려면 다음 절차를 따른다. (각 단계의 번호는 그림 8-32 참고)

① Measure 툴바에서 Measure 아이콘을 누른다.
② Measure Between 대화상자의 Definition 옵션 영역에서 Measure 버튼을 누른다.
③ ④ 거리를 표시할 개체를 선택한다.
⑤ Keep Measure 옵션을 체크하고 OK 버튼을 누른다.

측정의 결과는 Spec Tree에 기록되며 더블클릭하여 수정할 수 있다. 화면에 표시된 측정 결과를 더블클릭해도 된다.

Measure Definition 대화상자가 나타나 있는 동안 그림 8-32의 Ⓐ의 치수 영역 또는 Ⓑ 의 치수선에 마우스 포인터를 가져가면 드래그하여 위치를 이동시킬 수 있다.

Keep Measure 옵션을 체크하지 않으면 OK 버튼을 눌렀을 때 측정한 치수가 화면에서 사라진다.

Selection 1 mode, Selection 2 mode 드롭다운 목록에서 측정 대상을 필터링 할 수 있으며, Customize 버튼을 누르면 결과 표시 항목을 지정할 수 있다.

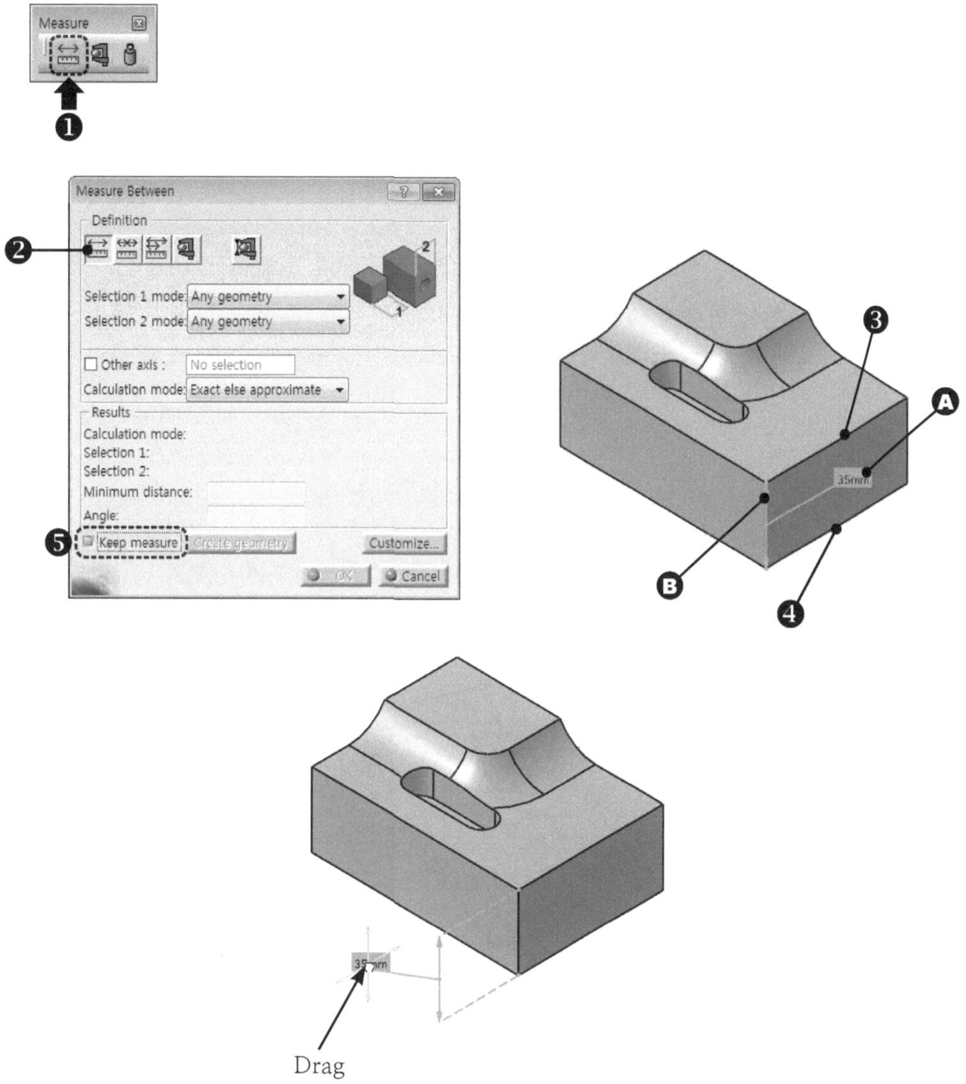

그림 8-32 거리 측정

> ### ⚠️ *Measure 툴바의 다른 기능*
>
> - ***Measure Item***: 오브젝터를 한 개 선택하여 속성을 측정할 수 있다. 모서리, 면, 피쳐와 바디를 선택하여 모서리의 길이, 면의 넓이, 피쳐의 부피, 바디의 부피를 측정한다.
>
> - ***Measure Inertia***: 면이나 솔리드 바디의 물성치를 측정한다.

8.2.8 Face-Face Fillet

면과 면을 선택하여 두 면을 부드럽게 연결하는 필렛을 생성할 수 있다.

생성 절차 (그림 8-33의 번호는 절차 번호에 해당된다.)

① Dress-Up Features 툴바에서 Face-Face Fillet 아이콘을 누른다.
② ③ 필렛을 생성할 면을 선택한다.
④ 필렛 반경을 입력하고 OK 버튼을 누른다.

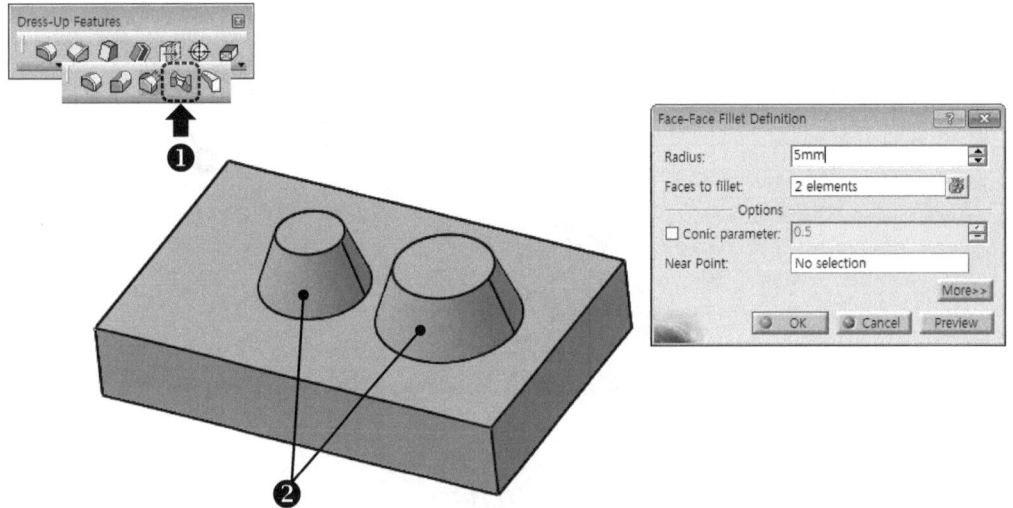

그림 8-33 Face-Face Fillet 생성 절차

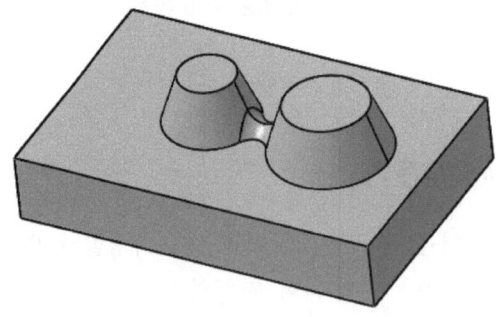

그림 8-34 생성된 Face-Face 필렛

> **Face-Face 필렛의 다른 예**
>
> 서로 떨어져 있는 바디를 연결할 수 있다.
>
>
>
> **그림 8-35** 서로 떨어져 있는 면 사이의 필렛

그림 8-36은 ❹ 면과 ❺ 면 사이에 Face Fillet을 적용하면서 Hold Curve, Spine, Edge(s) to keep 옵션을 적용한 예를 보여준다. Face-Face Fillet에서는 Hold Curve 옵션을 이용하여 면에 생성되는 모서리의 모양을 미리 정의할 수 있다. 이 때, Spine도 함께 지정해야 한다. Hold Curve와 Edge(s) to keep 옵션을 만족시켜야 하기 때문에 반지름을 입력할 수 없다. 즉, 반지름은 자동으로 변화한다.

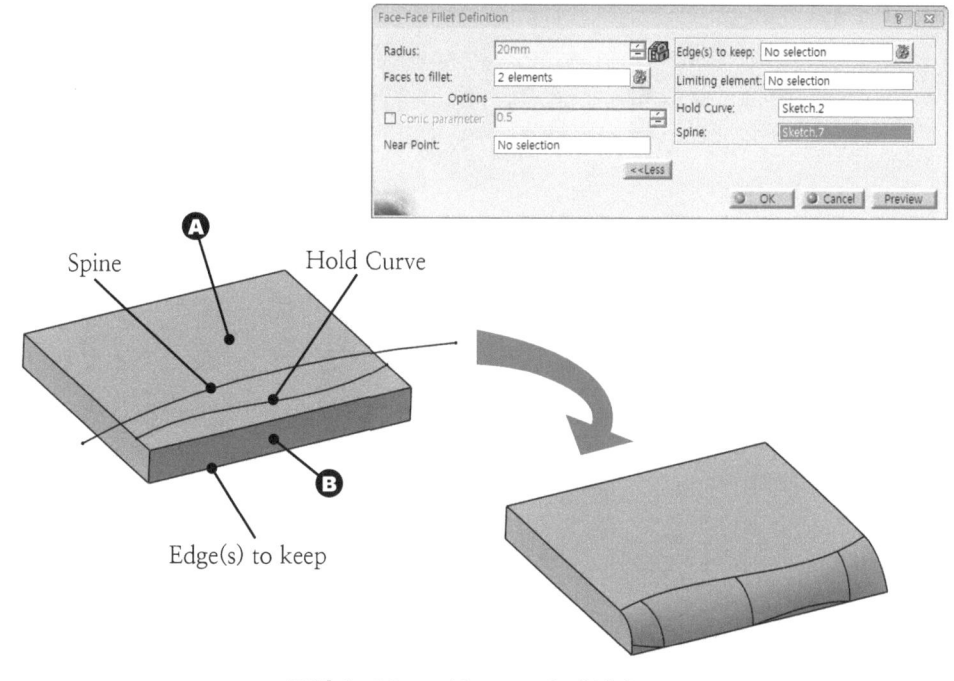

그림 8-36 Hold Curve 옵션 사용

8.2.9 Tritangent Fillet

세 개의 면에 접하는 필렛을 생성할 수 있다. 이 기능을 이용하면 두께가 얇은 형상의 끝 부분을 쉽게 처리할 수 있다.

생성 절차 (그림 8-37의 번호는 절차 번호에 해당된다.)

① Fillets 툴바에서 Tritangent Fillet 버튼을 누른다.
② ③ 필렛을 생성할 두 개의 마주보는 면을 선택한다.
④ 제거할 면(세 번째 접하는 면)을 선택한 후 OK 버튼을 누른다.

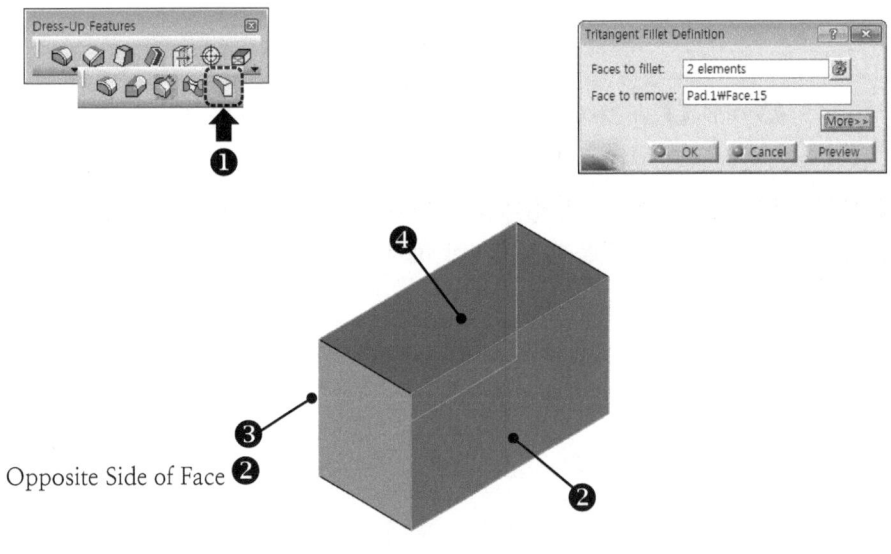

그림 8-37 삼중접 필렛 생성 절차

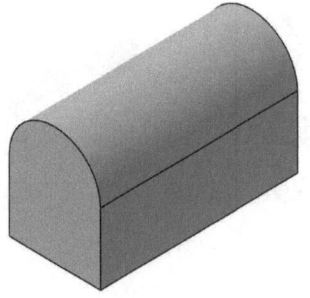

그림 8-38 Tritangent Fillet으로 생성된 면

ch08_006.CATPart   **Tritangent Fillet** **Exercise 06**

주어진 파일 ch08_006.CATPart를 열어 그림 8-39와 같이 Tritangent Fillet을 생성하시오.

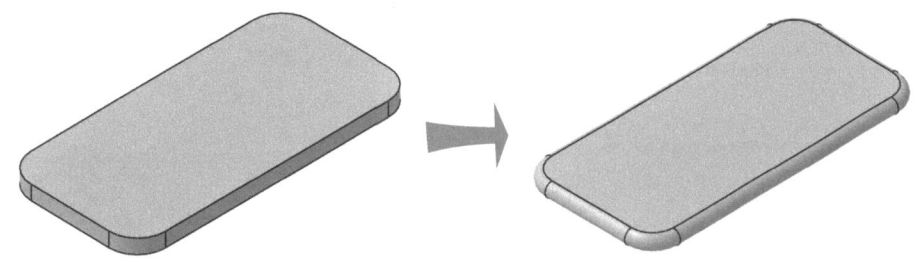

그림 8-39 Tritangent Fillet

END of Exercise

> ***Tritangent Fillet의 조건***
>
> ① 필렛을 생성할 두 면(Face to fillet)은 서로 분리되어 있어야 한다. 어떤 서피스를 필렛 서피스로 선택했을 때 그 서피스와 Tangent 연속인 서피스는 함께 선택된다.
> ② 제거될 면(Face to remove)은 필렛을 생성할 두 서피스를 연결해야 한다.

8.2.10 필렛 가이드라인

많은 필렛을 생성할 때 원하는 모양이 나오지 않거나 필렛이 불가능한 경우가 있다. 이런 경우에는 다음의 가이드라인에 따라 필렛을 생성하는 것이 좋다.

1. 반경이 큰 것부터 작은 것으로 진행한다.
2. 네 개 이상의 모서리가 모이는 경우 Setback을 적용하여 먼저 필렛을 생성한다.
3. 여러 번으로 나누어 적용한다.
4. 여러 번으로 나누어 필렛을 수행할 때는 개별 모서리에 필렛을 먼저 적용하여 나중에 선택할 모서리가 탄젠트로 연결되도록 순서를 정한다.

Exercise 07   필렛 적용 순서-1   ch08_007.CATPart

주어진 파일 ch08_007.CATPart를 열어 가이드라인에 따라 필렛을 생성하시오.

Case 1: 각각의 모서리에 서로 다른 반지름 적용

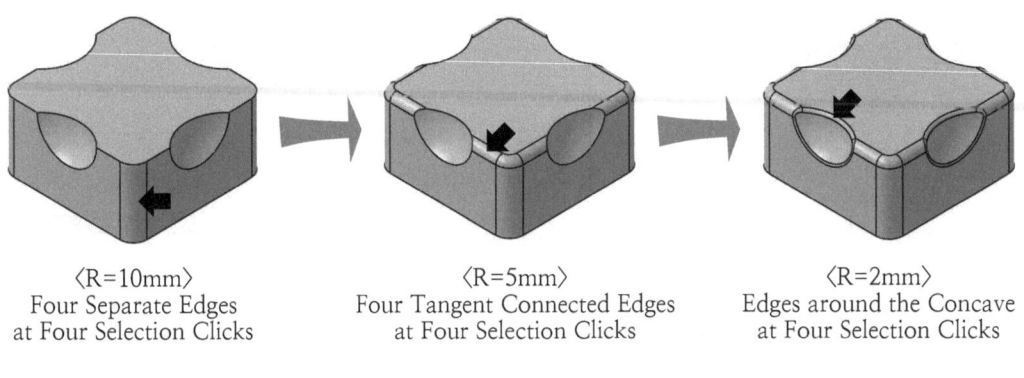

그림 8-40   서로 다른 반지름 적용

Case 2: 모두 같은 반지름 적용

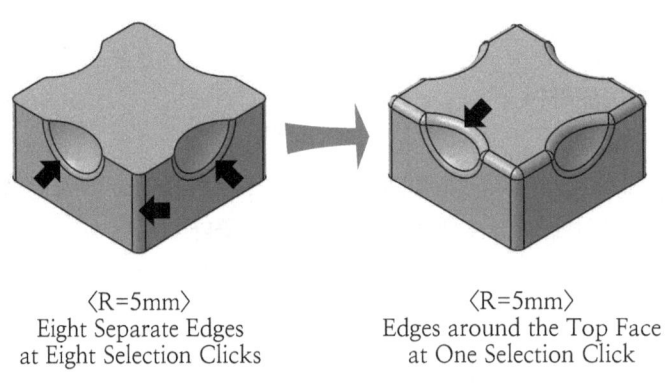

그림 8-41   같은 반지름 적용

ch08_008.CATPart   **필렛 적용 순서-2**   **Exercise 08**

주어진 파일 ch08_008.CATPart를 열어 그림 8-42와 같이 필렛을 생성하시오. 바닥면을 제외한 모든 모서리에 반지름 3mm의 필렛을 생성한다. 모서리 4 개가 모이는 곳에는 10mm의 Setback을 적용한다.

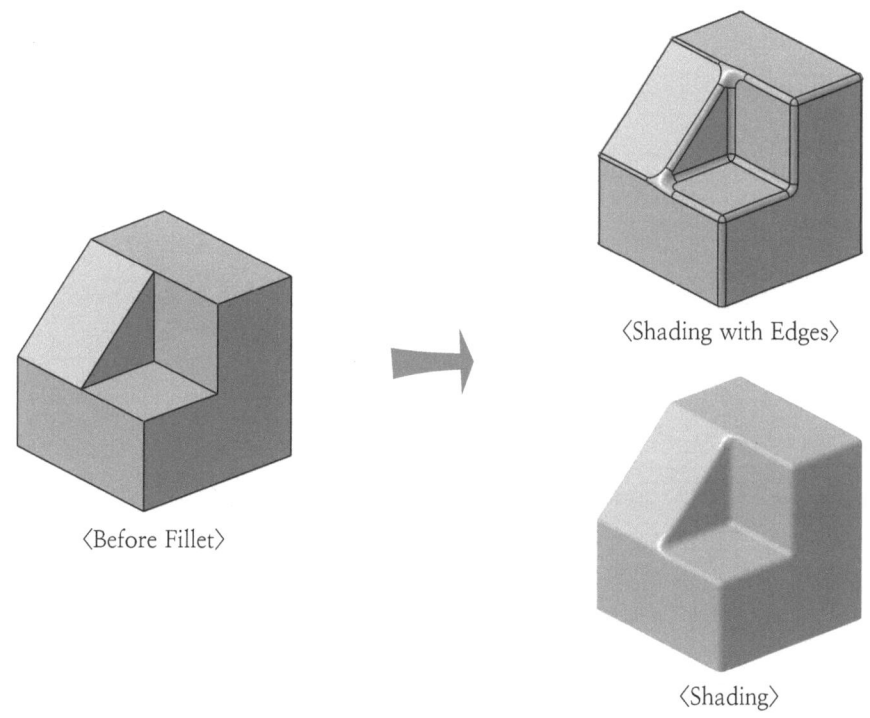

그림 8-42 Blend Corner(s) 옵션을 적용한 필렛

Hint!

그림 8-43과 같이 필렛을 3 회 적용한다.

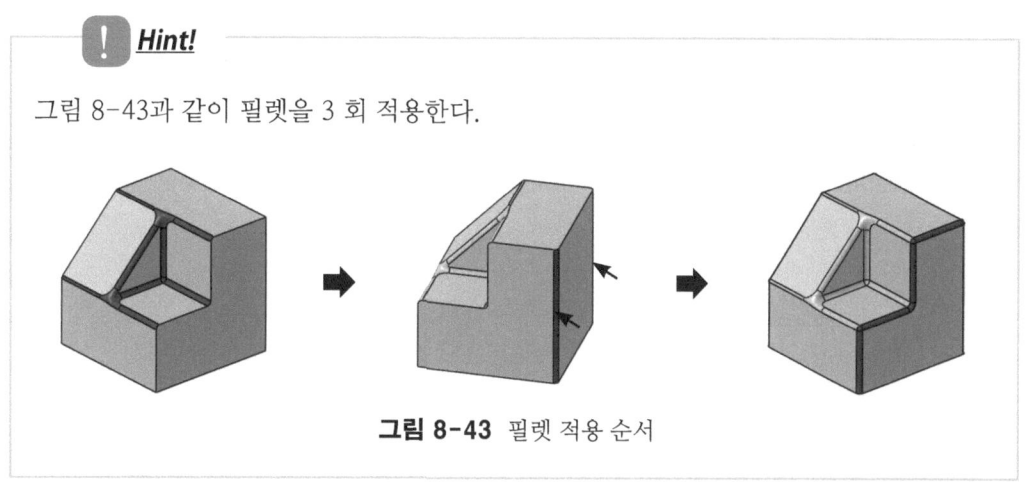

그림 8-43 필렛 적용 순서

END of Exercise

8.3 Chamfer

뾰족한 모서리는 지정된 각도로 또는 모서리에서 일정 거리를 입력하여 경사지게 만들 수 있다. 이를 Chamfer라고 한다. 그림 8-44와 같이 튀어 나온 뾰족한 모서리는 따내고, 그림 8-45와 같이 들어간 뾰족한 모서리는 채우게 된다. Chamfer는 부품의 가공 공정에서 부품 자체에 적용되고, Fillet은 금형을 제작하는 과정에서 적용되어 부품에 나타나게 되는 경우가 많다.

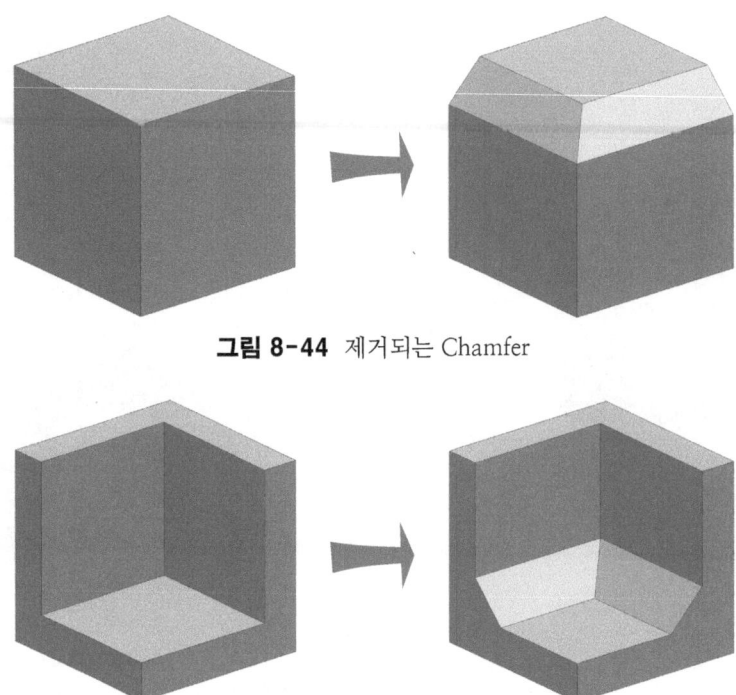

그림 8-44 제거되는 Chamfer

그림 8-45 더해지는 모따기

8.3.1 Chamfer 생성 절차

모서리에 Chamfer를 적용하기 위해 다음의 절차를 따른다. 그림 8-46의 번호는 절차 번호에 해당된다.

① Dress-Up Features 툴바에서 Chamfer 아이콘을 누른다.
② Mode 옵션을 선택한다.
③ Chamfer를 적용할 모서리를 선택한다. 면을 선택하면 면을 이루는 모든 모서리가 선택된다.
④ 파라미터를 입력한 후 OK 버튼을 누른다.

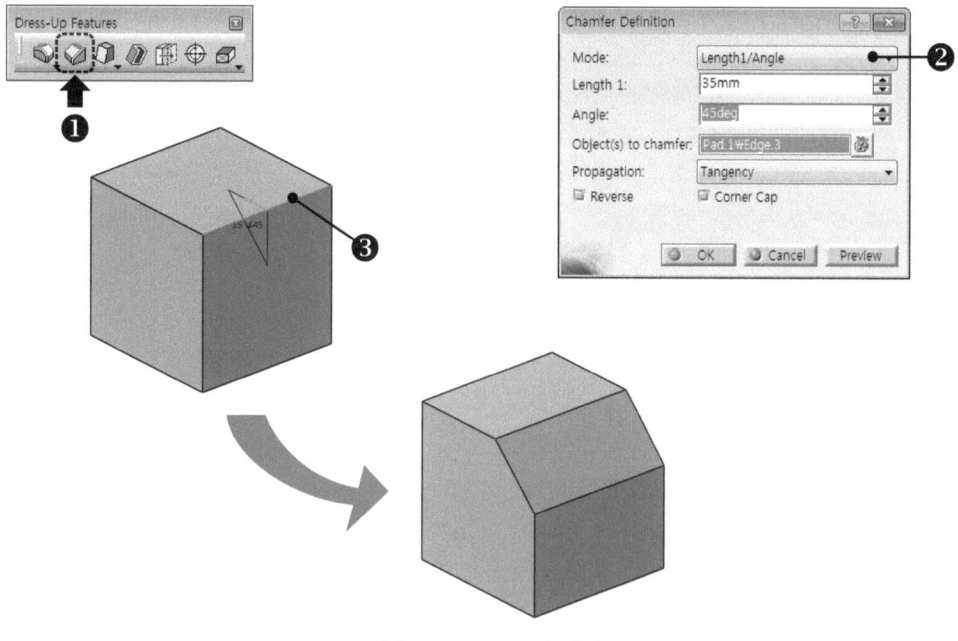

그림 8-46 모따기 생성

8.3.2 Mode 옵션

- ***Length1/Angle***: 모서리로부터 화살표 방향으로의 거리(Length1)와 각도(Angle)를 입력한다.

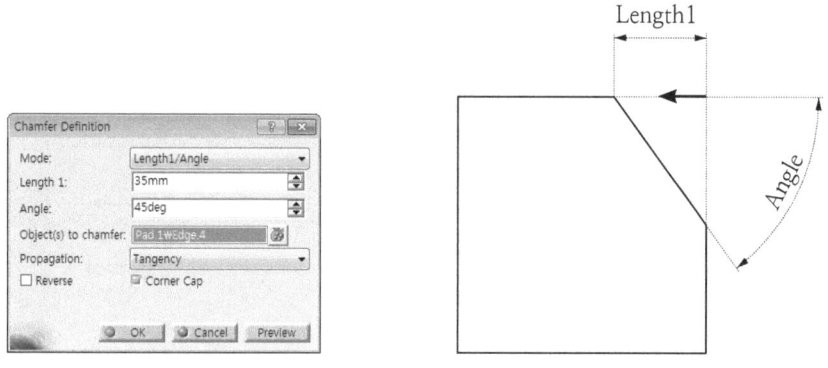

그림 8-47 Length1/Angle Mode

- **_Length1/Length2_**: 모서리로부터 두 면 방향으로 거리(Length 1과 Length 2)를 입력한다.

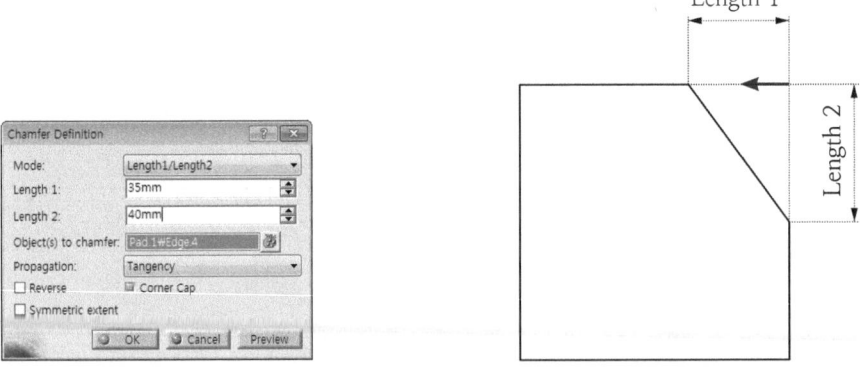

그림 8-48 Length1/Length2 Mode

- **_Chordal length/Angle_**: 화살표 방향을 기준으로 하여 각도와 Chordal Length를 입력한다.

 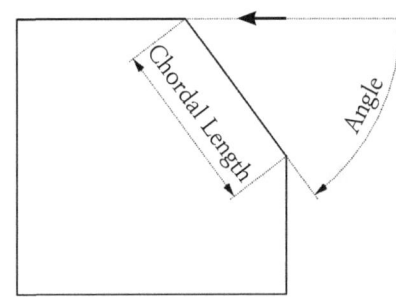

그림 8-49 Chordal length/Angle Mode

- **_Height/Angle_**: 모서리로부터 Chamfer 면까지의 높이와 기준면으로부터의 각도를 입력한다. Reverse 옵션을 체크하면 각도 기준면이 변경된다.

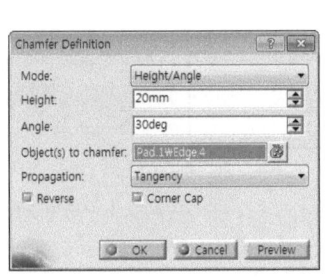 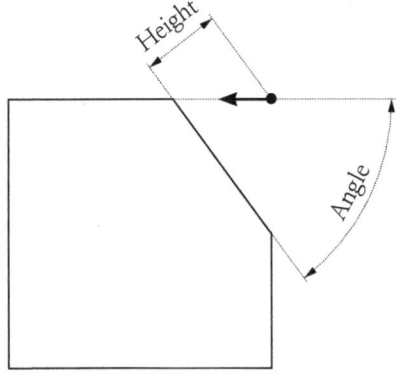

그림 8-50 Height/Angle Mode

8.4 Draft

Draft 기능을 이용하면 면에 구배를 줄 수 있다. 구배는 금형의 빼기 방향과 일정 각도를 이루도록 제품의 면을 경사(Slope)지게 만드는 것이다.

그림 8-51은 구배를 적용하기 전과 후의 형상을 보여준다.

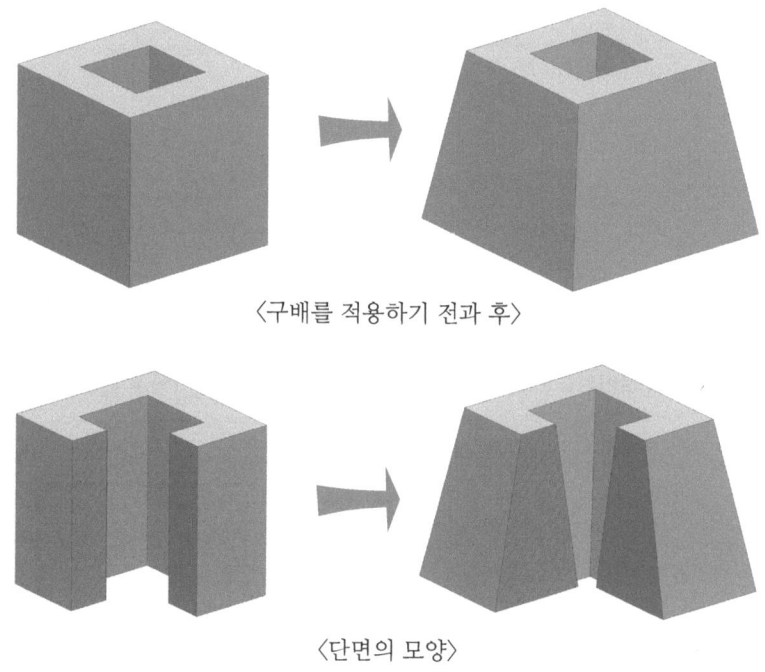

〈구배를 적용하기 전과 후〉

〈단면의 모양〉

그림 8-51 구배를 주기 전과 후의 형상

Draft 기능의 설명에 앞서 금형 용어인 빼기 구배가 필요한 이유를 알아보자.

그림 8-52와 같은 플라스틱 제품을 사출금형으로 만들려면 그림 8-53과 같은 캐비티(Cavity) 금형과 그림 8-54와 코어(Core) 금형이 필요하다.

그림 8-55와 같이 캐비티와 코어를 합형한 내부 공간(그림 8-55에서 ⓐ)에 플라스틱 수지를 충진한 후 열과 압력을 가하면 그림 8-56의 검게 표시한 부분과 같이 플라스틱 제품이 성형되고, 금형을 벌려 제품을 빼내게 된다. 그런데, 형상의 측면이 그림 8-57과 같이 금형을 빼는 방향과 나란할 경우 문제가 발생한다.

 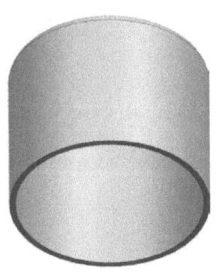

〈위에서 본 모습〉   〈밑에서 본 모습〉

그림 8-52 플라스틱 제품

 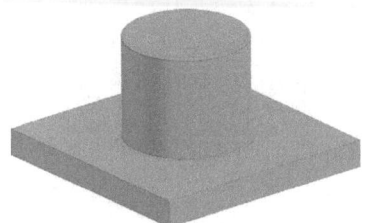

그림 8-53 캐비티(Cavity)   **그림 8-54** 코어(Core)

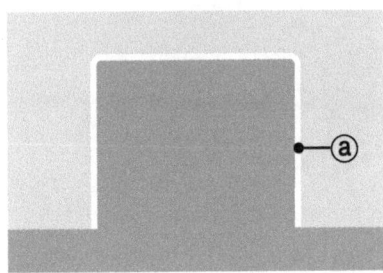 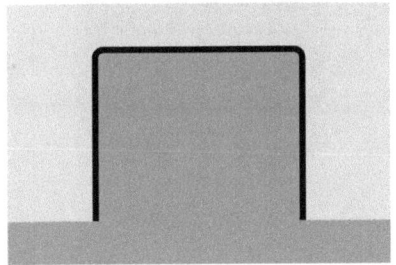

그림 8-55 합형된 캐비티, 코어에 의해 형성된 빈 공간   **그림 8-56** 성형된 제품

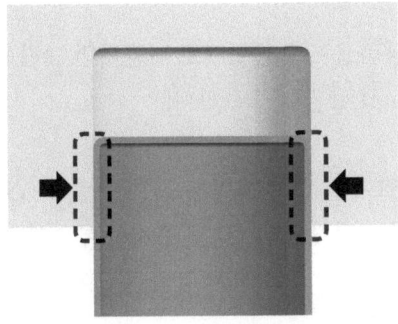

그림 8-57 플라스틱 제품이 캐비티에서 절반 정도 분리된 상태

그림 8-57의 경우 제품이 빠지려면 제품의 측면이 점선이 가리키는 부분에서, 캐비티와 면 접촉 상태에서 미끄러지면서(슬라이딩) 제품이 분리되어야 한다. 제품이 표면이 손상될 수 밖에 없다.

반면 그림 8-58과 같이 제품의 수직벽에 경사가 있다면, 그림 8-59와 같이 제품의 면과 캐비티 면은 긁힘이 없이 쉽게 분리된다. 이러한 이유로 빼기 구배를 넣는 것이다.

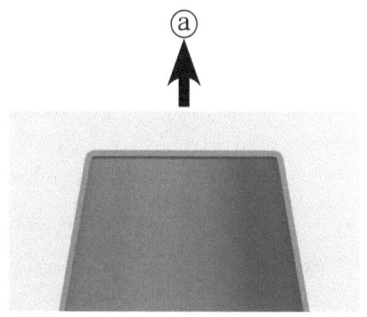

그림 8-58 빼기 구배가 적용된 제품 　　　　그림 8-59 제품의 분리

> **! Pulling Direction (그림 8-58의 ⓐ)**
>
> 금형에서 코아와 캐비티가 분리되는 방향을 금형의 빼기 방향(Pulling Direction)이라 한다. 다른 말로는 Die Direction, Draw Direction, Eject Direction 등등이 있다.

8.4.1 Draft Angle

Dress-Up Features 툴바에 있는 Draft Angle 기능을 이용하면 면에 구배를 줄 수 있다. Draft Angle 기능은 금형의 빼기 방향과 나란한 면에 적용된다.

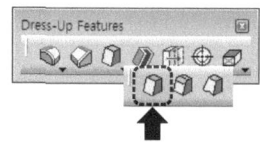

그림 8-60 Draft Angle 아이콘

8.4.2 중립면과 분할면

- ***Neutral Face(중립면)***: 구배 각의 기준이 되는 면이다. 중립면으로 자른 단면의 형상은 변하지 않는다.

- ***Parting Face(분할면)***: 금형의 상형과 하형이 맞닿는 면이다. 제품으로 보자면 상형에서 나오는 부분과 하형에서 나오는 부분의 경계가 되는 면이다.

분할면과 중립면은 같을 수도 있고 다를 수도 있다.

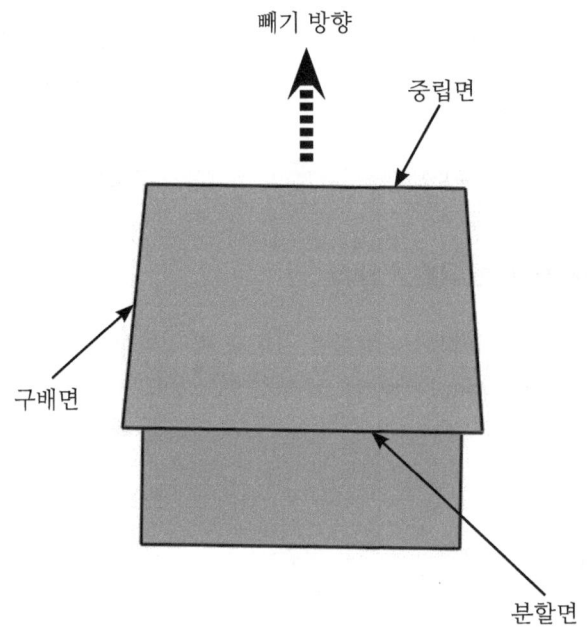

그림 8-61 금형 용어 이해

ch08_009.CATPart **Draft Angle** | **Exercise 09**

빼기 방향과 중립면이 그림 8-62와 같다고 할 때 주어진 파일을 이용하여 구배각을 적용하시오.

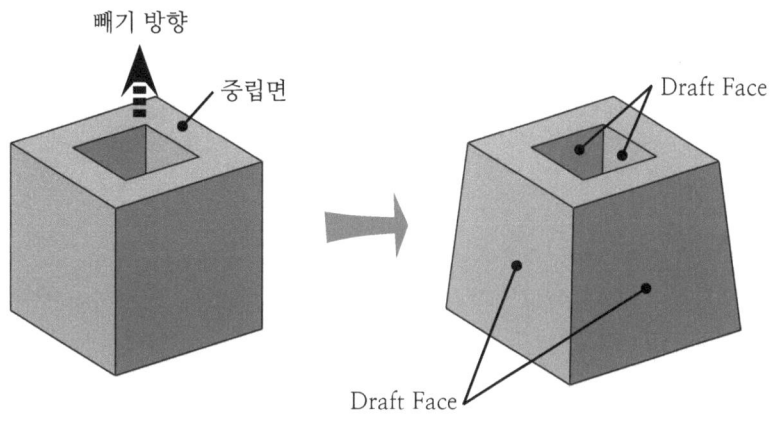

그림 8-62 구배각 생성

1. 주어진 파일 ch08_009.CATPart를 연다.
2. Dress-Up Features 툴바에서 Draft Angle 아이콘을 누른다.
3. Angle 입력창에 5 deg를 입력하고 Tab 키를 누른다. Face(s) to draft 선택 영역이 활성화 되어 있고, 스테이터스바에는 Face to draft(구배를 줄 면)를 선택하라는 메시지가 나타난다.
4. 그림 8-63과 같이 8 개의 면을 선택한다.

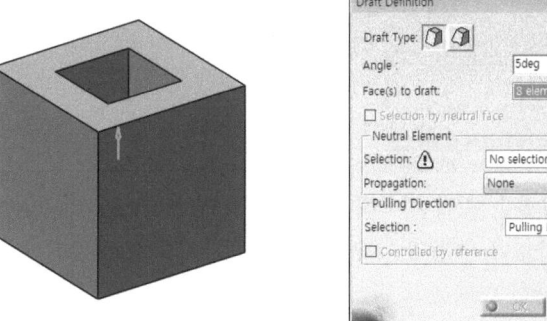

그림 8-63 Face to Draft 선택

8장: Dress-Up 피쳐

5. Neutral Element 옵션의 Selection 선택 영역을 클릭한다.
6. 그림 8-64의 화살표로 가리키는 면을 중립면(Neutral Element)으로 선택한다. 빼기 방향(Pulling Direction)은 중립면에 직각으로 설정된다. 화살표 머리를 클릭하여 방향을 바꿀 수 있다.
7. Draft Definition 대화상자에서 OK 버튼을 누른다. 그림 8-65는 완성된 모델을 보여준다.

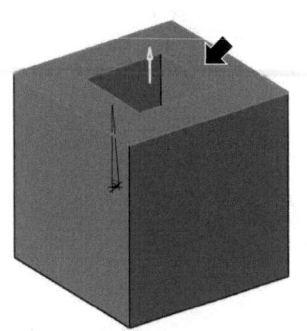 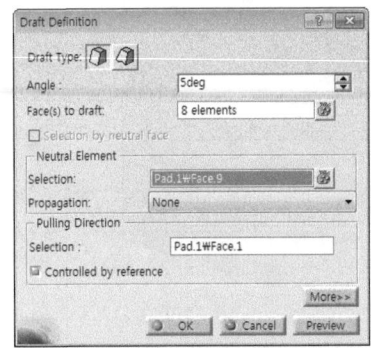

그림 8-64 중립면

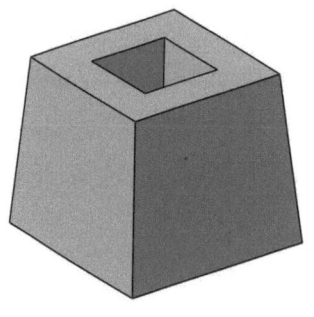 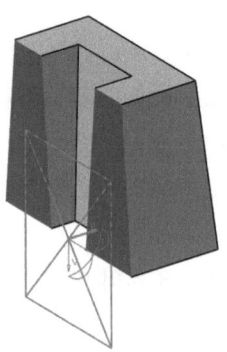

그림 8-65 완성된 모델

END of Exercise

! *Controlled by reference 옵션*

중립면을 선택하면 빼기 방향이 중립면과 직각으로 설정된다. Controlled by reference 옵션을 선택하면 중립면의 각도가 변경될 경우 빼기 방향도 따라서 변경된다.

빼기방향을 설정한 후 이 옵션을 해제하면 나중에 중립면의 형상이 바뀌더라도 빼기방향은 변경되지 않는다.

> **Dynamic Sectioning**
>
> 그림 8-65와 같이 모델의 단면을 표시하려면 Dynamic Sectioning 기능을 이용한다. Dynamic Sectioning 아이콘을 누른 후 자를 평면, 예를 들어, yz 또는 zx Plane을 선택한다.
>
>
>
> **그림 8-66** Dynamic Sectioning 아이콘
>
> Sketcher 워크벤치에서 스케치 면으로 잘린 모델뷰를 표시할 수도 있다. Visualization 툴바에서 Cut part by sketch plane 아이콘을 누르면 된다.
>
> 두 경우 모두 실제로 모델을 자르는 것이 아니라는 점에 주의한다.

8.4.3 Draft Reflect Line

그림 8-67에서 ⃝로 표시한 부분에 구배를 적용하지 않고 금형을 뽑을 경우 금형이 빠지지 않거나 표면이 긁힐 수 있다.

이 경우 Reflect Line을 기준으로 하여 지정된 각도로 접하는 면을 생성하여 구배를 적용할 수 있다. Reflect Line은 구배가 필요한 면(Face to Draft)과 구배각으로 접하는 면이 만나서 형성되는 선을 말한다.

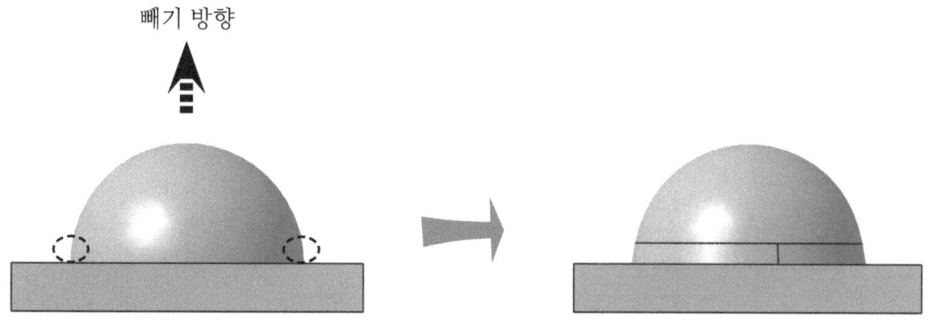

그림 8-67 빼기 방향과 접하는 면

Exercise 10　구배 적용 연습

ch08_010.CATPart

주어진 파일을 열어 빼기 방향에 대해 5°의 구배를 적용하시오.

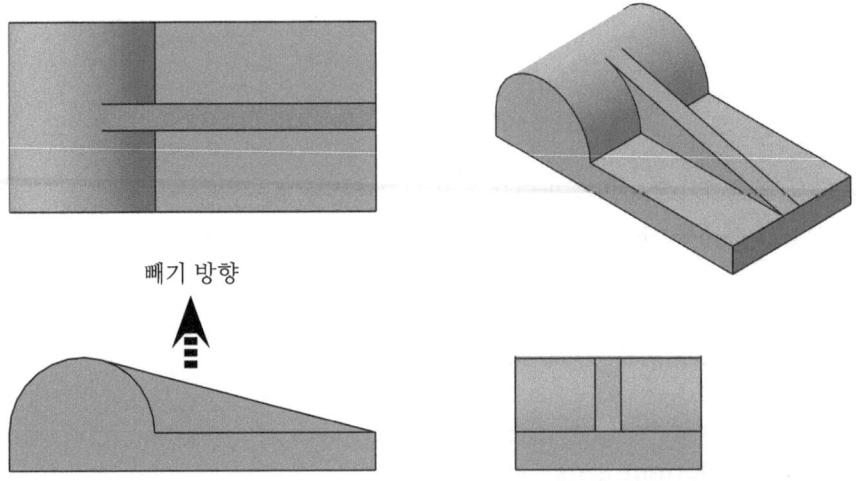

그림 8-68 구배 적용 전

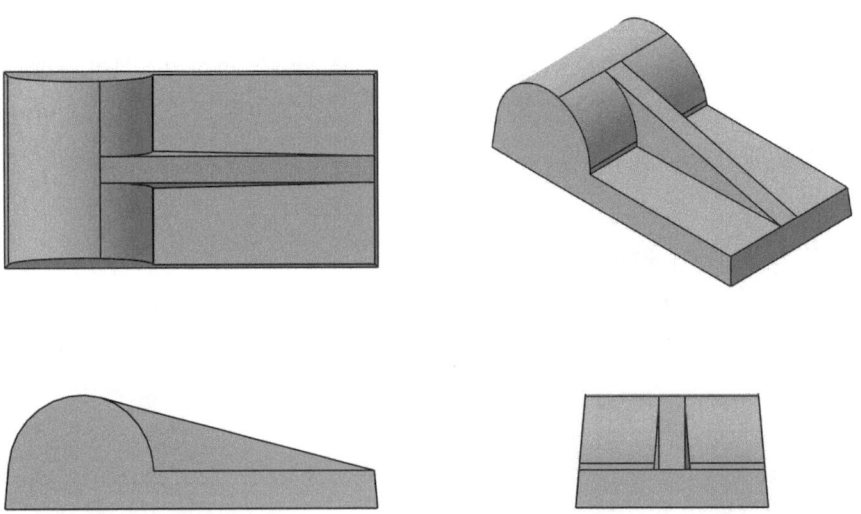

그림 8-69 구배 적용 후

END of Exercise

8.4.4 Variable Angle Draft(가변 구배)

Draft Definition 대화상자에서 Draft type을 Variable로 선택하면 각 포인트마다 다른 구배각을 설정할 수 있다. Drafts 툴바에서 Variable Angle Draft 아이콘을 사용할 수도 있다.

Point를 설정할 때는 기존 형상의 꼭지점을 선택할 수도 있고, 원하는 위치에 점이 없을 때는 Points 선택 영역에 MB3를 누른 후 생성할 수도 있다. 지정된 점에서 변화하는 구배각을 설정할 경우 구배면은 매끄럽게 생성되지 않는다는 점을 이해하자.

---

ch08_011.CATPart | **Variable Angle Draft** | **Exercise 11**

그림 8-70과 같이 가변 구배를 생성해 보자.

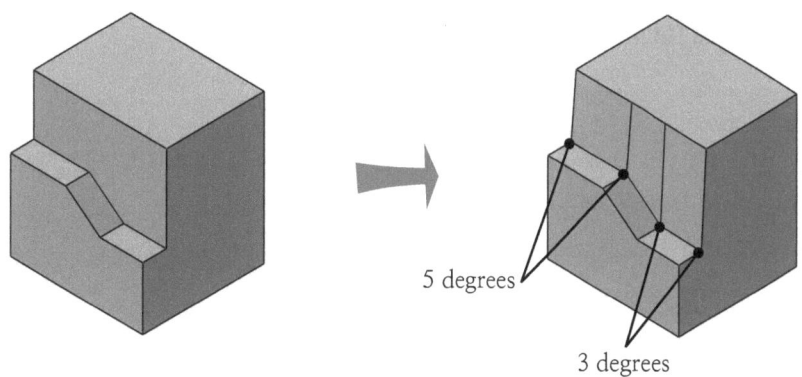

그림 8-70 Variable Angle Draft

구배면 선택

1. 주어진 파일 ch08_011.CATPart를 연다.
2. Dress-Up Features 툴바에서 Variable Angle Draft 아이콘을 누른다.
3. Angle 입력창에 5 deg를 입력하고 Tab 키를 누른다. Face(s) to draft 선택 영역이 활성화 되어 있고, 스테이터스바에는 Face to draft(구배를 줄 면)를 선택하라는 메시지가 나타난다.
4. 그림 8-71의 Ⓐ 면을 선택한다.

8장: Dress-Up 피쳐

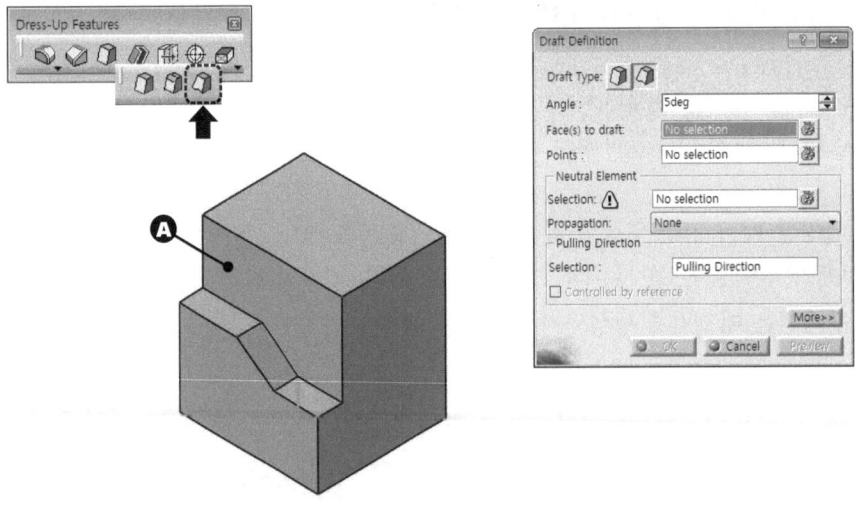

그림 8-71 Face to Draft

중립면, 가변 구배각 Point, 빼기 방향

1. Neutral Element 선택 영역을 클릭 한다.
2. 그림 8-72에 ❸로 표시한 면 3 개를 선택한다. Points 선택 영역에 두 개의 점이 지정됨을 확인한다. 지정된 점의 위치는 중립면의 선택 순서에 따라 다를 수 있다.
3. Points 선택 영역을 클릭하고 자동으로 선택된 꼭지점 이외의 꼭지점을 추가로 선택한다. 그림 8-73과 같은 오류 메시지가 나타난다.
4. 메시지 상자에서 OK 버튼을 누른다.

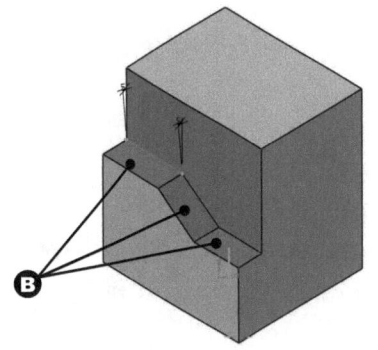 

그림 8-72 Neutral Element

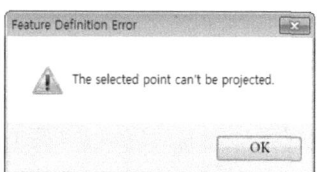

그림 8-73 오류 메시지

빼기 방향은 첫번째 선택한 중립면에 직각으로 설정된다. 제시된 방향과 다를 경우 빼기 방향을 변경하자.

5. Draft Definition 대화상자의 Pulling Direction 선택 영역에 MB3(우클릭)를 누른다.
6. 팝업메뉴에서 Z Axis를 선택한다.
7. Points 선택 영역을 클릭하고 자동으로 선택 꼭지점 외에 두 개의 꼭지점을 추가로 선택한다. 그림 8-75는 총 4 개의 점에 대한 가변 구배각의 미리보기와 대화상자를 보여준다.

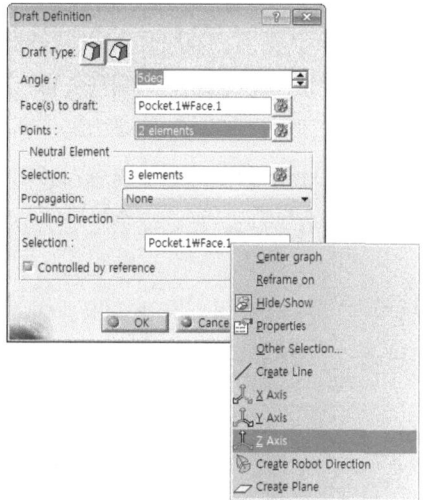

그림 8-74 빼기 방향

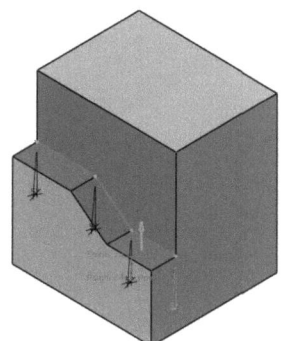 

그림 8-75 가변 구배각 Points

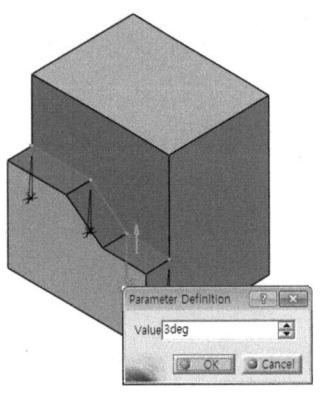

그림 8-76 각도 수정

다른 각도 지정

1. 모델에서 각도 치수 하나를 더블클릭하고 입력창에 3 deg를 입력한 후 Tab 키를 누른다.
2. Parameter Definition 대화상자에서 OK 버튼을 누른다.
3. 그림 8-77과 같이 다른 각도 치수를 더블클릭 한 후 3 deg를 입력하고 OK 버튼을 누른다.
4. Draft Definition 대화상자에서 OK 버튼을 누른다.

그림 8-77은 가변 구배각을 적용하여 완성한 모델을 보여준다.

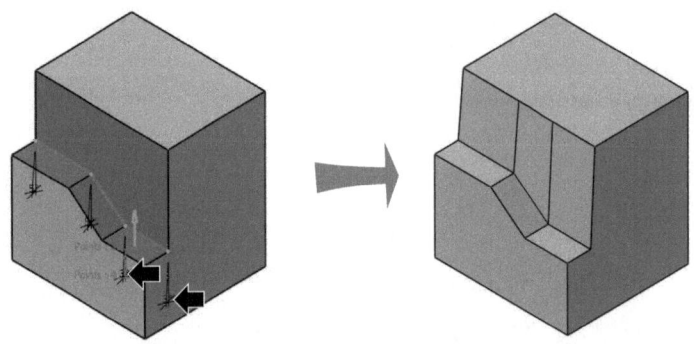

그림 8-77 완성된 모델

END of Exercise

8.4.5 Draft Angle의 다른 기능

Parting Element와 Neutral Element로 파트 중간에 있는 참조 평면(Reference Plane)을 이용하면 그림 8-78과 같이 Parting Element를 기준으로 나눠진 구배를 적용할 수 있다. 이런 형태의 구배를 적용하려면 Draft Definition 대화상자를 확장한 후 Parting = Neutral 옵션을 선택하여야 한다.

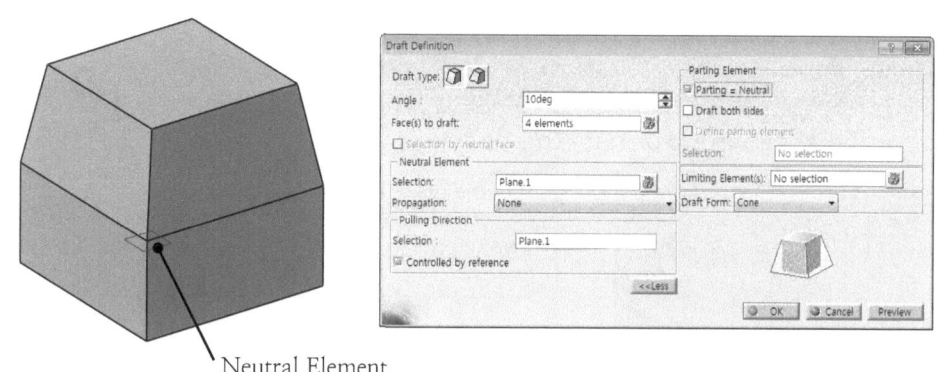

그림 8-78 Parting = Neutral 옵션

Draft both sides 옵션을 이용하면 Parting Element를 기준으로 하여 양 방향으로 같은 각도의 구배를 적용할 수 있다. 이 옵션은 Parting = Neutral 옵션을 선택 했을 때만 활성화 된다.

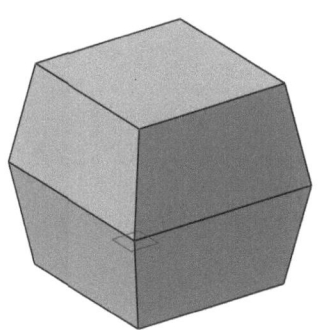

그림 8-79 Draft Both Sides 옵션

Neutral Element와 Parting Element를 다르게 설정할 수도 있다. 대화상자에서 Parting = Neutral 옵션을 해제하고 Define parting element 옵션을 체크한다. Parting Element의 Selection 선택 영역(그림 8-80의 **A**)을 클릭하고 Parting Element(Plane.1)를 선택한다. 그런 다음, Neutral Element 선택 영역(그림 8-80의 **B**)을 클릭한 후 Neutral Element (Face.5)를 선택한다.

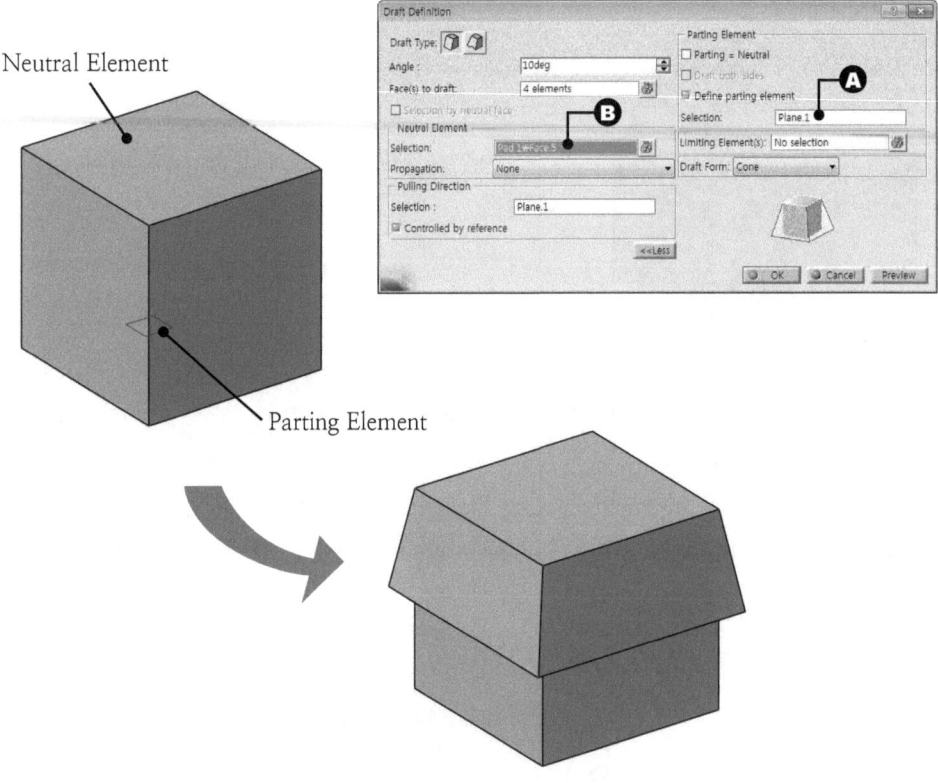

그림 8-80 Neutral Element ≠ Parting Element

8.5 Shell

솔리드 형상을 파내어 두께가 균일하거나 균일하지 않은 용기를 만든다.

생성 절차 (그림 8-81의 번호는 절차 번호에 해당된다.)

① Dress-Up Features 툴바에서 Shell 아이콘을 누른다.
② Default inside thickness를 입력하고 Tab 키를 누른다. 스테이터스바에는 제거할 면을 선택하라는 메시지가 나타난다.
③ 제거할 면을 선택한다. 여러 개의 면을 선택할 수 있다.
④ OK 버튼을 누른다.

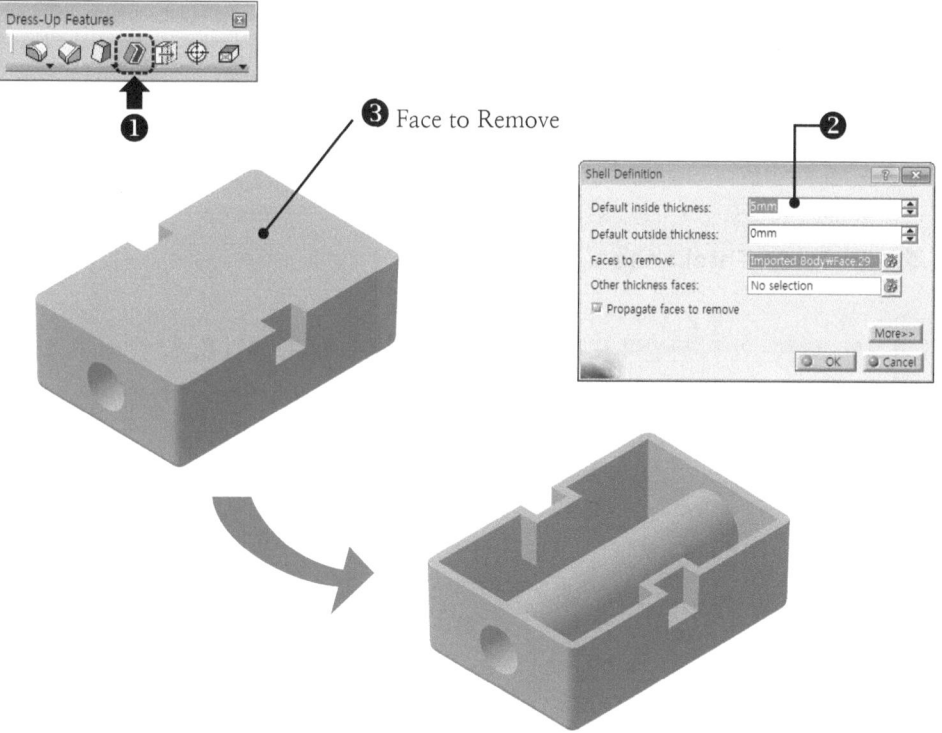

그림 8-81 Shell 피쳐 생성

제거할 면을 여러 개 선택할 수 있다. 그림 8-82는 여러 개의 면을 제거하여 생성한 모델을 보여준다. 제거할 면을 선택할 때 접하는 면은 함께 선택된다는 점에 유의한다.

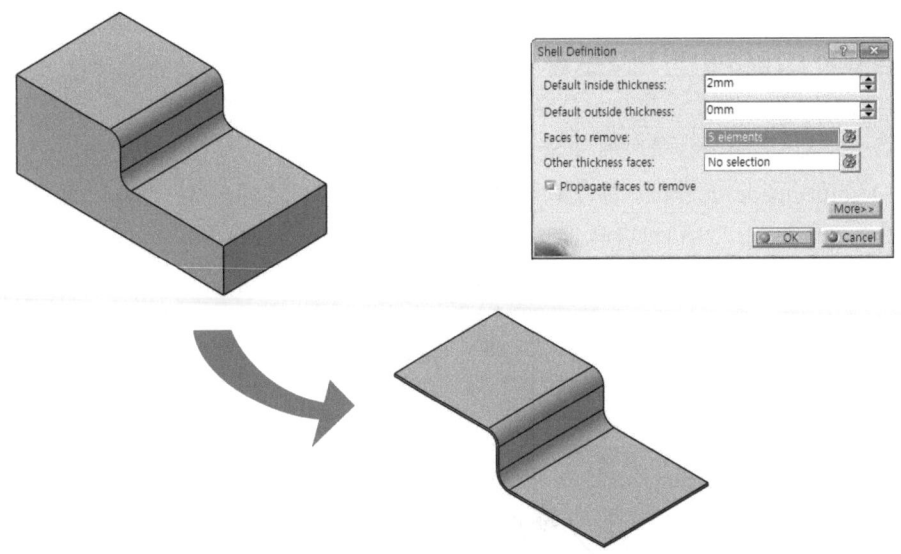

그림 8-82 여러 개의 면을 제거하기

8.5.1 Outside Thickness

Shell 피쳐의 두께는 안쪽, 바깥쪽 또는 양쪽으로 설정할 수 있다. 그림 8-83의 왼쪽 모델은 병의 체적에 해당되는 형상이다. 원하는 체적의 모델을 생성한 다음 Shell의 두께를 바깥쪽으로 설정하여 비어 있는 모델을 생성하면 비어 있는 부분의 부피가 유지된다.

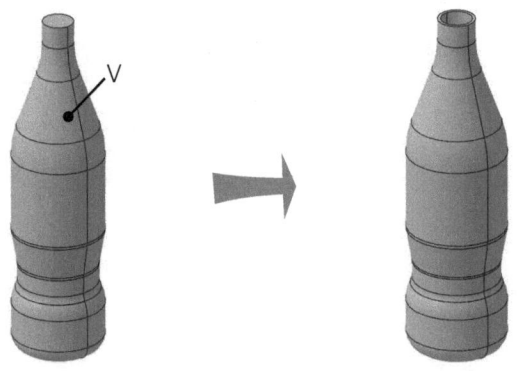

그림 8-83 Outside Thickness 옵션 이용

8.5.2 Other Thickness Faces

Shell 피쳐를 생성할 때 다음의 절차에 따라 특정 면에 다른 두께를 설정할 수 있다. 그림 8-84의 번호는 절차 번호에 해당된다.

① Shell 아이콘을 누른다.
② 기본 두께를 입력한 후 Tab 키를 누른다.
③ 제거할 면을 선택한다.
④ Other thickness surfaces 선택 영역을 클릭한다.
⑤ 기본 두께와 다른 두께를 설정할 면을 선택한다.
⑥ 다른 두께에 해당되는 치수를 더블클릭한다.
⑦ Parameter Definition 대화상자에 두께 값을 입력한 후 OK를 누른다.
⑧ Shell Definition 대화상자에서 OK를 누른다.

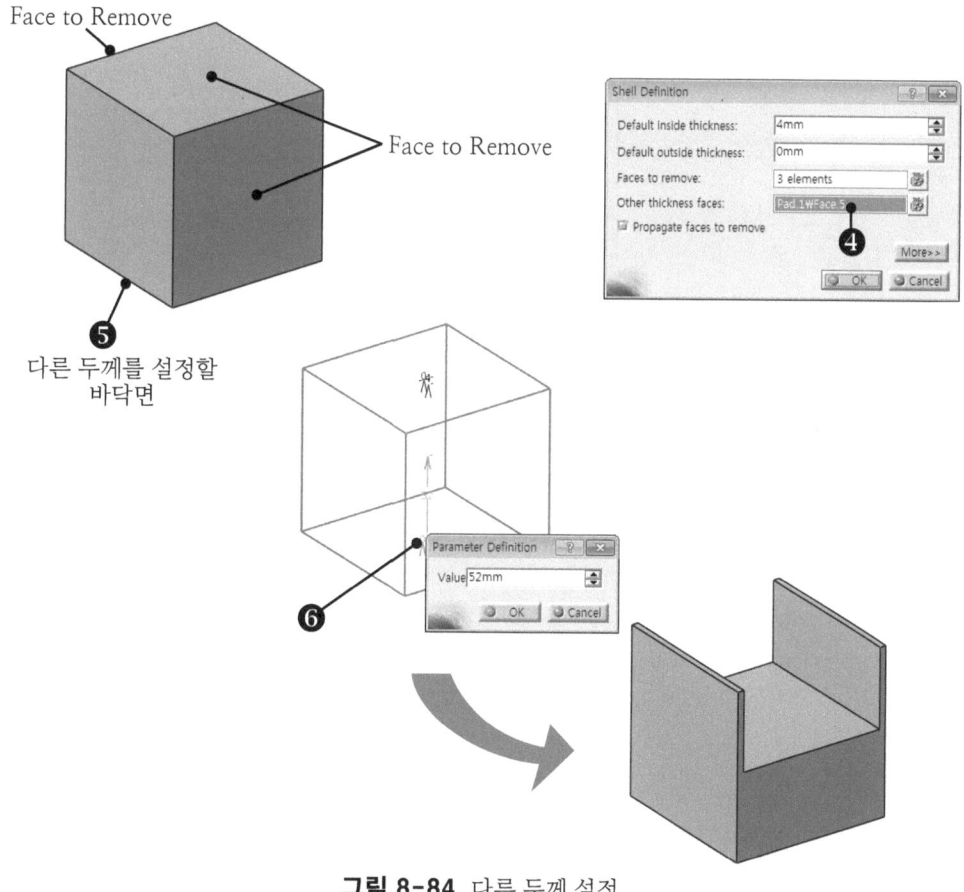

그림 8-84 다른 두께 설정

Shell 기능을 한 번 적용 했더라도 여러 번 반복하여 적용할 수 있음에 유의한다. 그림 8-84의 결과 모델에 Shell을 한 번 더 적용하여 그림 8-85와 같은 모델을 생성할 수 있다.

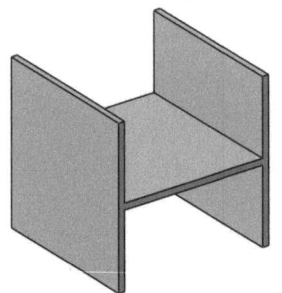

그림 8-85 Shell을 두 번 적용

솔리드 바디의 두께에 비하여 Shell의 두께가 작으면 그림 8-86과 같은 형태의 Shell을 생성할 수 있다. 10mm 두께에 해당되는 부분에 4mm의 Shell을 적용하면 2mm의 공간이 생성된다.

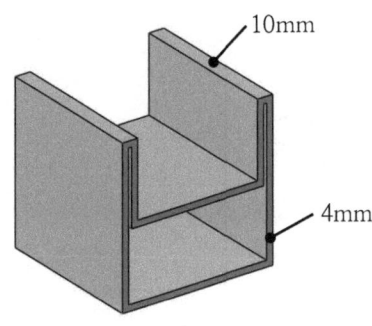

그림 8-86 두께 적용

ch08_012.CATPart **Fillet, Shell 생성　Exercise 12**

ch08_012.CATPart 파일을 열어 설명에 따라 아래 그림과 같이 Shell 피쳐와 Fillet을 생성하시오.

1. 지정한 모서리에 R5의 필렛을 생성한다.
2. 3mm의 두께를 균일하게 생성한다. 제거할 면으로 바닥면을 선택한다.
3. 바닥면을 둥글게 만든다. (Tritangent Fillet 이용)

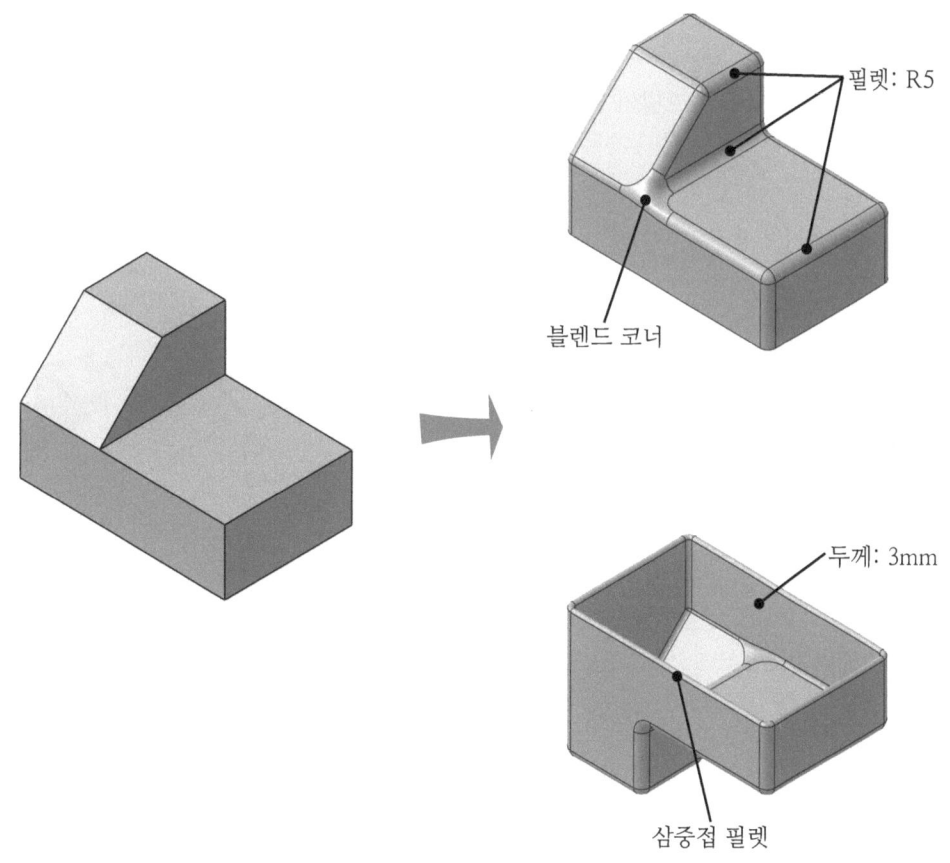

그림 8-87 Shell, Fillet 모델

END of Exercise

Exercise 13　Draft와 Fillet, Shell　　　　　　　　*ch08_013.CATPart*

ch08_013.CATPart 파일을 열어 설명에 따라 아래 그림과 같이 Draft, Fillet 및 Shell 피쳐를 생성하시오.

① 빼기 방향(밑 면에 수직)에 평행인 모든 면에 3°의 구배를 생성한다.
② 빼기 방향(밑 면에 수직)과 접하는 모든 면에 3°의 구배를 생성한다. Draft Reflect Line 기능을 이용한다.
③ 밑면을 제외한 모든 모서리에 반경 3mm의 필렛을 생성한다.
④ 2mm의 두께를 균일하게 생성한다. 제거할 면으로 바닥면을 선택한다.

그림 8-88의 절단된 모델은 모델의 안쪽 형상을 보여주기 위한 것이므로 그림과 같이 자를 필요는 없다.

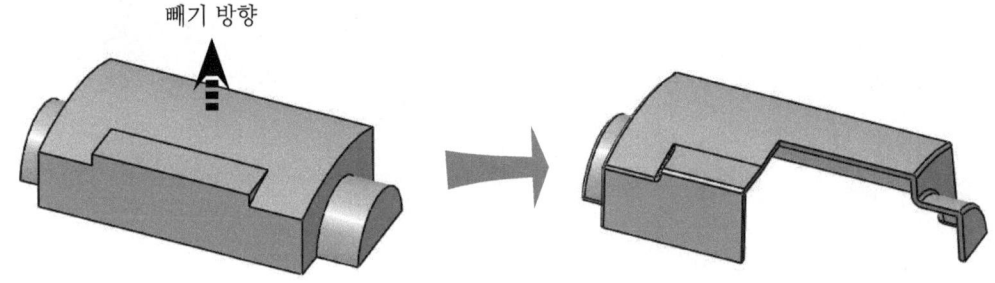

그림 8-88 Draft, Fillet, Shell 모델

END of Exercise

ch08_014.CATPart **Mounting Bracket** **Exercise 14**

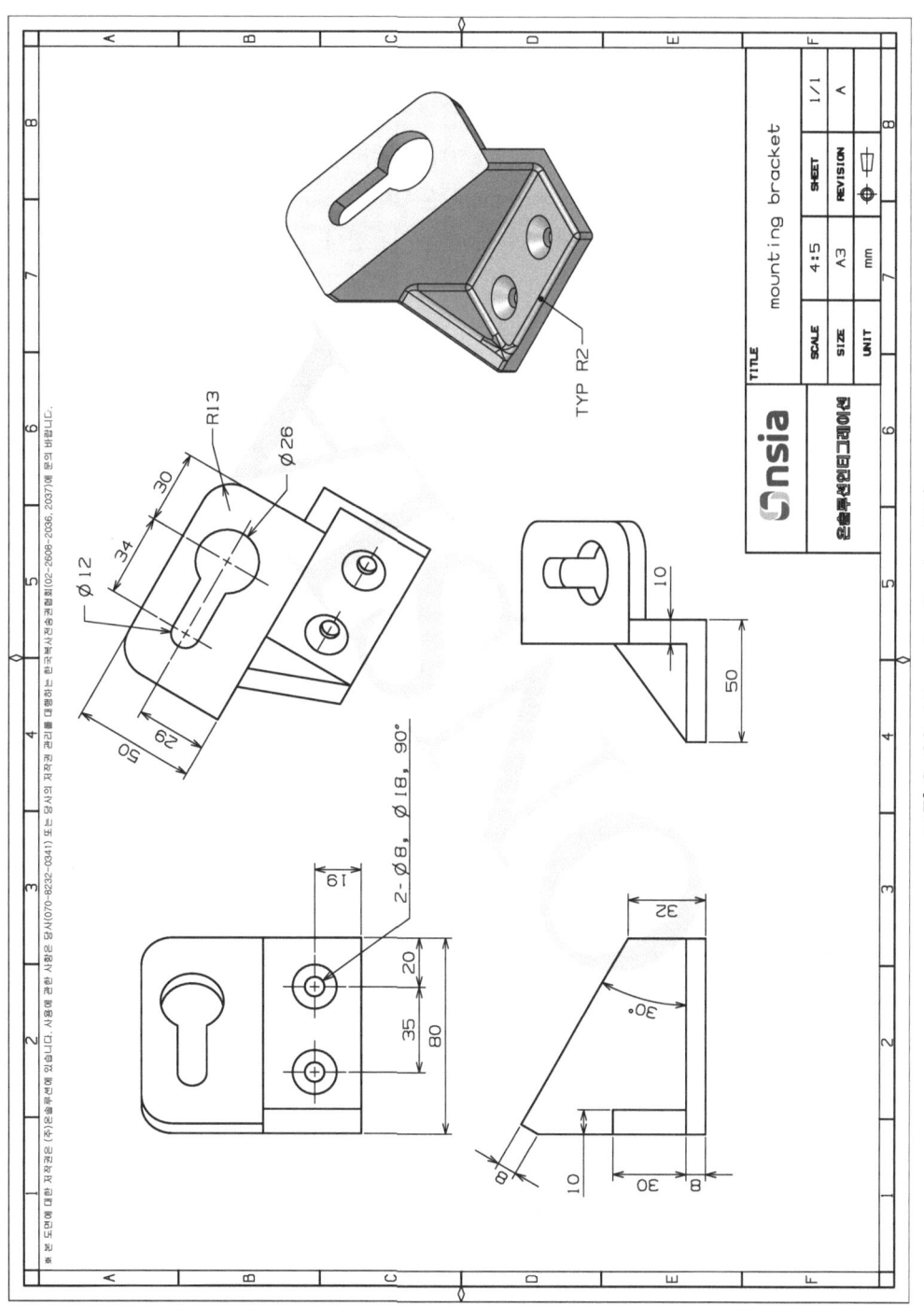

그림 8-89 Mounting Bracket 도면

Exercise 15   Plastic Cover

ch08_015.CATPart

다음 설명을 참고하여 그림 8-90의 도면을 모델링 하시오.

① 바닥면을 제외한 외형 모서리에 반경 3mm의 필렛을 적용한다.
② **A**로 표시한 면의 구배 기준면(neutral element)은 **F** 면으로 한다.
③ **B**로 표시한 면의 구배 기준면(neutral element)은 **G** 면으로 한다.
④ **C** 부분(원통면의 분할면 모서리 4곳)에도 구배를 적용한다.
⑤ Shell의 두께는 2mm로 한다.

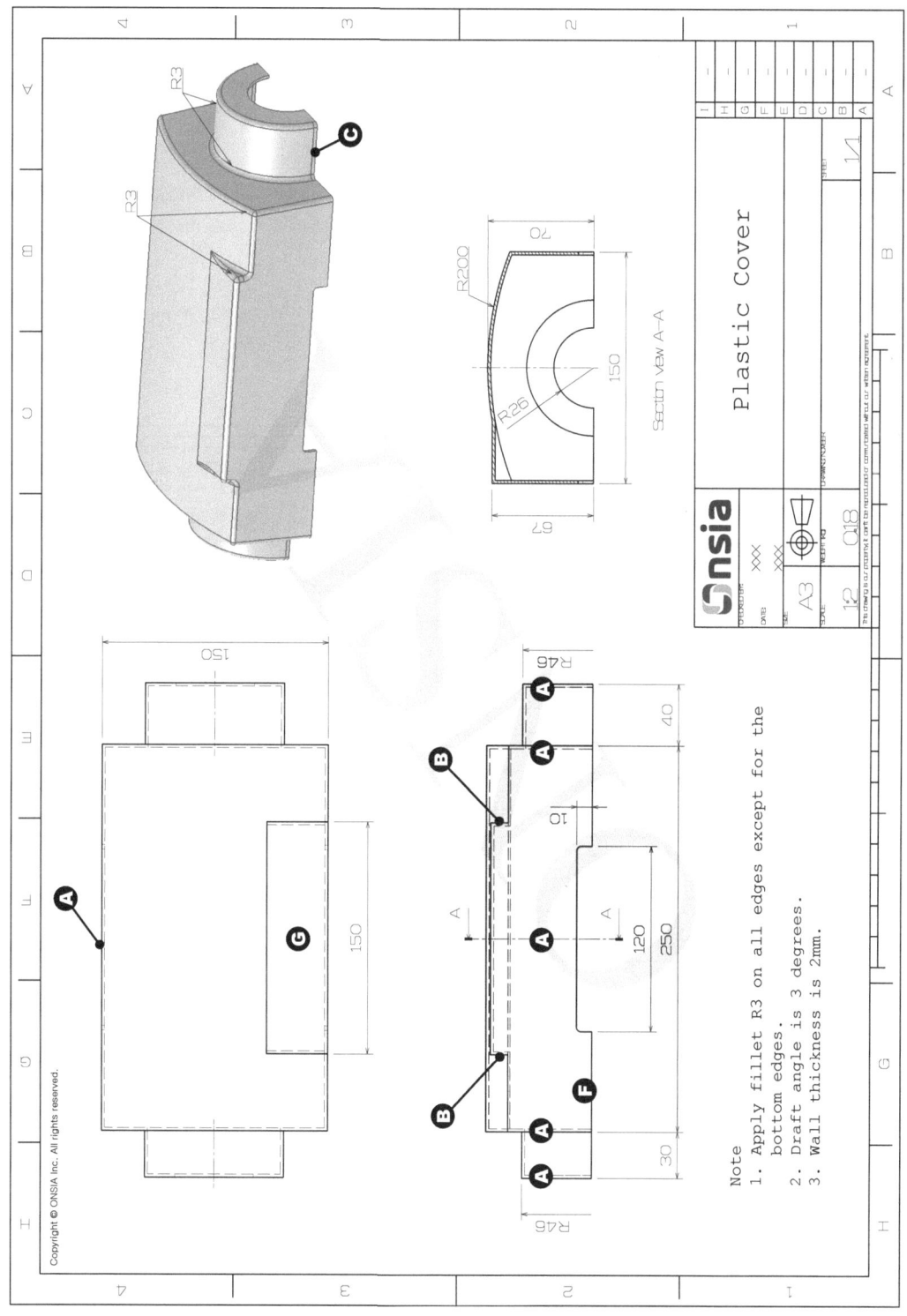

그림 8-90 Plastic Cover 도면

8장: Dress-Up 피쳐

Exercise 16 **Guide Bracket** ch08_016.CATPart

그림 8-91과 같은 솔리드 모델을 생성하시오.

다음의 일반 절차를 따른다.

1. 추가하는 형상을 모두 모델링 한다.
2. 제거하는 형상을 모델링 한다.
3. 마지막으로 필렛을 모델링 한다.

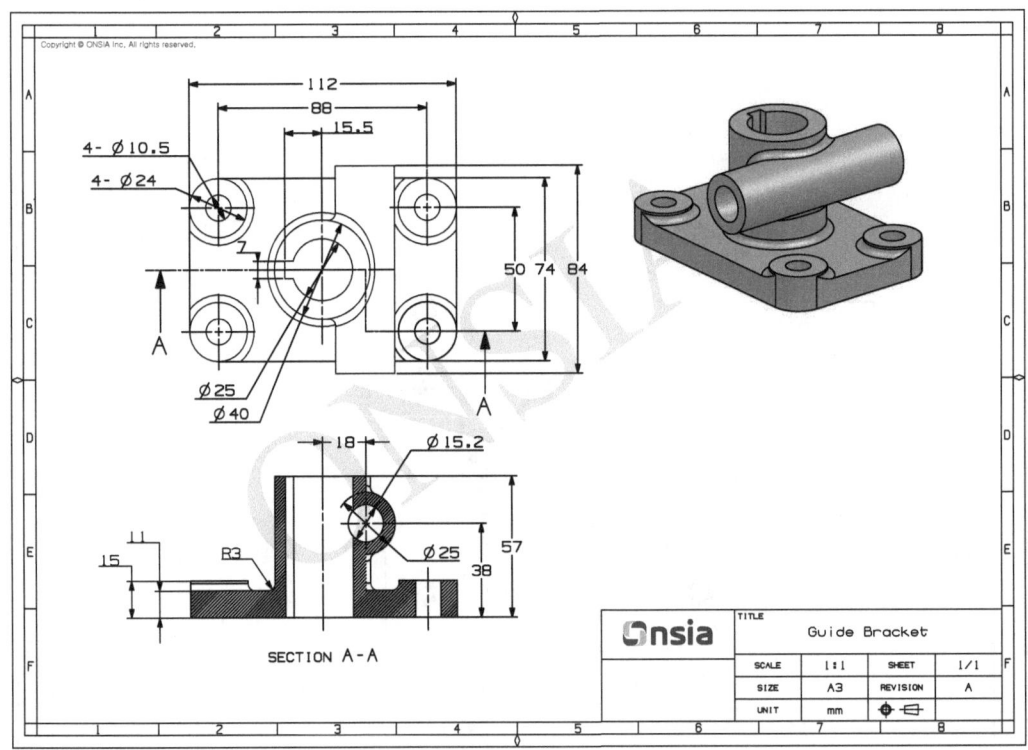

그림 8-91 Guide Bracket

Chapter 9
모델 수정

■ 학습목표

- 모델 수정의 방법론을 이해한다.
- 피쳐의 삭제와 수정의 차이점을 이해한다.
- 피쳐의 종속관계를 이해하고, 모델 수정에 반영할 수 있다.
- 스케치를 수정할 수 있다.
- Feature Definition을 수정할 수 있다.
- 피쳐의 순서를 변경할 수 있다.

9.1 모델 수정의 이해

모델링을 완성하였는데 특정 피쳐를 수정하여야 한다면 다음의 두 가지 방법을 취한다.

　① 피쳐를 삭제하고 다시 생성함
　② 삭제하지 않고 Feature Definition 옵션이나 프로파일을 수정한 후 업데이트 함

CATIA V5와 같은 파라메트릭 모델링 소프트웨어의 장점을 최대한 활용하려면 두 번째 방법을 우선 취하는 것이 좋다. 두 번째 방법으로 수정이 불가한 경우에만 최후의 방법으로 피쳐를 삭제하고 다시 생성한다.

그림 9-1은 파라메트릭 수정의 효과를 보여준다. Ⓐ 피쳐의 경사각도를 수정한 결과로 Ⓑ 피쳐의 형상이 변경된 것을 보여준다. 이 장에서는 피쳐를 어떻게 수정하는지 알아보고 수정의 효과로 어떤 현상이 발생할 수 있는지 알아본다. 모델을 수정할 때는 피쳐간의 연관성으로 인하여 업데이트 오류가 발생할 수 있다는 점을 이해하고 각종 오류를 해결할 수 있어야 한다.

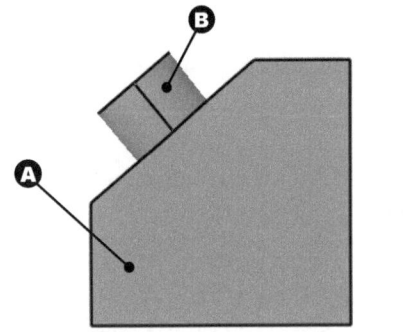 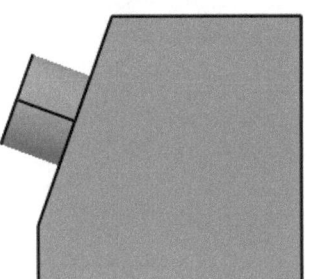

그림 9-1 피쳐 수정의 영향

9.1.1 피쳐의 Parents - Children 관계

피쳐를 생성할 때 앞에서 생성한 피쳐를 이용하여 피쳐를 정의하였다면 앞에서 생성한 피쳐와 뒤에 생성한 피쳐 사이에 연관성이 정의된다. 따라서 앞에서 생성한 피쳐를 수정하면 뒤에서 생성한 피쳐의 정의에 영향을 준다. 앞의 피쳐를 부모 피쳐(Parent Feature)라 하고, 뒤에 생성한 피쳐를 자손 피쳐(Children Feature)라고 한다.

모델을 수정할 때는 이러한 모델링의 연관성(link) 파악하여야 하고 어떤 피쳐의 수정으로 인하여 자손 피쳐의 형상에 오류가 발생할 수 있음을 알아야 한다. 피쳐간의 연관관계로 인하여 자손 피쳐의 형태가 원하지 않게 변경된다면 바로잡을 수 있도록 적절한 조치를 취해야 한다. 필요한 경우 연관관계를 끊을 수도 있다.

CATIA V5에서는 Spec Tree의 팝업 메뉴 중 Parents/Children 옵션을 이용하여 종속관계를 확인할 수 있다. Spec Tree에서 Parents/Children을 선택하면 그림 9-3과 같이 종속 관계 확인 창이 나타난다. 그림 9-3의 (a)에서 Pad.2의 부모 피쳐는 Sketch와 Pad.1이 된다. 이 창에서 Pad.1을 더블클릭하면 그림 9-3의 (b)와 같이 Pad.1의 종속 관계를 보여준다.

(a)

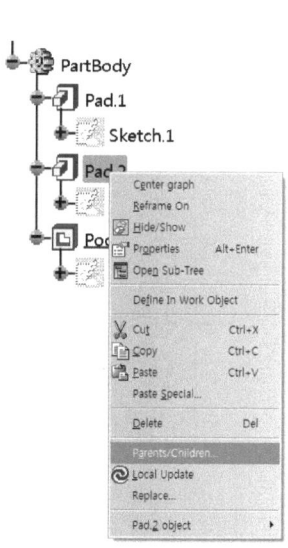

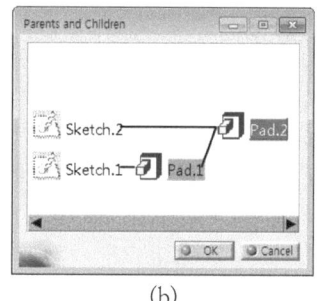

(b)

그림 9-2 Spec Tree의 메뉴   **그림 9-3** 종속관계 확인 창

9.1.2 종속 관계 제거

필요에 따라 종속 관계를 제거할 수 있다. 종속관계를 제거하고 나면 제거하기 전의 부모 피쳐가 변경되어도 자손 피쳐에는 영향을 주지 않는다.

종속 관계를 제거하려면 Object 메뉴 중 Isolate 옵션을 이용한다. 이렇게 하여 종속관계를 끊을 수 있는 예는 아래와 같은 경우이다.

▶ 스케치 평면의 연관성을 끊을 때
▶ 참조 개체의 3차원 형상 또는 다른 참조 개체와의 연관성을 끊을 때
▶ Project 또는 Intersect Curve 기능을 이용하여 생성한 스케치 커브의 연관성을 개별적으로 끊을 때

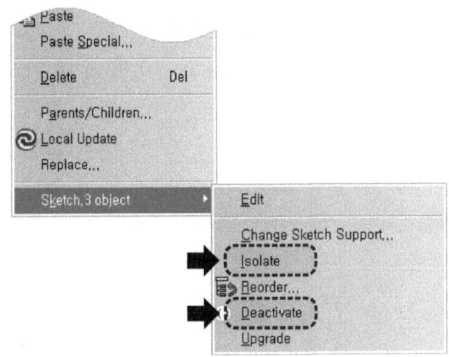

그림 9-4 Isolate 옵션

9.1.3 Deactivate

어떤 피쳐의 형상이 모델에 일시적으로 반영되지 않게 할 때는 Object 메뉴 중 Deactivate 옵션(그림 9-4 참고)을 이용한다. 이 기능은 피쳐를 삭제하는 것이 아니기 때문에 Activate 옵션을 이용하여 언제든지 다시 나타나게 할 수 있다.

9.2 피쳐의 삭제

어떤 피쳐를 삭제할 때는 종속되어 있는 피쳐가 있을 경우 문제가 생길 수 있음을 유념해야 한다. 피쳐를 삭제할 때 종속관계에 대한 두 가지 옵션이 있다.

▶ Delete all children: 종속되어 있는 자손 피쳐를 모두 함께 삭제한다.
▶ Delete aggregated element: 삭제하고자 하는 피쳐에만 속해 있는 피쳐를 함께 삭제한다.

그림 9-5 Delete 대화상자

종속되어 있는 피쳐가 있음에도 불구하고 함께 삭제하지 않고 부모 피쳐만 삭제할 경우 그림 9-6과 같이 업데이트 오류가 발생한다.

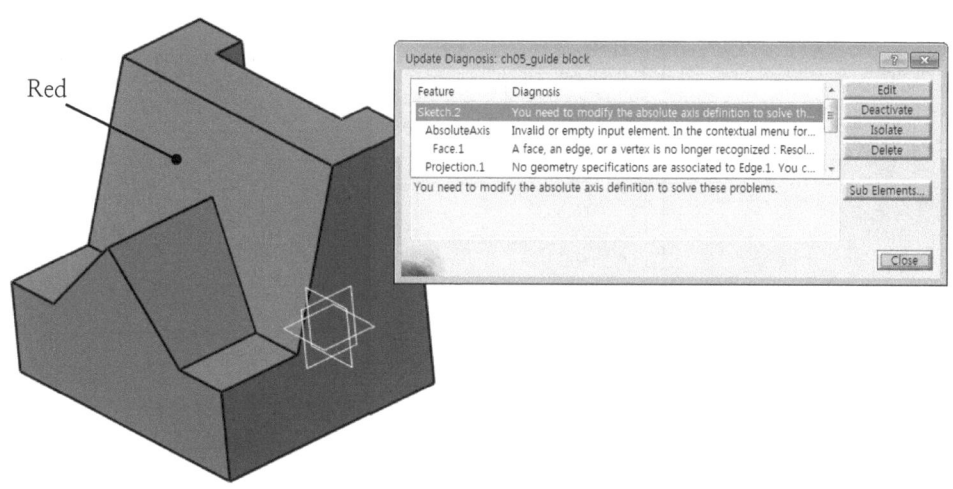

그림 9-6 업데이트 오류

9.3 Sketch 수정

Spec Tree에서 스케치를 더블클릭하거나 모델에서 스케치를 더블클릭하면 Sketcher 워크벤치로 들어간다. Sketch 버튼을 누르고 기존 Sketch 피쳐를 선택해도 수정 모드로 들어갈 수 있다.

Sketch 수정의 접근방식

① 스케치 커브는 그대로 두고 구속조건, 치수를 수정하거나 삭제 후 다시 생성한다.
② 스케치 커브를 삭제 또는 다시 생성한 후 완전구속한다.
③ 스케치 면을 변경한다.

첫 번째 방식을 우선 취하고 두 번째 방식은 첫 번째 방법으로 원하는 스케치를 얻지 못할 경우에만 사용한다. 세 번째 방식은 스케치 면을 다른 면으로 교체하거나 스케치 좌표계의 방향을 변경하거나 원점을 변경할 때 사용한다.

9.3.1 스케치의 구성 요소

스케치 피쳐는 그림 9-7과 같이 세 종류의 구성 요소를 갖는다. 스케치 좌표계는 스케치 구속의 기준이 되며 삭제할 수 없다. 점이나 선으로 구성되는 스케치 요소는 개별적으로 삭제 및 Isolate, Deactivate 시킬 수 있고, 구속 조건은 개별적으로 삭제 및 Deactivate 시킬 수 있다.

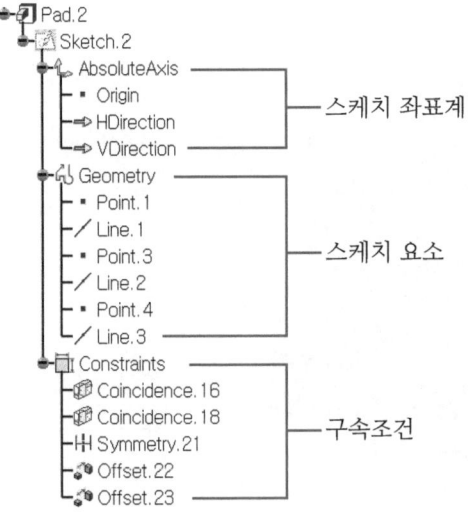

그림 9-7 스케치의 구성 요소

ch09_001.CATPart　　　　　　　　　　　　　스케치 치수 수정하기　**Exercise 01**

주어진 파일을 열어 스케치 치수를 수정한 후 수정한 스케치와 자손 피쳐의 형상이 변경되는 것을 확인해 보자.

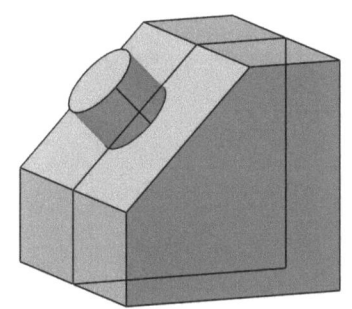

그림 9-8 스케치 보이게 하기

1. ch09_001.CATPart 파일을 연다.

2. Spec Tree에서 Pad.1 하위에 있는 Sketch.1에 MB3 > Hide/Show를 선택하여 화면에 스케치가 나타나도록 한다.

3. 모델에서 스케치를 더블클릭하여 Sketcher로 들어간다.

4. 그림 9-9의 Ⓐ 치수를 삭제한 후 그림 9-10의 Ⓓ 치수를 기입하여 완전구속한다.

5. 그림 9-9의 Ⓑ 치수를 더블클릭한 후 60 로 수정하고 Ⓒ 치수는 85 치수와 항상 같은 값을 갖도록 수식을 이용하여 연결시킨다.

수정된 스케치는 그림 9-10과 같다.

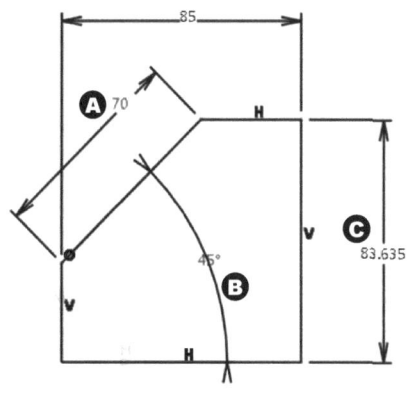

그림 9-9 최초 스케치

! Hide/Show

① 숨겨진 피쳐는 보이게 하고, 보이는 피쳐는 숨겨준다.
② 메뉴바의 Tools > Show 또는 Tools > Hide를 선택하면 같은 종류의 개체를 한꺼번에 숨기거나 나타나게 할 수 있다.
③ 피쳐에 MB3 > H 키를 이용하여 숨기거나 보이게 할 수 있다.

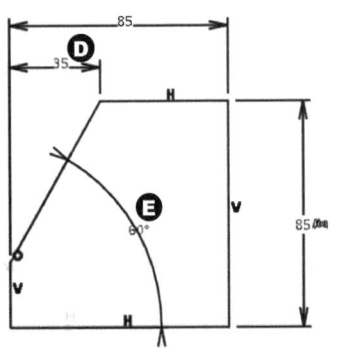

그림 9-10 수정 후의 스케치

6. Exit workbench 버튼을 눌러 스케치를 빠져나간다.

7. 그림 9-11과 같이 모델이 수정된다.

연속하여 다음 Exercise를 수행한다.

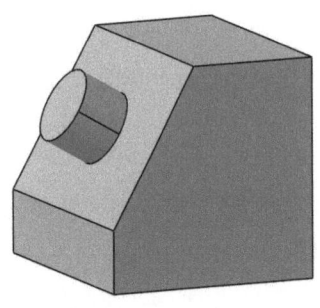

그림 9-11 수정된 모델

END of Exercise

❗ 업데이트 옵션

Tools 툴바에 있는 Manual Update mode 버튼이 눌러져 있다면 모델이 빨간색으로 변경된다. 이 때는 Update 버튼을 눌러 수동으로 업데이트를 해야 수정 사항이 반영된다.

Edit > Update를 선택해도 된다. 단축키는 Ctrl + U 이다.

이 책은 Manual Update mode 버튼이 꺼져 있는 것으로 간주한다. 이는 모델을 수정할 경우 자동으로 업데이트 됨을 의미한다.

9.3.2 스케치 면 변경

스케치 피쳐에 우클릭 > Change Sketch Support를 선택하여 스케치 면을 변경할 수 있다. 그림 9-13과 같은 경고 메시지가 나타난다. 스케치 면을 변경할 때는 그 스케치에 포함되어 있는 구속에 대한 정보가 유지되어야 한다는 점을 기억해야 한다. 즉, 형상의 모서리나 꼭지점을 기준으로 하여 치수 구속이나 기하 구속을 적용하였다면 스케치 면을 변경한 후 구속 조건에 문제가 생길 수 있기 때문에 구속을 다시 정의해야 할 경우가 있다. 수평 또는 수직의 기준을 다시 설정해야 할 경우도 있다.

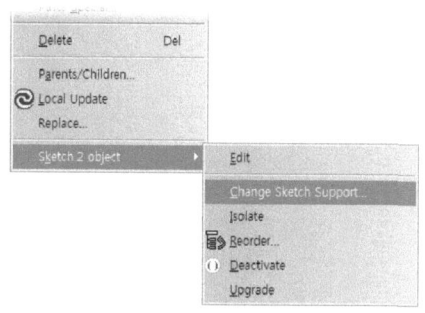

그림 9-12 Change Sketch Support 메뉴

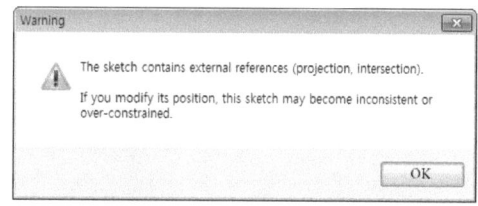

그림 9-13 경고 메시지

경고 메시지 창에서 OK 버튼을 누르면 그림 9-14와 같은 Sketch Positioning 대화상자가 나타난다. 이 대화상자는 Positioned Sketch 아이콘을 눌렀을 때 나타나는 대화상자와 같다. Planar Support 옵션의 Type 드롭다운 목록에서 Sliding을 선택한 후 스케치 면을 다시 선택할 수 있고, 스케치의 원점 및 방향 기준을 다시 설정할 수 있다.

그림 9-14 Sketch Positioning 대화상자

9.4 Feature의 순서 변경

모델링 순서는 모델의 완성에 중요한 영향을 미친다. 모델링 순서가 적절하지 않으면 불필요한 모델링 과정을 거치게 되거나 원하는 모델을 완성할 수 없게 된다.

모델링 순서가 적절하지 않을 경우 Spec Tree에서 피쳐의 순서를 변경할 수 있다. 순서를 변경하고자 하는 피쳐에 MB3를 누른 다음 팝업메뉴에서 Reorder를 선택하면 Feature Reorder 대화상자가 나타나고, 다른 피쳐의 앞 또는 뒤로 이동시킬 수 있다.

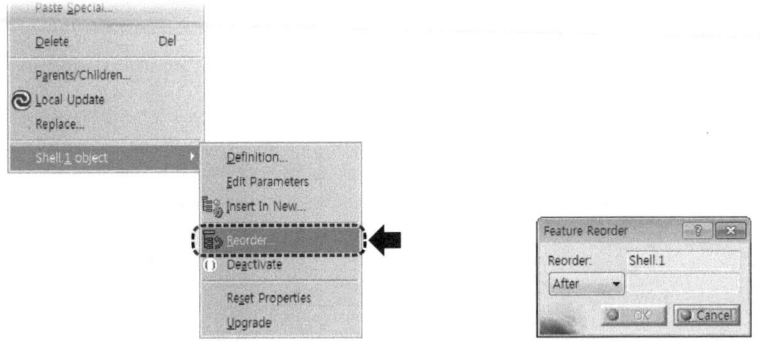

그림 9-15 Reorder 메뉴

드래그/드롭 방법으로 순서를 변경할 수도 있다. 그림 9-16은 Shell 피쳐를 드래그하여 EdgeFillet.2 뒤로 드롭하는 과정을 보여준다.

모델링 순서를 고려할 때 부모 피쳐보다 앞으로 이동하여야 하는 경우에는 Reorder 기능을 이용하여 순서를 변경할 수 없다. 이는 피쳐간의 부모/자손 연관관계로 인한 것이다.

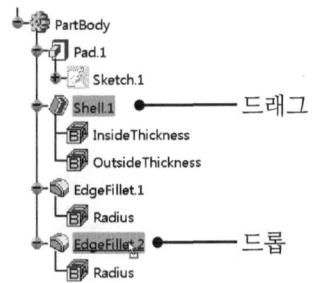

그림 9-16 피쳐의 드래그 & 드롭

ch09_002.CATPart 피쳐의 순서 변경 **Exercise 02**

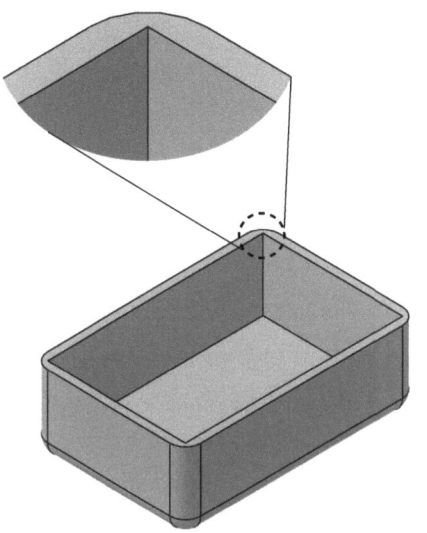

그림 9-17 Examining the Model

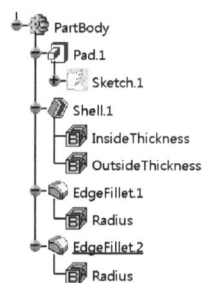

그림 9-18 Modeling History

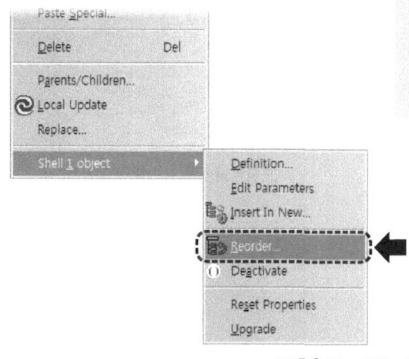

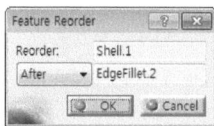

그림 9-19 Reordering

1. 주어진 파일 ch09_002.CATPart를 연다.

2. 그림 9-17에서 확대하여 표시한 부분을 자세히 살핀다. Fillet 면이 Shell 피쳐의 안쪽면 형성에 반영되지 않았다.

3. 그림 9-18의 모델링 이력을 살핀다.

Fillet 피쳐가 Shell 피쳐 이후에 생성되어 있다.

4. Shell.1 피쳐에 우클릭한 후 Shell.1 object > Reorder를 선택한다. Spec Tree에서 새로운 위치를 선택하라는 메시지가 나타난다.

5. Reorder Feature 대화상자의 Reorder 드롭다운 목록에 After가 선택되어 있음을 확인하고 Spec Tree에서 Edge Fillet.2를 선택한다.

모델은 그림 9-20과 같이 나타난다. Shell과 Fillet이 적용되지 않았음을 확인한다.

그림 9-20 순서를 변경한 후의 모델

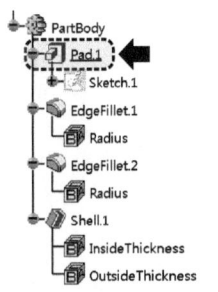

그림 9-21 Work Object

그림 9-21에 화살표로 가리키는 바와 같이 Pad.1 피쳐에 밑줄이 표시되어 있음을 확인한다. 이는 Pad.1 피쳐가 Work Object 임을 의미한다.

6. Shell.1 피쳐에 우클릭 > Define in Work Object를 선택한다.

그림 9-23과 같이 모델이 업데이트 된다.

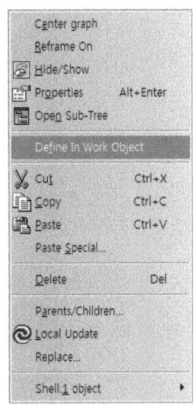

그림 9-22 Define in Work Object 메뉴

그림 9-23 완성된 모델

END of Exercise

9.5 피쳐 삽입

어떤 피쳐의 생성 순서를 부모 피쳐 앞으로 이동시킬 수 없다. Reorder 기능을 이용하여 피쳐의 순서를 변경하려면 Isolate 옵션을 이용하여 부모/자손 관계를 제거해야 한다. 또는 피쳐를 삭제한 후 Define in Work Object 옵션을 이용하여 부모 피쳐 앞에 생성해야 한다.

Spec Tree의 팝업메뉴 중 Define in Work Object 기능을 이용하면 트리의 중간에 피쳐를 추가할 수 있다. Spec Tree 상의 원하는 위치로 모델링 이력을 돌린 후 피쳐를 생성할 경우 생성 순서상 그 이후에 이미 생성되어 있는 피쳐와 부모/자손 관계를 설정할 수 없다. 추가되는 위치의 이후에 생성되어 있는 피쳐가 영향을 받을 수 있음에 유의하자.

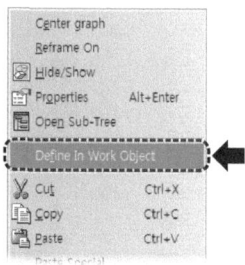

그림 9-24 Define in Work Object 옵션

---

ch09_003.CATPart 피쳐 추가 **Exercise 03**

그림 9-25와 같이 Hole 피쳐를 생성한 후 Shell이 Hole 피쳐에 적용되도록 모델을 수정해 보자.

그림 9-25 피쳐의 추가

9장: 모델 수정

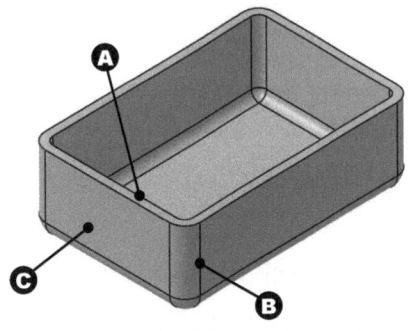

그림 9-26 평면과 모서리 선택

구멍 생성

1. 주어진 파일 ch09_003.CATPart를 연다.
2. Sketch-Based Features 툴바에서 Hole 아이콘을 누른다.
3. 그림 9-26과 같이 모서리 **A**, **B**를 먼저 선택하고, 평면 **C**를 선택한다. **A** 모서리는 Shell에 의해 생성된 안쪽 모서리이고, **B** 모서리는 Edge Fillet에 의해 생성된 모서리이다.
4. 그림 9-27과 같이 Hole 피쳐의 위치 치수를 수정하고 Hole Definition 옵션을 설정한 후 OK 버튼을 누른다.

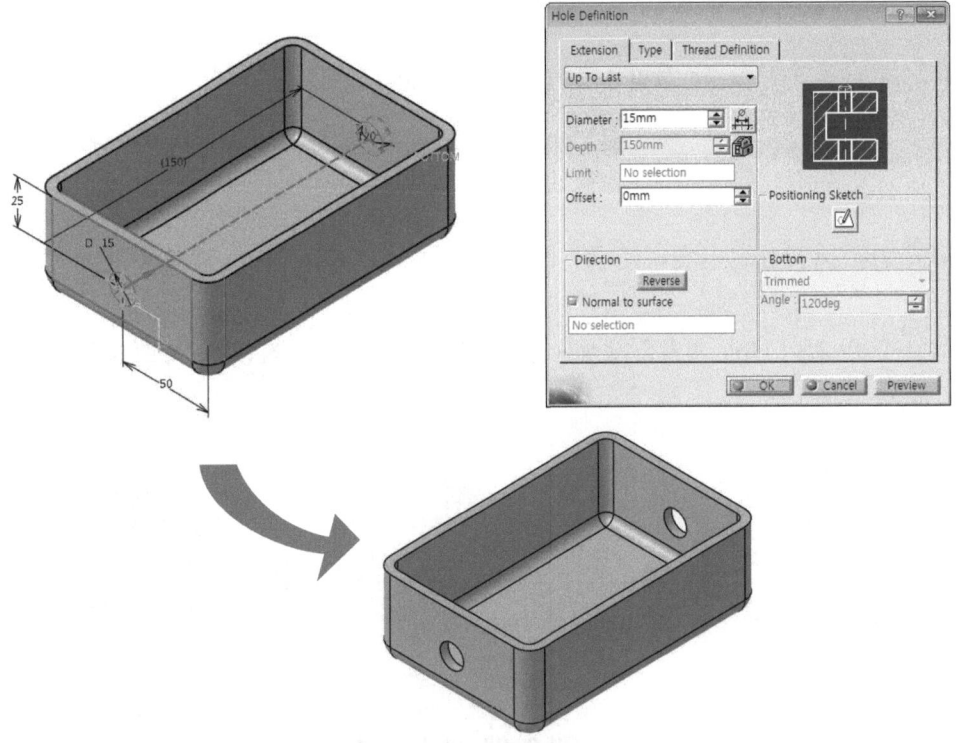

그림 9-27 구멍 생성

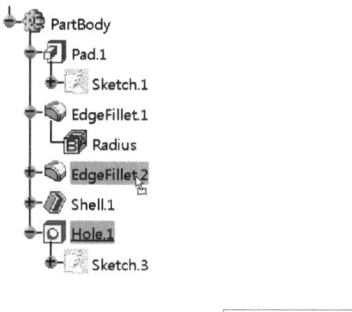

그림 9-28 드래그 & 드롭

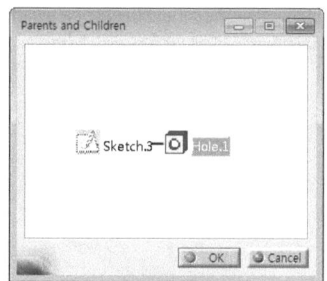

그림 9-29 Hole.1의 부모 자손 관계

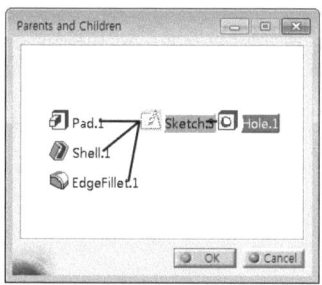

그림 9-30 Sketch.3의 부모 자손 관계

Hole 피쳐의 순서 변경

1. 그림 9-28과 같이 Spec Tree에서 Hole.1 피쳐를 드래그 하여 EdgeFillet.2 피쳐에 드롭한다. 작업 화면의 오른쪽 아래 코너에 Warning 메시지가 나타난다.

어떤 피쳐를 부모 피쳐보다 앞에 나타나도록 이동시킬 수 없음을 기억하자.

부모/자손 관계 확인

Hole 피쳐와 Sketch 피쳐의 부모/자손 관계를 확인해 보자.

1. Hole.1 피쳐에 우클릭 > Parent/Children을 선택한다.

2. Parent and Children 브라우저에서 Sketch.3를 더블클릭 한다. 그림 9-30과 같이 Pad.1, Shell.1, Edge Fillet.1 피쳐가 Sketch.3 피쳐의 부모 피쳐임을 알 수 있다. 따라서 Hole.1 피쳐를 Shell.1 피쳐의 앞으로 이동시킬 수 없다. Hole.1 피쳐를 이동시킬 때 Sketch.3 피쳐도 함께 이동되어야 함을 이해하자.

Hole 피쳐를 Shell 피쳐 앞에 생성하기

1. Hole.1과 Sketch.3 피쳐를 삭제한다.

그림 9-31 Work Object 지정

2. Spec Tree에서 EdgeFillet.2에 우클릭 > Define in Work Object를 선택한다. 그림 9-31과 같이 모델링 이력이 Shell.1 피쳐의 앞, 즉, EdgeFillet.2 뒤로 되돌려 진다.

3. 그림 9-32와 같이 관통 구멍을 생성한다. 앞에서 문제가 됐던 Hole 피쳐와 Shell 피쳐 사이의 부모/자손 관계는 근본적으로 불가능함을 알 수 있다.

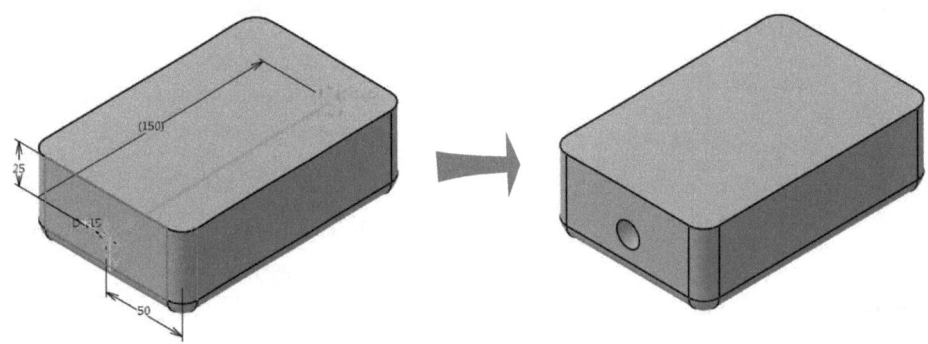

그림 9-32 구멍 생성

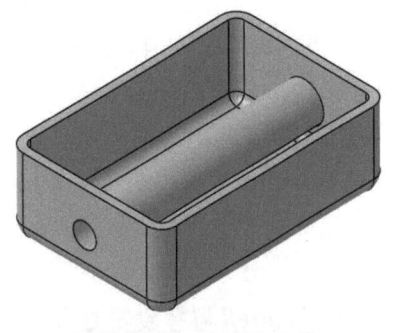

그림 9-33 완성된 모델

4. Spec Tree에서 Shell.1 피쳐에 우클릭 > Define in Work Object를 선택한다.

그림 9-33과 같이 모델 이력이 끝까지 업데이트 된다.

END of Exercise

ch09_004.CATPart   **Sketch Support 변경**　Exercise 04

다음 과정을 연습하자.

1. Sketch의 커브를 삭제하고 다른 커브를 생성한다.
2. 적절한 위치에 Reference Plane을 생성한다.
3. 스케치 면을 Reference Plane으로 변경한다.

>   1. ch09_004.CATPart 파일을 열고 Sketch.1을 더블클릭하여 Sketcher로 들어간다.
>   2. 그림 9-34의 **A** 커브를 삭제한다.
>   3. 그림 9-35의 **B** 호를 그리고 완전구속한다.
>   4. 스케치를 빠져나간다.
>
>   그림 9-36과 같은 Update Diagnosis 대화상자가 나타난다. Specification Tree에는 Sketch.2가 선택되어 있다.

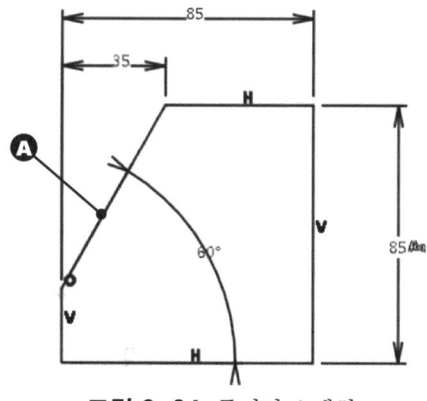
그림 9-34 주어진 스케치

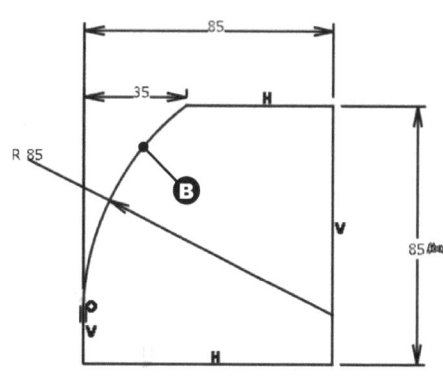
그림 9-35 수정된 스케치

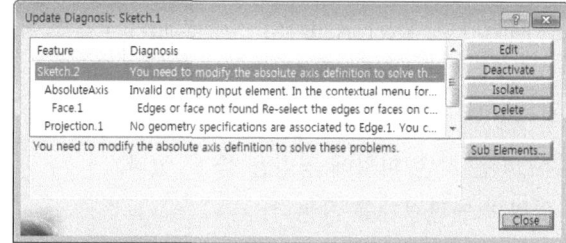
그림 9-36 Update Diagnosis 대화상자

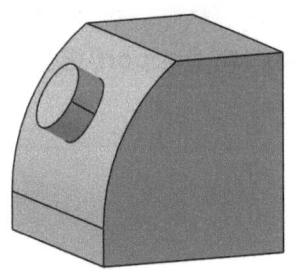

그림 9-37 수정된 모델

5. 대화상자의 Sketch.2를 선택한 후 Isolate 버튼을 눌러 연관성을 끊는다. 같은 방법으로 Absolute Axis의 연관관계를 끊고 대화상자를 닫는다. 그림 9-37과 같이 모델이 업데이트 된다.

6. Spec Tree에서 Sketch.2 피쳐를 더블클릭하여 Sketcher로 들어간다.

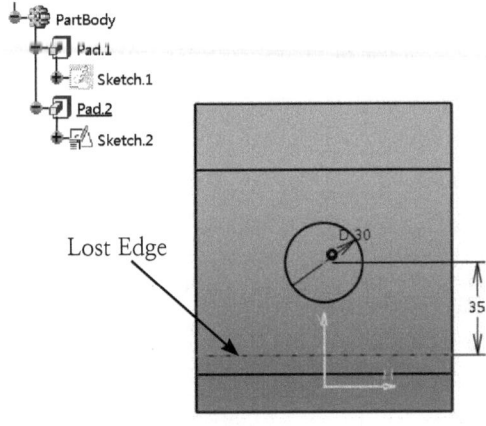

그림 9-38 Sketch.2 피쳐

스케치를 isolate 시키면 스케치 피쳐는 그림 9-38과 같이 Positioned Sketch가 된다. 치수 35mm에 대한 모서리가 사라졌음을 인지하자.

7. Sketcher를 빠져 나간다.
8. 저장하지 말고 파일을 닫는다.

! *Update Diagnosis*

업데이트에 문제가 생겼을 때 나타난다.

대화상자의 Diagnosis 칼럼을 자세히 읽어보면 업데이트 문제의 원인을 알 수 있다. 이 예제의 경우 Pad.2를 생성한 스케치 면이 사라졌기 때문에 나타나는 문제다. 이러한 문제는 반드시 해결해야 한다. 대화상자의 오른쪽에 있는 버튼을 이용하여 오류를 해결할 수 있다.

① ***Edit***: 수정 모드로 들어간다. Exercise 04의 경우 Sketcher로 들어가 스케치를 수정할 수 있다.
② ***Deactivate***: 문제가 있는 피쳐를 억제시킨다. 피쳐를 억제시키면 형상이 나타나지 않고, 억제된 피쳐를 참조하는 자손 피쳐에 영향을 줄 수 있다.
③ ***Isolate***: 부모 피쳐와의 연관관계를 끊는다.
④ ***Delete***: 문제가 있는 피쳐를 삭제한다.

Reference Plane을 생성하고 스케치면을 변경한 후 35mm 치수의 기준 모서리를 재설정하는 방법을 익혀보자.

1. ch09_004.CATPart 파일을 다시 연다.
2. 그림 9-35와 같이 스케치를 수정한 후 Sketcher를 빠져 나간다.
3. Update Diagnosis 대화상자에서 아무 조치를 취하지 말고 닫는다.

Pad.2 피쳐의 앞에 Reference Plane을 생성해야 한다.

1. Pad.1 피쳐에 우클릭 〉 Define in Work Object를 선택한다.
2. 그림 9-39의 화살표로 가리키는 세 개의 모서리를 순차적으로 선택한다. 그림 9-40과 같은 Update Diagnosis 대화상자가 다시 나타난다. 대화상자에 Sketch.2가 선택되어 있음을 확인한다.

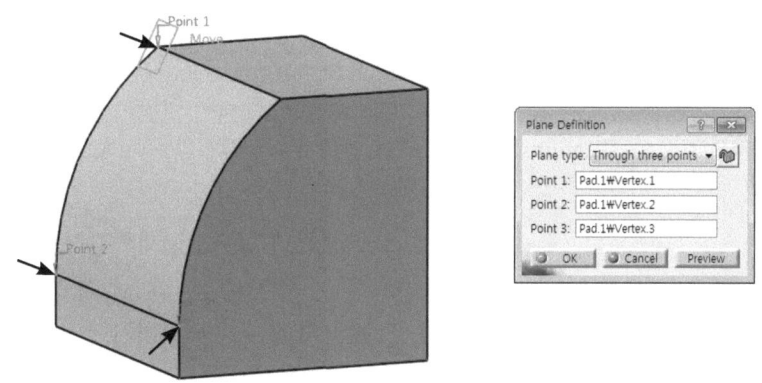

그림 9-39 Reference Plane

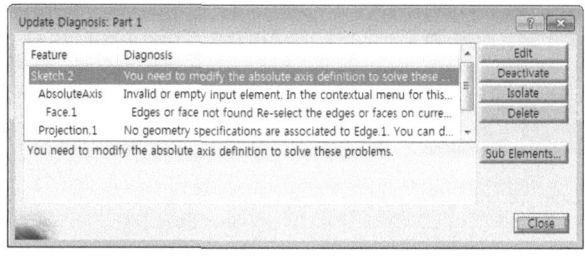

그림 9-40 Update Diagnosis 대화상자

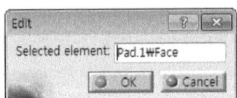

그림 9-41 Edit 대화상자

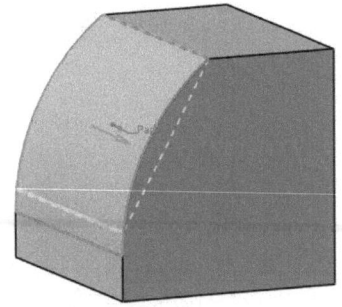

그림 9-42 오류 수정

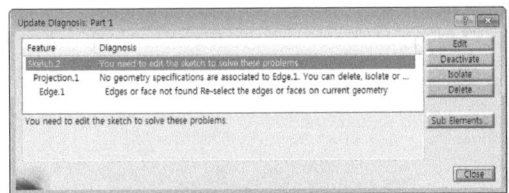

그림 9-43 Update Diagnosis

3. Update Diagnosis 대화상자에서 Face.1을 선택한다. Edit 이외의 다른 버튼은 비활성화 된다.

4. Update Diagnosis 대화상자에서 Edit 버튼을 누른다.

그림 9-41과 같은 Edit 대화상자가 나타나고 스테이터스바에는 오브젝트를 선택하라는 메시지가 나타난다. 기존에 사용되었던 스케치 면이 사라졌으므로 노란색 점선으로 표시된다.

5. Spec Tree에서 앞에서 생성한 Reference Plane을 선택한다. Plane.1 피쳐가 Work Object로 설정된다.

6. Edit 대화상자에서 OK 버튼을 누른다. Update Diagnosis 대화상자는 그림 9-43과 같다. 스케치에 문제가 있으며 수정해야 함을 알 수 있다.

8. Update Diagnosis 대화상자를 닫는다.

스케치의 문제를 해결하자.

1. Sketch.2 피쳐를 더블클릭 한다. 35mm 치수는 사라진 모서리(그림 9-44의 노란색 점선)와 원의 중심 사이에 기입된 것이다. 기존에 있던 모서리는 사라졌지만 35mm 치수를 생성하는데 사용되었던 정보는 남아 있기 때문에 스케치에 문제가 발생한 것이다.

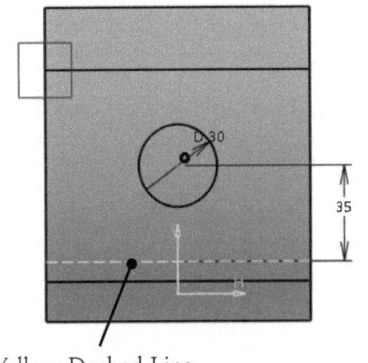

그림 9-44 기존 치수

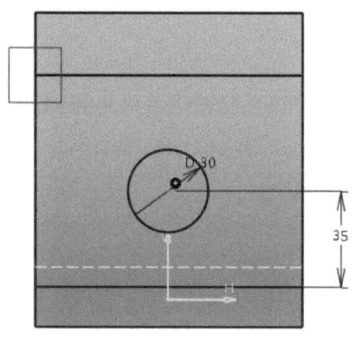

그림 9-45 새로운 치수

2. 35mm 치수를 삭제하고 그림 9-45와 같이 새로운 모서리와의 치수를 기입한다.

3. 노란색의 점선을 삭제한다.

4. Sketcher를 빠져 나간다.

5. Pad.2 피쳐를 Work Object로 지정한다.

그림 9-46은 완성된 모델을 보여준다.

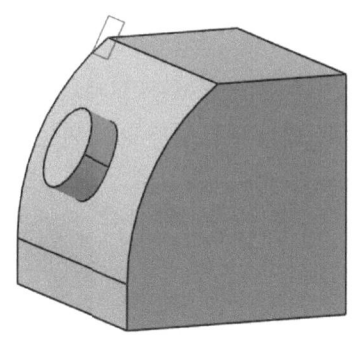

그림 9-46 완성된 모델

END of Exercise

> **Exercise 04의 목적**
>
> 본 Exercise의 목적은 피쳐를 삭제한 후 다시 생성하는 것이 아니라 오류를 바로 잡는 것이다. Pad.2 피쳐 이후에 이를 참조하여 수 많은 모델링 단계를 진행하였다면 Sketch.2 피쳐를 삭제할 경우 자손 피쳐가 모두 삭제되거나 Update의 문제가 발생하기 때문에 모델링 효율이 떨어진다.

9.6 Feature Definition 수정

Spec Tree에서 스케치 기반 피쳐, Dress-Up Feature 등을 더블클릭하거나 모델에서 피쳐를 더블클릭하면 선택한 피쳐의 Definition 대화상자가 나타난다. 대화상자 안에 있는 옵션을 수정할 수 있다. 대화상자의 옵션을 특성별로 분류하면 다음과 같다.

Feature Definition 수정의 접근 방식

① 선택한 개체 (프로파일, 꼭지점, 모서리, 면 등)를 변경함.
② 변수 값을 수정함.
③ 방향이나 두께 등의 옵션을 변경함.

9.6.1 선택한 개체 변경

어떤 피쳐를 정의하는데 있어서 기존 형상(꼭지점, 모서리, 면)를 선택했을 경우에 해당된다. 피쳐는 선택한 꼭지점, 모서리 또는 면과 연관성을 갖게 되는데 모델의 수정 과정에서 꼭지점, 모서리, 면이 사라질 경우 피쳐 Definition 대화상자의 해당 옵션을 다시 설정해야 한다.

이러한 옵션의 예로 다음과 같은 것들이 있다.

① Pad나 Pocket, Hole 피쳐의 Limit 요소
② Fillet, Chamfer 피쳐의 모서리
③ Shaft나 Groove 피쳐의 회전축
④ 참조 개체를 생성할 때 사용한 선이나 평면, 모서리, 점 등
⑤ Draft나 Shell을 생성할 때 선택한 면

개체를 변경할 때는 해당 옵션 영역을 클릭한 후 화면에 있는 다른 개체를 선택하거나 MB3 옵션을 이용하여 다시 생성할 수 있다. 기존에 선택했던 개체를 선택 해제하려면 Shift 키를 누르고 다시 선택하면 된다.

ch09_005.CATPart   **Pad 피쳐의 Limit 요소 변경하기**   Exercise 05

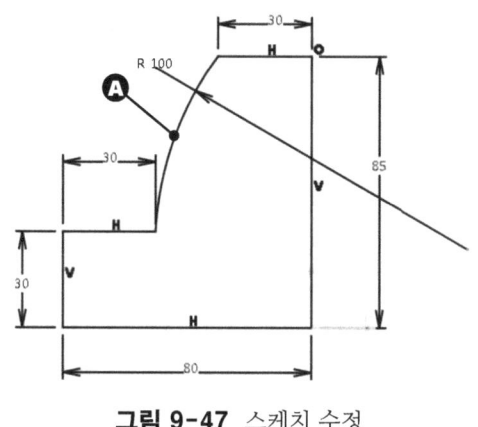

그림 9-47 스케치 수정

1. ch09_005.CATPart 파일을 연다.
2. Sketch.1을 더블클릭한 후 그림 9-47과 같이 스케치를 수정한다. 직선을 삭제하고 반지름 100의 호(A)를 생성한 것이다.
3. Sketcher를 빠져나간다.

그림 9-48과 같은 Update Diagnosis 대화상자가 나타난다. 이는 Pad.2 피쳐에서 Limit Element로 사용한 평면이 새로운 곡면으로 바뀌었기 때문이다. 소프트웨어는 새로운 곡면을 자동으로 인식하지 못하기 때문에 사용자가 오류를 수정해야 한다.

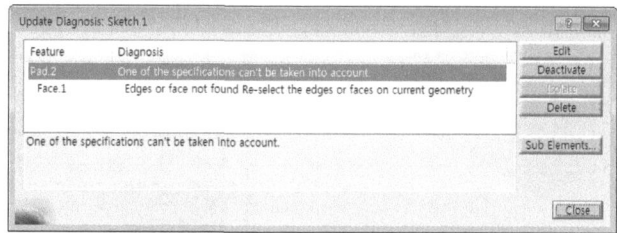

그림 9-48 Update Diagnosis 대화상자

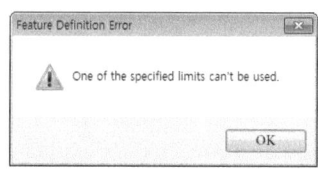

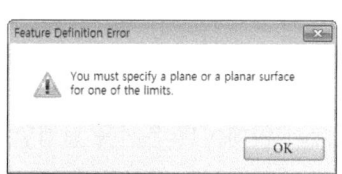

그림 9-49 오류 메시지

4. 오류 정보창에서 Pad.2를 선택하고 Edit 버튼을 누른다. 그림 9-49의 오류 메시지와 함께 Pad Definition 대화상자가 나타난다.
5. 오류 메시지 상자에서 OK 버튼을 누른다.

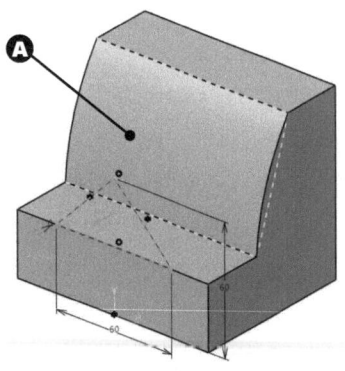

그림 9-50 Limit 개체 선택

6. First Limit의 타입을 Up to surface로 수정한다. Limit 입력창이 활성화된다.

7. 그림 9-50과 같은 모델에서 변경되어 생성된 곡면 Ⓐ를 선택한다.

8. Pad Definition 대화상자에서 OK 버튼을 누른다.

수정된 모델은 그림 9-51과 같다.

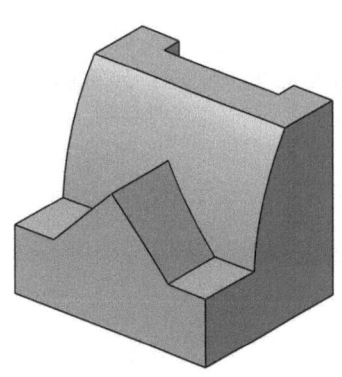

그림 9-51 수정된 모델

> **오류가 있는 모델**
>
> Spec Tree를 보면 오류 여부를 확인할 수 있다.
>
>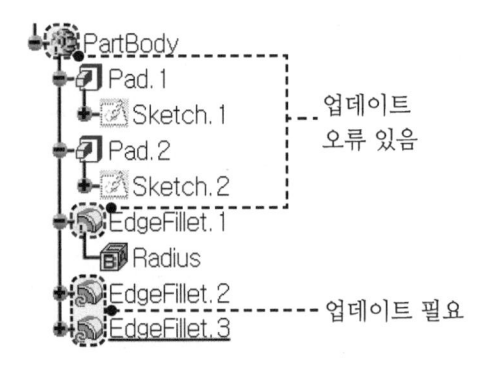

END of Exercise

> **업데이트 오류 처리 옵션**
>
> 메뉴바의 Tools > Options를 선택한 후 Options 대화상자에서 Infrastructure > Part Infrastructure, General 탭에 있는 Update 옵션 영역에서 업데이트 옵션을 설정할 수 있다. Stop update on first error 옵션이 선택되어 있으면 첫번째 오류에서 업데이트를 멈추고 Update Diagnosis 창을 보여준다.

ch09_006.CATPart   **필렛의 모서리 선택 및 취소**   **Exercise 06**

필렛의 모서리가 변경된 경우 다른 모서리를 선택하거나 사라진 모서리를 취소하는 방법을 알아보자. 필렛 피쳐를 삭제하지 않고 기존 피쳐를 수정할 것이다.

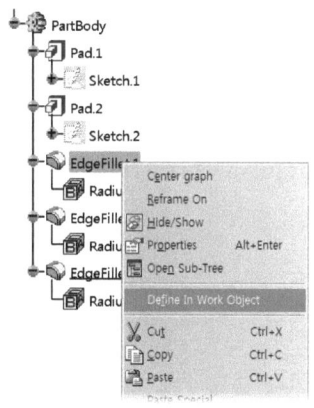

생성 이력 확인

1. ch09_006.CATPart 파일을 연다.

2. Spec Tree의 EdgeFillet.1에 MB3 > Define in Work Object를 선택한다.

3. 다른 Fillet 피쳐에 MB3 > Define in Work Object를 선택하여 필렛을 생성한 순서를 확인한다.

4. 마지막 피쳐에 Define in Work Object를 수행한다.

Sketcher에 들어갈 때 뷰 방향이 변경되지 않도록 설정한다. (힌트: 메뉴바의 Tools > Options > Mechanical Design > Sketcher)

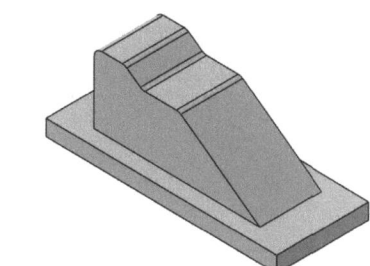

그림 9-52 모델링 순서 확인

스케치 수정

1. Pad.2 피쳐의 Sketch.2를 더블클릭한다.

2. 그림 9-53의 Ⓐ 직선을 삭제한 후 그림 9-54와 같이 Ⓑ로 표시한 세 개의 커

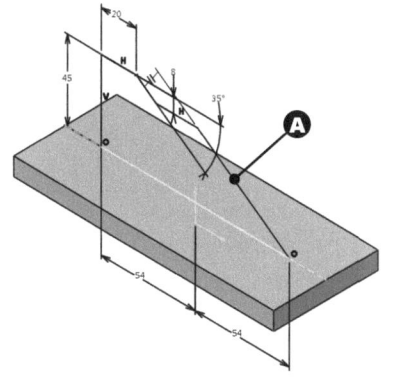

그림 9-53 Sketch Curve 삭제

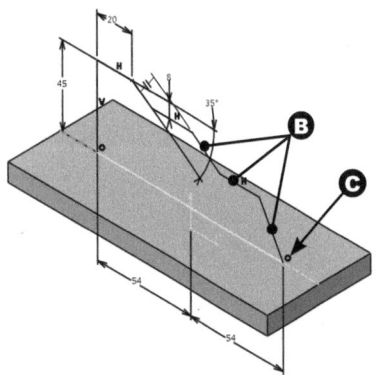

그림 9-54 새로운 스케치 커브 생성

브를 생성한다. **C** 점은 바닥면에 있는 커브의 끝점과 일치하여야 한다. 구속은 생략한다.

삭제한 커브로 생성된 모서리에 정의되어 있던 Fillet 피쳐에 문제가 생길 것이라는 점을 미리 예상할 수 있다. 또한 새로 생성된 모서리를 필렛에 추가할 것이다.

Fillet 피쳐를 삭제하거나 다시 생성하지 않고 수정하는 것이 목적이다.

3. Sketcher를 빠져나간다.

오류 수정

1. 그림 9-55와 같은 오류창이 나타난다. 필렛을 정의한 모서리를 찾을 수 없다는 말이다.

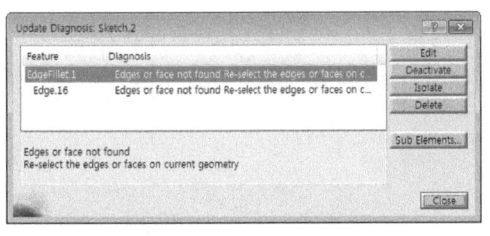

그림 9-55 Update Diagnosis 대화상자

2. EdgeFillet.1을 선택하고 Edit 버튼을 누른다.

그림 9-56과 같은 Feature Definition Error 창이 뜬다. 모서리 하나를 찾을 수 없다는 뜻이고 화면에 노란색 점선으로 없어진 모서리 부분을 표시해준다.

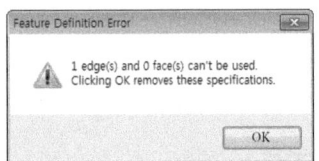

그림 9-56 Feature Definition 오류 메시지

3. 확인 버튼을 누른다.

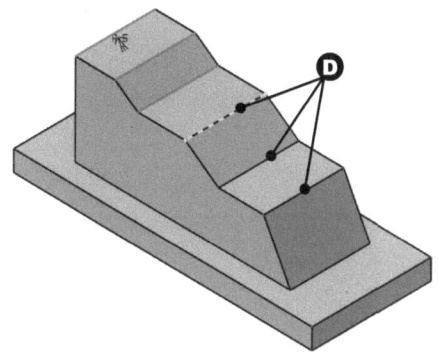

그림 9-57 모서리 선택

Edge Fillet Definition 대화상자가 나타나 있고, 스테이터스바에는 필렛을 수정할 모서리나 면을 선택하라는 메시지가 나타난다.

4. 그림 9-57의 ❶로 표시한 세 개의 모서리를 선택하고 Edge Fillet Definition 대화상자에서 OK 버튼을 누른다. 그림 9-58과 같이 Update Diagnosis 대화상자가 나타난다. EdgeFillet.3 피쳐에서 오류가 발생되었음을 확인한다.

5. Update Diagnosis 대화상자에서 Edit 버튼을 누르고 오류 메시지 상자에서 OK 버튼을 누른다.

6. 그림 9-59의 모서리 ❺를 선택한다.

그림 9-60과 같이 모델이 완성된다.

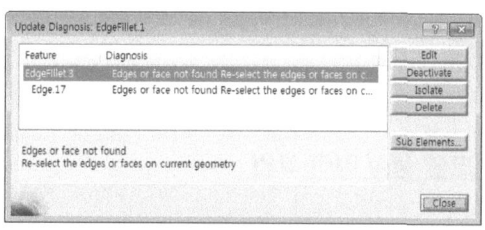

그림 9-58 Update Diagnosis 대화상자

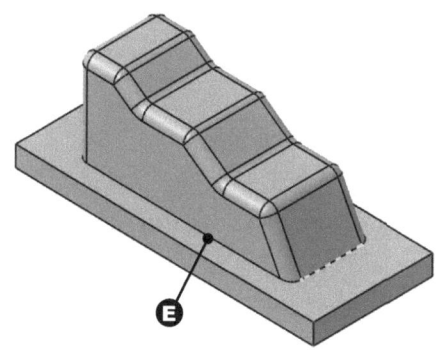

그림 9-59 모서리 선택

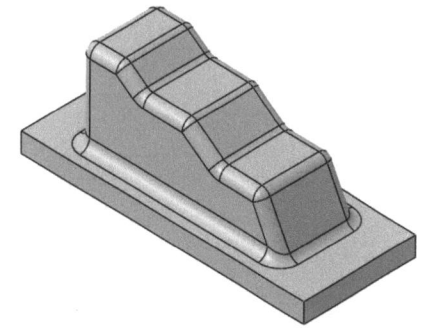

그림 9-60 완성된 모델

END of Exercise

9.6.2 프로파일 변경

형상 검토를 위하여 여러 가지 스케치를 번갈아 사용할 때는 프로파일을 정의하는 방법을 바꿔줄 수 있어야 한다.

프로파일을 정의하는 방법

① 전체 스케치 이용
② Sub-element 이용

Exercise 07 **Profile 다시 정의하기**   *ch09_007.CATPart*

스케치 커브를 추가한 후 Profile을 다시 설정하는 방법을 알아보자.

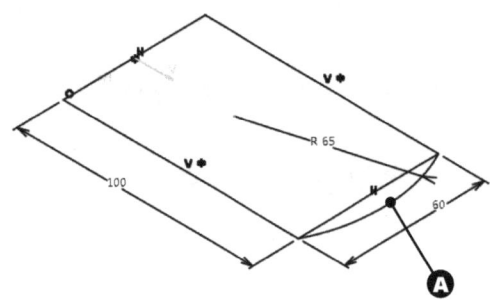

그림 9-61 스케치 커브 추가

모델 생성 이력 확인

1. ch09_007.CATPart 파일을 연다.

2. Spec Tree에서 모델링 과정을 확인한다.

스케치 수정

1. Sketch.1을 더블클릭한다.

2. 그림 9-61에 Ⓐ로 표시한 호를 추가한다. 반경은 65 mm로 한다.

3. Sketcher를 빠져 나간다.

4. 그림 9-62와 같이 Update Diagnosis 대화상자가 나타난다. Pad.1 피쳐의 프로파일에 문제가 있음을 알 수 있다.

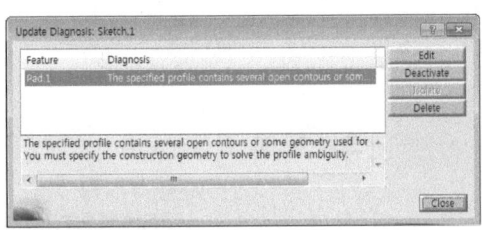

그림 9-62 Update Diagnosis 대화상자

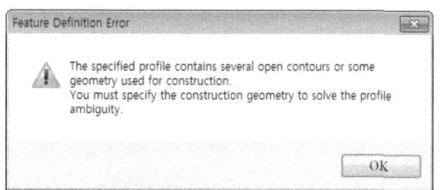

그림 9-63 오류 메시지

오류 수정

1. Pad.1을 선택하고 Edit 버튼을 누른다.

그림 9-63의 오류 메시지 상자와 함께 Pad Definition 대화상자가 나타난다.

2. Feature Definition Error 창의 내용을 확인하고 확인 버튼을 누른다.

3. Pad Definition 대화상자의 Selection 선택 영역에 우클릭 〉 Go to profile definition 옵션을 선택한다. 그림 9-64와 같은 Profile Definition 대화상자가 나타난다.

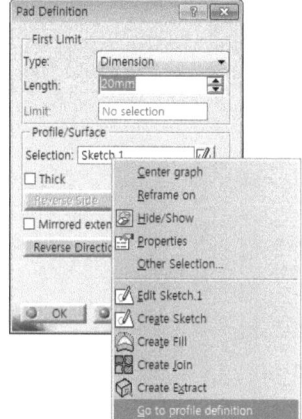

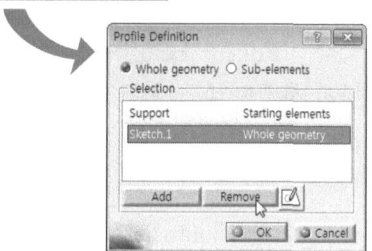

그림 9-64 프로파일 삭제

4. 그림 9-64의 Profile Definition 대화상자에서 Whole geometry로 선택되어 있는 Sketch.1을 선택한 후 Remove 버튼을 누른다.

5. Profile Definition 대화상자에서 Sub-elements 옵션을 선택하고 그림 9-65와 같이 호를 포함하여 화살표로 표시한 네 개의 커브를 선택한다.

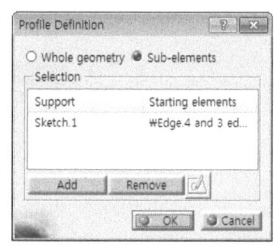
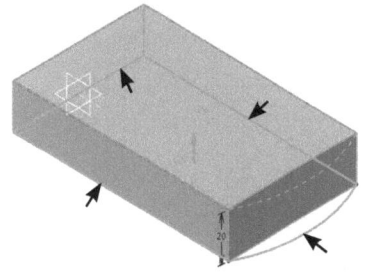

그림 9-65 새로운 프로파일

323

6. Profile Definition 대화상자에서 OK 버튼을 누른다.

7. Pad Definition 대화상자에서 OK 버튼을 누른다.

그림 9-66과 같은 업데이트 오류창이 다시 나타난다. 이는 두번째 스케치에서 첫번째 피쳐의 모서리를 Project하고 Offset 하였기 때문에 나타나는 것이다.

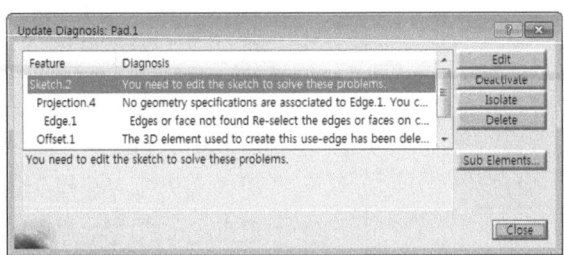

그림 9-66 Update Diagnosis 대화상자

각각의 Edge를 Edit하여 참조하는 개체를 다시 선택할 수 있지만 여기서는 연관성을 끊자.

8. Update Diagnosis 창에서 Sketch.2 항목을 선택한 후 Isolate 버튼을 누른다.

모든 오류가 해결 되었다. 처음에 사용했던 스케치 커브를 삭제하지 않았기 때문에 나중에 언제라도 처음 상태로 복구할 수 있다.

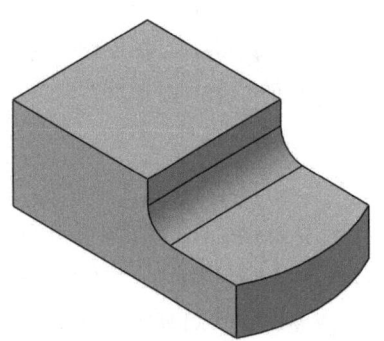

그림 9-67 완성된 모델

END of Exercise

ch09_008.CATPart   프로파일 변경과 피쳐 추가   **Exercise 08**

조건에 맞게 그림 9-68과 같이 주어진 모델을 수정하시오.

조건

1. 새로운 스케치를 생성하지 않는다.
2. Pad.3의 프로파일을 변경한다.
3. 모델링 순서상 필요한 위치에 Pad 또는 Hole 피쳐를 추가할 수 있다.
4. 완성된 모델에 Error나 Warning이 없어야 한다.

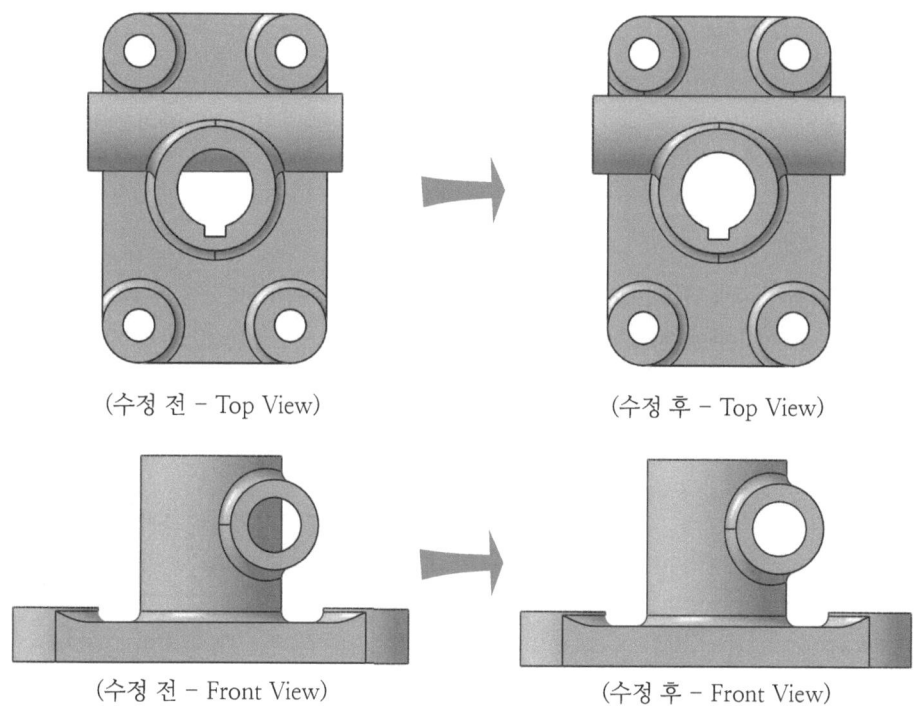

(수정 전 – Top View)   (수정 후 – Top View)

(수정 전 – Front View)   (수정 후 – Front View)

그림 9-68 수정 전과 후의 모델

END of Exercise

! 피쳐의 Drag & Drop

Spec Tree에서 피쳐를 선택한 후 드래그하여 원하는 위치로 이동시킬 수 있다. Drop 하는 위치 뒤로 피쳐가 이동된다.

9 장: 모델 수정

Exercise 09 피쳐 삽입　　　　　　　　　　　　　　　　　　ch09_009.CATPart

간략히 설명한 절차에 따라 주어진 모델을 수정해 보자. 피쳐를 삭제 후 다시 만들면 안되고 피쳐의 추가 또는 기존 피쳐의 Definition을 수정하는 방식을 취한다.

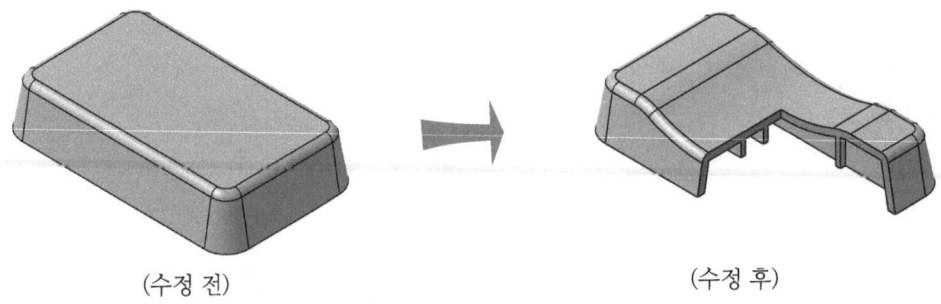

그림 9-69 수정 전과 후의 모델

1 단계

1. Draft.1 피쳐를 Work Object로 지정한 후 그림 9-70과 같이 스케치를 생성한다.
2. Pocket 기능을 이용하여 제거한다.

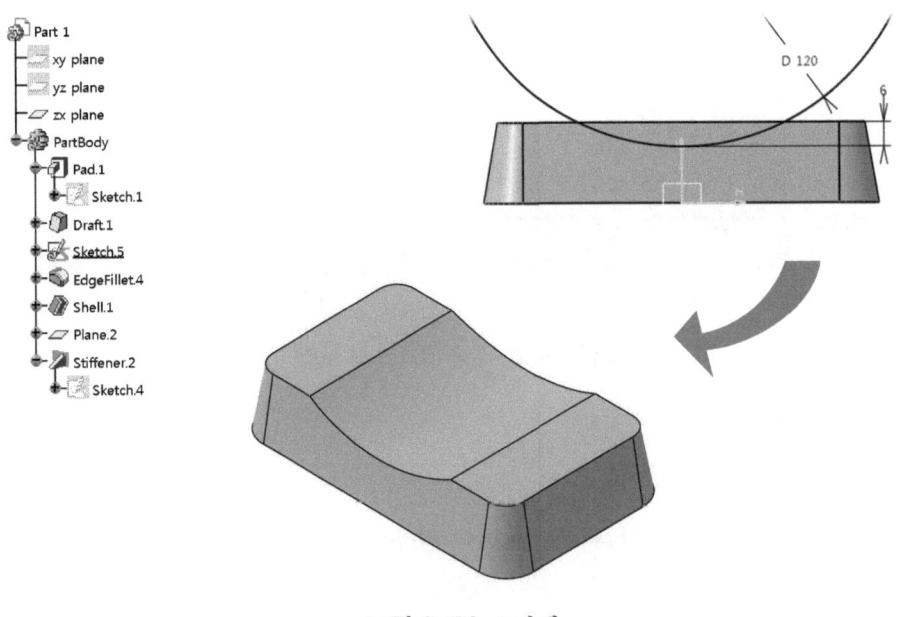

그림 9-70 1 단계

2 단계

1. 1 단계에서 생성한 Pocket 피쳐를 Work Object로 지정한다.
2. 그림 9-71의 Ⓐ 모서리에 R20의 필렛을 생성한다.

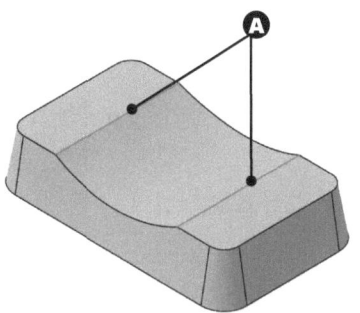

그림 9-71 2 단계

3 단계

Stiffener.2 피쳐를 Work Object로 지정한다. 그림 9-72는 완성된 모델을 보여준다.

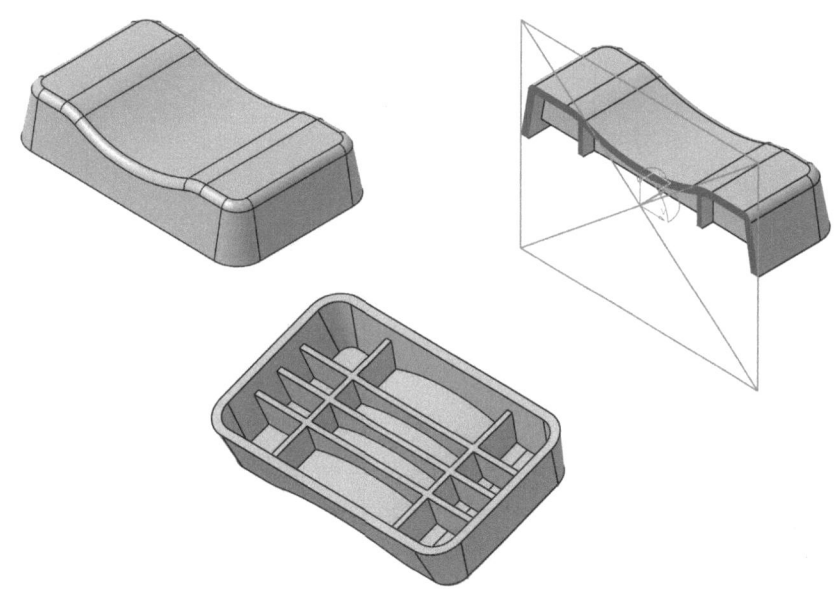

그림 9-72 최종 모델

END of Exercise

Exercise 10   오류 수정   ch09_010.CATPart

주어진 파일을 수정한 후 발생하는 오류를 수정하시오.

수정 방법

1. 첫번째 스케치(Sketch.7)에 그림 9-73과 같이 Spline 을 추가한다. 완전구속은 생략하고 비슷한 모양으로 그린다.
2. 스케치를 빠져나간 후 발생하는 오류를 수정한다.

수정 전과 후의 모델은 그림 9-74와 같다.

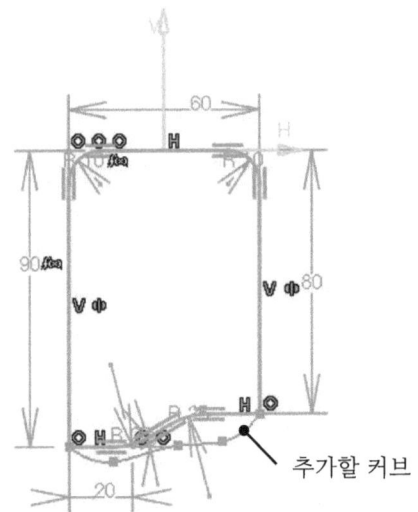

그림 9-73 스케치 수정

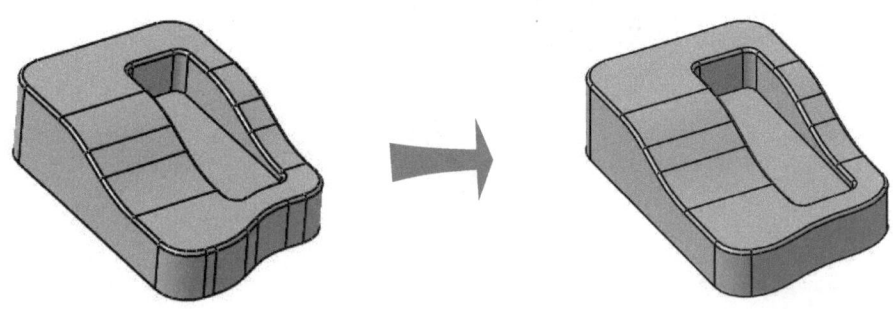

그림 9-74 수정 전과 후의 모델

END of Exercise

ch09_011.CATPart **Joint Part** **Exercise 11**

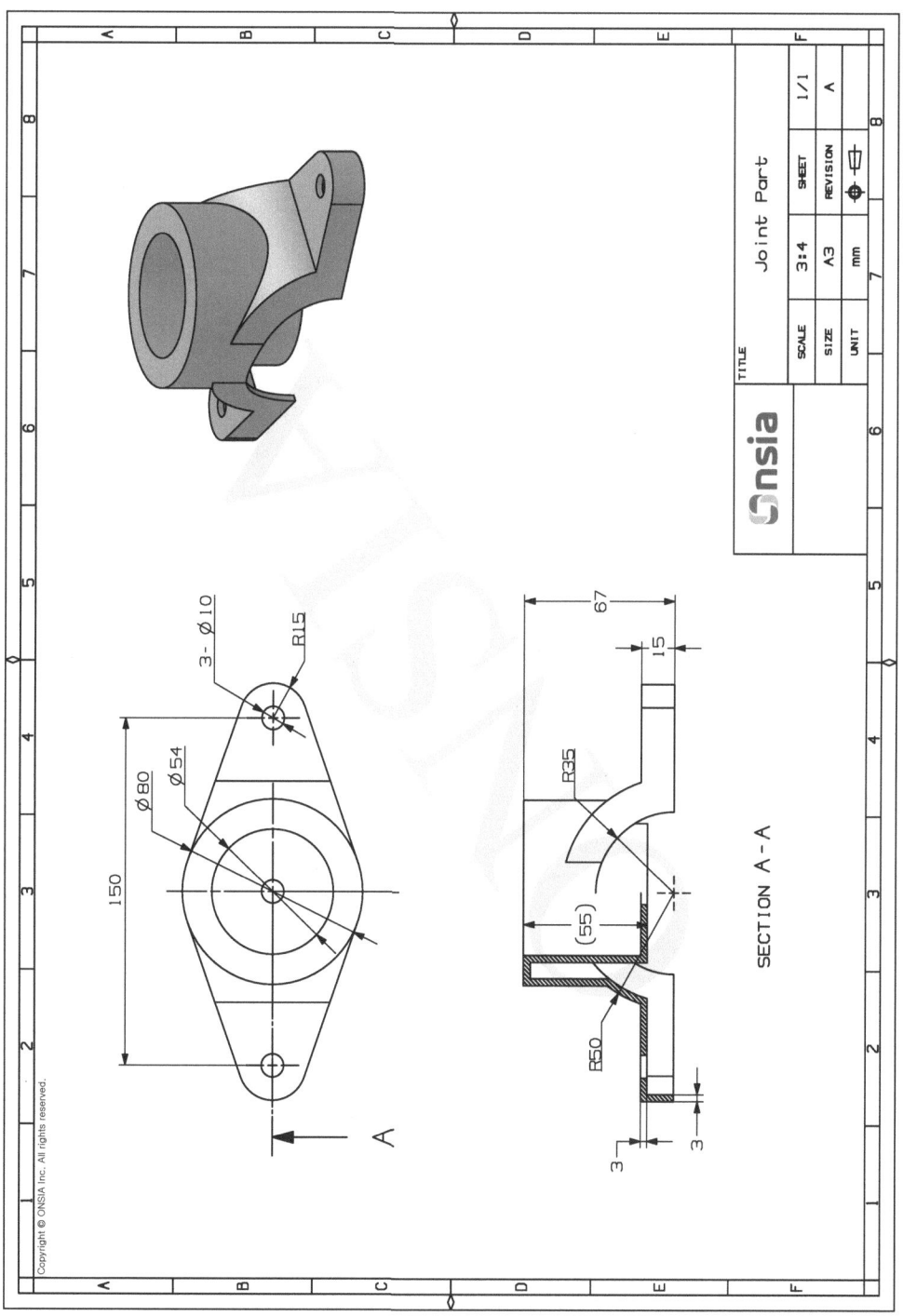

그림 9-75 Exercise 12의 도면

(빈 페이지)

Chapter 10
바디를 이용한 모델링

■ 학습목표

- 바디와 Geometrical Set을 추가하고 용도를 이해한다.
- 바디를 이용한 모델링의 필요성을 이해하고 그 방법을 습득한다.
- 불리언 작업의 종류를 이해하고 모델링에 응용한다.

10.1 새로운 바디 생성하기

CATIA V5에서는 하나의 파일에 여러 개의 바디를 생성하여 바디간 불리언 작업을 수행할 수 있다. 바디를 이용하여 모델링을 하면 다음과 같은 장점이 있다.

- 모델 형상을 체계적으로 분류할 수 있다.
- 복잡한 모델을 효과적으로 생성할 수 있다.
- 바디별로 재사용이 가능하다.

솔리드 모델링에서 최종 모델은 일반적으로 하나의 솔리도 바디를 형성하기 때문에 여러 개로 분리되어 생성한 바디를 합치거나 제거하거나, 공통인 부분을 남기는 불리언 연산(Boolean Operation)을 수반한다.

10.1.1 바디 추가하기

다음과 같은 방법으로 바디를 추가할 수 있다.

① 메뉴바에서 Insert > Body를 선택한다.
② 메뉴바에서 Insert > Body in a set을 선택한다.

첫번째 방법으로 바디를 생성하면 자동으로 이름이 부여되며 나중에 수정할 수 있다. Spec Tree에서 바디에 우클릭 > Properties를 선택한 후 Feature Properties 탭에서 Feature Name을 입력한다.

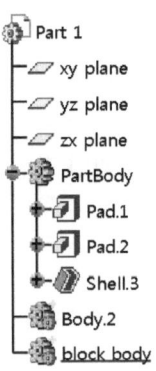

그림 10-1 추가된 바디

두 번째 방법으로 바디를 생성하면 이름을 지정할 수 있고, 바디가 소속될 Ordered Geometrical Set을 지정할 수 있다. Ordered Geometrical Set에 대해서는 다음 단원에서 설명한다.

새로 생성된 바디는 Work Object로 지정되며 이후에 생성하는 피쳐는 Work Object로 선택된 바디에 추가된다. 다른 Body를 Work Object로 설정하려면 Spec Tree에서 원하는 바디에 MB3 〉 Define in Work Object를 선택한다. 또는 그림 10-2와 같이 Tools 툴바에서 원하는 바디를 선택한다.

그림 10-2 Tools 툴바에서 바디 선택

그림 10-3은 두 개의 바디로 이루어진 파트이다. block body를 Work Object로 지정한 다음 Pad.3를 생성한 후 Shell 기능을 이용하여 두께를 생성하였다.

PartBody는 파일을 생성할 때 항상 생성되는 기본바디다. PartBody는 항상 Spec Tree의 맨 위에 위치하며 이후 모델링의 기준이 된다. 그림 10-4와 같이 Body에 우클릭 〉 body object 〉 Change PartBody 메뉴를 이용하여 나중에 생성한 바디를 PartBody로 설정할 수 있지만 연관성에 문제가 생길 수 있으므로 주의하여야 한다. 나중에 생성한 바디를 PartBody로 설정하면 기존의 PartBody는 Spec Tree의 아래로 내려간다. 나중에 생성한 바디에 이름을 설정한 경우 이름이 유지되며 Body.*의 기본 이름으로 생성한 경우 이름이 PartBody로 바뀐다.

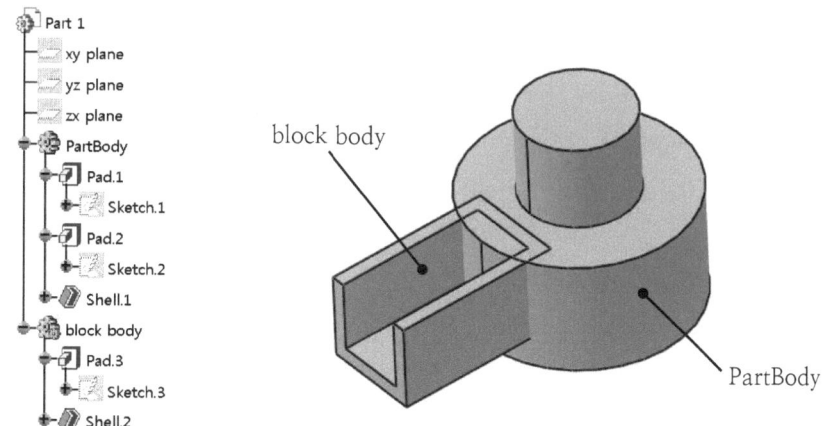

그림 10-3 바디에 피쳐 생성하기

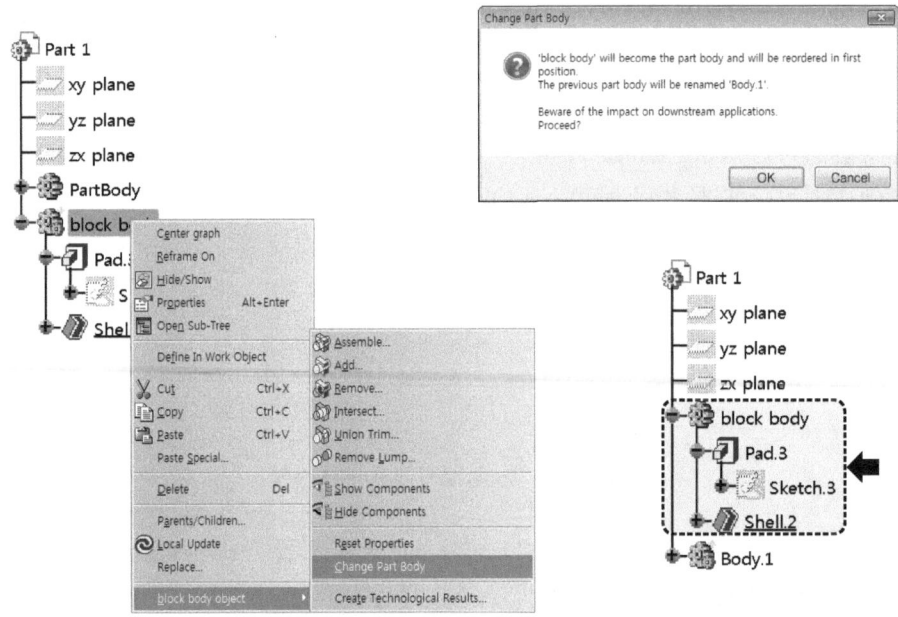

그림 10-4 PartBody 변경

10.1.2 Geometrical Set

모델링 도중 생성되는 개체를 종류에 따라 Geometrical Set 또는 Body에 체계적으로 분류할 수 있다. Geometrical Set에는 두 종류가 있으며 그 특징은 다음과 같다.

Geometrical Set(GS)

▶ 스케치, 참조 요소, GSD(Generative Shape Design) 요소 등 솔리드 바디 이외의 요소를 담을 수 있다.
▶ 다른 GS를 담을 수 있다. OGS는 담을 수 없다.
▶ Enable Hybrid Design 옵션이 적용되지 않은 Body 안에 생성할 수 있다.

Ordered Geometrical Set(OGS)

▶ 스케치, 참조 요소, GSD(Generative Shape Design) 요소를 담을 수 있다.
▶ 다른 OGS와 Body를 담을 수 있지만 Geometrical Set은 담을 수 없다.
▶ Enable Hybrid Design 옵션이 적용된 Body 안에 생성할 수 있다.

Enable Hybrid Design 옵션은 바디에 적용된다는 점에 주의한다.

ch10_001.CATPart　　　　　　　　　　**바디와 GS 추가하기**　Exercise 01

주어진 파일에 바디를 추가하고 모델링을 수행해 보자.

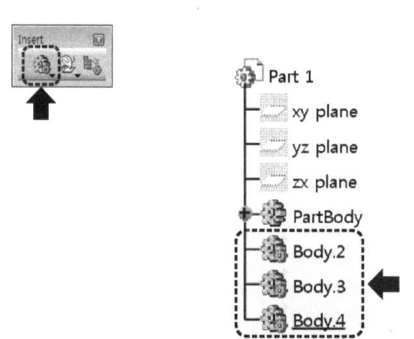

그림 10-5 Body 추가

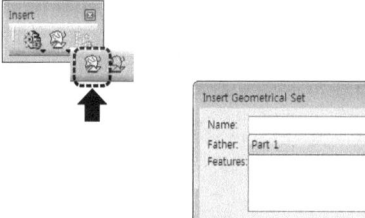

그림 10-6 GS 추가

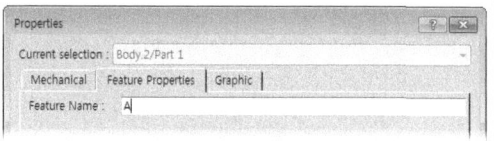

그림 10-7 피쳐 이름 수정

파일 열기 및 바디, GS 추가하기

1. ch10_001.CATPart 파일을 연다.

2. Insert 툴바를 꺼낸다.

3. Insert 툴바에서 Body 버튼을 세 번 눌러 세 개의 Body를 추가한다. 추가한 후의 Spec Tree는 그림 10-5와 같다.

4. Insert 툴바에서 Geometrical Set 버튼을 눌러 GS를 추가한다. 디폴트 이름 "Geometrical Set.1"으로 Spec Tree에 추가됨을 확인한다.

5. 그림 10-5의 Spec Tree에서 Body.2에 MB3 > Properties를 선택한다.(단축키는 Alt + Enter)

6. Feature Properties 탭을 누르고 Feature Name 입력창에 이름을 A라고 입력한다.

7. 같은 방법으로 Body.3를 block body로 수정하고, Body.4를 C라고 변경한다.

8. GS의 이름은 sketch라고 변경한다.

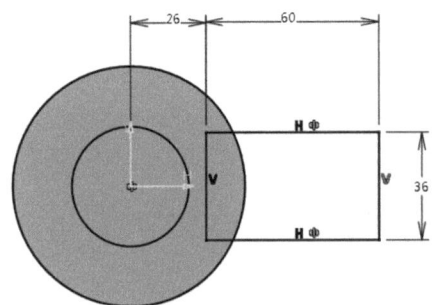

그림 10-8 스케치 생성

그림 10-9 생성된 body

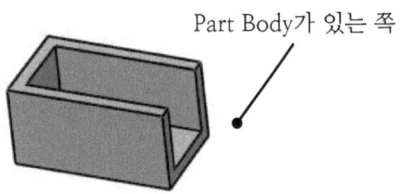

그림 10-10 Shell 생성

그림 10-11 완성된 모델

스케치 생성

1. 앞 단계에서 마지막으로 sketch의 이름을 변경하였다면 sketch가 Work Object로 되어 있을 것이다. 그렇지 않다면 "sketch" GS에 우클릭한 후 키보드에서 "f"키를 눌러 Work Object로 만든다.

2. 중간의 원형 면에 그림 10-8과 같이 스케치를 생성한 후 완전구속 한다.

3. Sketcher를 빠져 나간다.

생성된 스케치는 "sketch"라고 이름을 정한 GS 안에 들어간다.

바디 생성

1. "block body"를 Work Object로 정한다.

2. Pad 기능을 이용하여 그림 10-9와 같이 30mm 돌출 시킨다.

추가 모델링

1. Part Body를 화면에서 숨긴다.

2. "block body"에 그림 10-10과 같이 5mm의 Shell을 생성하여 완성한다.

END of Exercise

10.2 불리언 작업

같은 파일에 생성한 바디간에 불리언 작업을 통하여 복잡한 모델링을 편리하게 수행할 수 있다. 바디로 작업을 하면 다음과 같은 장점이 있다.

① 파트를 여러 개의 특징 형상으로 분류할 수 있다.
② 복잡한 형상을 효과적으로 모델링할 수 있다.
③ 바디를 재사용할 수 있다.

바디별로 형상을 만든 후 최종 형상은 하나의 솔리드 바디로 만들어야 한다. 바디를 하나로 만들어 주는 작업은 바디간의 불리언 오퍼레이션을 통하여 수행한다. 바디간의 불리언 오퍼레이션에는 다음과 같은 것들이 있다.

① Add
② Remove
③ Intersect

기타 바디 작업에는 다음과 같은 것들이 있다.

① Union Trim
② Remove Lump
③ Assemble

10.2.1 Add

하나의 바디에 다른 바디를 더한다. 집합 기호의 합집합에 해당된다.

두 바디가 겹쳐있는 부분이 있으면 경계가 없어져 하나의 체적을 이루고, 서로 떨어져 있으면 각각의 체적을 유지하면서 Specification Tree 상에서 하나의 바디로 합쳐진다.

Exercise 02 Boolean Operation(Add)   ch10_002.CATPart

아이콘을 이용하여 불리언 연산을 하는 방법을 알아보자. 앞에서 생성한 두 개의 바디를 Add 기능을 이용하여 합칠 것이다.

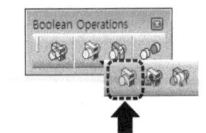

그림 10-12 Add 버튼

1. ch10_002.CATPart 파일을 연다. Exercise 01의 완성 모델을 그대로 사용해도 된다.

2. Boolean Operations 툴바를 꺼내고, Add 버튼을 누른다. 그림 10-13과 같은 Add 대화상자가 나타나고, Add 선택 영역이 활성화 되어 있다.

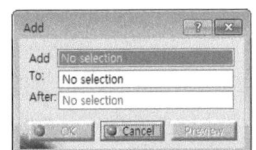

그림 10-13 Add 대화상자

Add 선택 영역에 지정한 바디를 to 선택 영역에 지정한 바디에 추가하는 방식으로 불리언 연산이 수행된다. 결과물은 to 선택 영역에 지정한 바디가 된다.

3. Add 선택 영역에 block body를 선택한다. 자동으로 to 선택 영역으로 진행된다.

4. to 선택 영역에 PartBody를 지정한다.

5. OK 버튼을 누른다.

완성된 모델과 Spec Tree는 그림 10-14와 같다.

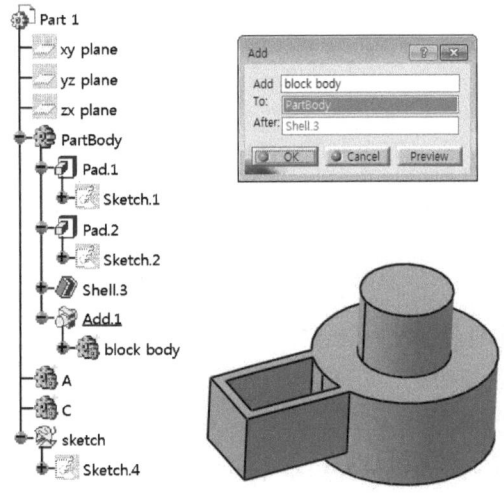

그림 10-14 완성 모델

END of Exercise

ch10_003.CATPart   **Boolean Operation(Add)**   **Exercise 03**

Spec Tree에서 불리언 연산을 하는 방법을 알아보자. 앞에서 생성한 두 개의 바디를 Add 기능을 이용하여 합칠 것이다.

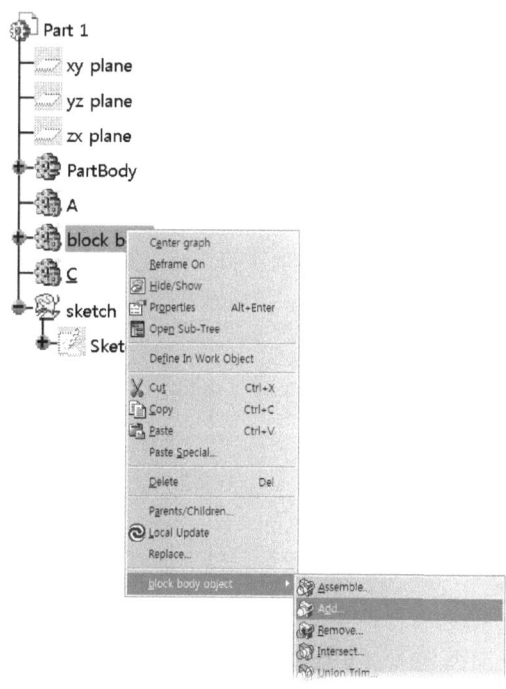

그림 10-15 Add 옵션 선택

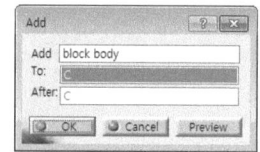

그림 10-16 Add 대화상자

1. ch10_003.CATPart 파일을 연다. 바디 "C"가 Work Object로 되어 있음을 확인한다.

2. Spec Tree의 "block body"에 MB3 > block body object > Add를 선택한다.

그림 10-16과 같은 Add 대화상자가 나타난다. To 선택 영역에 C가 표시된다. 이는 Body C가 Work Object로 되어 있기 때문이다.

3. To 선택 영역이 활성화되어 있는 상태에서 PartBody를 선택한다. Spec Tree 또는 작업 화면에서 선택할 수 있다.

To 선택 영역에 PartBody가 지정된다.

4. Add 대화상자에서 OK 버튼을 누른다.

결과는 그림 10-14와 같다.

END of Exercise

Exercise 04 | Boolean Operation의 삭제 | ch10_004.CATPart

Spec Tree에서 Boolean Operation을 삭제하면 각각의 Body로 분리된다. 실습을 통하여 알아보자.

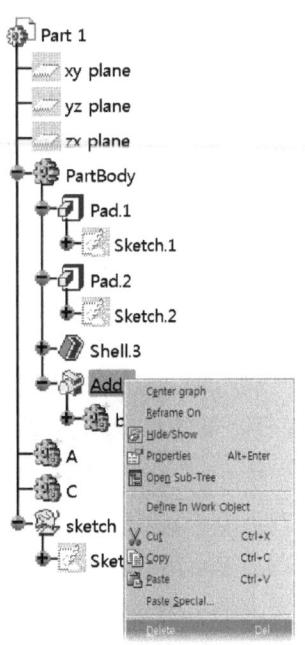

그림 10-17 Delete 선택

1. ch10_004.CATPart 파일을 연다. Exercise 03의 결과 파일을 이용해도 된다.

2. Spec Tree의 Add.1에 MB3 > Delete를 선택한다. 단축키를 사용하려면 Add.1에 MB3를 누른 상태에서 키보드의 D 키를 누르면 된다.

3. 그림 10-18의 Delete 대화상자에서 Ⓐ 옵션을 해제한다.

4. OK 버튼을 누른다.

Spec Tree와 모델이 Add 전 상태로 복구된다. 만약 Ⓐ 옵션을 해제하지 않는다면 "block body"의 솔리드 바디는 Add.1 오퍼레이션과 함께 삭제된다.

그림 10-18 Delete 대화상자

END of Exercise

10.2.2 Union Trim

이 기능을 이용하면 한 번의 작업으로 다음의 두 가지 작업을 수행할 수 있다.

① 두 개의 바디를 결합한다. (Union)
② 하나의 바디의 면을 경계로 하여 다른 바디의 일부를 잘라낸다 (Trim). 경계로 사용할 개체는 잘라낼 바디의 단면을 완전히 포함하고 있어야 한다.

---

ch10_005.CATPart **Union Trim** **Exercise 05**

Union Trim 기능 사용법을 실습을 통하여 알아보자.

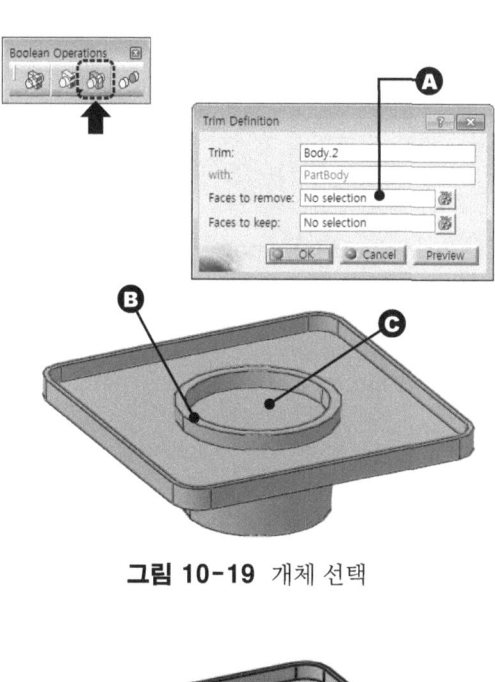

1. ch10_005.CATPart 파일을 연다.

2. Boolean Operations 툴바에서 Union Trim 버튼을 누른다. 스테이터스바에는 자를 바디를 선택하라는 메시지가 나타난다.

3. 잘라낼 바디로 Spec Tree에서 Body.2를 선택한다. Trim Definition 대화상자의 Trim 선택 영역에 Body.2가 표시된다.

4. Trim Definition 대화상자에서 Faces to remove 선택 영역(그림 10-19의 **A**)을 클릭한다.

5. 모델에서 Body.2의 **B**면과 PartBody의 **C**면을 선택한다.

6. 대화상자에서 OK 버튼을 누른다.

그림 10-19 개체 선택

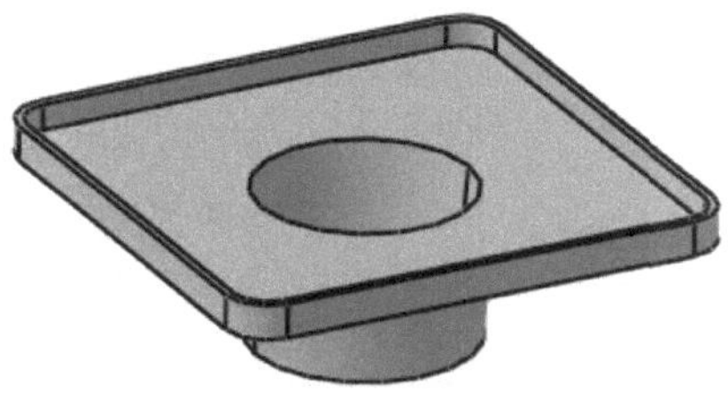

그림 10-20 완성된 모델

10.2.3 Remove

공통되는 부분을 제거한다. 집합 기호의 차집합에 해당된다.

Add와 마찬가지로 Boolean Operations 툴바에서 Remove 버튼을 눌러 수행할 수도 있고, Specification Tree에서 수행할 수도 있다.

Exercise 06 **Remove** *ch10_006.CATPart*

주어진 파일 ch10_006.CATPart 파일을 이용하여 다음과 같이 Remove 기능을 수행한다.

방법 1
① Boolean Operations 툴바에서 Remove 선택
② Remove 바디와 From 바디 선택
③ 결과 확인

방법 2
① Specification Tree의 block 바디에 MB3 > block object > Remove 선택
② 결과 확인

결과 모델을 Exercise 07의 실습에 사용한다.

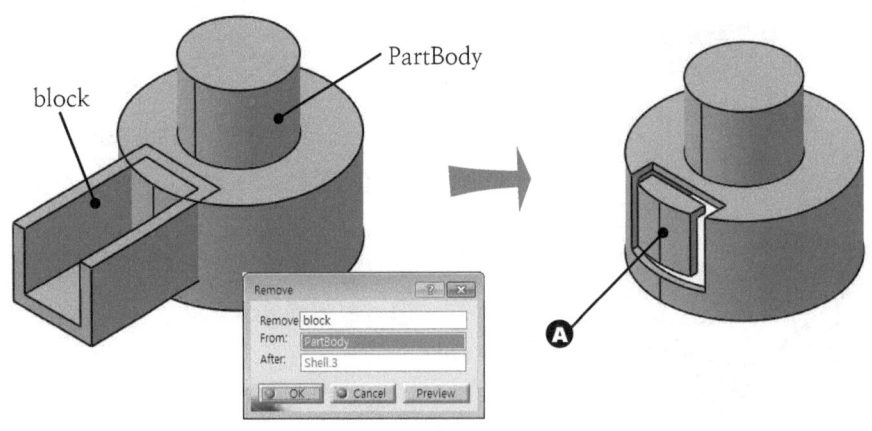

그림 10-21 Remove 기능

END of Exercise

10.2.4 Remove Lump

하나의 바디에 여러 개의 체적이 있을 경우 바디를 선택하여 제거할 수 있다.

모델링을 하다 보면 그림 10-21의 ④와 같이 불필요한 형상 또는 잘못된 형상이 나올 수 있다. 이런 형상이 나타나지 않도록 하는 것이 최선이지만 모델링 과정이 복잡할 경우 원인을 찾아내기 어렵다. 이럴 때는 Remove Lump 기능을 이용하여 쉽게 제거해 줄 수 있다.

---

ch10_007.CATPart **Remove Lump** | **Exercise 07**

왼쪽 페이지의 결과파일 또는 ch10_007.CATPart 파일을 이용하여 Remove Lump 기능을 수행한다.

① Remove Lump 버튼을 누른다.
② 바디를 선택한다.
③ 대화상자에서 Face to remove의 입력 영역을 클릭한다.
④ 제거할 체적에서 면을 하나 선택한다.
⑤ OK 버튼을 누른다.

③, ④에서 남길 부분을 선택할 수도 있다.

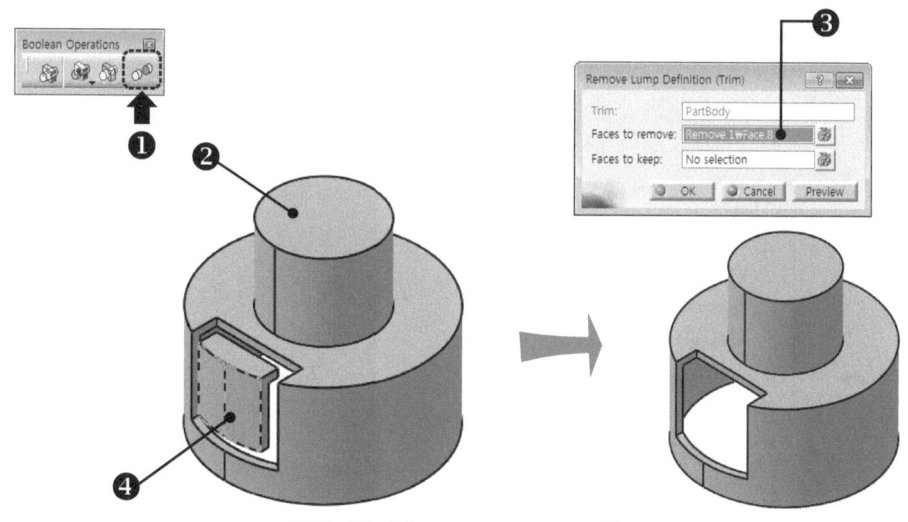

그림 10-22 Remove Lump 기능

END of Exercise

10.2.5 Intersect

두 개의 바디의 공통 부분을 남기고 나머지 부분을 제거한다. 집합 기호의 교집합에 해당된다. Remove 기능을 이용하여 두 번 이상 작업해야 하는 모델링 단계를 줄일 수 있다.

Exercise 08　**Intersect**　　　　　　　　　　　　　*ch10_008.CATPart*

정면뷰와 평면뷰가 아래 그림과 같은 형상을 모델링 하자. 치수는 각 단계별로 주어진다.

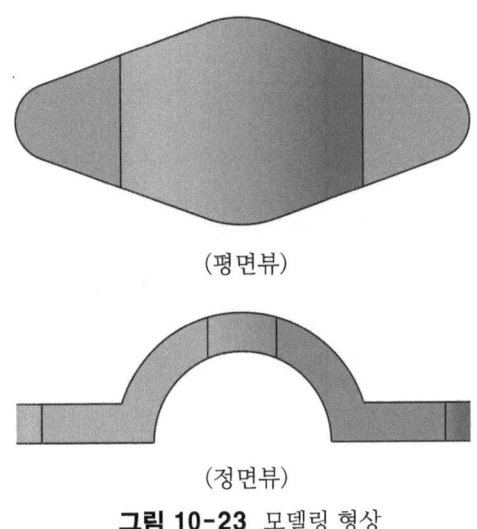

(평면뷰)

(정면뷰)

그림 10-23 모델링 형상

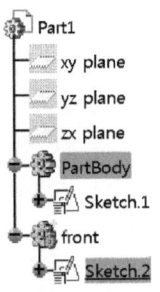

그림 10-24 "front" 바디 생성

1. 주어진 파일 ch10_008.CATPart를 연다.

2. Insert 툴바의 Body 아이콘을 눌러 바디를 생성하고 이름을 "front"로 변경한다.

3. Sketch.2 피쳐를 드래그 하여 그림 10-24와 같이 "front" 바디에 드롭 한다.

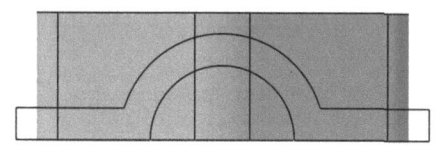

그림 10-25 정면뷰

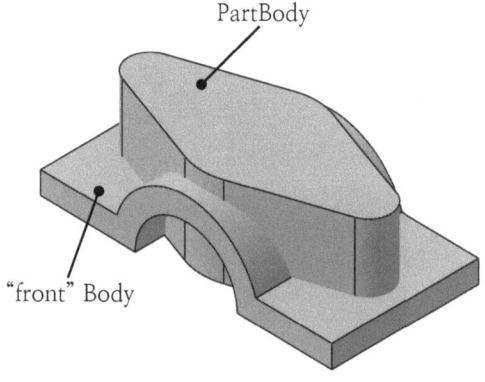

그림 10-26 두 개의 바디

4. PartBody를 Work Object로 지정한다.

5. Sketch.1 피쳐를 60mm Pad 한다. 정면 뷰는 그림 10-25와 같다.

6. "front" 바디를 Work Object로 지정하고 Mirrored extent 옵션을 이용하여 Sketch.2를 50mm Pad 한다. 그림 10-26은 PartBody와 "front" 바디에 생성된 두 개의 바디를 보여준다.

7. Spec Tree에서 "front" 바디에 우클릭 〉 front object 〉 Intersect를 선택한다.

그림 10-27은 완성된 모델과 Spec Tree를 보여준다.

PartBody는 Operand(피연산 바디, 즉, 불리언 연산을 할 때 먼저 선택하는 바디)로 사용할 수 없기 때문에 PartBody에 우클릭하여 Intersect를 적용할 수 없다.

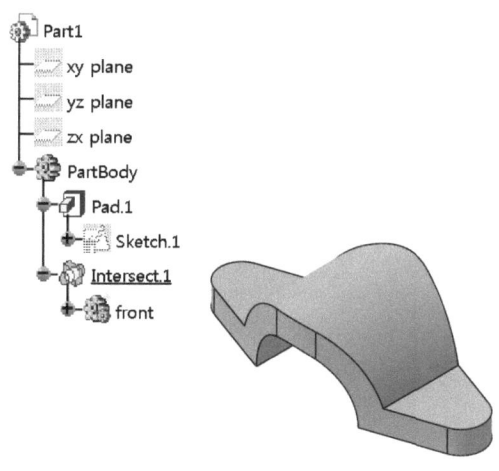

그림 10-27 완성된 모델

END of Exercise

10 장: 바디를 이용한 모델링

Exercise 09 Boolean Operations의 조합 ch10_009.CATPart

주어진 바디에 Boolean Operation을 적용하여 그림 10-28의 형상을 모델링 하시오. Ⓐ로 표시한 부분의 모서리가 어긋나지 않도록 하여야 한다.

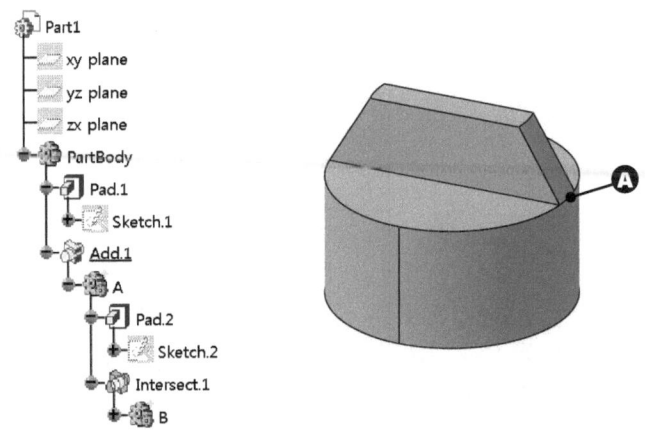

그림 10-28 완성된 모델

절차

1. 바디 "A"와 "B" 사이에 Intersect 불리언 연산을 적용한다. 결과물은 바디 "A"이다.
2. 결과물 바디 "A"를 PartBody에 Add 한다.

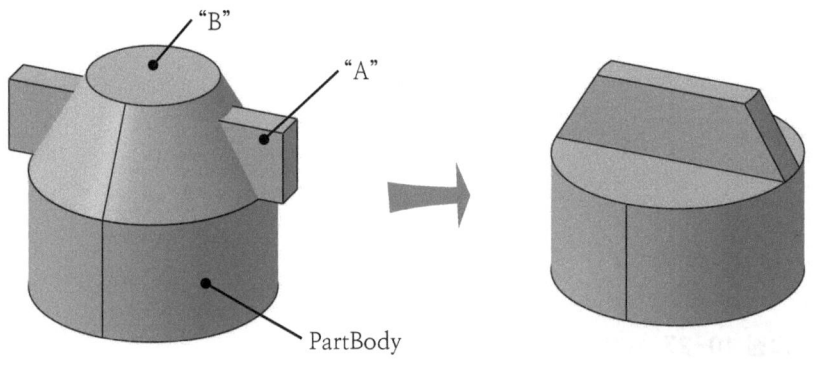

그림 10-29 Intersect 적용

END of Exercise

10.2.6 Assemble

추가된 바디는 (+) 또는 (-)의 극성을 갖는다. 같은 극성의 두 바디를 Assemble 하면 Add 된 결과물이 얻어진다. 서로 다른 극성의 두 바디를 Assemble 하면 (-) 극성의 바디가 (+) 극성의 바디를 제거한다. PartBody는 언제나 (+) 극성을 갖는다.

바디의 극성은 바디를 추가한 후 첫 번째로 만든 피쳐에 따라 결정된다. Pad나 Shaft와 같이 더해지는 기능을 첫 번째 피쳐로 생성하면 그 바디는 (+) 극성을 가지며 Spec Tree에 있는 바디의 기어 심볼에 (+) 기호가 표시된다. Pocket이나 Groove와 같이 제거하는 기능을 첫 번째 피쳐로 생성하면 그 바디는 (-) 극성을 가지며 Spec Tree의 바디 심볼에 (-) 기호가 표시된다. 그림 10-30의 Body.2는 (+) 극성을 갖고 Body.3는 (-) 극성을 갖는다. PartBody에는 극성 기호가 표시되지 않는다.

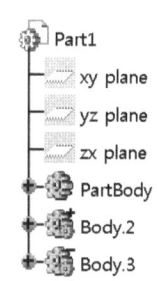

그림 10-30 Body의 극성

서로 다른 극성의 바디를 한번에 Assemble 할 수 있다. 그림 10-31과 같이 (+) 극성의 Body.2와 (-) 극성의 Body.3를 PartBody에 Assemble 하면 Body.2는 Add 되고, Body.3는 Remove 된다.

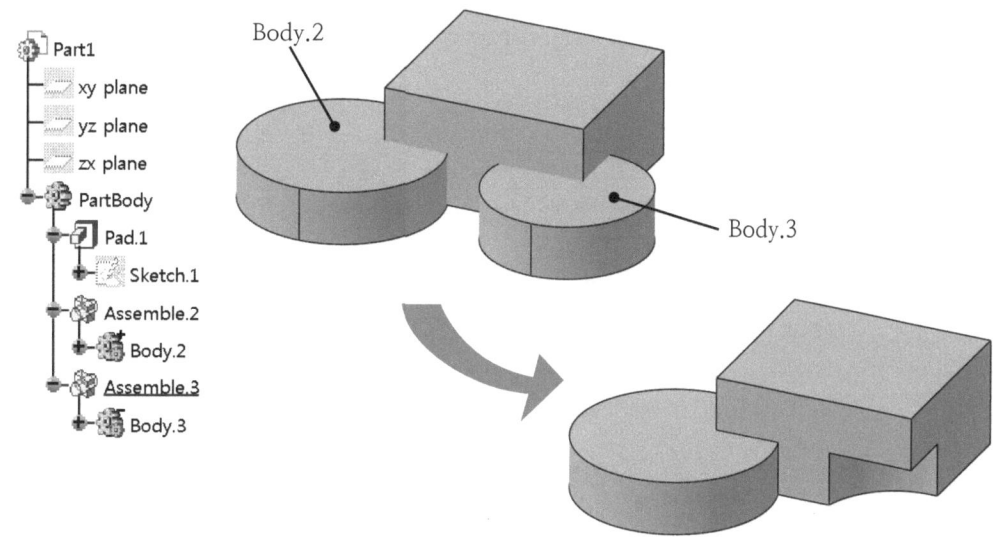

그림 10-31 Assemble의 결과

Exercise 10 Assemble   ch10_010.CATPart

주어진 파트는 그림 10-32와 같이 세 개의 바디로 이루어져 있다. Body.3는 PartBody를 안쪽으로 2mm 축소한 것이다. 제시된 절차에 따라 모델링을 수행하여 그림 10-35와 같은 모델을 완성해 보자. Body.2는 (-) 극성을 가지며 Body.3는 (+) 극성을 갖는다.

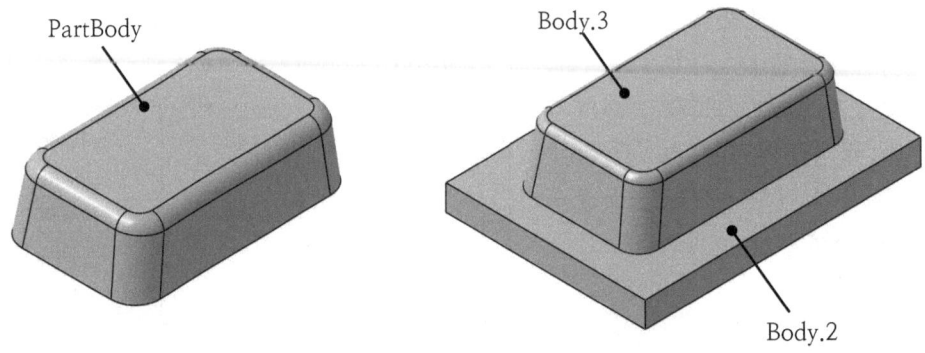

그림 10-32 주어진 파트

1 단계

Body.3를 Body.2에 Add 한다. 결과물은 (-) 극성의 Body.2 이다. (+) 극성의 바디를 (-) 극성의 바디에 추가하려면 Add 불리언 연산을 사용해야 한다는 점에 유의한다.

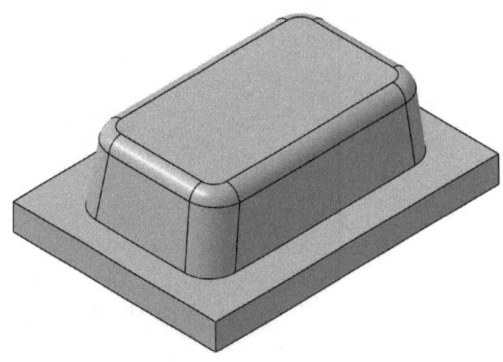

그림 10-33 Body.2

2 단계

그림 10-34와 같이 스케치를 생성하고 Pocket 피쳐를 생성한다. (-) 극성의 Body.2에 형상이 추가되도록 하기 위한 것이다.

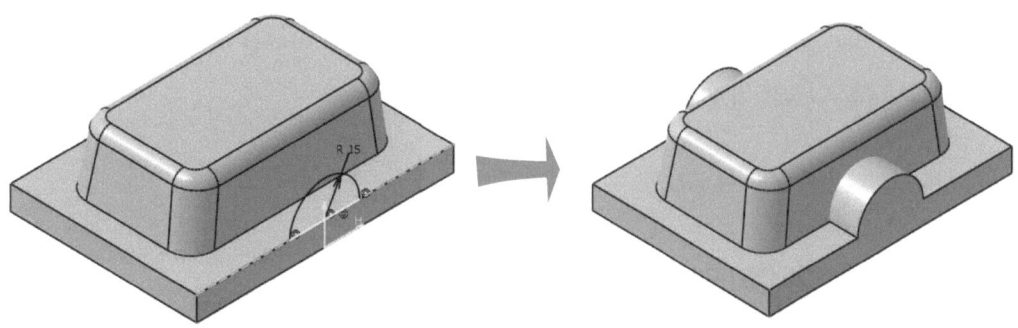

그림 10-34 Body.2에 추가

3 단계

Body.2를 PartBody에 Assemble 한다.

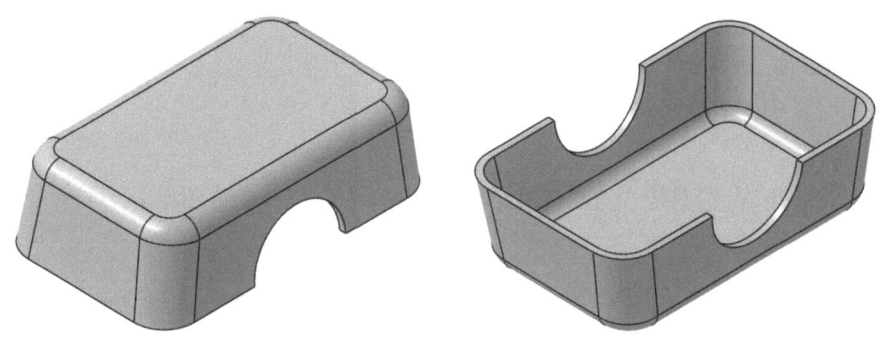

그림 10-35 완성된 모델

END of Exercise

10.3 바디의 재사용

Paste Special 기능을 이용하면 여러 개의 피쳐로 이루어진 바디를 복사/붙여넣기 하여 새로운 바디를 만들 수 있다. 복사한 바디를 다른 파일로 가져갈 수도 있다.

Paste Special 기능을 사용하려면 Spec Tree 또는 작업 화면에서 바디를 복사(Ctrl + C)한 후 메뉴바에서 Edit 〉 Paste Special를 선택하면 된다.

Paste Special 기능으로 붙여넣기 할 때 다음과 같은 옵션을 적용할 수 있다.

① *As specified in Part document*
바디의 생성 이력을 그대로 복사한다. 복사한 피쳐의 이력을 수정하여 원본과 다른 모양을 만들 수 있다.

② *As Result With Link*
결과 형상을 복사한다. 원본이 변경되면 같이 변경된다. Pattern 기능을 사용하여 복사할 수 없는 경우에 유용하게 사용할 수 있다.

③ *As Result*
결과 형상을 복사한다. 원본 수정과 무관하다.

As Result With Link 옵션을 이용하면 Pattern 기능으로는 불가능한 위치로 연관성을 유지하면서 복사할 수 있다.

Exercise 11 **Paste Special** *ch10_011.CATPart*

주어진 파일을 이용하여 Paste Special 기능의 기본 사용법을 알아보자. 본 실습에서는 다음의 두 가지 기능을 알아볼 것이다.

1. 같은 파일 내에서의 복사/붙여넣기
2. 다른 파일로 복사/붙여넣기

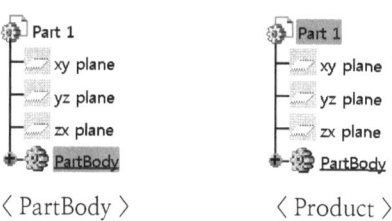

⟨ PartBody ⟩   ⟨ Product ⟩

같은 파일로 복사/붙여넣기

1. ch10_011.CATPart 파일을 연다.

2. Spec Tree에서 Part Body를 선택한다

3. Ctrl + C를 눌러 복사한다.

4. Spec Tree에서 프러덕트(ch10_011)를 선택한다.

5. 메뉴바에서 Edit > Paste Special을 선택한다.

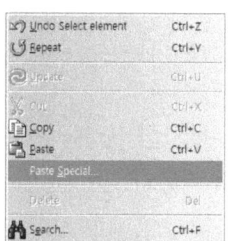

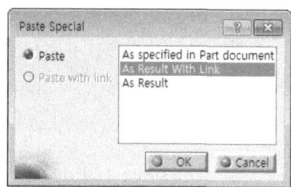

그림 10-36 Paste Special 기능 실행

6. 그림 10-36과 같이 Paste Special 대화상자에서 As Result With Link를 선택한 후 OK 버튼을 누른다. 그림 10-37과 같이 Spec Tree에 Body.4가 추가된다.

복사된 바디(Solid.1) 앞에 나타난 심볼(▣)은 원본과 연관관계가 있다는 뜻이다. 따라서 원본의 형상이 변경되면 복사된 바디의 형상이 업데이트 된다.

다른 파일로 복사/붙여넣기

1. 메뉴바에서 File > New를 선택한다.

2. 새 파일 타입을 Part로 선택하고 OK 버튼을 누른다.

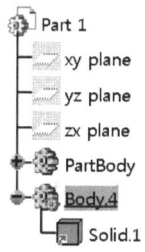

그림 10-37 복사된 바디

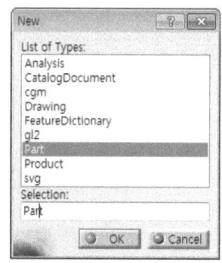

그림 10-38 파일 타입 설정

10 장: 바디를 이용한 모델링

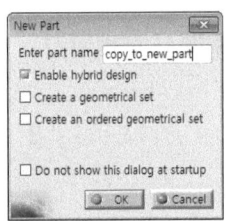

그림 10-39 파일명 지정

3. 파일 이름을 "copy_to_new_part"로 지정하고 OK 버튼을 누른다.

두 파일을 보면서 작업하기 위하여 두 개의 파트를 나란히 보이도록 화면을 배치해 보자.

4. 메뉴바에서 Window > Tile Horizontally를 선택한다. 그림 10-40과 같이 화면이 가로로 나누어진다.

5. ch10_011 파일에서 PartBody를 선택한 후 Ctrl + C를 눌러 복사한다.

6. "copy_to_new_part" 파일에서 프러덕트를 선택한다.(그림 10-40의 화살표)

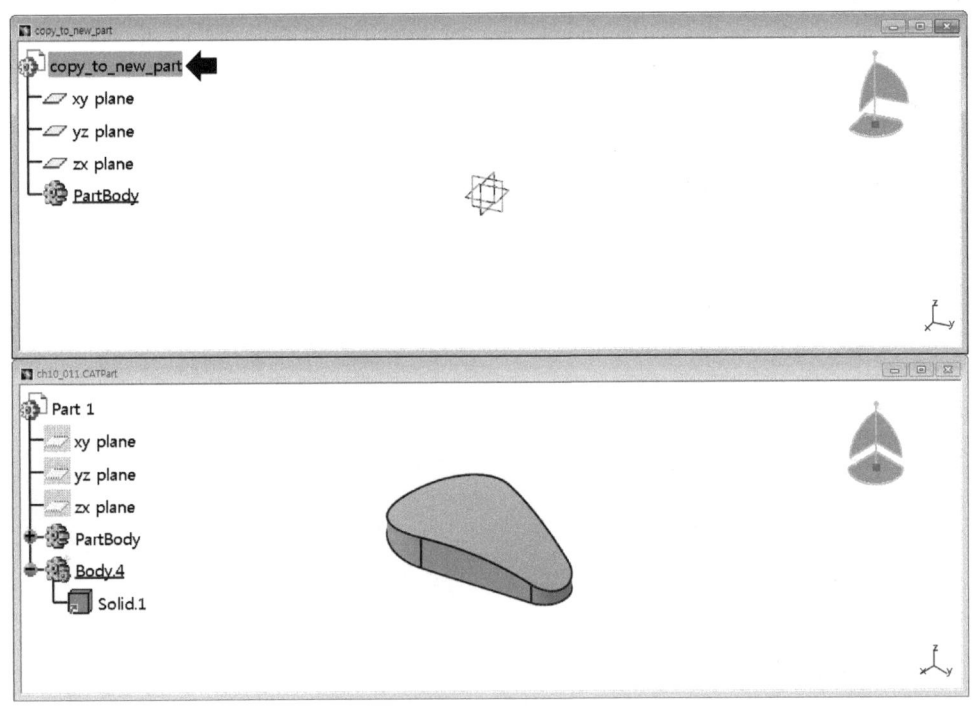

그림 10-40 둘로 나누어진 화면

7. 메뉴바에서 Edit 〉 Paste Special을 선택한다.

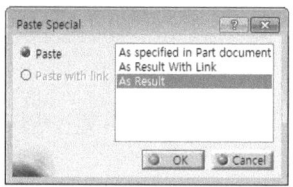

그림 10-41 Paste Special 옵션

8. Paste 옵션을 As Result로 선택한 후 OK 버튼을 누른다. 그림 10-42와 같이 Spec Tree에 Body.2가 추가된다.

복사된 바디(Solid.1) 앞에 나타난 심볼(■)은 원본과 연관관계가 없다는 뜻이다. 따라서 원본의 형상이 변경되더라도 복사된 바디의 형상은 업데이트 되지 않는다.

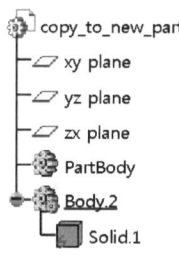

그림 10-42 복사된 바디

END of Exercise

10.4 바디의 화면표시

바디별로 그래픽 특성을 다르게 설정할 수 있다. 색깔이나 투명도 외에 Wireframe, Shading 상태를 혼용할 수도 있다.

10장: 바디를 이용한 모델링

Exercise 12　그래픽 속성 설정하기　　　　ch10_012.CATPart

1. ch10_012.CATPart 파일을 연다.

2. Specification Tree에서 PartBody를 펼친다.

3. Assemble.1에 MB3 > Delete를 선택하고, 대화상자에서 Delete aggregated element 옵션을 해제한 후 OK 버튼을 누른다.

"Core" 바디가 별도로 분리되어 나온다.

4. 그림 10-44와 같이 Graphic Properties 툴바를 표시한다.

5. Spec Tree에서 PartBody를 선택한 후 그림 10-44와 같이 Opacity를 50%로 변경한다.

6. 그림 10-44의 Ⓐ 옵션을 Wireframe으로 변경한다.

PartBody 안쪽에 있는 "Core" 바디를 볼 수 있다.

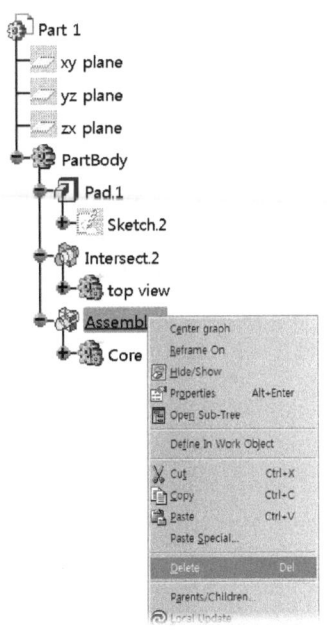

그림 10-43 불리언 연산 삭제

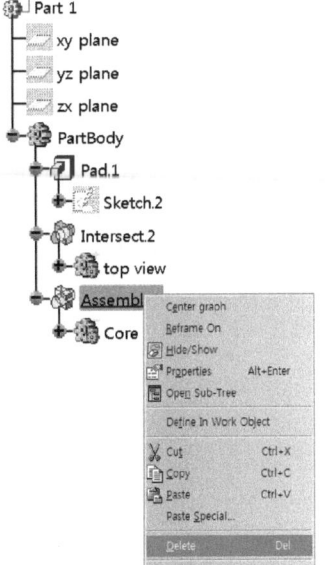

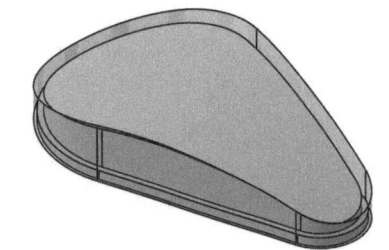

그림 10-44 PartBody의 그래픽 속성 변경

> **뷰 모드**
>
> Ⓐ의 Wireframe 상태는 아직 적용되지 않는다. 전체적인 뷰 모드는 Shading with Edges 상태이고 파트별로 색깔, 투명도를 다르게 설정할 수 있다.

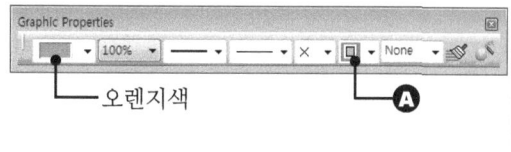

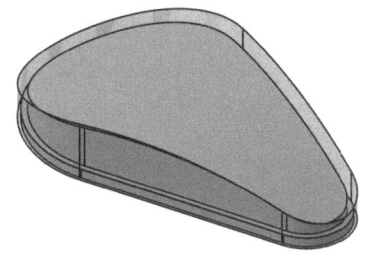

그림 10-45 Core 바디의 그래픽 속성 변경

7. "Core" 바디를 선택하고 색깔을 오렌지색, View mode를 Shading with Edges(그림 10-45의 **A**)로 설정한다.

8. View 툴바의 View mode 툴바에서 Customize View Parameters 버튼(그림 10-46의 **B**)을 누른다.

9. 그림 10-46의 **C** Rendering style per object 옵션을 체크한다.

그림 10-47과 같이 PartBody는 Wireframe 모드가 적용되고, Core 바디는 Shading with Edges 모드가 적용된다.

10. View mode를 Shaded with Edges로 선택한다.

11. "Core" 바디에 MB3 > Core object > Assemble을 선택한다.

12. Assemble 대화상자에서 OK 버튼을 누른다.

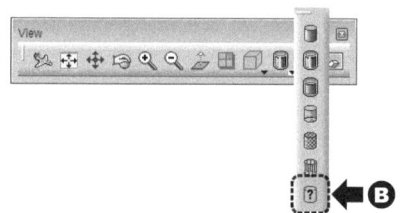

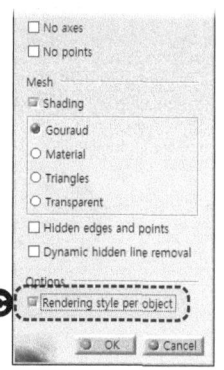

그림 10-46 View mode 변경

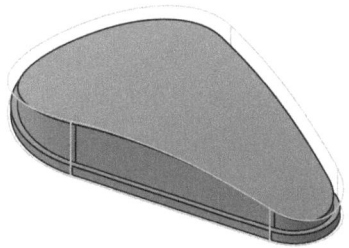

그림 10-47 뷰 모드의 혼용

355

10 장 : 바디를 이용한 모델링

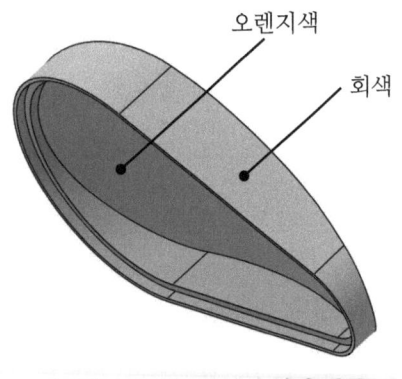

오렌지색
회색

그림 10-48은 Assemble의 결과 모델을 보여준다. 형상의 안쪽면이 Core의 색깔인 오렌지색으로 나타난다.

그림 10-48 불리언 연산 결과

END of Exercise

Exercise 13   바디를 이용한 모델링   ch10_013.CATPart

주어진 모델을 이용하여 안쪽 부분 형상을 만든 후 제거하여 Fig 10-49의 오른쪽 형상을 완성하시오.

절차

1. 주어진 바디를 복사한 후 "core"라는 이름으로 새로운 바디를 생성한다.
2. "core" 바디에 피쳐를 추가한다.
3. 불리언 오퍼레이션을 수행하여 최종 형상을 만든다.

각 단계에 대한 그림과 치수는 Fig 10-50을 참고한다.

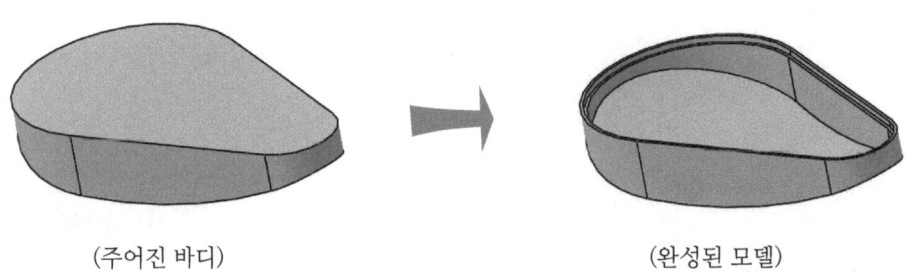

(주어진 바디)   (완성된 모델)

그림 10-49 완성할 모델

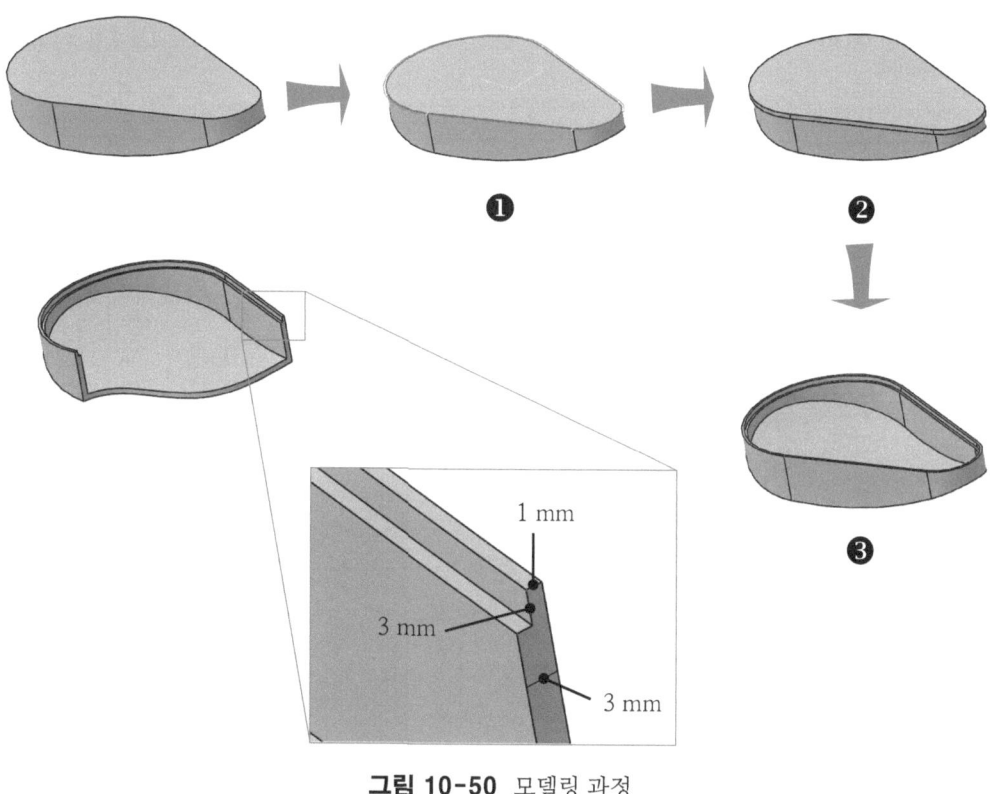

그림 10-50 모델링 과정

Exercise 14 — Stand Foot

ch10_014.CATPart

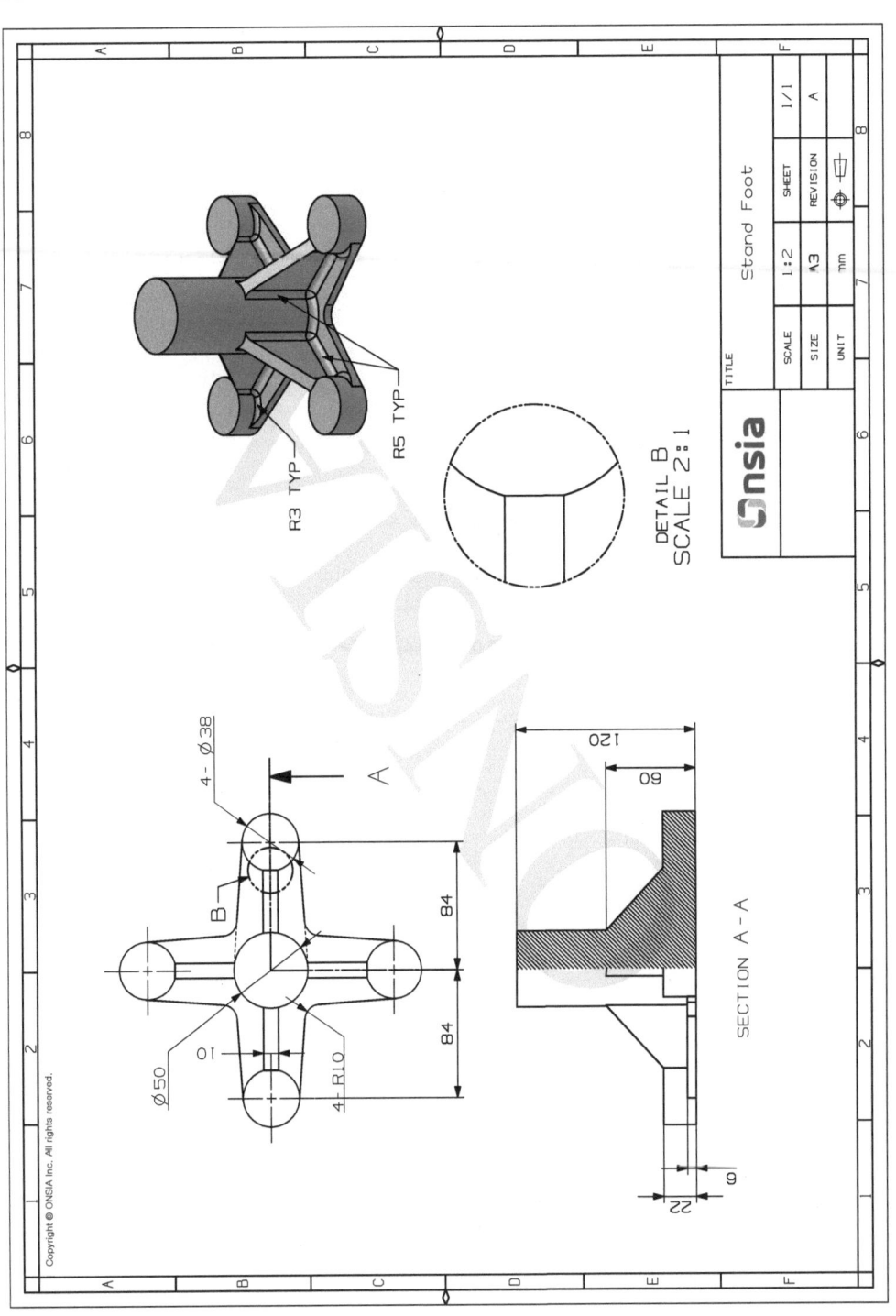

그림 10-51 Exercise 14의 도면

ch10_015.CATPart

Holder **Exercise 15**

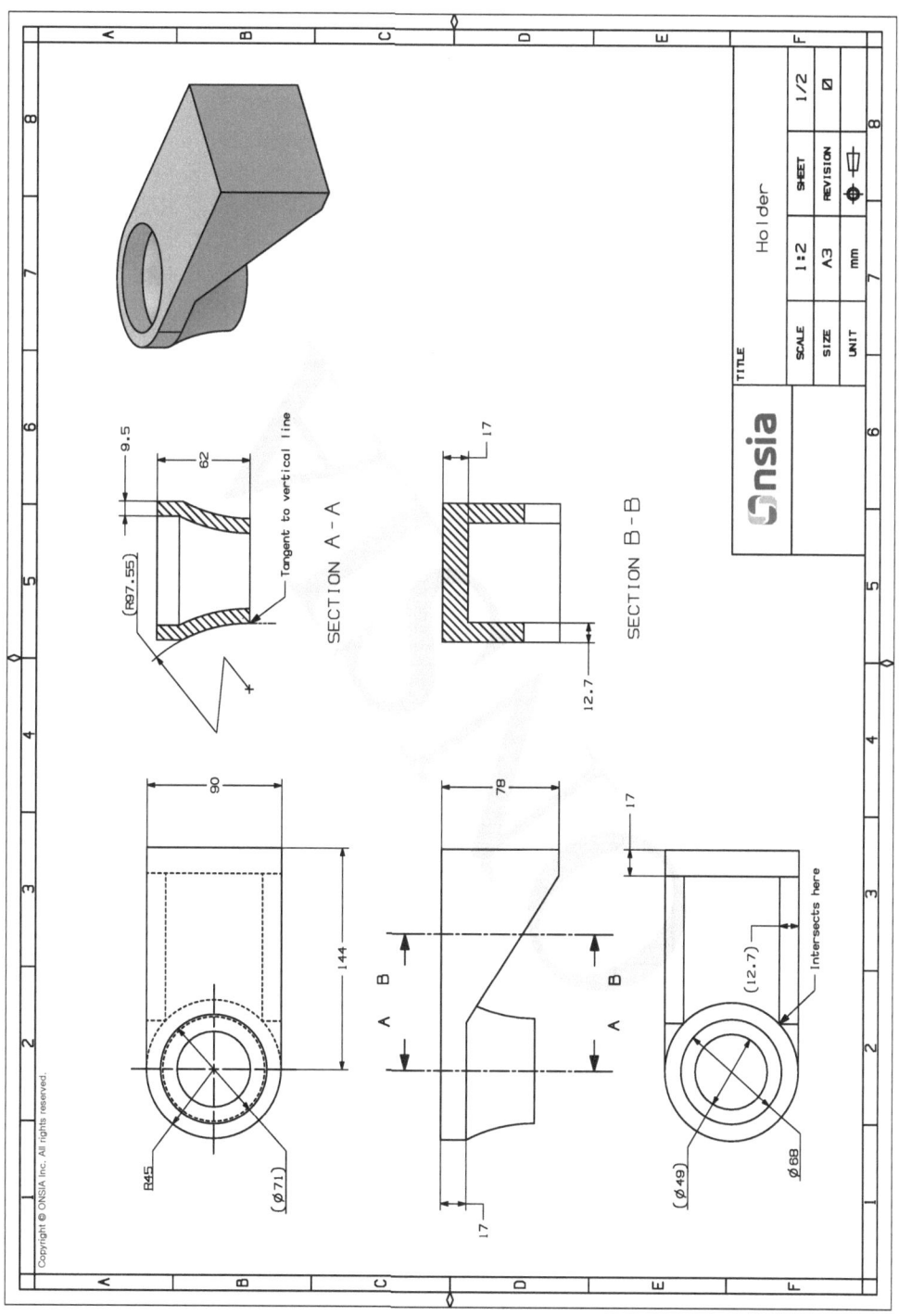

그림 10-52 Exercise 15의 도면

Exercise 16 믹서기 뚜껑

ch10_016.CATPart

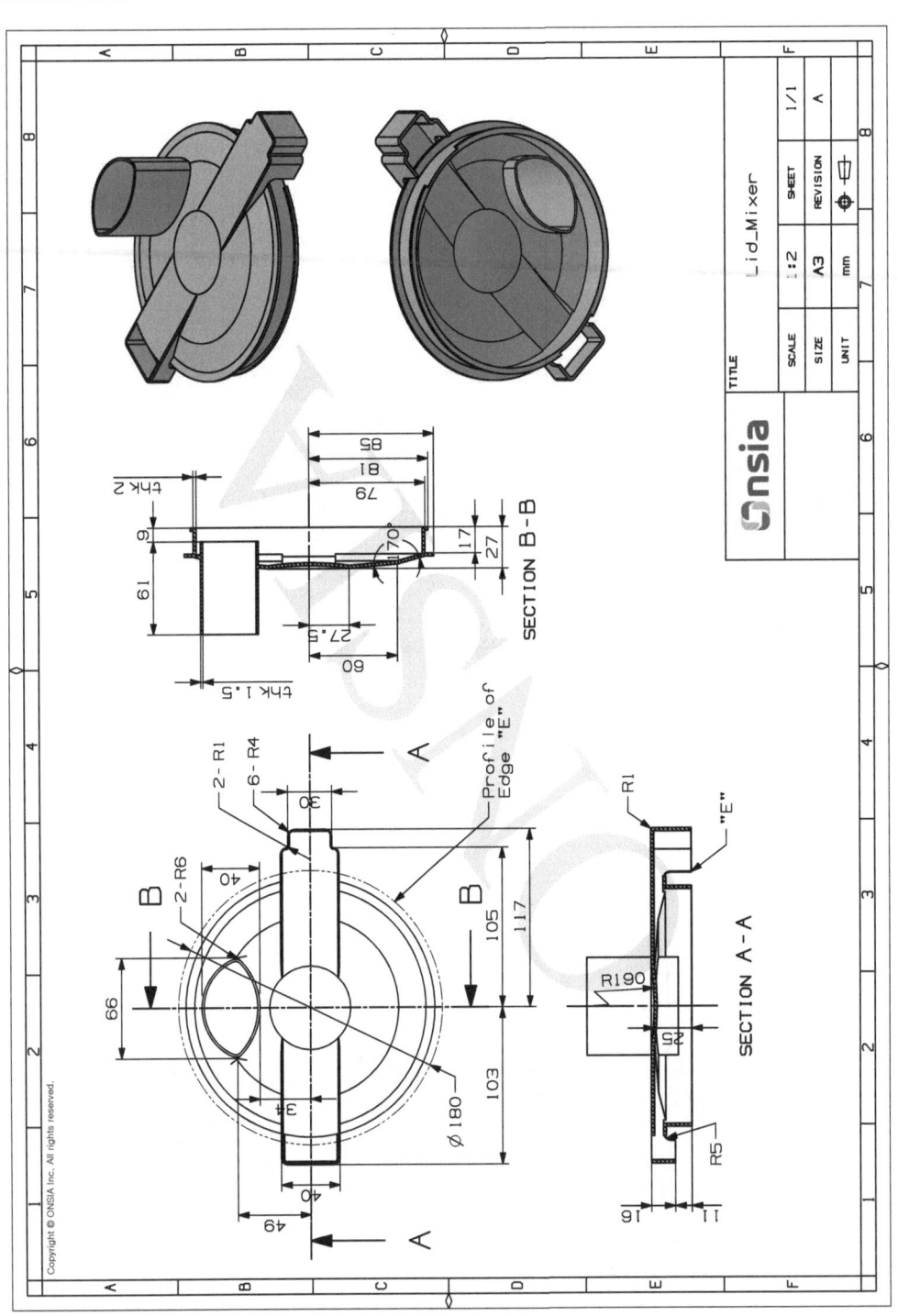

그림 10-53 Exercise 16의 도면

Chapter 11
오브젝트의 복사

■ 학습목표

- Pattern 기능의 사용 방법을 배운다.
- 사용자 패턴을 사용할 수 있다.
- 피쳐와 바디를 대칭 복사할 수 있다.
- 바디를 확대 또는 축소할 수 있다.

11.1 개요

같은 형상을 만들기 위해 반복 작업을 하는 일은 귀찮은 일이다. 피쳐나 오브젝트를 하나 만든 후 이를 복사하는 모델링 방법을 이용하면, 귀찮은 반복 작업을 피할 수 있고, 복사 방법을 수정하여 쉽게 원하는 결과를 얻을 수 있다. 그림 11-1의 모델의 구멍을 개별적으로 모델링 하지 않고, 하나 만든 후 복사하여 생성하였다면 인스턴스(Instance; 사본)의 개수를 변경하여 쉽게 그림 11-2의 모델로 변경할 수 있다. 또한 원본의 형상이 변경되면 인스턴스의 형상도 자동으로 업데이트 된다.

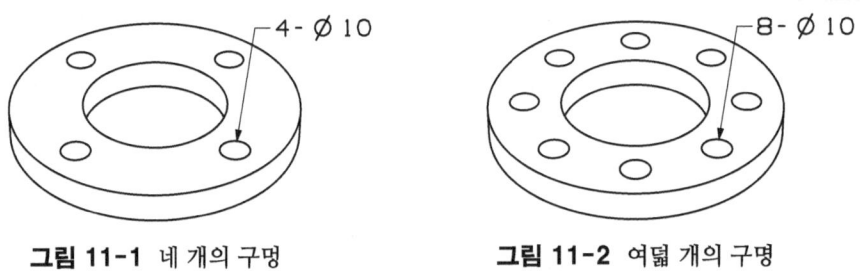

그림 11-1 네 개의 구멍   그림 11-2 여덟 개의 구멍

11.2 변환 피쳐(Transformation Feature)

변환 피쳐(Transformation Features)는 다음과 같은 기능을 수행한다.

① 바디나 피쳐의 위치를 이동 또는 회전시킴
② 피쳐를 대칭 복사 함
③ 피쳐나 바디의 패턴을 생성함
④ 바디의 크기를 균등하게 또는 불균등하게 확대 또는 축소시킴

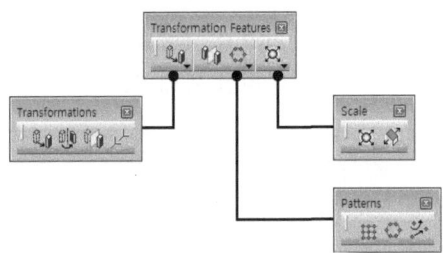

그림 11-3 Transformation Features 툴바

11.3 User Selection Filter

어떤 기능을 사용하여 피쳐를 생성할 때 대화상자의 선택 영역을 클릭한 후 오브젝트를 선택해야 한다. 이 때, User Selection Filter 툴바를 이용하여 선택할 수 있는 오브젝트의 타입을 알 수 있다. User Selection Filter 툴바의 아이콘을 클릭하여 선택할 오브젝트의 타입을 필터링 할 수 있다.

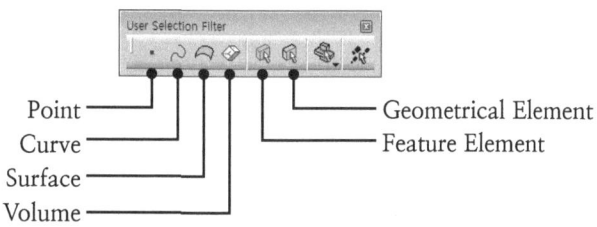

그림 11-4 User Selection Filter

예를 들어, Transformation 툴바의 Rectangular Pattern 아이콘을 누르고 Reference element 선택 영역을 클릭하면 Feature Element와 Geometrical Element 형태의 커브와 서피스를 선택할 수 있다. Curve Feature 버튼과 Feature Element Filter 버튼을 눌러 선택 대상을 피쳐 형태의 커브로 국한시킬 수 있다.

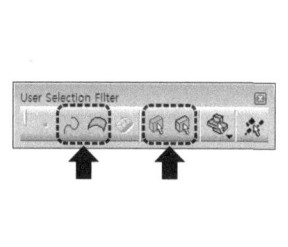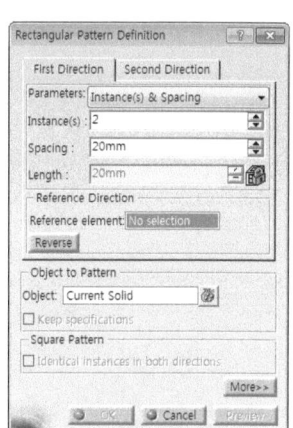

그림 11-5 Reference Element 선택

Transformation 툴바에서 Circular Pattern 아이콘을 누르고 Object 선택 영역을 클릭하면 Volume Filter와 Feature Element Filter만 사용할 수 있다. 이는 Volume을 갖는 Feature만 선택할 수 있다는 뜻이다.

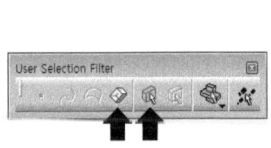
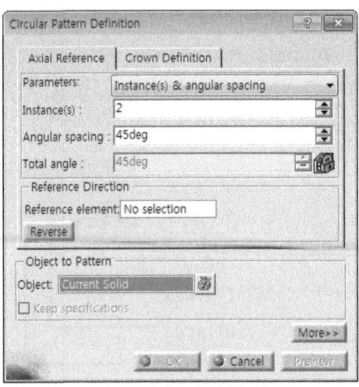

그림 11-6 Selecting Object to Pattern

User Selection Filter를 사용한 후에는 초기화 하여 선택을 자유롭게 할 수 있도록 한다. User Selection Filter 툴바에 있는 Reset Selection Filters 옵션을 이용하여 초기화 할 수 있다. 그림 11-7과 같이 Customize 대화상자에서 해당 Command를 찾아 드래그하여 User Selection Filter 툴바에 드롭하여 Reset Selection Filter 옵션을 추가할 수 있다.

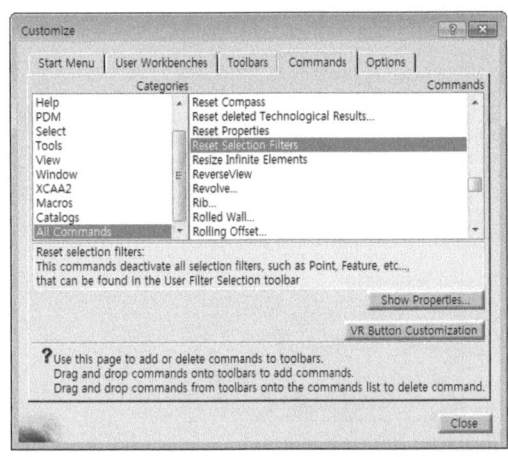
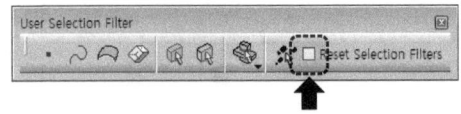

그림 11-7 Reset Selection Filters Option

어떤 대화상자의 선택 영역 옆에 그림 11-8에 표시한 다중 선택 툴 버튼이 나타나면 여러 개의 오브젝트를 선택할 수 있다는 뜻이다.

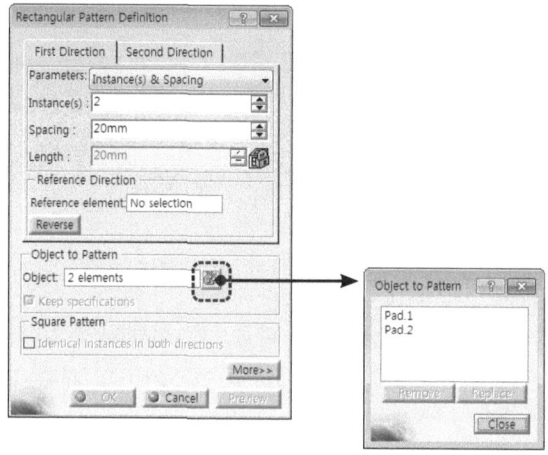

그림 11-8 다중 선택 툴

11.4 Pattern(배열)

같은 형상의 바디 또는 피쳐를 여러 개 복제하는 기능이다. 배열에는 다음의 세 가지 방법이 있다.

① Rectangular Pattern (사각형 배열)
② Circular Pattern (원형 배열)
③ User Pattern (사용자 정의 배열)

사각형 배열은 두 개의 방향으로 원하는 개수만큼 바디나 피쳐를 복제한다. 각각의 방향으로의 인스턴스의 개수를 지정할 수 있다. 원형 배열은 회전축을 중심으로 각도를 정하여 바디나 피쳐를 복제한다. 반지름이 다른 여러 개의 원형 배열을 생성할 수도 있다. 사용자 정의 배열은 위치를 미리 정의한 후 피쳐나 바디를 복제한다. 원형 배열과 사용자 정의 배열은 Volume을 갖는 피쳐 타입 오브젝트에 대해 적용할 수 있다.

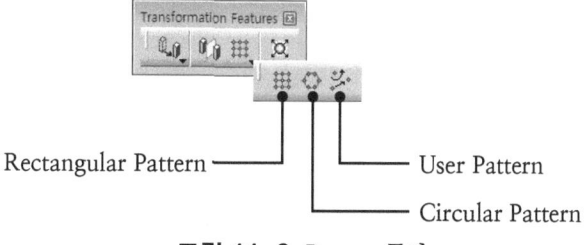

그림 11-9 Pattern 툴바

11.4.1 Rectangular Pattern

다음의 절차에 따라 사각형 배열을 생성한다.

_생성 절차_

① Rectangular Pattern 버튼을 누른다.
② 복제할 대상을 정한다. Current Body가 디폴트로 선택되어 있다.
③ 첫 번째 방향의 기준이 되는 개체를 선택하고 인스턴스의 개수, 간격 등의 옵션을 설정한다.
④ 두 번째 방향의 기준이 되는 개체를 선택하고 인스턴스의 개수, 간격 등의 옵션을 설정한다.
⑤ Preview 버튼을 눌러 확인한 후 OK 버튼을 눌러 배열을 생성한다.

패턴을 생성할 피쳐를 지정하지 않으면 현재의 Work Object인 바디 전체에 대하여 배열을 생성한다.

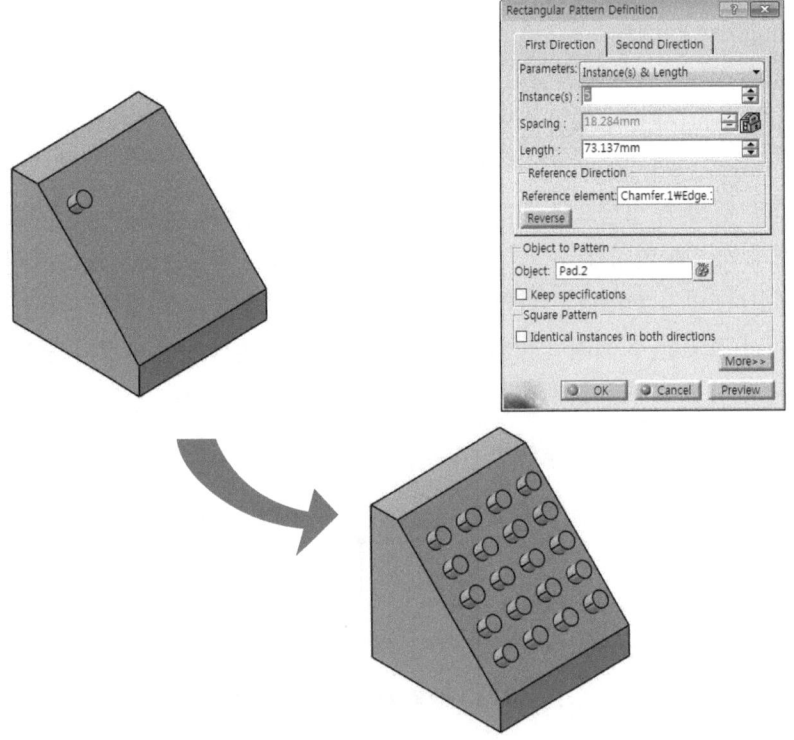

그림 11-10 Rectangular Pattern 생성

Parameters 옵션

Rectangular Pattern의 Parameters 옵션은 다음과 같이 설정한다.

▶ Instance(s) and Length: 결과물의 개수와 전체 거리를 입력한다. 간격은 자동으로 결정된다.

▶ Instance(s) and Spacing: 결과물의 개수와 간격을 입력한다. 전체 거리는 자동으로 결정된다.

▶ Spacing & Length: 배열 간격과 전체 거리를 입력한다. 배열의 개수는 자동으로 결정된다.

▶ Instance(s) & Unequal Spacing: 결과물의 개수를 지정하고, 간격을 개별적으로 지정한다. 모델에 표시되는 간격 치수를 더블클릭하여 서로 다른 간격으로 설정할 수 있다.

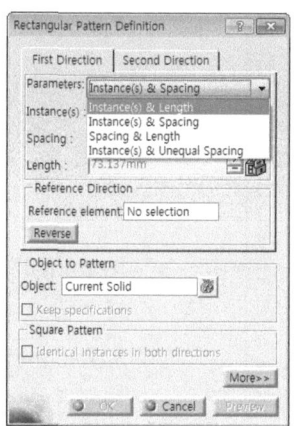

그림 11-11 Parameters 옵션

Exercise 01 Rectangular Pattern 생성   ch11_001.CATPart

주어진 파트를 이용하여 사각형 패턴을 생성하시오. 45도 경사면에 한 쪽으로 치우치지 않게 생성하여야 한다.

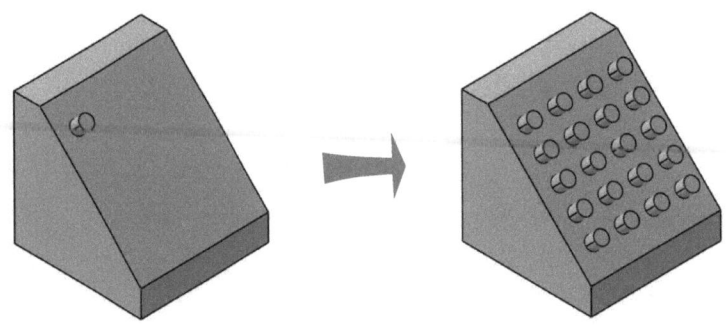

그림 11-12 Rectangular Pattern

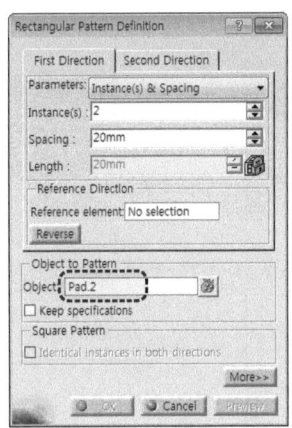

그림 11-13 오브젝트 선택

Rectangular Pattern 실행

1. 주어진 파일 ch11_001.CATPart를 연다.

2. Transformation Features 툴바에서 Rectangular Pattern 아이콘을 누른다.

3. Rectangular Pattern Definition 대화상자에서 Object 선택 영역을 클릭 한다.

4. Spec Tree 또는 모델에서 Pad.2를 선택한다. 그림 11-13과 같이 선택한 피쳐가 Object 선택 영역에 표시된다.

첫 번째 방향 설정

1. Reference element 선택 영역 (그림 11-14의 ❶)을 클릭 하고 모서리 ❷를 선택한다. 패턴의 방향이 맞지 않으면 Reverse 버튼을 누른다.
2. Parameters 드롭다운 목록에서 Instance(s) & Length를 선택한다.
3. Instance(s) 입력창에 4를 입력하고 Length 입력창에 70mm를 입력한다.
4. 키보드에서 Tab 키를 누른다. 그림 11-14와 같이 패턴의 미리보기가 표시된다.

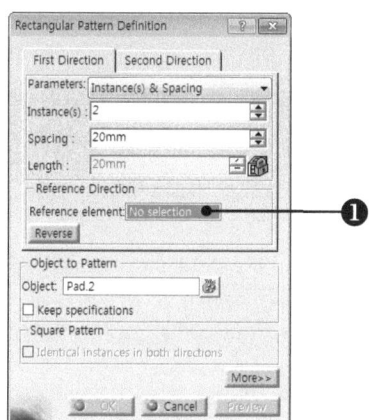
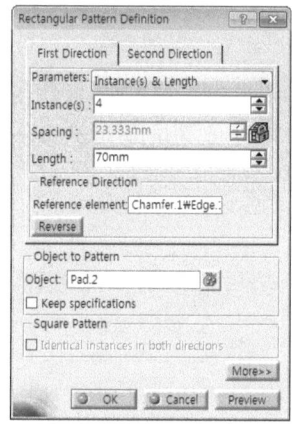

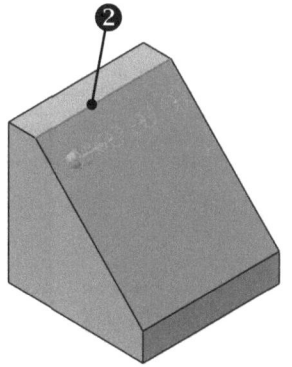

그림 11-14 First Direction 설정

두 번째 방향 설정

두 번째 방향 패턴을 치우치지 않게 배치하기 위해 경사 모서리의 길이를 측정하고 값을 변경해야 한다. 다음의 절차를 따른다.

1. Rectangular Pattern Definition 대화상자에서 Second Direction 탭을 누른다.
2. Reference element 선택 영역을 클릭하고 그림 11-15와 같이 모서리 ❶을 선택한다. 패턴의 방향이 맞지 않으면 Reverse 버튼을 누른다.
3. Parameters 드롭다운 목록에서 Instance(s) & Lnegth를 선택한다.
4. Instance(s) 입력창에 5를 입력한다.
5. Length 입력창에 MB3를 누른 다음 팝업메뉴에서 Measure Item을 선택한다.
6. 모서리 ❶을 선택하고 Measure Item 대화상자에서 Keep measure 옵션을 선택한 후 OK 버튼을 누른다.

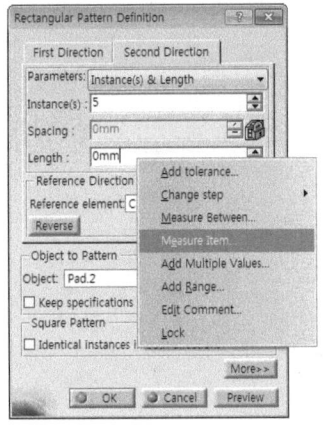
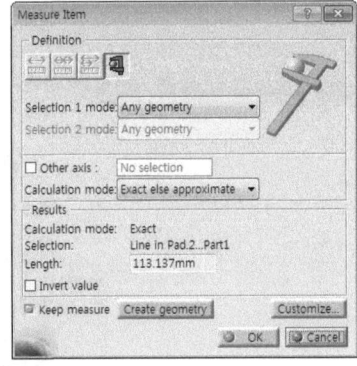
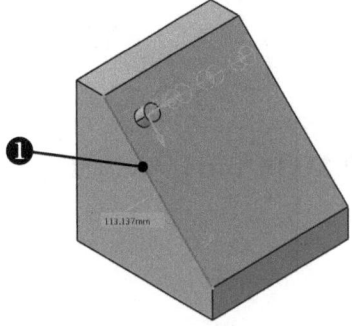

그림 11-15 Item 측정

측정한 결과 값은 Length 입력창에 표시되고 값을 변경할 수 없도록 Lock 되어 있다. 패턴의 미리보기는 그림 11-16과 같다. 모서리의 중앙에 위치하도록 하기 위해 Length 값은 경사 모서리의 길이에서 40mm를 빼야 한다. 다음의 절차를 따른다.

1. Length 입력창에 MB3를 누르고 팝업메뉴에서 Remove the link with measure를 선택한다. 이제 값을 수정할 수 있다.
2. 현재의 값 뒤에 -40mm를 입력하고 Tab 키를 누른다. 미리보기가 그림 11-18과 같이 업데이트 된다.
3. 대화상자에서 OK 버튼을 누르고 Spec Tree에서 측정 항목을 숨긴다.

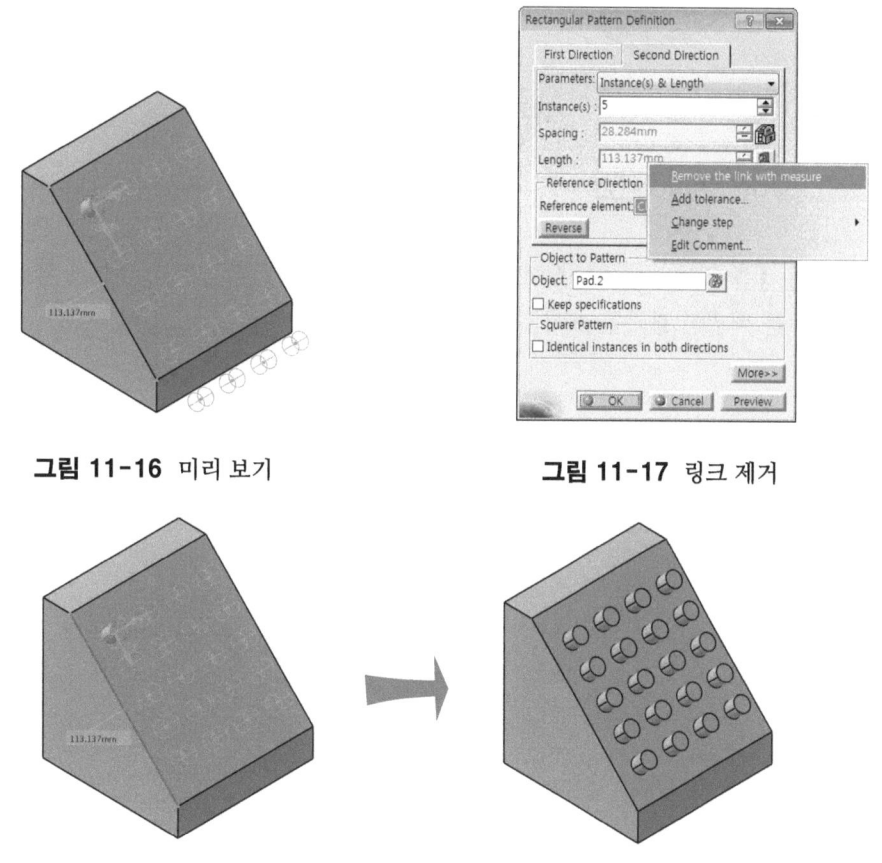

그림 11-16 미리 보기 **그림 11-17** 링크 제거

그림 11-18 최종 결과

END of Exercise

인스턴스의 억제(Suppress)

패턴의 미리보기에서 각 인트턴스의 위치에 표시된 점을 클릭하여 특정 인스턴스를 나타나지 않게 할 수 있다.

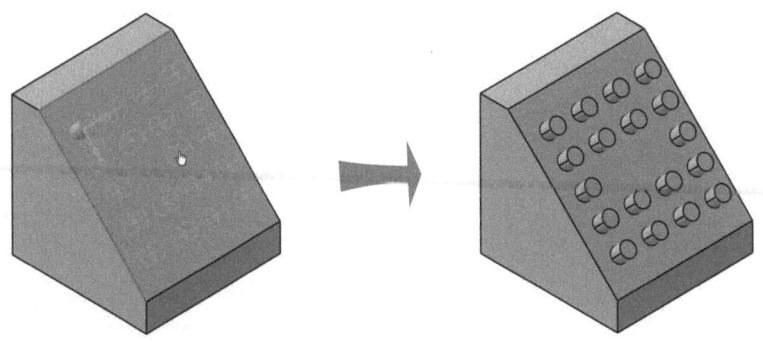

그림 11-19 인스턴스의 억제

Keep Specifications 옵션

원본 피쳐의 생성 옵션을 인스턴스에도 적용한다. 그림 11-21은 Up to surface 옵션으로 생성한 Pad 피쳐를 배열한 결과를 보여준다.

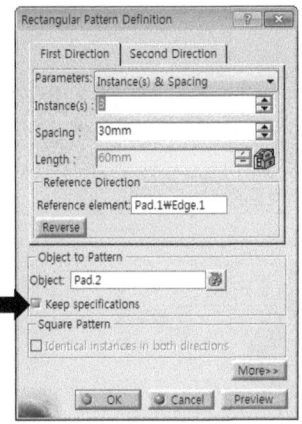

그림 11-20 Keep specification 옵션

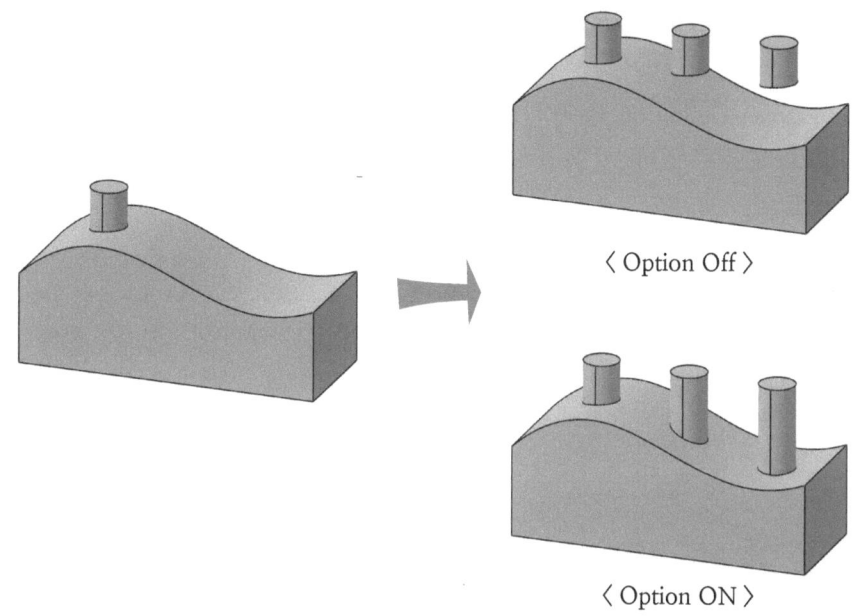

그림 11-21 Keep Specification Option 사용

여러 개의 피쳐에 대한 패턴

여러 개의 피쳐에 대하여 한꺼번에 패턴을 생성하려면 Spec Tree에서 여러 개의 피쳐를 먼저 선택하고 (Ctrl 키 이용)Rectangular Pattern 아이콘을 누른다. 또는 Object 선택 영역 옆에 있는 다중 선택 툴을 이용해도 된다.

패턴의 결과물 전체에 대하여 패턴을 다시 적용할 수 있다. 그러나 다른 피쳐와 패턴 피쳐를 함께 선택하여 패턴할 수는 없다.

Position of Object in Pattern 옵션

Rectangular Pattern Definition 대화상자에서 More 버튼을 누르면 Position of Object in Pattern 옵션을 이용할 수 있다. 이 옵션은 배열을 생성할 때 원본 피쳐의 위치에 다른 인스턴스가 오게 함으로써 전체 배열의 기준 위치를 이동시킬 때 사용한다.

그림 11-10의 모델 가운데에 Pocket 피쳐가 있다. First Direction으로 20mm 간격으로 9개의 인스턴스를 배열하고, Second Direction으로 12mm 간격으로 4개의 인스턴스를 배열하면 그림 11-11과 같이 한쪽으로 치우친 결과가 나타난다.

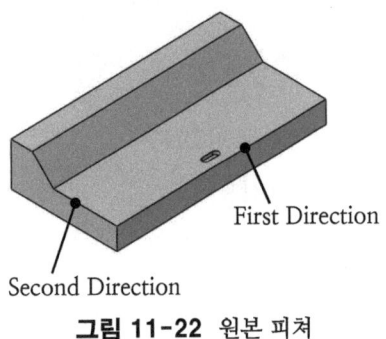

그림 11-22 원본 피쳐

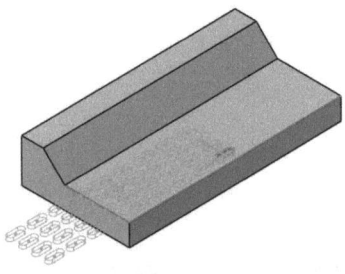

그림 11-23 패턴의 미리보기

Rectangular Pattern Definition 대화상자에서 More 버튼을 누르고, Position of Object in Pattern 옵션을 그림 11-12와 같이 설정하면 그림 11-13과 같이 direction 1 방향으로 5번째, direction 2 방향으로 1번째의 인스턴스가 원본의 위치에 배열 된다.

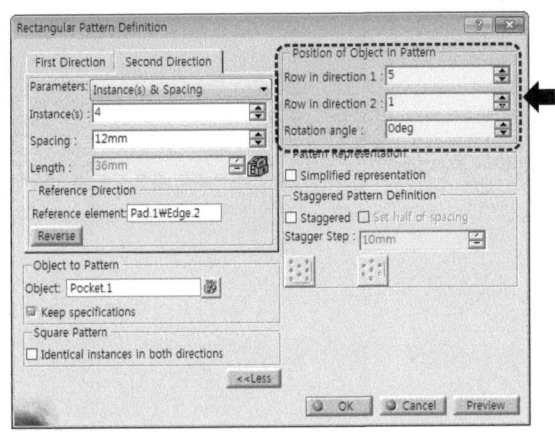

그림 11-24 Position of Object in Pattern 옵션

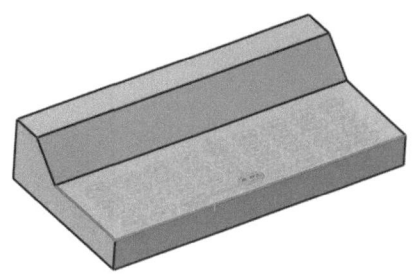

그림 11-25 패턴의 미리보기

자주 발생하는 오류

피쳐를 복사할 때 다음 사항을 고려해야 한다.

1. Dress-up 피쳐는 단독으로 복사할 수 없고, Dress-up 피쳐를 정의하는데 필요한 피쳐를 함께 복사해야 한다. 복사할 피쳐로 Dress-up 피쳐만 선택하면 오류 메시지가 나타나고 현재의 바디 전체가 복사할 대상으로 지정된다.

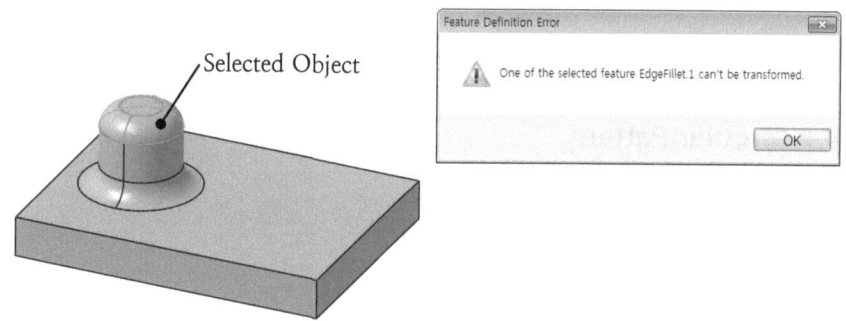

그림 11-26 Feature Definition 오류

2. 복사 결과 인스턴스가 현재 바디의 경계를 벗어나는 경우, 인스턴스의 경계를 정의할 수 있다면 그림 11-27과 같이 별도의 솔리드 지오메트리가 생성되고, 인스턴스의 경계를 정의할 수 없다면 그림 11-28과 같이 오류가 발생하며 패턴을 생성할 수 없다.

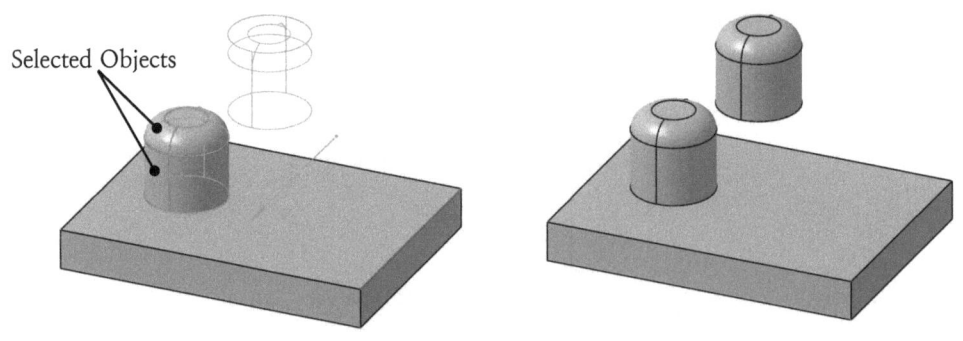

그림 11-27 경계를 벗어난 인스턴스

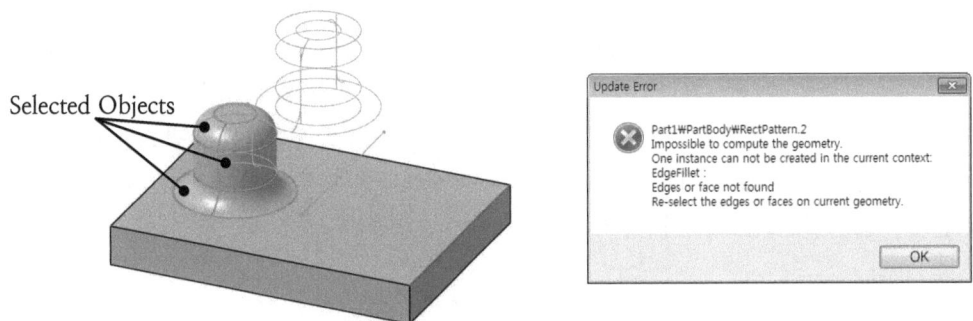

그림 11-28 업데이트 오류

11.4.2 Circular Pattern

선택한 축에 대하여 회전시켜 피쳐나 바디를 여러 개 복제한다.

생성 절차

① Circular Pattern 아이콘을 누른다.
② 복제할 대상을 정한다. Current Body가 디폴트로 선택되어 있다.
③ 회전 축으로 사용할 개체를 선택한다.
④ Parameters, Crown Definitino 등의 옵션을 설정한다.
⑤ Preview 버튼을 눌러 확인한 후 OK 버튼을 눌러 배열을 생성한다.

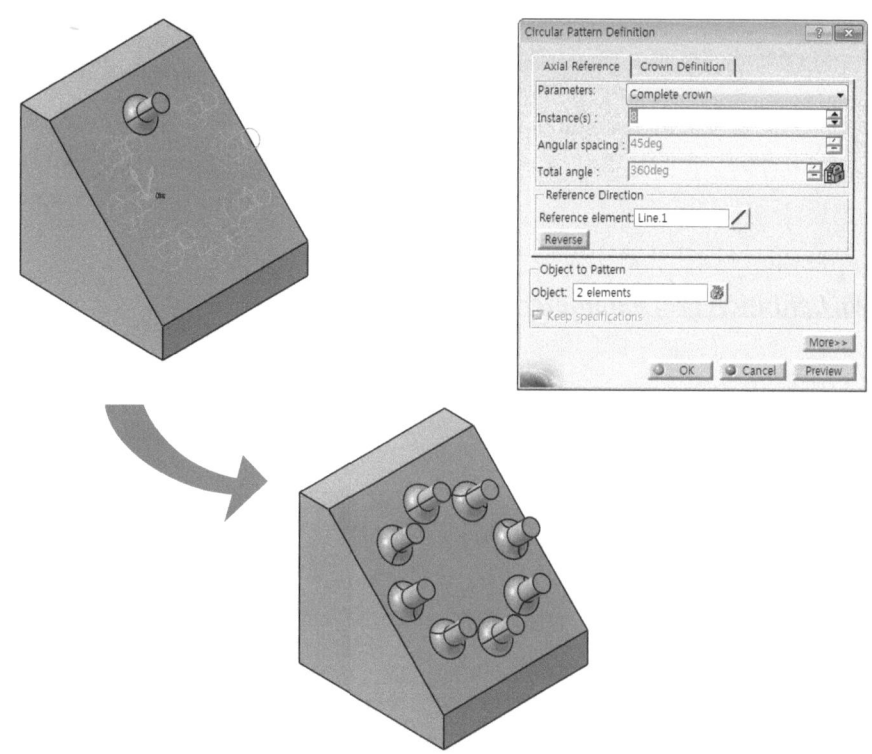

그림 11-29 Circular Pattern

Axial Reference 탭의 Parameters 옵션

Circular Pattern 기능을 이용하면 원주 방향과 반경 방향으로 패턴을 생성할 수 있다. 원주 방향의 패턴은 Axial Reference 탭의 옵션을 이용하여 설정한다. Axial Reference 탭의 Parameters 옵션은 다음과 같이 설정한다.

▶ Instance(s) & total angle: 결과물의 개수와 전체 회전 각도를 입력한다. 인스턴스 사이의 각도 간격은 자동으로 결정된다.

▶ Instance(s) & angular spacing: 결과물의 개수와 인스턴스 사이의 각도 간격을 입력한다. 전체 회전 각도는 자동으로 결정된다.

▶ Angular spacing & total angle: 인스턴스 사이의 각도 간격과 전체 각도를 입력한다. 결과물의 개수는 자동으로 결정된다.

▶ Complete crown: 360°에 걸쳐 정해진 개수의 결과물을 생성한다.

▶ Instance(s) & Unequal angular spacing: 결과물의 개수를 지정하고 각도 간격을 개별적으로 지정할 수 있다. 모델에 표시되는 각도 치수를 더블클릭하여 서로 다른 각도 간격을 설정할 수 있다.

Crown Definition 탭의 Parameters 옵션

반경 방향의 패턴은 Crown Definition 탭의 옵션을 이용하여 설정한다. Crown Definition 탭의 Parameters 옵션은 다음과 같이 설정한다.

▶ Circle(s) & crown thickness: 원주의 개수와 크라운의 폭을 정의한다.

▶ Circle(s) & circle spacing: 원주의 개수와 간격을 정의한다. 크라운 전체 폭은 자동으로 설정된다.

▶ Circle spacing & crown thickness: 크라운 전체 폭과 원주의 간격을 정의하여 원의 개수를 정한다.

그림 11-30은 Circular Spacing과 Crown Thickness의 의미에 대해 설명한다.

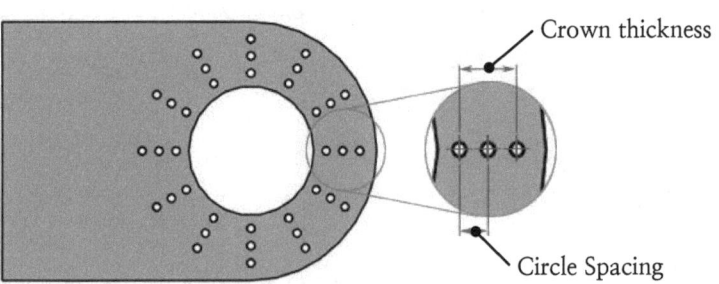

그림 11-30 Crown Definition

ch11_002.CATPart   **Circular Pattern** | Exercise 02

주어진 파일을 열어 원형 패턴을 생성하시오. 회전 축은 Circular Pattern을 생성하는 도중에 Reference Line을 생성하여 사용할 것이다.

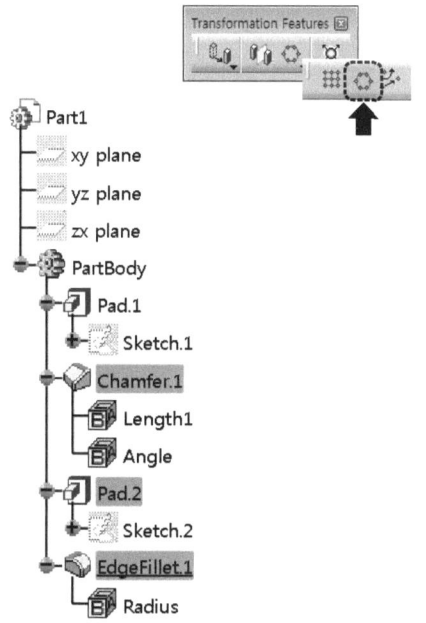

그림 11-31 피쳐 선택

Circular Pattern 기능 실행

1. 주어진 파일 ch11_002.CATPart를 연다.
2. Spec Tree에서 Pad.2와 EdgeFillet.1 피쳐를 함께 선택한다.
3. Transformation Features 툴바에서 Circular Pattern 아이콘을 누른다.

Object 선택 영역에 두 개의 Element가 선택되었음을 알려준다.

Reference Direction 설정

1. Reference element 선택 영역에 우클릭 한 후 팝업메뉴에서 Create Line을 선택한다. 그림 11-33과 같이 Create Line 대화상자가 나타난다.
2. Line type 드롭다운 목록에서 Point-Direction을 선택한다.
3. Point 선택 영역에 우클릭 한 후 팝업메뉴에서 Create Point를 선택한다. 그림 11-34와 같이 Point Definition 대화상자가 나타난다.

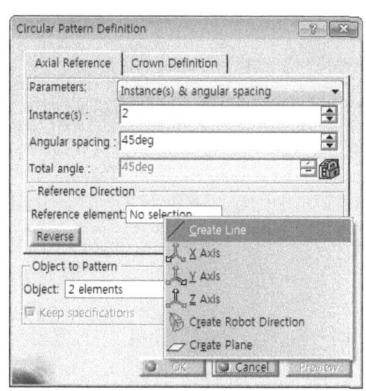

그림 11-32 Create Line 메뉴

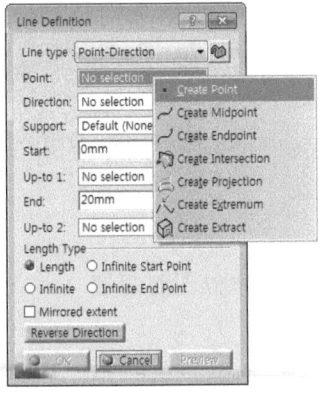

그림 11-33 Line Definition 대화상자

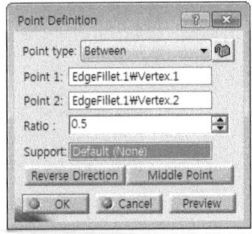

그림 11-34 Point Definition 대화상자

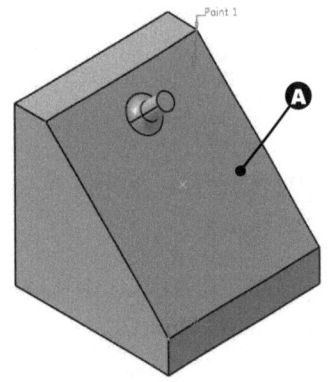

그림 11-35 Point 선택

4. Point type 드롭다운 목록에서 Between 을 선택한다.

5. 그림 11-35와 같이 대각선 꼭지점의 Point 1과 Point 2를 선택하고, Ratio 입력 창에 0.5를 입력한 후 Point Definition 대화상자에서 OK 버튼을 누른다. 두 개의 꼭지점 중앙에 점이 생성되며 Line Definition 대화상자가 다시 나타난다. Direction 영역이 하이라이트 되어 있음을 확인하고 스테이터스바에는 방향을 지정하라는 메시지가 나타난다.

6. 그림 11-35의 Ⓐ 면을 선택한다.

7. Line Definition 대화상자에서 OK 버튼을 누른다.

그림 11-36과 같이 Line.1이 Reference element로 지정된다.

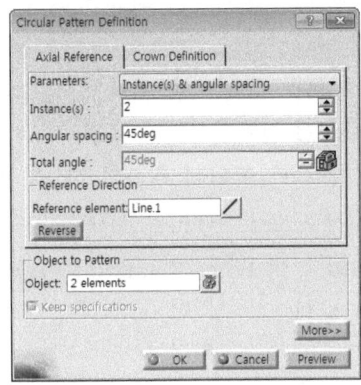

그림 11-36 Reference Direction 설정

다른 옵션 설정

1. Parameters 드롭다운 목록에서 Complete Crown을 선택한다.
2. Instance(s) 입력창에 8을 입력하고 Tab 키를 누른다. 인스턴스의 미리보기가 업데이트 된다.
3. Pattern Definition 대화상자에서 OK 버튼을 누른다.

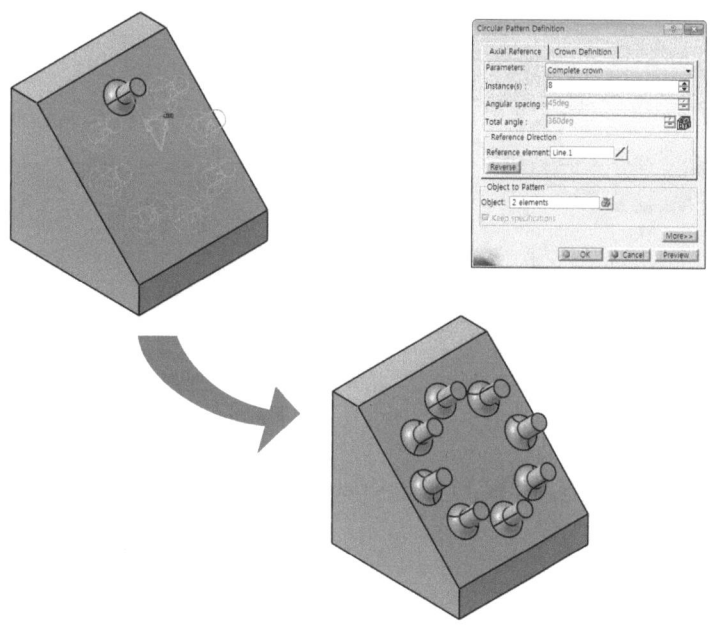

그림 11-37 완성된 모델

END of Exercise

Exercise 03 — Circular Pattern

ch11_003.CATPart

주어진 파일 ch11_003.CATPart를 열어 그림 11-38과 같이 원형 패턴을 생성하시오. 생성 후 Spec Tree에서 Circular Pattern 피쳐를 더블클릭 하고, 그림 11-39와 같이 인스턴스의 방향이 일정하도록 Rotation of Instance(s) 옵션을 수정한다.

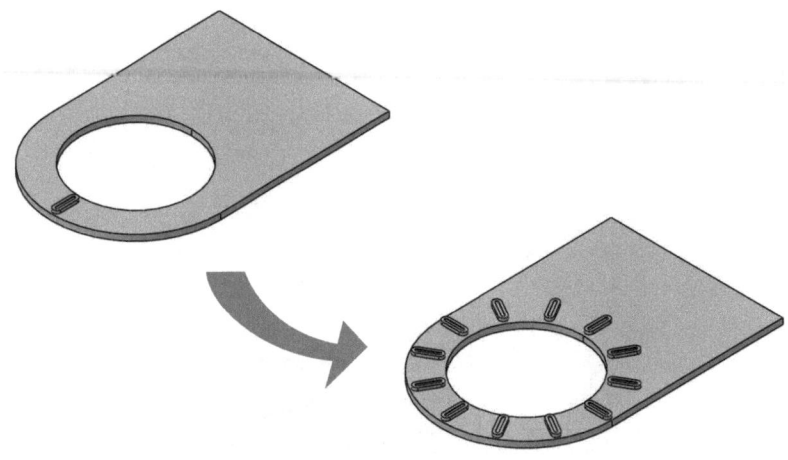

그림 11-38 Cricular Pattern

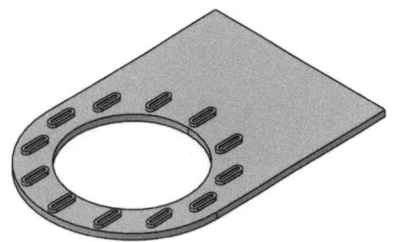 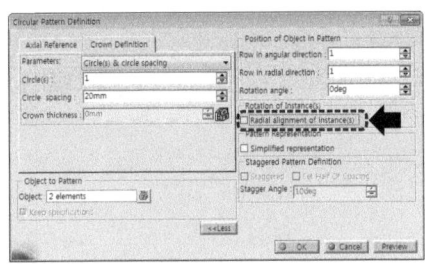

그림 11-39 Rotation of Instance(s) 옵션

END of Exercise

11.4.3 User Pattern

스케치에서 생성한 점의 위치에 패턴을 생성할 수 있다. 점의 위치는 구속조건을 이용하여 정의한다.

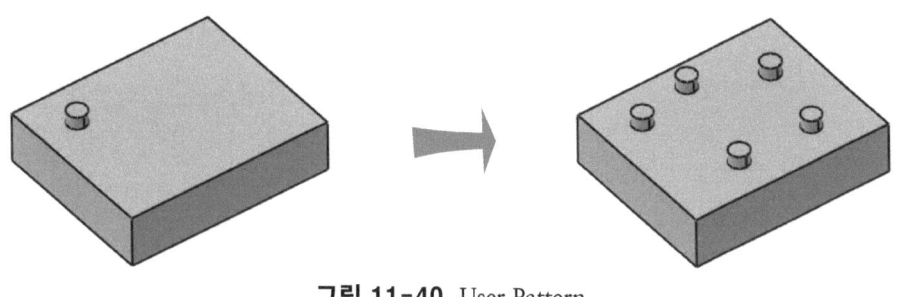

그림 11-40 User Pattern

---

ch11_004.CATPart **User Pattern** **Exercise 04**

Sketch 피쳐에 점을 생성한 후 User Pattern을 생성해 보자.

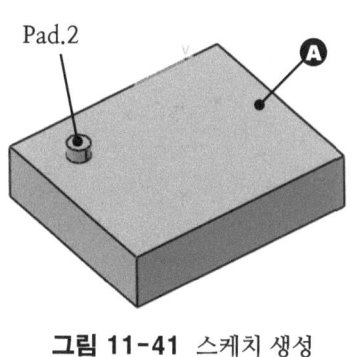

그림 11-41 스케치 생성

스케치 생성

1. ch11_004.CATPart 파일을 연다.

2. Sketch 기능을 이용하여 그림 11-41의 ❹ 면에 점을 생성한다. 점의 위치는 임의로 정한다. 점의 완전구속은 생략한다.

3. Sketcher를 빠져 나가고 선택 취소한다.

11 장: 오브젝트의 복사

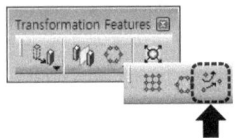

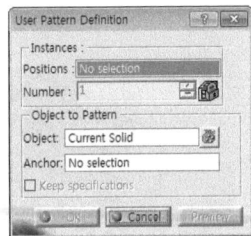

그림 11-42 User Pattern 실행

User Pattern 생성

1. Spec Tree에서 Pad.2를 선택한다.

2. User Pattern 버튼을 누른다.

User Pattern Definition 대화상자에 Positions 선택창이 활성화 되어 있고, 스테이터스바에는 스케치를 선택하라는 메시지가 나타난다.

3. 그림 11-41에서 생성한 스케치를 선택한다. 그림 11-43과 같이 미리보기가 나타난다.

4. OK 버튼을 눌러 패턴을 생성한다.

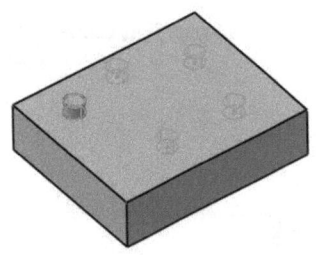

그림 11-43 패턴의 미리보기

END of Exercise

11.5 Mirror

이 기능을 이용하면 피쳐나 바디를 대칭복사할 수 있다. 대칭 기준면으로는 참조 평면이나 형상의 평면을 이용할 수 있다.

피쳐를 대칭복사 하려면 Specification Tree나 모델에서 복사하고자 하는 피쳐를 먼저 선택한 후 Mirror 버튼을 눌러야 한다. 또는 Object 필드를 클릭한 후 Spec Tree에서 복사할 피쳐를 선택해도 된다. 복사할 오브젝트를 선택하지 않으면 바디 전체가 복사된다.

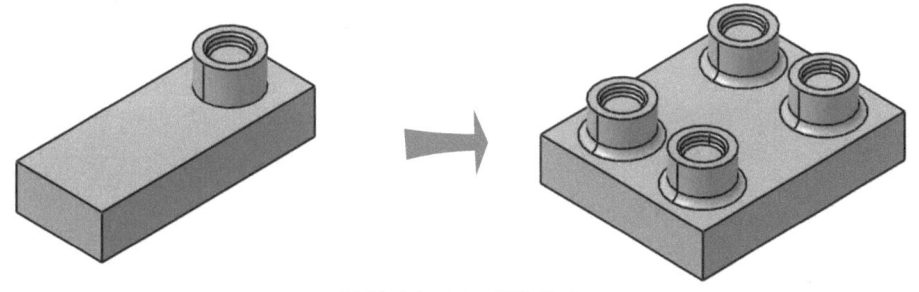

그림 11-44 대칭 복사

---

ch11_005.CATPart **바디와 피쳐의 대칭 복사** **Exercise 05**

피쳐나 바디를 대칭복사하는 방법을 알아보자.

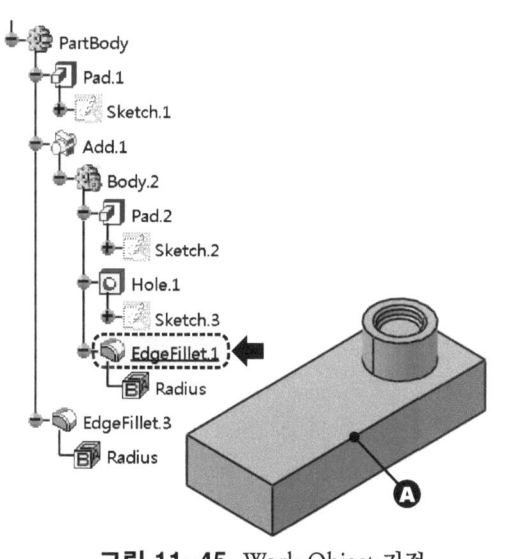

피쳐의 대칭 복사

1. ch11_005.CATPart 파일을 연다.

2. Spec Tree를 전개한 후 EdgeFillet.1을 Work Object로 지정한다.

3. 그림 11-45의 Ⓐ 모서리의 가운데에 참조 평면을 생성한다. (Normal to curve 타입 이용)

그림 11-45 Work Object 지정

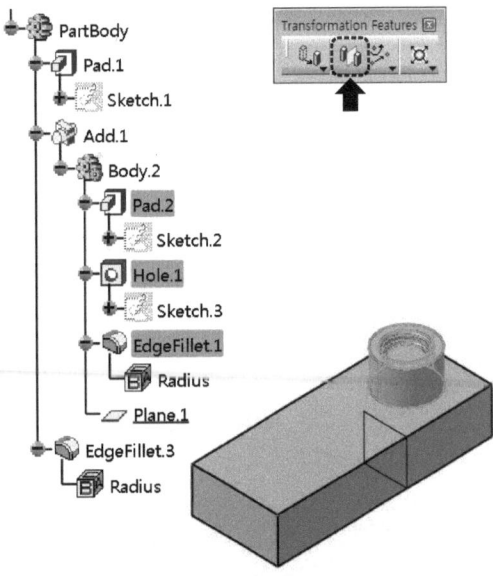

4. 그림 11-46과 같이 Ctrl 키를 누른 상태로 Spec Tree에서 세 개의 피쳐를 선택한다.

5. Mirror 아이콘을 누른다.

Mirror Definition 대화상자의 Object to mirror 창에는 그림 11-47과 같이 세 개의 개체가 선택되어 있음을 알 수 있다. Mirroring element 선택창이 하이라이트 되어 있고, 스테이터스바에는 평면이나 Plane을 선택하라는 메시지가 나타난다.

6. 그림 11-48의 참조 평면 Ⓐ를 선택하면 미리보기가 나타난다.

7. OK 버튼을 눌러 대칭복사를 완료한다.

그림 11-46 Mirror 기능 실행

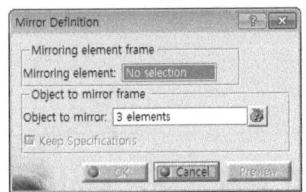

그림 11-47 Mirror Definition 대화상자

바디의 대칭복사

1. Spec Tree에서 마지막 피쳐(EdgeFillet.3)를 Work Object로 지정한다.

2. Spec Tree에서 EdgeFillet.3를 더블클릭하여 새로 생성된 모서리에도 적용시킨다.

3. Mirror 아이콘을 누른다.

4. 그림 11-49의 Ⓑ 면을 선택한다.

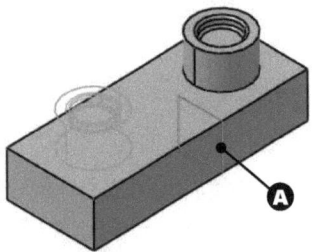

그림 11-48 미리보기

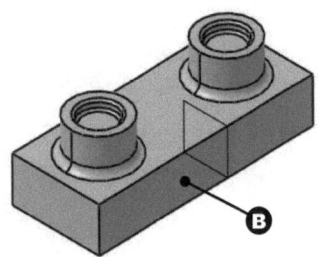

그림 11-49 Fillet 추가

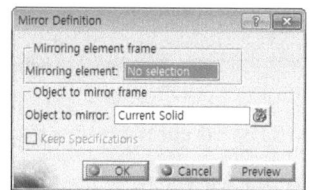

그림 11-51 Mirror Definition 대화상자

Mirror Definition 대화상자의 Object to mirror 입력창에는 그림 11-51과 같이 Current Solid라고 표시된다. 이는 솔리드 바디가 대칭복사 되고 있음을 의미한다.

5. OK 버튼을 누른다.

그림 11-52와 같이 대칭복사가 완료된다.

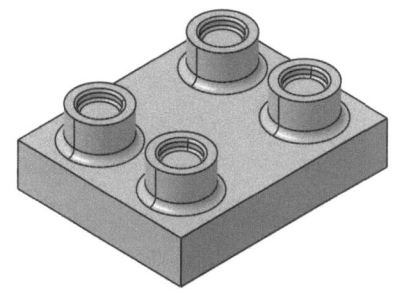

그림 11-52 완성 모델

END of Exercise

11.6 모델의 확대/축소

Scaling이나 Affinity 기능을 이용하여 모델을 확대 또는 축소시킨다. 수축률을 고려하여 모델링을 하여야 하는 경우 편리하게 사용할 수 있다.

▶ Scaling: 각 방향에 대하여 같은 배율로 확대 또는 축소시킨다.

▶ Affinity: 각 방향에 대하여 서로 다른 배율로 확대 또는 축소시킨다.

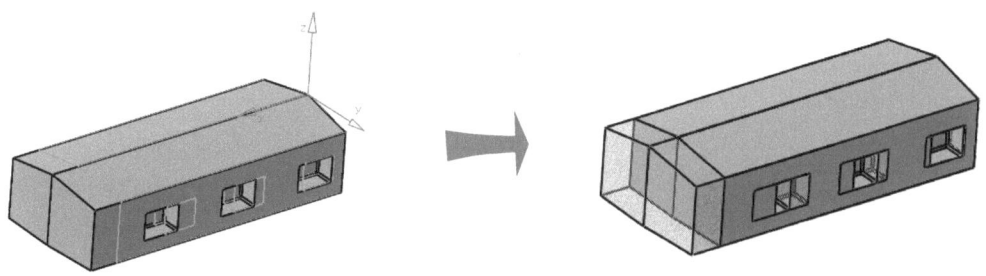

그림 11-50 Affinity를 이용한 축소
(Ratio : X = 0.9, Y = 1, Z = 1)

Exercise 06 Rectangular Pattern   ch11_006.CATPart

ch11_006.CATPart 파일을 이용하여 그림 11-54의 도면을 보고 모델링을 완성하시오. 사각형 배열을 두 번 적용한다. Rectangular Pattern 기능을 이용하여 Ⓐ 부분 형상과 Ⓑ 부분 형상을 각각 1회씩 복사한다.

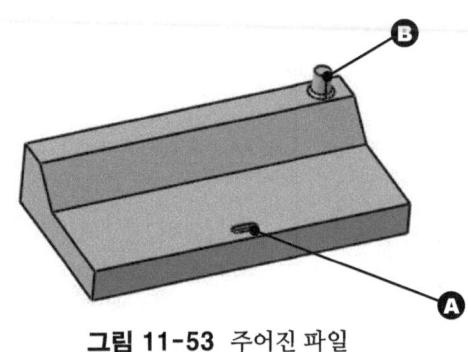

그림 11-53 주어진 파일

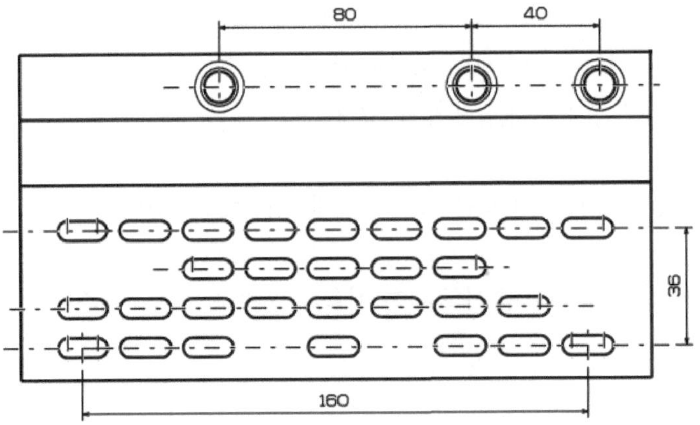

그림 11-54 패턴 형상

END of Exercise

ch11_007.CATPart **Rectangular Pattern** **Exercise 07**

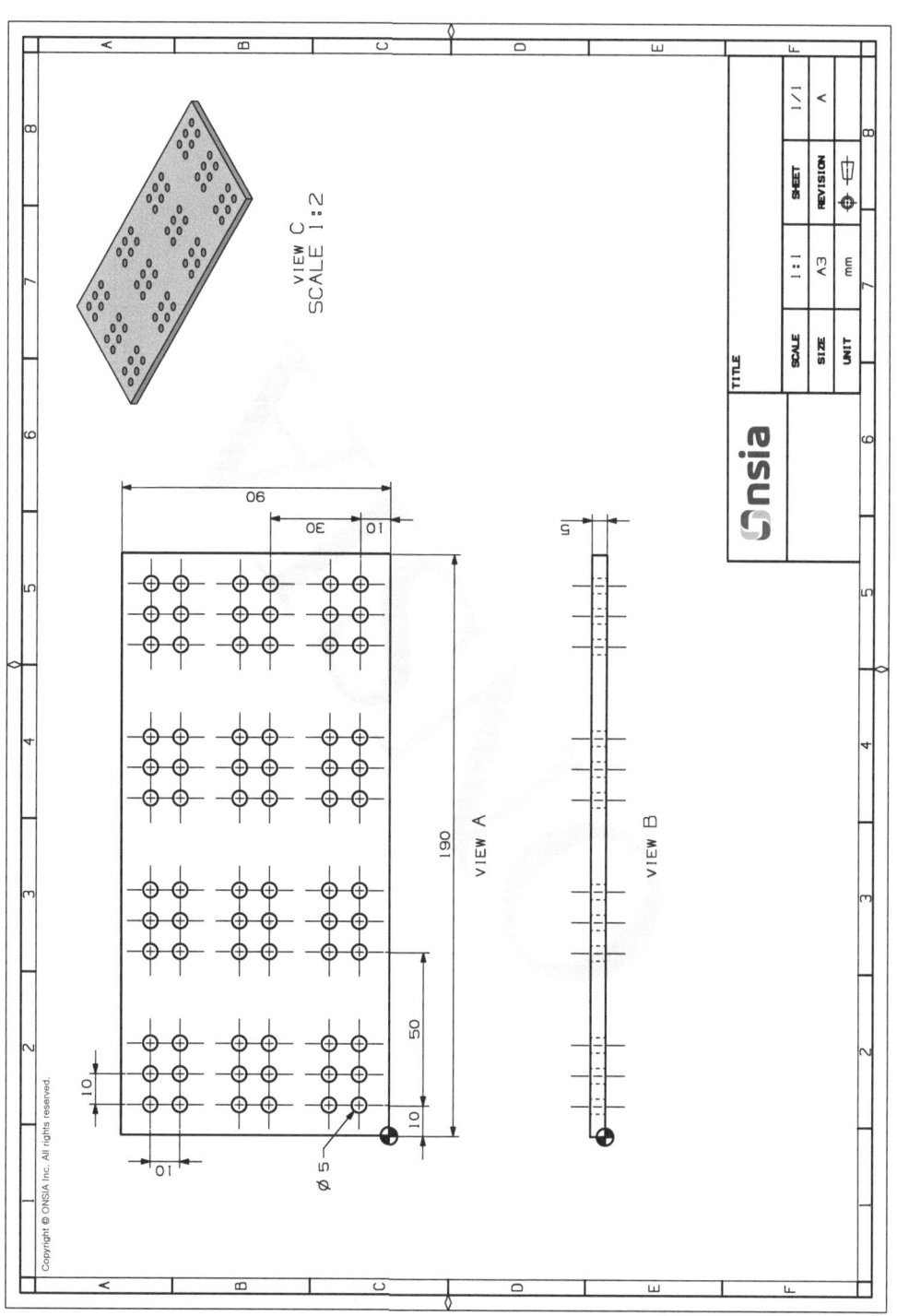

그림 11-55 Exercise 07의 도면

Exercise 08 Rectangular Pattern

ch11_008.CATPart

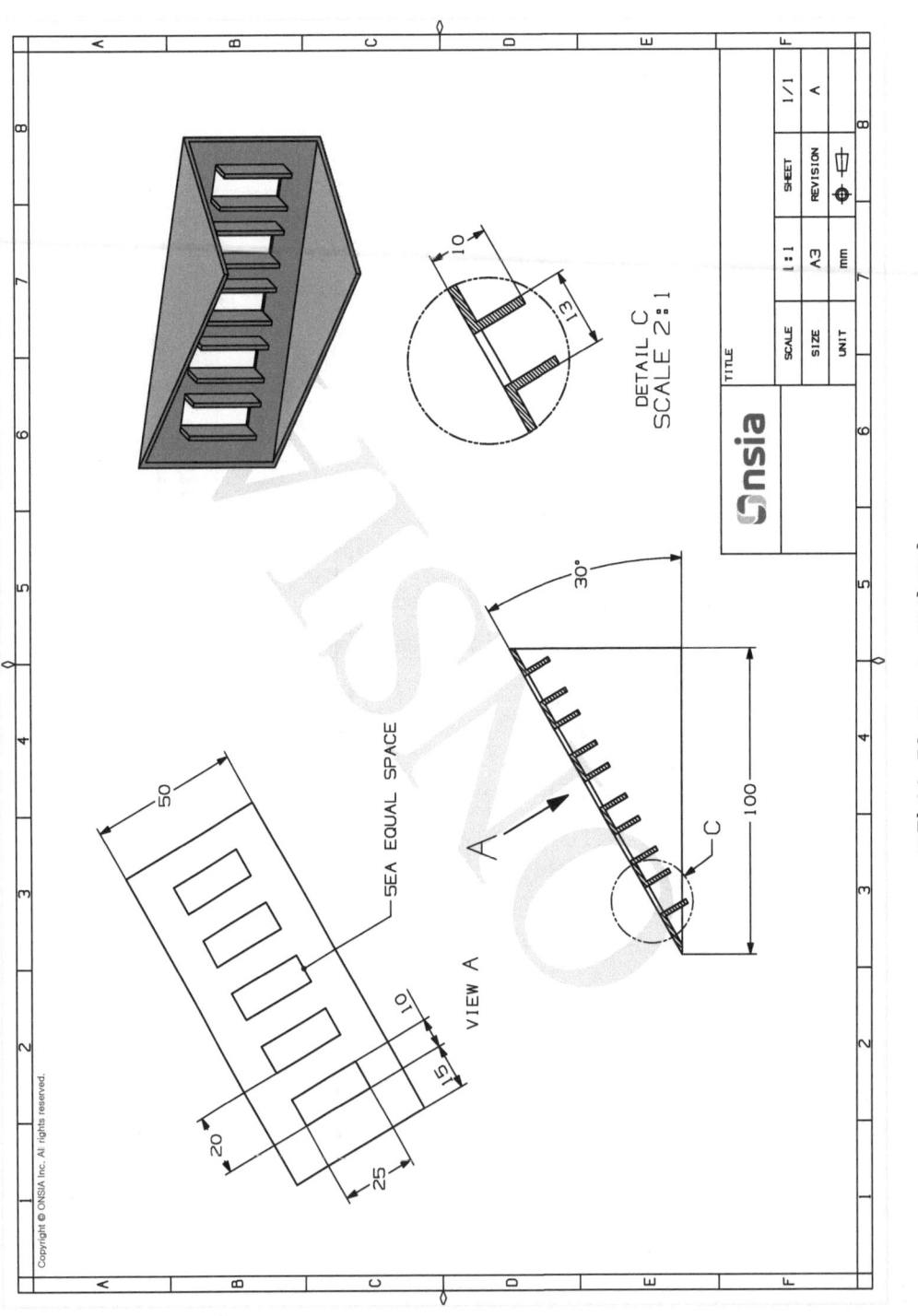

그림 **11-56** Exercise 08의 도면

ch11_009.CATPart **Toy Box Cover** Exercise 09

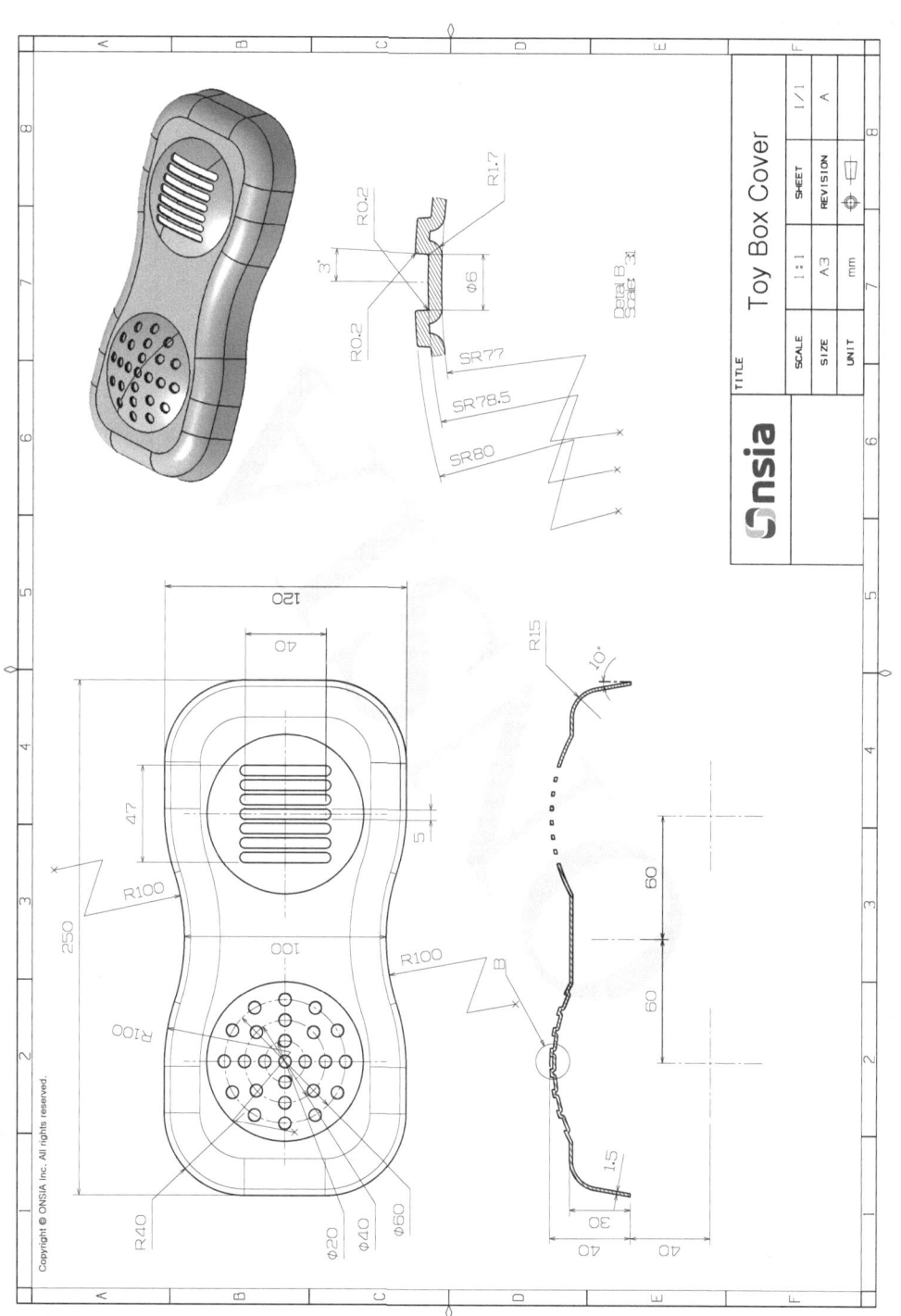

그림 11-57 Toy Box Cover

Exercise 10 Fan Motor Cover

ch11_010.CATPart

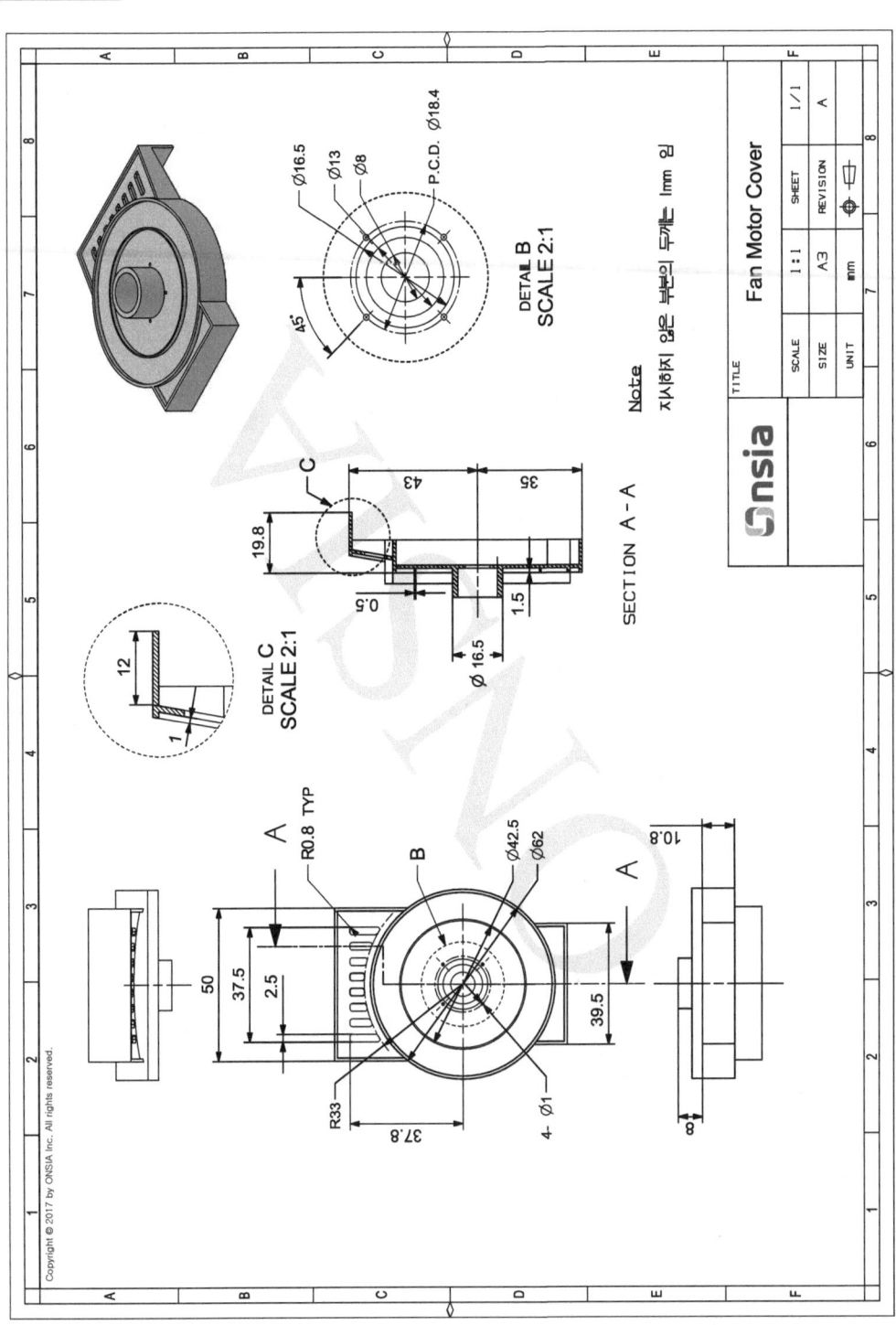

그림 11-58 Fan Motor Cover

ch11_011.CATPart **Lampshade** **Exercise 11**

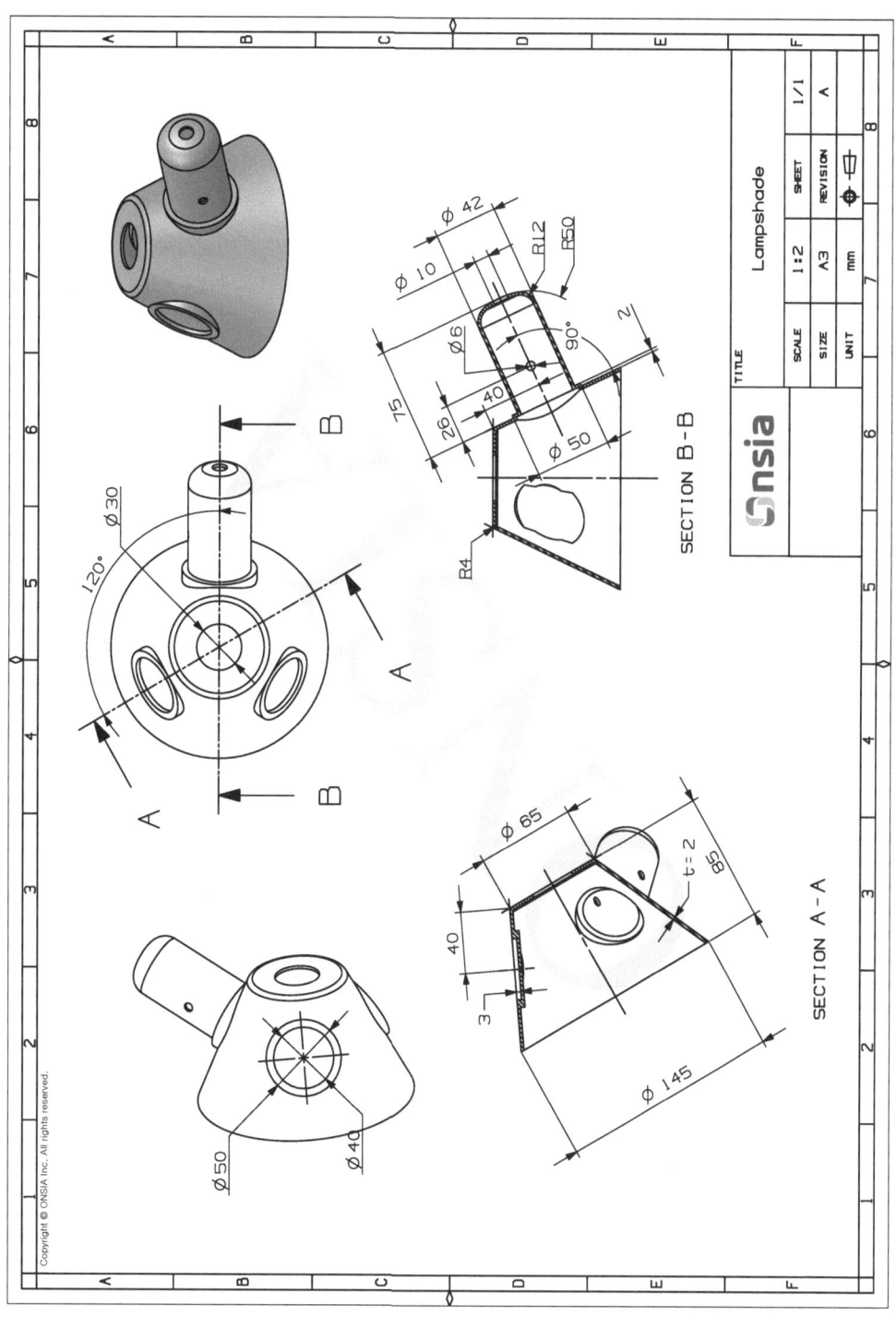

그림 **11-59** Lampshade

Exercise 12 — Mirror

ch11_012.CATPart

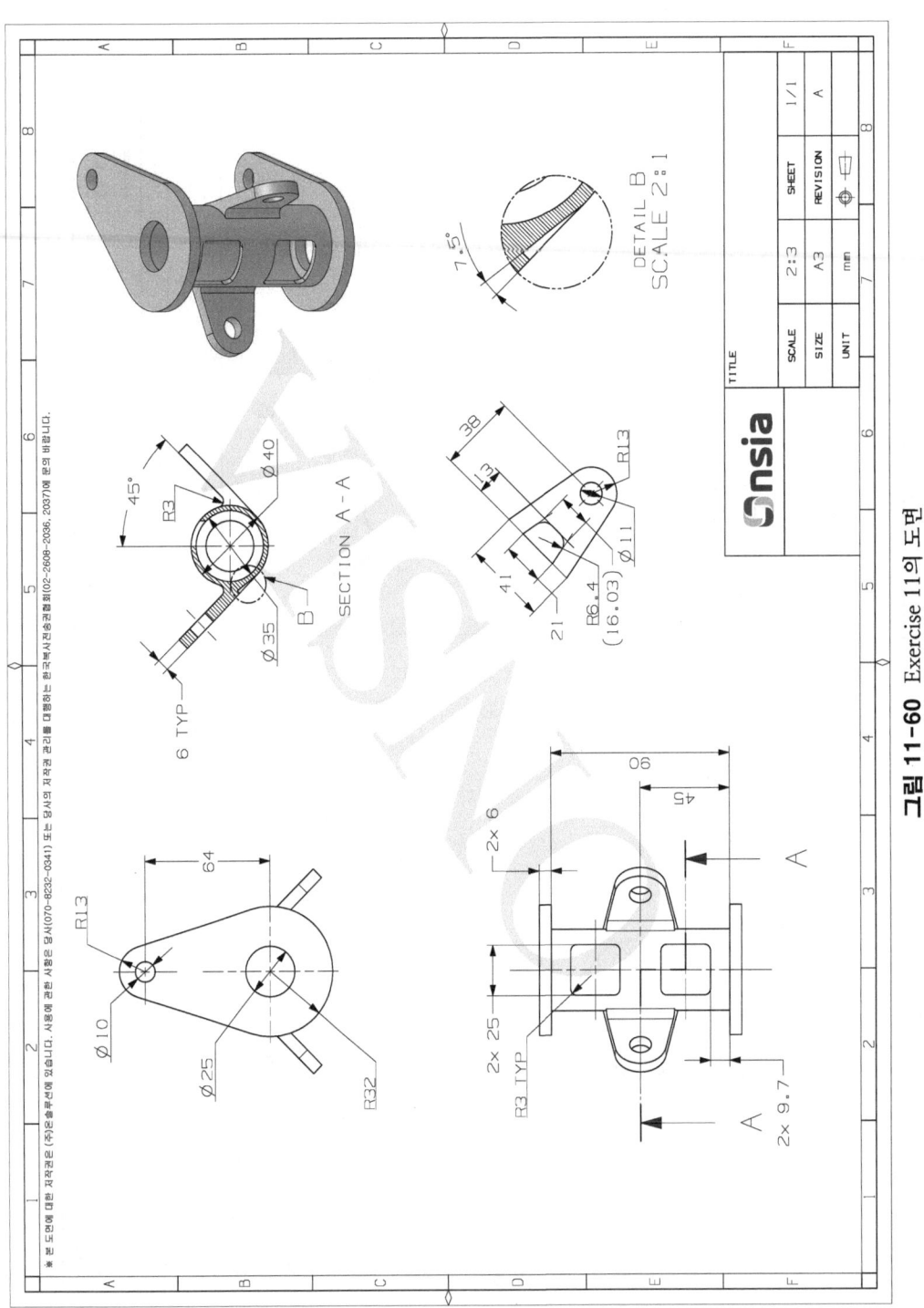

그림 11-60 Exercise 11의 도면

Chapter 12
고급 스케치 기반 피쳐

■ 학습목표

- Stiffener 기능을 이용하여 보강대를 생성하는 방법을 배운다.
- Rib 기능을 이용하여 스윕 형상을 생성하는 방법을 배운다.
- Multi-Sections Solid 기능을 이용한 모델링 방법을 배운다.

12.1 Stiffener

하중을 받는 부품의 강도를 보강하기 위하여 보강대를 추가하는데, CATIA V5에서는 Sketch-Based Features 툴바의 Stiffener 기능을 이용하면 보강대를 쉽게 생성할 수 있다.

보강대를 생성할 위치에 스케치를 그린 후 Sketch-Based Features 툴바에서 Stiffener 아이콘을 누른다. 스케치 전체를 이용할 수도 있고 Sub-element를 이용할 수도 있다. 열려 있는 스케치 커브를 이용하여 보강대를 생성할 때는 프로파일의 연장선이 반드시 형상에 포함되어야 한다.

보강대를 생성하는 방법에는 두 가지 모드가 있다.

① From Side 모드
② From Top 모드

12.1.1 From Side 모드

스케치 면에 수직인 방향으로 두께를 생성하고 스케치 면을 따라 지정된 방향으로 프로파일을 Extrude 시킨다. Extrude 방향에 바디가 있으면 바디와 만나는 곳까지 보강대를 생성하고, 바디가 없거나 보강대의 끝 부분을 정의할 수 없으면 Stiffener 피쳐를 생성할 수 없다.

기능 사용 절차 (그림 12-1의 번호는 절차 번호에 해당된다.)

① 두께 방향과 Normal인 면에 스케치를 그린다.
② Sketch-Based Features 툴바에서 Stiffener 버튼을 누른다.
③ Stiffener Definition 대화상자에서 From Side 모드를 선택한다.
④ 스케치를 선택하고 방향 및 두께 옵션을 설정한다.
⑤ OK 버튼을 누른다.

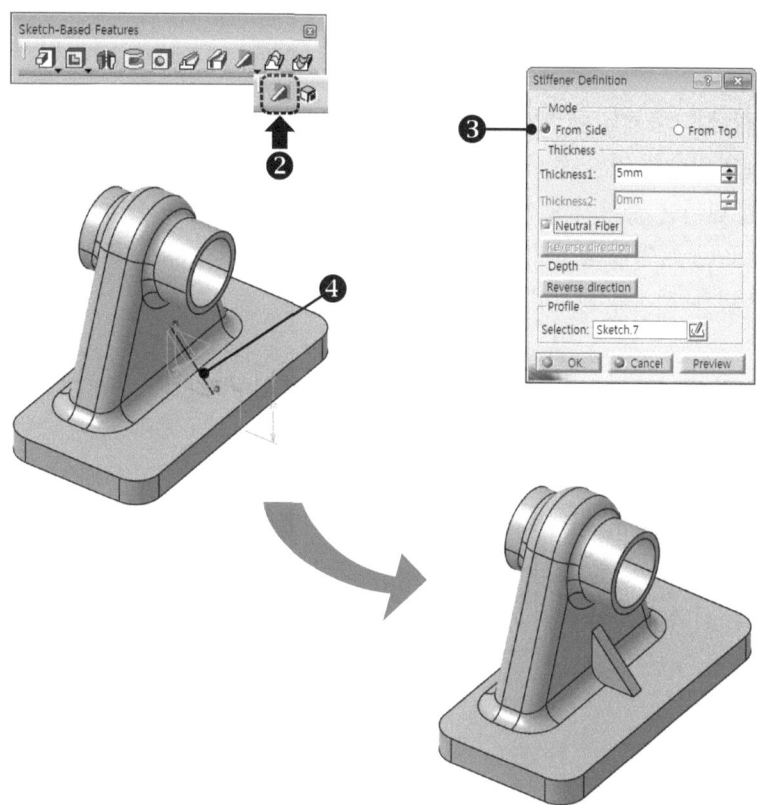

그림 12-1 보강대 생성(From Side 모드)

12.1.2 From Top 모드

스케치 면 방향으로 두께를 생성한 후 지정된 방향으로 프로파일을 Extrude 시킨다. 수직인 방향으로 프로파일을 투영한 후 스케치면 방향으로 두께를 생성한다. Extrude 방향에 바디가 있으면 바디와 만나는 곳까지 보강대를 생성하고, 바디가 없거나 보강대의 끝 부분을 정의할 수 없으면 Stiffener 피쳐를 생성할 수 없다. 열려 있는 프로파일이 서로 교차될 경우 첫 번째 만나는 개체까지만 보강대를 생성한다.

기능 사용 절차 (그림 12-2의 번호는 절차 번호에 해당된다.)

① Extrude 방향과 Normal인 면에 스케치를 그린다.
② Sketch-Based Features 툴바에서 Stiffener 아이콘을 누른다.
③ Stiffener Definition 대화상자에서 From Top 모드를 선택한다.
④ 스케치를 선택하고 방향 및 두께 옵션을 설정한다.
⑤ OK 버튼을 누른다.

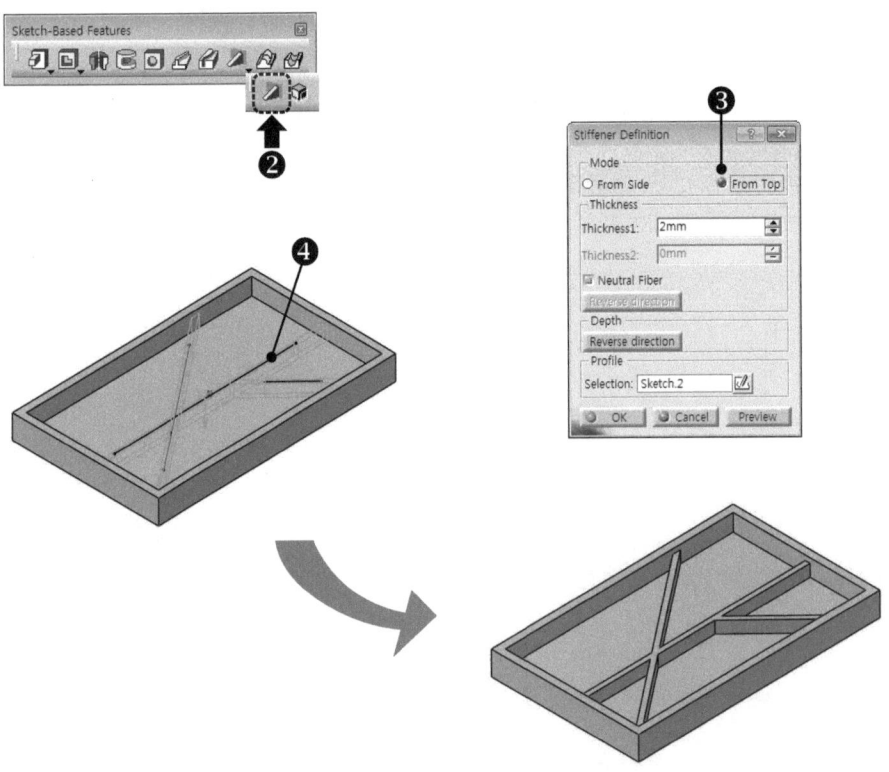

그림 12-2 보강대 생성(From Top 모드)

ch12_001.CATPart   **Creating Stiffener** **Exercise 01**

ch12_001.CATPart 파일을 열어 아래 그림과 같이 보강대를 생성하시오.

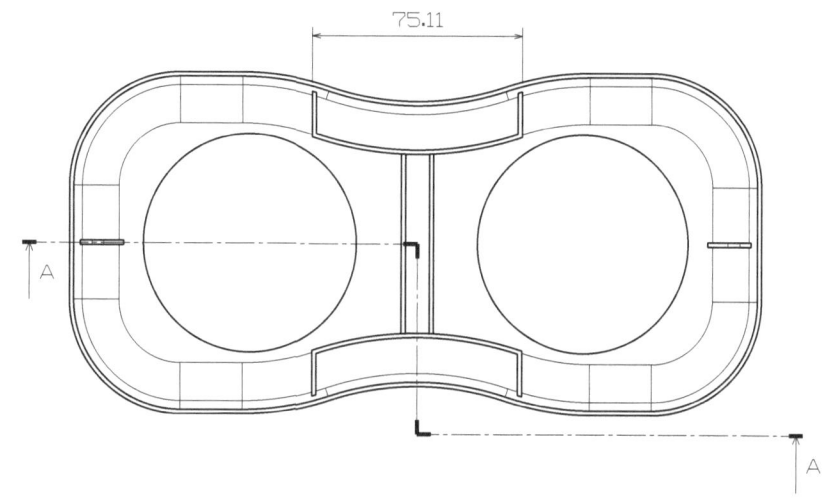

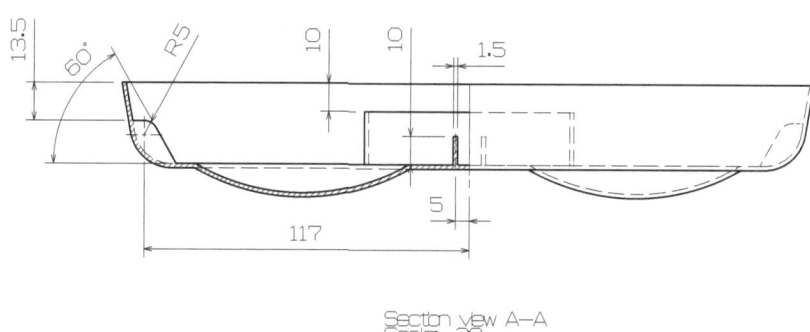

그림 12-3 보강대 생성

12.2 Solid Combine

두 개의 프로파일을 돌출시켜 교차하는 솔리드 바디를 생성한다. 각각의 프로파일을 개별적인 바디로 생성한 다음 불리언 연산의 Intersect 기능을 사용한 것과 같은 결과를 얻는다.

돌출 방향을 설정할 수도 있으며 기능을 사용하는 도중에 스케치의 치수를 더블클릭하여 수정할 수도 있다.

기능 사용 절차 (그림 12-4의 번호는 절차 번호에 해당된다.)

① 두 개의 스케치를 그린다.
② Sketch-Based Features 툴바에서 Solid Combine 아이콘을 누른다.
③ 첫 번째 프로파일을 선택한다.
④ 두 번째 프로파일을 선택한다.
⑤ OK 버튼을 누른다.

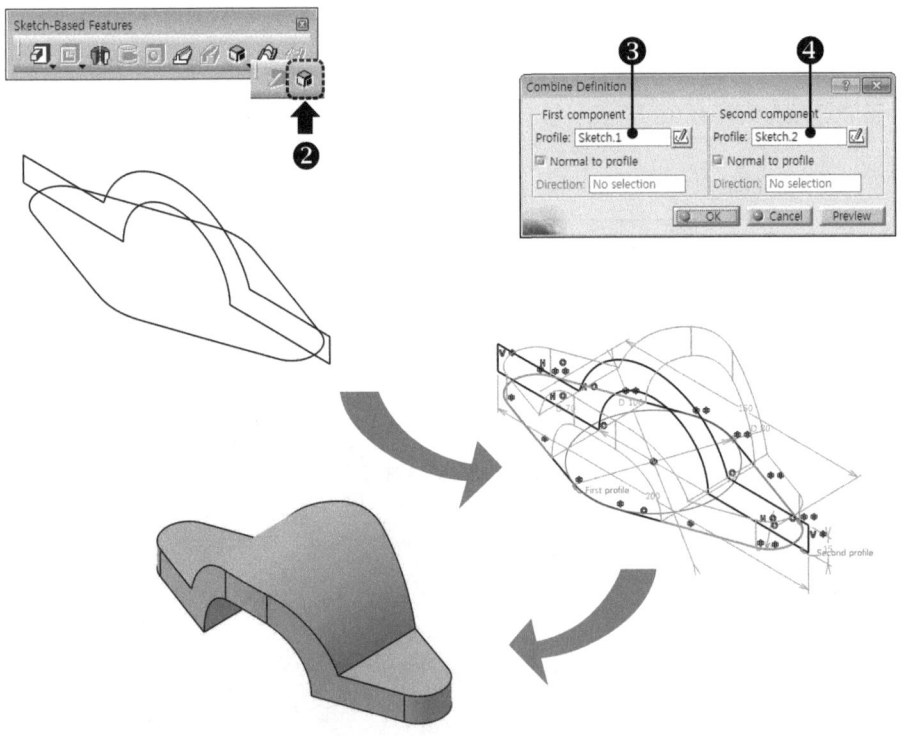

그림 12-4 교차하는 바디 생성

12.3 Rib

Center Curve를 따라 프로파일을 스윕(Sweep)하여 솔리드 바디를 생성한다.

기능 사용 절차 (그림 12-5의 번호는 절차 번호에 해당된다.)

① Center Curve와 프로파일로 사용할 스케치를 그린다.
② Sketch-Based Features 툴바에서 Rib 아이콘을 누른다.
③ Profile을 선택한다.
④ Center Curve를 선택한다.
⑤ OK 버튼을 누른다.

대화상자의 Profile과 Center curve 선택 영역 옆에 있는 Sketch 버튼을 이용하면 스케치를 생성하여 사용할 수 있다.

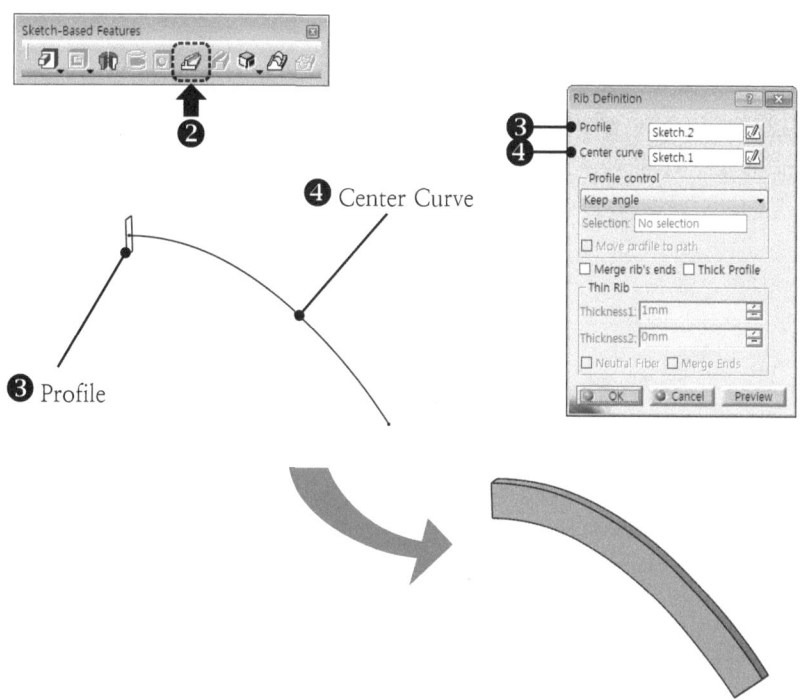

그림 12-5 Rib 피쳐 생성(Keep angle 옵션)

12.3.1 Keep angle 옵션

Profile control 옵션 영역의 드롭다운 목록을 이용하면 프로파일의 방향을 설정할 수 있다. Keep angle 옵션을 이용하면 프로파일과 Center curve의 각도를 유지하면서 스윕 한다.

프로파일을 그릴 때는 Normal to curve 방법으로 Center curve상에 참조 평면을 생성한 다음 그 위에 스케치를 그리는 것이 좋다.

12.3.2 Pulling direction 옵션

이 옵션을 이용하면 프로파일을 스윕 할 때 인장 방향을 설정하여 솔리드 바디를 생성할 수 있다. 인장 방향과 스케치 면과의 각도가 유지되기 때문에 인장 방향의 단면 모양이 일정하다.

Center Curve가 나선형일 경우 나선의 축방향으로 인장 방향을 설정하면 프로파일의 단면 모양과 방향이 일정하게 유지된다.

인장 방향을 지정할 때는 모서리나 커브, 평면을 선택할 수 있다. 평면을 선택하게 되면 그 평면과 수직인 방향이 인장 방향으로 지정된다. 그림 12-6은 인장 방향으로 xz 평면을 선택하여 생성한 Rib 피쳐를 보여준다. xz 평면과 수직인 yz 평면과의 각도가 일정하며 Center Curve의 처음과 끝 및 중간 부분에서의 단면 모양이 일정하다.

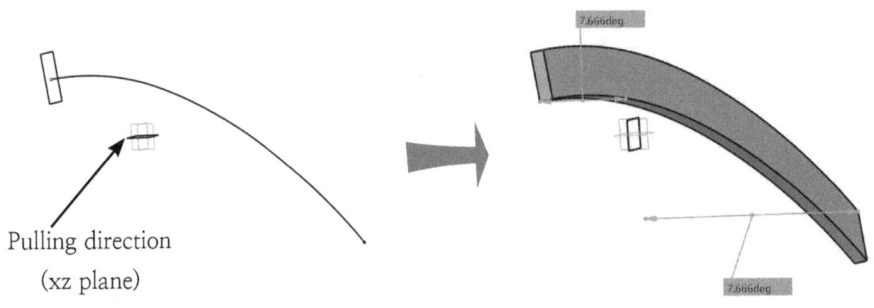

그림 12-6 인장 방향(Pulling direction 설정)

ch12_002.CATPart 스프링 생성 **Exercise 02**

주어진 파일 ch12_002.CATPart를 열어 그림 12-8과 같이 스프링을 생성하시오. 스프링의 단면 모양이 일정한 결과를 얻기 위해 적절한 Profile Control 옵션을 이용해야 한다.

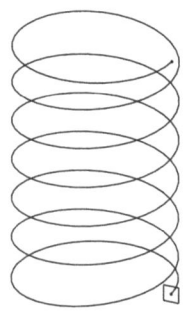

그림 12-7 Given Part

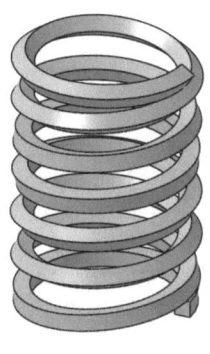   

⟨Not Good⟩   ⟨Good⟩

그림 12-8 Spring

12.3.3 Reference surface 옵션

Profile control 옵션 영역에서 Reference surface 옵션을 이용하면 지정하는 곡면과의 위치관계를 유지하면서 스윕된 솔리드를 만들 수 있다. Center Curve를 따라 스윕하면서 프로파일과 곡면의 각도(스케치 면의 수직 방향의 회전 각도)가 일정하게 유지된다.

Reference surface 옵션을 이용하면 Move profile to path 옵션이 활성화된다.

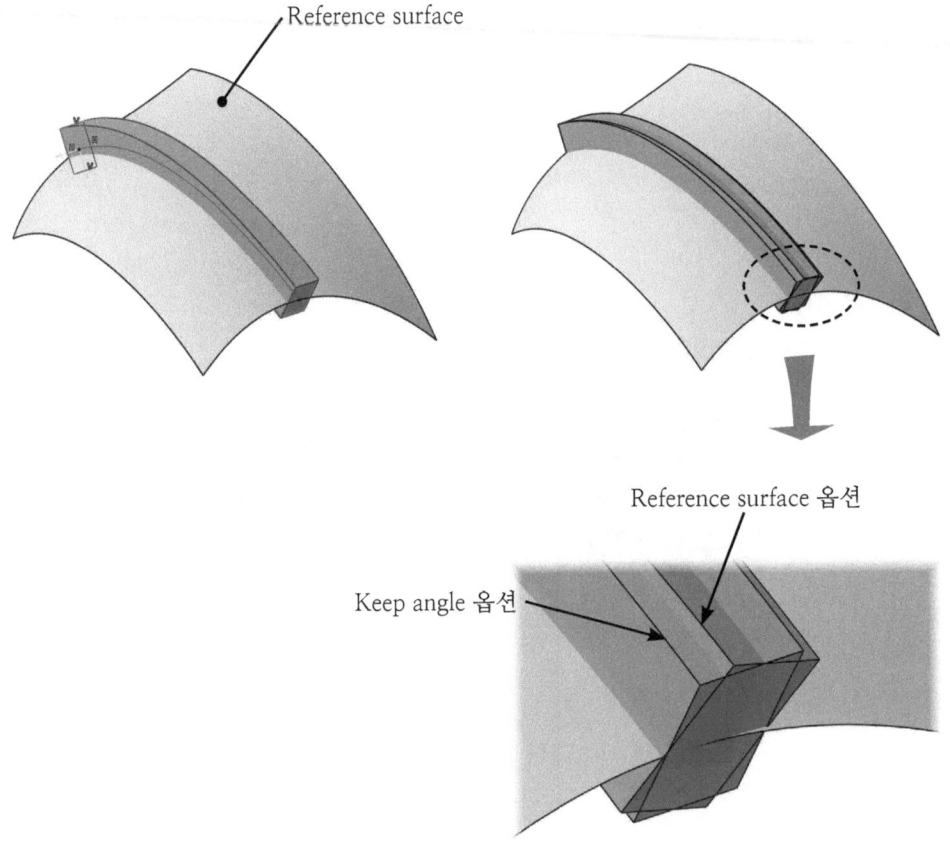

그림 12-9 Reference surface 옵션

12.3.4 Move profile to path 옵션

Profile control 옵션을 Reference surface나 Pulling direction으로 설정하면 Move profile to path 옵션을 이용할 수 있다.

기능 사용 절차 (그림 12-10의 번호는 절차 번호에 해당된다.)
① Sketch-Based Features 툴바에서 Rib 아이콘을 누른다.
② 프로파일 스케치를 선택한다.
③ Reference Curve를 선택한다.
④ 오류 메시지 창에서 OK 버튼을 누른다.
⑤ Profile control 드롭다운 목록에서 Reference surface를 선택하고 서피스를 선택한다. 오류 메시지 창이 나타나면 OK 버튼을 누른다.
⑥ Move profile to path 옵션을 선택하고 파란색의 화살표를 클릭하여 방향을 변경한다.
⑦ 미리보기를 확인한 후 OK 버튼을 누른다.

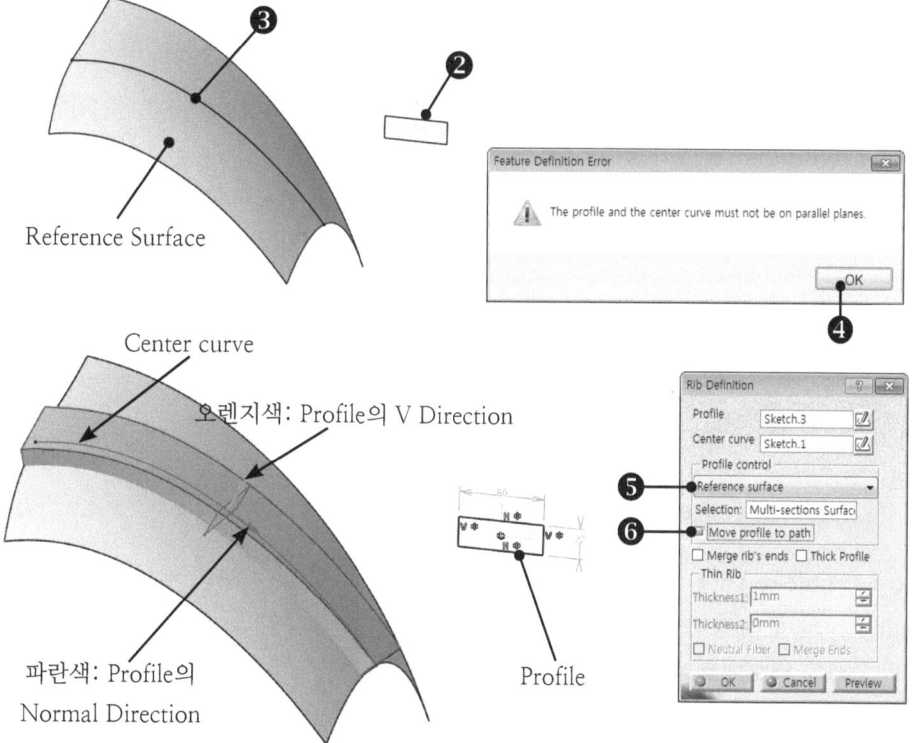

그림 12-10 Move profile to path 옵션

프로파일이 이동될 때 방향 정렬 규칙

① 프로파일의 V축은 미리보기의 오렌지색 화살표에 맞춘다. 오렌지색 화살표의 방향은 Reference Surface의 수직 방향 또는 Pulling Direction의 방향이 될 수 있다.
② 프로파일의 원점은 Center curve를 따라 간다.
③ 프로파일의 Normal Direction은 파란색 화살표 방향과 일치된다. 파란색 화살표는 Center Curve의 접선 방향이다.

12.3.5 Profile과 Center Curve의 조건

Center Curve는 닫혀있을 수 있고(Closed), 열려있을 수도 있으며(Open), 3차원(Non-planar)일 수도 있고, 2차원(Planar)일 수도 있다. 3차원 커브를 Center Curve로 이용할 때는 반드시 탄젠트 연속이어야 한다. Center Curve의 상태에 따라 프로파일의 사용 가능 여부가 결정된다. Profile과 Center curve의 사용 조건에 대하여 정리하면 다음 표와 같다.

Closed Profile	솔리드 형상 생성	
Open Profile	Closed Center Curve	Thick Profile 옵션 필수
	Open Center Curve	▶ 첫 번째 피쳐에는 Thick Profile 옵션 필수 ▶ 두 번째 이후 피쳐에는 Material side 지정하여 솔리드 생성 가능

> **끊어진 Center Curve의 이용**
>
> Move profile to path 옵션을 이용하면 같은 스케치 안에 있는 여러 개의 불연속 커브를 Center curve로 이용하여 리브 피쳐를 생성할 수 있다. 각각의 끊어진 Center curve에 각각의 솔리드 지오메트리가 생성된다.

ch12_003.CATPart   플랜지 생성 **Exercise 03**

그림 16-9와 같이 주어진 파일을 이용하여 플랜지 형상을 만들어보자.

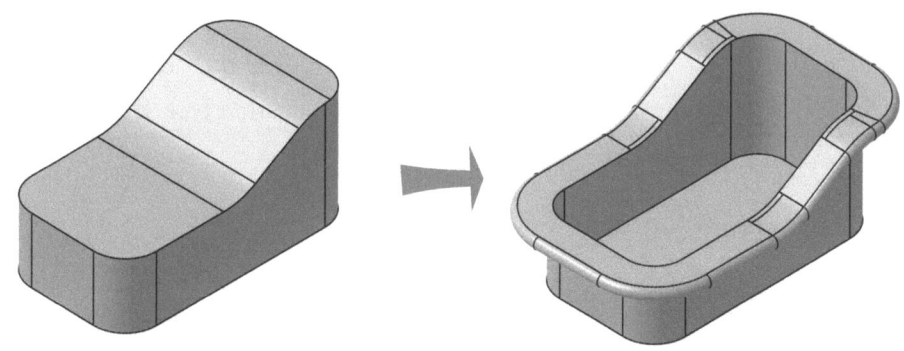

그림 12-11 플랜지가 있는 용기

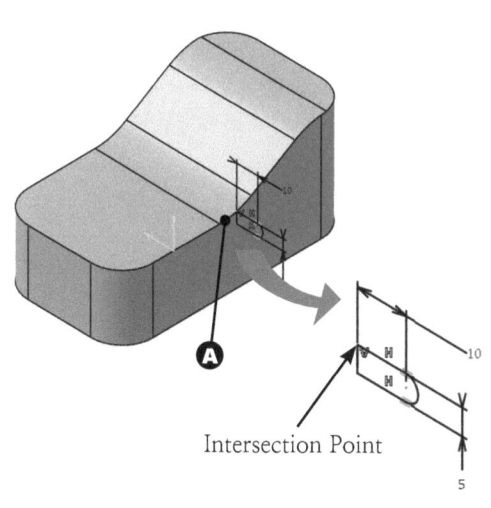

그림 12-12 Profile 스케치

1. 주어진 파일 ch12_003.CATPart를 연다.

2. yz 평면에 스케치면을 정의하고 그림 12-12의 Ⓐ 모서리와 교차하는 점을 생성(Intersect 3D Element)한다. 생성된 점은 Construction Element로 바꾼다.

3. 그림 12-12와 같이 프로프일 스케치를 생성한 후 Sketcher를 빠져 나간다.

4. Sketch-Based Features 툴바에서 Rib 아이콘을 누르고 앞에서 생성한 스케치를 프로파일로 선택한다.

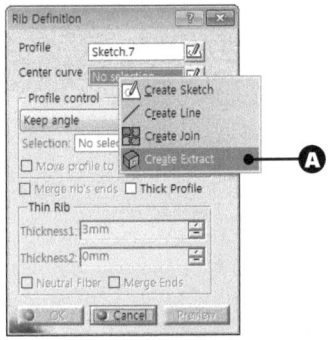

5. Center curve 옵션 영역에 MB3 〉 Create Extract 옵션을 선택한다. (그림 12-13의 Ⓐ)

6. 그림 12-14와 같이 모델에서 모서리 Ⓑ를 선택한다. Extract Definition 대화상자의 Propagation type 옵션은 Tangent continuity이다.

7. Extract Definition 대화상자에서 OK 버튼을 누른다. 그림 12-15와 같이 미리보기가 나타난다.

8. Profile control 드롭다운 목록에서 Pulling direction을 선택하고 xy Plane을 선택한다.

9. Rib Definition 대화상자에서 OK 버튼을 누른다. 그림 12-16은 Rib 피쳐를 생성한 후의 모델을 보여준다.

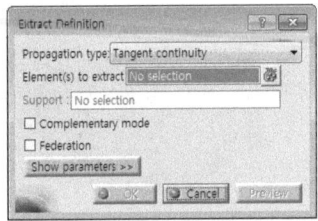

그림 12-13 Extract 메뉴

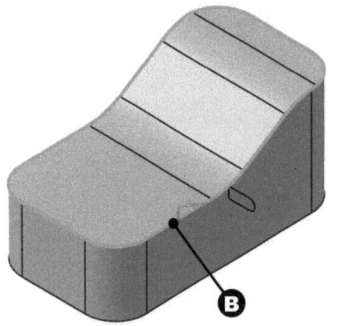

그림 12-14 모서리 뽑아내기

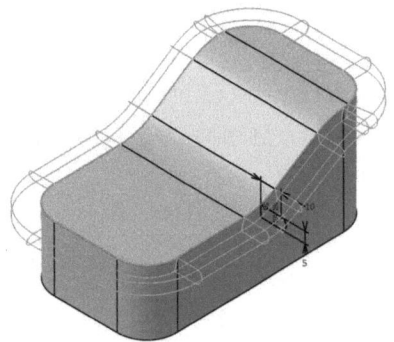

그림 12-15 미리보기

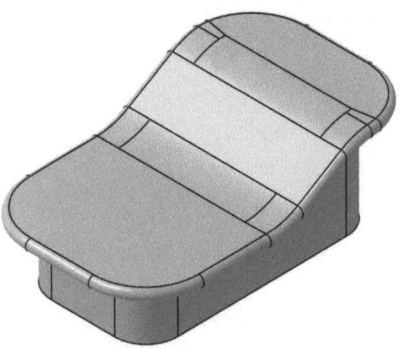

그림 12-16 Rib의 결과

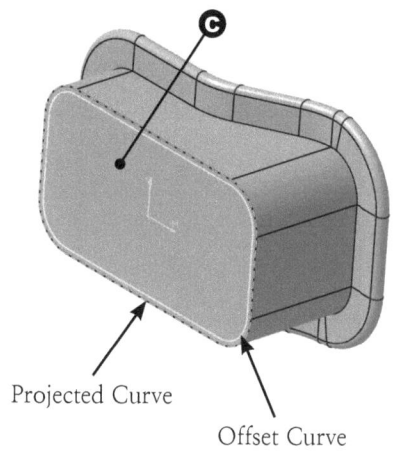

Projected Curve
Offset Curve

그림 12-17 Sketch 생성

10. Sketch 버튼을 누르고 그림 12-17의 바닥면을 스케치 면으로 설정한다.

11. Project 3D Elements 아이콘을 누르고 그림 12-17의 ⓒ 면을 선택하여 투영한다. 투영된 커브를 Construction Element로 변경한다.

12. Offset 아이콘을 눌러 투영한 선을 안쪽으로 3mm 오프셋 한다.

13. 오프셋한 선을 Standard Element로 변경한다.

14. Sketcher를 빠져 나가고 Pocket 기능을 이용하여 그림 12-18과 같이 형상을 완성한다. 바닥면 두께는 3 mm로 한다.

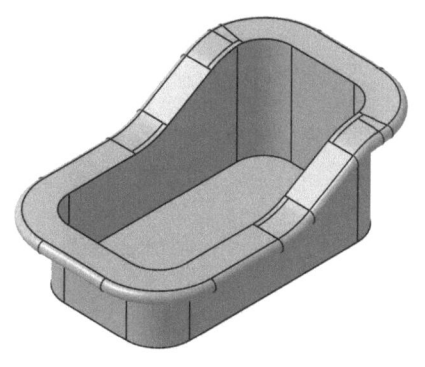

그림 12-18 완성된 모델

END of Exercise

> **Profile, Center curve 영역의 팝업메뉴**
>
> 아래의 용도로 팝업메뉴를 사용한다.
>
> ▶ ***Create Join***: 끊어져 있는 커브나 면 여러 개를 하나로 붙여서 선택할 때
> ▶ ***Extract***: 솔리드의 면을 하나의 서피스로 뽑아내거나 여러 개의 모서리를 뽑아 하나의 커브로 만들어 프로파일이나 Center Curve로 선택할 때

12.3.6 Merge Rib's Ends 옵션

Rib 피쳐의 끝 부분을 형상이 있는 곳까지 연장시킨다. 형상은 Rib 피쳐의 끝 부분을 완전히 포함하여 정의할 수 있어야 한다.

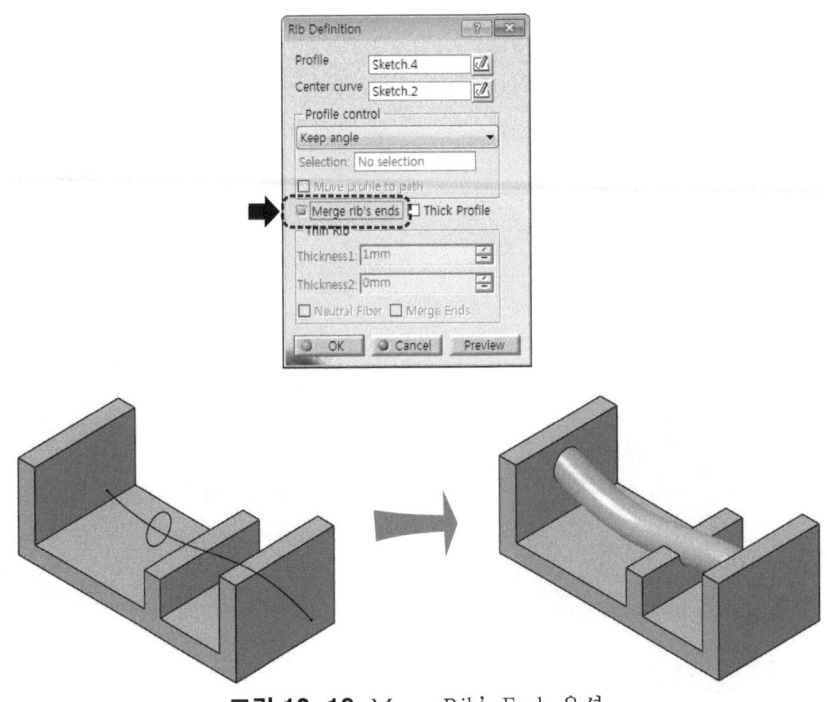

그림 12-19 Merge Rib's Ends 옵션

12.3.7 Thick Profile의 Merge Ends 옵션

Thick Profile 옵션을 이용하여 Rib 피쳐를 생성하는 경우 형상이 있는 곳까지 Center Curve 나 프로파일을 연장하거나 자를 수 있다. 연장되는 끝 부분이나 잘라지는 부분은 형상에 완전히 포함되어야 한다.

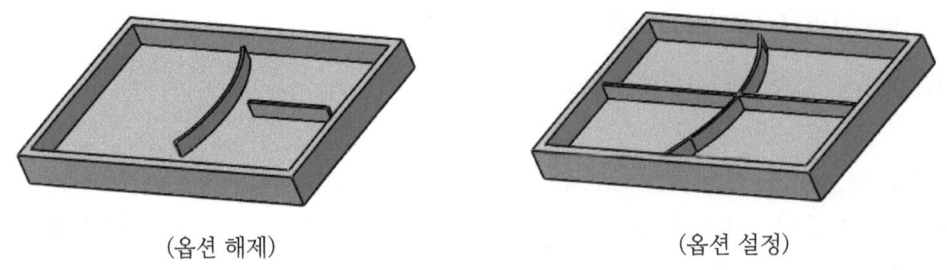

(옵션 해제)　　　　　　　　　　　(옵션 설정)

그림 12-20 Merge Ends 옵션

12.4 Slot

Center Curve를 따라 프로파일을 스윕(Sweep)하여 솔리드 바디를 제거한다. 옵션의 사용 방법은 Rib 피쳐와 같다. 그림 12-21은 Slot 기능을 이용하여 생성한 형상이다.

그림 12-21 Slot 기능으로 생성한 형상

12.5 Multi-Sections Solid(다중 섹션 솔리드)

여러 개의 섹션을 연결하여 솔리드를 생성한다. Multi-Sections Solid 피쳐를 구성하는 주요 요소와 각각의 특성은 다음과 같다.

① **_섹션(Section)_**: 평면에 정의되어 있어야 하고 닫혀 있어야 한다. 각각의 섹션은 서로 교차하지 않고 개별 피쳐로 정의되어 있어야 한다.

② **_가이드(Guide)_**: 섹션과 섹션 사이의 연결 형태를 정의한다. 섹션과 교차하는 점을 통과하여야 한다.

③ **_스파인(Spine)_**: 섹션이 지나가는 단면의 방향성을 정의한다. 탄젠트 연속이어야 한다. 특별히 지정하지 않으면 섹션과 가이드를 이용하여 자동으로 계산한다.

12장: 고급 스케치 기반 피쳐

Exercise 04 다중 섹션 솔리드 생성   *ch12_004.CATPart*

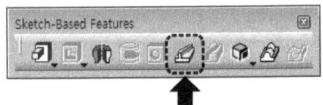

1. 주어진 파일 ch12_004.CATPart를 연다.

2. Sketch-Based Features 툴바에서 Multi-sections Solid 아이콘을 누른다.

스테이터스바에는 커브를 선택하라는 메시지가 나타난다.

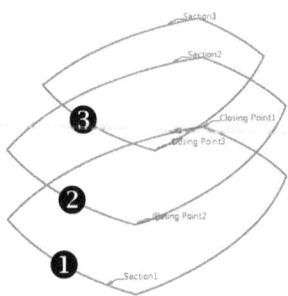

그림 12-22 섹션 선택

3. 그림 12-22와 같이 커브를 순서대로 선택한다. 각 섹션의 섹션 번호와 Closing Point의 위치, Closing Point 위치에 있는 화살표의 방향을 확인한다. 첫번째 섹션의 Closing Point가 다른 곳에 있다.

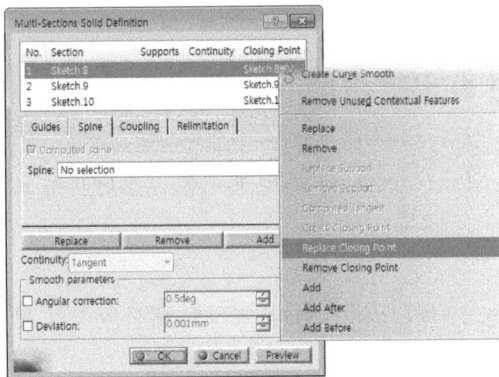

> **! 섹션의 연결**
>
> ① 섹션 번호 순서대로 연결한다.
> ② Closing Point를 순서대로 연결한 후 화살표 방향으로 스윕(Sweep)하면서 형상을 만든다.

4. 대화상자에서 첫 번째 섹션을 선택한 후 MB3를 누른다.

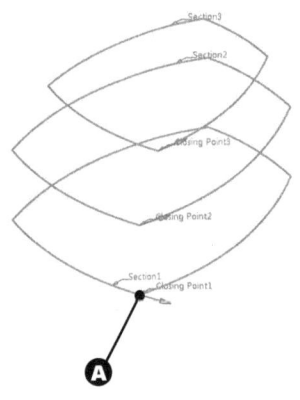

그림 12-23 Closing Point 수정

5. Replace closing point를 선택한 후 그림 12-23의 Ⓐ 점을 선택한다. Closing Point의 위치와 화살표 방향을 확인한다. 화살표의 머리 부분을 클릭하면 방향을 바꿀 수 있다.

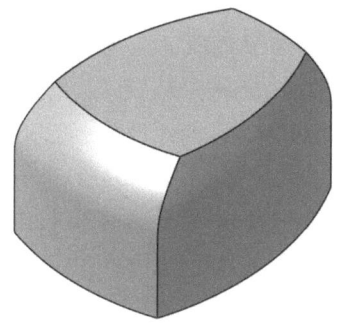

그림 12-24 완성된 모델

6. OK 버튼을 누르면 그림 12-24와 같은 형상이 만들어진다.

> **! 생성 불가 !!!**
>
> Closing Point의 위치, 방향이 맞지 않으면 형상을 만들 수 없거나 잘못된 형상이 생성된다.

END of Exercise

12.5.1 가이드를 이용한 다중 섹션 솔리드

가이드를 이용하면 섹션과 섹션 사이의 연결면의 형상을 자유롭게 만들 수 있다. 가이드를 이용할 때는 다음의 조건을 만족하도록 생성해야 한다.

가이드의 조건

① 모든 섹션과 교차하여야 한다.
② 면을 섹션으로 사용할 때, 가이드는 섹션의 인접한 면과 접해야 한다.
③ 여러 개의 가이드를 사용할 때는 개별적인 피쳐로 만들어야 한다.

---

ch12_005.CATPart | **가이드를 이용한 다중 섹션 솔리드 생성** | **Exercise 05**

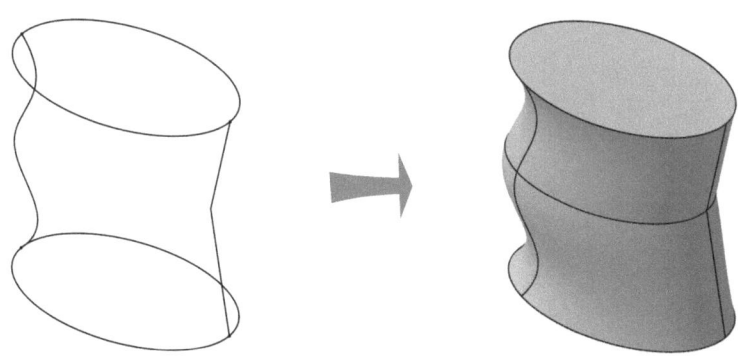

그림 12-25 가이드를 이용한 다중 섹션 솔리드

가이드 스케치 생성

1. ch12_005.CATPart 파일을 연다.

2. 스케치 면을 zx 면으로 설정하고 Intersect 3D Elements 기능을 이용하여 두 타원과 교차하는 점을 생성한다. (그림 12-26)

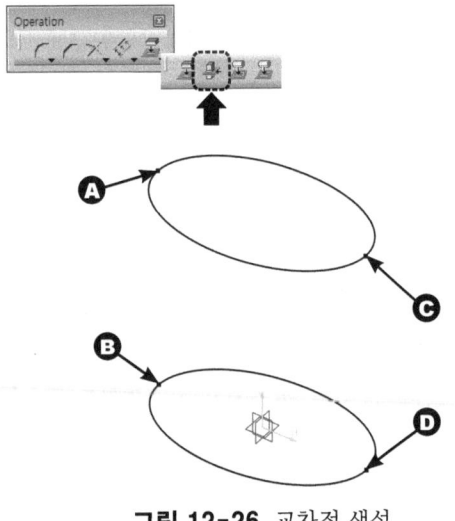

그림 12-26 교차점 생성

3. 사용할 두 개의 점(Ⓐ, Ⓑ)은 Construction Element로 변경하고, 나머지(Ⓒ, Ⓓ)는 삭제한다.

4. 스플라인 기능으로 Ⓐ, Ⓑ 점을 연결하여 그림 12-27과 같이 커브를 그린다. 끝점은 반드시 Ⓐ, Ⓑ 점과 일치하여야 한다.

5. 스케치를 빠져 나간다.

6. 두 번째 가이드로 사용할 스케치 면을 다시 zx면에 설정한다.

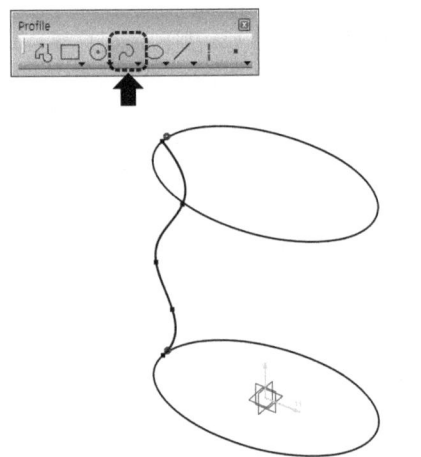

그림 12-27 첫번째 가이드 생성

7. 같은 방법으로 그림 12-28과 같이 직선을 그린다. 끝 점은 반드시 교차점을 통과하여야 한다.

8. 스케치를 빠져 나간다.

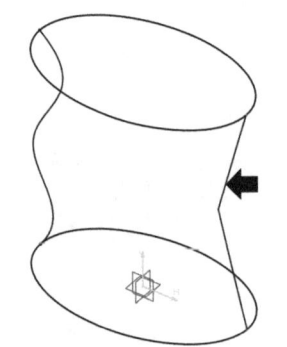

그림 12-28 두번째 가이드 생성

> **! 가이드 조건**
>
> 각각의 가이드는 반드시 개별적인 피쳐로 생성해야 한다. 따라서 스플라인과 직선을 같은 스케치에 생성하면 안된다.

다중 섹션 솔리드 생성

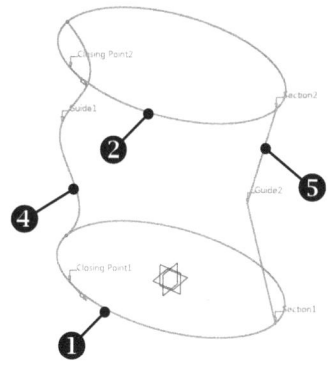

1. Sketch-Based Features 툴바에서 Multi-sections Solid 버튼을 누른다.

2. 두 개의 섹션을 선택한다. (그림 12-29의 ❶과 ❷)

3. 대화상자의 ❸ 영역을 클릭하여 활성화시킨다.

4. 두 개의 가이드를 선택한다. ((그림 12-29의 ❹와 ❺)

5. 대화상자에서 OK 버튼을 누르면 (그림 12-30과 같은 다중 섹션 솔리드가 생성된다.

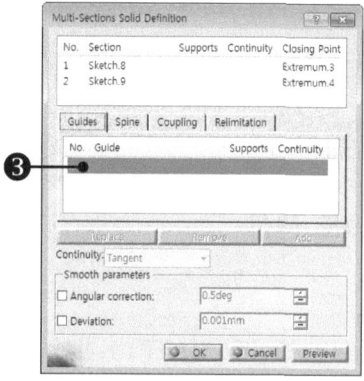

그림 12-29 섹션과 가이드 선택

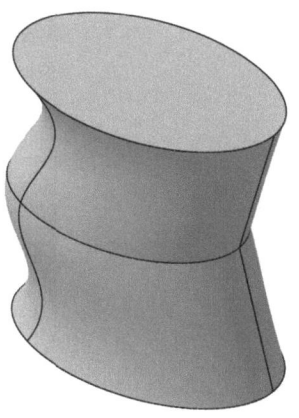

그림 12-30 생성된 다중 섹션 솔리드

END of Exercise

12.5.2 스파인(Spine)을 이용한 다중 섹션 솔리드

스파인을 이용하면 스윕 서피스의 모양을 조절할 수 있다. 스파인을 따로 지정하지 않으면 섹션과 가이드를 이용하여 자동으로 결정되며 다음 조건에 맞게 스파인을 따로 지정할 수도 있다.

<u>스파인의 조건</u>

① 어느 섹션과도 평행해서는 안된다.
② 모든 섹션의 내부를 통과하여야 한다.
③ 탄젠트 연속이어야 한다.

Exercise 06   스파인을 이용한 다중 섹션 솔리드 생성   ch12_006.CATPart

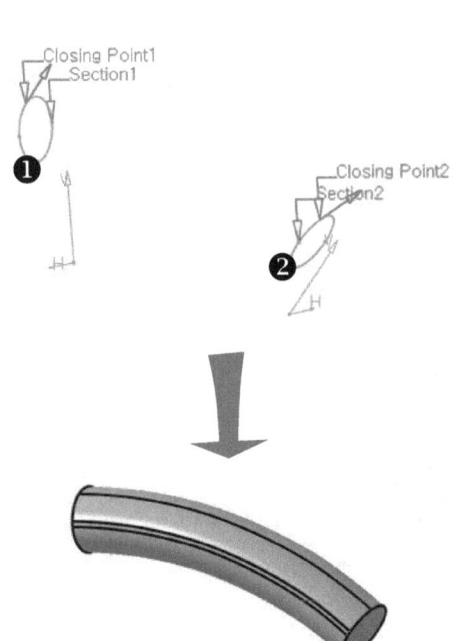

1. ch12_006.CATPart 파일을 연다.

2. 그림 12-31과 같이 ❶, ❷ 두 개의 타원을 섹션으로 선택하여 다중 섹션 솔리드를 생성한다. Closing Point에 나타나는 화살표의 방향에 주의한다.

3. 메뉴바의 Insert > Body를 이용하여 새로운 바디를 생성하고 바디의 이름을 "spine"으로 수정한다.

4. Multi-sections Solid 아이콘을 누른다.

5. 앞에서 생성한 다중 섹션 솔리드를 숨기고 Sketch.2와 Sketch.3 피쳐를 보이게 한다.

그림 12-31 다중 섹션 솔리드 생성

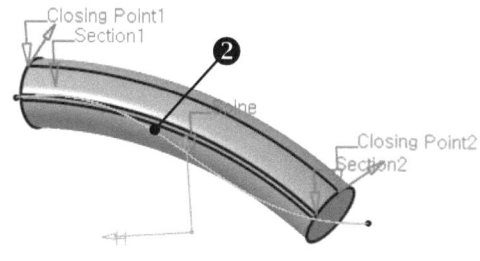

6. 그림 12-31의 두 개의 타원을 섹션으로 선택한다.

7. 대화상자에서 Spine 탭을 누르고 그림 12-32의 ❶ 입력 영역을 클릭한다.

8. Sketch.spine 피쳐를 스파인으로 선택한다. (그림 12-32의 ❷)

9. OK 버튼을 누르면 그림 12-32와 같이 앞에서 생성한 솔리드와 다른 모양의 피쳐가 생성된다.

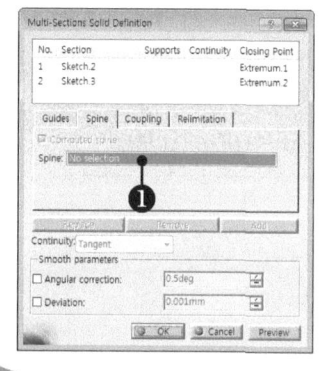

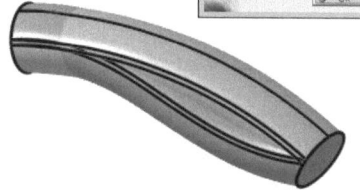

그림 12-32 스파인을 이용한 바디 생성

❗ *Computed spine*

스파인을 따로 지정하지 않으면 자동으로 계산하여 적용된다. 스파인을 지정하여 피쳐를 생성한 후 대화상자에서 이 옵션을 켜면 자동으로 계산된 스파인을 이용할 수 있다.

10. "spine" 바디의 Multi-sections Solid 피쳐를 더블클릭한다.

11. 대화상자의 Relimitation 탭을 클릭하고 그림 12-33과 같이 두 개의 옵션을 해제한다.

12. OK 버튼을 누르면 그림 12-33과 같이 스파인의 끝까지 피쳐가 생성된다.

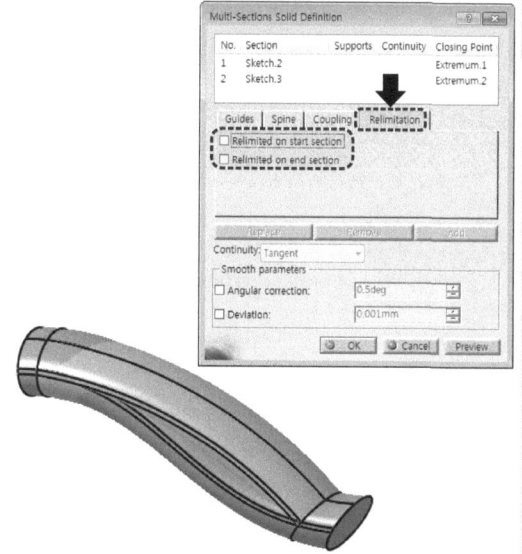

그림 12-33 생성 범위 수정

END of Exercise

> **피쳐 생성 한계 규칙**
>
> ▶ Relimit 옵션이 켜져 있는 경우: 켜져 있는 섹션까지 생성한다.
>
> ▶ Relimit 옵션이 꺼져 있는 경우:
> - 스파인을 따로 지정하지 않고 가이드가 없는 경우: 섹션까지 생성한다.
> - 스파인을 따로 지정하지 않고 가이드가 있는 경우: 가이드의 끝까지 생성한다.
> - 스파인을 지정하고 가이드가 있는 경우: 스파인까지 생성한다.
> - 스파인을 지정하고 가이드가 없는 경우: 스파인까지 생성한다.
> - 스파인을 지정했는데 섹션에 못미칠 경우: 섹션까지 생성한다.

12.5.3 Coupling과 Closing Point

섹션과 섹션을 연결하는 면을 생성할 때 U 방향, V 방향으로 그리드를 만든 후 연결하는 방식을 취한다. U 방향 그리드는 섹션을 기준으로 만들고, V 방향 그리드는 커플링을 기준으로 만든다. Closing Point는 첫 번째 V 방향 그리드의 위치를 정의하고 화살표 방향으로 V 방향 그리드를 생성해 나간다. 따라서 Closing Point의 위치와 화살표의 방향은 연결면을 만드는데 있어서 아주 중요한 역할을 한다.

가이드를 지정한 곳에는 V 방향 그리드를 반드시 생성한다. 첫 번째 V 방향 그리드와 가이드에 생성된 그리드는 Shading with Edges 뷰 모드에서 화면에 표시해 주지만 나머지 그리드는 화면에 표시되지 않는다.

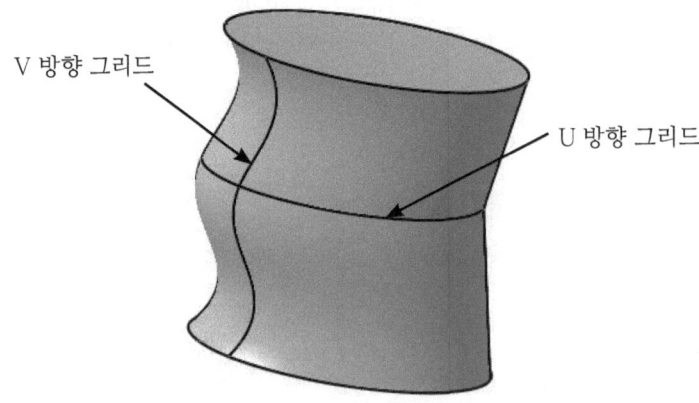

그림 12-34 U 방향과 V 방향

ch12_007.CATPart ## Coupling과 Closing Point 수정 — Exercise 07

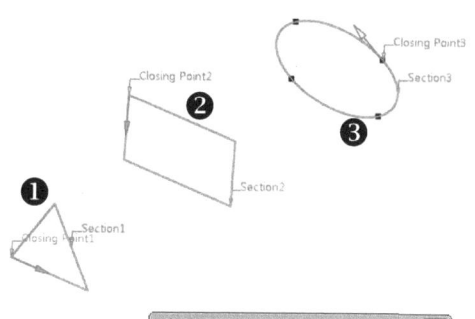

기본 설정 확인

1. ch12_007.CATPart 파일을 연다.

2. Multi-sections Solid 아이콘을 누른 후 그림 12-35와 같이 세 개의 섹션을 순차적으로 선택한다.

3. 대화상자에서 Preview 버튼을 누르면 오류창이 나타난다.

"현재의 커플링 모드를 사용할 수 없습니다. 커플링 모드를 ratio로 바꾸거나 …"

4. "확인" 버튼을 누른다.

5. 다시 시작하기 위하여 Cancel 버튼을 눌러 대화상자를 닫는다.

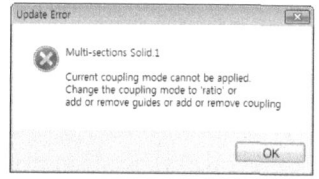

그림 12-35 섹션 오류

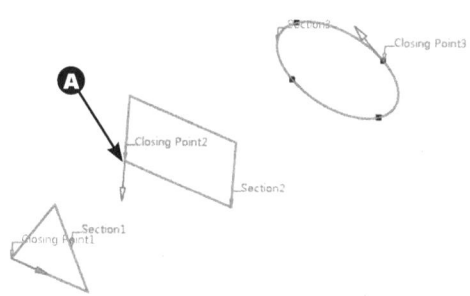

Closing Point 변경

1. Multi-sections Solid 아이콘을 누르고 그림 12-35와 같이 세 개의 섹션을 순차적으로 선택한다.

2. 모델에서 Closing Point 2를 클릭하여 선택한다. 대화상자에 하이라이트 된 것을 확인한다.

3. 대화상자에서 MB3를 누르고 Replace Closing Point 옵션을 선택한다.

4. 그림 12-36의 ⓐ 점을 선택한다.

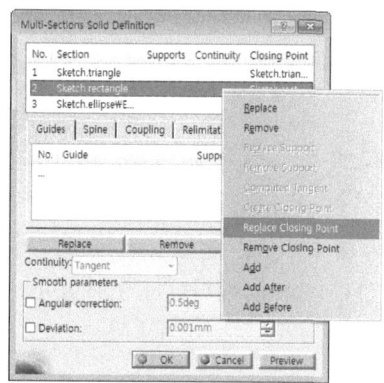

그림 12-36 Closing Point 변경

419

12 장: 고급 스케치 기반 피쳐

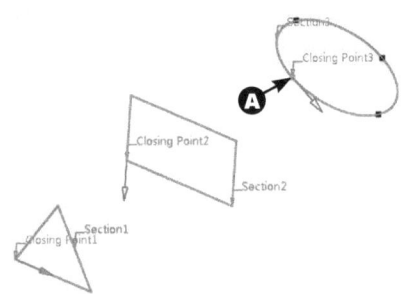

그림 12-37 Closing Point 3 이동

5. 타원 섹션에 있는 Closing Point 3도 같은 방법으로 그림 12-37의 ④ 위치로 이동시킨다. 화살표 방향에 주의한다.

> **힌트 !!!**
>
> 타원 스케치에 미리 생성되어 있는 점을 선택하는 것이다. 다른 곳에 지정하려면 스케치에서 점의 위치를 이동시켜야 한다.

Coupling 생성

1. 대화상자에서 Coupling 탭을 클릭한다.

2. Sections coupling 드롭다운 목록에서 Ratio를 선택한다.

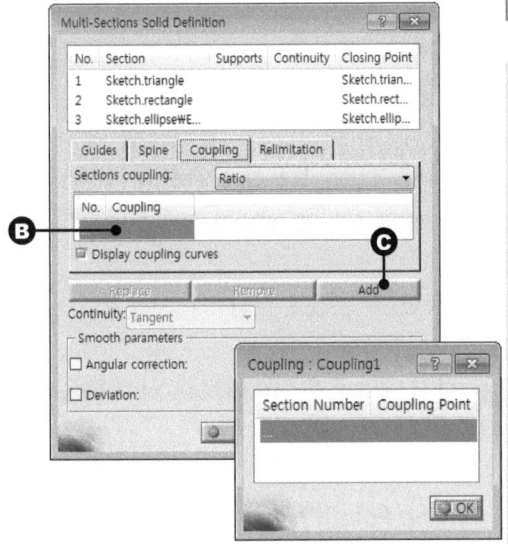

그림 12-38 Coupling 지정

3. 그림 12-38의 ❸ 영역을 클릭하여 활성화시키면 ❻의 Add 버튼이 활성화된다. 이 버튼을 누른다.

Coupling 대화상자가 나타나고 스테이터스바에는 커플링 점을 선택하라는 메시지가 나타난다.

4. 세 개의 섹션에서 그림 12-39와 같이 순차적으로 점을 선택한다. 섹션의 개수와 맞게 점이 선택되면 Coupling 1이 정의되고 Coupling 대화상자가 닫힌다.

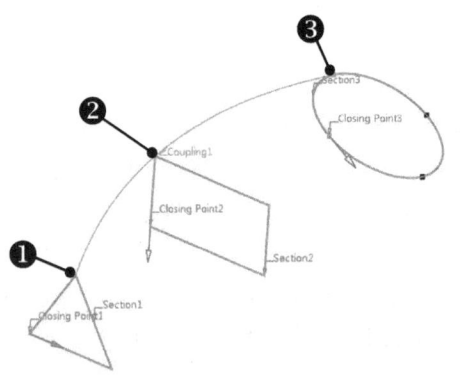

그림 12-39 첫번째 커블링 생성

5. 다시 그림 12-40의 Ⓐ 부분을 클릭한 후 Add 버튼을 누른다.

6. 섹션 순서대로 그림 12-40과 같이 ❶, ❷, ❸ 포인트를 순차적으로 선택하여 두 번째 커플링을 정의한다.

7. 같은 방법으로 세 번째 커플링을 정의한다.

8. 대화상자에서 OK 버튼을 누르면 그림 12-41과 같은 Multi-sections Solid가 생성된다.

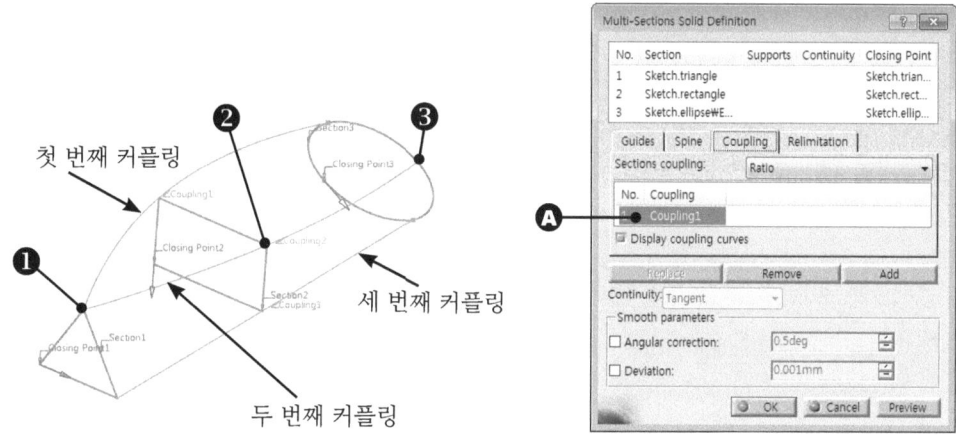

그림 12-40 두 번째와 세 번째 커블링 생성

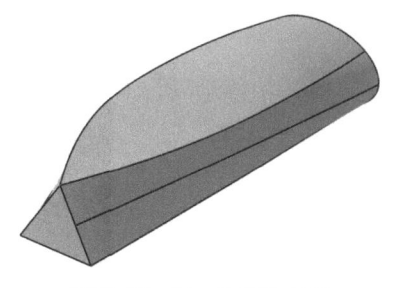

그림 12-41 완성된 모델

Exercise 08 Tangent Surface ch12_008.CATPart

세 개 이상의 섹션을 이용하여 다중 섹션 솔리드를 만들면 중간에 있는 섹션 부분은 부드럽게 처리된다. 이를 꺾인 형상으로 생성해보자.

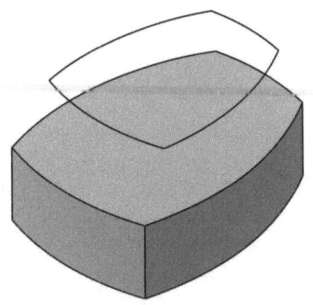

그림 12-42 첫 번째 솔리드

1. ch12_008.CATPart 파일을 연다.

2. 그림 12-42와 같이 두 개의 섹션을 이용하여 다중 섹션 솔리드를 생성한다.

3. 다시 Multi-sections Solid 버튼을 누르고 그림 12-43의 ⓐ 면을 첫 번째 섹션으로 선택하고 ⓑ 스케치를 두 번째 섹션으로 선택한 다음 Closing Point와 방향을 일치시킨다.

4. OK 버튼을 누르면 그림 12-43과 같이 가운데 섹션 부분이 부드럽게 연결된 형상이 얻어진다.

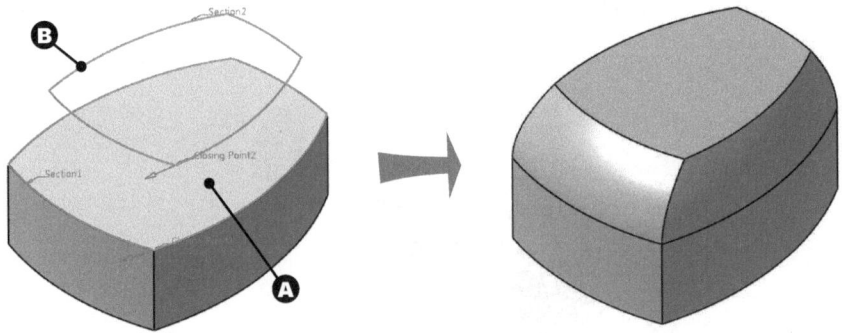

그림 12-43 두 번째 피쳐 생성

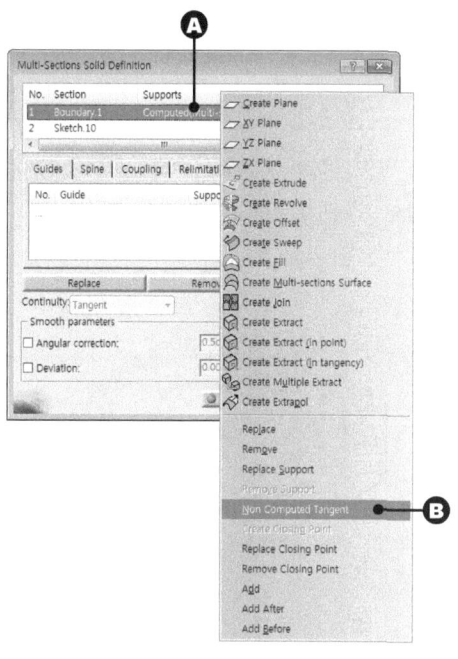

그림 12-44 탄젠트 옵션 제거

5. 두 번째로 생성한 다중 섹션 피쳐를 더블클릭한 후 모델에서 첫 번째 섹션 (Boundary.1)을 선택한다.

대화상자에 해당 섹션이 활성화된다.

6. 그림 12-44와 같이 대화상자에서 Ⓐ 영역에 MB3를 누른다.

7. 그림 12-44의 팝업메뉴 중 Ⓑ Non Computed Tangent를 선택한다.

8. 대화상자에서 OK 버튼을 누르면 그림 12-45와 같은 꺾인 형상을 얻을 수 있다.

> **! Tangent 조건**
>
> 면을 선택하여 처음 또는 마지막 섹션을 정의한 경우 선택한 면과 인접한 면과의 탄젠트 조건이 자동으로 적용된다.

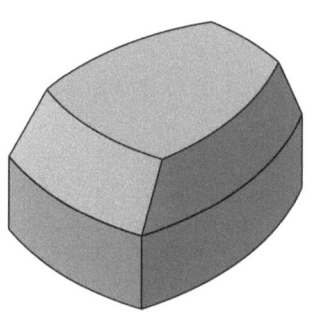

그림 12-45 중간에서 꺾인 형상

END of Exercise

12.6 Removed Multi-sections Solid(다중 섹션 제거)

Sketch-Based Features 툴바에 있는 Removed Multi-sections Solid 기능을 이용하면 다중 섹션 솔리드를 생성하여 기존 솔리드를 제거할 수 있다. 피쳐 생성 옵션은 Multi-sections Solid 와 같다. 그림 12-46은 두 개의 가이드를 이용하여 다중 섹션 솔리드를 제거한 형상이다.

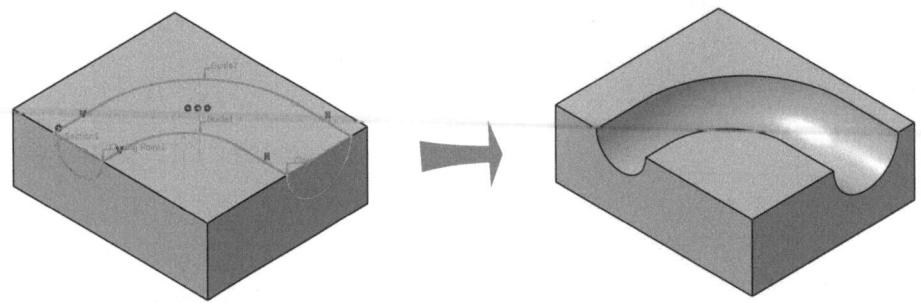

그림 12-46 다중 섹션으로 제거한 형상

> **Angular correction과 Deviation**
>
> ▶ Angluar correction: 이 옵션은 스파인의 탄젠트 연속성의 허용치를 정의한다. 이 각도 보다 작은 불연속성이 있는 부분은 부드럽게 연결해준다.
>
> ▶ Deviation: 가이드 커브에서 벗어날 수 있는 허용치이다. 다른 모든 조건을 만족하면 서 가이드 커브를 완벽하게 따라갈 수는 없다.
>
> ▶ 두 값을 높여주면 가이드 커브나 스파인이 조건에서 벗어나도 형상을 만들 수 있는 가 능성은 높아지지만 원하는 형상에서 그만큼 벗어난 형상이 얻어진다.

ch12_009.CATPart

Exercise 09

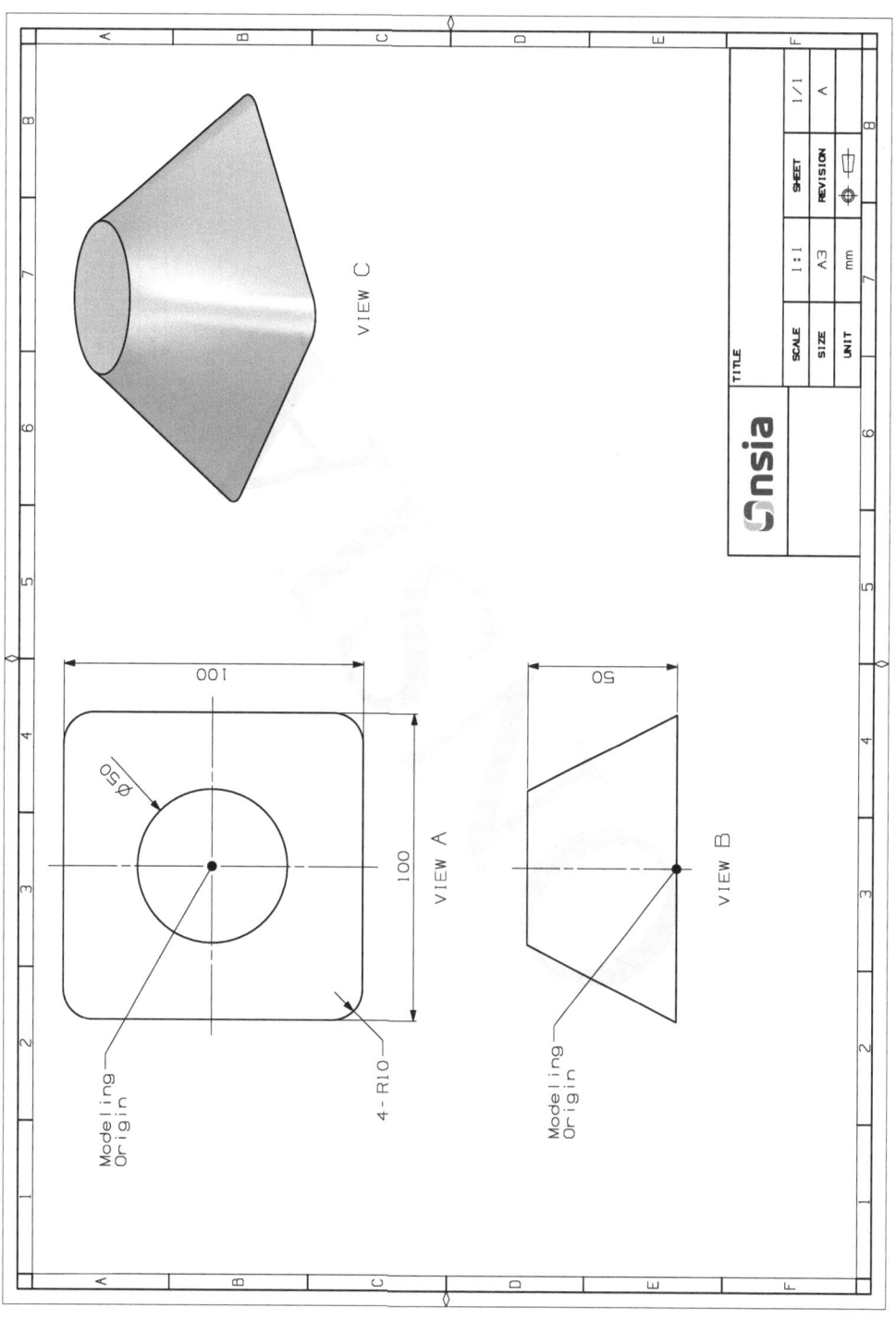

그림 12-47 Exercise 09의 도면

Exercise 10

ch12_010.CATPart

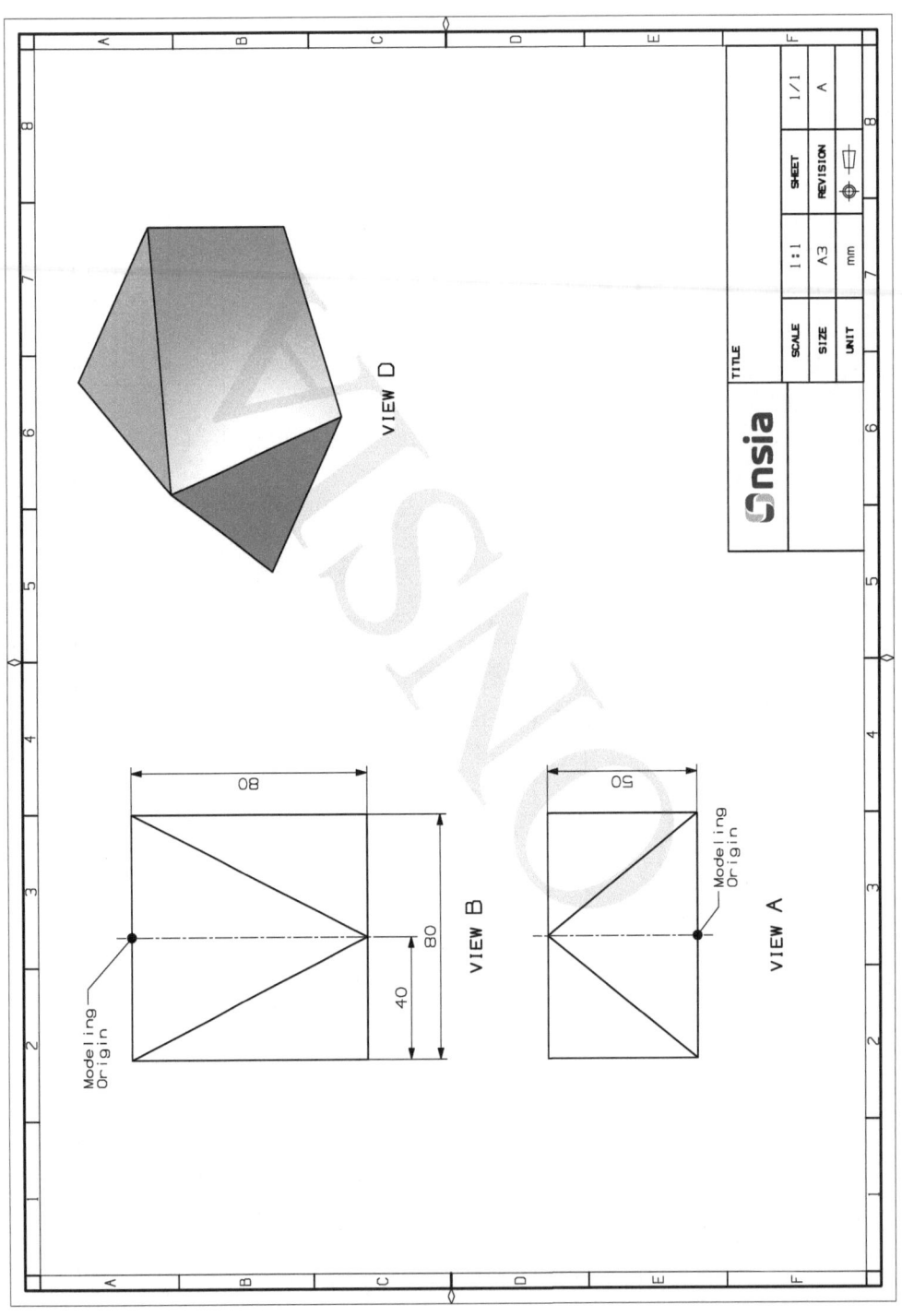

그림 **12-48** Exercise 10의 도면

ch12_011.CATPart

Exercise 11

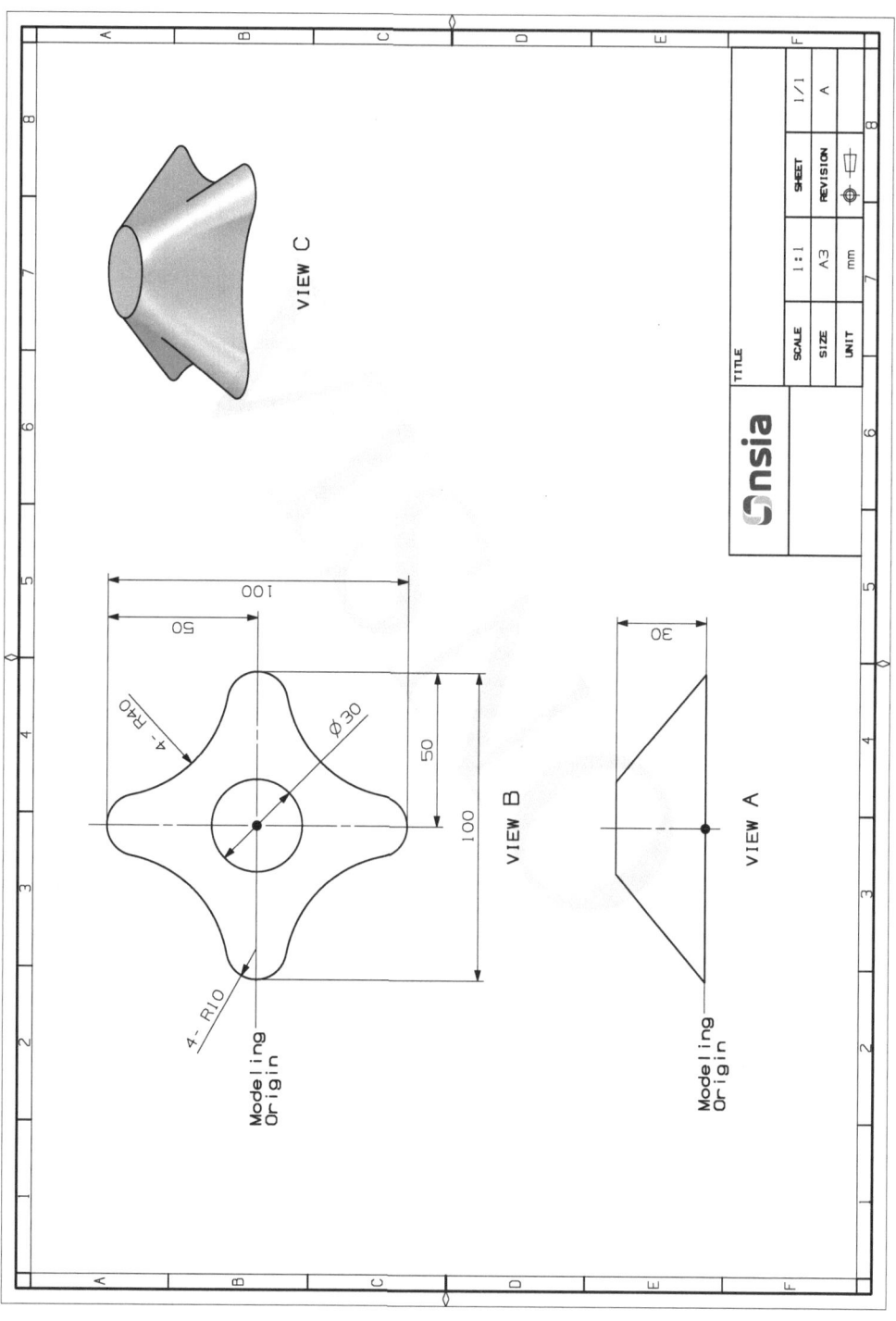

그림 12-49 Exercise 11의 도면

Exercise 12 Fan Shield

ch12_012.CATPart

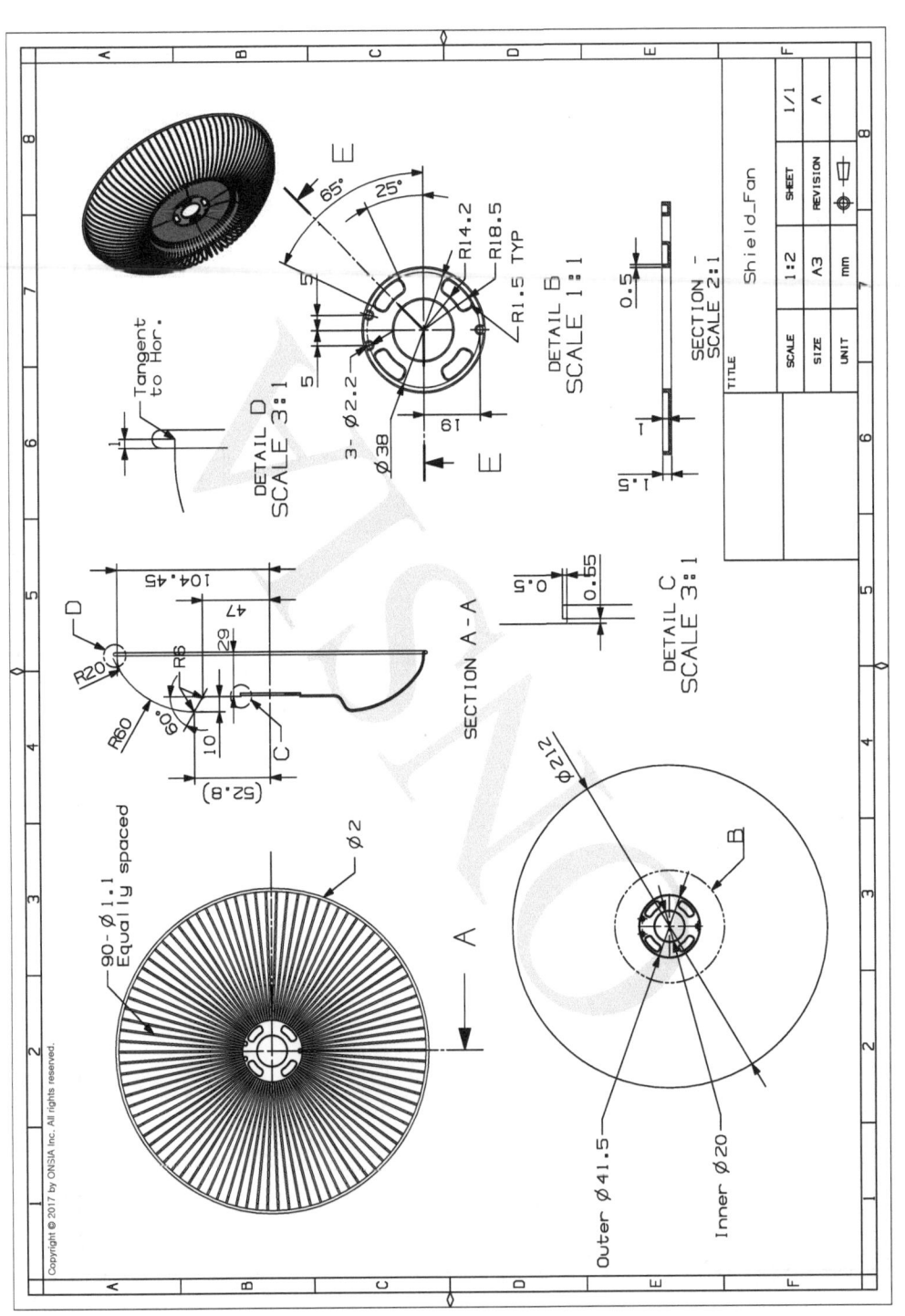

그림 12-50 Fan Shield

Chapter 13
Formula

■ 학습목표

- CATIA V5에서 Formula를 이용하는 방법을 배운다.

13.1 Formula

Formula 기능을 이용하면 수식을 이용하여 설계 의도를 반영할 수 있다. 다른 치수와 연관 관계가 있는 치수를 정의할 수 있고, 파라미터를 생성한 후 수식을 이용하여 다른 값을 계산하도록 할 수 있다.

13.2 Formula 정의하기

대화상자의 입력창에 마우스 오른쪽 버튼을 눌렀을 때 나타나는 Edit Formula 메뉴를 이용하여 다른 변수와의 연관 관계를 설정할 수 있다. 그림 13-2는 Edit Formula 메뉴를 선택했을 때 나타나는 Formula Editor 대화상자를 보여준다.

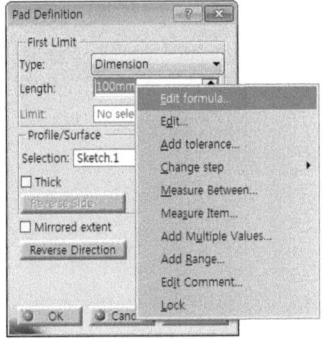

그림 13-1 Edit Formula 메뉴

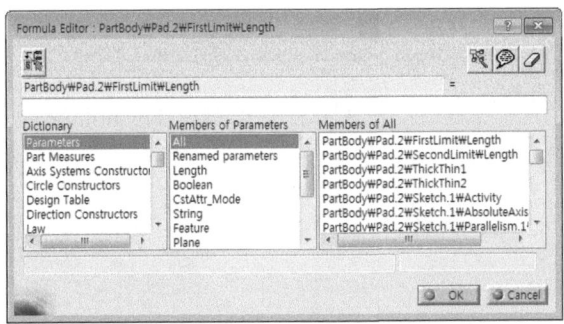

그림 13-2 Formula Editor 대화상자

ch13_001.CATPart 치수의 연결 **Exercise 01**

수식 정의

1. 주어진 파트 ch13_001.CATPart를 연다.

2. Sketch Based Features 툴바에서 Pad 아이콘을 누른다.

3. 프로파일로 스케치를 선택한다. 그림 13-4와 같이 미리보기가 표시된다.

4. Pad 대화상자의 Length 입력창에 우클릭 > Edit Formula를 선택한다. Formula Editor 대화상자가 나타난다.

5. Sketch 피쳐를 선택한다. 그림 13-6과 같이 선택한 스케치에 있는 치수가 표시된다.

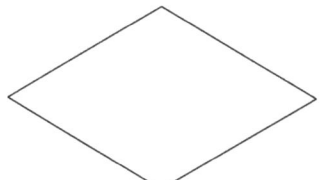

그림 13-3 주어진 파트

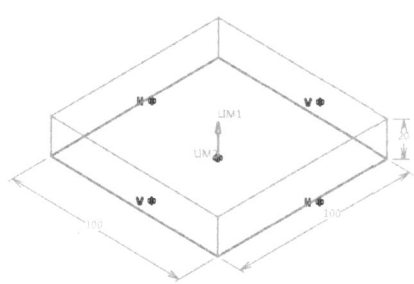

그림 13-4 미리보기

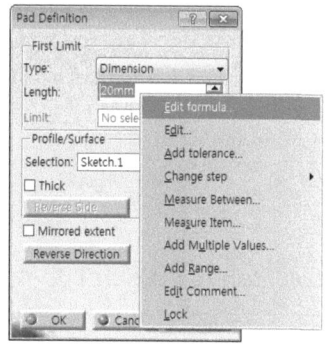

그림 13-5 Edit Formula 팝업메뉴

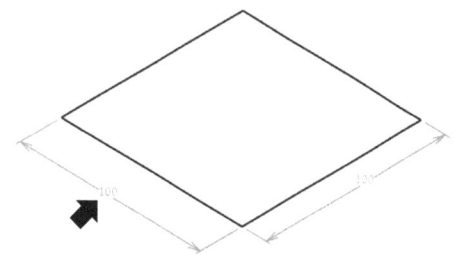

그림 13-6 치수

6. 그림 13-6에서 화살표로 가리키는 치수를 선택한다. 대화상자의 수식 입력창에 선택한 치수의 파라미터가 입력된다. (그림 13-7의 화살표) Pad.1 피쳐의 FirstLimit 값이 Sketch.1 피쳐의 Length.12와 같은 값을 갖도록 연관 관계가 설정되었다. 두 파라미터 사이의 "=" 기호를 확인하라.

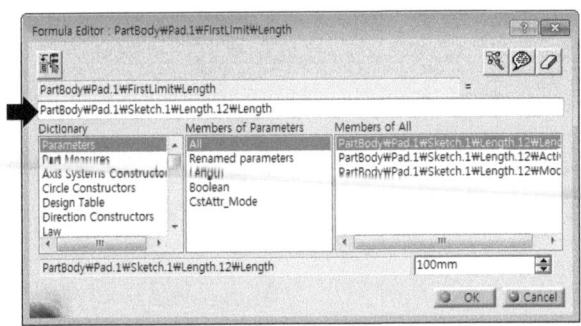

그림 13-7 Formula Editor

그림 13-8 정육면체

7. Formula Editor 대화상자에서 OK 버튼을 누른다.

8. Pad Definition 대화상자에서 OK 버튼을 누른다. 그림 13-8과 같은 정육면체가 생성된다.

치수 수정

1. Knowledge 툴바에서 Formula 아이콘을 클릭한다.

2. Spec Tree에서 Sketch.1 피쳐를 선택한다. 그림 13-9와 같이 Sketch.1 피쳐의 치수가 표시된다.

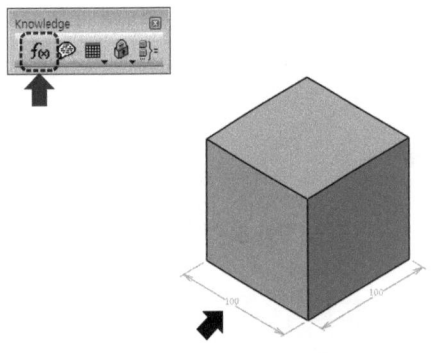

그림 13-9 치수 선택

3. 그림 13-9에서 화살표로 가리키는 치수를 선택한다. 그림 13-10과 같이 선택한 치수의 파라미터가 하이라이트 된다.

4. 값 입력창에 200mm를 입력하고 Tab 키를 누른다. 파트의 색깔이 빨강색으로 변경된다.

5. Formula 대화상자에서 OK 버튼을 누른다. 그림 13-11과 같이 모델이 업데이트 된다.

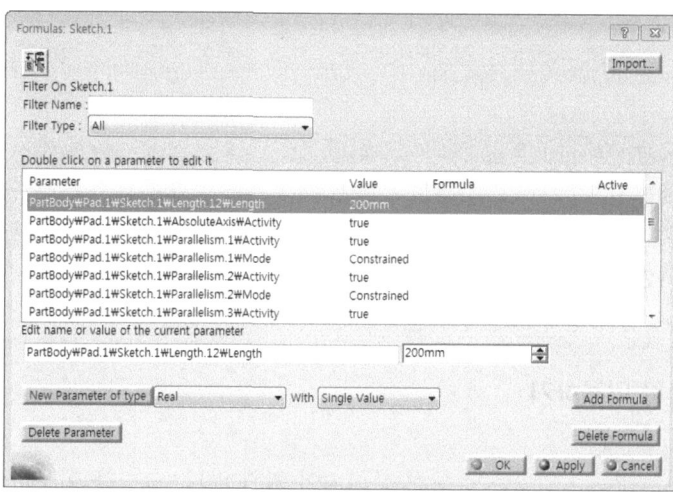

그림 13-10 값 변경

그림 13-11 업데이트 된 모델

END of Exercise

13.3 측정 파라미터 이용하기

거리, 아이템, Inertia를 측정할 때 Keep Measure 옵션을 설정하면 측정 결과값이 Spec Tree 에 기록된다. Formulas 대화상자에서 변수명을 확인할 수 있고 다른 파라미터를 정의하는데 사용할 수 있다.

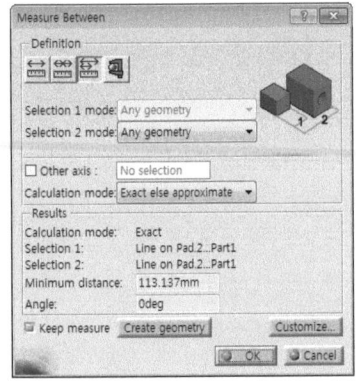

그림 13-12 Keep Measure 옵션

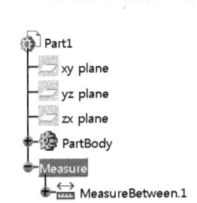

그림 13-13 Spec Tree

Exercise 02   측정값 이용하기   *ch13_002.CATPart*

주어진 파트의 보스(Boss) 위치는 정확히 정의되어 있지 않다. 수식을 이용하여 네 개의 보스 (Boss)가 경사면의 가운데 배치되도록 패턴을 생성해 보자.

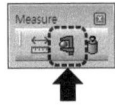

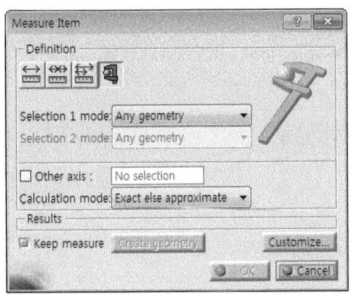

그림 13-14 Measure Item 대화상자

측정

1. 주어진 파트를 연다.
2. Measure 툴바에서 Measure Item 아이콘을 클릭한다.
3. Keep measure 옵션을 체크한다.
4. Curve Filter를 켜고 경사 모서리를 선택한다.
5. 대화상자에서 OK 버튼을 누른다. 그림 13-15와 같이 기울어진 모서리의 길이가 모델에 표시된다.

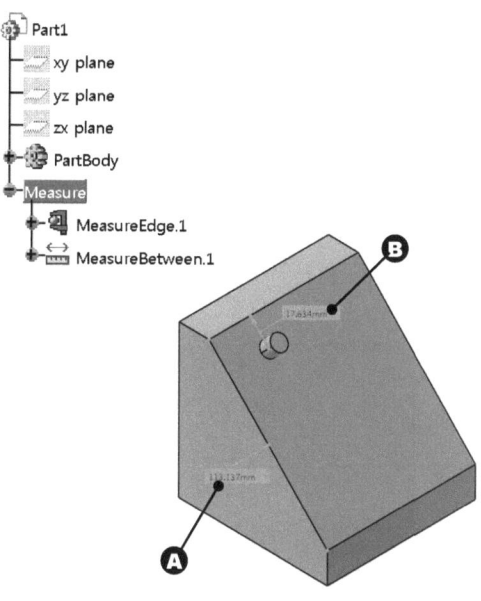

그림 13-15 측정 결과

6. Measure 툴바에서 Measure Between 아이콘을 누른다.

7. 그림 13-15의 ❸ 치수를 측정하기 위해 모서리와 보스의 중심을 선택한 후 OK 버튼을 누른다.

파라미터의 이름 변경

1. Knowledge 툴바에서 Formula 아이콘을 누른다.

2. Spec Tree에서 MeasureEdge.1을 선택한다. 관련된 파라미터가 Formula 대화상자에 나타나고 Length 파라미터가 하이라이트 된다.

3. 파라미터 변수명 입력창에 "diagonal"이라고 입력하고 Tab 키를 누르고 OK 버튼을 눌러 대화상자를 닫는다.

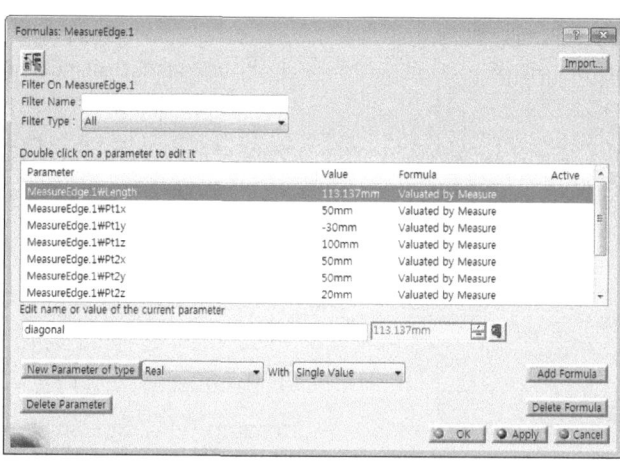

그림 13-16 이름 변경

13 장: Formula

Spec Tree에서 파라미터를 더블클릭하여 이름을 변경할 수도 있다.

4. Spec Tree에서 MeasureBetween.1을 펼치고 Length를 더블클릭하여 변수명을 "margin"으로 변경한다.

Formulas 대화상자에서 필터 타입을 적용하여 그림 13-17과 같이 이름을 변경한 변수만 표시할 수 있다.

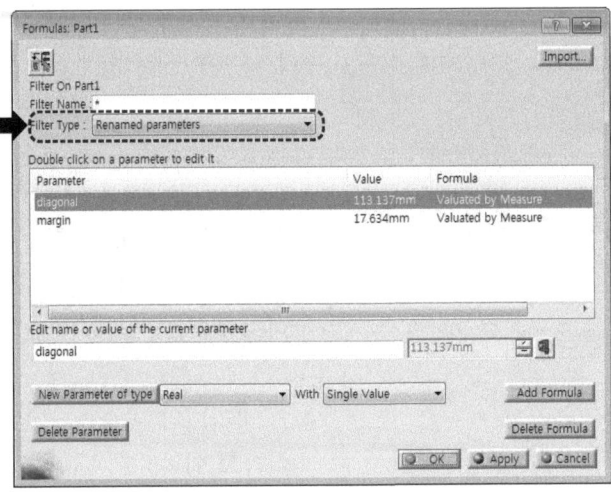

그림 13-17 필터 적용

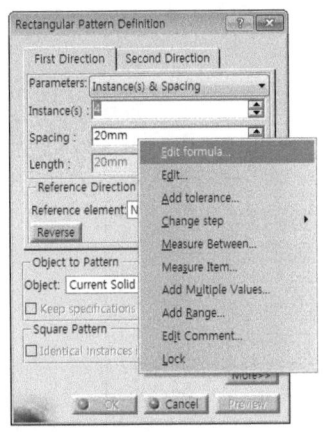

그림 13-18 Edit Formula 메뉴

패턴 생성

1. Transformation Features 툴바에서 Rectangular Pattern 아이콘을 누른다.
2. Parameters 드롭다운 목록에서 Instance(s) & Length를 선택한다.
3. Length 입력창에 우클릭한 후 Edit Formula 옵션이 나타나지 않음을 확인한다.
4. Parameters 드롭다운 목록에서 Instance(s) & Spacing을 선택한다.

5. Instance(s) 입력창에 4를 입력한다.

6. Spacing 입력창에 우클릭 〉 Edit Formula를 선택한다.

7. Spec Tree에서 Measure 항목을 선택한 후 Members of All 목록창에서 "diagonal"을 더블클릭 한다. 그림 13-19와 같이 수식 입력창에 해당 변수가 입력된다.

8. 그림 13-20의 화살표와 같이 수식을 입력한 후 OK 버튼을 누른다.

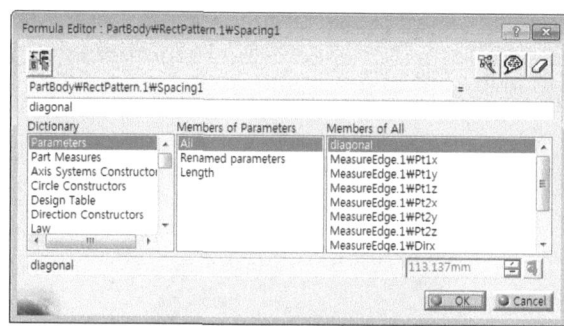

그림 13-19 파라미터 입력

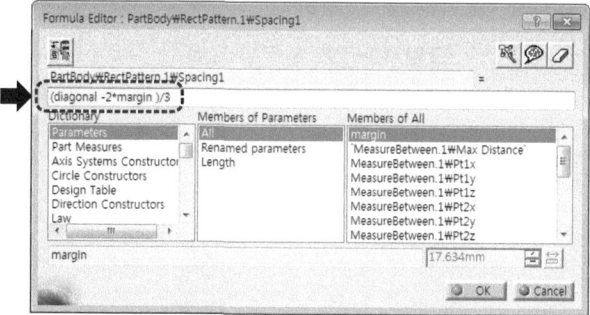

그림 13-20 수정된 수식

9. Rectangular Pattern의 방향을 설정하고 복사할 피쳐를 선택한다. 그림 13-21과 같이 미리보기가 표시된다. 복사할 피쳐로 Pad 피쳐를 선택하여야 함에 유의한다.

10. 대화상자에서 OK 버튼을 누른다. 그림 13-22는 완성된 모델을 보여준다.

13장: Formula

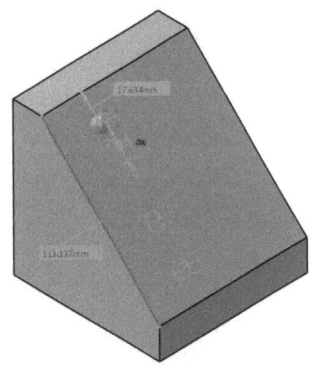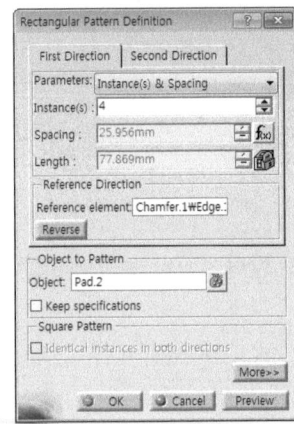

그림 13-21 패턴의 미리보기

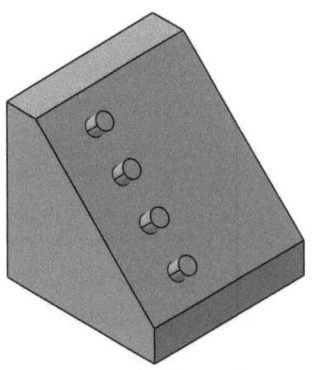

그림 13-22 완성된 모델

END of Exercise

13.4 미리 생성한 파라미터 이용하기

새로운 파라미터를 생성한 후 관계식을 이용하여 원하는 조건을 만족하도록 다른 파라미터를 정의할 수 있다. 예를 들어, 호의 중심각과 호의 길이에 대한 변수를 생성한 후 반지름이 자동으로 결정되도록 관계식을 정의할 수 있다.

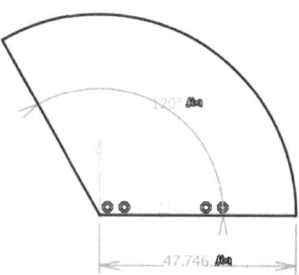

그림 13-23 반지름 계산

새로운 변수를 생성할 때 변수의 타입을 결정해야 한다. 그림 13-24의 화살표로 가리키는 영역에서 변수의 타입을 선택한 후 New Parameter of type 버튼을 눌러 해당 타입의 파라미터를 생성할 수 있다.

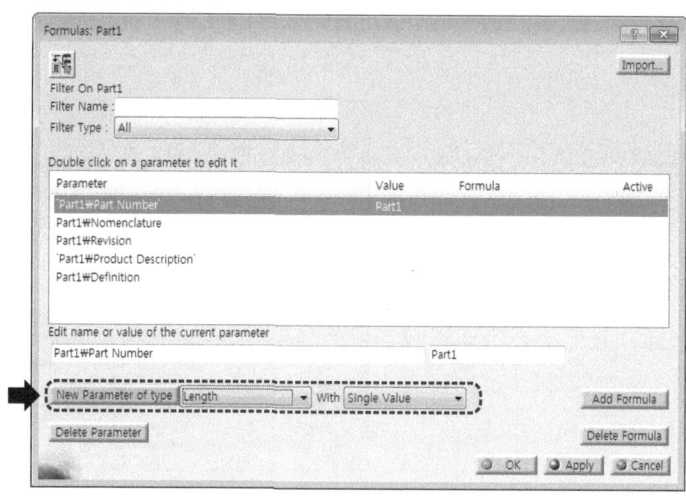

그림 13-24 파라미터의 타입

13 장: Formula

파라미터를 생성한 후 Add Formula 버튼을 누르면 관계식을 입력할 수 있다. 그림 13-25는 Length 타입의 파라미터를 생성하는 과정을 보여준다. 단위가 일치되어야 함에 유의한다. 따라서 상수값을 더하거나 뺄 때는 반드시 단위를 표시해야 한다. 단위 없이 상수 값을 더하거나 뺄 경우 그림 13-26과 같은 구문 오류가 표시되고 OK 버튼을 누를 경우 디폴트 단위가 사용되어 그림 13-27과 같이 틀린 결과가 나타난다.

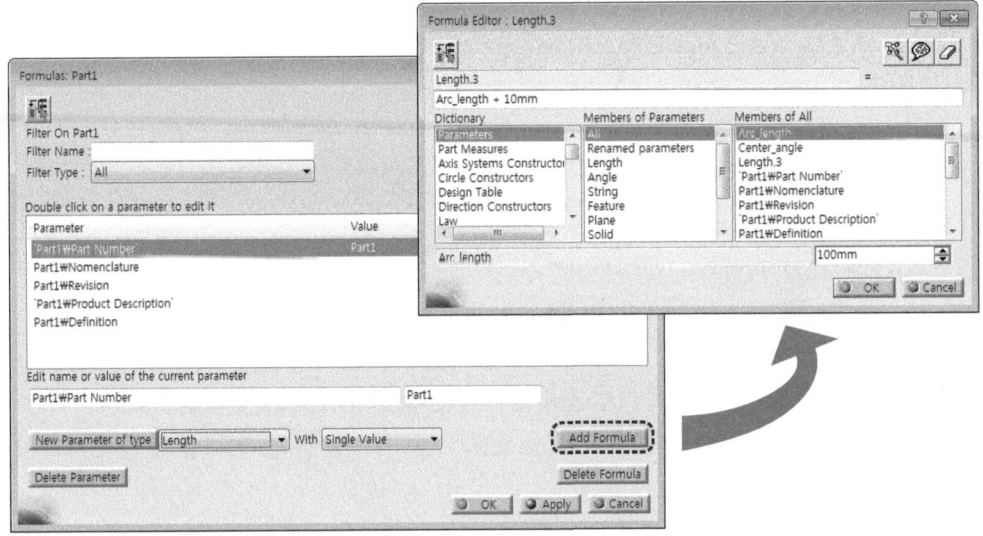

그림 13-25 Formula 추가

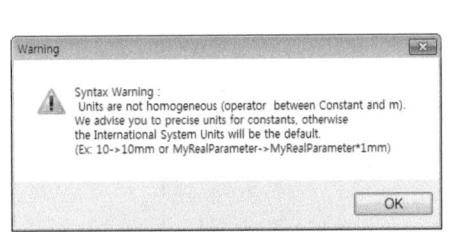

그림 13-26 구문 오류

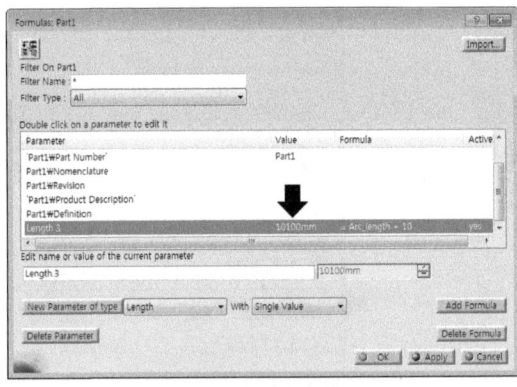

그림 13-27 틀린 값

ch13_003.CATPart | 미리 정의된 파라미터 이용하기 | **Exercise 03**

호의 길이와 중심각을 입력하여 반지름이 자동으로 결정되도록 호를 생성해 보자.

파라미터 생성

1. 파일명을 ch13_003.CATPart로 하여 새 파일을 생성한다.
2. Knowledge 툴바에서 Formula 아이콘을 누른다.
3. New Parameter of type 드롭다운 목록에서 Length를 선택한다.
4. New Parameter of type 버튼을 누른다. 목록창에 Length.1이 생성된다.
5. 변수명을 "Arc_length"로 변경하고 초기 값을 100mm로 입력한 후 Tab 키를 누른다.
6. New Parameter of type 드롭다운 목록에서 Angle을 선택한다.
7. New Parameter of type 버튼을 누른다. 목록창에 Angle.1이 생성된다.
8. 변수명을 "Center_angle"로 변경하고 초기 값을 120deg로 입력한 후 Tab 키를 누른다. 그림 13-28은 생성된 파라미터를 보여준다. 아직 대화상자를 닫지 않는다.

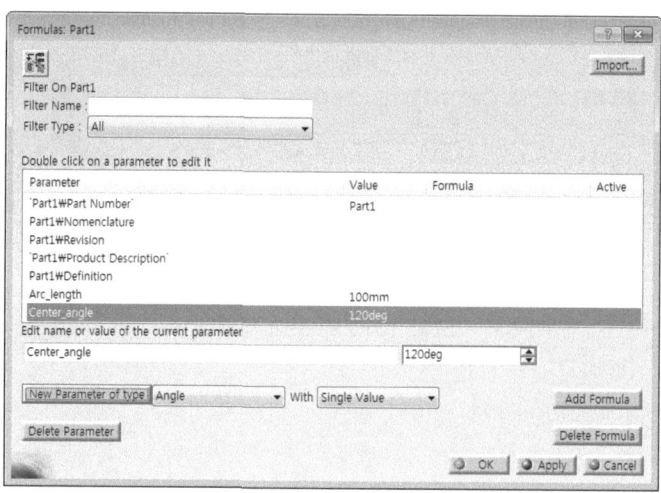

그림 13-28 파라미터 생성

13 장: Formula

반지름 수식 정의

1. New Parameter of type 드롭다운 목록에서 Length를 선택한다.
2. New Parameter of type 버튼을 누른다. 목록창에 Length.2가 생성된다.
3. 변수명을 "Arc_radius"로 변경한다.
4. Length.2가 선택되어 있는 상태에서 Formulas 대화상자에서 Add Formula 버튼을 누른다.
5. 그림 13-29와 같이 수식을 입력한다. 대화상자의 Member of All 목록창에서 변수명을 더블클릭하여 수식 입력창에 변수를 입력할 수 있음을 참고한다.
6. Formula Editor 대화상자에서 OK 버튼을 누른다.
7. Formulas 대화상자에서 OK 버튼을 누른다.

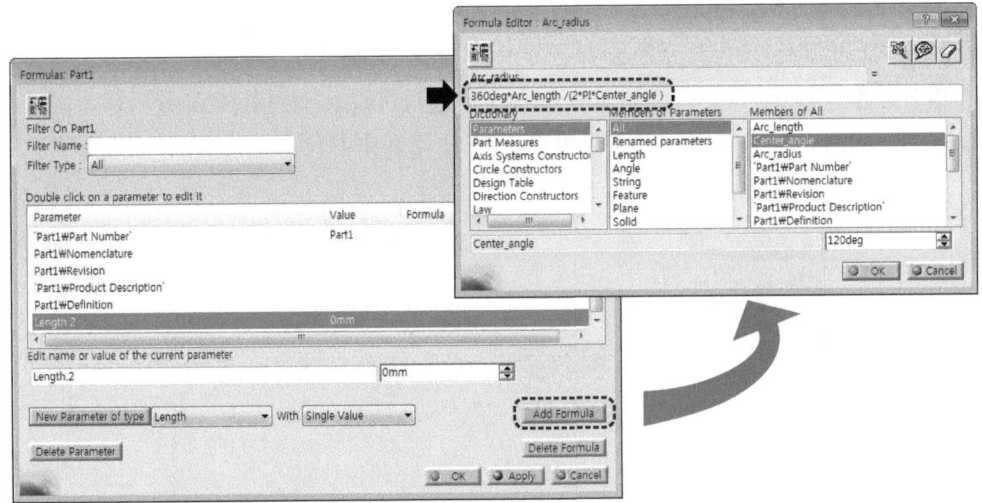

그림 13-29 수식 입력

스케치 생성

1. xy 평면에 스케치를 생성한다.
2. 그림 13-30과 같이 원 호를 생성하고 각도 치수를 기입한 후 "Center_angle" 변수를 대입시킨다.
3. 반지름 치수를 기입한 후 그림 13-31과 같이 "Arc_radius" 변수를 대입시킨다.
4. Sketcher를 빠져 나간다.

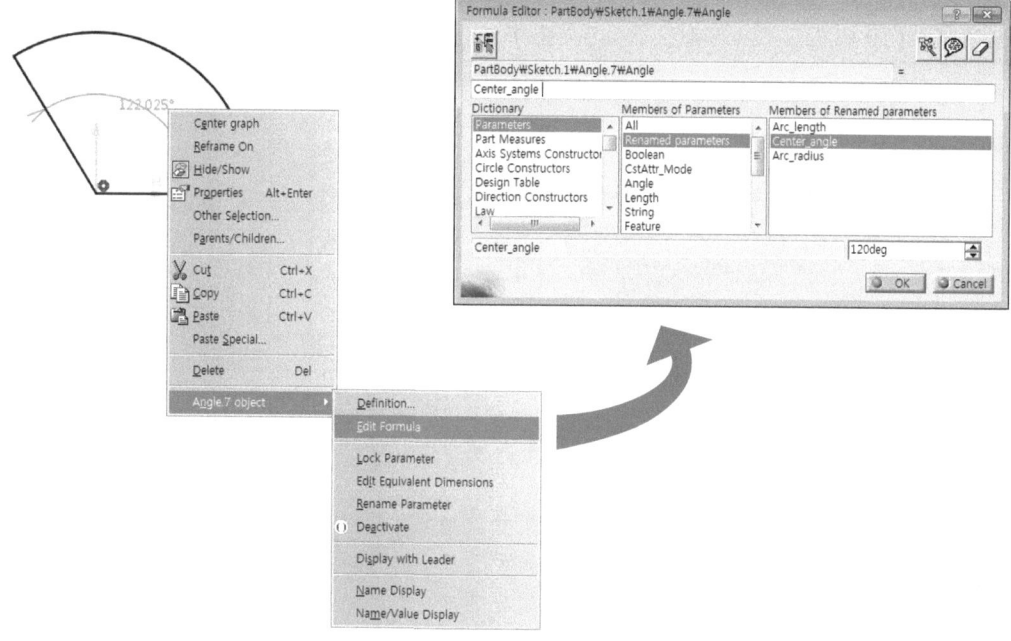

그림 13-30 각도 치수 수정

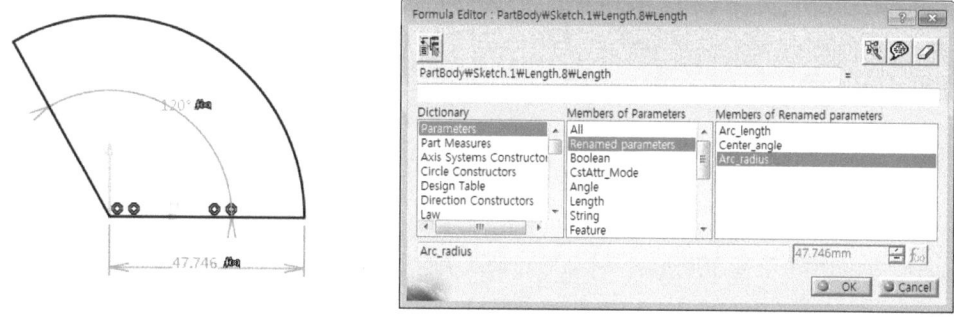

그림 13-31 반경 치수 수정

5. 10mm Pad를 생성한다.

6. 그림 13-32와 같이 모서리 호의 길이를 측정한다. Measure Item 대화상자에서 Customize 버튼을 누른 다음 Measure Item Customization 대화상자에서 Length를 선택하면 호의 길이를 측정할 수 있다.

13 장: Formula

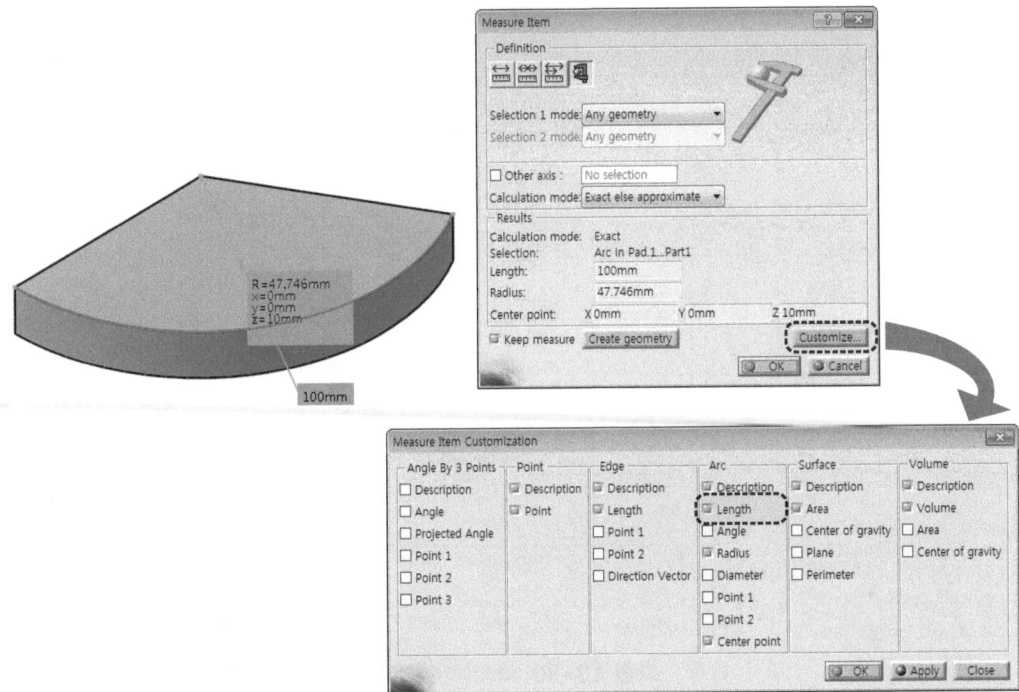

그림 13-32 호의 길이 측정

호의 길이 수정

1. Knowledge 툴바에서 Formula 아이콘을 클릭한다.
2. Filter Type 드롭다운 목록에서 Renamed Parameters를 선택한다.
3. Arc_length의 값을 100mm에서 200mm로 수정한 후 Tab 키를 누른다.
4. Formulas 대화상자에서 OK 버튼을 누른다.
5. Spec Tree에서 Measure 항목을 펼친 후 MeasureEdge.1에 우클릭 > Local Update를 선택한다. 그림 13-34와 같이 측정값이 업데이트 된다. 수정된 호의 길이에 맞게 한지름이 업데이트 되었음을 알 수 있다. 중심각을 수정할 수도 있다.

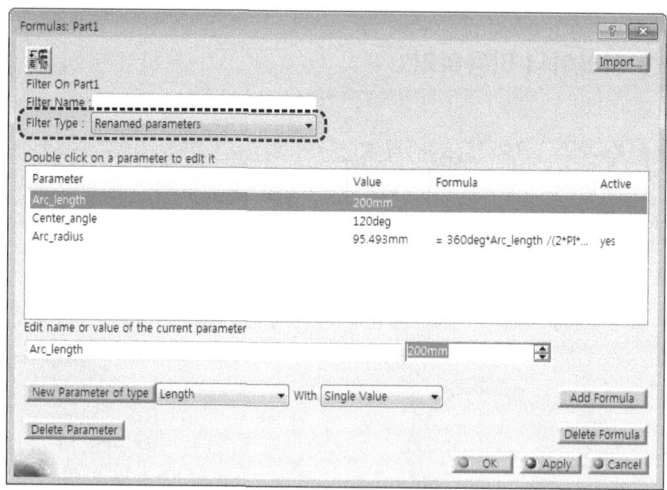

그림 13-33 Arc_length 수정

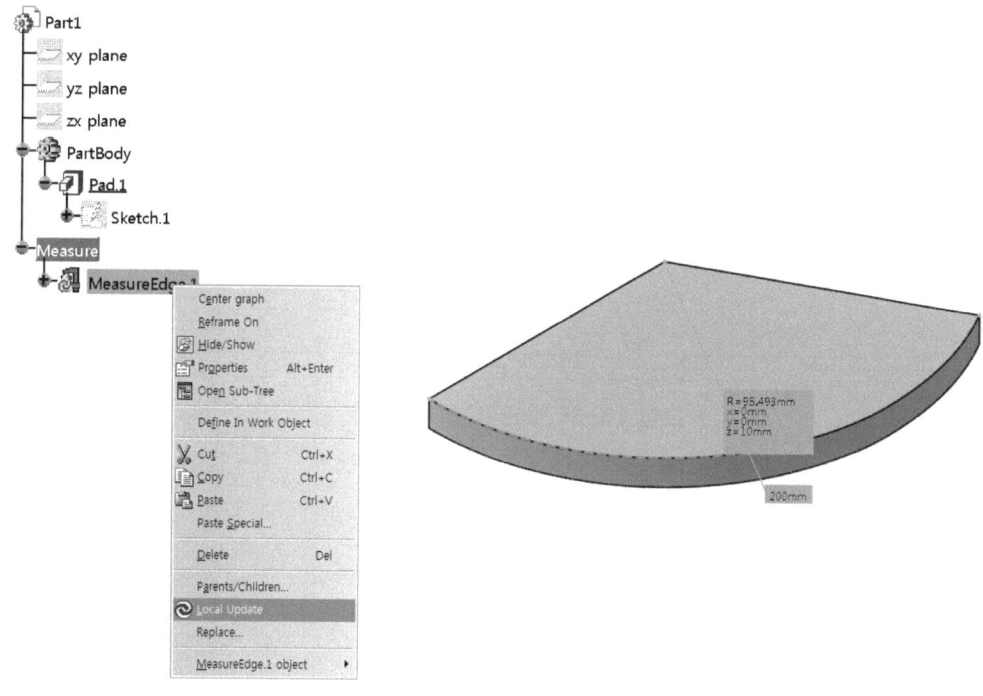

그림 13-34 Arc_length 업데이트

END of Exercise

Exercise 04   측정한 파라미터 이용하기   *ch13_004.CATPart*

그림 13-35의 **A** 치수가 두 반지름(R30과 R25)의 차이와 항상 같도록 모델을 생성하시오.

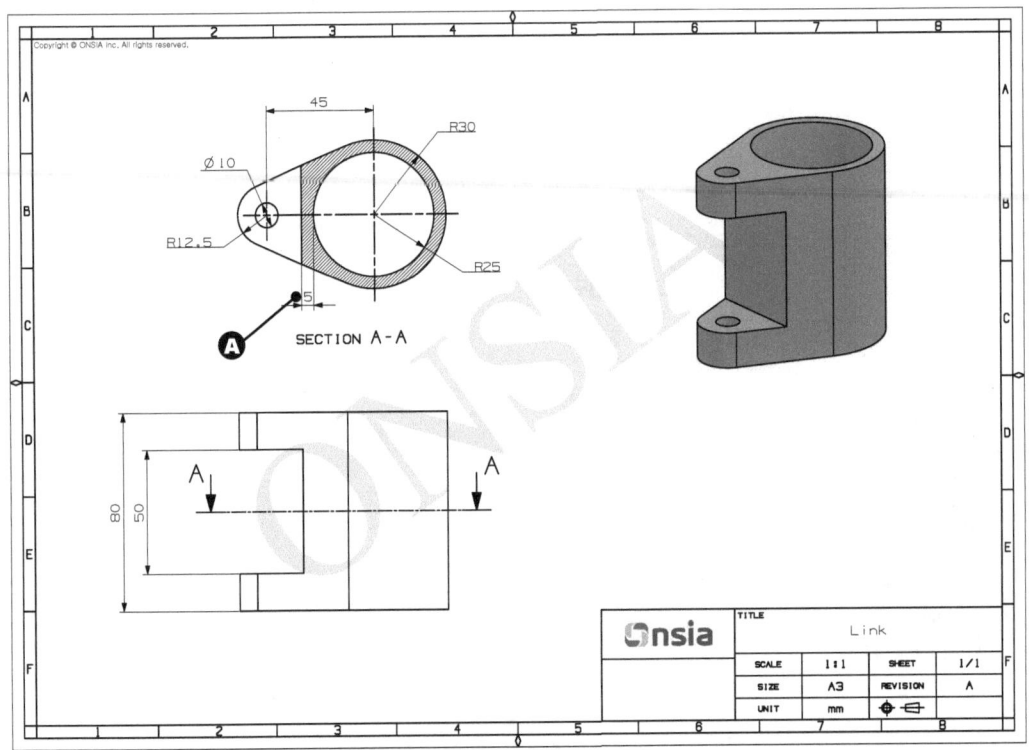

그림 13-35 Exercise 04의 도면

Chapter 14
어셈블리 I
(Bottom-Up Assembly)

■ 학습목표

- 어셈블리의 필요성에 대하여 이해한다.
- 어셈블리를 구성할 수 있다.
- 컴포넌트를 이동시키고, 구속조건을 이용하여 컴포넌트의 위치나 방향을 정하는 방법을 배운다.
- 자유도의 의미를 이해하고 구속의 상태를 확인할 수 있다.
- 서브 어셈블리를 구성할 수 있다.

14.1 어셈블리의 이해

일상적으로 사용하는 제품은 여러 가지 부품으로 이루어져 있다. Part Design 워크벤치에서는 부품 하나 하나의 형상을 컴퓨터를 이용하여 모델링 하는 것이다. 부품의 모델링이 끝나면 각 부품을 제작할 것이고, 조립하여 성능을 테스트하고 최종 제품으로 손색이 없는 것으로 판단되면 소비자들에게 판매된다.

설계 단계에서 단품을 모델링 한 후 바로 제작을 한다면 조립이나 테스트에서 문제가 생길 경우 단품설계부터 제작을 다시 해야 하는 어려움이 있다.

컴퓨터를 이용하여 조립을 미리 해 보면서 부품들끼리 간섭 없이 잘 조립되는지, 최종 형상이 계획한대로 나오는지, 전체 무게가 적절한지, 무게중심은 어디에 있는지 등을 확인할 수 있다면 부품을 다 만들어 놓고 문제가 생겼을 때보다 수정에 따르는 손실을 줄일 수 있을 것이다. CATIA V5의 Assembly 워크벤치에서 이러한 작업을 수행할 수 있다.

14.2 용어

14.2.1 파트(Part)

하나의 부품(단품)을 파트라고 한다. 지금까지 배운 내용은 *.CATPart 파일에 단품의 형상을 만든 것이다. *.CATPart 파일을 파트 파일이라고 하고, 이 파일에는 파트를 만든 과정을 포함하여 형상에 대한 정보가 모두 들어 있다. 일반적으로 파트 파일에서는 하나의 파트를 생성한다. 즉, 한 개의 파트 파일에 두 개의 부품에 해당되는 바디를 생성하지는 않는다.

14.2.2 프러덕트(Product)

여러 개의 파트를 이용하여 어셈블리를 구성하는데, 이 때, 구성된 어셈블리를 프러덕트라고 한다. 프러덕트를 파일로 저장하면 *.CATProduct 확장자로 저장된다. 프러덕트 안에는 다른 프러덕트와 컴포넌트가 들어갈 수 있다.

14.2.3 컴포넌트(Component)

어셈블리를 구성하는 부품을 컴포넌트라고 한다. Part Design 워크벤치에서 각각의 단품을 모델링한 다음 어셈블리를 구성하게 되는데, 어셈블리에 들어가 있는 하나의 부품은 더이상 파트라고 부르지 않고 컴포넌트라고 부른다.

컴포넌트에는 파트를 생성한 과정에 대한 정보는 없고, 파트 파일의 위치, 어셈블리에서의 조립 상태(위치나 방향), 색깔 등의 단순 정보만 들어있다. 따라서 여러 개의 컴포넌트를 이용하여 어셈블리를 구성해도 프러덕트 파일의 용량은 각각의 파트파일 용량의 총량보다 적게 된다.

어셈블리로 되어 있는 컴포넌트도 있다. 단품 컴포넌트와 구분하기 위하여 어셈블리 컴포넌트라고 부르자. 이러한 컴포넌트는 오히려 프러덕트와 비슷한 개념이다. 프러덕트는 *.CATProduct라는 개별 파일로 저장이 가능하지만 어셈블리 컴포넌트는 따로 저장할 수 없고 상위 어셈블리 안에만 존재할 수 있다. 자동차 전체 프러덕트를 놓고 볼 때 엔진이나 타이어와 같은 개별적인 제품으로서의 의미가 있고 개별 파일로 존재할 필요가 있는 어셈블리의 부품은 프러덕트로 만들고, 전체 어셈블리를 구성할 때 파이프류, 볼트류와 같이 묶음으로 어셈블리를 구성하지만 묶음에 대한 별도의 파일을 가지고 있을 필요가 없고, 묶음이 하나의 제품이 되지 않는 것은 컴포넌트로 만든다. 하지만 프러덕트와 어셈블리 컴포넌트는 개념상으로만 구분할 뿐 두 경우 모두 프러덕트로 만들어도 상관 없다.

14.2.4 서브 어셈블리(Sub-assembly)

어셈블리 안에 들어 있는 어셈블리를 일반적으로 서브 어셈블리라고 한다. 앞에서 프러덕트 안에 다른 프러덕트가 들어갈 수 있다고 했는데, 이 때 다른 프러덕트 안에 들어가는 프러덕트를 서브 어셈블리라고 한다.

14.2.5 마스터 파트(Master Part)

하나의 부품(단품)을 파트라고 하는 반면, 어셈블리의 구성품(컴포넌트)이 되는 단품 파트를 컴포넌트와 구분하여 마스터 파트라고 부른다.

14.2.6 인스턴스(Instance)

프러덕트나 컴포넌트를 모두 인스턴스라고 부른다. 예를 들어, 자동차라고 하는 프러덕트를 조립하는데 똑같은 볼트를 100개 사용한다고 할 때 어셈블리에 들어가는 각각의 볼트는 인스턴스가 되며 각각의 위치, 색깔 등을 가질 수 있다. 또한, 엔진 어셈블리를 구성하는데 똑같은 피스톤 어셈블리(서브 어셈블리 또는 프러덕트)를 6개 사용한다면 각각의 프러덕트는 인스턴스가 된다.

14.2.7 BOM(Bill of Material)

어셈블리를 구성하는 서브 어셈블리 및 부품의 리스트를 말한다.

14.2.8 Bottom-Up 어셈블리 모델링

개별적으로 만들어져 있는 파트들을 이용하여 어셈블리를 구성하는 과정을 Bottom-Up 어셈블리 모델링이라고 한다. 그림 12-1을 볼 때 A, B, C, D, E, F 부품을 모두 생성한 다음 Top 이라는 어셈블리를 만드는 방식이 이에 해당된다.

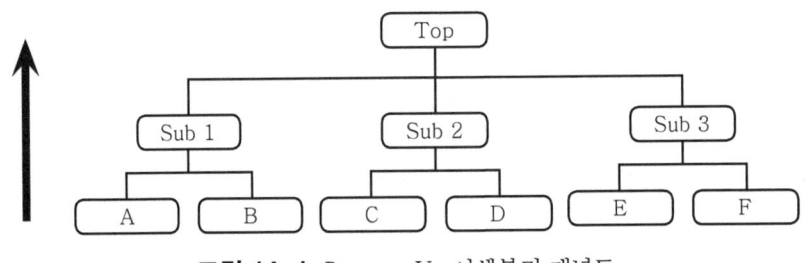

그림 14-1 Bottom-Up 어셈블리 개념도

14.2.9 Top-Down 어셈블리 모델링

일부 부품으로 어셈블리를 생성한 후 나머지 부품을 모델링 하는 방식을 Top-Down 어셈블리 모델링이라고 한다. 그림 12-2를 볼 때 A, B, C, E, F 부품을 이용하여 Top 이라는 어셈블리를 구성한 후 다른 부품의 형상을 참조하면서 비어 있는 부분의 부품(D)을 모델링하게 된다. 없는 부품을 만드는 경우도 있고, 이미 존재하는 부품을 다른 부품을 참조하면서 수정하는 경우도 있다.

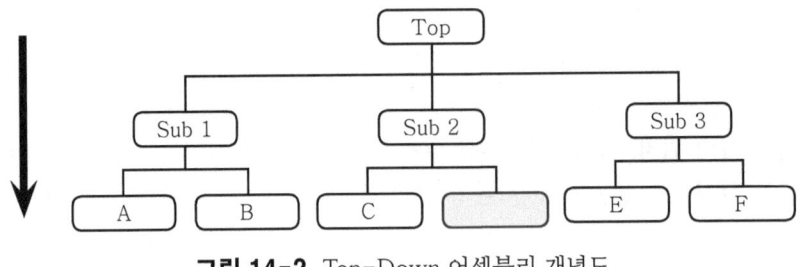

그림 14-2 Top-Down 어셈블리 개념도

14.3 어셈블리 생성

어셈블리 생성이라 하면 Bottom-Up 방식을 이용하여 조립하는 과정을 주로 의미한다. 컴포넌트의 이동이나 구속조건을 이용하여 위치, 방향을 정한다.

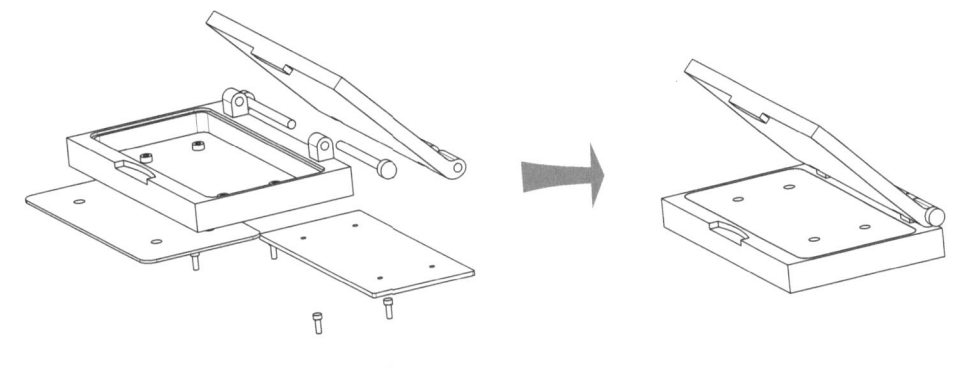

그림 14-3 어셈블리 생성

14.3.1 Assembly Design 워크벤치 실행

Start 메뉴 이용

Start 메뉴에서 Mechanical Design 〉 Assembly Design을 선택하면 Assembly 워크벤치로 들어갈 수 있다. 다른 파일이 열려 있는 상태에서도 들어갈 수 있고 아무 파일도 열려있지 않은 상태에서도 Assembly 워크벤치로 들어갈 수 있다.

Customize 메뉴를 이용하여 Start Menu를 등록했다면 그림 14-4 의 Ⓐ 부분에서 Assembly Design을 선택하여 들어갈 수도 있다.

Assembly 워크벤치에 들어가면 Product1 이라는 이름의 프러덕트가 자동으로 생성되며 Assembly 워크벤치에서 사용할 수 있는 툴바가 나타난다.

14 장: 어셈블리 I (Bottom-Up Assembly)

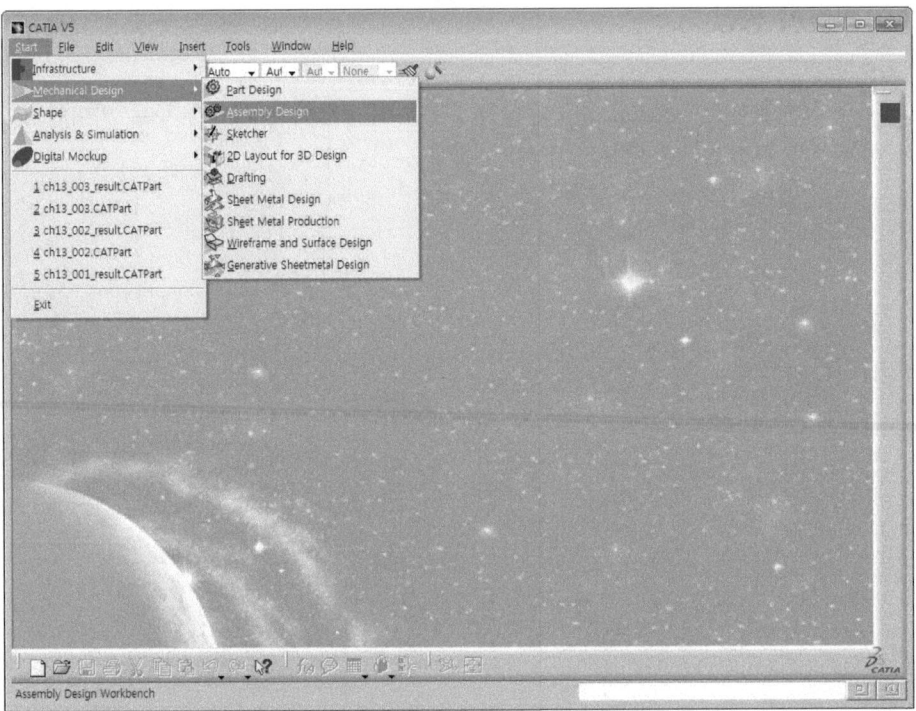

그림 14-4 Assembly 워크벤치 들어가기

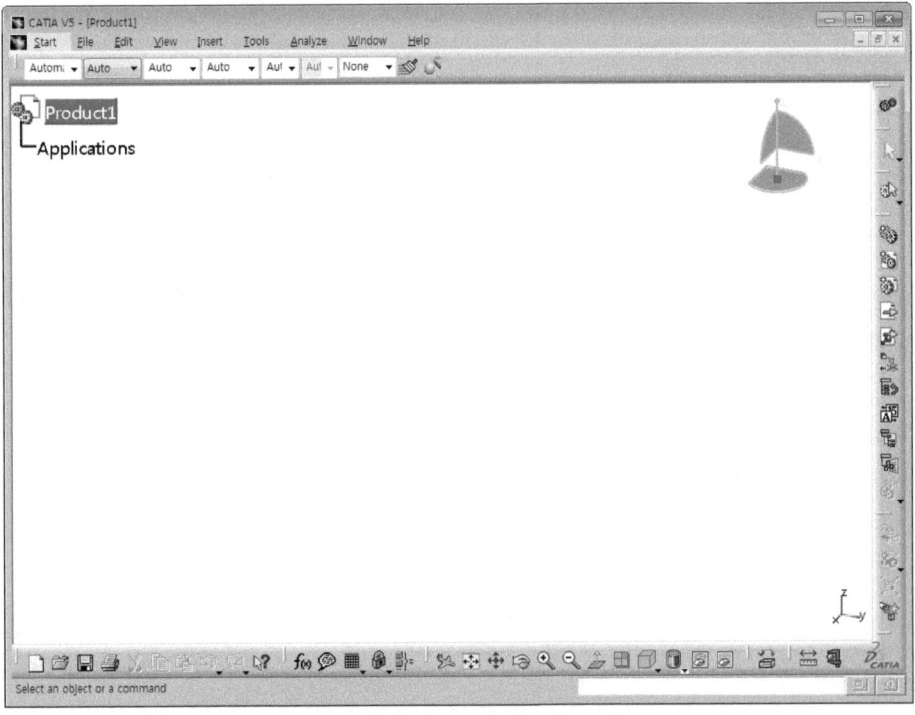

그림 14-5 Assembly 워크벤치 화면

File > New 메뉴 이용

메뉴바에서 File > New를 선택하면 그림 14-6과 같은 New 대화상자가 나타나고, 여기서 파일 타입으로 Product를 선택한다. 대화상자의 Selection 입력창에 Product라고 입력해도 된다. 파일 타입을 선택한 후 OK 버튼을 누르면 그림 14-5와 같이 Assembly 워크벤치로 들어갈 수 있다.

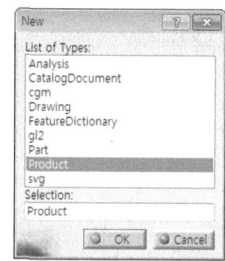

그림 14-6 New 대화상자

14.3.2 프러덕트 파일 생성

프러덕트 파일을 생성할 때는 다음 사항을 고려하여야 한다.

① 파일의 타입을 Product로 한다.
② 프러덕트 파일의 확장자는 *.CATProduct이다.
③ 프러덕트 파일은 마스터 파트 파일과 같은 폴더에 생성하는 것이 좋다.
④ 파트 파일이 있어야 프러덕트 파일의 형상이 보인다. 즉, Product 파일만 있어서는 형상을 볼 수 없다.

14.3.3 어셈블리 모델링의 주요 기능

다음은 CATIA V5의 Assembly 워크벤치에서 수행할 수 있는 주요 기능이다.

① 어셈블리 생성: 컴포넌트나 서브 어셈블리를 이용하여 어셈블리를 구성한다.
② 구속: 각각의 인스턴스의 위치, 방향을 정한다.
③ 간섭 체크: 인스턴스의 형상이 중첩되는 부분이 있는지 검사한다.

④ 파트 모델링: 다른 부품의 형상을 이용 또는 참조하여 새로운 부품을 모델링한다.
⑤ 어셈블리의 분해: 조립도를 생성하기 위하여 어셈블리를 분해한다.

14.4 어셈블리 생성

Product Structure Tools 툴바의 기능을 이용하여 어셈블리를 구성한다.

▶ ***Component***: 어셈블리 컴포넌트를 추가한다. 별도의 파일로 존재할 필요가 없는 서브 어셈블리이다.
▶ ***Product***: 서브 어셈블리를 추가한다. 별도의 파일 또는 반제품으로 관리히는 서브 어셈블리이다.
▶ ***Part***: 새로운 파트를 컴포넌트로 추가한다. 새로운 파트를 모델링할 때 사용한다.
▶ ***Existing Component***: 모델링이 되어 있는 파트를 컴포넌트로 추가한다.
▶ ***Existing Component with Positioning***: 모델링이 되어 있는 파트를 추가하면서 구속조건을 준다.

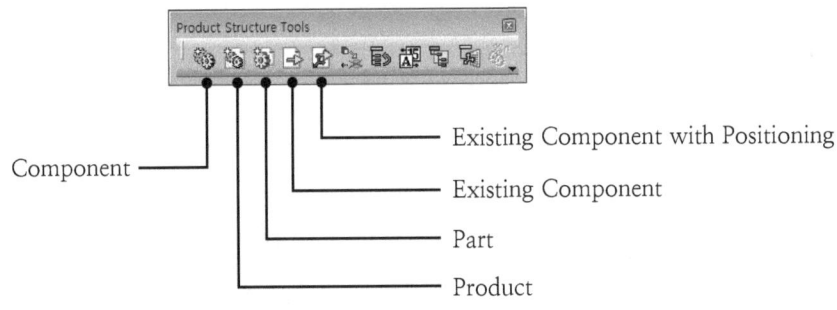

그림 14-7 Product Structure Tools 툴바

14.4.1 생성되어 있는 파트를 컴포넌트로 추가하기

두 단계를 거쳐 파트를 컴포넌트로 추가할 수 있다.

▶ 1단계: Product Structure Tools 툴바에서 Existing Component 버튼을 누른다.

그림 14-8 컴포넌트 추가하기 아이콘

▶ 2단계: Spec Tree에서 컴포넌트가 들어갈 프러덕트를 클릭한다. 여기서 프러덕트는 조립된 제품이라고 생각해도 좋다.

그림 14-9 Product 선택

Folder: ch14_001   프러덕트 생성   **Exercise 01**

ch14_001 폴더에 있는 파트를 이용하여 어셈블리(프러덕트)를 생성해 보자.

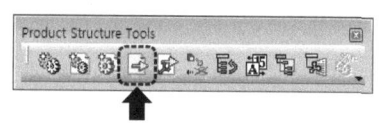

그림 14-10 컴포넌트 추가

컴포넌트 추가

1. CATIA V5를 실행시킨다.

2. File > Close 하여 모든 파일을 닫는다.

3. File > New를 선택하고 New 대화상자에서 Product를 선택한 후 OK 버튼을 누른다.

14 장: 어셈블리 I (Bottom-Up Assembly)

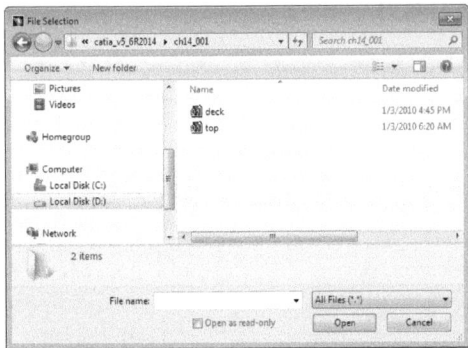

그림 14-11 File Selection 대화상자

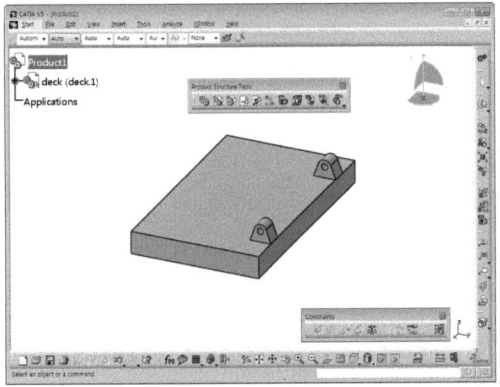

그림 14-12 추가한 후의 화면

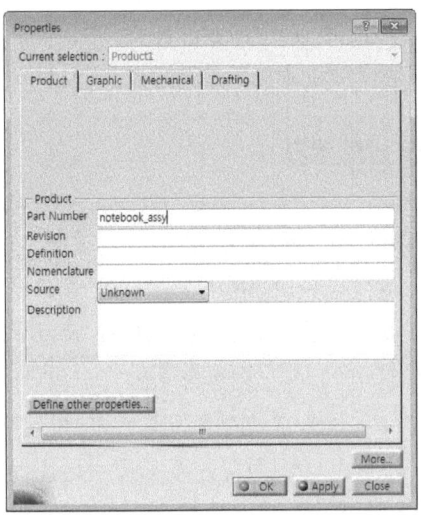

그림 14-13 Part Number 설정

4. Product Structure Tools 툴바에서 Existing Component 버튼을 누른다.

스테이터스바에는 기존 컴포넌트가 들어갈 컴포넌트를 선택하라는 메시지가 나타난다.

Select a component into which the existing component will be inserted

5. Spec Tree에서 Product1을 선택한다. 그림 14-11과 같은 File Selection 대화상자가 나타난다.

6. 대화상자에서 deck.CATPart 파일을 선택한 후 Enter 또는 "열기" 버튼을 누른다.

그림 14-12와 같이 Spec Tree에 컴포넌트가 추가되고 화면에 형상이 나타난다.

7. 다시 Existing Component 버튼을 누르고 Product1을 선택한 다음 top.CATPart를 선택하여 컴포넌트로 넣는다.

이름 변경

1. Specification Tree의 Product1에 MB3 〉 Properties를 선택한다.

2. Properties 대화상자의 Product 탭을 누른 다음 Part Number에 notebook_assy를 입력한다. (그림 14-13 참고)

3. OK 버튼을 누른다.

4. 메뉴바에서 File > Save를 선택한다. Save As 대화상자가 나타난다.

5. 경로를 파트 파일이 있는 폴더로 지정하고 Product 이름과 같은 이름으로 저장한다.

파일을 닫지 말고 다음 실습을 계속한다.

END of Exercise

14.4.2 프러덕트와 인스턴스의 이름

프러덕트 파일과 파트 파일의 Spec Tree를 보면 그림 14-14와 같다. 파트 파일에서 설정한 Part Number가 프러덕트 파일에서 컴포넌트 이름이 된다. deck.1이라고 표시된 이름은 Instance 이름으로서, 프러덕트 이름과 구분하여 관리할 필요가 있을 때 변경할 수 있다.

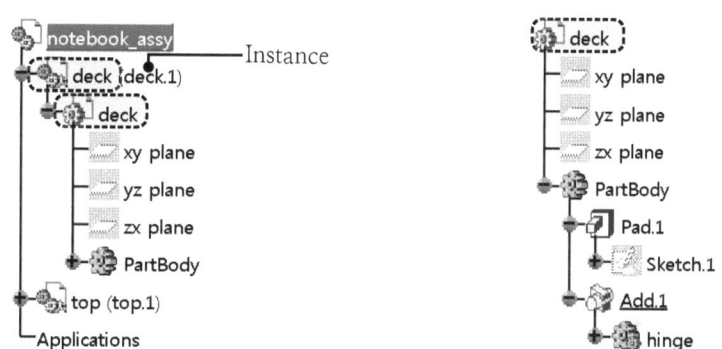

그림 14-14 Product와 Part의 Spec Tree 구조

> **파일의 용량**
>
> ch14_001 폴더를 열어 각 파일의 용량을 확인해 보자. 파트 파일 두 개의 크기를 합한 크기보다 프러덕트 파일의 용량이 훨씬 적은 것을 알 수 있다. 이는 프러덕트 파일에는 형상 생성 방법에 대한 정보가 저장되지 않고 마스터 파트의 결과 형상만을 보여주기 때문이다.
>
>
>
> **그림 14-15** 파일의 용량 확인

Exercise 02 파일명 변경 및 저장 (Save Management)

컴포넌트의 Part Number와 Instance 이름을 변경하고 저장해보자.

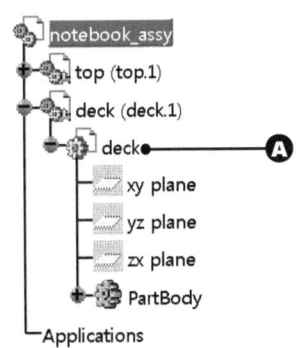

그림 14-16 Spec Tree 펼치기

1. Notebook_assy의 deck 컴포넌트 앞에 있는 + 기호를 클릭하고 다시 deck 앞에 있는 + 기호를 클릭하여 Spec Tree를 펼친다. (그림 14-16)

2. 그림 14-16의 ⓐ 부분에 MB3를 누르고 팝업메뉴에서 Properties를 선택한다. 그림 14-17과 같은 Properties 대화상자가 나타난다.

3. Product 탭을 눌러 Instance name(그림 14-17의 ⓑ)과 Part Number(그림 14-17의 ⓒ)를 수정할 수 있다. deck를 bottom이라고 입력하고 deck.1을 bottom.1이라고 입력한다.

4. OK 버튼을 누른다.

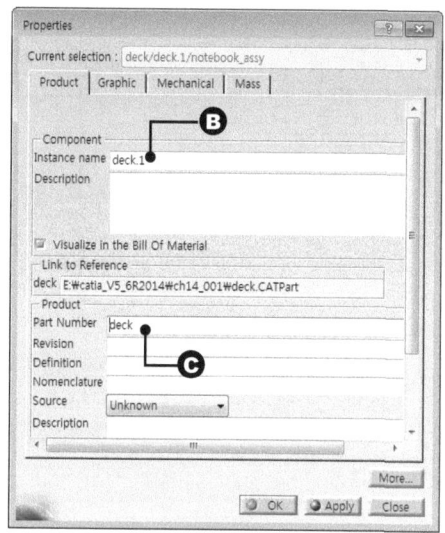

5. Spec Tree에서 각각의 이름이 변경된 것을 확인한다.

6. 메뉴바에서 File > Save Management를 선택한다. 그림 14-18과 같은 대화상자가 나타난다. State 칼럼을 보면 수정된 파일을 알 수 있다.

7. Notebook_assy.CATProduct 파일을 선택하고 Save 버튼을 누른다.

8. 연속하여 deck.CATPart 파일을 선택하고 Save를 선택한다.

9. 그림 14-19의 대화상자에서 Action 칼럼에 Save라고 표시된 것을 확인한다.

10. OK 버튼을 누르면 Save 액션이 수행된다.

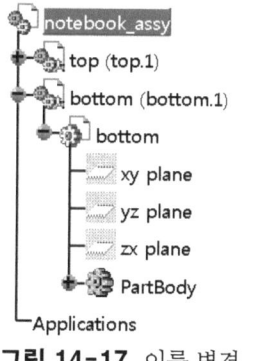

그림 14-17 이름 변경

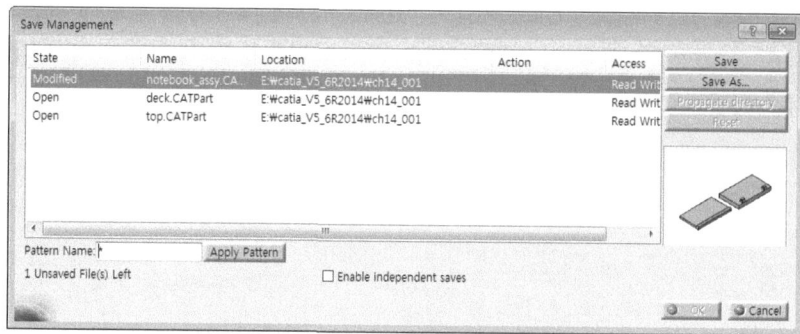

그림 14-18 Save Management 대화상자

14 장: 어셈블리 I (Bottom-Up Assembly)

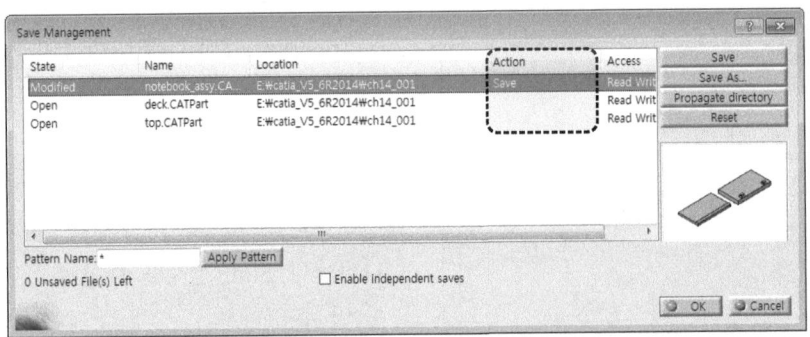

그림 14-19 변경된 Action 칼럼

END of Exercise

> **Save Management**
>
> 수정된 파일 각각에 대하여 Save나 Save As를 지정할 수 있다. 선택한 옵션은 Action 칼럼에 표기되고 OK 버튼을 누르는 순간 Action에 지정된 작업이 수행된다. Save나 Save As를 따로 지정하지 않으면 Save Auto가 설정되어 OK 버튼을 눌렀을 때 자동으로 저장된다.
>
> Enable independent saves 옵션을 체크하면 개별적으로 저장할 수 있다.
>
> File > Save 메뉴를 선택하면 현재 활성화되어 있는 프러덕트 또는 컴포넌트만 저장된다.
>
> Location 칼럼을 보면 파일의 경로를 알 수 있다. 여기에 나타나는 경로에 파트 파일 또는 프러덕트 파일이 존재하지 않을 경우 Edit > Relink 기능을 이용하여 파트 파일의 경로를 다시 지정할 수 있다.

14.4.3 프러덕트의 이름 충돌

어떤 프러덕트의 컴포넌트로서 이미 존재하는 이름을 갖는 다른 프러덕트를 추가할 경우 그림 14-20과 같은 Part number conflicts 대화상자가 나타난다. 대화상자에서 Rename 버튼을 누르면 Part Number 대화상자가 나타나고 다른 이름을 입력할 수 있다. Automatic rename 버튼을 누르면 프러덕트의 이름을 자동을 부여한다.

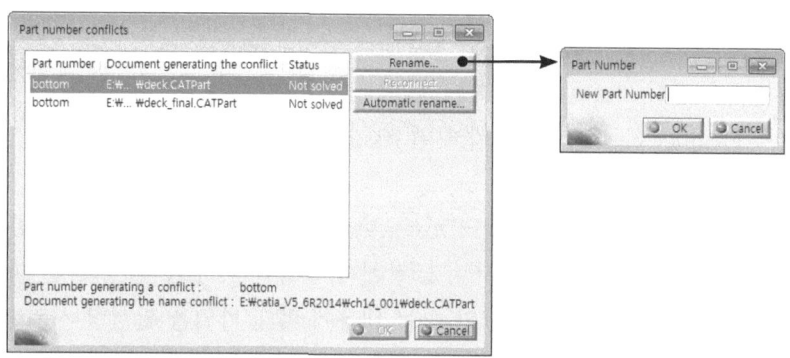

그림 14-20 Part Number Conflicts 대화상자

14.4.4 파일 닫기

메뉴바에서 File > Close를 선택하여 프러덕트 파일을 닫을 수 있다. 컴포넌트나 서브 어셈블리를 개별적으로 닫을 수 없다.

14.4.5 파일 열기

메뉴바에서 File > Open을 선택하여 프러덕트 파일을 열 수 있다. File Selection 대화상자에서 Open as read-only 옵션을 이용할 수 있다.

14.4.6 파트 파일 활성화 시키기

그림 14-21과 같이 Spec Tree에서 파트를 더블클릭 하여 파트 파일을 활성화 시킬 수 있다. 활성화 된 파트는 파란색으로 표시되며 타입에 맞는 워크벤치가 실행된다. 예를 들어, 파트 파일을 활성화 시키면 Part Design이나 Generative Shape Design 등 모델링을 할 수 있는 워크벤치가 자동으로 실행된다.

14 장: 어셈블리 I (Bottom-Up Assembly)

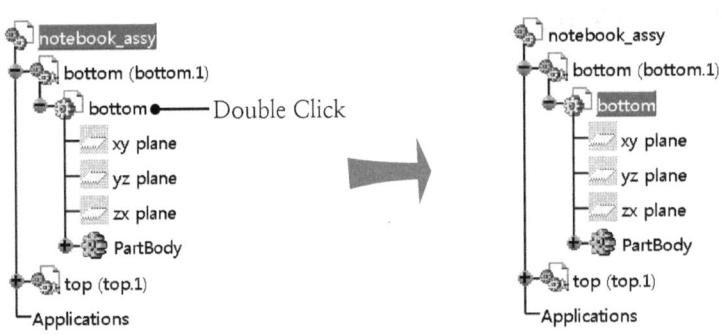

그림 14-21 파트 파일 활성화 시키기

Spec Tree에서 Product 이름을 더블클릭 하면 Assembly 워크벤치가 실행된다.

파트 파일을 활성화 시키는 행위는 Top-Down 어셈블리 모델링에서 매우 중요한 행위이다. Top-Down 어셈블리 모델링에 대해서는 15장에서 설명한다. 현재 활성화 된 파일은 Spec Tree에 파란색으로 표시되며, 작업하고자 하는 내용에 맞게 파일을 활성화 시켜야 한다. 즉, 어셈블리 작업을 하려면 프로덕트 파일을 활성화 시키고, 파트 모델링을 하려면 파트 파일을 활성화 시켜야 한다.

❗ Low Light Mode

메뉴바에서 Tools 〉 Options 〉 Infrastructure 〉 Product Structure를 선택한 후 Product Structure 탭에서 Low-light of the component that does not belong to the active level 옵션을 선택하면 활성화 되지 않은 컴포넌트를 흐리게 표시해 준다..

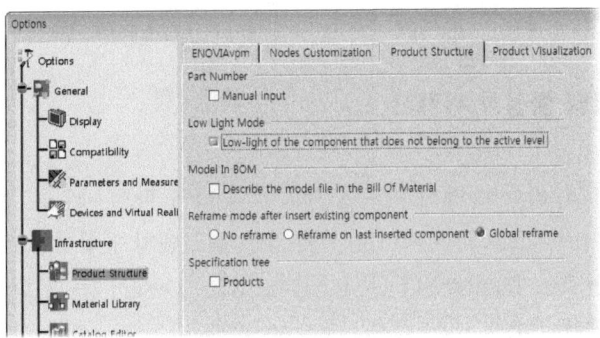

그림 14-22 Low Light Mode 옵션

14.5 컴포넌트의 이동

컴포넌트를 추가하면 Move 툴바의 기능들이 활성화된다. Move 툴바의 Manipulation 기능을 이용하여 컴포넌트를 이동시킬 수 있다. 또는 Compass를 이용하여 이동시킬 수도 있다.

컴포넌트를 이동시키는 것은 현재의 프러덕트(어셈블리)에서의 컴포넌트의 위치와 방향을 이동시키는 것이다. 컴포넌트의 위치나 방향에 대한 정보는 어셈블리 파일에 저장되며 파트 파일에는 전혀 영향을 미치지 않는다.

Folder: ch14_003   **Move Component** | **Exercise 03**

1. 지정된 폴더에서 notebook_assy.CATProduct 파일을 연다.

2. Move 툴바에서 Manipulation 버튼을 누른다. Manipulation Parameters 대화상자가 나타난다. 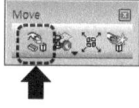 버튼이 선택되어 있다.

3. 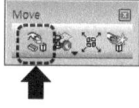 버튼을 누른다.

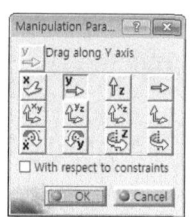

스테이터스바에는 컴포넌트를 선택한 다음 드래그 하라는 메시지가 나타난다.

4. top 컴포넌트를 Y 방향으로 드래그한다.

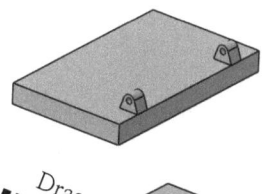

그림 14-23 컴포넌트의 이동

5. Manipulation Parameters 대화상자에서 OK 버튼을 누른다.

연속하여 컴파스를 이용하여 Z 방향으로 이동 및 회전시켜보자.

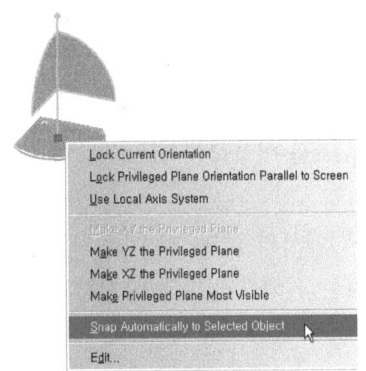

그림 14-24 컴파스 스냅 옵션

6. 컴파스에 MB3 > Snap Automatically to Selected Object 옵션을 선택한다.

7. top 컴포넌트에서 임의의 면을 선택한다. 컴파스가 top 컴포넌트의 기준점으로 이동되고 연두색으로 바뀐다.

8. 그림 14-25의 **A** 부분(w|z축)을 클릭하고 축을 따라 드래그하여 적당한 위치에서 마우스 버튼을 놓는다.

9. 그림 14-26의 **B** 부분(컴파스 바닥 면의 호 부분)을 선택하고 호를 따라 드래그하여 회전시킨다.

10. 컴파스 원점의 빨간색 점을 드래그하여 CATIA 화면 오른쪽 아래 귀퉁이에 있는 좌표축 위에 드롭하면 원래 위치로 되돌아 간다.

11. 더이상 이동시킬 컴포넌트가 없으면 컴파스의 스냅 옵션을 끈다.

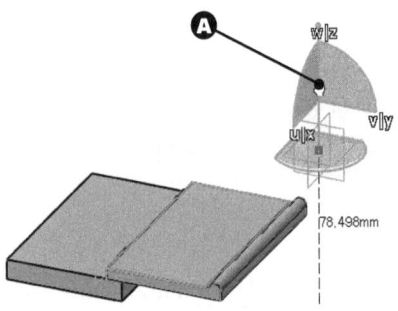

그림 14-25 축 방향으로 드래그하여 이동시키기

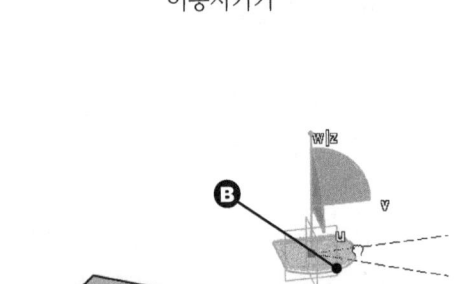

그림 14-26 축을 중심으로 회전시키기

END of Exercise

14.6 컴포넌트의 구속

Constraints 툴바에 있는 기능들을 이용하여 컴포넌트의 이동이나 회전에 대한 자유도를 제한할 수 있다.

공간에 있는 물체의 위치와 방향은 6개의 자유도를 이용하여 완전하게 정의할 수 있다. 즉, X, Y, Z 방향의 변위와 각 방향의 회전에 대한 값을 지정하면 그 위치와 방향이 확정된다.

그림 14-27은 Constraints 툴바의 주요 기능을 보여준다.

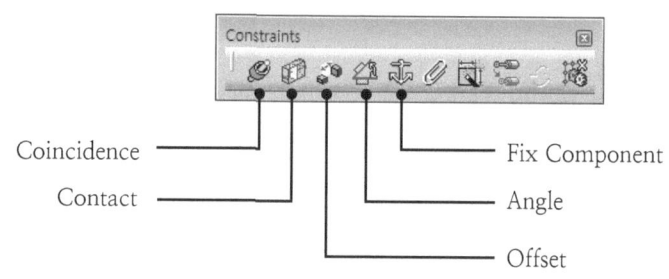

그림 14-27 Constraints 툴바

14.6.1 Fix(고정)

컴포넌트의 위치를 구속하려면 맨 먼저 기준 컴포넌트를 정한 다음 Fix Component 기능을 이용하여 위치를 고정시킨 후 나머지 컴포넌트의 자유도를 구속하여야 한다. 완전히 구속된 컴포넌트는 기준 컴포넌트에 대하여 상대적으로 움직일 수 없다. 어셈블리에 Fix 컴포넌트가 없으면 완전 구속을 할 수 없다.

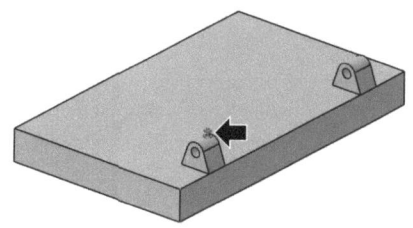

그림 14-28 Fix 심볼

14.6.2 Coincidence(일치)

Coincidence 구속조건을 이용하면 평면, 점, 직선을 서로 일치시킬 수 있다. 두 개의 평면을 일치시킬 때는 Orientation 옵션을 이용하여 일치되는 방향을 설정할 수 있다.

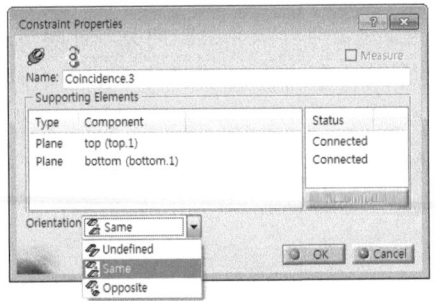

그림 14-29 일치 구속의 Constraint Properties 대화상자

그림 14-30은 ❹면과 ❸ 면을 일치시키는 데 Same 옵션을 이용한 경우를 보여준다. 면에서 수직으로 나오는 화살표(Normal 방향)가 같은 방향을 향하게 된다.

그림 14-31은 Opposite 옵션을 이용한 경우이다. Normal 방향의 화살표가 서로 반대 방향을 향하도록 면이 일치된다. ❸ 면의 Normal 방향이 반대로 나타나고, ❹ 면의 Normal 방향과 일치된다.

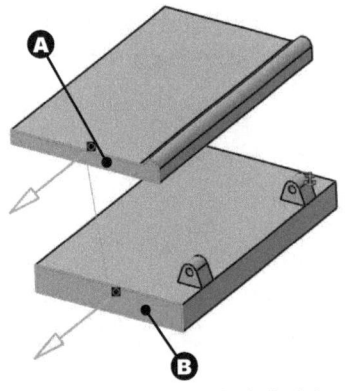

그림 14-30 Same 옵션의 경우

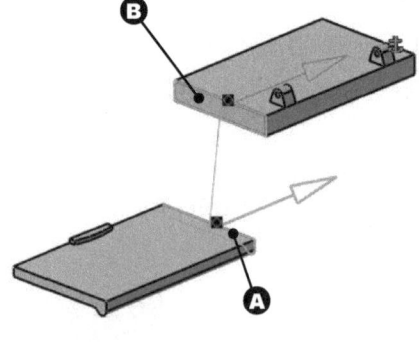

그림 14-31 Opposite 옵션의 경우

14.6.3 Contact(접촉)

Contact 기능을 이용하면 평면, 구면, 원통면에 접촉 구속을 줄 수 있다. 두 개의 평면을 선택하였을 때는 Coincidence의 Opposite와 같은 결과를 나타낸다.

둘 중 하나를 곡면으로 선택했을 때는 그림 14-32와 같은 대화상자가 나타나고 접촉의 Orientation을 설정할 수 있다.

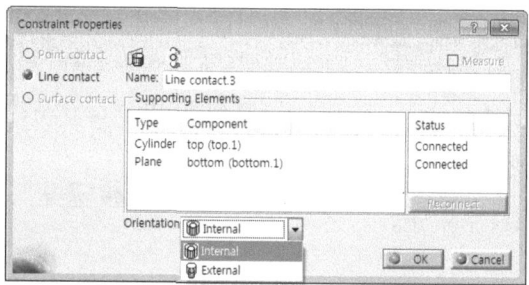

그림 14-32 접촉 구속의 Constraint Properties 대화상자

Folder: ch14_004   컴포넌트의 구속   **Exercise 04**

옵션 설정

1. 앞의 따라하기에서 저장한 파일을 연다. 또는 ch14_004 폴더에서 notebook_assy.CATProduct 파일을 연다.
2. Start 〉 Mechanical Design 〉 Assembly Design을 선택한다.
3. 업데이트 옵션을 그림 14-33과 같이 Automatic으로 설정한다.

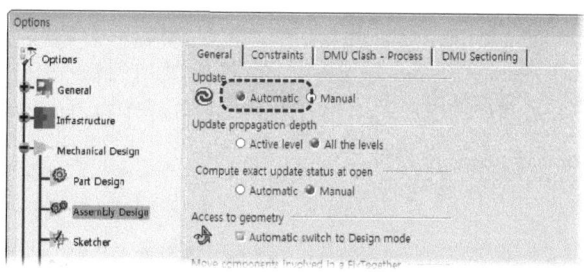

그림 14-33 옵션 설정

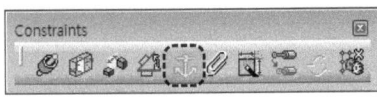
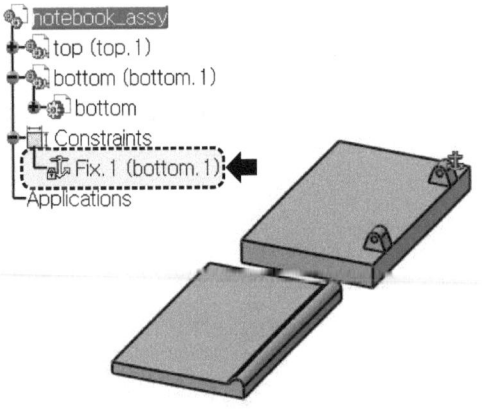

그림 14-34 Fix 구속 생성

Fix 구속

1. Constraints 툴바에서 Fix Component 버튼을 누른다. 스테이터스바에는 고정시킬 컴포넌트를 선택하라는 메시지가 나타난다.

2. bottom 컴포넌트를 선택한다. 컴포넌트에 Fixed 심볼이 나타나고, Spec Tree의 Constraints 항목에 Fix 구속이 기록된다.

Coincidence 구속

1. Constraints 툴바에서 Coincidence Constraint 버튼을 누른다.

Assistant 대화상자의 내용을 확인한 후 Do not prompt in the future 옵션을 체크하고 Close 버튼을 누른다.

스테이터스바에는 첫번째 개체를 선택하라는 메시지가 나타난다.

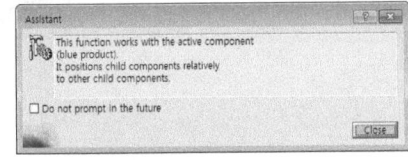
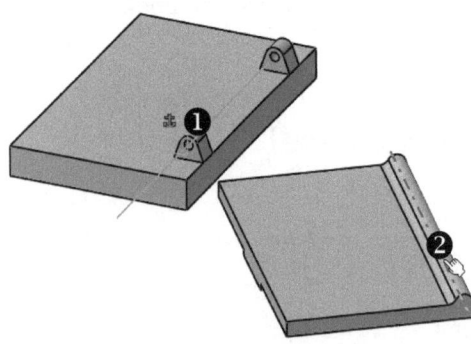

그림 14-35 Coincidence 구속 추가

2. 그림 14-35에서 bottom 컴포넌트의 힌지 중심선(❶)을 선택한다. 중심선이 하이라이트 되었을 때 선택하여야 한다.

스테이터스바에는 두번째 개체를 선택하라는 메시지가 나타난다.

3. 그림 14-35에서 top 컴포넌트의 힌지 중심선(❷)을 선택한다. 중심선이 하이라이트 되었을 때 선택하여야 한다.

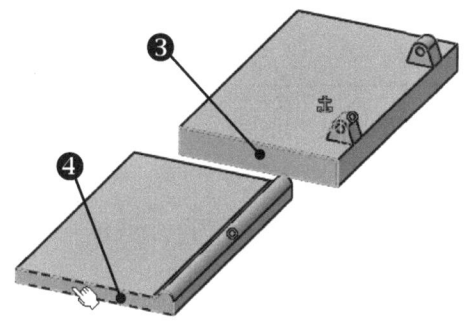

그림 14-36 Coincidence 구속의 결과

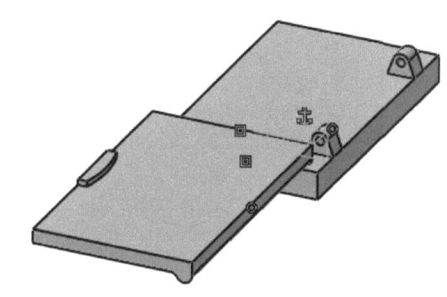

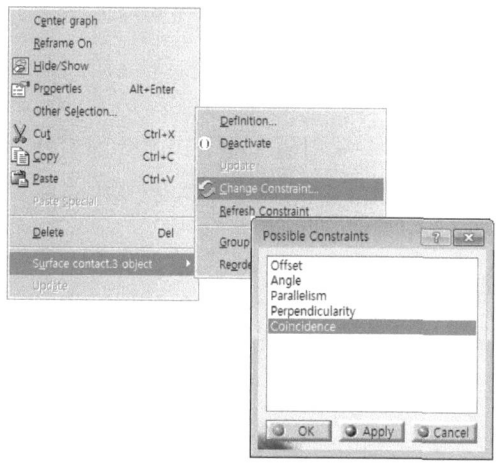

그림 14-37 구속조건 교체

그림 14-36과 같이 두 중심축이 일치된다.

Contact 구속 및 변경

1. Constraints 툴바에서 Contact Constraint 버튼을 누른다.

2. 그림 14-36과 같이 ❸, ❹ 면을 선택한다. 순서는 중요하지 않다.

그림 14-37과 같이 top 컴포넌트가 뒤집힌다. 선택한 면은 붙어 있다.

3. Spec Tree에서 방금 생성한 Constraint에 MB3를 누르거나 모델에 있는 심볼에 MB3를 누른 다음 Change Constraint 메뉴를 선택한다.

4. Possible Constraints 대화상자에는 교체 가능한 구속조건들이 나타난다. Coincidence를 선택하고 OK 버튼을 누른다.

5. 교체하여 생성된 Coincidence 구속조건을 더블클릭한다.

6. Constraint Definition 대화상자에서 More 버튼을 누른다.

7. Orientation을 Same으로 선택하고 OK 버튼을 누른다.

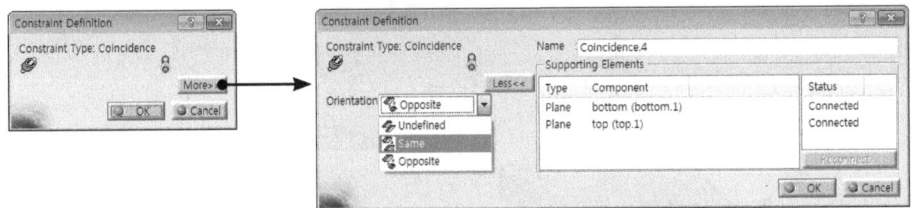

그림 14-38 Orientation 변경

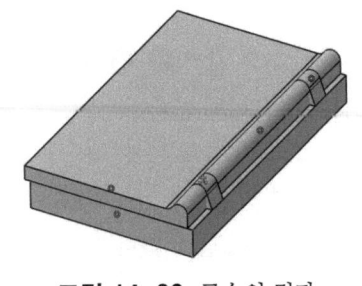

그림 14-39와 같이 면이 일치된다.

8. 파일을 저장한다.

그림 14-39 구속의 결과

END of Exercise

🛈 Constraints 툴바의 다른 기능

▶ ***Offset***: 선택한 오브젝트 사이의 거리를 적용한다.
▶ ***Fix Together***: 여러 개의 컴포넌트를 하나로 묶어 준다. 묶인 컴포넌트는 하나로 간주하고 다른 컴포넌트와 구속을 적용할 수 있다.
▶ ***Quick Constraint***: 구속을 자동으로 생성한다.
▶ ***Flexible/Rigid Sub-Assembly***: 서브 어셈블리의 구속을 상위 어셈블리에서 관리할 수 있다. 일반적인 어셈블리 구속은 해당 어셈블리가 활성화 된 상태에서 적용한다.
▶ ***Change Constraint***: 어셈블리 구속을 다른 구속으로 교체한다.
▶ ***Reuse Pattern***: 파트의 Pattern에 맞게 컴포넌트를 조립한다.

14.6.4 Snap 기능을 이용한 이동

구속 조건을 주는 방식과 비슷한 방법으로 어떤 컴포넌트의 형상에 대하여 상대적으로 다른 컴포넌트를 이동시킬 수 있다. 두 번째 선택한 컴포넌트는 움직이지 않고 첫 번째 선택한 컴포넌트가 이동된다. 구속조건은 생성되지 않고 위치만 이동된다.

기능 사용 절차 (그림 14-40의 번호는 절차 번호에 해당된다.)

① Move 툴바에서 Snap 아이콘을 누른다.
② 이동될 컴포넌트에서 개체를 선택한다.
③ 움직이지 않을 컴포넌트에서 개체를 선택한다.
④ 연두색의 화살표를 클릭하여 방향을 전환하던가 화면의 임의의 위치를 클릭하면 첫 번째 선택한 컴포넌트가 이동된다.

선택하는 개체의 타입에 따라 연두색의 화살표가 나타나지 않을 수도 있다.

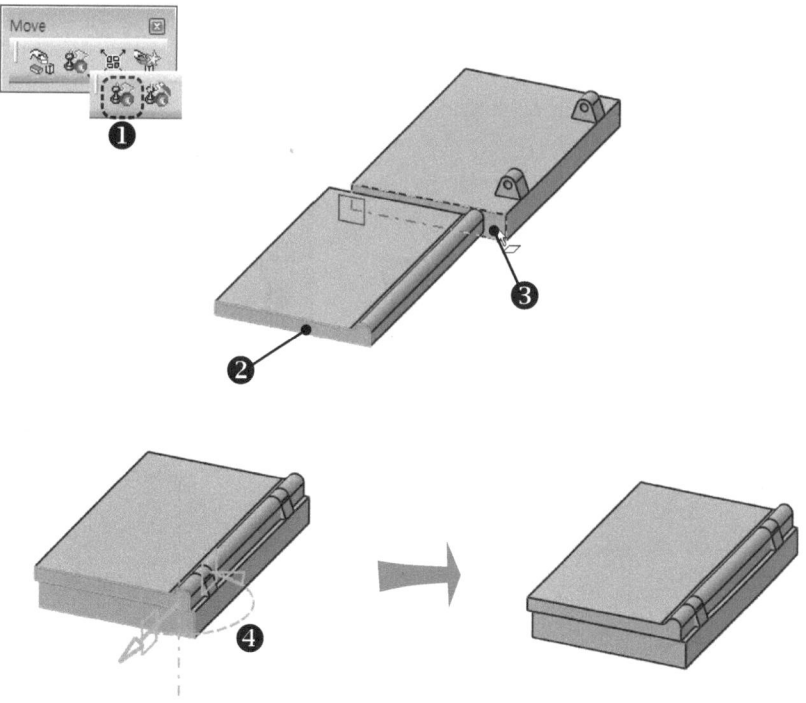

그림 14-40 Snap 기능을 이용한 이동

14.6.5 Smart Move 기능을 이용한 이동

Snap 기능과 비슷한 방법으로 두 번째 컴포넌트를 기준으로 하여 첫 번째 컴포넌트를 이동시킨다. 이동시킨 후에는 구속조건이 생성된다.

기능 사용 절차 (그림 14-41의 번호는 절차 번호에 해당된다.)

① Move 툴바에서 Smart Move 아이콘을 누른다.
② Smart Move 대화상자가 나타난다. 대화상자의 옵션을 설정한다.
③ 첫 번째 개체를 선택한다.
④ 두 번째 개체를 선택한다. 첫 번째 개체가 스냅되고 연두색 화살표가 나타난다.
⑤ 화면의 임의의 위치를 클릭하거나 Smart Move 대화상자에서 OK 버튼을 누른다.

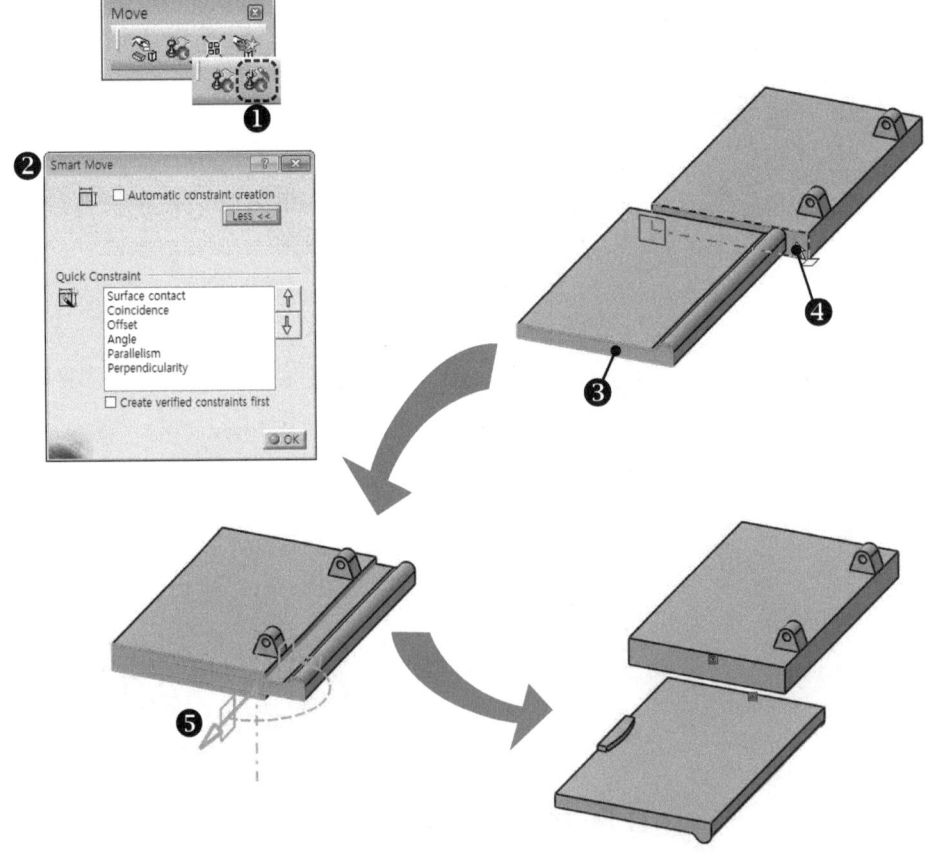

그림 14-41 Smart Move 기능을 이용한 이동 및 구속조건 생성

> **컴포넌트 미리보기와 Smart Move 옵션**

① 컴포넌트 미리보기

컴포넌트를 먼저 선택한 후 Smart Move 버튼을 누르면 Smart Move 대화상자에 선택한 컴포넌트의 미리보기가 나타난다. Next component 버튼을 눌러 컴포넌트를 바꿔가면서 개체를 선택할 수 있다. 수 많은 부품 중 몇 가지만 선택하여 이 기능을 사용할 때나 보이지 않는 부분을 선택하여야 할 때 유용하게 사용할 수 있다.

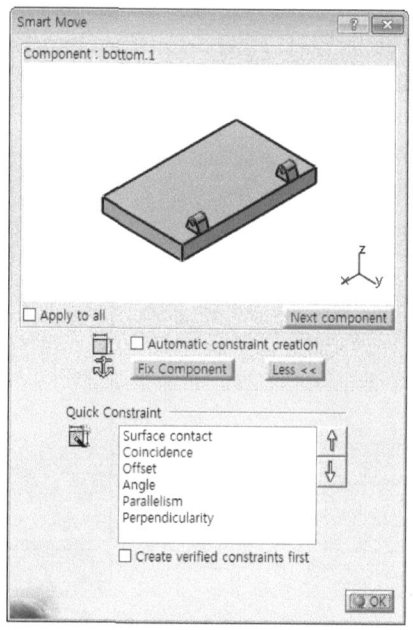

그림 14-42 Smart Move 옵션

② Quick Constraint 옵션 영역

선택한 개체 사이에 여러 종류의 구속조건을 적용할 수 있을 경우 위에 있는 구속조건을 우선하여 적용 시킨다. 그림 14-41에서 면과 면을 선택하였는데 Quick constraint 옵션 영역에 Surface contact가 맨 위에 있으므로 Coincidence가 적용되지 않고 Surface contact가 적용된다.

14.6.6 구속의 상태 확인

구속의 상태를 확인하려면 다음의 두 단계를 거친다.

① 어셈블리 내에서 전체적인 구속 상태 확인
② 개별 컴포넌트의 남아 있는 자유도 확인

어셈블리 내에서 구속의 전체적인 상태를 확인하려면 분석하고자 하는 어셈블리를 더블클릭 하여 활성화 시키고 메뉴바에서 Analyze 〉 Constraints를 선택한다. 그림 14-43과 같이 전체 컴포넌트의 구속 상태를 확인할 수 있다. Degrees of Freedom 탭을 누르면 완전구속 되지 않은 컴포넌트에 대하여 남아 있는 자유도 개수를 알려준다.

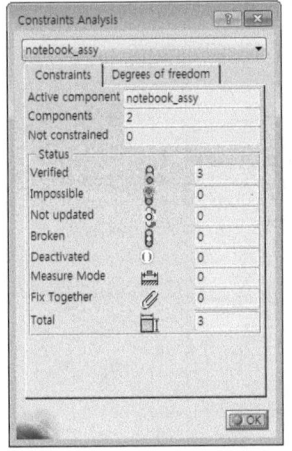 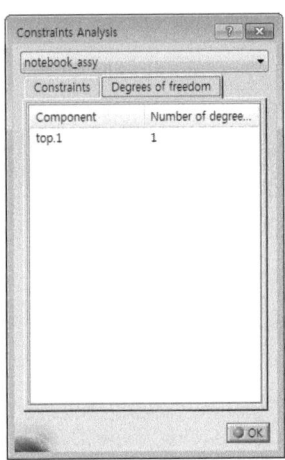

그림 14-43 어셈블리의 전체적인 구속 상태 확인

컴포넌트의 개별적인 자유도를 자세히 확인하려면 다음 두 가지 방법 중 하나를 따른다.

팝업메뉴 이용

① 컴포넌트가 포함되어 있는 어셈블리를 더블클릭 하여 활성화 시킨다.
② 분석하고자 하는 컴포넌트에 MB3 〉 * object 〉 Component Degrees of Freedom을 선택한다.

메뉴바의 Analyze > Degree(s) of Freedom 메뉴 이용

① 분석하고자 하는 컴포넌트를 더블클릭하여 활성화시킨다.
② 메뉴바에서 Analyze > Degres(s) of Freedom을 선택한다.

그림 14-44와 같이 남아 있는 자유도를 정보 창과 화면에 표시해 준다.

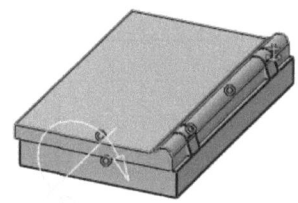

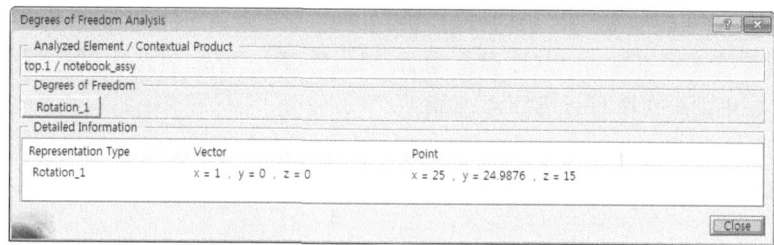

그림 14-44 컴포넌트의 자유도 확인

14.7 컴포넌트의 복사

같은 파트 형상을 갖는 여러 개의 컴포넌트를 사용하여 조립할 경우가 있다. 예를 들어, 하나의 어셈블리를 조립하는데 있어서 같은 규격의 볼트나 너트를 여러 개 사용할 수 있다. 각각의 볼트나 너트의 형상은 모두 같고 마스터 파트가 수정되면 모두 업데이트 되며 각각의 컴포넌트는 각각의 위치, 방향, 색상을 가질 수 있다.

다음의 두 가지 방법으로 하나의 어셈블리에 여러 개의 컴포넌트를 추가할 수 있다.

14.7.1 Copy/Paste

1. Spec Tree에서 컴포넌트의 이름을 선택한다.
2. 키보드에서 Ctrl + C를 누른다.
3. Spec Tree에서 컴포넌트를 추가할 어셈블리 프러덕트를 선택한다.
4. 키보드에서 Ctrl + V를 누른다.

작업 화면에는 붙여넣기 한 컴포넌트가 기존 컴포넌트와 겹쳐져 있다. 따라서 Move 기능을 이용하여 이동시켜야 한다.

14.7.2 Existing Component 아이콘 이용

Product Structure Tools 툴바의 Existing Component 아이콘을 이용하여 컴포넌트를 필요한 개수 만큼 반복하여 추가할 수 있다. 같은 형상, 파일명 또는 파트 이름을 갖는 잘못된 파일을 컴포넌트로 추가하면 오류가 발생할 수 있다.

14.8 Hide/Show

14.8.1 컴포넌트의 Hide/Show

Spec Tree에서 컴포넌트에 우클릭 > Hide/Show를 선택하여 컴포넌트를 숨기거나 보이게 할 수 있다. Constraints 툴바의 아이콘을 클릭한 후 구속을 적용하는 도중에도 Hide/Show 기능을 이용할 수 있음을 참고하기 바란다. 그림 14-45는 컴포넌트의 Hide/Show 팝업메뉴를 보여준다. 팝업메뉴를 띄운 후 키보드에서 'H' 키를 누르면 Hide/Show 기능을 빠르게 실행시킬 수 있다.

14.8.2 구속조건의 Hide/Show

구속 기호를 선택한 후 우클릭 > Hide/Show를 선택하여 구속의 기호를 화면에서 숨기거나 보이게 할 수 있다. 그림 14-46과 같이 여러 개의 구속 기호를 선택하려면 Ctrl 키나 Shift 키를 이용한다. 모든 구속 기호를 숨기거나 보이게 하려면 Spec Tree의 Constraints 항목에 우클릭 > Hide/Show를 선택한다.

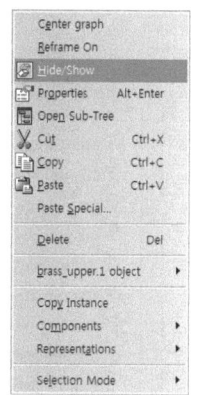
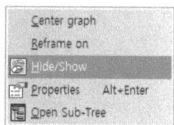

그림 14-45 컴포넌트의 Hide/Show 팝업메뉴

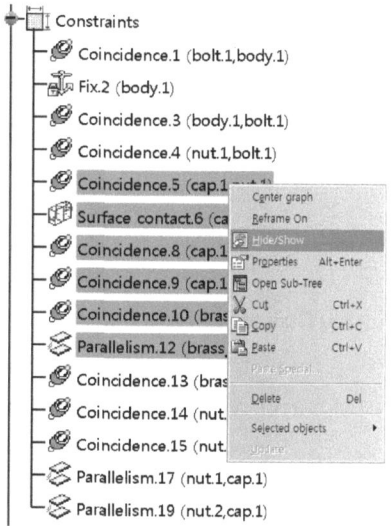

그림 14-46 여러 개의 구속 기호를 숨기기

14.8.3 컴포넌트의 구속 식별하기

특정 컴포넌트에 적용된 구속을 찾아 삭제하거나 수정해야 할 때가 있다. 이런 경우 그림 14-47과 같이 컴포넌트에 우클릭 > Selected objects > Component Constraints를 선택한다. 그림 14-48과 같이 선택한 컴포넌트에 적용된 구속이 Spec Tree에 하이라이트 된다.

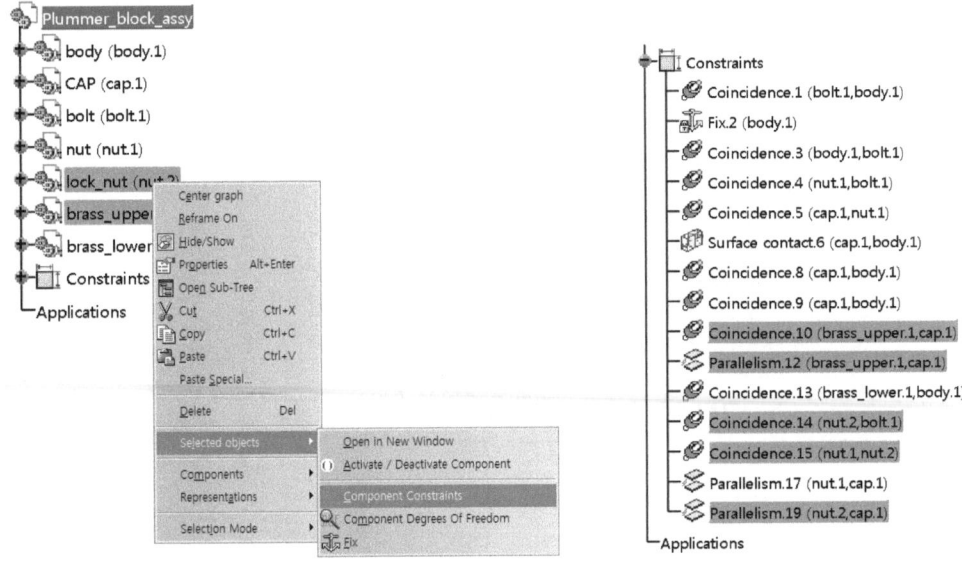

그림 14-47 Component의 구속 식별   그림 14-48 식별된 구속

14.9 Activate/Deactivate

14.9.1 컴포넌트의 Activate/Deactivate

Deactivate 기능을 이용하면 어셈블리의 물성치를 측정할 때 특정 컴포넌트를 제외시킬 수 있다. 제외된 컴포넌트는 화면에서 사라질 뿐만 아니라 체적, 질량 등의 물성치를 측정할 때 포함되지 않는다. Activate 기능을 이용하여 다시 포함시킬 수 있다. Hide 된 컴포넌트와 Deactivate 된 컴포넌트는 어셈블리 도면을 생성할 때 나타나지 않는다.

14.9.2 구속조건의 Activate/Deactivate

Spec Tree에 표시된 구속조건에 우클릭 〉 Activate/Deactivate 메뉴를 이용하여 구속조건을 Activate 또는 Deactivate 시킬 수 있다. Deactivate 된 구속조건은 구속조건을 적용하지 않은 것과 같다. Activate 기능을 이용하여 언제든 다시 적용할 수 있다. 삭제한 구속조건은 Spec Tree에 기록되지 않기 때문에 Undo 기능을 이용하여 복구할 수밖에 없지만 Deactivate 된 구속조건은 Spec Tree에 존재하기 때문에 프러덕트 파일에 저장된다. Deactivate 기능은 구속 조건을 삭제하기 전에 삭제할 구속조건이 맞는지 확인할 때 유용하게 사용할 수 있다.

14.10 서브 어셈블리 구성

Product Structure Tools 툴바에 있는 Product 또는 Component 기능을 이용하여 현재 프러덕트 하위에 서브 어셈블리를 생성할 수 있다.

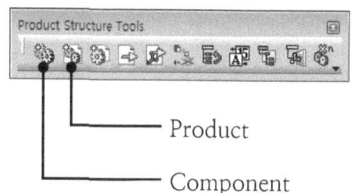

그림 14-49 Product Structure Tools 툴바

Component 기능을 이용하여 서브 어셈블리를 생성하면 서브 어셈블리를 개별 프러덕트 파일로 저장할 수 없다. 그림 14-50의 어셈블리 구조에서 서브 어셈블리인 Rings는 Component 기능을 생성한 것이다. 피스톤 어셈블리의 링 류는 실제 조립시 따로 관리할 필요가 없는 서브 어셈블리지만 컴퓨터 상의 조립시에는 따로 관리하면 편리하다.

그림 14-50의 Block_Assy, Head_Assy, Crank_Assy, Piston_Assy 등과 같은 서브 어셈블리는 실제 조립시에 서브 어셈블리로 관리되기 때문에 개별 Product 파일로 존재할 필요가 있다. 따라서, 서브어셈블리를 Product 기능으로 생성한다.

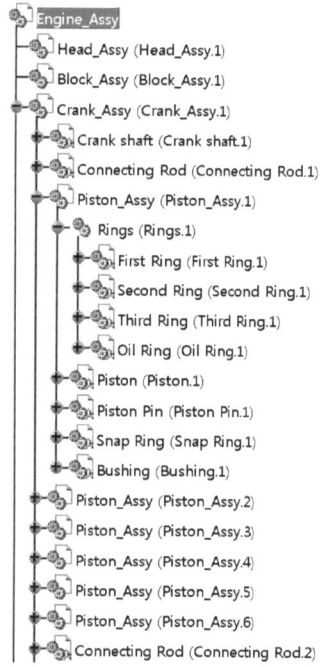

그림 14-50 Engine 어셈블리의 Product Structure

파트 이름의 수동 입력

그림 14-51의 Options 대화상자에서 Manual Input 옵션을 선택하면 현재의 프러덕트 하위에 새로운 프러덕트나 컴포넌트, 파트를 생성할 때 파트명을 입력할 수 있다.

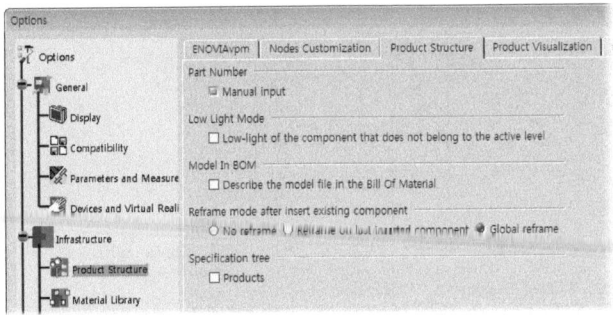

그림 14-51 Manual Input 옵션

필터를 이용한 컴포넌트 선택

Filtered Selection 툴바의 옵션을 이용하여 프러덕트나 컴포넌터를 편리하게 선택할 수 있다.

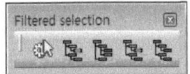

그림 14-52 Filtered Selection 툴바

Bounding Box 표시 옵션

그림 14-53의 Bounding Box 표시 옵션을 설정하면 Box의 직선을 드래그 하여 컴포넌트를 이동시킬 수 있다.

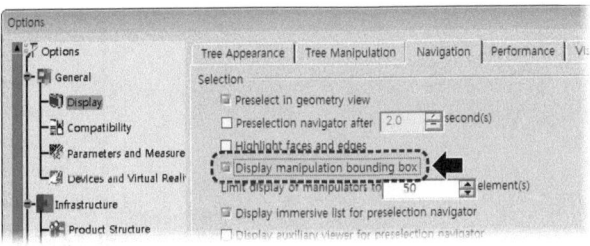

그림 14-53 Bounding Box 표시 옵션

Folder: ch14_005   **Plummer Block**   Exercise 05

주어진 파트를 이용하여 제시된 절차에 따라 Plummer Block 어셈블리를 생성하시오.

1 단계

그림 14-54와 같이 Plummer Block 어셈블리를 생성한다. Cap과 Body의 조립면이 ❹로 표시한 바와 같이 붙어 있도록 조립한다. Brasses는 ❺로 표시한 바와 같이 겹쳐져 조립된다.

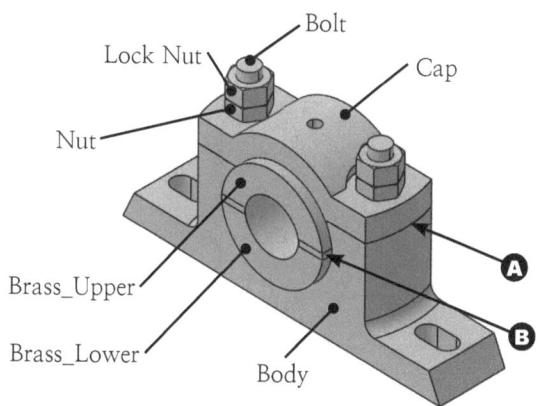

그림 14-54 잘못된 조립

2 단계

1. Cap 컴포넌트의 팝업메뉴 중 Component Constraint 옵션을 이용하여 Cap과 Body의 면이 붙어 있도록 적용된 구속 조건을 확인한다.
2. 의심되는 구속조건을 Deactivate 시킨 후 Bounding Box를 드래그 하여 Cap 컴포넌트를 이동시키면서 삭제할 구속조건이 맞는지 확인한다.
3. 구속조건을 삭제한 후 그림 14-55와 같이 Cap과 Body의 중심축을 일치시킨다.
4. 필요하면 다른 구속 조건도 수정한다.

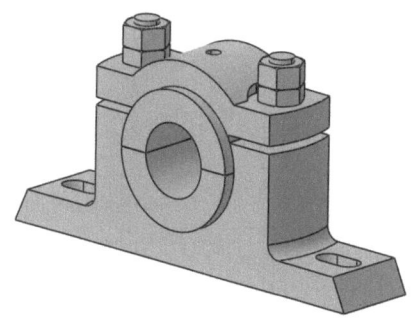

그림 14-55 수정된 어셈블리

END of Exercise

Exercise 06 Notebook Assembly *Folder: ch14_006*

ch14_006 폴더에 있는 파트를 이용하여 다음 도면을 보고 어셈블리를 생성하시오. Product 파일의 이름은 Notebook_assy.CATProduct로 한다.

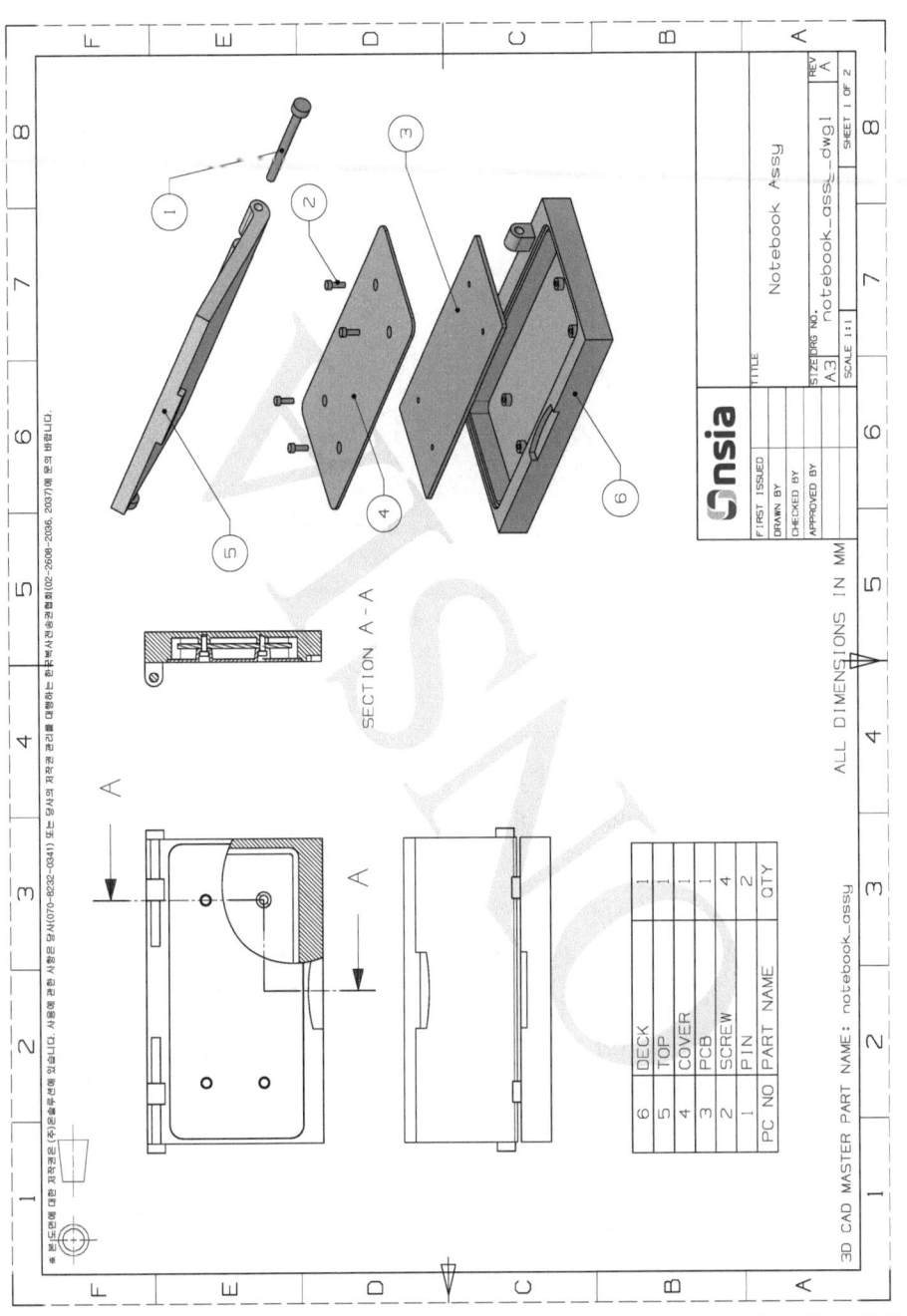

그림 14-56 Notebook Assembly

Chapter 15
어셈블리 II (Top-Down Assembly)

■ 학습목표

- 마스터 파트의 파라미터를 수정하고 새로운 이름으로 저장할 수 있다.
- 간섭을 체크하는 방법을 배운다.
- 간섭 체크 결과에 따라 컴포넌트를 수정할 수 있다.
- 어셈블리 환경에서 새로운 파트를 생성할 수 있다.
- 어셈블리의 화면 표시를 설정할 수 있다.

15.1 Context Control

어셈블리를 생성한 프로덕트 파일 상태에서 파트를 수정하거나 생성하는 과정을 Top-Down 어셈블리 모델링이라고 한다. 탑다운 어셈블리 모델링을 할 때는 어떤 파일에서 어떤 작업을 수행하는가를 언제나 숙지하고 있어야 한다. 작업 파트를 지정하거나 화면에 표시할 파트를 지정하는 과정을 Context Control이라고 한다.

15.1.1 컴포넌트의 Load/Unload

Spec Tree에서 컴포넌트 또는 프러덕트에 우클릭한 후 팝업메뉴에서 Load 또는 Unload를 선택하여 해당 파일을 메모리에 올리거나 내릴 수 있다. 컴포넌트를 Unload 시키면 해당 컴포넌트가 화면에서 사라지고 그래픽 성능과 메모리 효율이 향상되며 Spec Tree는 그림 15-2와 같이 단순화 된다. Load 옵션을 이용하여 언제든지 다시 나타나게 할 수 있다.

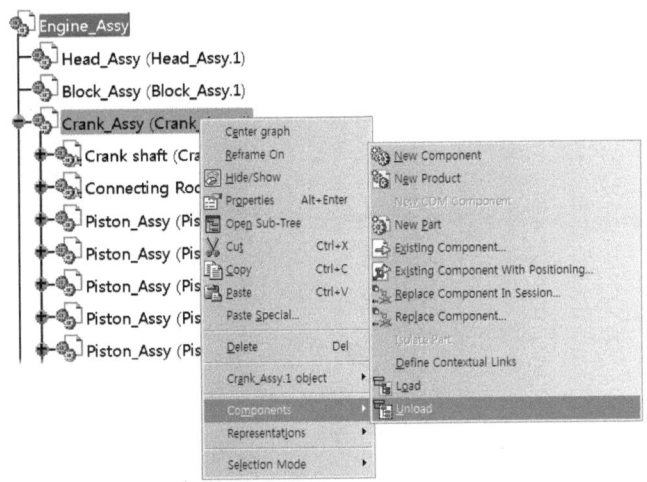

그림 15-1 Unload 옵션

그림 15-2 Unload 된 프러덕트

15.1.2 프러덕트나 파트의 수정 모드

Spec Tree의 파트명을 더블클릭하여 프러덕트 또는 파트의 수정 모드로 진입할 수 있다. 해당 프러덕트나 파트가 Activate 되며 파트의 타입에 맞는 워크벤치가 실행된다. 프러덕트 파일을 더블클릭 한 경우 Assembly 워크벤치가 실행되며 파트 파일을 더블클릭 한 경우 Part Design 등 모델링을 할 수 있는 워크벤치가 실행된다. Activate 된 파트는 Spec Tree에 파란색으로 표시된다.

Spec Tree에 표시된 심볼로 프러덕트 또는 파트의 타입을 확인할 수 있다.

- ▶ : **_Part product_** : Product Structure Tools 툴바에서 Part 아이콘을 누르거나 미리 생성되어 있는 파트 파일을 이용하여 생성된 프러덕트이다.
- ▶ : **_Part_** : 파트 프러덕트에 생성될 수 있는 파트이다.
- ▶ : **_Product_** : Product Structure Tools 툴바에서 Product 아이콘을 누르거나 미리 생성되어 있는 프러덕트 파일을 추가하여 생성된 프러덕트이다.
- ▶ : **_Component product_** : Product Structure Tools 툴바에서 Component 아이콘을 눌러 생성된 프러덕트이다.

예를 들어, 그림 15-3에 ❹로 표시한 Rings 또는 Piston_Assy 프러덕트를 더블클릭 하면 Assembly Design 워크벤치가 실행되며 어셈블리 관련 작업을 수행할 수 있다. 그림 15-3에 ❺로 표시되어 있는 Connecting Rod 파트를 더블클릭 하면 Part Design이나 Generative Shape Design 등과 같은 모델링을 수행할 수 있는 워크벤치가 실행되며 모델을 수정할 수 있다.

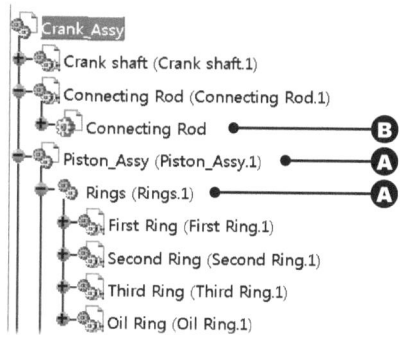

그림 15-3 Crank 어셈블리의 구조

15.1.3 Open in New Window

프러덕트 파일을 연 상태에서 서브 어셈블리 프러덕트 또는 파트를 더블클릭 하면 열려 있는 프러덕트의 다른 형상을 참고하면서 모델링 또는 어셈블리 작업을 수행할 수 있다. 만약 다른 형상을 참고할 필요가 없다면 그림 15-4와 같은 팝업메뉴에서 Open in New Window를 선택하여 개별 프러덕트 또는 파트를 열어 작업할 수 있다. 열려 있는 파일을 전환하려면 Window 메뉴를 이용한다. Component 기능으로 생성한 프러덕트는 파일로 저장되지 않기 때문에 개별적으로 열 수 없다.

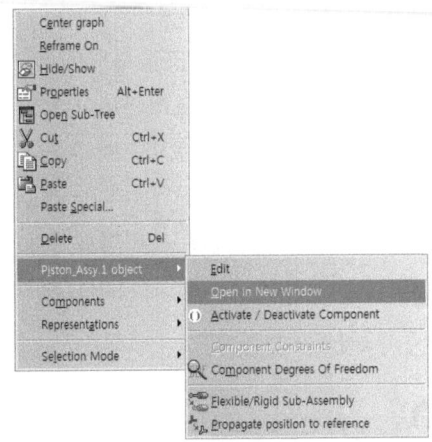

그림 15-4 Open in New Window 메뉴

Folder: ch15_001   컴포넌트의 수정과 나머지 구속   **Exercise 01**

Notebook_assy의 두 파트는 폭의 크기는 같으나 모서리로부터 힌지 중심까지의 거리가 서로 다르다. 그림 15-5의 **Ⓐ** 부분의 경사면을 없애보자.

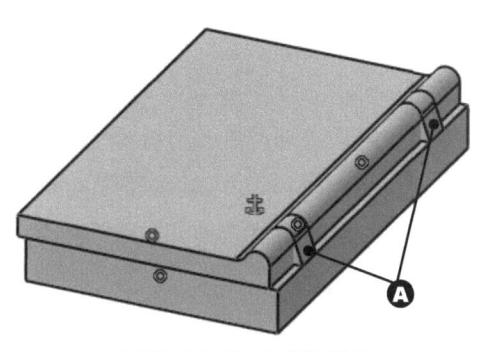

그림 15-5 수정할 부분

형상 수정

1. ch15_001 폴더에 있는 ch15_notebook_assy_001.CATProduct 파일을 연다.

2. 화면에서 bottom 컴포넌트를 더블클릭하여 bottom 컴포넌트를 활성화시킨다. Part Design 워크벤치로 들어가는 것을 확인한다.

3. top 컴포넌트에 MB3 > Hide/Show를 선택하여 화면에서 숨긴다.

4. Specification Tree를 그림 15-6과 같이 펼치고 **Ⓑ**로 표시한 부분의 Sketch.2를 더블클릭한다.

5. 스케치에 있는 각도 치수를 70°에서 90°로 수정하고 스케치를 빠져 나간다.

6. top 컴포넌트가 나타나게 한다.

어셈블리가 아직 업데이트 되지 않는다.

7. Spec Tree에서 Notebook_assy 항목을 더블클릭한다.

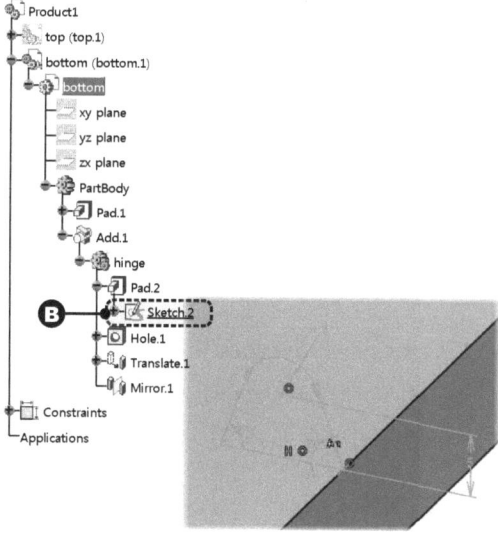

그림 15-6 스케치 수정

15 장: 어셈블리 II (Top-Down Assembly)

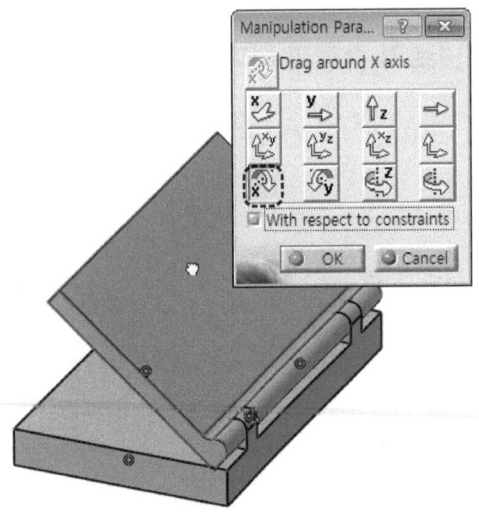

어셈블리의 위치가 업데이트 된다. 자동으로 업데이트가 안된다면 Ctrl + U를 눌러 업데이트 시킨다.

나머지 구속조건

1. 펼쳐진 Spec Tree를 접는다.

2. Manipulation 기능을 이용하여 top 컴포넌트를 x 축에 대하여 적당히 회전시킨다. Manipulation Parameters 대화상자의 With respect to constraints 옵션을 체크한다.

그림 15-7 top 컴포넌트 회전

3. Constraints 툴바에서 Angled Constraint 버튼을 누른다.

4. bottom 컴포넌트의 윗면과 top 컴포넌트의 마주 보는 면을 선택한다.

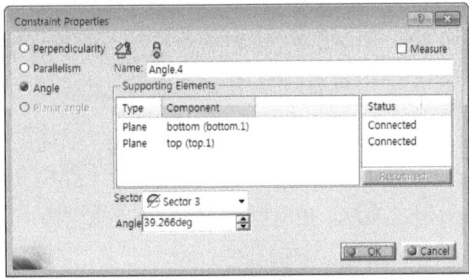

키보드의 화살표 키를 이용하면 보이지 않는 개체를 선택할 수 있다.

5. Constraint Properties 대화상자에서 Sector를 선택하고 Angle을 45˚로 입력한 후 OK 버튼을 누른다.

저장하기

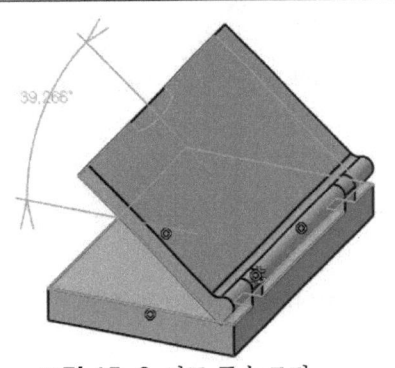

deck 파트를 다른 이름으로 하고 Product 파일은 같은 이름으로 저장해 보자.

그림 15-8 각도 구속 조건

1. File 〉 Save Management를 선택한다.

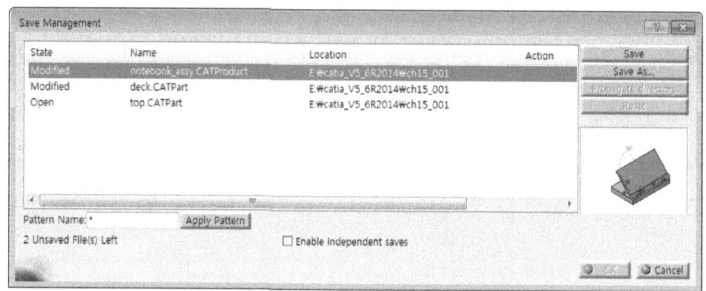

그림 15-9 Save Management 대화상자

그림 15-10 Save As 대화상자

그림 15-11 저장 후의 파일

2. notebook_assy를 선택하고 Save 버튼을 누른다. 여기서 Save 버튼을 누른다고 해서 바로 저장되는 것이 아니라는 점을 기억하기 바란다.

3. deck 를 선택하고 Save As를 버튼을 누른다. 그림 15-10과 같은 대화상자가 나타난다.

4. 파일 이름을 deck_rev1 이라고 입력하고, "저장" 버튼을 누른다.

5. Save Management 대화상자의 Name 칼럼이 바뀐 것을 확인한다.

6. OK 버튼을 누른다.

저장 후 ch15_001 폴더는 그림 15-11과 같아야 한다.

END of Exercise

15.2 간섭 체크

컴퓨터를 이용하여 조립을 수행하는 이유는 실제 제품을 만들기 전에 설계 오류가 있는지 검증하기 위한 것이다. 이러한 검증 중에서 가장 기본이 되는 것은 부품간의 간섭이다. 즉, 각 부품들을 정해진 조립 위치에 놓았을 때 겹치는 부분이 있는지를 확인하여야 한다.

그림 15-12에서 컴포넌트 1의 구멍 내경은 30mm로서 컴포넌트 2의 외경(35mm)보다 작아서 실제로는 끼워지지 않는다. 그러나, CATIA와 같은 3차원 모델링 소프트웨어에서는 아무 문제 없이 조립된다. 이 때, 형상이 겹치는 부분은 실제로는 조립이 안되는 부분이다.

이와 같이 컴포넌트를 제 위치에 조립했을 때 겹치는 부분을 찾아내는 기능이 간섭체크이다.

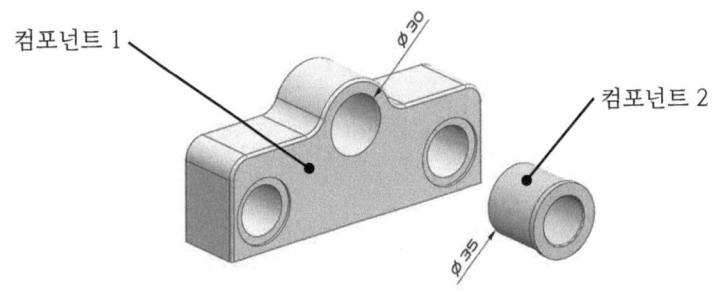

그림 15-12 간섭이 발생한 경우

15.2.1 간섭의 타입

간섭 상태를 분류할 때 다음과 같은 세 가지 경우를 생각해 볼 수 있다.

Clash 상태

그림 15-13과 같이 두 파트가 서로간의 볼륨을 침범하는 상태를 말한다. 억지끼워맞춤을 하는 경우에는 이런 상태가 될 수 있다. 그렇지 않다면 설계에 문제가 있는 것이므로 설계 변경(모델 수정)을 해야 한다.

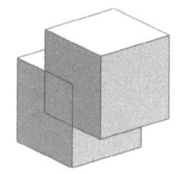

그림 15-13 Clash 상태

Contact 상태

두 파트가 서로 접촉하고 있는 상태이다. 조립 가능 여부에 따라 설계 변경이 필요할 수도 있고, 그렇지 않을 수도 있다.

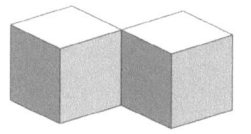 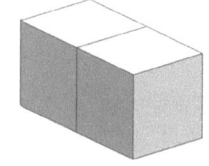 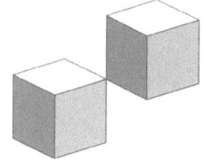

그림 15-14 Contact 상태

Clearance 상태

두 파트의 간극(clearance)이 특정 값보다 작은 상태를 의미한다. 두 부품 간의 간극을 특정 양만큼 확보해야 하는 모델의 경우 수정이 필요하고 그렇지 않은 경우 수정할 필요가 없다.

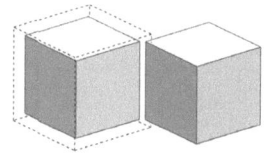

그림 15-15 Clearance 상태

15.2.2 간섭 체크 방법

CATIA에서의 간섭체크는 Clash 기능을 이용하여 수행할 수 있다.

기능 사용 절차 (그림 15-16의 번호는 절차 번호에 해당된다.)

① Space Analysis 툴바에서 Clash 아이콘을 누른다.
② Check Clash 대화상자에서 옵션을 설정하고 Apply 버튼을 누른다. Check Clash 대화상자가 확장되고 결과의 미리보기 창이 나타나며 어셈블리 모델에 간섭 부분이 표시된다.
③ 대화상자에서 OK 버튼을 누른다.

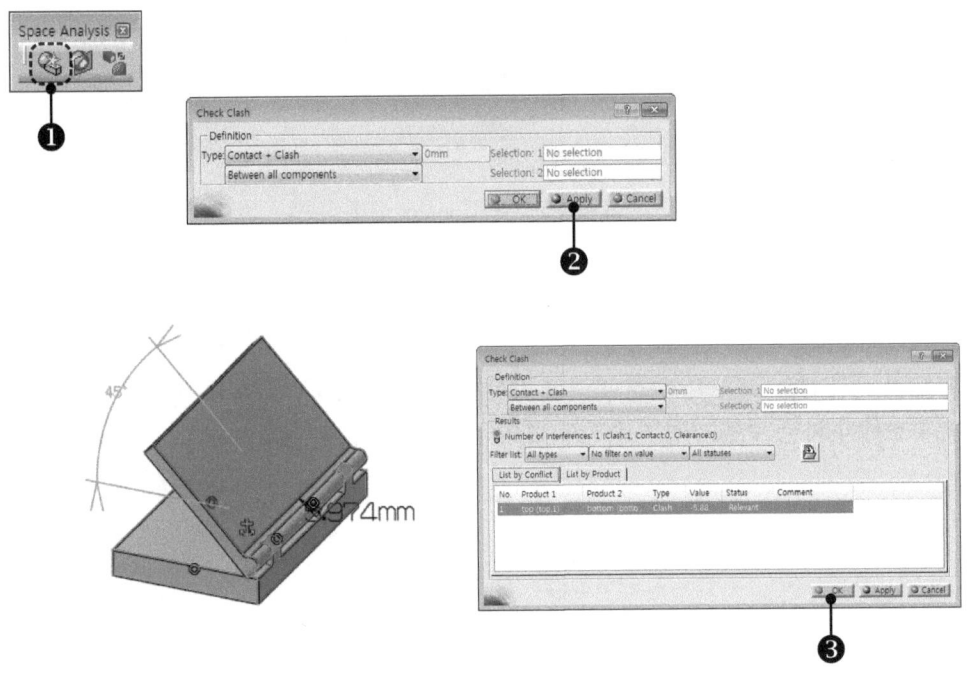

그림 15-16 간섭 체크

Check Clash 대화상자에 있는 Type 옵션의 첫 번째 드롭다운 목록에서는 간섭 체크의 종류를 지정한다.

▶ Contact + Clash: 컴포넌트 사이의 Contat(접촉)와 Clash(충돌)을 검사한다.
▶ Clearance + Contact + Clash: 드롭다운 목록 옆에 활성화되는 공차 안에 들어오는 컴포넌트까지 검사한다.
▶ Authorized penetration: 정해진 양만큼 Clash가 발생하는 것을 허용한다.

두 번째 드롭다운 목록에서는 간섭 체크를 수행할 대상 컴포넌트를 지정한다.

▶ Inside one selection: Selection 1 선택창이 활성화되고 여러 개의 컴포넌트를 선택하여 그 안에서 서로간의 간섭을 검사한다.
▶ Selection against all: Selection 1 선택창에서 선택한 컴포넌트와 선택하지 않은 나머지 컴포넌트 사이의 간섭을 검사한다.
▶ Between all components: 열려 있는 프러덕트의 모든 컴포넌트 사이의 간섭 상태를 검사한다.
▶ Between two selections: Selection 1 선택창의 컴포넌트와 Selection 2 선택창의 컴포넌트 사이의 간섭을 검사한다.

15 장: 어셈블리 II (Top-Down Assembly)

Exercise 02 간섭 체크   *Folder: ch15_002*

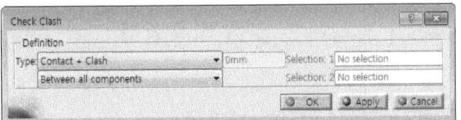

그림 15-17 Clash 기능 실행

1. 지정된 폴더(ch15_002)에서 주어진 파일 notebook_assy.CATProduct를 연다.

2. Space Analysis 툴바에서 Clash 아이콘을 누른다.

3. Check Clash 대화상자를 기본설정대로 두고 Apply 버튼을 누른다.

그림 15-18과 같이 대화상자가 확장되고 미리보기 화면에 간섭되는 부분을 표시해 준다. 그림 15-19와 같이 Preview 창이 나타나고 간섭이 발생된 부분을 자세히 검토할 수 있다.

4. Preview 창을 닫고 Check Clash 대화상자에서 OK 버튼을 누른다.

5. 두 컴포넌트 사이의 각도를 0°로 수정한 다음 간섭체크를 수행하면 그림 15-20과 같이 간섭 부위가 검사된다.

그림 15-19와 같이 열려 있을 때의 간섭 부위(**B**, **C**)와 닫혀 있을 때의 간섭 부위(그림 15-20의 **D**)를 수정할 것이다.

6. Clash Check 대화상자에서 OK 버튼을 누르고 파일을 저장한다.

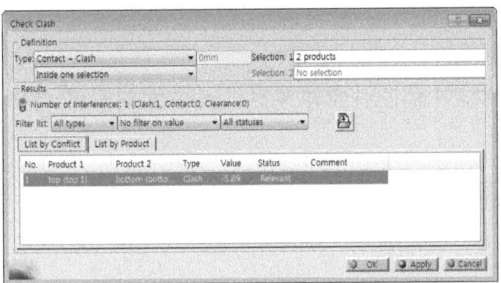

그림 15-18 확장된 대화상자

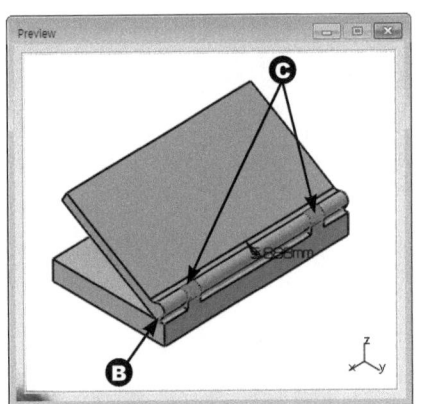

그림 15-19 검사 결과

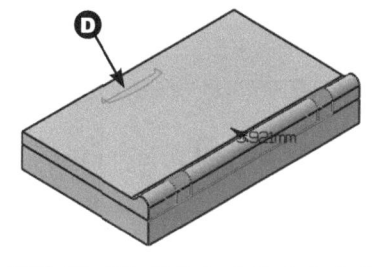

그림 15-20 접혔을 때의 간섭 상태

END of Exercise

15.3 다른 컴포넌트의 형상을 이용한 모델링

어셈블리를 구성하고 간섭 체크를 한 후 간섭이 발생하는 부분의 형상을 수정하여야 한다. 이 때, 다른 컴포넌트의 형상을 보면서 또는 필요할 경우 직접 이용하면서 모델링을 진행하면 편리할 수 있다. 어셈블리 상태에서 파트를 활성화 시키면 이러한 모델링을 수행할 수 있다.

다른 컴포넌트의 형상을 이용하여 모델링을 한다는 것은 다음과 같은 경우를 말한다.

① 다른 컴포넌트의 면을 이용하여 스케치 평면을 정의한다.
② 다른 컴포넌트의 면이나 곡면을 Pad나 Pocket 등의 피쳐를 정의할 때 사용한다.
③ 다른 컴포넌트의 꼭지점이나 모서리를 투영 또는 교차시켜 생성되는 개체를 이용한다.

이렇게 모델링을 할 때 Keep link with selected object 옵션을 체크 했다면 형상을 참고한 상대 부품이 변경될 경우 업데이트 된다. 조립된 위치를 이동시킬 경우에도 새로운 위치에 따라 업데이트 되어 원하지 않는 형상이 나타날 수 있음에 주의해야 한다. 즉, 이 옵션을 켜고 모델링을 하였다면 어셈블리에서 컴포넌트의 위치를 변경하면 안된다.

반대로 만약 어셈블리에서 컴포넌트의 위치를 변경해야 한다면 이 옵션을 해제하고 모델링을 진행해야 한다. 이 때는 상대 컴포넌트의 형상이 변경되더라도 업데이트는 되지 않는다.

15 장: 어셈블리 II (Top-Down Assembly)

Exercise 03　모델 수정　　　　　　　　　　*Folder: ch15_003*

그림 15-19의 **B**, **C** 부분과 그림 15-20의 **D** 부분의 간섭을 없애기 위하여 top 컴포넌트와 bottom 컴포넌트를 수정하자.

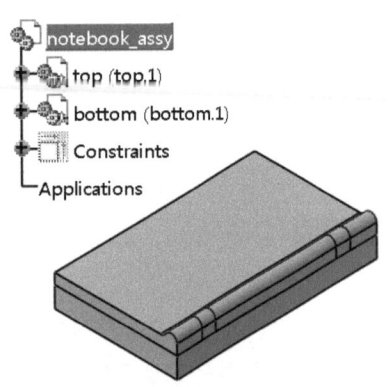

그림 15-21 불필요한 화면표시 숨기기

옵션 설정

1. 지정된 폴더(ch15_003)에서 주어진 파일 notebook_assy.CATProduct를 연다.

2. 메뉴바의 Tools 〉 Options를 선택하고 Infrastructure 〉 Part Infrastructure를 선택한 다음 General 탭에서 Keep link with selected object 옵션을 해제한다.

3. Spec Tree의 Constraints 항목에 MB3 〉 Hide/Show를 선택하여 구속조건을 모두 숨긴다.

top 컴포넌트 수정

1. Spec Tree에서 top 파트를 더블클릭하여 그림 15-22에 화살표로 가리킨 것과 같이 활성화시킨다.

2. 메뉴바의 Tools 〉 Options를 선택하고 Mechanical Design 〉 Sketcher를 선택한 다음 Position sketch plane parallel to screen 옵션을 해제한다.

3. Sketch 버튼을 누르고 그림 15-23과 같이 top 컴포넌트의 **A** 면을 스케치 면으로 지정한다.

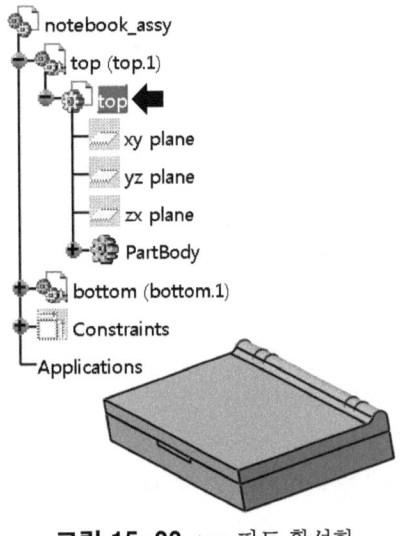

그림 15-22 top 파트 활성화

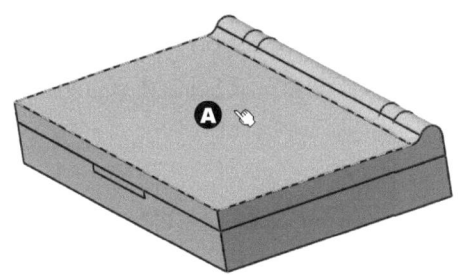

그림 15-23 스케치면 지정

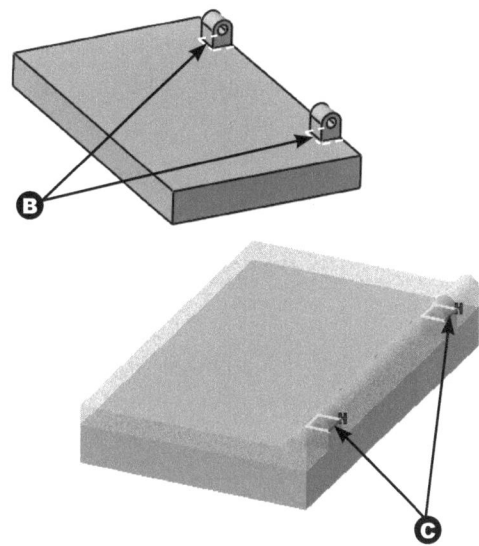

그림 15-24 스케치 생성

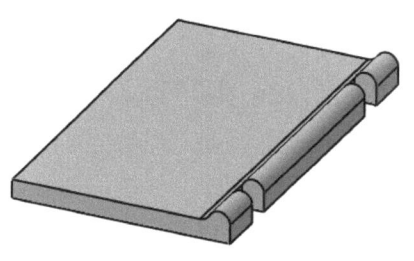

그림 15-25 수정된 top 컴포넌트

4. top 컴포넌트를 숨긴다.

5. Project 3D Elements 버튼을 더블클릭한다.

6. bottom 컴포넌트의 힌지부 아래 부분 모서리를 선택하여 top 컴포넌트의 스케치 면에 투영한다. (그림 15-24의 ❶)

7. 그림 15-24의 ❶와 같이 Line 기능을 이용하여 직선을 생성한다.

8. Sketcher를 빠져 나간다.

9. Pocket 기능을 이용하여 top 컴포넌트의 양쪽 방향으로 형상을 제거한다.

10. bottom 컴포넌트를 숨기고 top 컴포넌트를 보이게 하면 그림 15-25와 같다.

그림 15-24의 ❶ 부분의 간섭은 모서리 부분이 힌지의 회전 중심을 벗어나기 때문에 발생하는 것이다. 따라서 회전 반경에 해당되는 필렛을 생성할 것이다.

11. Measure 툴바에서 Measure Between 버튼을 누른다.

15 장: 어셈블리 II (Top-Down Assembly)

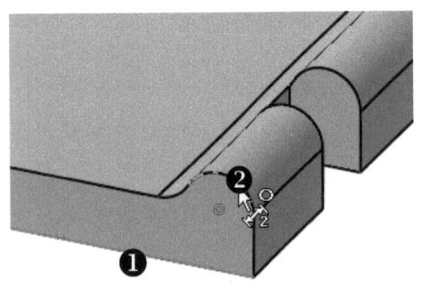

그림 15-26 거리 측정

그림 15-27 top 파트 수정 후의 모델

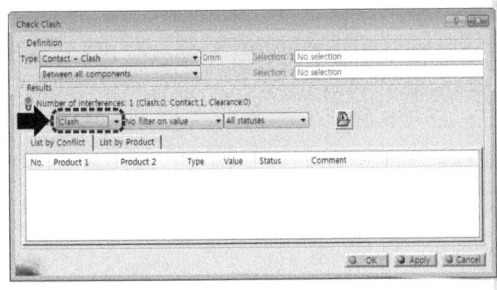

그림 15-28 간섭 체크

12. 대화상자의 Selection 1 mode에 Any geometry를 선택하고 Selection 2 mode에 Arc center를 선택한다.

13. 그림 15-26의 ❶ 모서리를 선택하고 ❷ Arc를 선택한다.

14. 모서리와 원의 중심과의 거리가 5mm 라는 것을 확인하고 Cancel 버튼을 누른다.

15. Edge Fillet 기능을 이용하여 모서리에 5mm의 필렛을 생성한다.

16. 힌지부에 직경 3mm 관통 구멍을 생성한다. 그림 15-27은 구멍을 생성한 후의 모델을 보여준다.

17. Spec Tree에서 Notebook_assy를 더블클릭하여 활성화시킨다.

18. bottom 컴포넌트를 보이게 한다.

19. 각도를 45°로 수정한다.

20. 간섭을 체크한다.

21. 그림 15-28과 같이 Filter list를 Clash 로 선택한다.

22. 간섭이 없음을 확인한다.

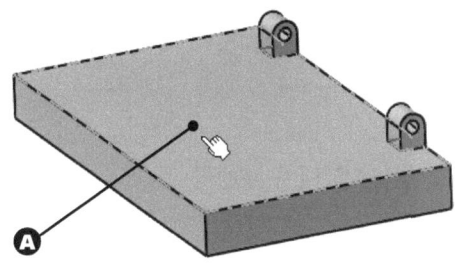

그림 15-29 스케치면 설정

23. Preview 창을 닫고 Check Clash 대화상자에서 OK 버튼을 누른다.

24. 메뉴바에서 File 〉 Save All 을 선택하여 수정된 모든 파일을 저장한다.

bottom 컴포넌트 수정

1. 각도를 다시 0°로 수정한다.

2. top 컴포넌트를 숨긴다.

3. Spec Tree에서 bottom 파트를 더블클릭하여 활성화시킨다.

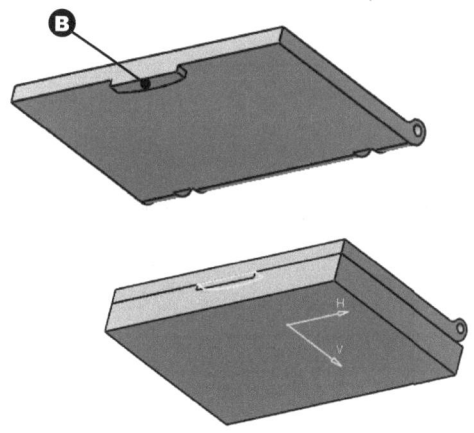

그림 15-30 모서리 투영

4. Sketch 버튼을 눌러 그림 15-29의 **A** 면을 스케치 면으로 설정한다.

5. Project 3D Elements 기능을 이용하여 그림 15-30의 **B** 면의 둘레 모서리를 투영한다.

6. Sketch를 빠져 나간다.

7. Pocket 기능을 이용하여 top 컴포넌트의 **C** 면(그림 15-31)까지 돌출시켜 제거한다.

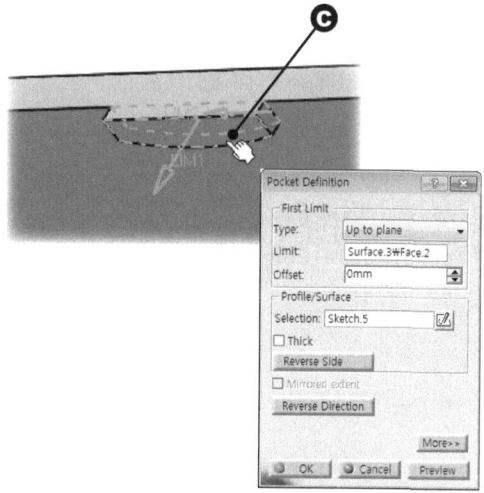

그림 15-31 Pocket 기능을 이용한 형상 제거

! Tip !!

모델링 중간에 Hide/Show 기능을 사용할 수 있다. 따라서 선택하기 불편하면 대화상자가 나와 있는 동안에도 불필요한 컴포넌트를 숨긴다.

15 장: 어셈블리 II (Top-Down Assembly)

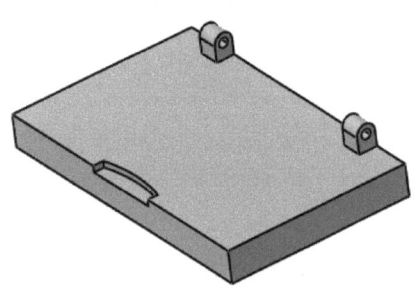

그림 15-32 bottom 파트의 형상

제거한 후의 bottom 파트의 형상은 그림 15-32와 같다.

8. 간섭체크를 다시 수행하여 Clash가 발생되지 않음을 확인한다.

9. File > Save All 기능을 이용하여 수정된 모든 파일을 저장한다.

Exercise 04 Manipulation 기능의 옵션

계속

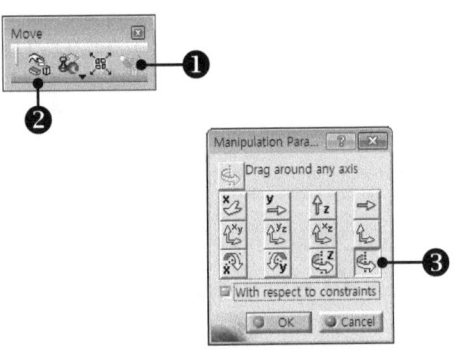

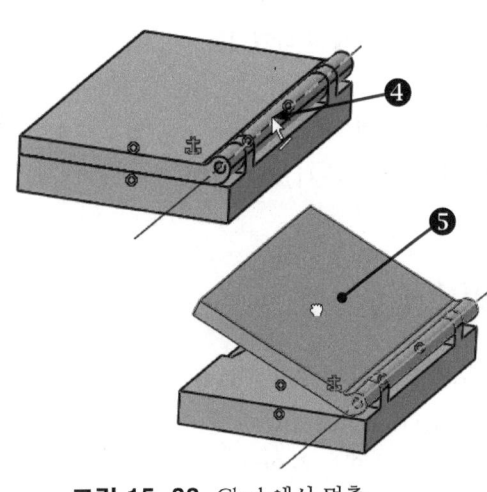

그림 15-33 Clash에서 멈춤

위에서 저장한 파일을 이용한다.

1. 구속조건을 보이게 하고, 각도 구속을 삭제한다.

2. Move 툴바에서 Stop manipulate on clash 버튼을 누른다. (그림 15-33의 ❶)

3. Move 툴바에서 Manipulation 버튼을 누른다. (그림 15-33의 ❷)

4. Drag around any axis 버튼을 누른다. (그림 15-33의 ❸)

5. 힌지의 중심축을 선택한다.(❹)

6. top 컴포넌트를 드래그한다.(❺)

bottom 컴포넌트의 윗면과 Clash가 발생하면 더 이상 돌아가지 않는다.

END of Exercise

15.4 서브 어셈블리와 새로운 파트 생성

15.4.1 새로운 프러덕트 생성

이미 생성되어 있는 프러덕트 또는 컴포넌트 안에 새로운 프러덕트를 생성한 후 CATProduct 파일로 저장할 수 있다. Product Structure Tools 툴바에서 Product 아이콘을 누른 후 프러덕트를 넣을 기존의 프러덕트나 컴포넌트를 선택한다. 파트 프러덕트 안에는 프러덕트를 생성할 수 없음에 유의한다. Spec Tree에서 프러덕트를 더블클릭 하면 어셈블리 관련 작업을 할 수 있는 워크벤치가 실행된다.

15.4.2 새로운 컴포넌트 프러덕트 생성

이미 생성되어 있는 프러덕트 또는 컴포넌트 안에 새로운 컴포넌트 프러덕트를 생성할 수 있다. 컴포넌트로 생성한 서브 어셈블리는 CATProduct 파일로 저장할 수 없음에 유의한다. Product Structure Tools 툴바에서 Component 아이콘을 누른 후 컴포넌트 프러덕트를 넣을 기존의 프러덕트나 컴포넌트를 선택한다. 파트 프러덕트 안에는 컴포넌트 프러덕트를 생성할 수 없음에 유의한다. Spec Tree에서 프러덕트를 더블클릭 하면 어셈블리 관련 작업을 할 수 있는 워크벤치가 실행된다.

15.4.3 새로운 파트 프러덕트 생성

이미 생성되어 있는 프러덕트 또는 컴포넌트 안에 새로운 파트 프러덕트를 생성할 수 있다. 파트 프러덕트는 새로운 파트를 생성할 때 자동으로 추가된다. Product Structure Tools 툴바에서 Part 아이콘을 누른 후 파트 프러덕트를 넣을 프러덕트나 컴포넌트를 선택한다. 그림 15-34 와 같은 New Part: Origin Point 대화상자가 나타나고 예(Yes) 또는 아니오(No) 버튼을 눌러 새로운 파트의 원점을 정할 수 있다.

파트 프러덕트 안에는 파트 프러덕트를 생성할 수 없음에 유의한다. Spec Tree에서 파트 프러덕트를 더블클릭 하면 어셈블리 관련 작업을 할 수 있는 워크벤치가 실행된다. Spec Tree에서 파트를 더블클릭 하면 모델링 관련 작업을 할 수 있는 워크벤치가 실행된다.

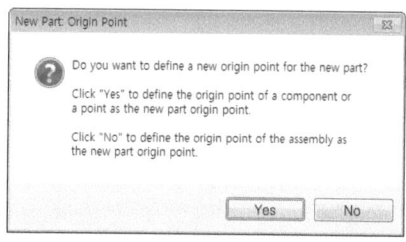

그림 15-34 New Part: Origin Point 대화상자

Exercise 05 Product 구조 생성하기

그림 15-35와 같이 엔진 어셈블리의 Product 구조를 생성하고 각각의 파일을 ch15_005 폴더에 저장하시오. 그림 14-51의 Manual Input 옵션을 설정한 후 진행한다.

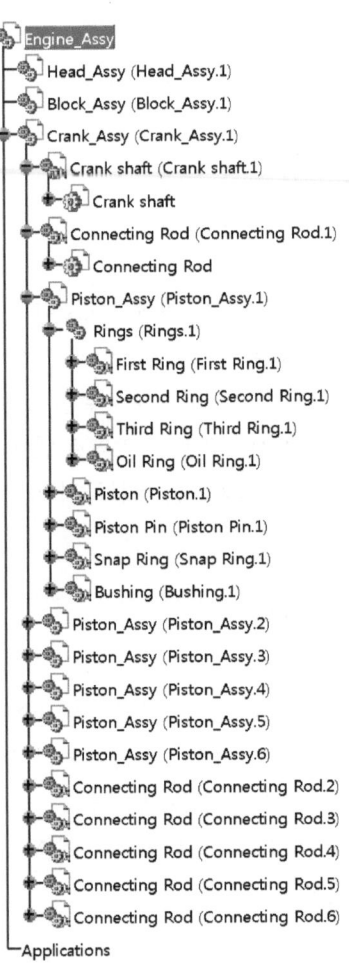

그림 15-35 Engine Assembly의 프러덕트 구조

END of Exercise

Folder: ch15_006 **Pin 파트 생성하기** **Exercise 06**

Notebook_assy의 힌지 부에 조립할 pin 파트를 생성한 후 양쪽에 조립해보자.

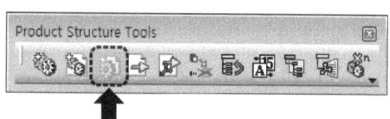

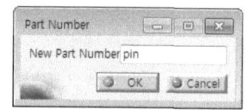

그림 15-36 파트명 입력

1. ch15_006 폴더에 있는 notebook_assy.CATProduct 파일을 연다.
2. 그림 14-51의 Manual Input 옵션을 설정한다.
3. Product Structure Tools 툴바에서 Part 아이콘을 누른다. 스테이터스바에는 새로운 파트를 추가할 컴포넌트를 선택하라는 메시지가 나타난다.

4. Spec Tree에서 Notebook_assy를 선택한다.
5. Part Number 대화상자에 "pin"이라고 입력하고 OK 버튼을 누른다.
6. New Part: Origin Point 대화상자에서 "예"를 선택한다. 새로운 원점을 정의하라는 메시지가 나타난다.
7. 그림 15-37의 ❹ 점을 선택하여 원점을 정한다. 그림 15-37의 ❺와 같이 그 위치에 세 개의 평면이 생성된다.

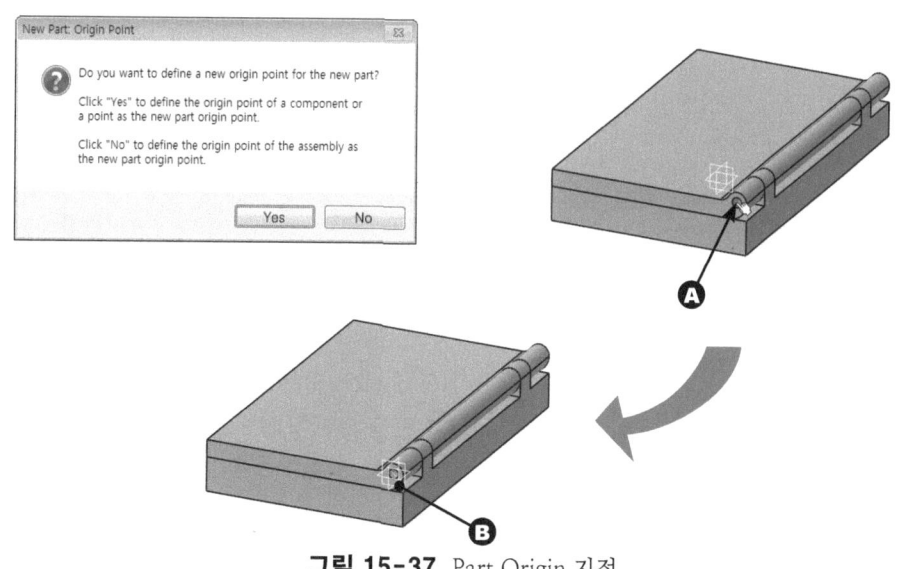

그림 15-37 Part Origin 지정

15 장: 어셈블리 II (Top-Down Assembly)

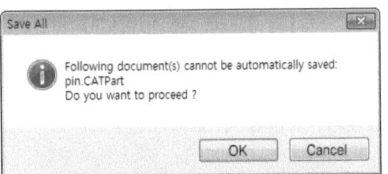

그림 15-38 Save All 메시지

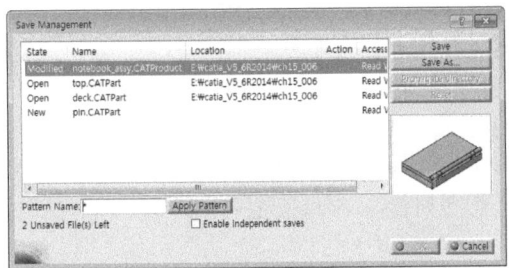

그림 15-39 Save Management 대화상자

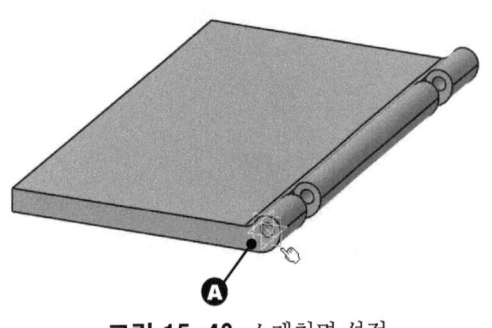

그림 15-40 스케치면 설정

8. 메뉴바에서 File 〉 Save All을 선택한다. 그림 15-38과 같은 메시지가 나타난다. pin.CATPart 파일은 자동으로 저장할 수 없음에 유의한다.

"Pin.CATPart를 저장할 수 없습니다. 계속 진행하겠습니까?"

9. "취소"를 선택한다.

10. File 〉 Save Management를 선택한다.

11. Save Management 대화상자에서 Notebook_assy.CATProduct를 선택하고 Save 버튼을 누른다.

12. pin.CATPart를 선택하고 Save As 버튼을 누른 후 Save As 대화상자에서 파일 이름을 확인하고 "저장" 버튼을 누른다.

13. Save Management 대화상자에서 OK 버튼을 누르면 저장된다.

14. Spec Tree에서 pin 파트를 더블클릭한다.

15. bottom 컴포넌트를 숨긴다.

16. Sketch 버튼을 누른 후 그림 15-40의 Ⓐ 면을 스케치면으로 설정한다.

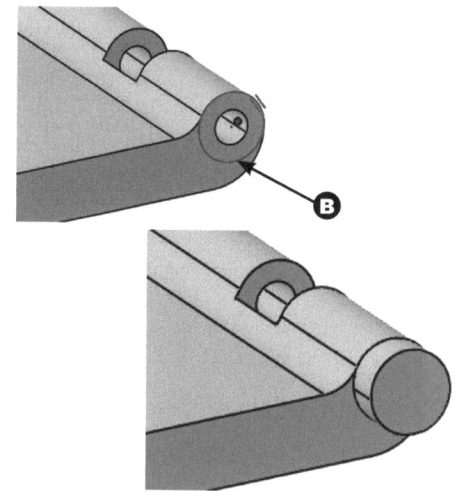

그림 15-41 핀 머리부 생성

17. 그림 15-41의 **B**와 같이 스케치를 생성하고 스케치를 빠져 나간다.

18. 생성한 스케치를 3mm 돌출시켜 핀의 머리 부분을 생성한다.

19. 핀 머리부의 안쪽 면에 그림 15-42의 **C**와 같이 직경 3mm의 원을 생성한다.

20. Pad 버튼을 눌러 그림 15-42의 **D**면을 15mm 오프셋 한 면까지 돌출시켜 핀의 길이부를 생성한다.
마우스 포인터를 이 위치로 가져간 다음 화살표 키를 누르면 보이지 않는 개체를 선택할 수 있다.

21. Save Management 기능을 이용하여 수정된 모든 파일을 저장한다.

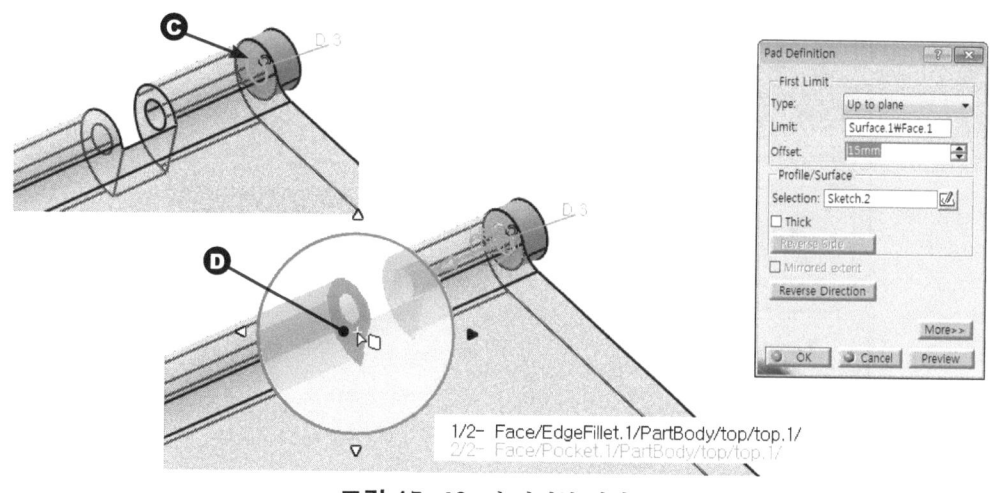

그림 15-42 핀 길이부 생성

END of Exercise

15.5 Formula 이용

13장에서 사용했던 Formula 기능을 이용하여 어셈블리 상태에서 다른 프러덕트 또는 파트의 파라미터를 이용할 수 있다. 새로운 파라미터를 생성한 후 특정 값을 할당하거나 측정한 값을 이용할 수도 있으며 서로 다른 파트의 파라미터 사이에 관계를 설정한 후 어셈블리 범주 내에서 관계가 유지되도록 할 수도 있다. 파라미터간의 관계가 유지되도록 하려면 Option 〉 General 탭 〉 Infrastructure 〉 Part Infrastructure에서 Keep link with selected object 옵션을 선택해야 한다.

Spec Tree에 이름을 설정한 파라미터를 표시할 수 있으며 파라미터간의 관계를 정의할 때 선택하여 사용할 수 있다. 이름을 설정한 파라미터를 Spec Tree에 표시하려면 Parameters 옵션(그림 15-43의 Ⓐ)을 설정해야 한다. Spec Tree에 파라미터간의 관계(Relation)을 표시하려면 Relations 옵션(그림 15-43의 Ⓑ)을 설정해야 한다.

Spec Tree에 이름을 설정한 파라미터와 Relation을 표시하려면 Options 대화상자에서 해당 옵션을 활성화 시켜야 한다. (그림 15-44의 Ⓒ) 그림 15-45는 이름을 설정한 파라미터와 Relation을 표시한 Spec Tree를 보여준다.

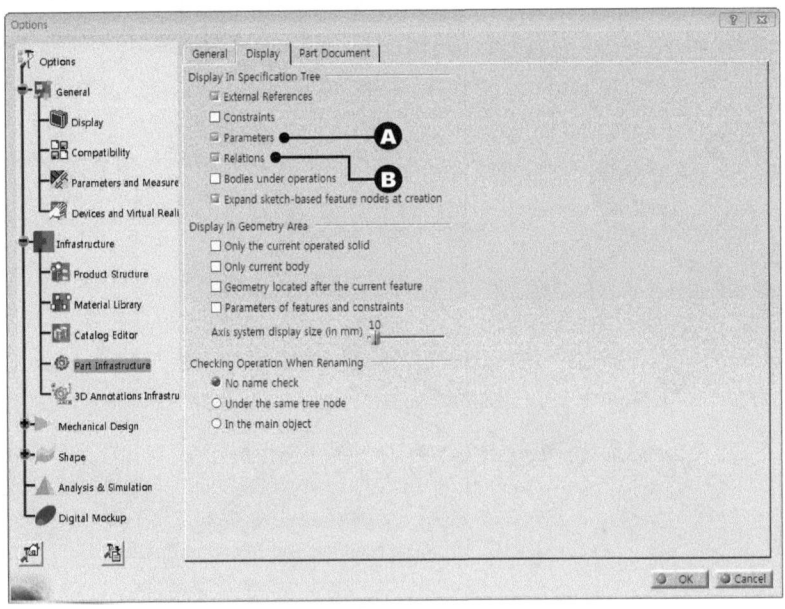

그림 15-43 Part Infrastructure의 Display 옵션

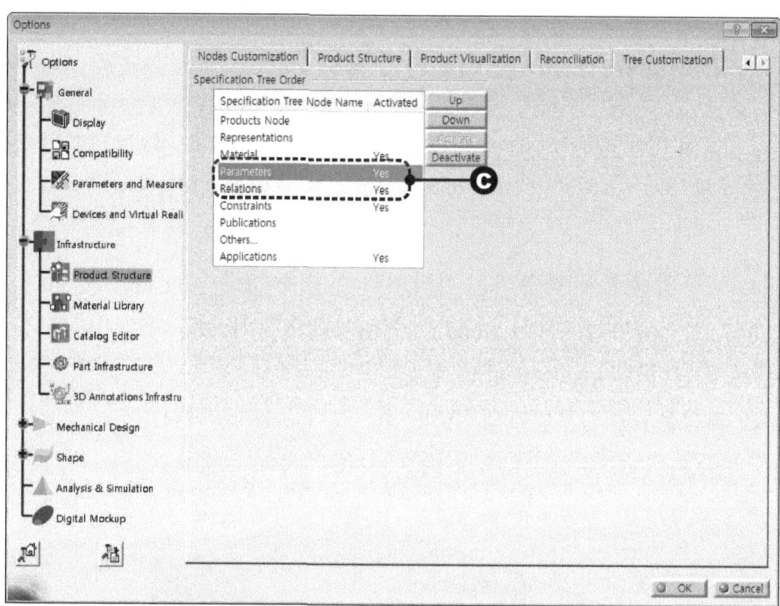

그림 15-44 Product Structure의 Display 옵션

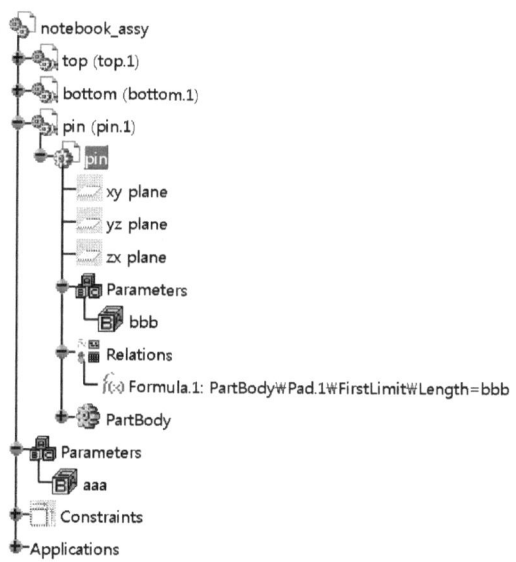

그림 15-45 Parameters와 Relations

15 장: 어셈블리 II (Top-Down Assembly)

Exercise 07   **파라미터와 Relation을 이용한 모델링**   *Folder: ch15_007*

이 연습에서는 pin 파트와 notebook_assy 프러덕트에 파라미터를 정의한 후 다음 조건에 맞게 서로 다른 파일에 있는 파라미터 사이의 연관 관계를 설정할 것이다.

1. top 컴포넌트의 구멍 지름에 해당하는 파라미터 이름을 "hole_dia"로 변경한다.
2. notebook_assy 프러덕트에 "head_height"라는 이름으로 새로운 파라미터를 정의한다.
3. pin 머리 부분의 높이는 "head_height"와 같다.
4. pin 몸통부의 지름은 top 컴포넌트의 "hole_dia"보다 0.1mm 작다.

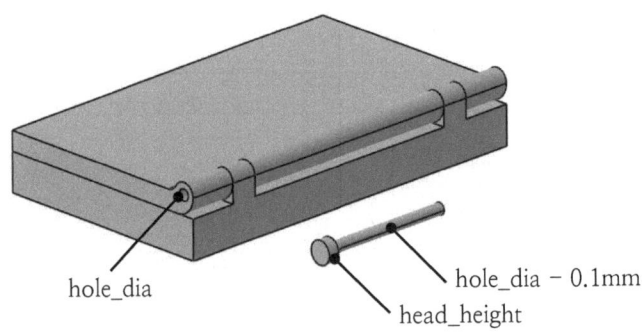

그림 15-46 notebook_assy

구멍 지름의 파라미터 이름 변경

1. 지정된 폴더 ch15_007에서 notebook_assy.CATProduct 파일을 연다.
2. 모든 구속조건을 Deactivate 시키고 그림 15-46과 같이 pin 컴포넌트를 이동시킨다.
3. Knowledge 툴바에서 Formula 아이콘을 누른다.
4. Spec Tree에서 top 파트를 선택한다. top 파트의 파라미터가 표시된다.

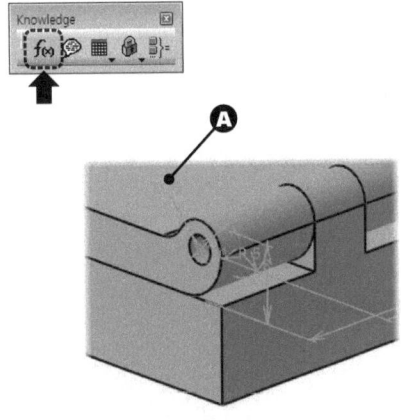

그림 15-47 Hole의 지름

5. top 파트에서 그림 15-47의 **A**로 표시되어 있는 구멍 지름에 해당되는 파라미터를 선택한다.

6. 파라미터의 변수명 입력창에 나타나는 이름을 지우고 그림 15-48의 **B**와 같이 "hole_dia"라고 입력한 후 Tab 키를 누른다.

7. Formulas 대화상자에서 OK 버튼을 누른다.

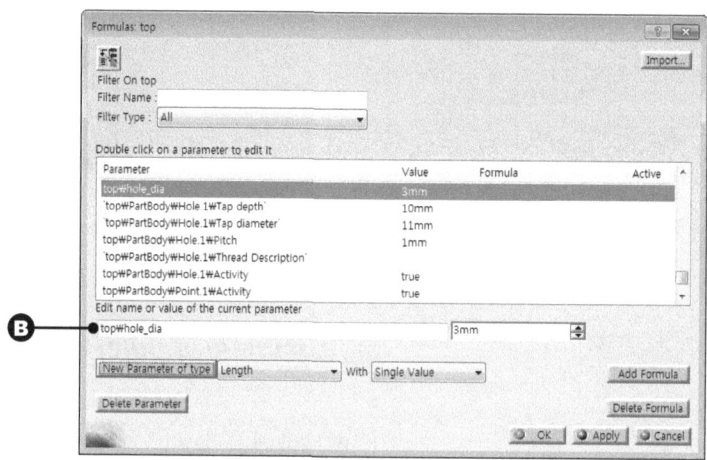

그림 15-48 Hole Diameter 설정

"head_height" 파라미터 생성

notebook_assy 프러덕트에 "head_height" 파라미터를 생성하자.

1. 그림 15-43, 그림 15-44와 같이 파트와 프러덕트의 파라미터와 Relations를 활성화 시킨다.

2. Konwledge 툴바에서 Formula 아이콘을 누른다.

3. Formula 대화상자에서 Length 타입을 선택하고 New Parameter of type 버튼을 누른다.

4. 기본으로 나타나는 이름 Length.1을 그림 15-49와 같이 "head_height"로 변경하고 초기값 3mm를 입력한다.

Spec Tree에 파라미터가 표시된다.

15 장: 어셈블리 II (Top-Down Assembly)

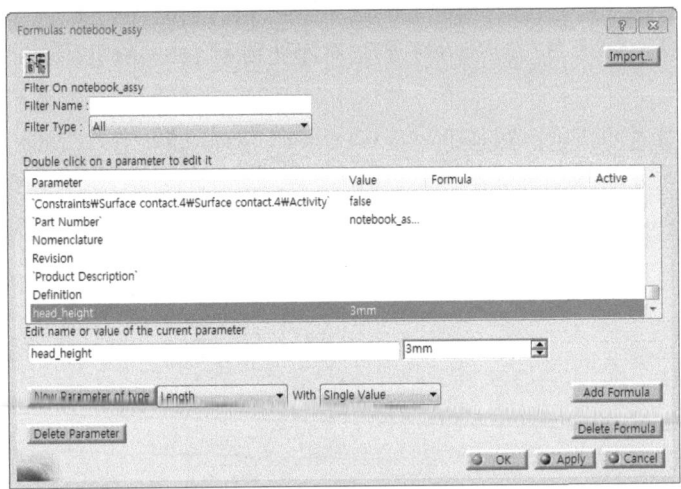
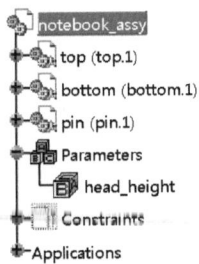

그림 15-49 "head_height" 설정

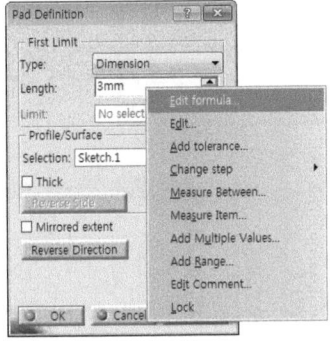

그림 15-50 Edit Formula 메뉴

pin 컴포넌트의 파라미터 수정

1. 메뉴바에서 Tools 〉 Options를 선택하고 Infrastructure 〉 Part Infrastructure 〉 General 탭에서 Keep link with selected object 옵션을 선택한다.

2. pin 파트를 더블클릭하여 파트 수정 모드로 들어간다. Part Design 워크벤치가 실행된다. 그렇지 않다면 워크벤치를 변경한다.

3. pin 파트의 PartBody 항목을 펼치고 Pad.1 피쳐를 더블클릭 한다.

4. Length 입력창에 우클릭 〉 Edit Formula 를 선택한다. Formula Editor 대화상자가 나타난다.

5. notebook_assy 프러덕트에 정의되어 있는 파라미터 "head_height"를 선택한다.

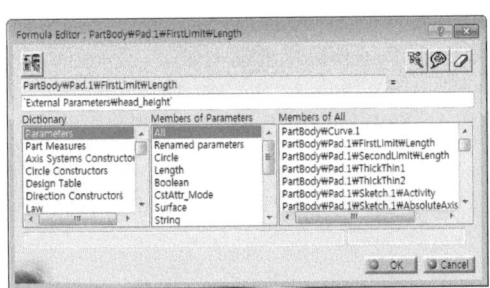

그림 15-51 Formula Editor

6. Formula Editor 대화상자에서 OK 버튼을 누른다. Pad Definition 대화상자의 Length 입력창 옆에 f(x) 표시가 나타난다.

7. Pad Definition 대화상자에서 OK 버튼을 누른다.

Spec Tree에 그림 15-52와 같이 Relatiopns 항목이 표시된다.

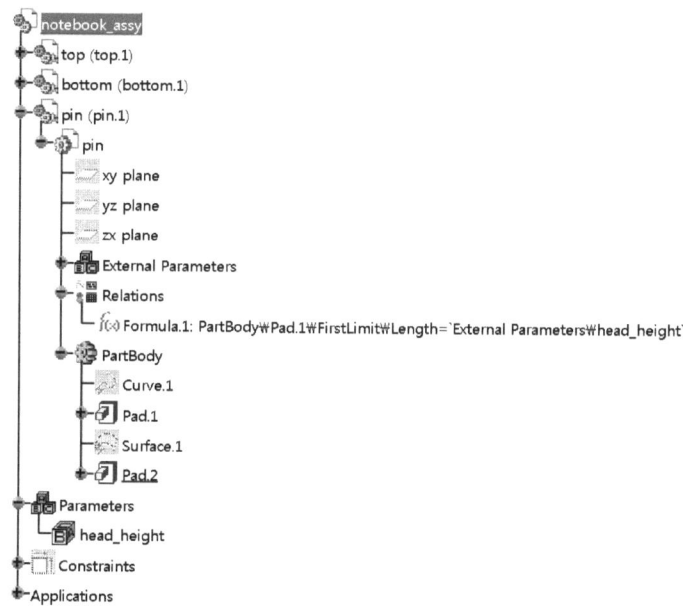

그림 15-52 Spec Tree의 Relations 항목

핀 지름의 파라미터 수정

핀 지름에 해당되는 파라미터를 수정할 것이다. 현재 pin 파트의 수정 모드에 있다는 점을 기억하자.

1. pin 파트의 Spec Tree에서 Pad.2 피쳐를 펼치고 Sketch.2를 더블클릭 한다.
2. 스케치에서 반지름 치수에 우클릭 > Edit Formula를 선택한다.

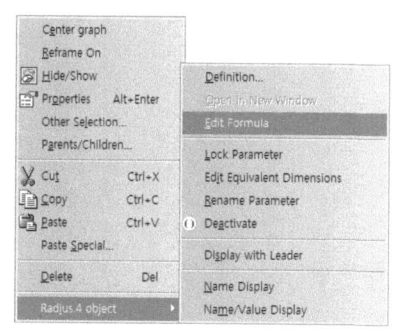

그림 15-53 Edit Formula 메뉴

15 장: 어셈블리 II (Top-Down Assembly)

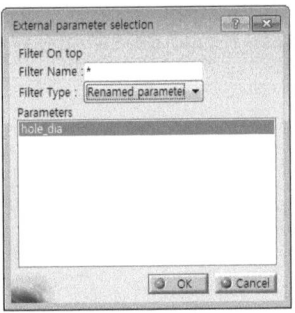

3. Spec Tree에서 top 파트를 선택한다. 그림 15-54와 같은 External parameter selection 대화상자가 나타난다.
4. Filter type 드롭다운 목록에서 Renamed parameter를 선택한다.
5. hole_dia를 선택하고 OK 버튼을 누른다.

그림 15-54 External Parameter Selection 대화상자

6. 그림 15-55와 같이 파라미터 입력창에 수식을 입력한다. 입력창에 3mm가 나타난다면 Keep link with selected object 옵션을 선택한 후 다시 수행한다. 반지름 값을 입력하는 것이므로 전체 값을 2로 나누어야 한다.
7. 대화상자에서 OK 버튼을 누른다.
8. Sketcher를 빠져 나간다.

pin 파트의 Relations 항목에 두 번째 관계식이 기록된다.

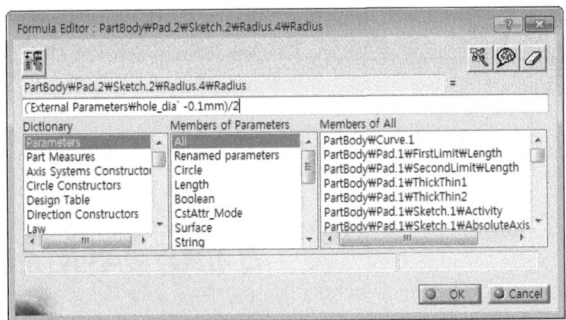

그림 15-55 Fromula Editor

"head_height" 수정

1. notebook_assy 프러덕트를 더블클릭 한다.
2. Spec Tree에서 "head_height" 파라미터를 더블클릭 한다.
3. Edit Parameter 입력창에 5mm를 입력한다.

pin 컴포넌트의 머리 부분 높이가 수정된다.

"hole_dia" 수정

1. Konwledge 툴바에서 Formula 아이콘을 누른다.
2. Spec Tree에서 top 프러덕트를 선택한다.
3. Formulas 대화상자의 Filter Type 드롭다운 목록에서 Renamed Parameters를 선택한다.
4. 파라미터 목록창에서 "topWhole_dia"를 선택한다.
5. 파라미터 입력창에 4를 입력하고 Tab 키를 누른다.
6. Formulas 대화상자에서 OK 버튼을 누른다.

top 컴포넌트의 구멍 지름이 변경되고 pin 파트의 몸통 부분 지름이 업데이트 된다.

7. Save Management 기능을 이용하여 파일을 저장한다.

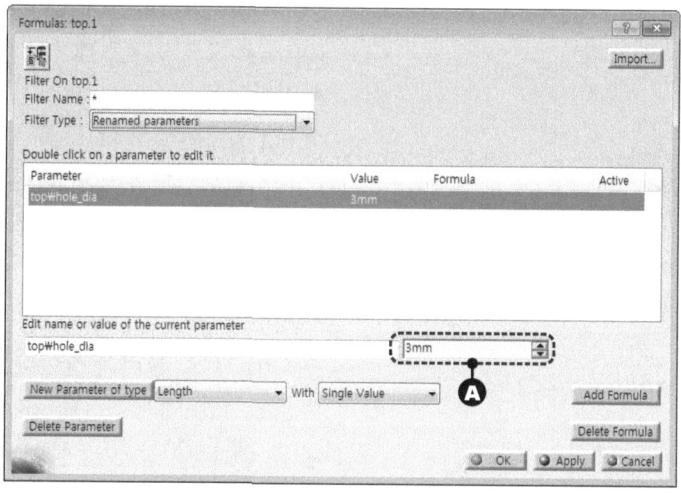

그림 15-56 Formulas 대화상자

END of Exercise

Exercise 08   pin 컴포넌트 구속   *Folder: ch15_008*

pin 컴포넌트를 구속하고 반대쪽에도 같은 컴포넌트를 복사한 다음 같은 방법으로 구속 조건을 부여하자. pin 컴포넌트의 회전 자유도는 top 컴포넌트에 대해 구속할 것이다.

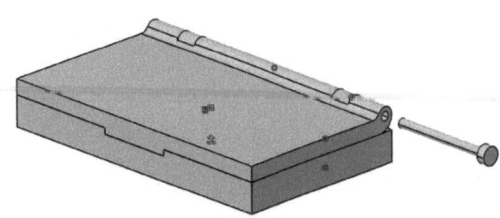

그림 15-57 핀의 이동

1. ch15_008 폴더에 있는 CATProduct 파일을 연다.
2. 어셈블리 구속을 모두 보이게 하고 bottom 컴포넌트를 숨긴다.
3. 그림 15-57과 같이 pin 컴포넌트를 빼낸다.
4. Coincident Constraint를 이용하여 축 일치 조건을 부여하고, Contact Constraint를 이용하여 pin 머리 부분과 top 컴포넌트의 조립에 접촉 구속조건을 부여한다.
5. pin 컴포넌트의 Plane을 표시한다.
6. top 컴포넌트의 윗면과 pin 컴포넌트의 xy 평면 사이에 Angle Constraint/Parallelism 구속을 적용시킨다.
7. Spec Tree에서 pin 컴포넌트를 선택한 후 Ctrl +C를 눌러 복사한다.
8. Spec Tree에서 Notebook_assy를 선택한 후 Ctrl + V를 눌러 붙여넣기 한다.

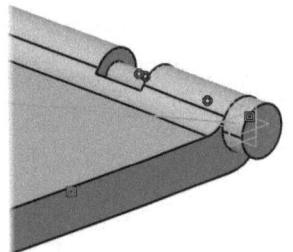

그림 15-58 구속조건 부여

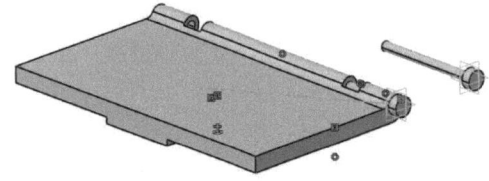

그림 15-59 복사한 컴포넌트의 이동

> **보이지 않는 컴포넌트의 이동**
>
> 컴파스의 Snap 기능을 켠 후 Spec Tree에서 컴포넌트를 선택하면 그 컴포넌트의 원점에 스냅이 걸리고 드래그 하여 컴포넌트를 이동시킬 수 있다.

9. Compass를 이용하여 붙여넣기 한 컴포넌트(pin.2)를 그림 15-59와 같이 이동시킨다.
10. pin.2 인스턴스의 중심 축(그림 15-60의 ❹)과 top 컴포넌트의 힌지부 중심(그림 15-60의 ❺)을 선택하여 Coincidence 구속조건을 부여한다.

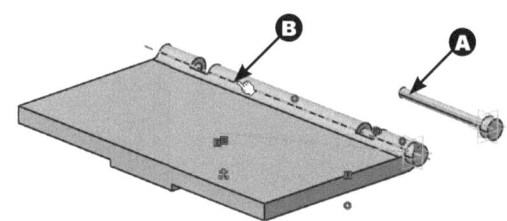

그림 15-60 Coincidence 구속

pin.2 인스턴스가 다른 컴포넌트 안으로 들어가면 Spec Tree에서 pin.2 인스턴스에 MB3 〉 Reframe On을 선택한다. pin.2를 기준으로 화면이 확대되어 위치를 알 수 있다.

11. Compass 또는 Bounding Box를 이용하여 pin.2를 다시 적당한 위치로 이동시킨다.
12. Contact Constraint를 이용하여 pin.2의 머리 안쪽 면과 top 컴포넌트의 측면 사이에 접촉 구속을 부여한다.
13. top 컴포넌트의 윗면과 pin.2 인스턴스의 xy 평면 사이에 Angle Constraint/ Parallelism 구속을 적용시킨다
14. pin 파트의 기본 Plane을 모두 숨긴다.
15. 어셈블리 구속 기호를 모두 숨긴다. 그림 15-61은 최종 어셈블리를 보여준다.
16. 수정된 모든 파일을 저장한다.

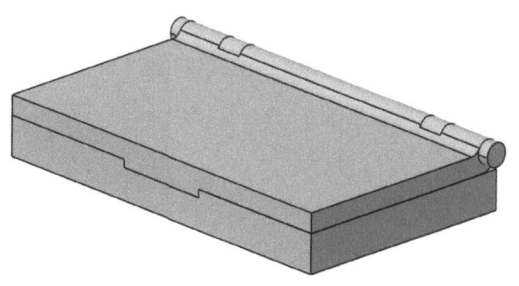

그림 15-61 최종 어셈블리

END of Exercise

15.6 Publication

개체나 파라미터를 퍼블리시 하고 다른 설계자들이 제한적으로 사용하도록 설정할 수 있다. 다른 설계자들과 공동으로 Top-Down 어셈블리 모델링을 수행할 때 유용하게 사용할 수 있다. 파트나 어셈블리에서 개체나 파라미터를 퍼블리시 한 후 그림 15-62의 옵션을 설정하면 다른 설계자들이 퍼블리시 된 개체나 파라미터만 이용하여 연관 관계를 정의할 수 있다. 이 옵션은 Keep link with selected object 옵션을 선택 했을 때만 유효하다.

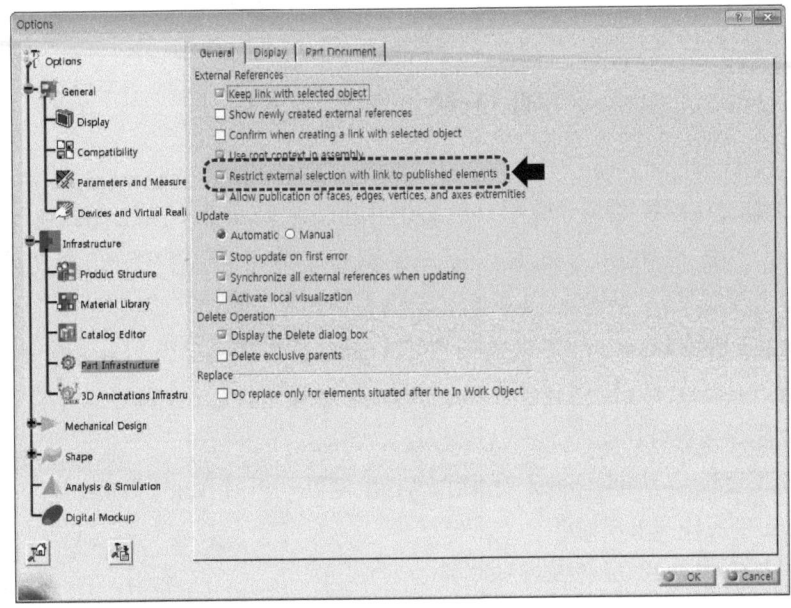

그림 15-62 Publish 된 개체의 옵션

파트나 프러덕트의 수정 모드에서 메뉴바의 Tools 〉 Publication을 선택하여 개체나 파라미터를 퍼블리시 할 수 있다. 그림 15-63의 Face를 퍼블리시 하고 그림 15-62의 옵션을 설정하면 bottom 프러덕트를 모델링 할 때 top 컴포넌트의 퍼블리시 된 Face 외의 다른 개체는 선택할 수 없게 된다. 퍼블리시 된 개체는 Spec Tree에 그림 15-64와 같이 표시되며 모델링 도중 Spec Tree에서 선택하여 사용할 수 있다.

파트나 컴포넌트의 파라미터를 퍼블리시 하려면 Publication 대화상자에서 Parameter 버튼을 누른다. 파트의 파라미터는 파트 수정 모드에서 퍼블리시 할 수 있다.

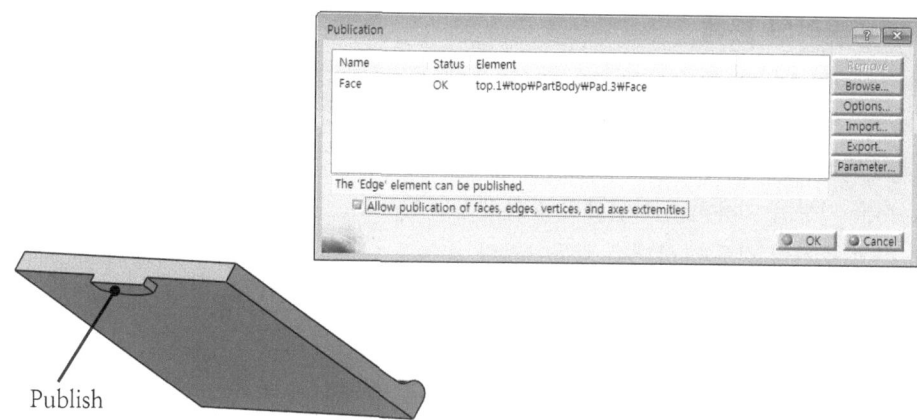

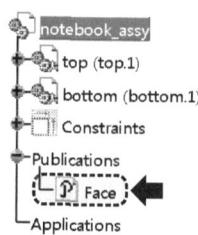

Publish

그림 15-63 Face의 Publish

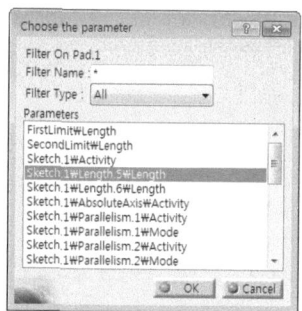

그림 15-64 Publish 된 Face

그림 15-65 Parameter의 Publish

15.7 어셈블리의 분해

일반적으로 어셈블리는 많은 수의 부품으로 이루어져 있어 조립된 상태에서는 안쪽에 있는 부품을 보기 어려울 수 있다. Move 툴바의 Explode 기능을 이용하면 컴포넌트를 분해할 수 있다. Explode 기능을 이용하여 어셈블리를 분해하면 Update All 버튼이 활성화되고, 이 버튼을 누르면 구속 조건이 적용된 상태로 되돌아간다.

기능 사용 절차

① Move 툴바에서 Explode 아이콘을 누른다.
② Explode 옵션을 설정한다.
③ OK 버튼을 누른다.

Depth 옵션은 하위 어셈블리의 컴포넌트까지 분해할 것인지를 설정한다. Type 옵션에서는 3차원적으로 분해할 것인지, 화면에 대하여 2차원적으로 분해할 것인지를 설정하고, 이 옵션에서 Constrained를 선택하면 특정 구속조건(축 일치)으로 구속되어 있는 컴포넌트를 특정 방향으로 분해한다. 그림 15-67은 여러 가지 분해 타입을 보여준다.

Fixed product 옵션을 이용하면 분해 상태를 만들 때 움직이지 않는 기준 컴포넌트를 지정할 수 있다. Selection 영역에서는 선택한 프러덕트의 개수를 보여준다.

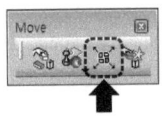
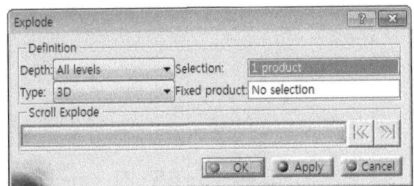

그림 15-66 Explode 대화상자

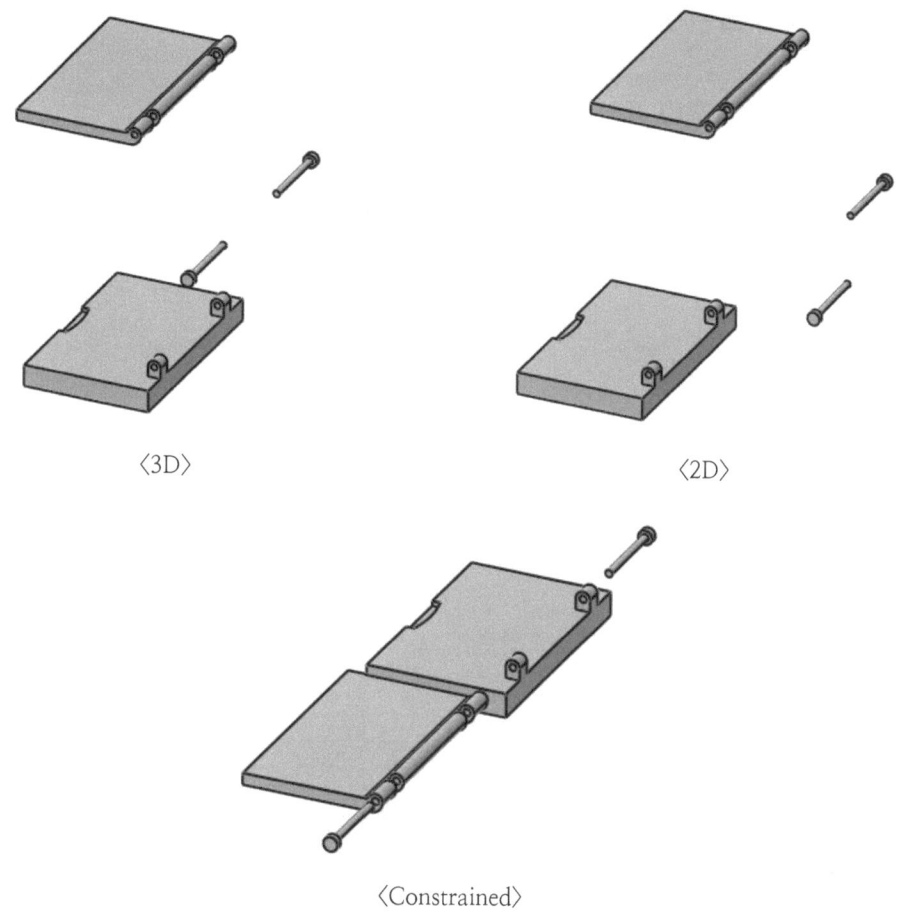

⟨3D⟩　　　⟨2D⟩

⟨Constrained⟩

그림 15-67 여러 가지 분해 타입

15.8 어셈블리의 화면 표시

15.8.1 컴포넌트의 화면 표시

Graphics Properties 툴바의 기능을 이용하여 각 컴포넌트의 색깔, 투명도, 선의 타입 등을 변경할 수 있다. 여기서 변경되는 화면 표시는 현재 열려 있는(또는 활성화되어 있는) Product의 컴포넌트에만 적용된다.

기능 사용 절차

① 최상위 어셈블리를 활성화 시킨다.
② 화면 표시를 수정할 컴포넌트 또는 개체를 선택한다.
③ Graphic Properties 툴바를 설정한다.

그림 15-69는 notebook_assy의 각 컴포넌트의 그래픽 표시를 변경한 결과를 보여준다.

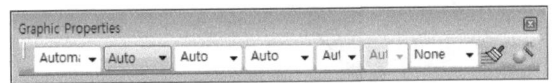

그림 15-68 Graphic Properteis 툴바

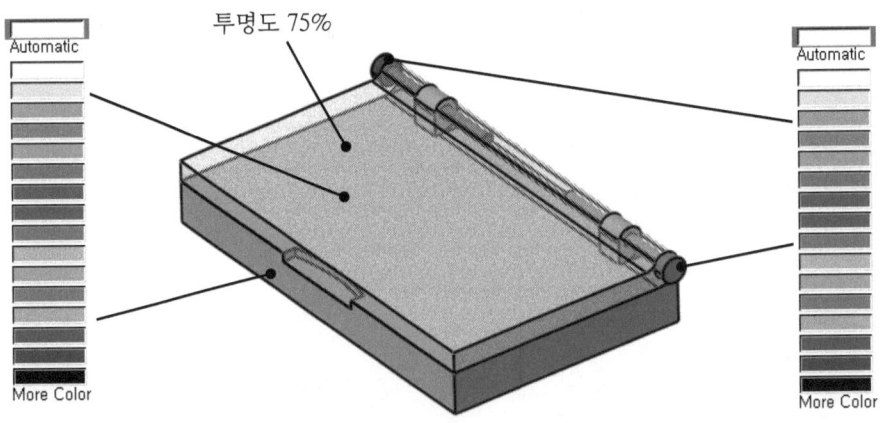

그림 15-69 Graphic Property 수정

15.8.2 단면 표시

Space Analysis 툴바에 있는 Sectioning 기능을 이용하여 프러덕트의 단면을 표시할 수 있다. 간섭이 발생하는 부분 또는 컴포넌트나 어셈블리의 관심 부위를 자세히 검토할 수 있다. Section Definition 대화상자의 각각의 탭에서는 다음과 같은 옵션을 제공한다.

▶ ***Positioning***: 단면의 위치를 지정한다.
▶ ***Result***: 단면 미리보기의 상태를 설정하고 단면의 조건을 표시한다.

Result 탭에서 그림 15-70의 ❹로 표시한 Volume Cut 버튼을 누르면 단면이 그림과 같이 표시된다. 그림 15-70의 ❺로 표시한 버튼을 누르면 Section 창이 나타나며 창의 빈 곳에 마우스 오른쪽 버튼을 눌러 그림 15-70의 ❻ 옵션을 이용하여 단면을 회전(Rotate)시키거나 뒤집을(Flip) 수 있다.

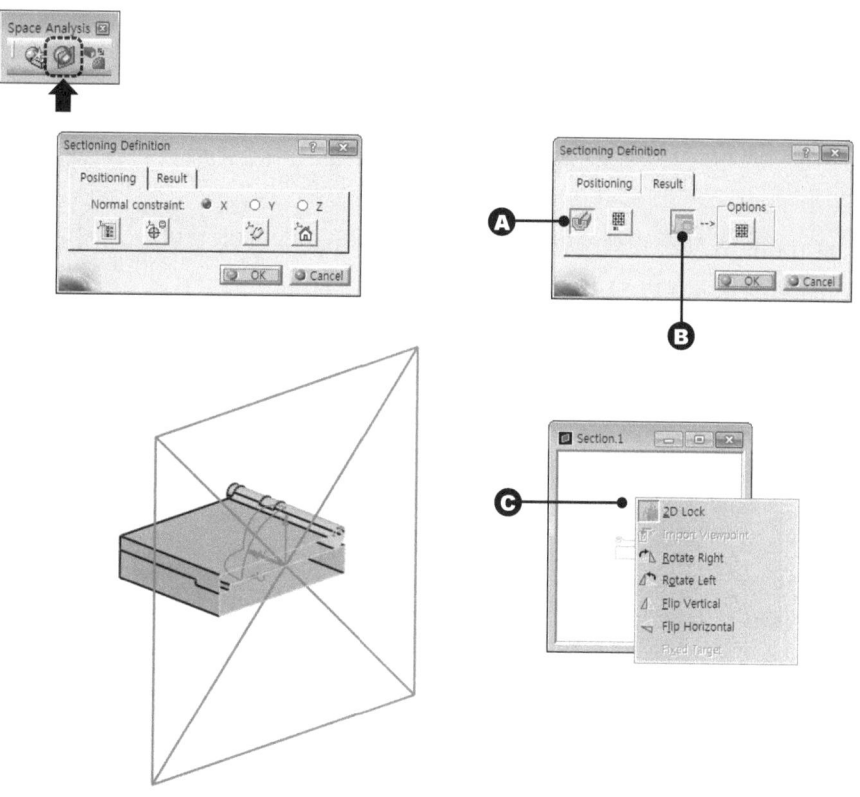

그림 15-70 Assembly의 단면 표시

Section Plane 또는 단면 좌표계에 마우스 포인터를 올려놓고 단면의 방향이나 위치를 조절할 수 있다. 다음과 같은 방법을 이용한다.

▶ ***이동***: 그림 15-71의 **Ⓐ**와 같이 단면 위에 마우스 포인터를 놓고 드래그 하면 단면이 Normal 방향으로 이동된다.

▶ ***크기 조절***: 그림 15-71의 **Ⓑ**와 같이 단면의 경계 부분에 마우스 포인터를 놓고 드래그 하면 단면의 크기가 조절된다.

▶ ***회전***: 그림 15-71의 **Ⓒ**와 같이 단면 좌표계의 호 부분에 마우스 포인터를 놓고 드래그 하면 단면이 회전된다.

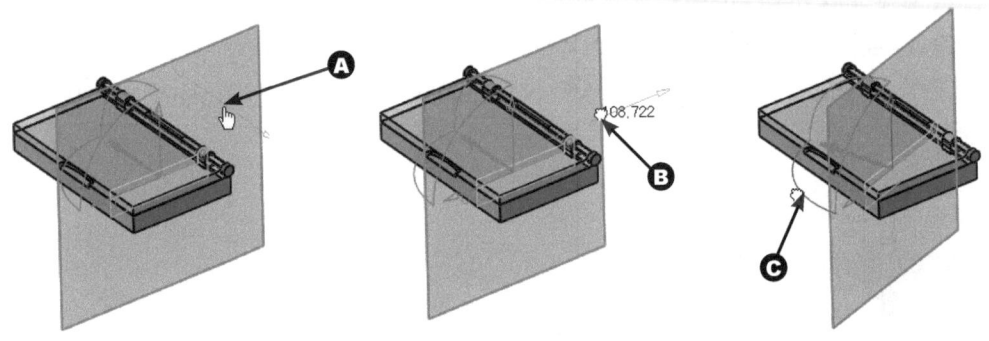

그림 15-71 단면의 조절

Normal Constraint 옵션을 선택하면 해당 방향과 Normal인 단면 평면을 설정할 수 있다. Invert Normal 버튼을 누르면 단면의 방향이 반대로 설정된다.

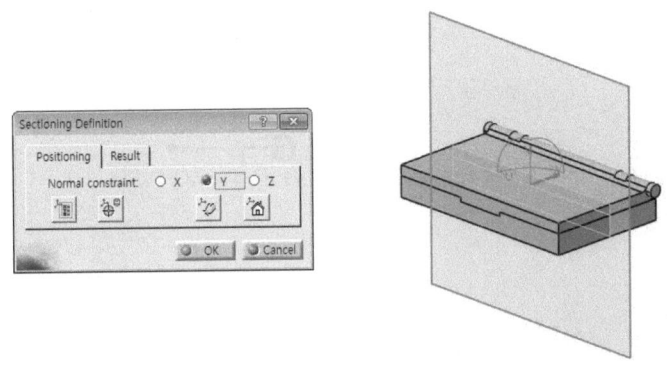

그림 15-72 Normal Direction 변경

Folder: ch15_009 **Inertia 측정** **Exercise 09**

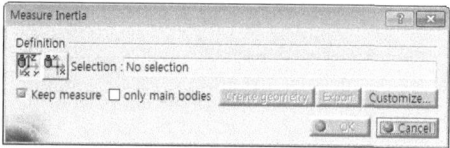

그림 15-73 Measure Inertia 대화상자

1. ch15_009 폴더에서 CATProduct 파일을 연다.

2. Measure 툴바에서 Measure Inertia 아이콘을 누른다.

3. Measure Inertia 대화상자를 확인한다. Measure 3D 버튼이 활성화 되어 있다.

4. Spec Tree에서 측정하고자 하는 프러덕트를 선택한다. 이 예제에서는 전체 어셈블리를 선택한다. (그림 15-74의 Ⓐ)

Measure Inertia 대화상자가 확장되고 그림 15-74의 Ⓑ 부분에 측정 결과가 나타난다.

5. Keep measure 옵션을 체크하고 OK 버튼을 누르면 Spec Tree에 결과가 저장된다.

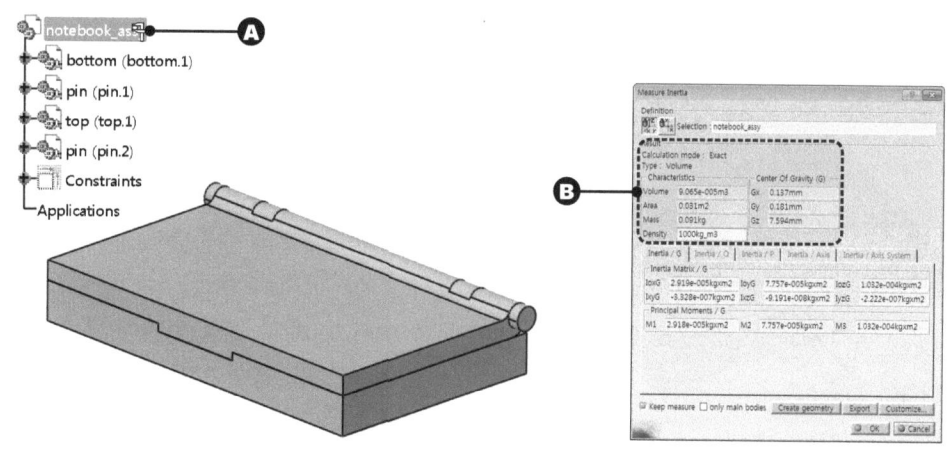

그림 15-74 Inertia 측정

END of Exercise

Exercise 10   Top Down 어셈블리 모델링

Folder: ch15_010

ch15_010 폴더에 있는 CATProduct 파일을 열어 절차에 따라 어셈블리 모델링을 수행하시오. 이 연습문제에서는 다음 사항을 스스로 연습한다. 특별히 지정되지 않은 치수는 임의로 사용한다.

① bottom 파트 수정
② bottom 파트 안쪽에 장착될 PCB 파트 생성
③ bottom 파트의 수정된 형상에 맞게 cover 파트 생성
④ 체결할 screw 생성
⑤ 전체 어셈블리 구속 및 저장

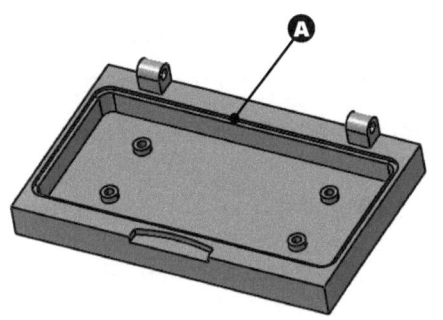

그림 15-75 bottom 파트 수정

Step 1: bottom 파트 수정

그림 15-75와 같이 bottom 파트를 수정한다. Rectangular Pattern 기능을 이용하여 커버가 장착될 보스를 4개 생성한다. 결합 부분에는 Slot 기능을 이용하여 폭 1mm, 깊이 1mm의 단차를 생성한다. (그림 15-75 의 Ⓐ : Slot 기능은 12장을 참고한다.)

Step 2: PCB 파트 생성

Notebook_assy에 파트를 추가하고 이름을 PCB로 저장한다. 그림 15-76과 같이 bottom 컴포넌트의 내측면과 항상 2mm의 간격을 유지하도록 하고 boss 위에 장착되도록 한다. boss의 구멍 위치에 맞게 PCB에 관통 구멍을 생성한다. PCB의 두께는 1.5mm로 한다.

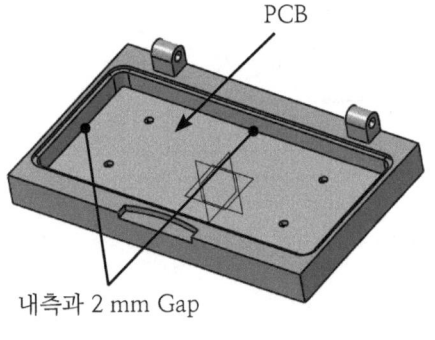

그림 15-76 PCB 파트 생성

Step 3: cover 파트 생성

Notebook_assy에 파트를 추가하고 이름을 cover로 저장한다. 외곽 형상은 bottom과의 조립면과 0.1mm의 간격을 항상 유지하도록 한다. PCB 상면까지 boss를 생성하여 screw 조립시 눌러준다. boss의 단면은 그림 15-77과 같은 형태로 하여 screw가 안쪽으로 들어가도록 한다.

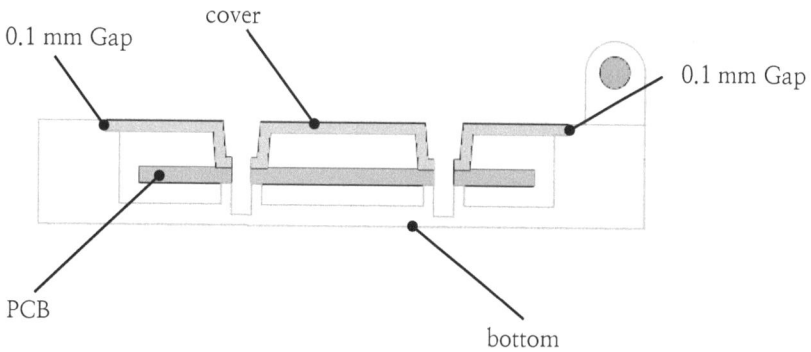

그림 15-77 단면 형상

Step 5: screw 추가 및 구속조건 생성

적당한 크기의 screw를 추가한 다음 Reuse Pattern 기능을 이용하여 cover의 패턴 형상에 따라 조립하고 모든 파일을 저장한다.

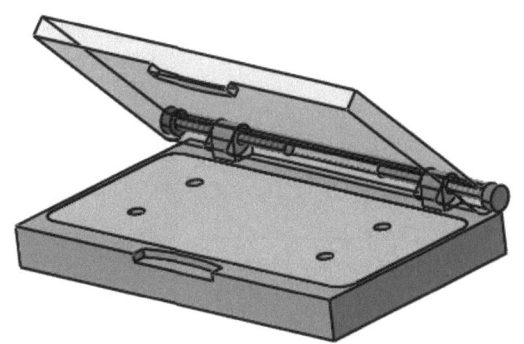

그림 15-78 조립 완료 후의 어셈블리

END of Exercise

15장: 어셈블리 II (Top-Down Assembly)

(빈 페이지)

Chapter 16
도면뷰 생성

■ 학습목표

- 도면의 목적과 종류를 이해한다.
- 투상법에 대하여 이해한다.
- CATIA에서 도면을 생성하는 절차를 배운다.
- 도면뷰의 종류를 이해하고, 여러 가지 도면뷰를 생성하는 방법을 배운다.

16.1 개요

3차원 설계가 일반화되어 있는 요즘도 도면이 필요한 부분이 있다. 설계한 결과물을 실제로 만드는 곳은 공장인데, 공장 작업자들이 3차원 형상을 볼 수 있으려면 설계자와 공장 작업자 사이에 데이터를 공유할 수 있는 체계가 필요하고 그러한 일이 가능할 수 있는 장비가 필요하기 때문에 비용이 많이 든다.

반면, 도면을 이용하면 기존의 관습에 따라 최저의 비용으로 가장 정확한 의사 전달이 가능하기 때문에 소규모의 공장에서는 3차원 설계 후 도면 생성 과정이 꼭 필요하다.

도면의 종류에는 사용 목적에 따라 단품도와 조립도가 있다. 단품도는 하나의 부품을 생산하기 위한 도면이며 부품을 생산하는 방법에 따라 복잡한 정도나 표현 방식이 조금씩 다르다. 조립도는 여러 가지 부품을 이용하여 조립된 제품을 생산할 때 참고할 수 있는 도면이다. 조립할 때의 순서, 조립 경로, 조립할 때 필요한 부품의 종류 및 개수 등에 대한 정보를 담고 있다.

CATIA V5에서는 도면 생성 규격에 따라 각 뷰를 생성하고 치수, 주석 기입 등의 도면 생성 작업을 편리하게 할 수 있다. 3차원 형상과 연결되어 있는 도면을 생성한 후 설계가 변경되었다면 도면도 자동으로 변경되도록 할 수 있다.(Generative Drafting) 또한 필요에 따라 스케치와 동일한 방식으로 선을 그려 사용할 수도 있다.(Interactive Drafting)

CATIA V5에서 제공하는 도면 생성 표준은 ISO, ISO_3D, JIS, JIS_3D, ASME_3D, ASME, ANSI가 있다.

16.2 주요 용어

16.2.1 도면뷰(Drawing View)

물체의 형상을 표현하기 위하여 여러 가지 방식으로 본 모양을 말한다. 특정 방향에서 본 형상을 도면에 나타낼 수도 있고, 어떤 부분을 잘라서 표현할 수도 있으며 어떤 부분은 확대하여 나타낼 수도 있다.

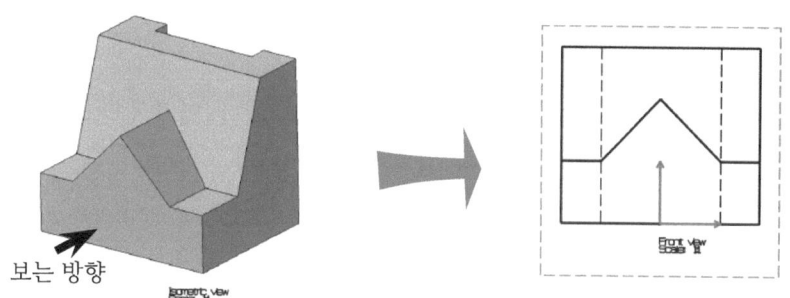

그림 16-1 도면뷰

16.2.2 표제란(Title Block)

도면에 대한 기본적인 정보를 기록한다. 대개 도면의 오른쪽 아래 부분에 표시한다. 아래는 CATIA에서 기본으로 제공되는 표제란 샘플(Drawing Titleblock Sample 1)의 형식이다.

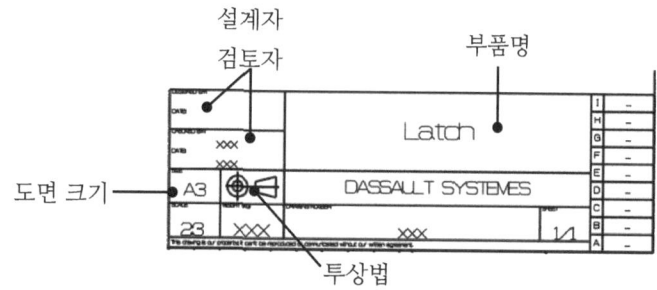

그림 16-2 표제란

16.2.3 도면 시트(Drawing Sheet)

전통적인 의미에서는 도면을 그릴 종이를 의미하지만 CAD에서는 그 이상의 개념이 들어 있다. CATIA의 Sheet에는 도면의 크기, 척도, 사용할 표준, 투상법 등을 설정한다.

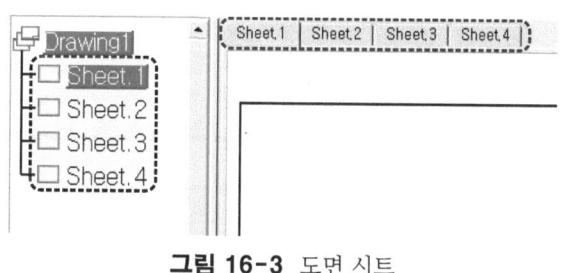

그림 16-3 도면 시트

16.3 새로운 파일 시작

메뉴바에서 File 〉 New를 선택하면 New 대화상자가 나타난다. 여기서 Drawing을 선택한다. 또는 Selection 입력창에 Drawing이라고 입력해도 된다. OK 버튼을 누르면 New Drawing 대화상자가 나타난다.

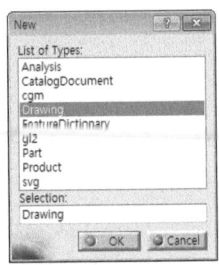

그림 16-4 New 대화상자

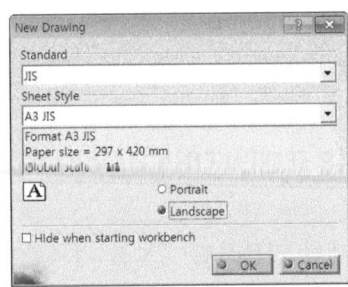

그림 16-5 New Drawing 대화상자

New Drawing 대화상자에서는 도면을 생성할 때 기준으로 삼을 표준의 종류를 선택한다. 그리고 도면의 크기와 방향을 설정한다. OK 버튼을 누르면 그림 16-6과 같이 Drafting 워크벤치의 화면이 나타나고 도면 생성 작업을 진행할 수 있다.

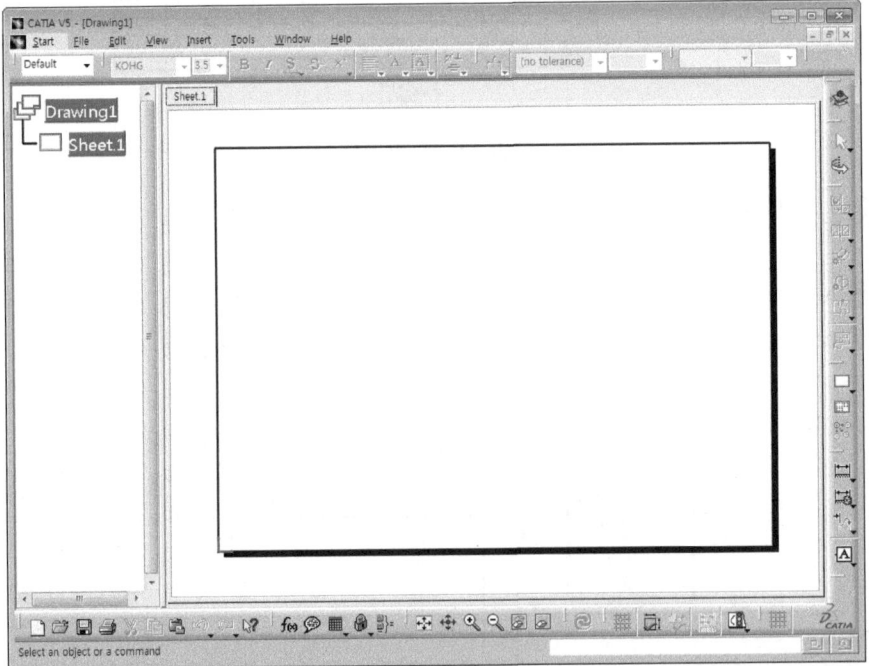

그림 16-6 Drafting 워크벤치

16.4 도면 시트

Sheet는 종이 한 장에 해당된다. 종이 한 장의 크기는 가장 큰 것이 A0(1189 mm x 841 mm)인데 이렇게 큰 종이도 형상을 정확히 표기하기에 부족한 부품들이 있다. 그러한 경우에는 여러 장의 시트에 도면을 그리게 된다. 실제로 엔진 블럭과 같은 제품은 형상이 매우 복잡하여 A0 크기의 시트 5장 ~ 10장을 사용하게 된다.

16.4.1 도면 시트 생성

CATIA V5에서도 여러 장의 시트를 만들 수 있다. 그림 16-7은 Drawing 툴바에 있는 New Sheet 버튼을 이용하여 여러 개의 도면 시트를 생성한 화면이다. ⓐ 부분에서 시트를 더블클릭하거나 ⓑ 부분에 있는 탭을 클릭하여 각각의 시트로 전환할 수 있다.

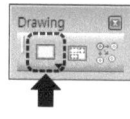
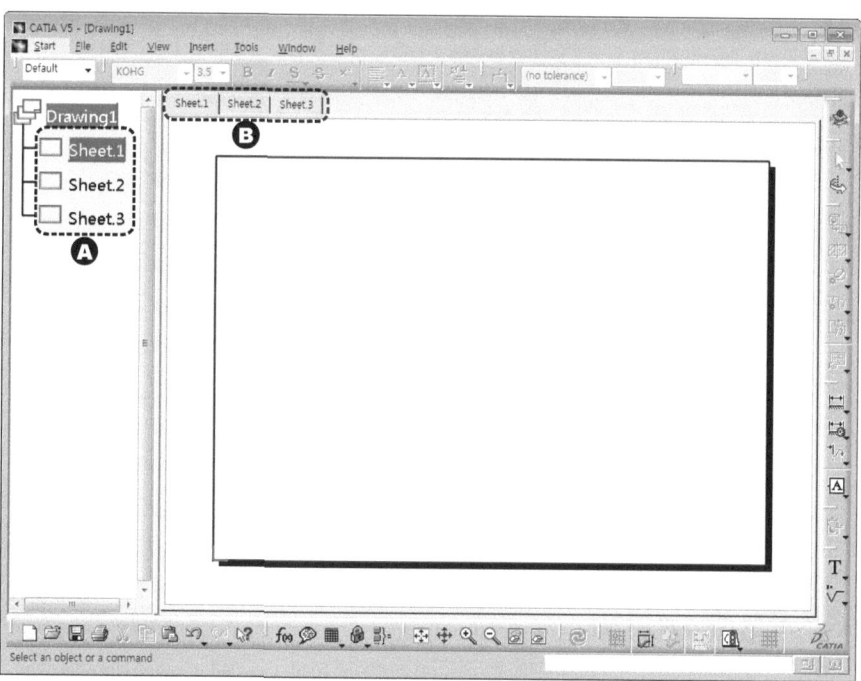

그림 16-7 여러 개의 시트로 이루어진 도면 파일

16.4.2 도면 시트 설정

그림 16-7의 ❹ 에서 시트에 MB3 > Properties를 선택하면 그림 16-8과 같은 Properties 대화상자가 나타나고 시트의 기본 사항을 설정할 수 있다. 이 대화상자에서 시트의 이름, 척도, 규격, 방향, 투상법 등을 설정한다.

JIS 도면 포맷을 이용할 경우 Projection Method 영역에 Third angle standard가 기본으로 선택된다. ISO 포맷을 사용할 경우 First angle standard 옵션이 기본으로 선택된다.

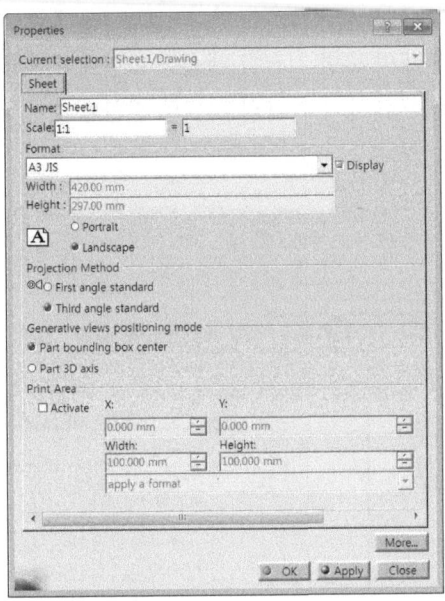

그림 16-8 시트의 Properties 설정창

! Grid 숨기기

Visualization 툴바에 있는 Sketcher Grid 버튼을 누르면 시트에 나타나는 그리드를 숨길 수 있다.

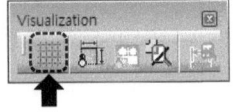

16.5 도면뷰(Drawing View)

3차원 형상에 대한 도면을 그릴 때는 여러 가지 형태의 뷰를 먼저 생성한 후 치수를 생성하고 주석을 기입하게 된다. 뷰를 생성할 때는 3차원 형상을 가장 잘 표현할 수 있도록 선정해야 하고 가능한 적은 수의 뷰를 사용하는 것이 좋다.

뷰의 종류는 용도에 따라 다음과 같이 분류한다.

- ▶ **_투영도(Projection View)_**: 특정 방향으로 투영되어 보이는 형상
- ▶ **_단면도(Section View)_**: 특정 위치에서 자른 면의 형상
- ▶ **_상세도(Detail View)_**: 특정 부분을 확대하여 표현한 뷰
- ▶ **_클리핑 뷰(Clipping View)_**: 어떤 뷰에서 일정 부분을 잘라내어 표현한 뷰
- ▶ **_절단뷰(Break View)_**: 3차원 형상을 부분적으로 절단하여 표시

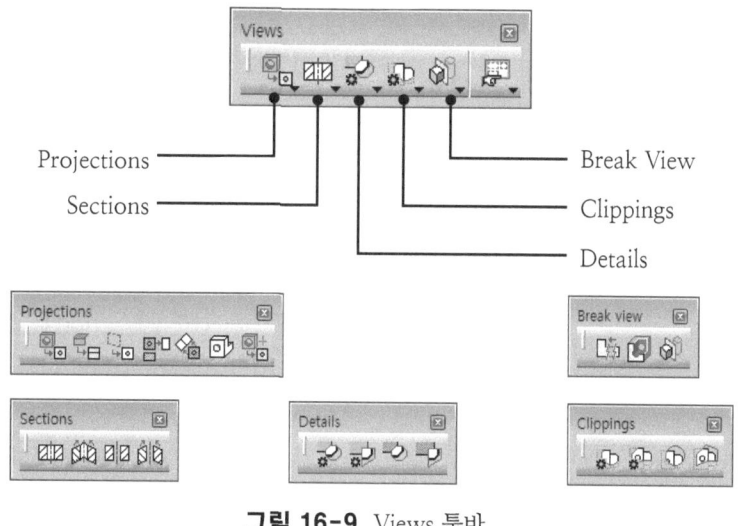

그림 16-9 Views 툴바

16.5.1 투영도(Projection View) 생성

특정 방향에서 보이는 형상을 생성한다.

16 장: 도면뷰 생성

Exercise 01   투영도(Projection View) 생성하기   *ch16_001.CATPart*

주어진 파일 ch16_001.CATPart에 대한 정면도, 우측면도, 평면도를 3각법으로 생성해보자.

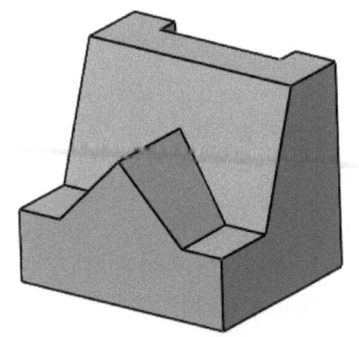

1. ch16_001.CATPart 파일을 연다.

2. 메뉴바에서 File 〉 New를 선택한다.

3. New 대화상자에서 Drawing을 선택한 후 OK 버튼을 누른다.

4. New Drawing 대화상자를 그림 16-10과 같이 설정하고 OK 버튼을 눌러 Drafting 워크벤치로 들어간다.

5. Drafting 워크벤치의 왼쪽 창에 있는 Sheet.1에 MB3 〉 Properties를 선택한다.

6. 그림 16-11과 같이 Properties 대화상자에서 Projection Method를 Third angle standard로 선택하고 OK 버튼을 누른다. Drawing Standard를 ISO로 선택하였음을 참고한다. JIS 표준을 선택하면 Third angle standard가 기본으로 선택된다.

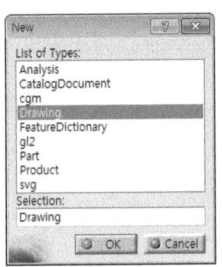 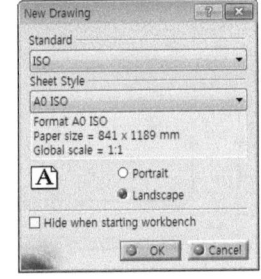

그림 16-10   Drafting 워크벤치 들어가기

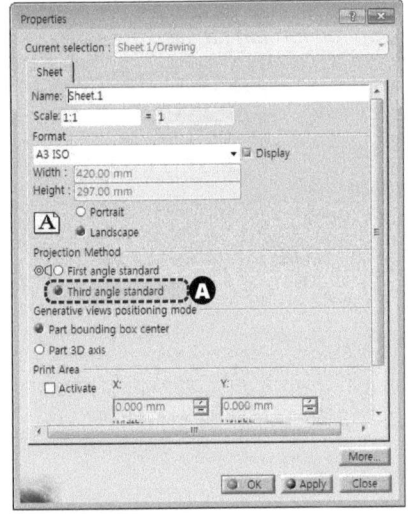

그림 16-11   3각법 설정

> **투상법**

▶ **_1각법_**: 1 사분면에 물체를 놓고 각 투상면에 투상하는 방식이다. 투상면은 그림 16-12와 같이 펼쳐서 표시하기 때문에 정면에서 본 뷰(정면도)를 기준으로 하여 오른쪽에서 본 뷰(우측면도)가 정면도의 왼쪽에 배치되며 위에서 본 뷰(평면도)가 정면도의 아래쪽에 배치된다.

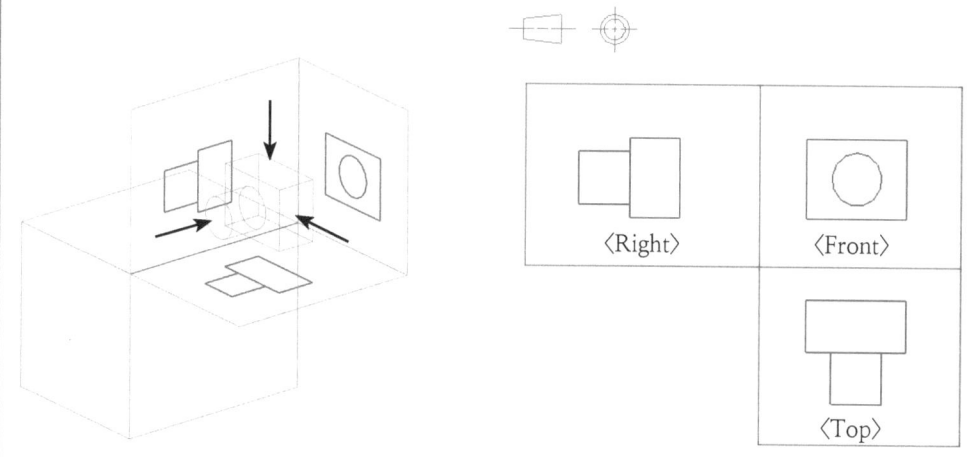

그림 16-12 1st Angle Projection

▶ **_3각법_**: 3 사분면에 물체를 놓고 각 투상면에 투상하는 방식이다. 투상면은 그림 16-13과 같이 펼쳐서 표시하기 때문에 정면에서 본 뷰(정면도)를 기준으로 하여 오른쪽에서 본 뷰(우측면도)가 정면도의 오른쪽에 배치되며 위에서 본 뷰(평면도)가 정면도의 위쪽에 배치된다.

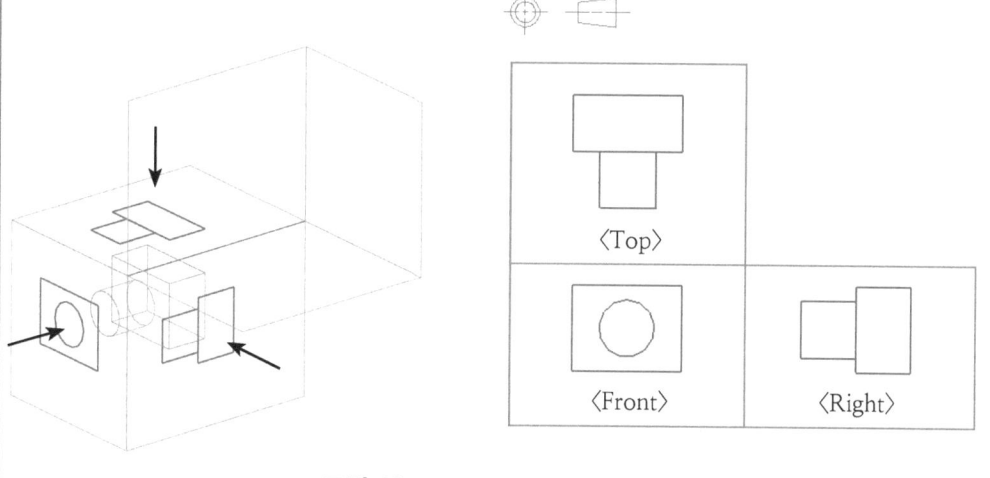

그림 16-13 3rd Angle Projection

16 장: 도면뷰 생성

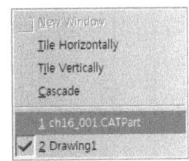

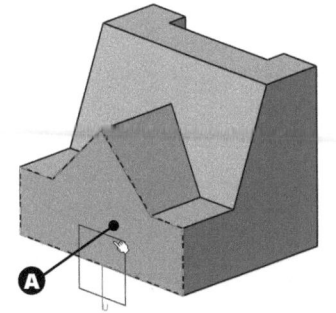

그림 16-14 정면도의 기준면 선택

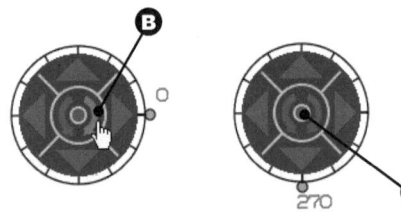

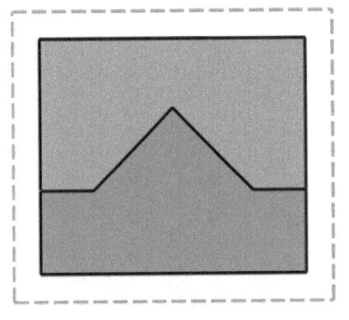

그림 16-15 정면 회전

7. Views 툴바에서 Front View 아이콘을 누른다.

스테이터스바에는 다음과 같은 메시지가 나타난다.

"3차원 형상에서 기준 평면을 선택하시오."

8. 메뉴바의 Window 메뉴에서 파트 파일을 선택한다. 파트파일이 나타난다.

9. 그림 16-14의 ❹ 면에 마우스 포인터를 가져가면 화면의 오른쪽 아래에 뷰의 미리보기가 나타난다. MB1을 클릭하여 선택한다.

Drafting 워크벤치로 전환되고 뷰가 나타나며 오른쪽 위 코너에 파란색의 노브가 나타난다. 메인 화면의 임의의 부분을 클릭하지 않도록 주의한다.

10. 노브의 ❺ 부분을 클릭하여 뷰를 회전시킨다.

11. 그림 16-15와 같이 배치되었을 때 노브의 가운데 부분(❻)을 클릭한다. 또는 메인 화면의 임의의 부분을 클릭해도 된다.

> **! 노브(Knob)**
>
> 방향 전환 노브는 정면도와 Isometric View를 생성할 때만 나타난다.
>
> 실수로 방향을 잘 못 설정하였거나 기준면을 다시 설정하려면 다음과 같이 한다.
>
> ① 화면 왼쪽창의 뷰 또는 메인 화면의 뷰 테두리에 MB3 선택
> ② Front view object > Modify Projection Plane 선택
> ③ 3차원 형상에서 기준면 선택
> ④ 노브를 이용하여 회전각 조정한 후 View 생성

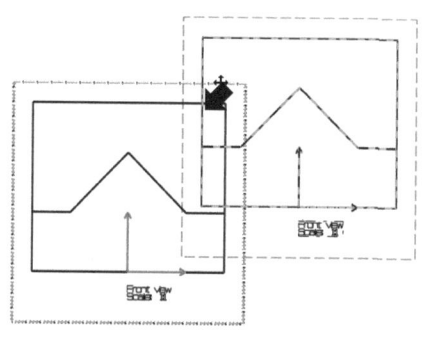

그림 16-16 뷰 이동

12. 뷰의 경계에 마우스 포인터를 놓고 드래그하여 시트의 왼쪽 아래 부분에 위치시킨다.

13. Views 툴바에서 Projections 툴바를 꺼낸 다음 Projection View 버튼을 누른다.

14. 정면도의 오른쪽 부분으로 마우스 커서를 가져가면 그림 16-17과 같이 3각 투상법에 따라 우측면도가 나타난다. 적당한 위치를 클릭하여 우측면도를 생성한다.

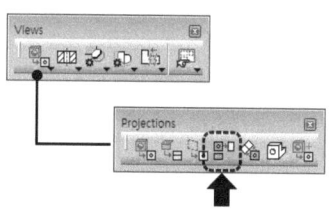

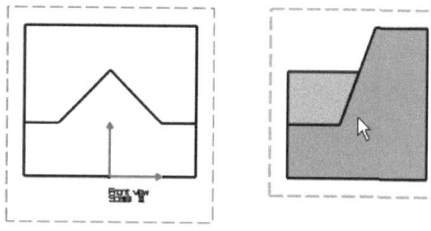

그림 16-17 우측면도 생성

> **! Active View**
>
> 활성뷰는 테두리가 빨간색으로 표시된다. 뷰 생성의 기준이 되며 왼쪽 창에는 파란색으로 표시된다. 더블클릭하여 Active View로 지정할 수 있다.

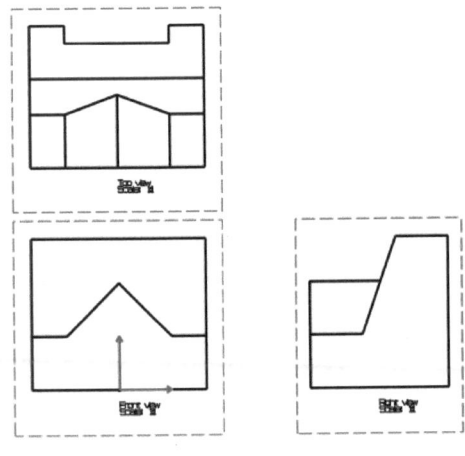

그림 16-18 평면도 생성

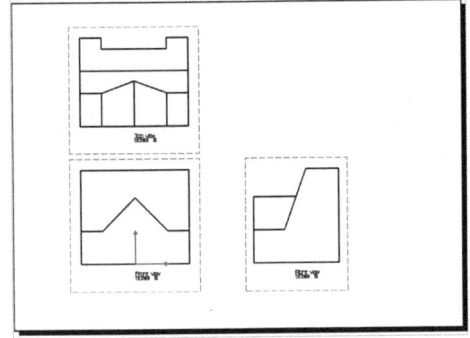

그림 16-19 뷰 배치

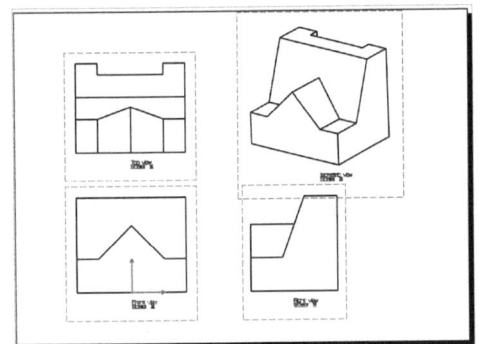

그림 16-20 Isometric View 생성

15. 다시 Projection View 버튼을 눌러 그림 16-18과 같이 평면도를 생성한다.

16. View 툴바에서 Fit All In 버튼을 누른다.

시트의 크기가 너무 크다. 그림 16-10에서 A0 크기의 시트를 이용했다는 점을 기억하자. 시트의 크기를 줄이자.

17. 왼쪽 창의 Sheet.1에 MB3 > Properties를 선택한 다음 Format 드롭다운 목록에서 A3 ISO를 선택한다.

18. Active View를 드래그하여 시트 안쪽으로 가져간다. 다른 뷰는 따라 온다.

19. 다시 Fit All In 버튼을 누른다.

그림 16-19와 같이 시트에 적당한 크기로 뷰를 배치하였다.

20. 메뉴바에서 Window > Tile Horizontally를 선택한다.

21. Drawing 창을 클릭하고 Projections 툴바에서 Isometric View 버튼을 누른다.

22. 파트 창에서 정면을 선택한다.

23. 방향과 위치를 조정한 다음 시트의 오른쪽 윗 부분에 Isometric View를 생성한다.

24. 메뉴바에서 File > Save 버튼을 누른다.

25. 파일 이름을 ch16_001.CATDrawing으로 저장한다. 파트 파일과 같은 이름을 사용하는 것이 좋다.

END of Exercise

16.5.2 뷰 설정

화면 왼쪽 창에서 뷰에 MB3 > Properties를 선택하거나 메인 화면의 뷰 경계에 MB3 > Properties를 선택하면 그림 16-21과 같은 뷰 설정창이 나타나며 각 뷰에 대한 설정을 정의할 수 있다.

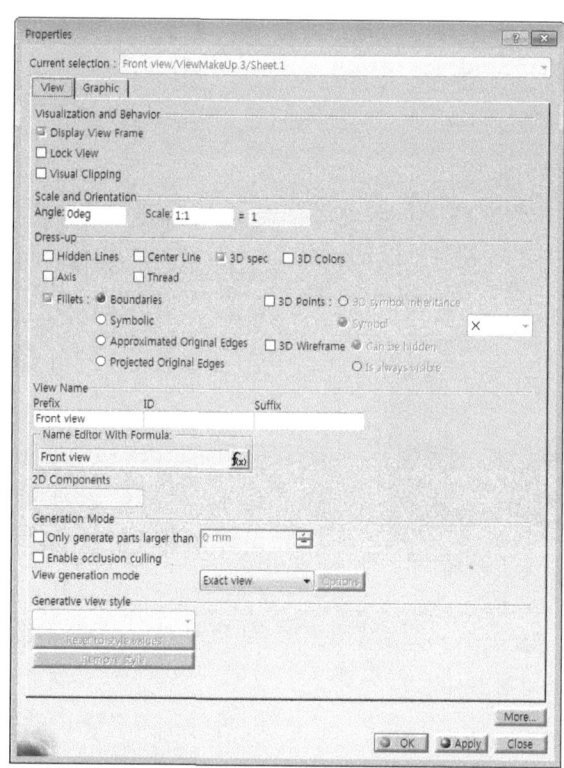

그림 16-21 뷰의 Properties 대화상자

16 장: 도면뷰 생성

Exercise 02 　뷰 Property 변경하기　　　　　계속

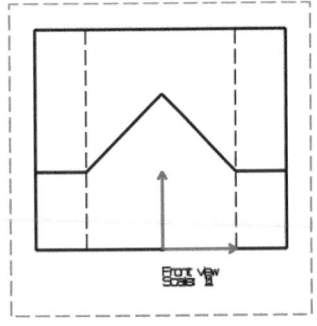

그림 16-22 은선 표시

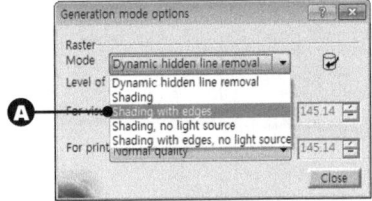

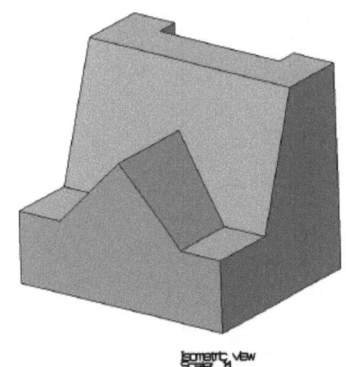

그림 16-23 이미지로 표시하기

1. 앞에서 저장한 ch16_001.CATDrawing 파일을 연다.

2. 정면도에 MB3 > Properties를 선택한 후 Dress-Up 옵션 영역에 있는 Hidden Lines 옵션을 체크한다.

그림 16-22와 같이 정면뷰에 은선이 표시된다.

3. 같은 방법으로 우측면도에도 은선을 표시한다.

4. Isometric View에 MB3 > Properties를 선택한다.

5. 맨 아래에 있는 View generation mode를 Raster로 선택하고 옆에 있는 Options 버튼을 눌러 Shading with Edges를 선택한다.(그림 16-23의 Ⓐ)

6. Properties 대화상자에서 OK 버튼을 누른다. 그림 16-23과 같이 Isometric 뷰가 이미지 형태로 표시된다.

7. 각 뷰의 Scale을 4:5로 변경한다.

8. 파일을 저장하고 닫는다.

END of Exercise

ch16_003.CATPart　　　　　보조 투상도(Auxiliary View) 생성　**Exercise 03**

어떤 뷰를 90도 방향이 아닌 임의 방향으로 투영하는 보조 투상도를 생성해 보자.

1. 주어진 파일 ch16_003.CATPart를 연다.

2. 메뉴바에서 File 〉 New를 선택한다.

3. New 대화상자에서 Drawing을 선택한 후 OK 버튼을 누른다.

4. New Drawing 대화상자에서 A3_JIS를 선택하고 OK 버튼을 누른다. Drafting 워크벤치가 실행된다.

5. 시트의 투상법이 3각법임을 확인한다.

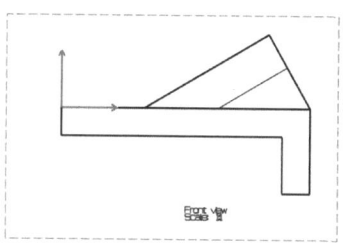

그림 16-24 정면도

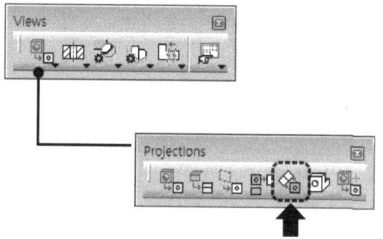

그림 16-25 Auxiliary View 아이콘

6. 그림 16-24와 같이 정면도를 생성한다.

7. 그림 16-25의 Projections 툴바에서 Auxiliary View 아이콘을 클릭한다. 스테이터스바에는 보조 투상도의 방향으로 사용할 시작점이나 직선을 선택하라는 메시지가 나타난다.

8. 그림 16-26의 Ⓐ 모서리를 선택한다. 클릭하여 끝내라는 메시지가 나타난다.

9. 그림 16-26의 Ⓑ 부분에 MB1(마우스 왼쪽 버튼)을 클릭한다.

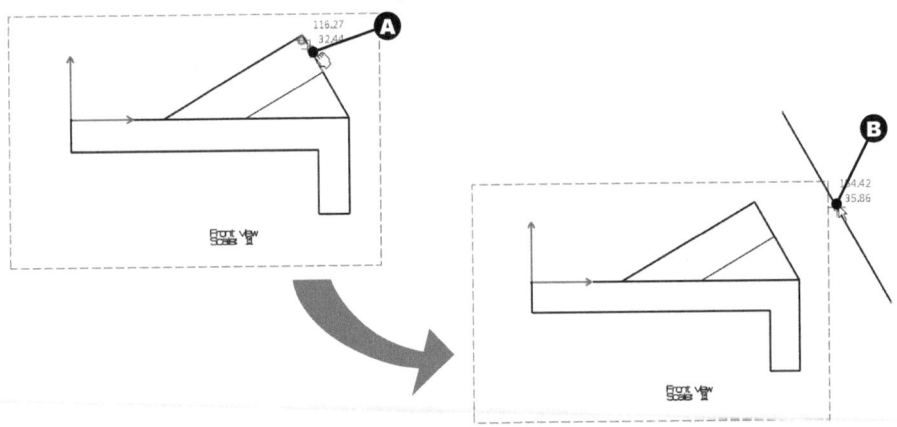

그림 16-26 방향 설정

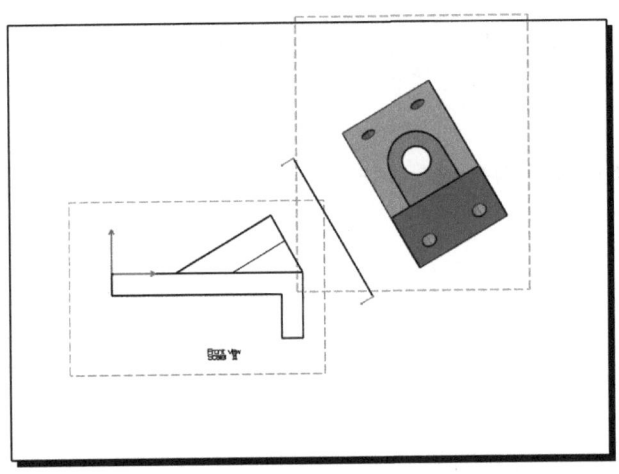

그림 16-27 보조 투상도의 미리보기

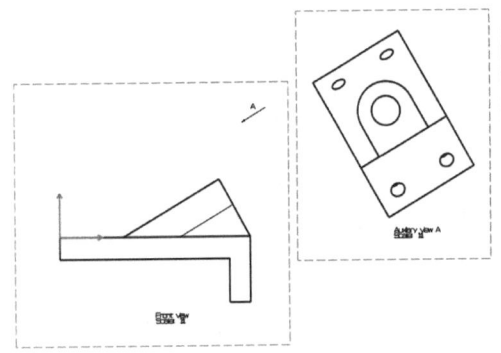

그림 16-27과 같이 마우스 포인터에 보조 투상도의 미리보기가 나타난다.

10. 원하는 위치에 MB1을 눌러 그림 16-28과 보조 투상도를 생성한다.

그림 16-28 생성된 보조 투상도

END of Exercise

16.5.3 단면도(Section View) 생성

복잡한 형상의 특정 부분을 지나는 절단면을 이용하여 형상을 표현할 때 단면도를 이용한다. CATIA V5에서는 그림 16-29와 같이 네 종류의 단면 생성 기능을 제공한다.

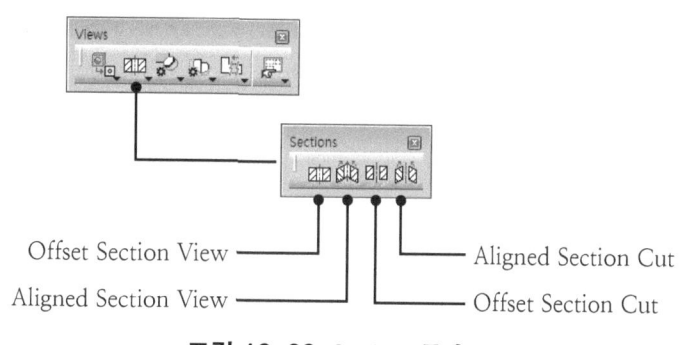

그림 16-29 Sections 툴바

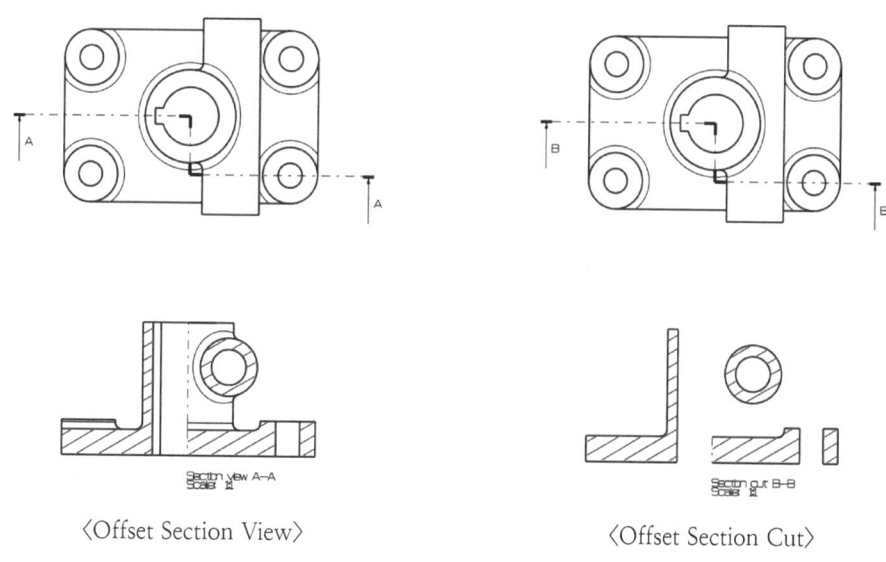

그림 16-30 오프셋 단면도

16 장: 도면뷰 생성

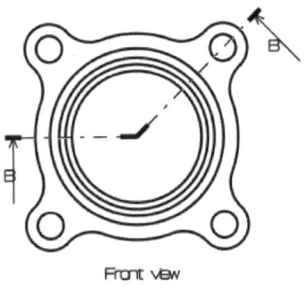

⟨Aligned Section View⟩   ⟨Aligned Section Cut⟩

그림 16-31 정렬된 단면도

Exercise 04   **단면도 생성하기**   *ch16_004.CATPart*

ch14_003.CATPart에 대한 단면도를 생성해 보자.

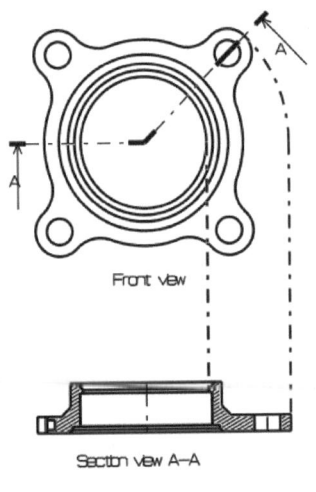

그림 16-32 Front View 생성

Offset Section View 생성

1. ch16_004.CATPart 파일을 연다.

2. File 〉 New 메뉴를 선택하고 새로운 Drawing 파일을 생성한다. 도면 생성 표준은 ISO로 하고 Sheet Style은 A3 ISO로 선택한다.

3. Sheet의 Projection Method를 3각법으로 바꾼다.

4. 메뉴바에서 Window 〉 Tile Horizontally를 선택한다.

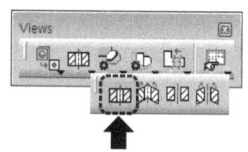

5. 그림 16-32와 같이 **Ⓐ** 면을 선택하여 Front View를 생성한다.

6. Views 툴바에서 Offset Section View 아이콘을 누른다.

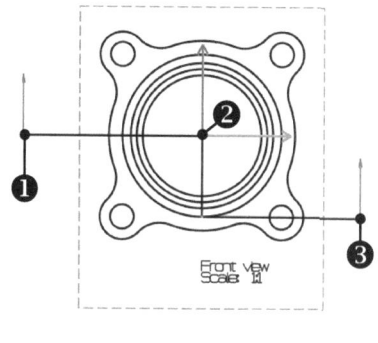

7. 그림 16-33의 **❶**, **❷** 점을 클릭하고 **❸** 번 점을 더블클릭한다.

8. 마우스 커서를 **❹** 위치로 가져가면 뷰가 나타나고 적당한 위치에서 MB1을 클릭하여 Offset Section View를 생성한다.

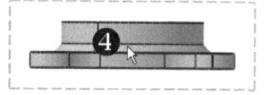

그림 16-33 Offset Section View 생성

9. **❹** 위치에 MB1을 클릭하여 그림 16-34와 같이 단면도를 생성한다.

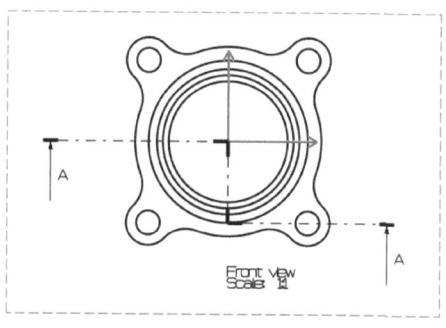

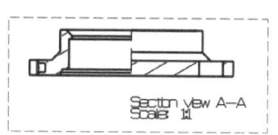

그림 16-34 생성된 단면도

> ### 단면도의 위치 이동
>
> 단면도의 테두리를 드래그하면 보는 방향으로만 이동된다. 뷰 테두리에 MB3 > View Positioning > Position Independently of Reference View를 선택하면 임의의 위치로 이동시킬 수 있다.
>
>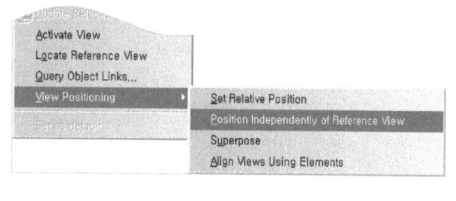

545

16장: 도면뷰 생성

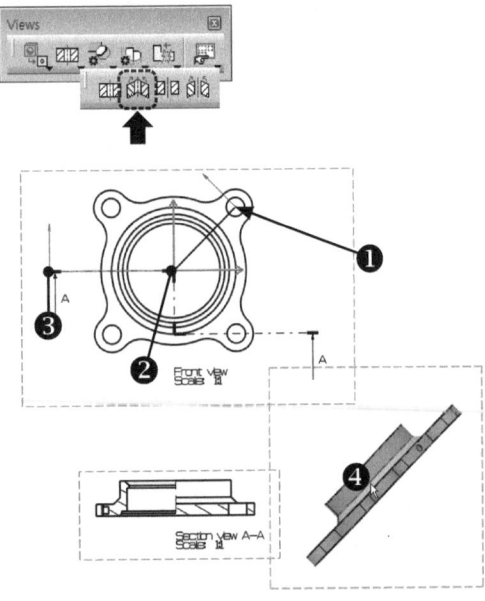

Aligned Section View 생성

1. Views 툴바에서 Aligned Section View 버튼을 누른다.

2. Front View에서 그림 16-35의 ❶ 위치에서 원을 선택한다.

3. ❷ 위치의 중심을 두 번째 점으로 선택하고 ❸ 위치에 세 번째 점을 더블클릭한다.

4. ❹ 위치로 커서를 가져가면 뷰가 나타난다. MB1을 클릭하여 뷰를 생성한다. Aligned Section View의 방향은 첫 번째와 두 번째로 선택한 점을 연결하는 직선에 수직 방향으로 표시된다.

5. 단면도에서 빗금을 더블클릭한다. (그림 16-36의 Ⓐ)

6. 대화상자에서 Pitch를 1로 변경하고 OK 버튼을 누른다. 빗금의 간격이 좁아진다.

7. 저장하지 말고 파일을 닫는다.

그림 16-35 Aligned Section View 생성

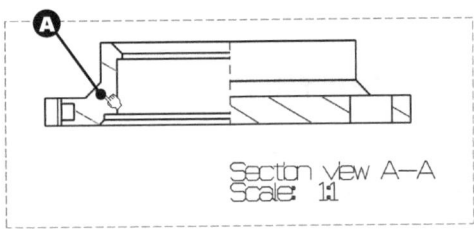

> **텍스트 이동**
>
> 단면 이름을 드래그하여 위치를 이동시킬 수 있다. 이동시킬 때 Shift 키를 누르면 스냅이 걸리지 않는다.

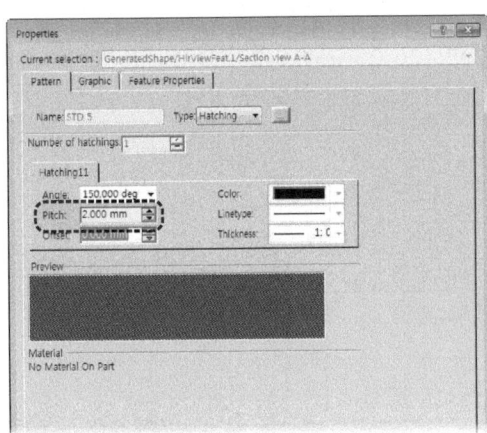

그림 16-36 해칭 Properties 대화상자

END of Exercise

단면 프로파일(Profile) 수정

단면 프로파일을 더블클릭하면 아래 그림과 같이 화면이 바뀌고 단면 프로파일을 다시 정의하거나 보기 방향을 변경할 수 있다. 변경 후 End Profile Edition 버튼을 누른다.

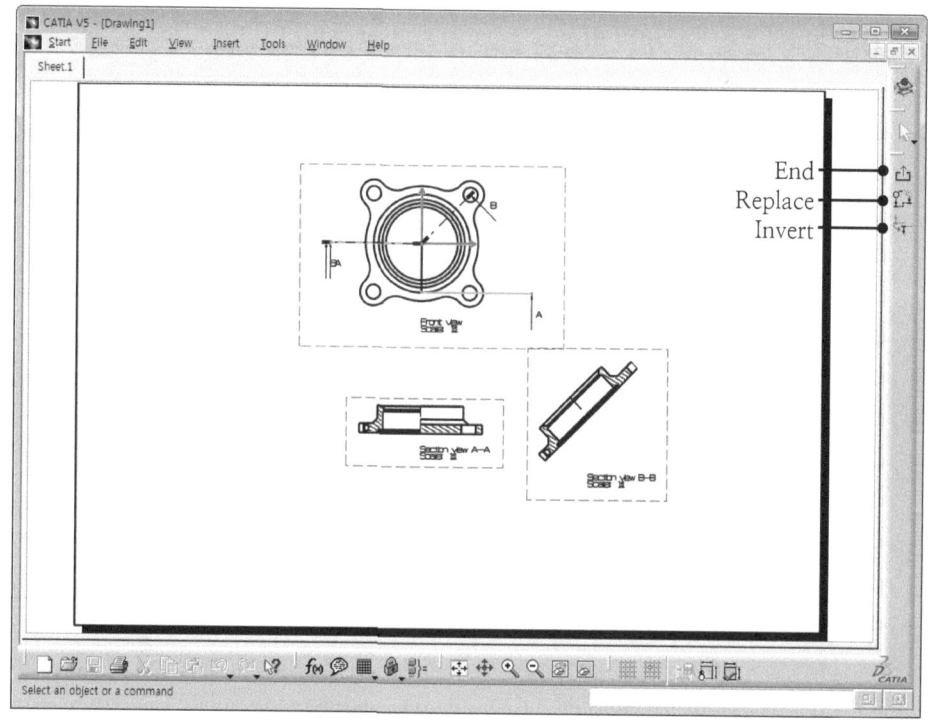

그림 16-37 단면 프로파일 수정

Tools Palette 이용

단면 프로파일의 첫 번째 점을 선택하고 나면 Tools Palette가 나타난다. 이를 이용하면 어떤 직선과 평행, 수직, 특정 각도를 이루는 단면 프로파일을 설정할 수 있다. 사용 방법은 다음과 같다.

① Tools Palette 툴바에서 버튼을 누른다.
② 기준 직선을 선택한다.
③ 마우스 커서를 이동시켜 적당한 위치에서 MB1을 클릭한다.

16.5.4 상세도(Detail View) 생성

어떤 뷰의 특정 부분을 확대하여 새로운 뷰를 생성한다. 상세도를 기준뷰로 하여 다른 상세도를 생성할 수 있다.

기능 사용 절차 (그림 16-38의 번호는 절차 번호에 해당된다.)

① 기준뷰를 활성화시킨다. (뷰에 MB3 > Activate View)
② Views 툴바에서 상세도 아이콘을 누른다.
③ 활성화된 뷰에서 확대할 부분의 영역을 지정한다.
④ 상세도가 놓일 위치를 클릭한다.
⑤ 필요에 따라 뷰 Property에서 Scale을 조절한다.

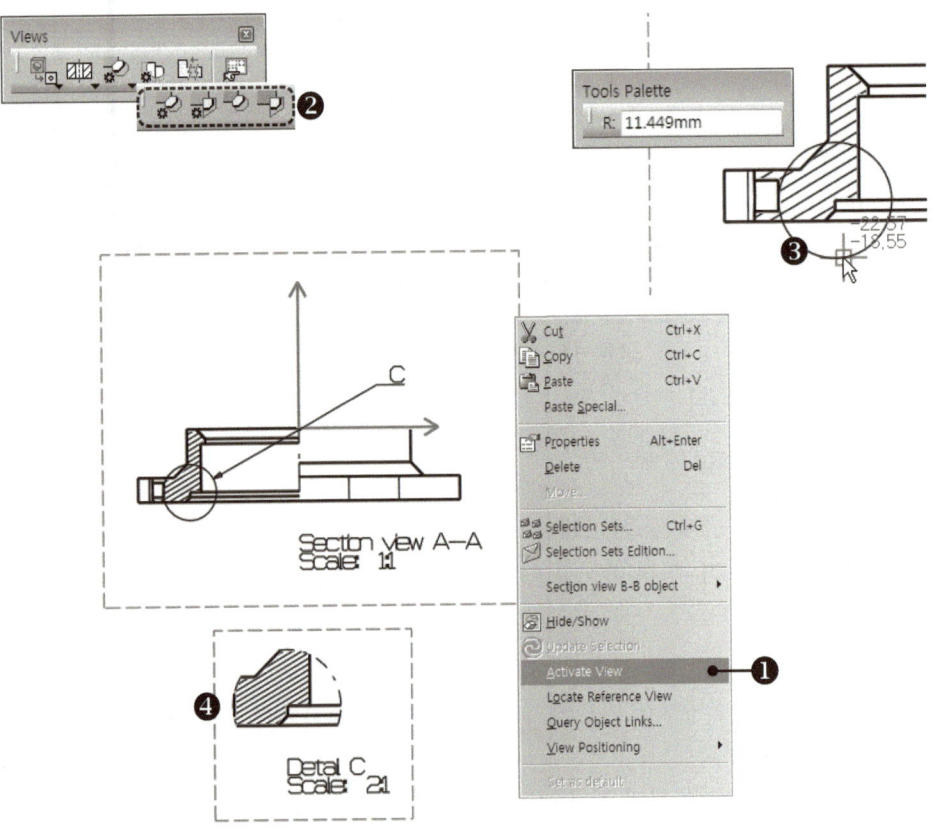

그림 16-38 상세도 생성

16.5.5 클리핑 뷰(Clipping View) 생성

어떤 뷰의 지정된 영역 이외의 부분을 삭제한다. 클리핑 뷰, 상세도에 대한 클리핑 뷰는 생성할 수 없고, 클리핑 뷰에 대한 상세도는 생성할 수 있다.

기능 사용 절차 (그림 16-39의 번호는 절차 번호에 해당된다.)

① 잘라낼 뷰를 활성화시킨다. (뷰에 MB3 > Activate View)
② Views 툴바에서 클리핑 뷰 아이콘을 누른다.
③ 활성화된 뷰에서 영역을 지정한다. 폐곡선의 영역지정이 완료되면 뷰가 잘린다.

클리핑 뷰를 생성한 후 다시 클리핑 전의 뷰를 복구하고자 한다면 클리핑 뷰에 MB3 > 뷰 object > Unclip을 선택한다.

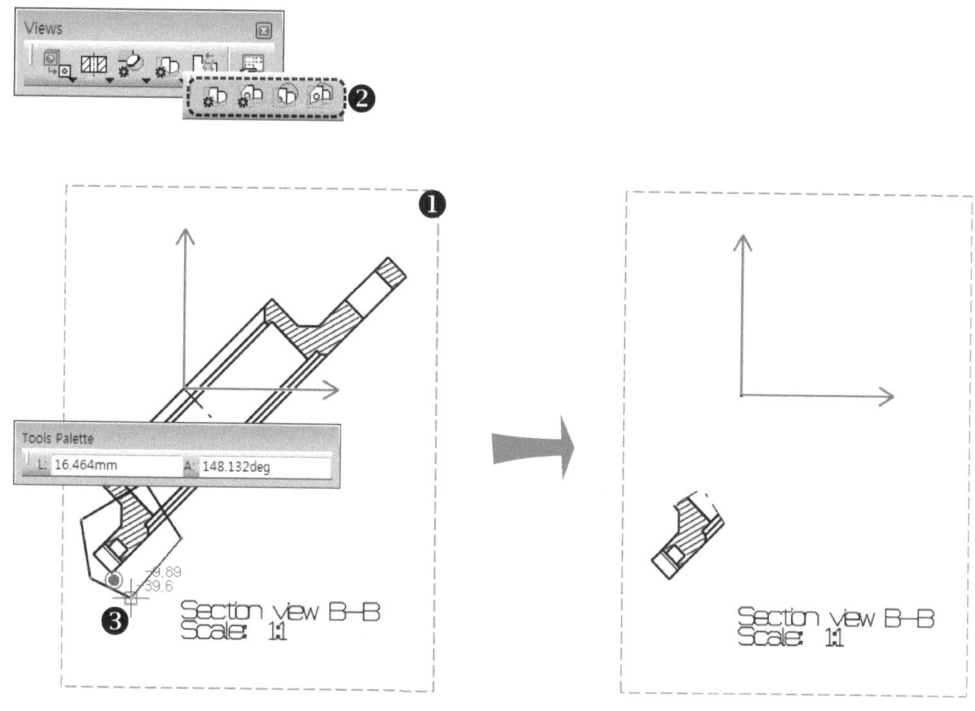

그림 16-39 클리핑 뷰 생성

16.5.6 절단뷰(Break View) 생성

Break View 툴바에 있는 각 기능을 이용하여 다음과 같은 뷰를 생성할 수 있다.

① Broken View: 단면이 일정한 긴 부품의 중간을 끊어서 표시한다.
② Breakout View: 지정된 특정 영역에 대하여 절단면을 표시한다.
③ Add 3D Clipping: 3차원 형상을 이용하여 모델의 특정 면 또는 부분을 제거한 뷰를 생성한다.

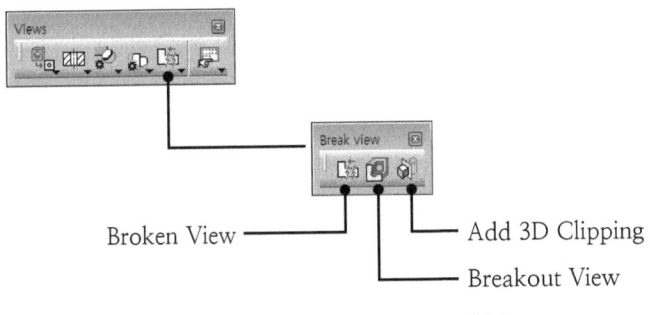

그림 16-40 Break View 툴바

Exercise 05 Broken View와 Breakout View 생성   *ch16_005.CATPart*

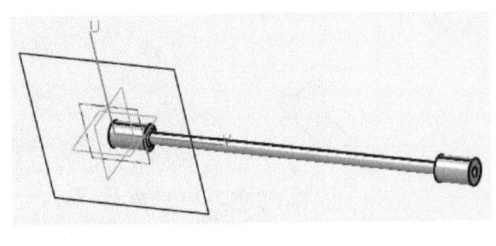

1. ch16_005.CATPart 파일을 연다.

2. 파트 파일과 같은 이름으로 Drawing 파일을 생성한다. 3각법을 따른다.

3. xy 평면을 정면으로 하여 Front View 를 생성한다.

폭에 비하여 길이가 너무 크다.

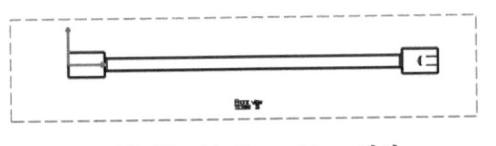

그림 16-41 Front View 생성

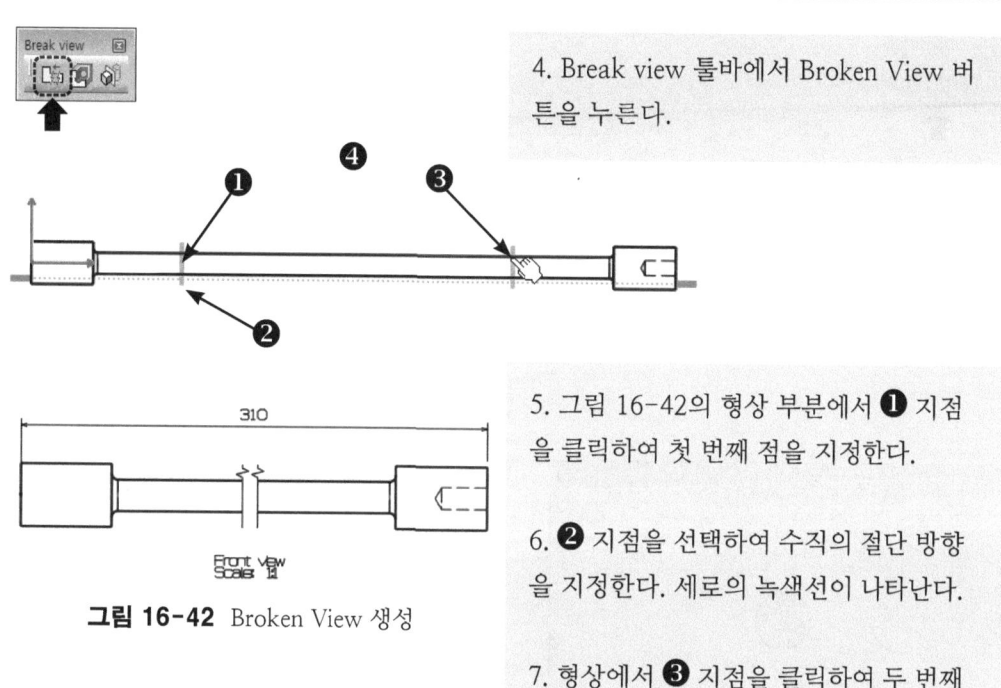

4. Break view 툴바에서 Broken View 버튼을 누른다.

그림 16-42 Broken View 생성

5. 그림 16-42의 형상 부분에서 ❶ 지점을 클릭하여 첫 번째 점을 지정한다.

6. ❷ 지점을 선택하여 수직의 절단 방향을 지정한다. 세로의 녹색선이 나타난다.

7. 형상에서 ❸ 지점을 클릭하여 두 번째 점을 지정한다.

8. 시트에서 임의의 지점(그림 16-42의 ❹)을 선택하면 처음 생성한 뷰가 Broken View로 바뀐다.

Breakout View 생성

1. Front View 기능을 이용하여 그림 16-43과 같이 새로운 정면도와 우측면도를 생성한다.

2. 정면도를 Activate 시킨다.

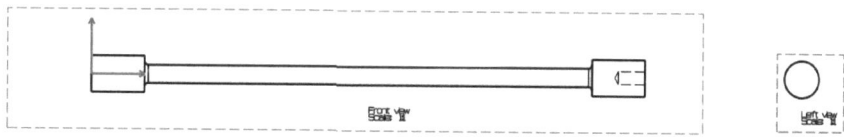

그림 16-43 정면도와 우측면도

3. Break View 툴바에서 Breakout View 버튼을 누른다.

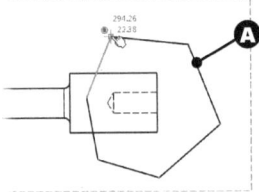
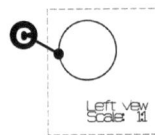

4. 그림 16-44의 **A** 와 같이 절단할 영역을 지정한다. 경계선은 폐곡선이어야 한다. 3D View 창이 나타난다.

5. Reference element 선택 영역(그림 16-44의 **B**)을 MB1으로 클릭 한다. Depth origin으로 사용할 2D element를 선택하라는 메시지가 나타난다.

6. 우측면도에서 원형 모서리(그림 16-44의 **C**)를 선택한다.

7. 그림 16-45와 같이 3차원 모델을 회전시켜 잘라낼 깊이를 확인한다.

8. 3D Viewer에서 OK 버튼을 누른다. 그림 16-46과 같이 Breakout View가 생성된다.

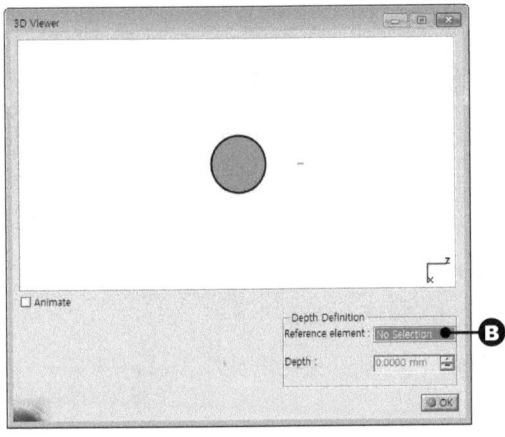

그림 16-44 Defining Depth

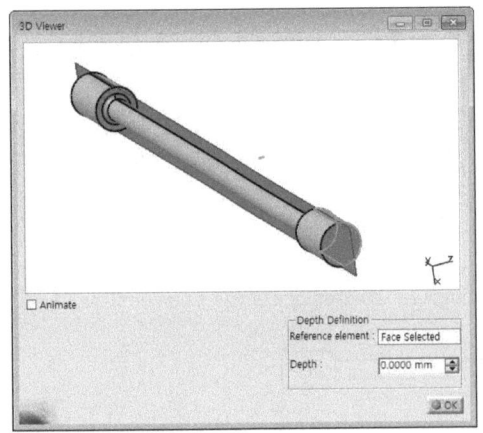

그림 16-45 Face Selected

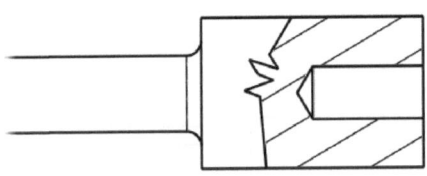

그림 16-46 생성된 Breakout View

END of Exercise

> **절단선 변경**
>
> 절단선에 MB3 〉 Properties를 선택하면 절단선의 형태를 변경할 수 있다.
>
>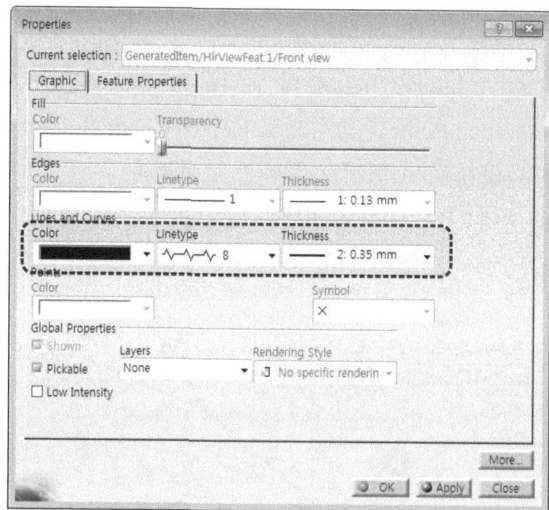
>
> **그림 16-47** 절단선 변경

16.6 View Positioning

뷰의 경계선을 드래그 하여 도면뷰의 위치를 변경할 수 있다. Visualization 툴바에서 뷰의 경계 표시 옵션을 켜야 한다. 뷰의 경계에 MB3를 눌렀을 때 나타나는 그림 16-48과 같은 팝업 메뉴를 이용하여 뷰의 상대적인 위치를 설정할 수 있다.

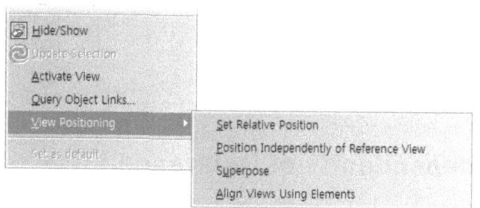

그림 16-48 View Positioning 옵션

16.6.1 상대적 위치 설정

뷰의 경계에 우클릭 > View Positioning > Set Relative Position을 선택하면 다음과 같은 방법으로 도면뷰의 상대적인 위치를 설정할 수 있다.

▶ ⓐ를 드래그: Relative Line을 따라 뷰의 위치를 변경할 수 있다.
▶ ⓑ를 드래그: Reference Point를 중심으로 Relative Line을 회전시켜 뷰를 회전시킬 수 있다. 그림 16-50은 이렇게 하여 회전시킨 뷰를 보여준다.
▶ ⓒ를 클릭: 뷰 경계에 나타난 점을 선택하여 뷰의 Base Point를 변경할 수 있다. 그림 16-51은 수정된 Base Point를 보여준다.

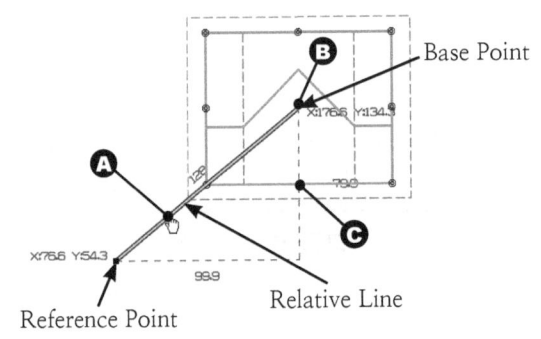

그림 16-49 상대적인 위치 설정

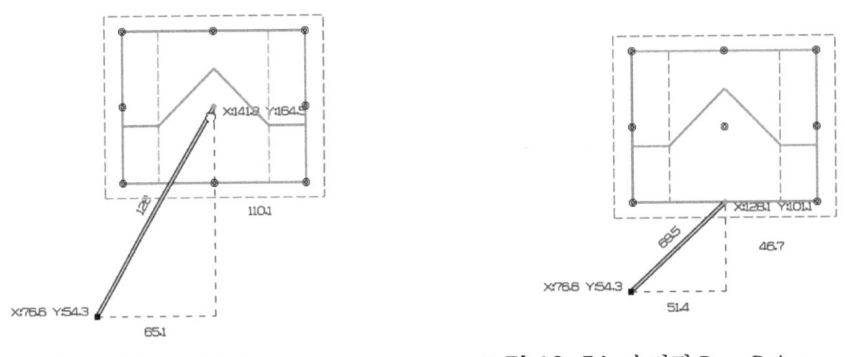

그림 16-50 회전된 뷰   그림 16-51 수정된 Base Point

16.6.2 Position Independently of Reference View

다른 도면뷰를 Reference로 이용하여 생성한 뷰는 Reference View와 자동으로 정렬되어 임의로 위치를 변경할 수 없다. 생성된 뷰의 경계에 우클릭 > Position Independently of Reference View를 선택하면 Reference View와의 상대적인 방향이나 위치를 벗어나 임의 위치로 이동시킬 수 있다. 나중에 다시 Reference View와 맞추려면 뷰 경계에 우클릭 > Position According to Reference View를 선택하면 된다.

16.6.3 Superpose

그림 16-52와 같이 어떤 뷰를 다른 뷰와 중첩되게 배치한다.

16.6.4 개체를 이용한 뷰 정렬

각각의 도면뷰에서 개체를 선택하여 정렬시킬 수 있다. 그림 16-53의 도면뷰 **D**의 아래 직선을 정렬하려면 뷰의 경계에 우클릭 > View Positioning > Align View Using Elements 옵션을 선택한다. 정렬될 개체를 선택하라는 메시지가 나타난다. 그림 16-53의 **D** 뷰에서 직선 **1**을 선택한다. Reference element를 선택하라는 메시지가 나타난다. **E** 뷰에서 직선 **2**를 선택한다.

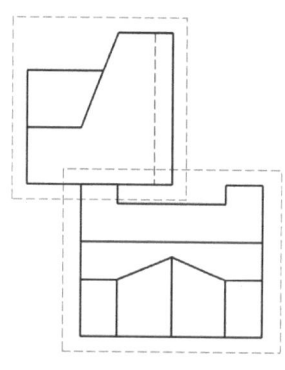

그림 16-52 중첩된 뷰

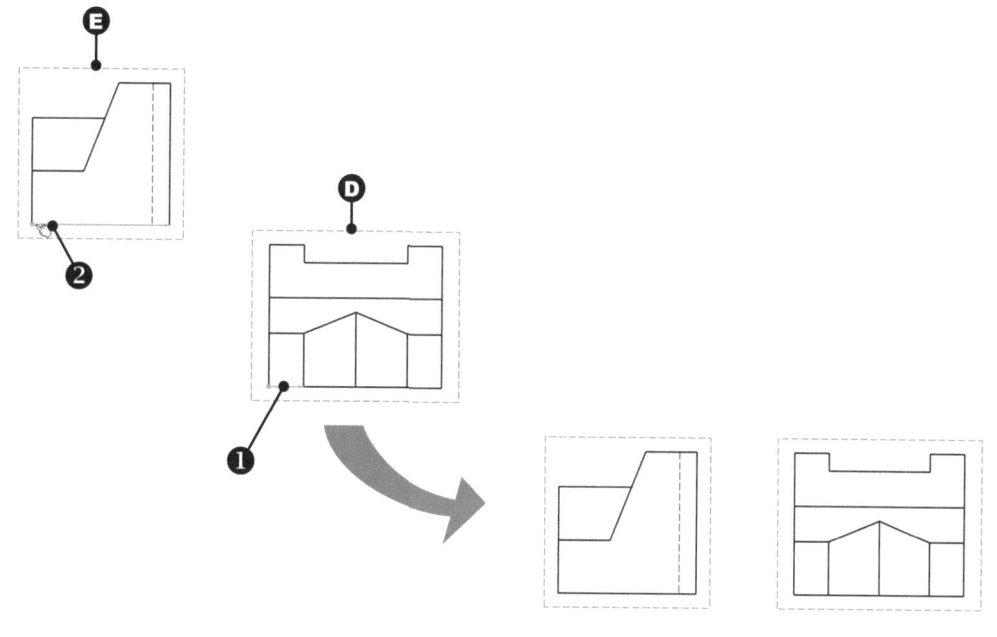

그림 16-53 개체를 이용한 뷰 정렬

16.7 파트 파일의 형상 수정

도면을 생성하는 중에 3차원 형상을 수정할 필요가 있을 경우 메뉴바의 Edit > Link 기능을 이용하여 파트 파일을 열고 수정할 수 있다.

Link of document 대화상자에서 Pointed documents 탭을 누르면 연결되어 있는 3차원 형상 파일의 경로를 알 수 있고, 대화상자 오른쪽의 Open 버튼을 누르면 CATPart 파일이 열린다. 파트 파일을 수정한 후에는 도면 파일에서 Update 해야 한다.

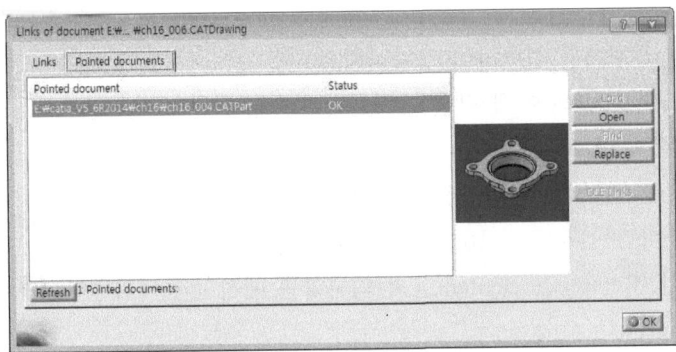

그림 16-54 연결되어 있는 파트 파일 열기

Exercise 06 파트 형상 수정   ch16_006.CATDrawing

1. ch16_006.CATDrawing 파일을 연다.

2. 그림 16-55와 같은 메시지가 나타난다. 이는 도면을 생성할 때의 경로에 파트 파일이 존재하지 않는다는 것을 알려주는 메시지다.

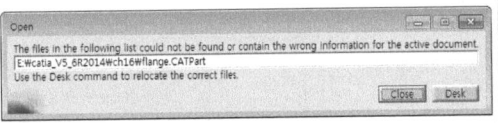

그림 16-55 Open 정보창

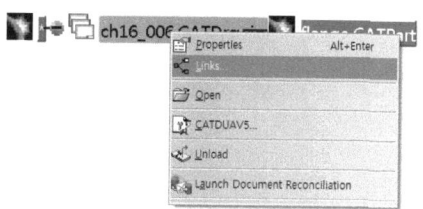

그림 16-56 Links 메뉴

3. Open 정보창에서 Desk 버튼을 누른다. Desk 워크벤치가 실행된다.

4. Desk 창에서 도면 파일에 우클릭 〉 Links를 선택한다. 그림 16-55의 Open 정보창을 닫은 후 메뉴바에서 Edit 〉 Links를 선택해도 된다.

5. Links of document 대화상자에서 Pointed documents 탭을 누른다.

6. 연결되어 있는 파일을 선택하고 Replace 버튼을 누른다.

7. 실습 파일이 있는 폴더에서 ch16_004.CATPart 파일을 선택하여 연결시킨다.

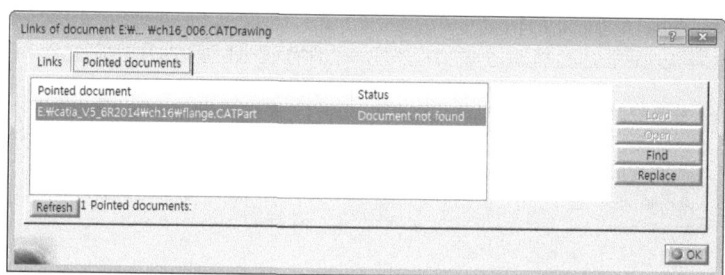

그림 16-57 Links of document 대화상자

8. 대화상자에서 새로 연결된 파일을 선택하고 대화상자의 오른쪽에 있는 Open 버튼을 누른다.

Part Design 워크벤치에서 ch16_004.CATPart 파일이 열린다.

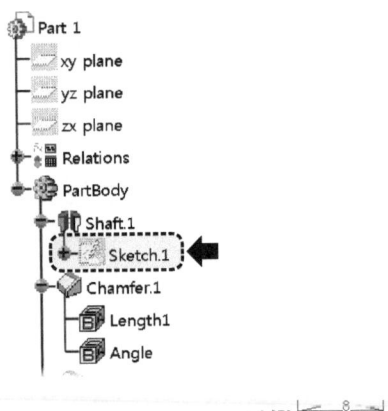

9. 그림 16-58과 같이 Spec Tree 펼치고 Sketch.1을 더블클릭한다.

10. View 툴바에서 Normal View 버튼을 한 번 또는 두 번 클릭하여 스케치 면을 정렬한다. 그림 16-58의 ⓐ 치수를 8로 수정한 후 Sketcher를 빠져 나간다.

11. 메뉴바에서 Window를 선택한 다음 Drawing 파일을 선택하여 화면에 표시한다.

12. 툴바에서 Update 버튼(⊘)을 누른다. Spec Tree의 Sheet.1에 MB3 > Update Selection을 선택해도 된다.

13. 메뉴바에서 File > Save Management를 선택하여 도면 파일과 파트 파일을 모두 저장한다.

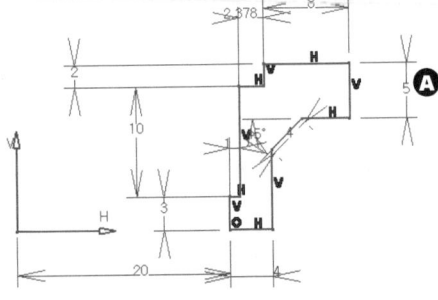

그림 16-58 스케치 치수 수정

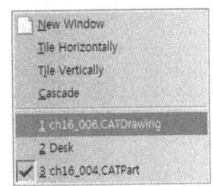

그림 16-59 Drawing 표시

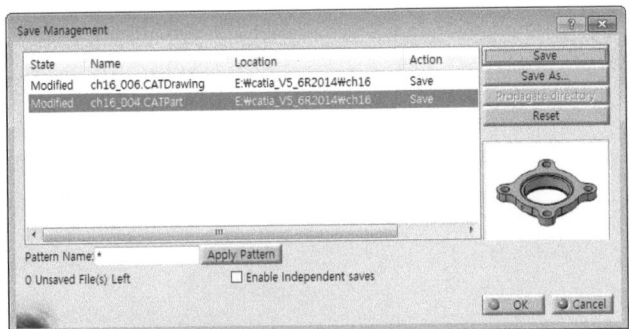

그림 16-60 Save Management 대화상자

END of Exercise

16.8 프레임과 표제란 삽입

도면에 프레임과 표제란을 삽입할 수 있다. 기본으로 제공되는 프레임과 표제란을 사용할 수도 있고 이를 수정하여 사용할 수도 있다.

기능 사용 절차 (그림 16-61의 번호는 절차 번호에 해당된다.)

① 메뉴바에서 Edit > Sheet Background를 선택한다.
② 메뉴바에서 Insert > Drawing > Frame and Title Block을 선택한다.
③ 스타일을 지정하고 Action을 선택한 다음 OK 버튼을 누른다.
④ 메뉴바에서 Edit > Working Views를 선택한다.

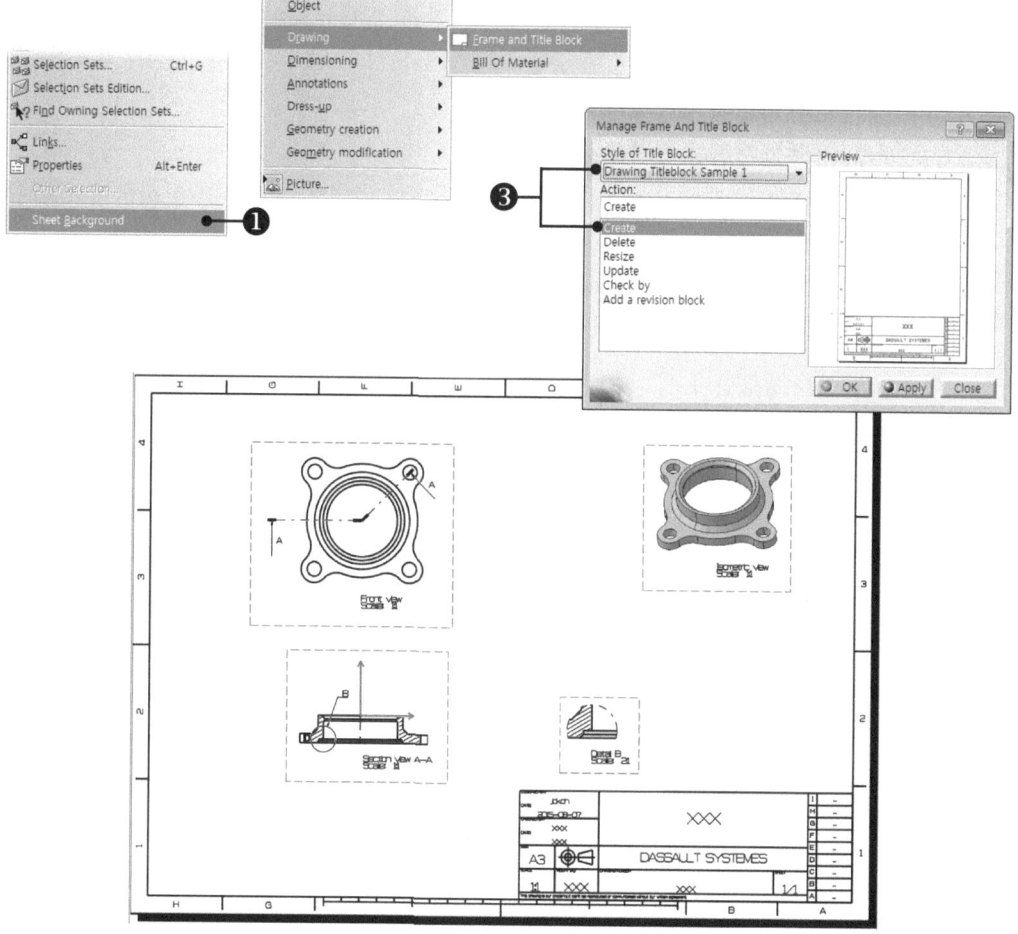

그림 16-61 프레임과 표제란 삽입

16.8.1 Action 옵션

프레임과 표제란은 시트에 대하여 생성하는 것이다. 따라서 시트의 설정이 변경되면 Action 옵션에서 Resize를 선택한 후 OK 버튼을 눌러 변경 사항을 업데이트 해줘야 한다. 예를 들어, 프레임 생성 후 Sheet의 크기가 바뀌거나 투상법이 변경되었다면 프레임이 자동으로 업데이트 되는 것이 아니라 Background 모드로 들어가서 위와 같은 방법으로 업데이트 해야 한다.

Manage Frame and Title Block 대화상자의 Action에서 Delete를 선택하여 설정된 프레임을 삭제할 수 있다.

16.8.2 회사 고유의 프레임 생성하기

다음 순서에 따라 회사 고유의 프레임을 만들어 사용할 수 있다.

① 비어 있는 도면 파일을 생성한다.
② Background에 프레임을 삽입한다.
③ Background에서 프레임을 수정한다. Insert 〉 Picture 메뉴를 이용하여 이미지를 삽입할 수도 있다.
④ 메뉴바에서 Edit 〉 Working View를 선택하여 Working View로 나온 다음 도면 파일을 저장하고 닫는다.
⑤ 새로운 도면을 생성한다.
⑥ 메뉴바에서 File 〉 Page Setup을 선택하고 위에서 저장한 파일을 Background로 지정한다.

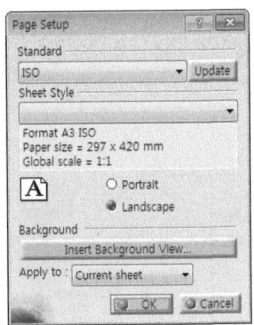

그림 16-62 Page Setup 대화상자

ch16_007.CATPart

도면뷰 생성 **Exercise 07**

ch16_007.CATPart 파일에 대한 도면뷰를 생성하시오.

힌트
① Auxiliary View C는 단면도를 활성화 시킨 후 생성할 수 있다.
② 뷰의 경계는 Visualization 툴바의 버튼을 눌러 숨길 수 있다.

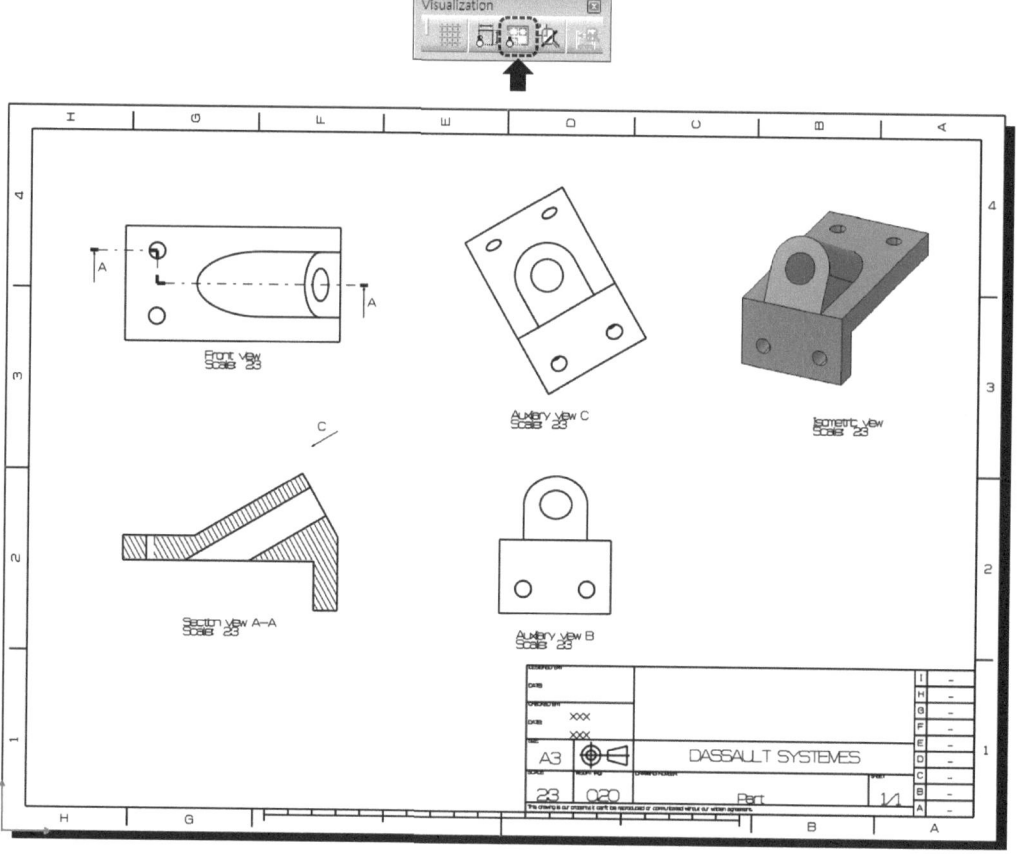

그림 16-63 연습 도면

END of Exercise

(빈 페이지)

Chapter 17
치수 생성과 어셈블리 도면

■ 학습목표

- 치수를 생성하고 설정을 변경할 수 있다.
- 주석(Annotation)을 생성하고 설정을 변경할 수 있다.
- Manipulator의 사용법을 배운다.
- 중심선을 생성한다.
- 어셈블리 도면을 생성하고, 주요 기능을 학습한다.

17장: 치수 생성과 어셈블리 도면

17.1 도면 생성 절차

16장에서는 주로 도면뷰를 생성하는 방법에 대하여 설명하였다. CATIA V5에서 도면을 생성하는 일반적인 절차는 다음과 같다.

① 도면을 생성할 파트(마스터 파트)를 정하여 Open 한다.
② 도면 파일을 생성한다.
③ 표제란과 시트를 설정한다.
④ 도면뷰를 생성한다.
⑤ 치수, 주석 및 각종 도면 표시 기호를 기입한다.

17장에서는 마지막 단계인 치수, 주석 및 각종 도면 표시 기호 생성 방법을 알아보고, 어셈블리 도면을 어떻게 생성하는지 알아보자.

17.2 치수(Dimension) 생성

Dimensioning 툴바에서 Dimensions 툴바를 꺼내어 여러 가지 치수를 생성할 수 있다.

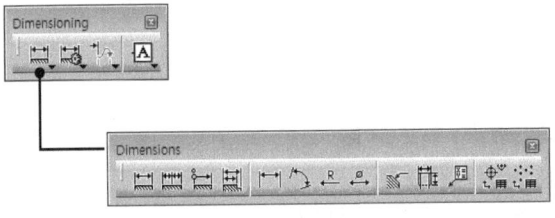

그림 17-1 Dimensions 툴바

17.2.1 치수 생성 옵션

생성된 치수는 선택한 개체와 연관성을 갖도록 생성할 수도 있고 연관성 없이 생성할 수도 있다. 즉, 연관성을 갖도록 치수를 생성하면 치수 생성 후 3차원 형상이 변경되어 뷰의 커브가 바뀌었을 경우 그 커브에 생성한 치수도 따라서 변경된다. 이러한 설정은 그림 17-2의 ❹ 옵션을 이용한다.

Only create non-associative dimensions 옵션을 선택하면 3차원 형상과 무관하게 치수를 생성한다. 나중에 3차원 형상을 수정해도 치수는 그대로 있다. Never create non-associative dimensions 옵션을 이용하면 모든 치수를 3차원 형상과 연결되도록 생성한다. 3차원 형상을 수정하면 치수도 따라서 변경된다. 형상과의 연결이 끊어졌을 때는 이 옵션으로 치수를 생성할 수 없다.

Geometry Creation 툴바에 있는 기능을 이용하여 커브를 생성하고 그 커브와 치수를 기입하는 경우 치수를 수정하여 커브의 형상이 변경되도록 할 수 있다. Create driving dimension 옵션을 이용한다. (그림 17-2의 **B**)

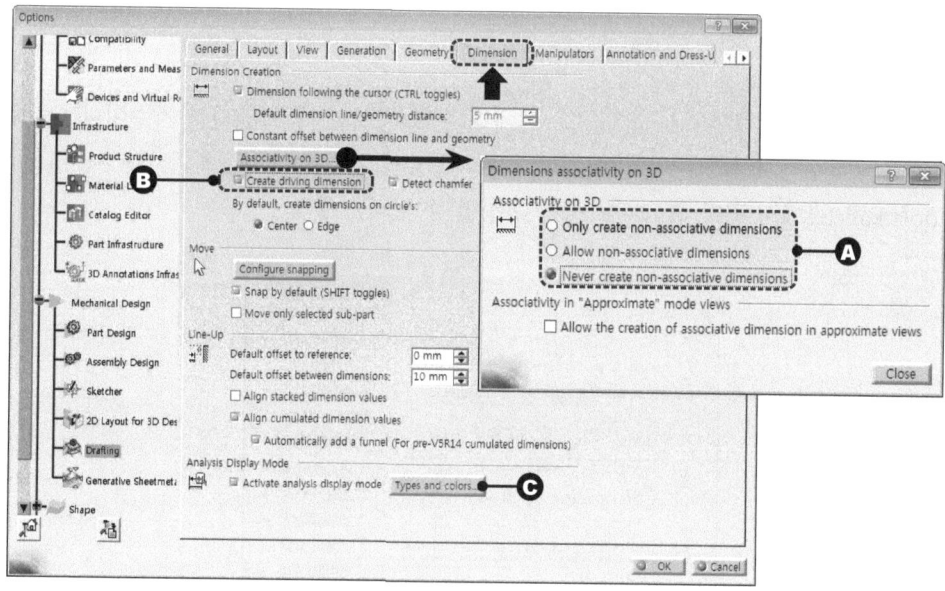

그림 17-2 Dimensions 옵션

17.2.2 치수의 화면 표시

치수의 색깔을 종류별로 구분하여 표시한다. 이 기능은 Visualization 툴바의 Analysis Display Mode 버튼이 켜져 있어야 활성화 된다. 이 버튼을 누른 것은 옵션 그림 17-2의 설정창에서 Activate analysis display mode 옵션을 체크한 것과 같다.

그림 17-3 Visualization 툴바

그림 17-2의 Options 대화상자의 Analysis Display Mode 옵션 영역에서 Types and colors 버튼 ❸를 누르면 그림 17-4와 같은 설정 창이 나타나고 치수의 종류별로 색깔를 지정할 수 있다.

Not-up-to-date dimension은 업데이트가 필요한 치수를 의미하고, Non associative dimensions (3D)는 3차원 형상과 연결되지 않은 치수를 의미한다. Isolated dimendions는 3차원 형상과 단절되어 있는 뷰에 생성한 치수를 의미한다.

Fake dimension은 개체간의 실측 치수와 도면에 표기되는 치수가 다른 치수를 나타낸다. 원칙적으로는 개체간의 실측치수를 그대로 기입하여야 하니 여의치 않은 경우 숫자만 바꿔 기입하는 경우가 있다.

True dimension은 입체뷰(Isomatric View)에 치수를 생성할 때 기입되는 치수이다. 2차원적으로 보이는 치수가 표시되는 것이 아니라 3차원 형상의 치수를 표시해준다. True dimension은 Tools Pallette에서 해당 아이콘을 눌러 생성할 수 있다.

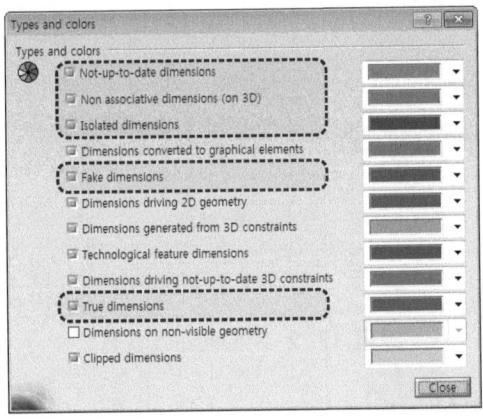

그림 17-4 Types and colors 설정창

ch17_001.CATDrawing   치수 생성 **Exercise 01**

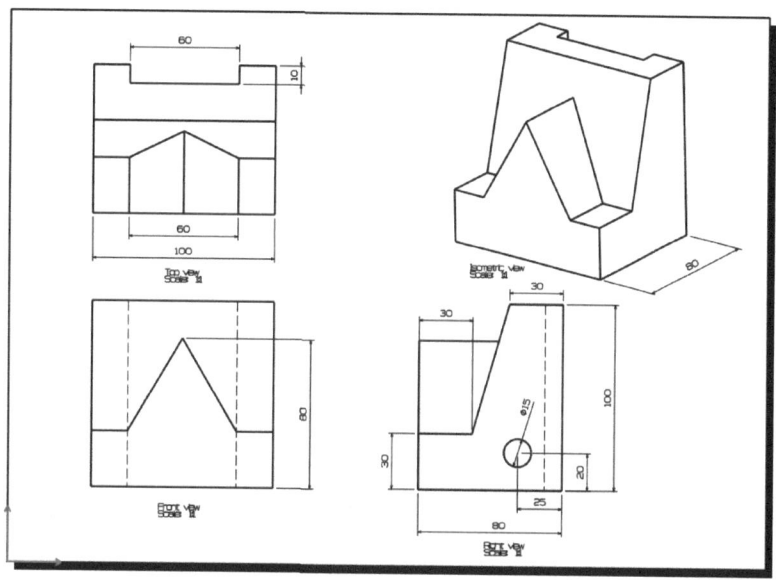

그림 17-5 Guide Block 도면

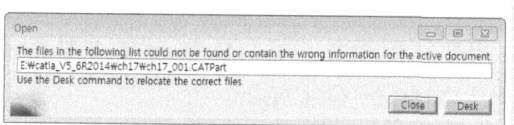

그림 17-6 Open 정보창

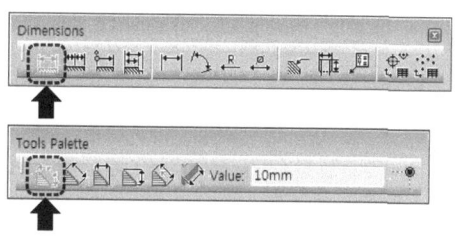

그림 17-7 Dimensions 아이콘

치수 생성

1. ch17_001.CATDrawing 파일을 연다.

2. Open 정보창을 확인 후 닫는다.

3. 메뉴바에서 Tools > Options를 선택하여 그림 17-2와 같이 Dimension 옵션을 설정한다.

4. Dimensions 툴바에서 Dimensions 버튼을 더블클릭한다. 그림 17-8과 같은 오류 메시지가 나타난다.

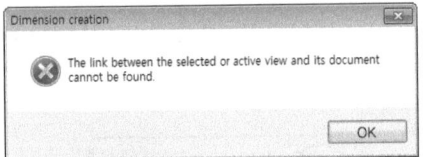

그림 17-8 오류창

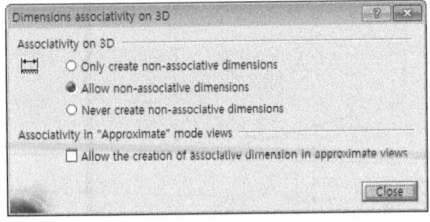

그림 17-9 Dimensions 옵션

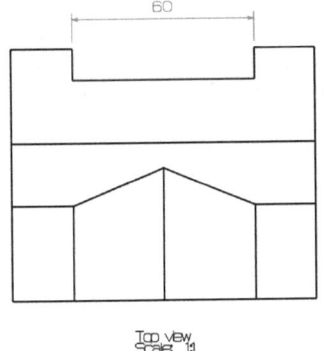

그림 17-10 Non-associative Dimension

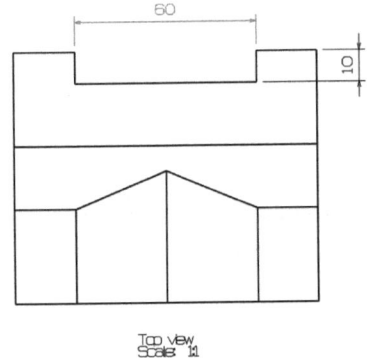

그림 17-11 업데이트 된 Drawing View

5. 오류창에서 확인 버튼을 누른다.

6. Tools > Options를 선택하여 Associativity on 3D 옵션을 그림 17-9와 같이 설정한다.

7. Dimensions 툴바에서 Dimensions 아이콘을 누르고 그림 17-10과 같이 치수를 생성한다. 그림 17-4의 설정에 따라 Non-associative 치수는 회색으로 표시된다.

8. 메뉴바에서 Edit > Links를 선택한다.

9. Pointed Document 탭을 선택하고 오른쪽에서 Replace 버튼을 누른 다음 ch17_guide.CATPart 파일을 선택한다.

10. Links of document 대화상자에서 OK 버튼을 누른다. 도면 파일, 시트 및 도면뷰를 업데이트 해야 한다.

11. 단축키 Ctrl + U를 눌러 업데이트 한다. Non-associative 치수가 Not-up-to date 치수로 변경된다. 아직 파트의 지오메트리와 연결되지 않았기 때문이다. 파일을 연결했다고 해서 치수를 기입할 때 선택한 선과의 연관성이 자동으로 생성되는 것은 아니다.

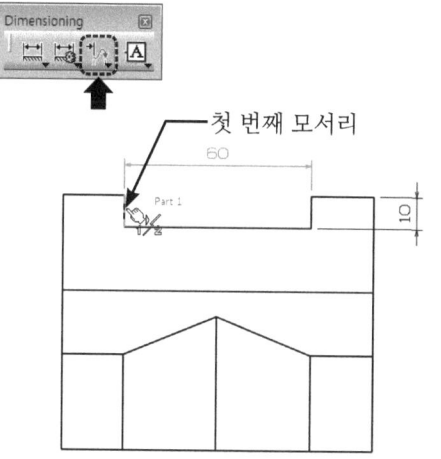

그림 17-12 Re-route Dimension 아이콘

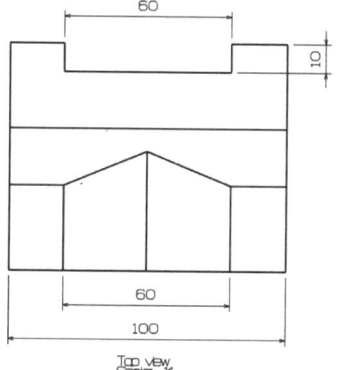

그림 17-13 Top View의 치수

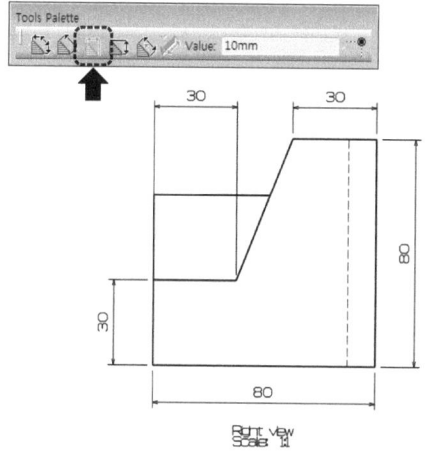

그림 17-14 Right View의 치수

12. Dimensions 아이콘을 누르고 그림 17-11과 같이 10 치수를 기입한다. 연관성 있는 치수가 기입된다.

13. Dimensioning 툴바에서 Re-route Dimension 아이콘을 누른다.

14. Not-up-to date 치수인 그림 17-11의 60 치수를 선택한다.

15. 그림 17-12와 같이 첫 번째 모서리를 선택한다. 두 번째 모서리를 선택하라는 메시지가 나타난다.

16. 반대측의 모서리를 두 번째 모서리로 선택한다. 치수가 연관성 있는 치수로 변경된다.

17. Dimensions 아이콘을 더블클릭하고 그림 17-13과 같이 Top View에 치수를 기입한다.

18. 그림 17-14와 같이 Right View에 치수를 기입한다. Tools Palette에서 적절한 옵션을 선택해야 한다.

> **! 뷰 라벨의 드래그**
>
> 뷰 라벨을 드래그하여 이동시킬 때 Shift 키를 누르면 스냅이 해제된다.

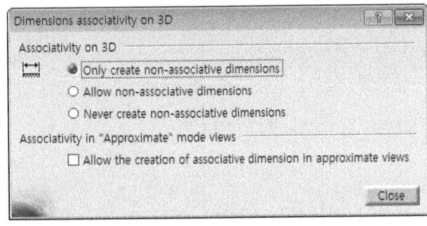

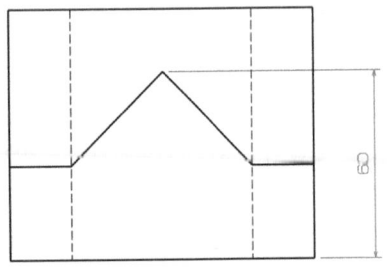

19. 메뉴바에서 Tools > Options를 선택하고 그림 17-15와 같이 Associativity on 3D 옵션을 선택한다.

20. 그림 17-15와 같이 Front View에 치수를 기입한다. 치수의 색깔이 다르게 표시됨을 확인한다.

그림 17-15 Front View의 치수

파트 수정

1. 메뉴바에서 Edit > Links를 선택한다.

2. Pointed Document 탭을 선택하고 연결된 파트의 경로와 파일명을 확인하고 Open 버튼을 누른다.

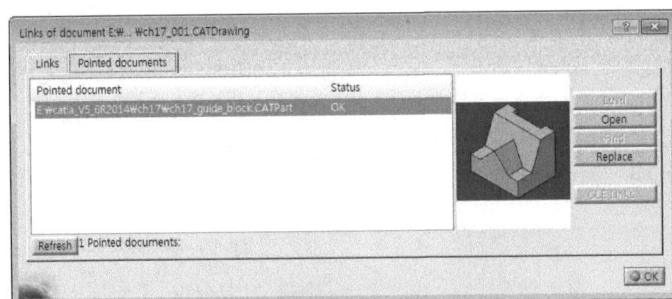

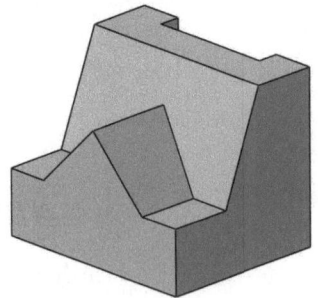

그림 17-16 연결된 파트

> **!** *Links 메뉴*
>
> Edit 〉 Links 메뉴를 이용하면 연결된 파일의 위치를 알 수 있고, 연결이 끊어진 도면을 다시 연결시킬 수 있다.
>
> Generative Drafting에서는 3차원 형상(마스터 파트)에 대한 도면을 생성하게 되는데, 형상 파일이 처음에 있던 위치에서 이동하였을 경우 경로를 다시 설정해야 연결성이 유지된다. 이러한 기능은 어셈블리의 컴포넌트 파일을 찾지 못할 때도 적용된다.

3. 그림 17-17과 같이 스케치의 **A**, **B** 치수를 수정한다.

4. 메뉴바에서 Window를 선택하여 도면 파일을 표시한 후 업데이트 한다.

그림 17-18은 업데이트 된 도면을 보여준다. **C** 치수는 업데이트 된 반면 **D** 치수는 업데이트 되지 않았다. 이는 3차원 형상과의 연관 관계 없이 생성된 치수이기 때문이다.

5. **D** 치수를 선택한다.

6. 그림 17-12와 그림 17-13에서와 같은 방법으로 치수를 다시 연결시킨다.

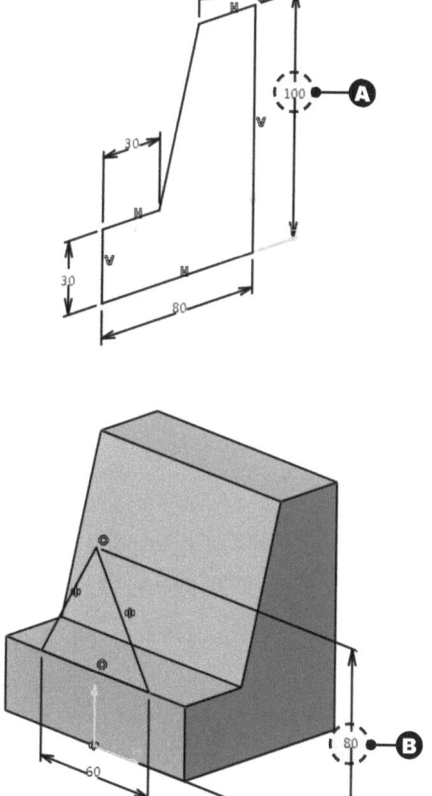

그림 17-17 수정된 치수

> **!** *Re-route Dimension*
>
> 이 기능을 이용하여 치수를 생성한 개체를 다시 선택하면 3차원 개체와의 연결성이 자동으로 복구된다.

17 장: 치수 생성과 어셈블리 도면

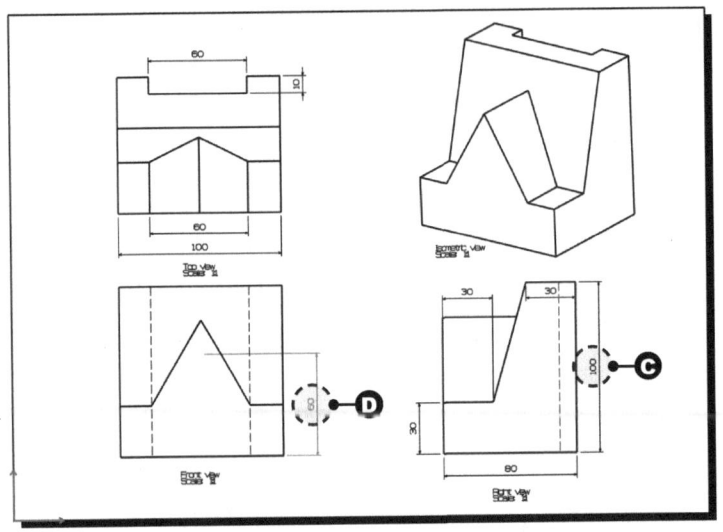

그림 17-18 업데이트 된 도면

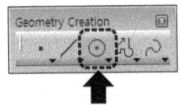

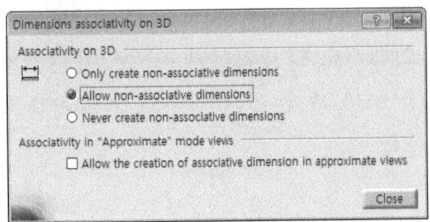

2D Geometry 추가(Interactive Drafting)

1. 우측면도를 Activate 시킨다.

2. Geometry Creation 툴바의 Circle 기능을 이용하여 우측면도에 원을 생성한다.

3. 그림 17-19와 같이 Associative on 3D 옵션을 수정하고 그림 17-2에서 **B**로 표시한 Create Driving Dimension 옵션을 체크한다.

4. 생성된 원에 치수를 기입한다. (그림 17-19에 표시한 세 개의 **E** 치수)

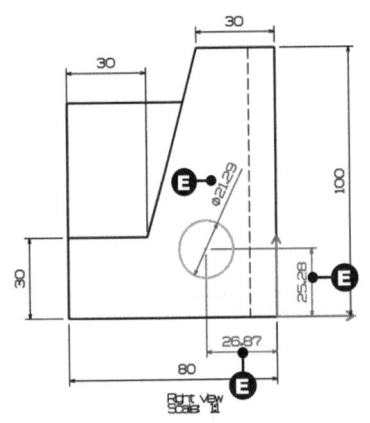

그림 17-19 2D Geometry 추가

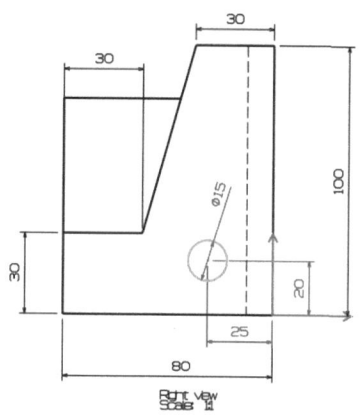

그림 17-20 수정된 Dimensions

5. 그림 17-20과 같이 치수를 수정한다.

스케치 그릴 때와 같이 치수를 수정하면 원의 위치, 형상이 변경된다.

True Length Dimension 생성

1. Dimensions 툴바에서 Dimensions 아이콘을 클릭하고 Tools Palette에서 True length dimension 버튼을 누른다.

2. Isometric View에서 그림 17-21 **F**의 바닥 모서리를 선택하여 실측 치수를 기입한다.

3. 그림 17-22를 참고하여 기존 파일명에 _modified를 붙여 파트 파일과 도면 파일을 새로운 이름으로 저장한다.

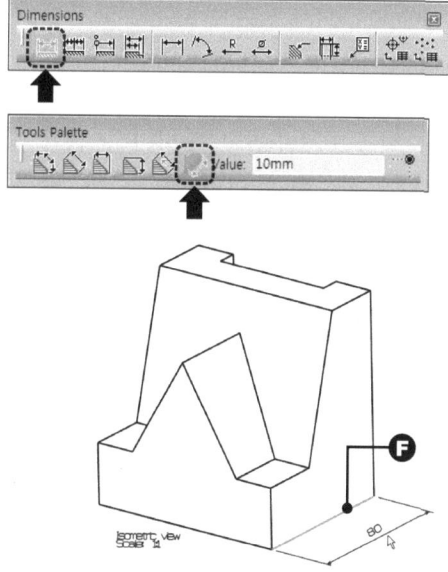

그림 17-21 True Length Dimension

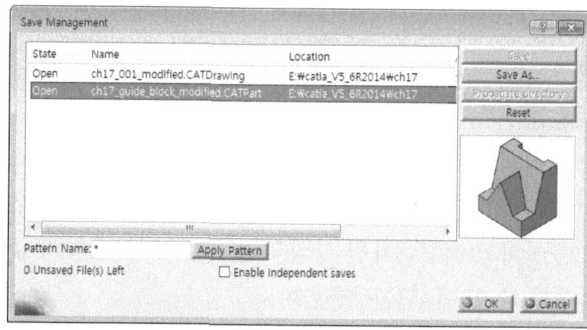

그림 17-22 다른 이름으로 저장

END of Exercise

> **! *Visualization 툴바의 기능***
>
>
>
> ⓐ 그리드를 표시하거나 숨긴다.
> ⓑ 구속조건을 표시하거나 숨긴다.
> ⓒ 뷰의 경계를 표시하거나 숨긴다.
> ⓓ 이 버튼을 켜면 3차원 형상에서 생성된 선이 흐리게 표시된다.
> ⓔ 이 버튼을 켜면 치수의 색깔이 Analysis display mode에서 설정한대로 표시된다.

17.2.3 Tools Palette

Dimensions 툴바의 기능을 이용하여 치수를 생성할 때 그림 17-23과 같은 Tools Palette가 나타나는데, 여기에 있는 기능을 이용하여 치수의 생성 방향을 설정할 수 있다.

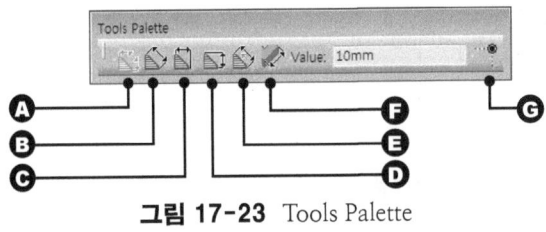

그림 17-23 Tools Palette

ⓐ 마우스 포인터의 위치에 따라 치수 생성 방향이 결정된다. 가로, 세로, 길이 방향 치수를 생성할 수 있다.
ⓑ 길이 치수를 생성한다.
ⓒ 가로 치수를 생성한다.
ⓓ 세로 치수를 생성한다.
ⓔ 치수 생성 방향을 임의로 지정할 수 있다. 생성 방향을 먼저 선택하고 두 개의 요소를 클릭하면 선택한 방향에 나란하게 또는 수직하게 치수를 기입할 수 있다.
ⓕ 보는 방향이 기울어져 있어도 3차원 형상의 실제 치수를 기입해 준다. Isometric View에 실제 치수를 생성할 때 이 옵션을 사용한다.
ⓖ 2D 개체의 교차점을 자동으로 감지한다.

17.4 치수의 타입

Dimensions 툴바에 있는 Dimensions 아이콘을 이용하여 길이와 거리 치수, 각도 치수, 반지름이나 지름 치수를 기입할 수 있다. 치수의 타입은 선택한 개체에 따라 다르게 적용된다. 특정 타입의 치수를 지정하여 생성하려면 그림 17-24의 아이콘 중 원하는 타입에 맞게 선택해야 한다.

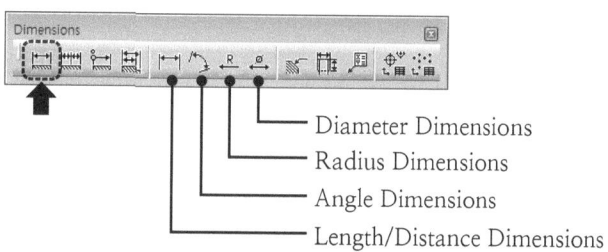

그림 17-24 Dimensions 툴바

Dimensions 아이콘을 누른 다음 개체를 연속하여 선택하여 그림 17-25와 같이 Chained Dimension을 기입할 수 있다. 연속되는 치수의 타입을 지정하여 생성하려면 해당 아이콘을 눌러야 한다. 그림 17-26과 그림 17-27은 Cumulated Dimension과 Stacked Dimension을 보여준다.

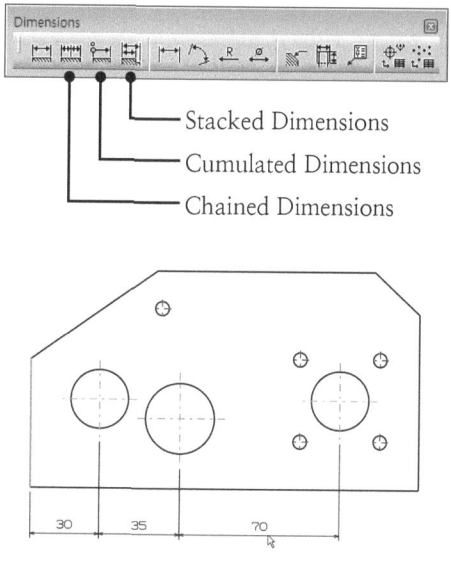

그림 17-25 Chained Dimension

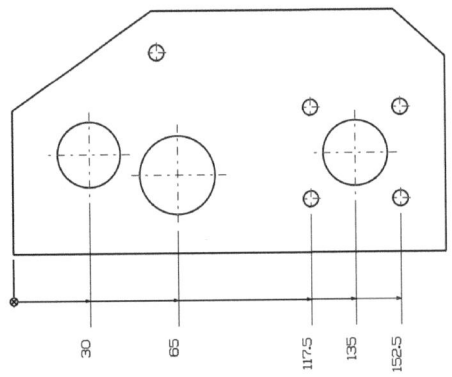

그림 17-26 Cumulated Dimension

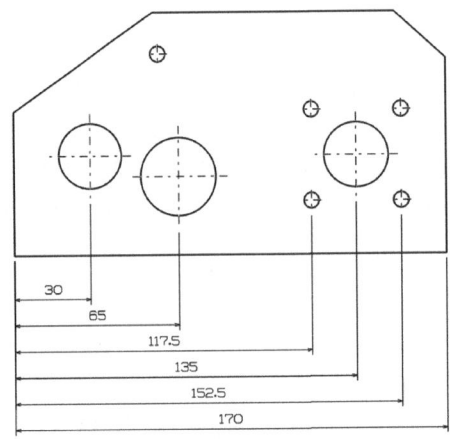

그림 17-27 Stacked Dimension

17.5 Dimension의 팝업 메뉴

치수를 생성할 때 대상을 선택한 후 마우스 오른쪽 버튼을 누르면 팝업 메뉴가 나타난다. 팝업 메뉴의 종류는 클릭한 아이콘과 선택한 대상에 따라 다르다. 예를 들어, Dimension 아이콘을 누르고 길이 치수를 기입하기 위해 커브나 직선을 선택하면 그림 17-28과 같은 팝업메뉴가 나타난다. 치수에 Funnel 옵션이나 Orientation 옵션을 적용할 수 있다. 그림 17-29는 Funnel을 적용한 치수를 보여준다. 좁은 부분에 치수를 기입할 때 유용한 옵션이다.

Dimension 아이콘을 누르고 거리 치수를 기입하기 위해 두 개의 직선을 선택하면 그림 17-30과 같은 팝업메뉴가 나타난다. 길이 치수를 기입할 때와 비교할 때 Half Dimension 옵션이

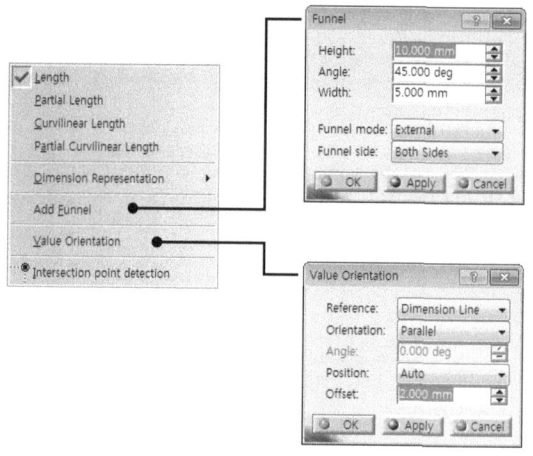
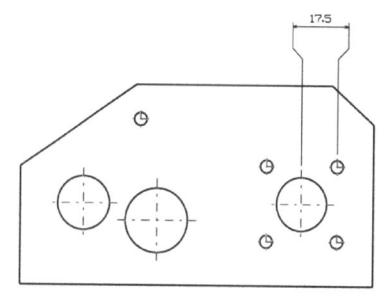

그림 17-28 팝업메뉴
(Dimensions / Length of Curve)

그림 17-29 Funnelled Dimension

나타난다. Angular Dimension 아이콘을 누르고 각을 이루는 두 개의 직선을 선택하면 그림 17-31과 같은 팝업메뉴가 나타난다. Angle Sector 메뉴에서 각도 치수를 기입할 영역을 선택할 수 있다.

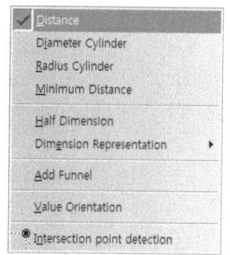
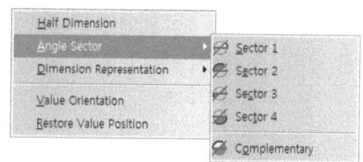

그림 17-30 팝업메뉴
(Dimensions / Distance)

그림 17-31 팝업메뉴
(Angular Dimensions / Angled Lines)

Dimension 아이콘을 누르고 원을 선택하면 그림 17-32와 같은 팝업메뉴가 나타난다. Radius Center나 Diameter Center 옵션을 선택하여 반지름 또는 지름 치수의 타입을 지정할 수 있으며 치수선을 원이나 호의 중심까지 연장할지 여부를 선택할 수 있다.

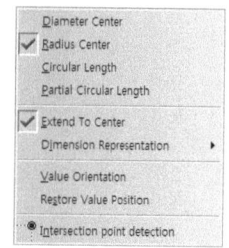

그림 17-32 팝업메뉴
(Dimensions / Circle)

Radius Dimension 아이콘을 누르고 원을 선택하면 그림 17-33과 같은 팝업메뉴가 나타난다. Diameter Dimension 아이콘을 누르고 원을 선택하면 그림 17-34와 같은 팝업메뉴가 나타난다.

팝업메뉴에서 Intersection point detection 옵션을 선택하면 Tools Palette에서 해당 버튼을 누른 것과 같이 교차점을 감지할 수 있다.

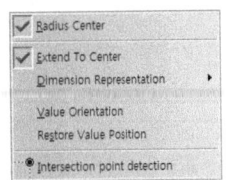

그림 17-33 팝업메뉴
(Radius Dimensions / Circle)

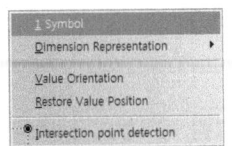

그림 17-34 팝업메뉴
(Diameter Dimensions / Circle)

Length/Distance Dimension 아이콘을 누르고 원과 직선을 선택하면 그림 17-35와 같은 팝업메뉴가 나타난다. 거리 치수를 기입할 때 여러 가지 Anchor 옵션을 적용할 수 있을 때 Extension Lines Anchor 옵션을 선택할 수 있다. Anchor 옵션의 결과는 선택한 개체의 종류와 위치에 따라 다르게 나타난다. 치수를 생성할 때 Ctrl 키를 누르고 마우스 커서를 노란 점 위로 가져가면 Anchor 점의 번호를 알 수 있다.

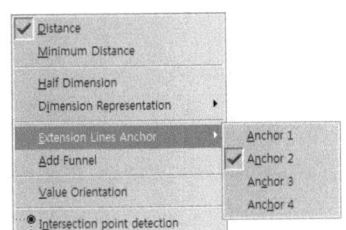

그림 17-35 팝업메뉴

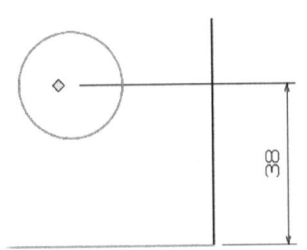
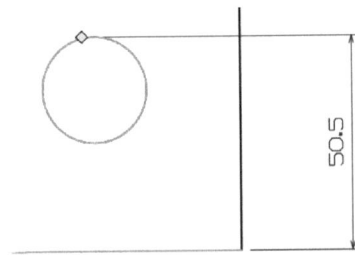

그림 17-36 Anchor 옵션에 따른 거리 치수

17.3 치수의 정렬

Positioning 툴바의 기능을 이용하여 치수를 정렬할 수 있다.

기능 사용 절차 (그림 17-37의 번호는 절차 번호에 해당된다.)

① Positioning 툴바에서 Line-Up 아이콘을 누른다.
② 정렬할 치수를 선택한다.
③ 어느 치수에 정렬할 것인지를 선택한다.
④ Line-Up 대화상자의 옵션을 설정하고 OK 버튼을 누른다.

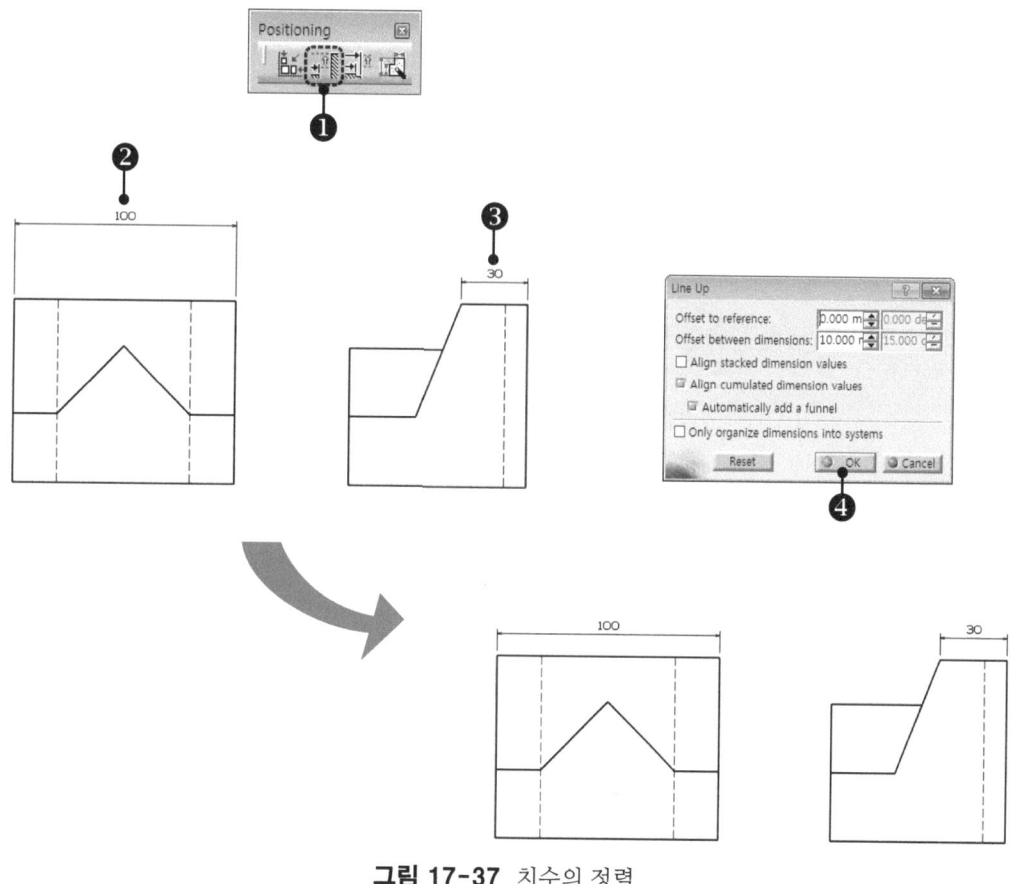

그림 17-37 치수의 정렬

그림 17-38과 같이 여러 개의 치수를 한꺼번에 정렬할 수 있다. 정렬할 치수를 먼저 선택하고 Line-Up 아이콘을 누른 다음 어느 치수에 정렬할 것인지를 선택한다.

Offset to reference 옵션을 이용하면 기준 치수로부터 떨어진 간격을 지정할 수 있다. Offset between dimensions 옵션을 이용하면 여러 치수를 정렬할 때 치수들 사이의 간격을 지정할 수 있다.

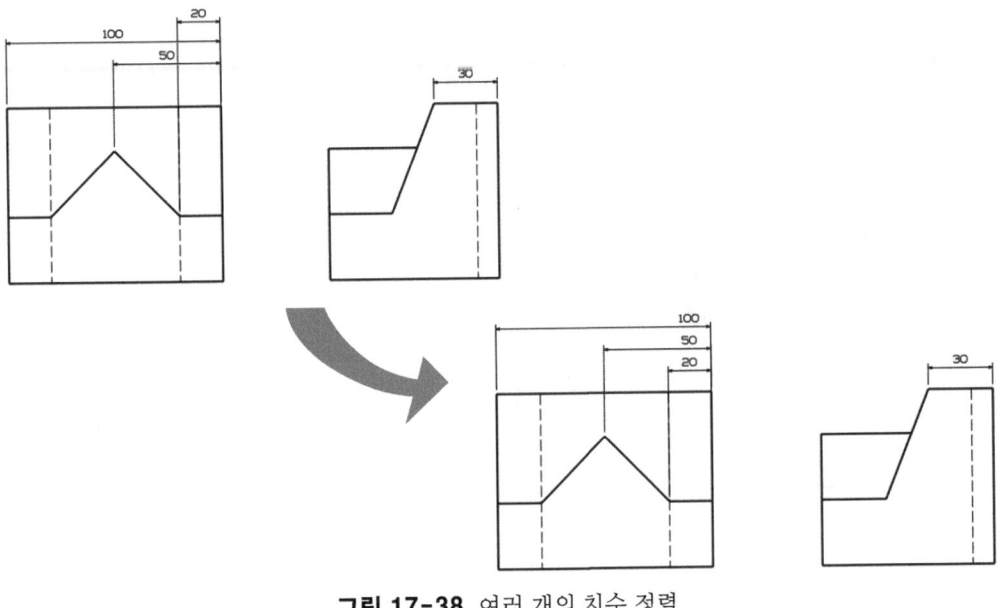

그림 17-38 여러 개의 치수 정렬

Positioning 툴바의 Dimension Positioning 아이콘을 이용하면 Activate 된 도면뷰의 모든 치수를 자동으로 정렬할 수 있다. 그림 17-39는 자동으로 정렬한 도면뷰를 보여준다.

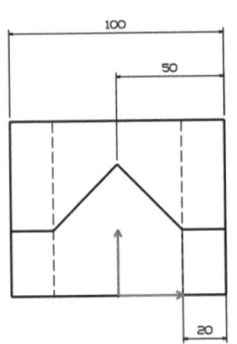

그림 17-39 자동 정렬

17.6 Annotation

Text, 표, 용접기호(Welding Symbol), 표면처리 기호(Roughness Symbol), 기하공차(Datum Target), Balloon 기호 등을 Annotation이라고 한다. Annotations 툴바에서 Text 툴바를 꺼내어 여러 가지 형태의 텍스트 타입 Annotation을 기입할 수 있다. 현재 활성화되어 있는 도면뷰 또는 시트에 기입된다.

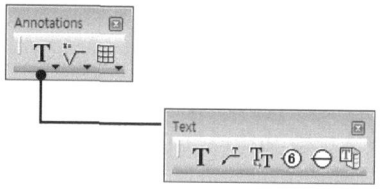

그림 17-40 Text 툴바

17.6.1 Text

도면에 대한 지시 사항이나 참고 사항을 텍스트로 표시한다. 다음 절차를 따른다.

① Text를 기입할 뷰를 활성화시킨다. (뷰의 경계에 MB3 〉 Activate View 선택)
② Text 툴바에서 Text 아이콘을 누른다.
③ 텍스트를 기입할 위치를 클릭한다. Active View의 외부를 선택하면 뷰의 경계가 확장된다.
④ Text Editor에 기입할 텍스트를 입력하고 OK 버튼을 누른다. 줄바꾸기를 하려면 Shift + Enter를 누른다.

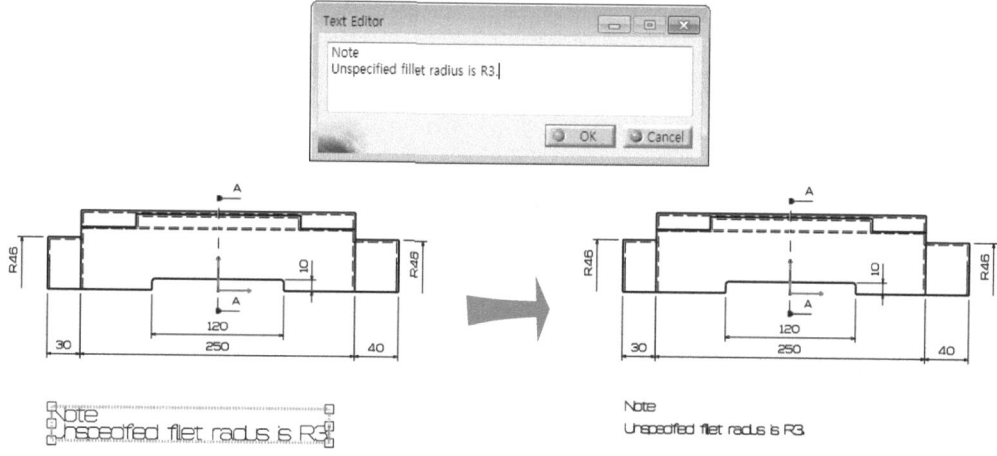

그림 17-41 텍스트 기입

17.6.2 Text with Leader

다음 절차에 따라 지시형 텍스트를 생성할 수 있다. 그림 17-42의 번호는 절차 번호에 해당된다.

① Text를 기입할 뷰를 활성화시킨다. (뷰의 경계에 MB3 > Activate View 선택)
② Text 툴바에서 Text with Leader 아이콘을 누른다.
③ Leader를 붙일 개체를 선택한다.
④ 텍스트 위치를 지정한다.
⑤ Text Editor에 기입할 텍스트를 입력하고 OK 버튼을 누른다.

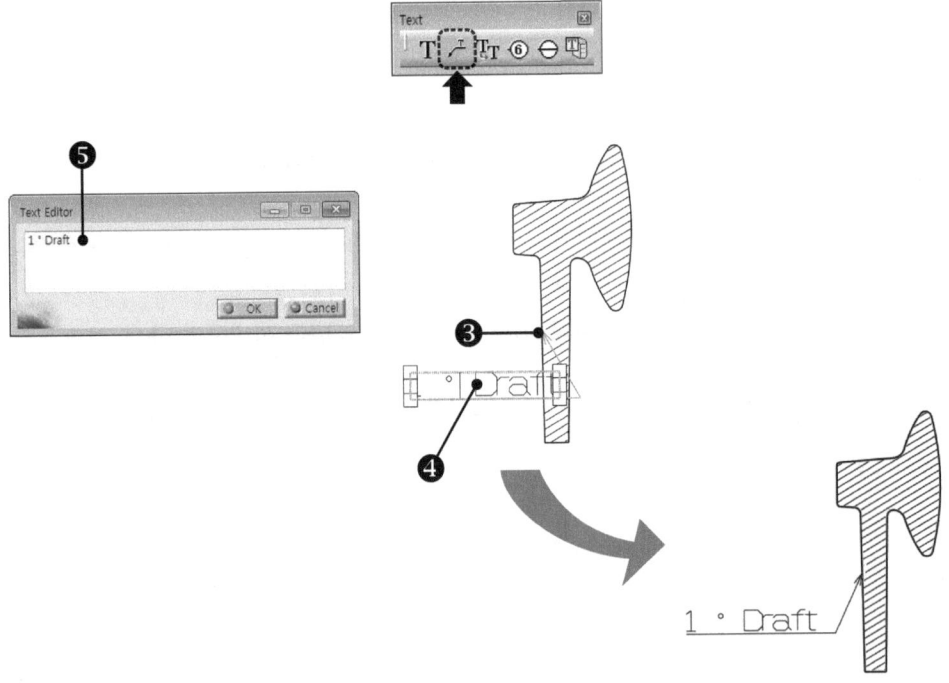

그림 17-42 Leader 텍스트 기입

17.6.3 Leader 추가

일반 텍스트 또는 Leader 타입 텍스트에 마우스 오른쪽 버튼을 누르면 그림 17-43과 같은 팝업메뉴가 나타난다. Add Leader 옵션을 이용하여 텍스트를 표시할 여러 개의 오브젝트에 Leader를 붙일 수 있다.

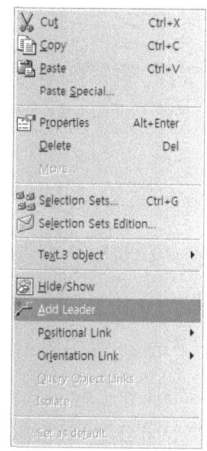

그림 17-43 Text에 대한 팝업메뉴

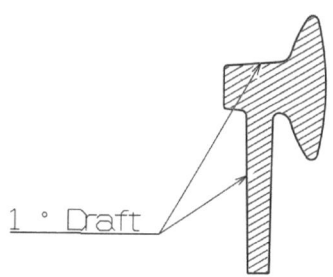

그림 17-44 두 개의 Leader

17.7 치수와 Annotation의 설정 변경

17.7.1 치수 설정 변경

치수에 MB3 > Properties를 선택하면 그림 17-45와 같은 대화상자가 나타난다. 총 9개의 탭이 있으며 각 탭에서는 다음과 같은 치수 설정을 수정할 수 있다.

① Value: 치수의 방향, 이중 치수, 임의 치수를 설정한다.
② Tolerance: 공차를 기입한다.
③ Dimension Line: 치수선을 설정한다.
④ Extension Line: 치수선의 연장선을 설정한다.
⑤ Dimension Texts: 치수 앞 뒤, 위, 아래에 문자 또는 기호를 추가한다.
⑥ Font: 텍스트의 폰트를 설정한다.
⑦ Text: 텍스트의 외형과 위치, 방향 등을 설정한다.
⑧ Graphic: 치수선의 색깔을 설정한다.
⑨ Feature Properties: 치수에 지정된 이름을 설정한다.

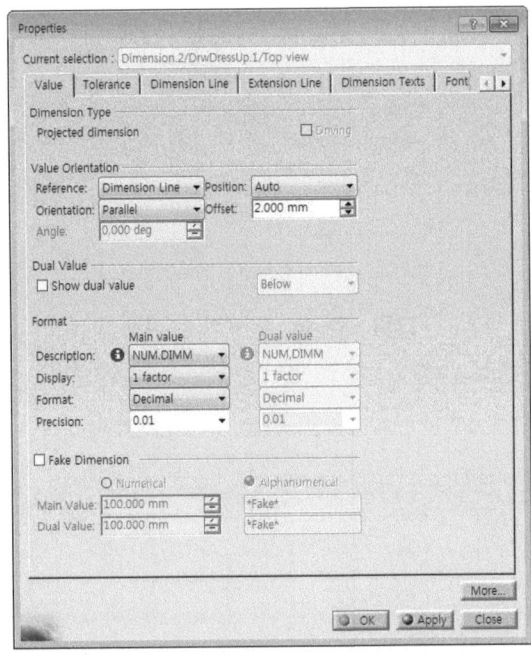

그림 17-45 Dimension 설정 대화상자

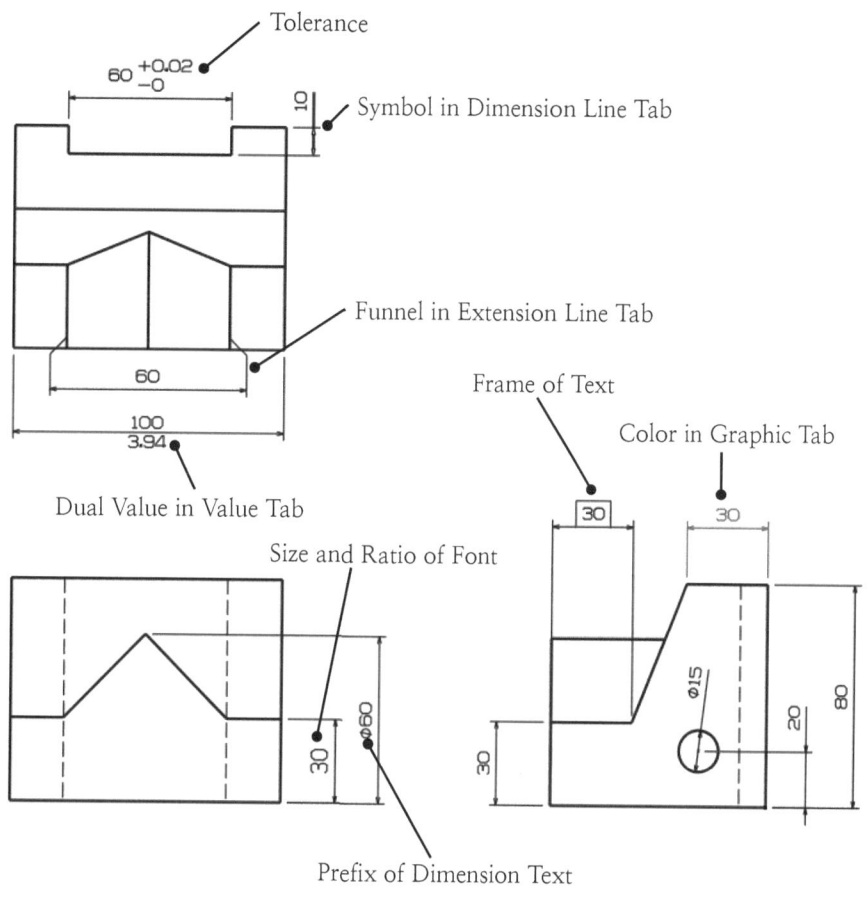

그림 17-46 Dimension 설정 변경 예

17.7.2 Annotation 설정 변경

텍스트(Text with Leader 포함)를 더블클릭하면 Text Editor가 나타나고 입력한 텍스트를 수정할 수 있다. 이 에디터에서 줄바꾸기를 하려면 Shift + Enter 키를 누른다.

텍스트에 MB3 〉 Properties를 선택하면 그림 17-47과 같은 Properties 창이 나타난다. Dimension의 Property 창에 있던 탭 중 4 가지가 나타나고 Dimension Property에서 활성화 되지 않았던 Text 탭의 옵션들이 활성화된다.

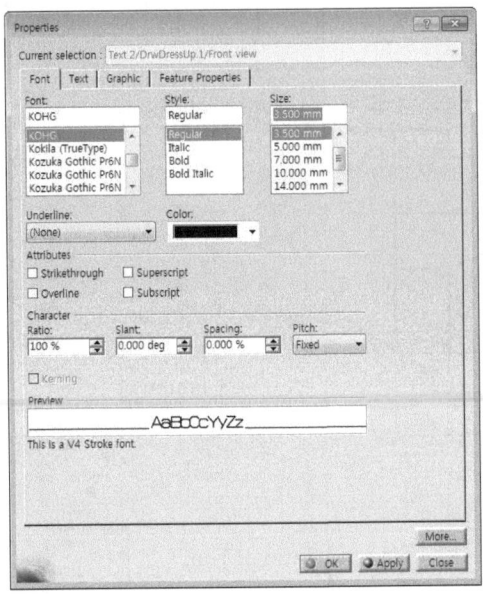

그림 17-47 Text의 Properties 대화상자

텍스트 박스 위에 마우스 포인터를 올리면 손가락 모양으로 바뀌고 이 때 드래그하여 위치를 이동시킬 수 있다. 클릭하였을 때 나타나는 코너점을 드래그하여 텍스트 박스의 크기를 바꿀 수 있다.

Text with Leader를 클릭하면 그림 17-48 (a)와 같이 조정점들이 나타난다. ⓐ의 노란 점을 드래그하여 Leader를 붙일 대상을 바꿀 수 있고 ⓑ 점을 드래그하여 그림 17-48 (b)와 같이 수정할 수 있다.

MB3 > Add Leader 메뉴를 이용하면 다른 개체에 Leader를 연속하여 붙일 수 있다.

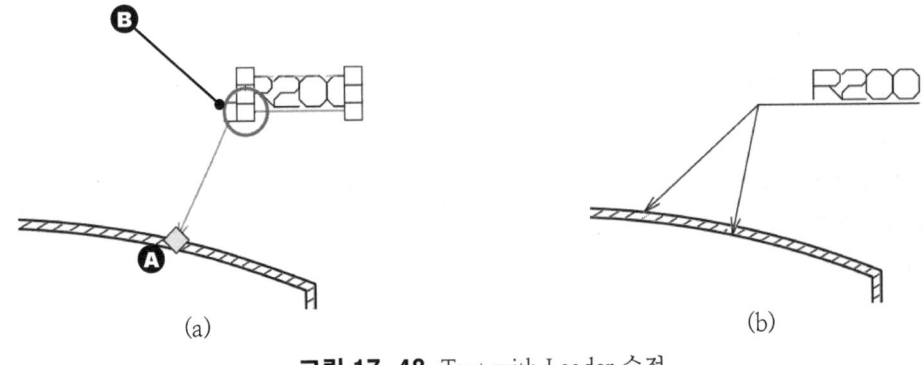

그림 17-48 Text with Leader 수정

17.7.3 Manipulator를 이용한 수정

메뉴바의 Tools 〉 Options를 선택한 다음 Mechanical Design 〉 Drafting 항목의 Manipulator 탭에 있는 Dimension Manipulators 옵션을 이용하면 치수선을 편리하게 수정할 수 있다.

그림 17-49의 (a)와 같이 설정한 후 치수를 생성하면 생성하는 중에 텍스트 앞 뒤에 빨간색 역삼각형 표시(그림 17-49의 **Ⓐ**)가 나타난다. Ctrl 키를 누른 후 마우스 커서를 움직여 심볼을 클릭하면 텍스트를 입력할 수 있는 대화상자가 나타나 치수 앞 또는 뒤에 문자를 추가할 수 있다.

옵션의 Modification을 체크하면 생성되어 있는 치수를 클릭하였을 때 심볼이 나타나고 이를 클릭, 더블클릭 또는 드래그하여 수정할 수 있다. 그림 17-49의 (b)와 같이 설정한 후 치수를 선택하면 심볼이 나타나고(**Ⓑ**) Blanking 심볼을 더블클릭하여 값을 입력할 수 있다. 또는 드래그하여 위치를 정할 수도 있다. Ctrl 키를 누른 다음 드래그 하면 Blanking 심볼을 개별적으로 조절할 수 있다.

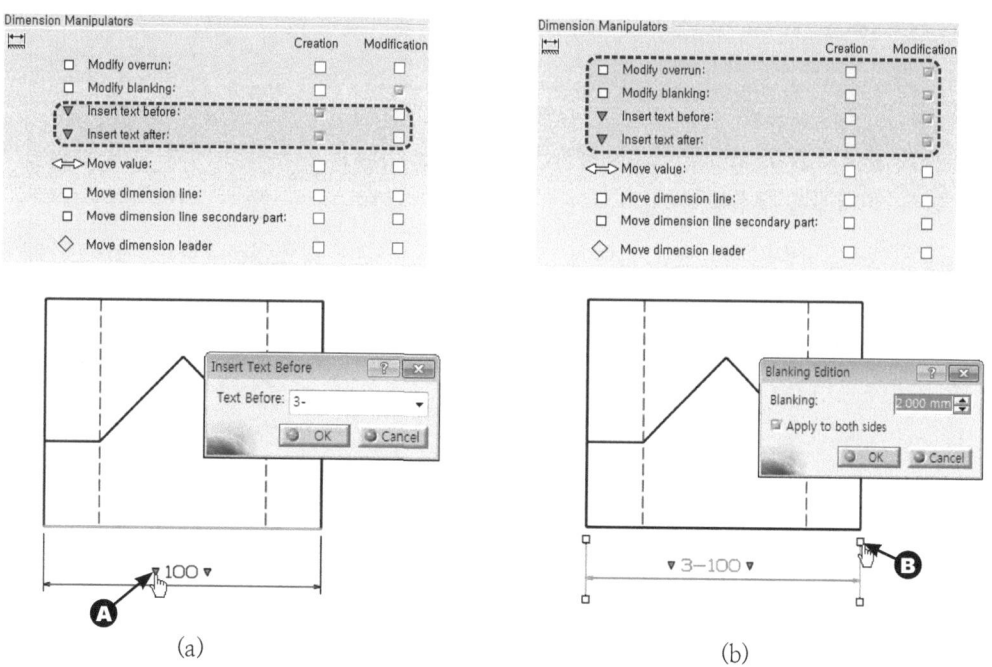

그림 **17-49** Dimension Manipulator를 이용한 치수 생성 및 수정

Graphic Properties 툴바에 있는 Copy Object Format 버튼을 이용하면 선택한 오브젝트에 다른 오브젝트의 설정을 가져올 수 있다.

기능 사용 절차
① 설정을 수정할 개체를 선택한다. (여러 개 선택 가능)
② 그림 17-50의 Graphics Properties 툴바에서 Copy Object Format 버튼을 누른다.
③ 설정을 가져올 오브젝트를 선택한다.

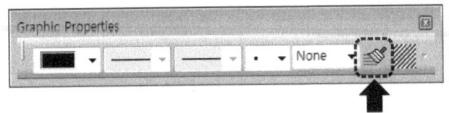

그림 17-50 설정 가져오기

17.8 중심선 생성하기

View의 Property 대화상자에서 Center Line 옵션을 설정하면 모든 중심선이 한꺼번에 생성된다. 필요하지 않은 것은 삭제할 수 있다.

Dress-up 툴바의 Axis and Threads 서브 툴바에 있는 기능을 이용하면 여러 가지 형태의 중심선 및 구멍 형상을 생성할 수 있다.

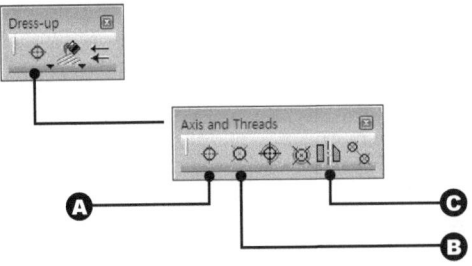

그림 17-51 Axis and Threads 툴바

🅐 Center Line: 원의 중심을 표시한다. 중심선의 방향은 언제나 도면의 가로, 세로 방향과 일치한다. 생성된 중심선을 선택하고 끝에 있는 Mark를 드래그하여 중심선의 길이를 조절할 수 있으며 Ctrl 키를 누르면 중심선의 길이를 개별적으로 조절할 수 있다.

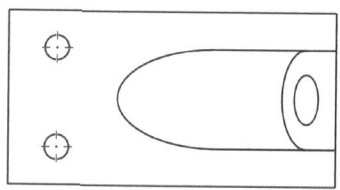

그림 17-52 Center Line

🅑 Center Line with Reference: 원의 중심선을 표시한다. 중심선의 방향 기준선을 정해주면 그 방향에 맞게 기울어진 중심선을 생성할 수 있다. 원을 선택한 후 그림 17-53의 🅙 선을 Reference로 선택하면 그 직선과 같은 각도로 기울어진 중심선이 생성된다.

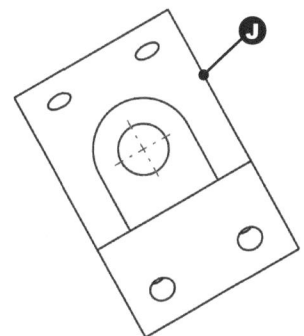

그림 17-53 Center Line with Reference

🅒 Axis Line: 구멍의 경우 원통의 중심선을 표시한다. 두 개의 직선을 선택하여 중심선을 표시할 수 있다. 이 때, 두 직선이 평행할 필요는 없다. 또는 두 개의 점을 연결하는 중심선을 표시할 수도 있다.

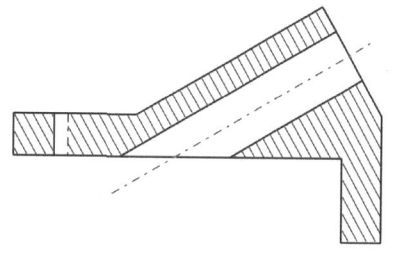

그림 17-54 Axis Line

Center Line with Reference 아이콘을 이용하여 원형으로 배치된 Bolt Circle 중심선을 생성할 수 있다. 다음 절차를 따른다. 그림 17-55의 번호는 절차 번호에 해당된다.

① Center Line with Reference 아이콘을 누른다.
② 볼트 구멍을 하나 선택한다.
③ 볼트 구멍 배열의 중심점을 선택한다.
④ 생성된 중심선을 선택한 후 Ctrl 키를 누른 상태로 끝 점을 드래그 한다.

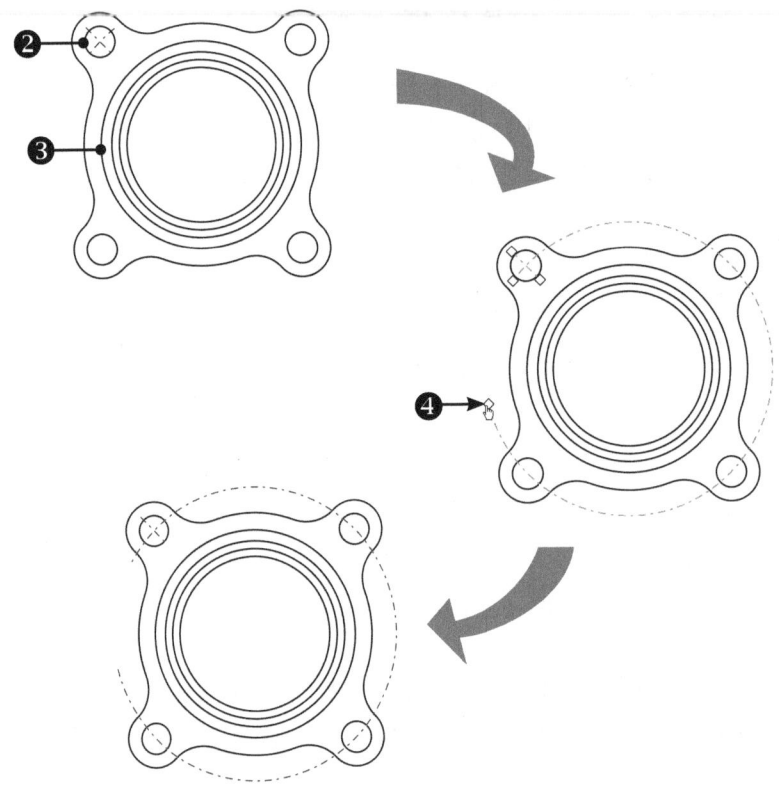

그림 17-55 Bolt Circle Centerline

ch17_002.CATPart

Linear Dimension 생성 **Exercise 02**

주어진 파트를 이용하여 그림 17-56과 같이 치수를 생성하시오. 모든 치수에 대하여 소수점 첫째 자리까지 표시한다.

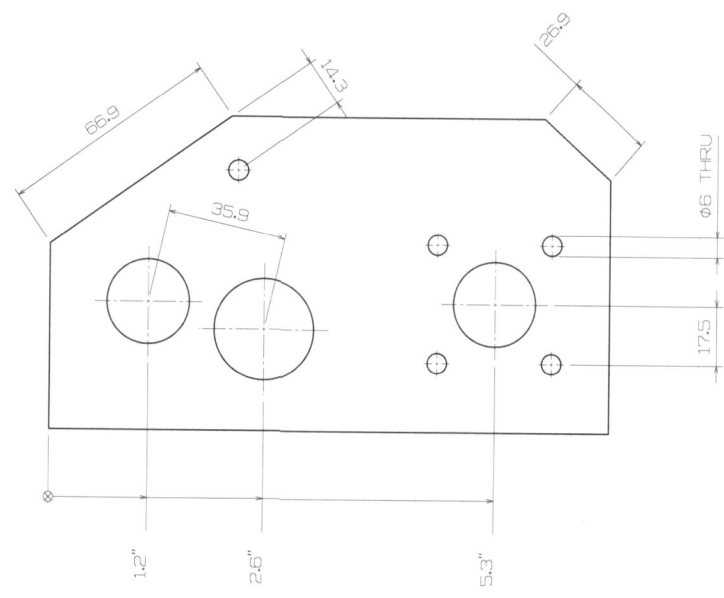

그림 17-56 Exercise 02의 도면

END of Exercise

Exercise 03 **Creating Radial Dimensions**   *ch17_003.CATPart*

주어진 파트를 이용하여 그림 17-57과 같이 치수를 생성하시오.

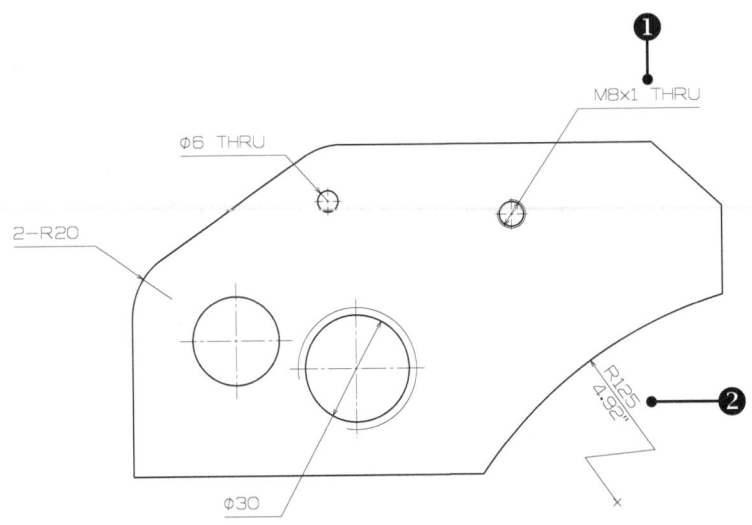

그림 17-57 Exercise 03의 도면

힌트

치수 ❶은 Dimensions 툴바의 Thread Dimension 아이콘을 이용하여 생성할 수 있다.

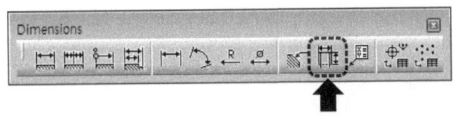

그림 17-58 Thread Dimensions 아이콘

이런 형태의 구멍 치수를 생성하려면 3차원 모델에 구멍을 생성할 때 Threaded 옵션을 설정해야 하며 그림 17-59의 아이콘을 이용하여 생성한다. 치수 ❶은 그림 17-60과 같이 Threaded 옵션을 설정한 후 생성한 구멍(M8x1)에 대하여 기입한 치수이다.

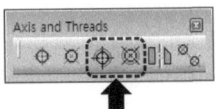

그림 17-59 Thread Type Centerline 아이콘

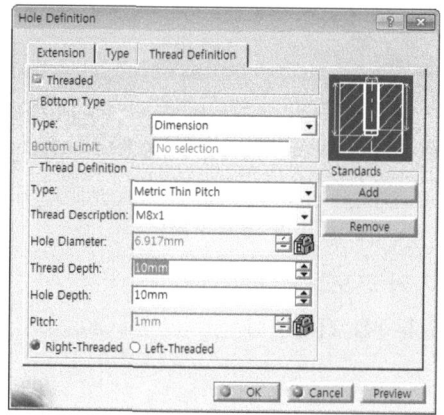

그림 17-60 Hole의 Thread Definition

치수 ❷는 그림 17-61의 Foreshortened 옵션과 그림 17-62의 Dual Value 옵션을 이용하여 생성한 치수이다.

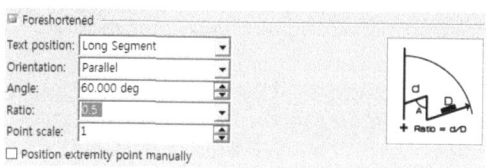

그림 17-61 Foreshortened 옵션

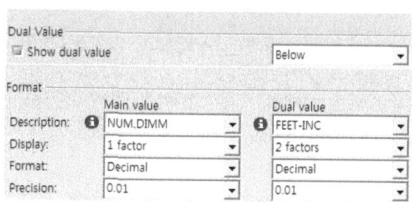

그림 17-62 Dual Value 옵션

END of Exercise

17 장: 치수 생성과 어셈블리 도면

Exercise 04   Bracket 2의 도면   ch17_004.CATPart

주어진 파트를 이용하여 그림 17-63과 같이 도면을 생성하시오.

1. 각 도면뷰와 치수를 아래 도면과 똑같이 생성한다.
2. 표제란에 표시된 시트 크기와 척도를 참고한다.
3. Drawing Titleblock Sample 1을 적용한다.

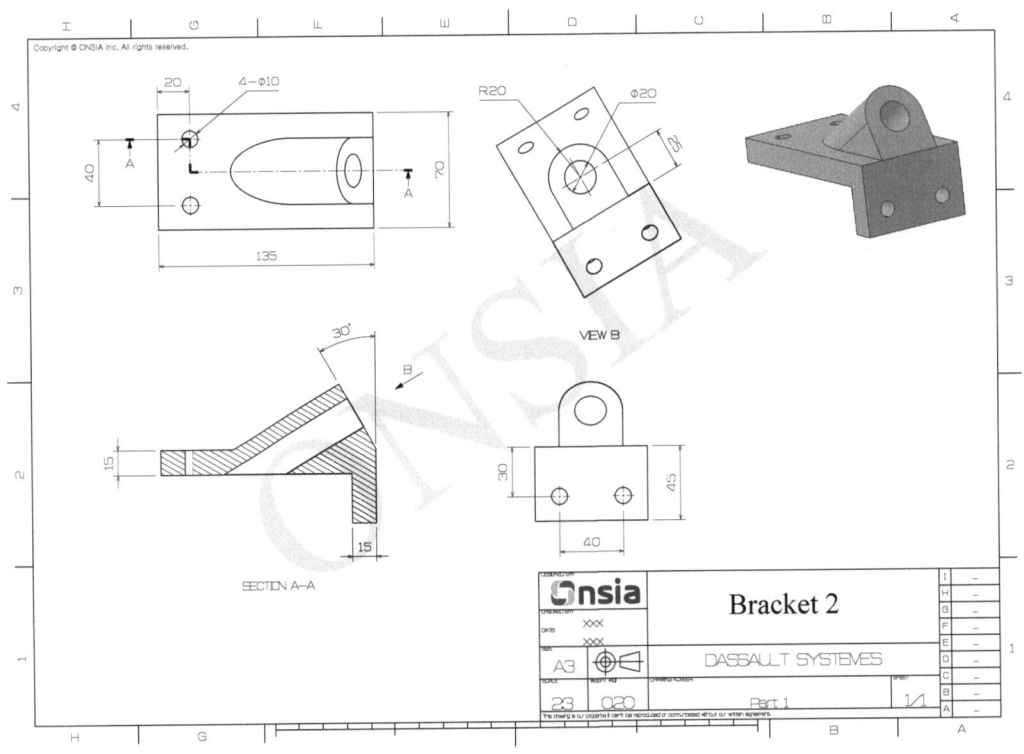

그림 17-63 Exercise 04의 도면

END of Exercise

ch17_005.CATPart
ch17_005_drafted_filleted.CATPart

Plastic Cover의 도면 **Exercise 05**

주어진 파트 ch17_005.CATPart를 열고 그림 17-64와 같이 도면을 생성하시오. Isometric View는 ch17_005_drafted_filleted.CATPart를 이용한다.

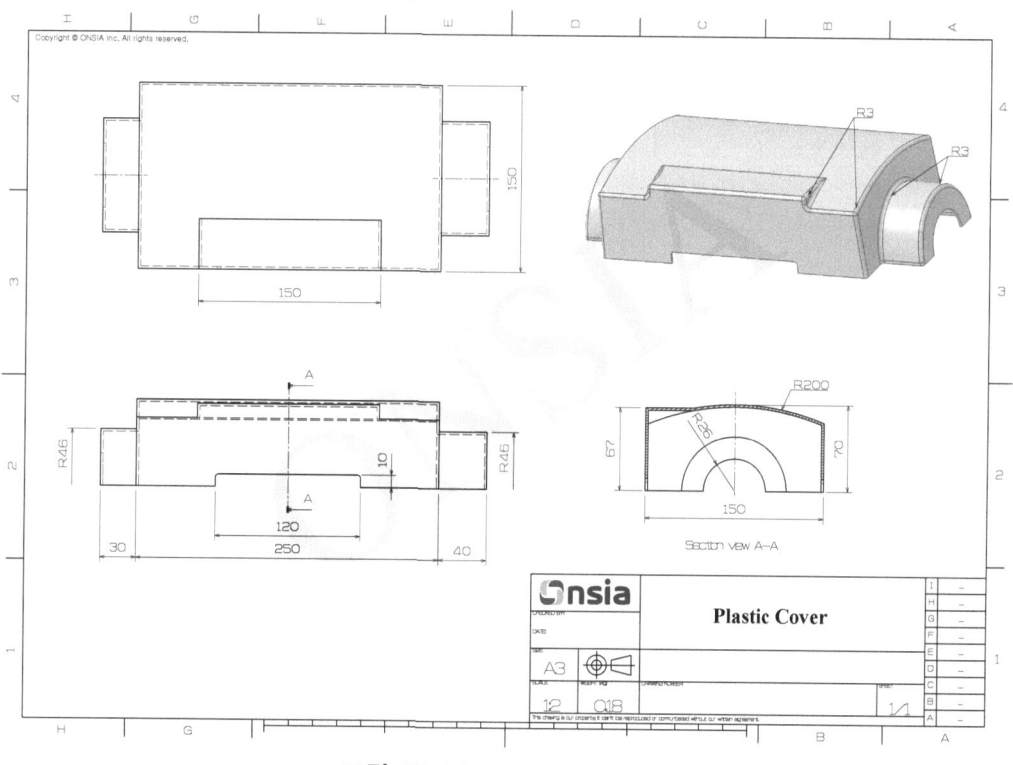

그림 17-64 Exercise 05의 도면

END of Exercise

Exercise 06   Toy Box Cover의 도면   *ch17_006.CATPart*

주어진 파트를 이용하여 그림 17-65와 같이 도면을 생성하시오.

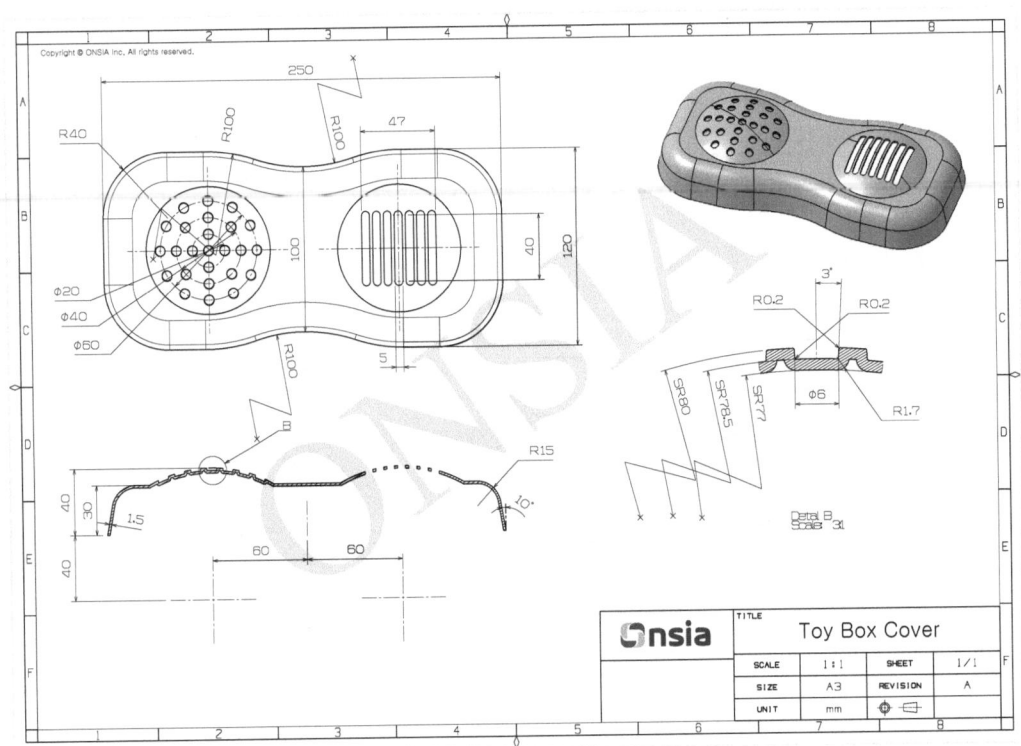

그림 17-65 Exercise 06의 도면

17.9 어셈블리 도면

CATProduct 파일에 대한 어셈블리 도면을 생성할 수 있다. 어셈블리 도면을 생성하는 목적은 조립에 대한 스펙(조립공차 등)이나 조립 경로, 부품 구성 및 개수, 재질 등을 표시하기 위한 것이다.

CATProduct 파일을 열고 새로운 Drawing 파일을 생성한 후 파트에 대한 도면을 생성할 때와 같은 방법으로 필요한 뷰를 생성한다. 어셈블리 도면을 생성한 후에 분해도, 각 부품에 대한 Balloon 기호, BOM List를 생성할 수 있다.

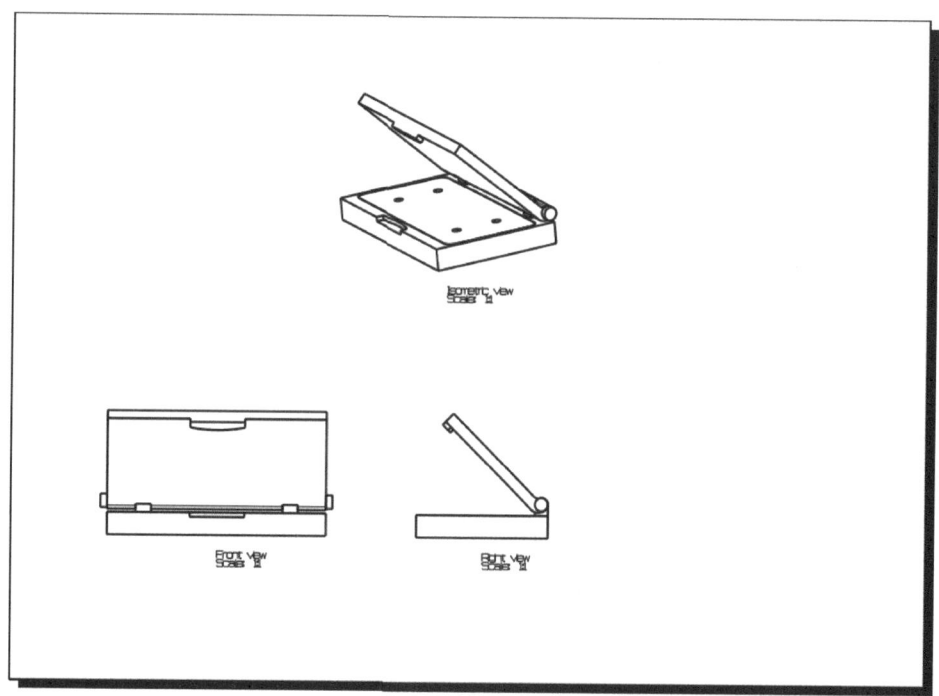

그림 17-66 어셈블리 도면

17.9.1 컴포넌트 제외시키기

프러덕트 파일에서 특정 컴포넌트를 Deactivate 시켜 도면에 나타나지 않게 할 수 있다. 그림 17-67과 같이 Spec Tree의 컴포넌트에 MB3 > Activate/Deactivate Component를 선택한다.

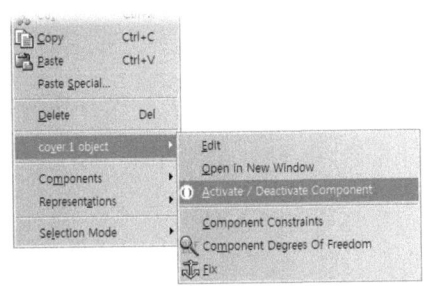

그림 17-67 Activate/Deactivate Component 메뉴

17.9.2 단면 표시 제외

단면도를 생성할 때 특정 컴포넌트에 대한 절단면을 표시하지 않을 수 있다. 이러한 설정은 Product 파일에서 진행한다. Product 파일을 연 후 Spec Tree에서 단면에서 제외시킬 컴포넌트를 선택하고 MB3 〉 Properties를 선택한다. 그림 17-68과 같은 Properties 대화상자가 나타나고, Drafting 탭에서 Do not cut in section view 옵션을 체크하면 된다.

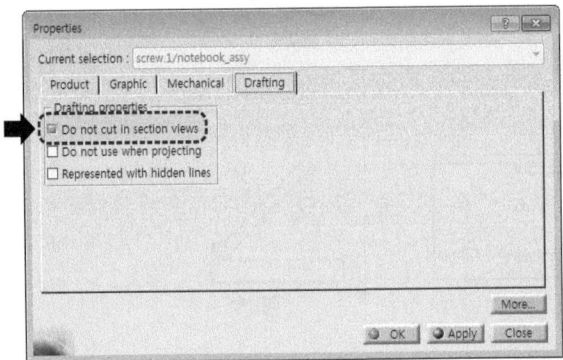

그림 17-68 특정 컴포넌트 단면 제외

Do not use when projecting 옵션을 선택하면 투상도에 특정 컴포넌트가 나타나지 않게 할 수 있고 Represented with hidden lines 옵션을 이용하면 해당 컴포넌트가 도면뷰에 숨은선으로 표시된다.

Folder: ch17_007   어셈블리 도면뷰 생성 **Exercise 07**

ch17_007 폴더에 있는 notebook_assy.CATProduct 파일에 대하여 그림 17-69의 도면을 보고 어셈블리 도면뷰를 생성하시오.

조건

① Top 컴포넌트는 도면에서 제외시킨다.
② Screw 컴포넌트의 단면은 Section View A-A에 표시하지 않는다.

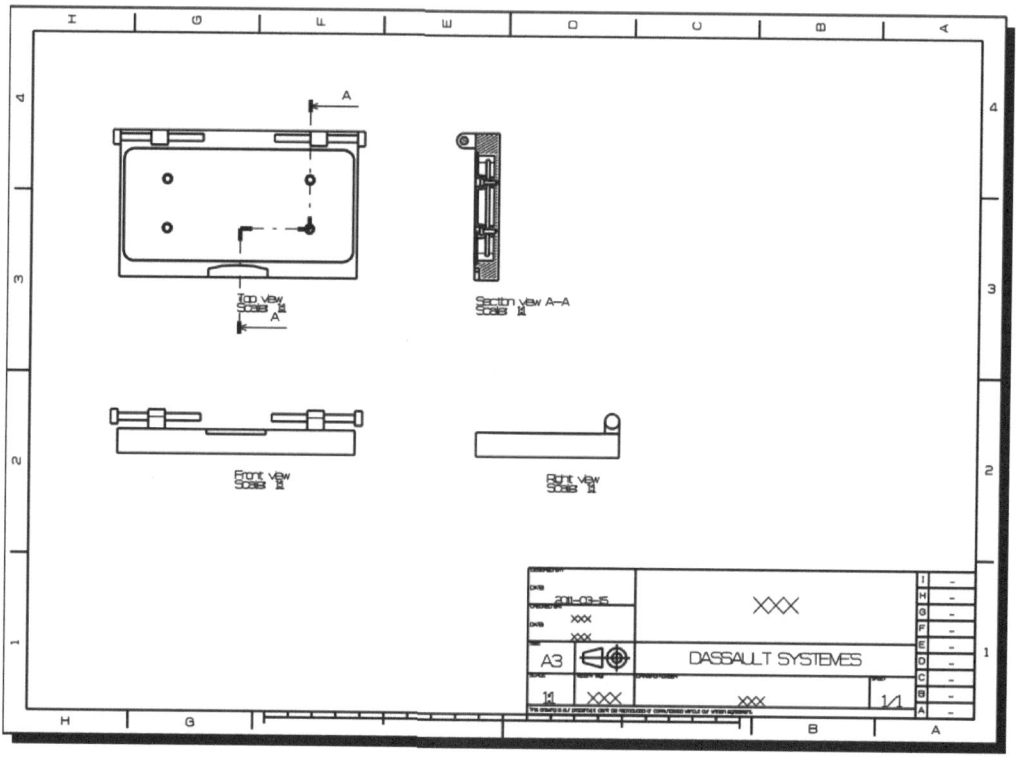

그림 17-69 어셈블리 도면뷰

END of Exercise

17.9.3 어셈블리의 부분 단면도(Breakout View)

어셈블리는 수 많은 컴포넌트를 컴퓨터 상에서 제 위치에 조립하는 기능이기 때문에 안쪽에 있는 부품의 조립 상태를 도면으로 보여주기가 쉽지 않다. 이럴 때 부분 단면도(Breakout View) 기능을 이용하면 어셈블리의 안에 들어 있는 부품을 효과적으로 표현할 수 있다.

17.9.5에서 설명하는 분해도 생성 기능을 이용하면 각 부품을 개별적으로 보여주기는 하지만 제 위치에 있지 않기 때문에 부분 단면도와는 용도가 다르다. 그림 17-70은 어셈블리의 부분 단면도를 보여준다.

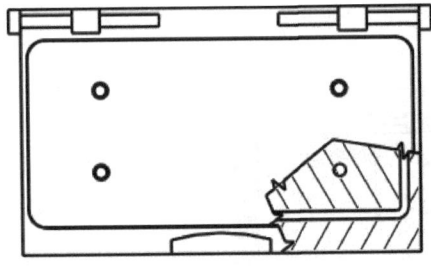

그림 17-70 어셈블리의 부분 단면도

17.9.4 BOM(Bill of Material) 생성

어셈블리 도면에는 대부분 BOM 리스트가 포함된다. BOM은 어셈블리의 컴포넌트 개수, 이름 등의 정보를 제공하는 표다. 도면 시트에 BOM List를 추가함으로써 어셈블리에 사용된 부품 리스트를 표시할 수 있다.

BOM 리스트는 기본적으로 어셈블리와 연결되어 있고 17.9.6에서 설명할 Balloon 기호와의 연관성을 부여할 수 있다. BOM 리스트를 자동으로 생성하고 부품의 번호에 맞게 Balloon 기호를 표시하려면 다음의 절차를 따른다. 각 단계의 번호는 그림 17-71의 번호에 해당된다.

① 프러덕트 파일을 열고 도면 뷰를 생성한다.
② Window 메뉴를 이용하여 Product 파일로 전환한다.
③ Product Structure Tools 툴바에서 Generate Numbering 버튼을 누른다.
④ Spec Tree에서 최상위 어셈블리를 선택한다.
⑤ Generate Numbers 대화상자를 설정한 후 OK 버튼을 누른다.
⑥ 메뉴바에서 Analyze 〉 Bill of Material을 선택한다.
⑦ Bill of Material : xxx 대화상자에서 Define formats 버튼을 누른다.
⑧ Bill of Material : Define format 대화상자의 왼쪽 창은 표에 보일 항목이고 오른쪽 창은 표에 나타나지 않을 항목이다. 그림 17-71과 같이 설정한다.
⑨ OK 버튼을 눌러 두 개의 대화상자를 모두 닫는다.
⑩ 프러덕트 파일을 저장한다.
⑪ 메뉴바 〉 Window에서 Drawing 파일을 선택하여 Drafting 워크벤치로 전환한다.
⑫ 어셈블리가 들어있는 뷰, 예를 들어, Isometric View 를 활성화시킨다.
⑬ 메뉴바에서 Insert 〉 Generation 〉 Bill of Material 〉 Bill of Material을 선택한다.
⑭ BOM 리스트 표를 생성할 위치, 예를 들어, 왼쪽 상단의 위치를 클릭한다.

시트를 더블클릭한 후 BOM 리스트를 도면 시트에 생성할 수 있다. 이 경우 도면뷰는 생성하지 않아도 된다. 메뉴바에서 Insert 〉 Generation 〉 Bill of Material 〉 Bill of Material을 선택한 후 CATProduct 파일을 표시하고 Spec Tree에서 프러덕트를 선택한다. CATDrawing 파일을 표시한 후 BOM 리스트 표를 추가할 위치를 클릭한다.

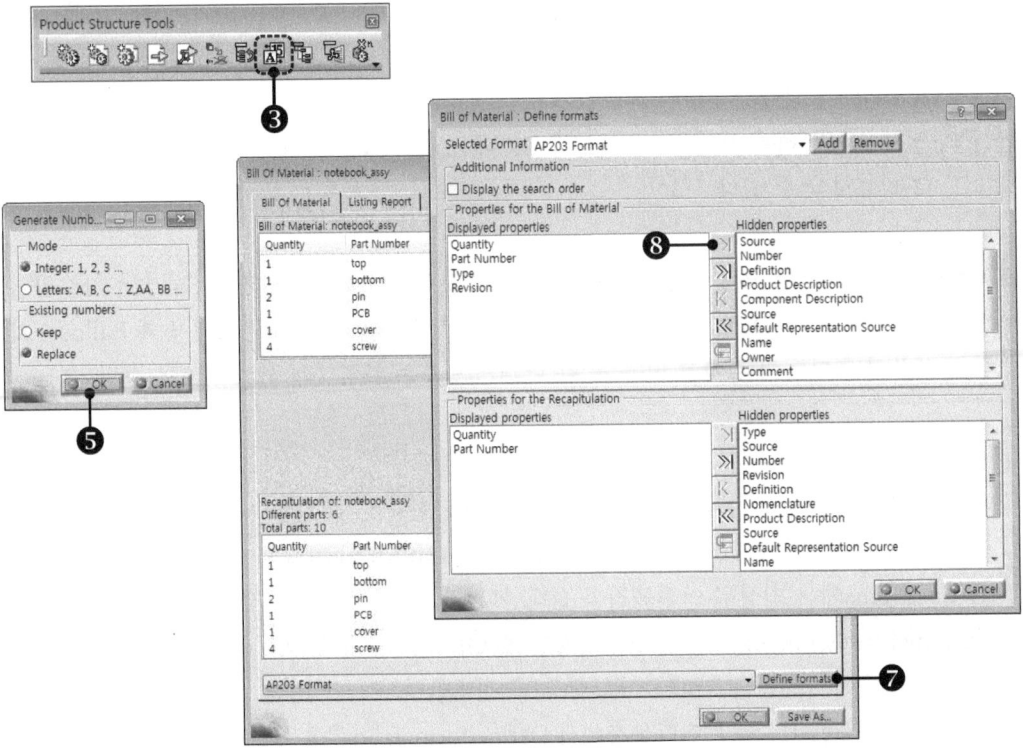

그림 17-71 BOM List 생성 과정

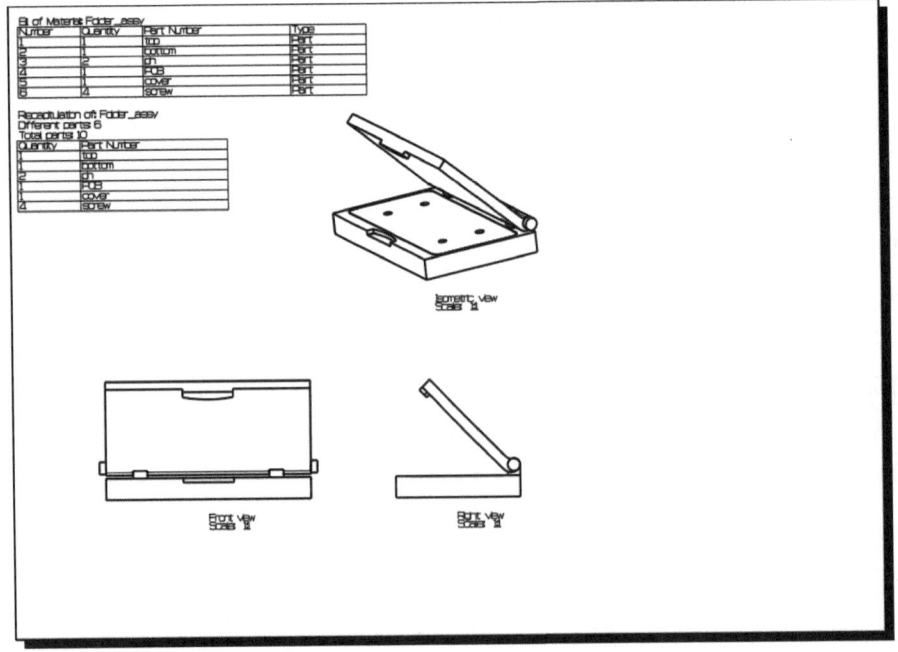

그림 17-72 BOM 리스트 생성

17.9.5 분해도 뷰 추가

어셈블리의 조립된 상태의 도면뷰를 그대로 두고 분해된 상태의 도면뷰를 추가하려면 Scene을 생성해야 한다. 다음 절차에 따라 Scene과 분해도 뷰를 생성한다. 17.9.4의 절차에 따라 BOM 리스트 표를 생성했다고 가정한다.

① Product 파일을 표시한다. Assemby Design 워크벤치임을 확인한다.
② Scenes 툴바에서 Enhanced Scene 아이콘을 누른다.
③ Enhanced Scene 대화상자에서 Scene의 이름을 설정한 후 OK 버튼을 누른다. Warning 메시지는 닫는다. 배경색이 진한 녹색으로 변경된다.

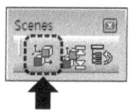  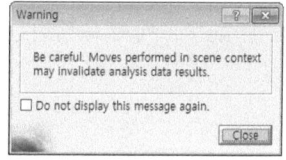

그림 17-73 Scene 정의

④ Enhanced Scenes 툴바에서 Explode 버튼을 누르고 분해시킨다. 컴포넌트가 분해되며 Compass를 이용하여 컴포넌트의 위치를 조정할 수 있다. Snap Automatically to Selected Object 옵션을 이용한다. Move 툴바의 Snap 기능을 이용하여 이동시킬 수도 있다.

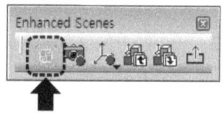 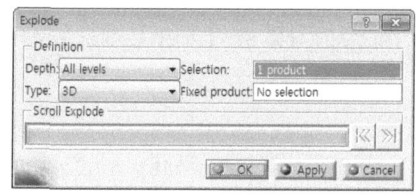

그림 17-74 Explosion 생성

⑤ 도면 파일을 활성화시킨다.
⑥ Projections 툴바에서 Isometric View 아이콘을 누른다.

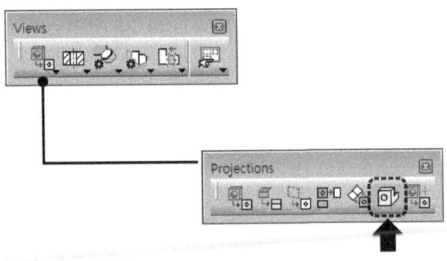

그림 17-75 Isometric View아이콘

⑦ Product 파일을 표시한 후 모델의 방향을 정한다.
⑧ Specification Tree에서 Scenes 안에 생성되어 있는 Scene 이름 (exploded)을 선택한다. Scene 수정 모드에서 수행하는 작업이다.

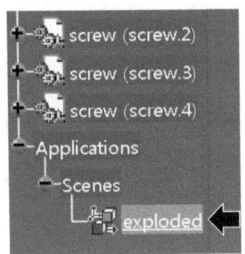

그림 17-76 Scene 선택

⑨ 작업 화면의 형상 중 아무 곳이나 선택한다.
⑩ 도면 파일에서 원하는 위치를 클릭하여 분해도를 생성한다. 그림 17-77은 분해도를 보여준다.

분해도의 방향이 원하는 방향이 아니면 삭제한 후 다시 생성한다. Scene 수정 모드에서 수행해야 한다.

Scene 수정 모드를 나간 후에 분해도를 추가할 수도 있다. 이 경우 정면을 선택하여 Isometric View의 방향을 정의해야 한다.

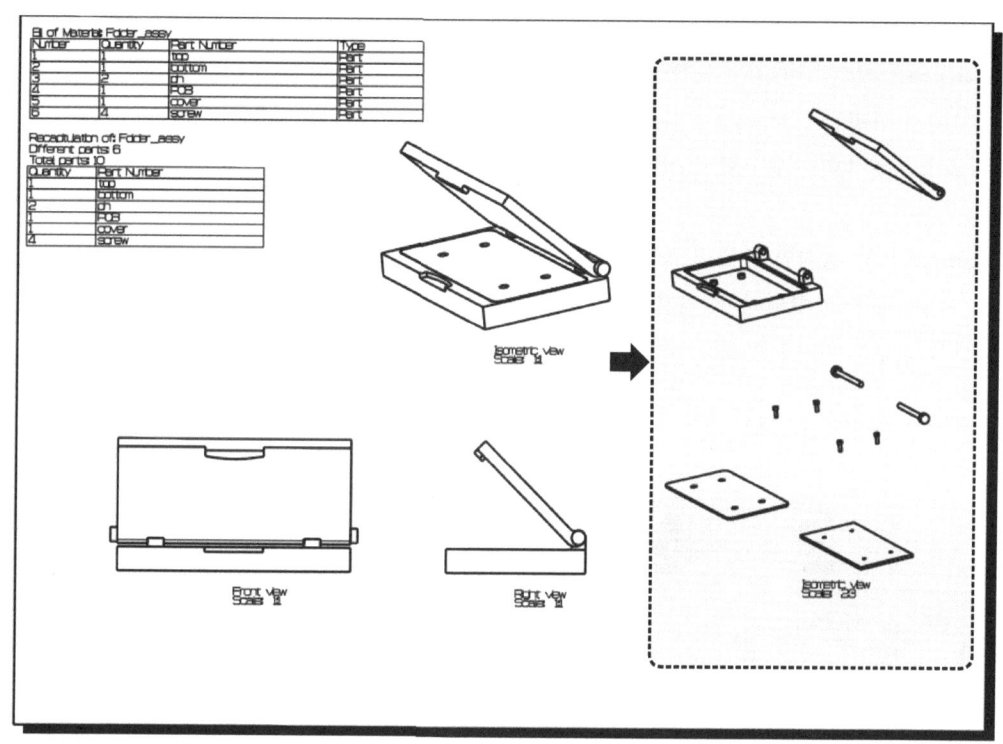

그림 17-77 분해도 생성

17.9.6 Balloon Annotation

17.9.4에서 설명한 Generate Numbering 기능을 이용하여 컴포넌트에 번호가 부여되어 있는 경우 Balloon 기호를 생성할 수 있다.

Balloon 기호를 생성할 뷰를 활성화시킨 후 메뉴바에서 Insert 〉 Generation 〉 Balloon generation 메뉴를 선택한다. 기호를 생성한 후에는 Balloon 기호의 위치를 적당히 조정하여야 한다.

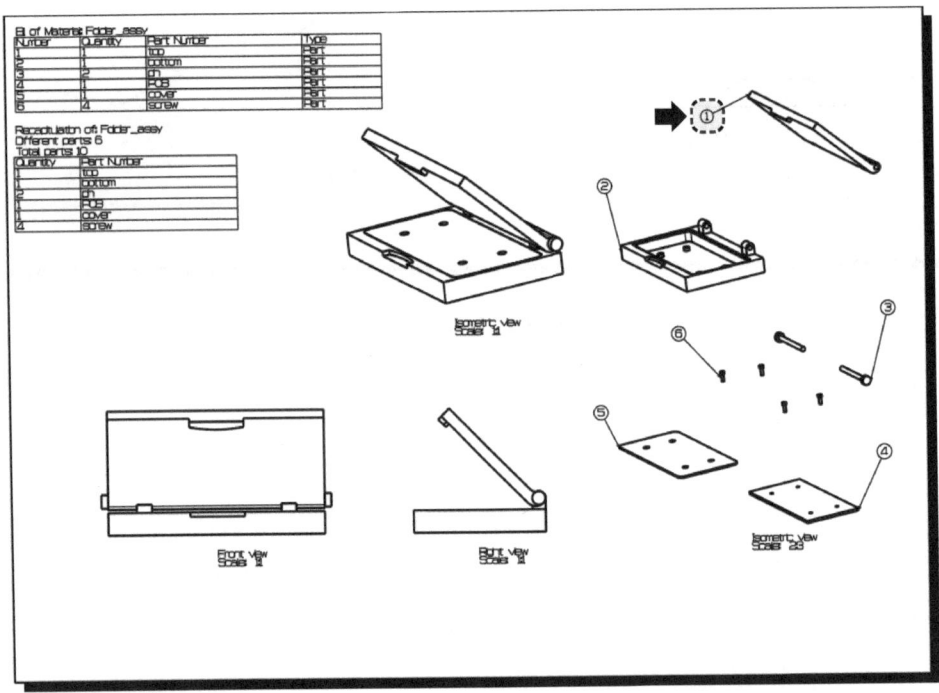

그림 17-78 Balloon 기호 생성

17.10 PDF 파일 생성

메뉴바의 File 〉 Save As 기능을 이용하여 PDF 파일을 생성할 수 있다. Save As 기능을 이용하면 다른 포맷의 도면 파일로 변환할 수도 있다.

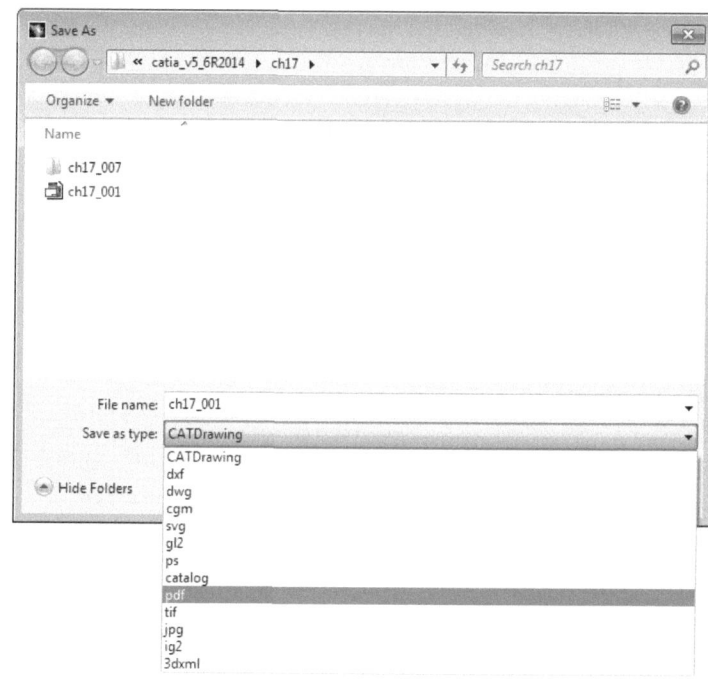

그림 17-79 Save As 대화상자

변환 옵션 설정

메뉴바에서 Tools 〉 Options를 누르고 General 〉 Compatibility 항목의 Graphic Formats 탭을 누르면 변환 옵션을 설정할 수 있다. PDF로 변환할 때 추가적으로 선택할 수 있는 옵션은 제공되지 않는다.

(빈 페이지)

색인

영문

A

Absolute Axis 64
Accelerator 22
Action 560
Activate 478
Activate analysis display mode 565
Activate/Deactivate Component 597
Active View 537,548
Add 337
Add 3D Clipping 550
Add Leader 583
Affinity 387
Aggregated Element 299
Aligned Section View 546
Align View Using Elements 555
Allow symmetry line 90
Alt + Enter 335
Analysis Display Mode 565
Anchor 578
Anchor Point 189
Angle 81
Angle-Normal to curve 231
Angle/Normal to Plane 209,213
Angle Sector 577
Angular correction 424
Animate Constraint 95
Annotation 581,584,585
Assemble 347
Associativity on 3D 570
Auto Constraint 95
Auxiliary View 541
Axial Reference 377
Axis 181,212
Axis and Threads 588
Axis Line 589
Axis System 221

B

Balloon 606
Bill of Material 601
Bisecting 233
Blanking 587

Bolt Circle 590
BOM 450,601
Boolean Operation 332
Bottom-Up 450
Bounding Box 515
Break 169
Breakout View 550,600
Break View 548,550
Broken View 550

C

Center curve 406
Center graph 54
Center Line 588,589
Center Line with Reference 589,590
Chained Dimensions 575
Chamfer 101,268
Change Constraint 469,470
Change PartBody 333
Change Sketch Support 303
Children 111,297
Chordal length/Angle 270
Circle / Sphere / Ellipse center 224
Circular Pattern 376
Circular Spacing 378
Clash 490,492
Clearance 491
Clear Selection 230
Clipping View 533,549
Closing Point 418
Coincidence 82,466
Colors 옵션 63
Compass 463
Compatibility 607
Component 448
Component Constraints 477
Component Degrees of Freedom 474
Component product 485
Computed spine 417
Concentricity 82
Constraint 80,111,465
Constraints Defined in Dialog Box 79
Construction Element 93,94,409
Construction/Standard Element 94
Contact 467,491
Contact Constraint 95
Context Control 484

Controlled by reference 276
Coordinates 220
Copy 476
Copy Object Format 588
Coupling 418,420
Create by vertex 251
Create Driving Dimension 572
Create Join 409
Create Multi-View 12
Crown Definition 378
Crown Thickness 378
Ctrl 52,83,578,587
Cumulated Dimensions 575
Curve Filter 149
Customization 19
Customize 443
Cut part by sketch plane 277

D

Deactivate 298,312,478
Define in Work Object 306,310,307
Degree(s) of Freedom 475
Delete 150,312
Delete aggregated element 299
Delete all children 299
Desk 557
Detail View 533,548
Deviation 424
Diameter Center 577
Die Direction 273
Dimension 564
Dimensional Constraint 77
Direction 142,166
Distance 81
Do not cut in section view 598
Draft 271
Draft Angle 273
Drafted Filleted Pad 163
Drafted Filleted Pocket 168
Draft Reflect Line 277
Draw Direction 273
Drawing Sheet 529
Drawing View 528,533
Dress-Up 246
Dress-Up Feature 27
Dual Value 593
Duplicate 107

Dynamic Sectioning 277

E

Edge Fillet 247
Edge to Keep 258,260
Edit 312
Edit Multi-constraint 92
Eject Direction 273
Enable Hybrid Design 334
Enable independent saves 460
Enhanced Scene 603
Equidistant point 82
ESC 69
Existing Component 454,476
Existing Component with Positioning 454
Exit workbench 65
Explode 518,603
Extension Lines Anchor 578
Extract 409
Extremum 216

F

F3 53
Face-Face Fillet 262
Fake dimension 566
Feature Definition 316
Fillet 100,126,247
Filter 145,363
Fit All In 11
Fix 465,82,95,124
Fix Together 95,470
Flexible/Rigid Sub-Assembly 470
Foreshortened 593
Formula 430,506,508
Formula Editor 121
Frame and Title Block 559
From Side 396
From Top 398
Funnel 576

G

Generate Numbering 601,606
Generative Drafting 528,571
Geometrical Constraint 77
Geometrical Set 334
Go to profile definition 137,323

Graphics Properties 520
Grid 62,532
Groove 184
GS 334
Guide 411

H

Half Dimension 576
Height/Angle 270
Hide 144
Hide/Show 15,115,144,301
Hold Curve 263
Hole 186
Horizontal 83

I

Independent 554
Infrastructure 18
Instance 449
Interactive Drafting 528,572
Intersect 344
Intersect 3D Elements 112
Intersection point detection 578
Iso-constrained 85
Isolate 307,312
Isolated dimendions 566
Isometric View 43

J

K

Keep angle 402
Keep link with selected object
    18,495,496,506,510,516
Keep Measure 434
Keep Specifications 372
Knob 537
Knowledge 432,508

L

Language 23
Leader 582
Length 81
Length1/Angle 269
Length1/Length2 270

Limit 152
Limiting element 253
Line 226
Line-Up 579
Link 556,568,571
Link of document 556
Load 484
Local Update 444
Low Light Mode 462

M

Manipulation 463
Manipulator 587
Manual Input 480
Master Part 449
Measure 260,261
Measure Between 435
Measure Inertia 261,523
Measure Item 261,434,443
Measure Item Customization 443
Mechanical Design 18
Member of All 442
Merge Ends 162,410
Merge rib's ends 410
Midpoint 82
Mirror 103,385
Mirrored Extent 144,171,229
Modification 587
Modify Projection Plane 537
Move profile to path 405
Multi Domain 169
Multi-Pad 165
Multi-Pocket 169
Multi-Sections Solid 411

N

Named View 220,228
Neutral Face 274
Never create non-associative dimensions
    565
New Parameter of type 509
Next solution 232
Non associative dimensions (3D) 566
Non Computed Tangent 423
No Propagation 110
Normal to Surface 232
Normal View 12,41,119,239,558

Not-up-to-date dimension 566

O

Object Repetition 207
Offset 109,158,470
Offset from Plane 206
Offset Section View 544
OGS 334
On curve 222
Only create non-associative dimensions 565
On plane 223
Open in New Window 486
Opposite 467
Ordered Geometrical Set 334
Orientation 467
Other Selection 230
Other Thickness Faces 287
Over-Constrained 85

P

Pad 134
Parallelism 83
Parameters 367,506
Parameters and Measure 63
Parent/Children 309
Parent Feature 297
Parents 111
Part 448,485
PartBody 333
Part Design 5
Parting Face 274
Parting = Neutral 283
Part Number 32,503
Part number conflicts 461
Part product 485
Paste 476
Paste Special 350
Pattern 365
PDF 607
Perpendicular 83
Plane 203
Pocket 166
Point 214,219,221
Point-Direction 230,233,236
Pointed Document 556,568
Point-Point 228

Point Propagation 110
Positioned Sketch 118,173
Position Independently of Reference View 554
Positioning 553,579
Positioning Sketch 187
Position of Object in Pattern 374
Position sketch plane 239
Position sketch plane parallel to screen 62,496
Predefined Profile 71
Product 448,485
Profile 69,406
Project 115
Project 3D Element 112
Project 3D Silhouette Edges 112
Projection View 533,534
Propagation 110,250,408
Publication 516
Pulling Direction 273,402

Q

Quick Constraint 470,473
Quick Trim 102,116,169
Quick View 12

R

Radius Center 577
Radius/Diameter 81
Rectangular Pattern 366
Reference Element 202
Reference Line 226
Reference Plane 154,203
Reference Point 219
Reference surface 404
Reflect Line 277
Reframe graph 54
Reframe On 54,515
Relations 506
Relimitation 102,417
Relink 460
Remove 342
Removed Multi-sections Solid 424
Remove Lump 343
Renamed Parameters 444
Reorder 304
Repeat object after OK 207

Replace Closing Point 419
Re-route Dimension 569,571
Reset Selection Filters 364
Restore Position 16,23
Reuse 350
Reuse Pattern 470
Reverse Direction 142
Reverse Side 142
Rib 401
Rotate 107
Running Commands 212

S

Save Management 460,458,504
Scale 108,387
Scene 603
Section 411
Sectioning 521
Section View 533,543
Select 69,76
Selection Mode 250
Semimajor axis 81
Semiminor axis 81
Setback Fillet 251
Shaft 180
Sheet Background 559
Shell 285
Shift 41,42,74,249,569,581
Shift + F3 53
Show 144
Side 142,166
Sketch Axis 181
Sketch-Based Features 27
Sketch Plane 옵션 62
Sketch Support 311
Sliding 118
Slot 411
Smart Move 472
Snap 603
Snap Automatically to Selected Object 464,603
Snap to Point 41
Solid Body 136
Solid Combine 400
Space Analysis 492
Specification Tree 7,52
Spine 263,411,416

Stacked Dimensions 575
Stacking Command 214
Standard Element 94,409
Stiffener 396
Sub-assembly 449
Superpose 555
Support 230
Suppress 372
Surface Filter 149
Swap visible space 16
Symmetry 81,105

T

Tab 69,101,109,223,229,236,249
Tangent 75,82,423
Tangent Continuity 408
Tangent on curve 225
Tangent Propatation 110
Tangent Surface 422
Tangent to curve 232
Tangent to Surface 215
Text 581
Text with Leader 582
Thick 139,140
Thickness 162
Thin Pad 140,162
Tile Horizontally 542,544
Title Block 529
Tools Palette 547,573,574
Top-Down 450
Transformation 103,362
Translate 106
Trim 102
Tritangent Fillet 264,289
True dimension 566
True Length Dimension 573

U

Unclip 549
Under-constrained 85
Union Trim 341
Unload 484
Update 56,318,558
Update Diagnosis 312
Up to Plane 154
Up to Surface 155
User Interface Language 23

User Pattern 192,383
User Selection Filter 145,363

V

Variable Angle Draft 279
Variable Radius Fillet 254
Vertical 83
View Mode 13
View Positioning 545,553
Visualization 17,574
Volume Cut 521

W

With respect to constraints 488
Working Views 559
Work Object 306,333

X

Y

Z

Numbers

1각법 535
2D Analysis 88
3각법 535

Korean

ㄱ

가변 구배 279
가변 필렛 254
가이드 411,413
간섭 체크 490
과잉구속 85
교차점 574,578
구간 필렛 253
구배 271,273
구속 65
구속의 상태 85
그래픽 속성 151,354
기준평면 9
기하 구속 70,77,79

ㄴ

노브 537

ㄷ

다중 선택 버튼 249
다중 선택 툴 364
단면 521,598
단면 프로파일 547
단위 63
단축키 23,161
대칭 축 104
대칭형상 127,128
도면뷰 528,533
도면 시트 529,531
드래그 87,92

ㄹ

ㅁ

마스터 파트 449
메뉴바 7
미리보기 229,473

ㅂ

바디 332
방향 160,192
배열 365
변수명 120,123
변환 피쳐 362
보조 투상도 541
복사 475
부분구속 85
부분 단면도 600
분석기능 87
분할면 274
분해 518
분해도 603
불리언 332,337
뷰 모드 354
뷰 툴바 11
빼기 구배 271

ㅅ

삭제 299
서브 어셈블리 449,479,501

선택 취소 137
설계의도 172
섹션 411
셋백 필렛 251
솔리드 바디 136
수동 입력 480
수정 55,296
순서 304
스케치 면 113
스케치 치수 301
스테이터스바 8
스파인 411,416
식별 477

ㅇ

어셈블리 도면 597
억제 372
업데이트 302
연결 120
연관관계 120,351,353
연관성 116,297,312
열린 프로파일 140
오류 375
오프셋 109
완전구속 84,85
워크벤치 3
이름 461
인스턴스 449

ㅈ

재사용 350
절단선 553
정렬 579
종속관계 297
좌표계 221
중립면 274
중심선 588
중첩 555

ㅊ

참조 개체 202
참조 점 219
참조 직선 226
참조 평면 154,203
축 182
축소 108

충돌 461
측정 434
치수 260,564,584
치수 구속 77,78

ㅋ

컴파스 8
컴포넌트 448
컴포넌트 프러덕트 501

ㅌ

투상법 535
투영도 534
툴바 9

ㅍ

파라메트릭 모델러 79
파라미터 434
파트 448
파트 프러덕트 501
팝업 메뉴 576
퍼블리시 516
표제란 529,559
표준 구멍 186
프러덕트 448,501
프레임 559
프로파일 135,182,322
피쳐 2,26
필터 480

ㅎ

한글 23
확대 108
확대/축소 387
히스토리 28

(빈 페이지)

ONSIA 출판 서적

- CATIA V5R18 모델링 가이드 : ISBN 978-89-960895-3-7
- CATIA V5(R20) 서피스와 실무 모델링: ISBN 978-89-94960-12-8
- NX7.5 CAE(NX Nastran) Bible: ISBN 978-89-94960-14-2
- CATIA V5 CAE 따라하기: ISBN 978-89-94960-17-3
    (영문판: CATIA V5 FEA Release 21)
- CATIA V5R21 디자이너 가이드: ISBN 978-89-94960-19-7
- NX 8.5 Nastran 따라하기: ISBN 978-89-94960-21-0
- NX 10 모델링 가이드: ISBN 978-89-94960-24-1
    (영문판: Siemens NX 10 Design Fundamentals)
- NX 10 서피스 모델링: ISBN 978-89-94960-25-8
    (영문판: Siemens NX 10 Surface Design)
- NX 10 Nastran 따라하기: ISBN 978-89-94960-26-5
    (영문판: Siemens NX 10 Nastran)

(빈 페이지)